계획된우연

# 김진구 전문상담

## 기출문제집 06~25

전문상담교사
임용
최신 기출문제
및 해설

✔ 06~25학년도 과목별 기출문제와 답안 및 해설집 수록
✔ 한 눈에 맥락을 파악하기 위한 과목별 기출영역 제공
✔ 과목별 기출문제 - 답안 - 개념박스의 1:1 구성으로 문제 적용

학원/동영상 강의   지스쿨 www.g-school.co.kr

계획된우연

## 머리말
# PREFACE

지금까지 전문상담교사 기출문제는 크게 3단계 형태로 진행되어 왔습니다. 1단계는 약식형으로 단답형 중심의 답안 작성이 핵심이며 이는 2006학년도부터 2008학년도까지 실시되었습니다. 2단계는 1차 객관식, 2차 논술형 형태(4문제)로 2009학년도에서 2013학년도까지 실시되었습니다. 3단계는 2014학년도부터 현재까지 진행중인 형태로 서답형 중심의 답안 작성이 핵심이며 문제유형은 크게 기입형, 서술형, 논술형의 3가지 형태입니다. 이 가운데 논술형의 경우 2014학년도에서 2019학년도까지 실시되었고, 2020학년도부터는 논술형이 폐지된 기입형과 서술형으로 시험이 실시되고 있습니다. 현재 실시되고 있는 문제 유형과 배점은 다음과 같습니다.

| 시험과목 및 유형 | | | | 문항수 | 문항별 배점 | 배점 | |
|---|---|---|---|---|---|---|---|
| 전문 상담 | 전공 A | 2교시 (90분) | 기입형 | 4문항 | 2점 | 8점 | 40점 |
| | | | 서술형 | 8문항 | 4점 | 32점 | |
| | 전공 B | 3교시 (90분) | 기입형 | 2문항 | 2점 | 4점 | 40점 |
| | | | 서술형 | 9문항 | 4점 | 36점 | |

기출문제 활용법에 대해서는 정해진 방법도 없고 각자의 성향에 따라 다를 수 있지만, 개인적으로 다음과 같은 방법을 추천해 드립니다.

첫째, 기출문제를 풀이하고 정답을 맞추는 데 초점을 두지 마시길 바랍니다. 기출문제에서 중요한 것은 배운 개념들을 수험서와 연결시켜 어떤 영역에서 어떤 형식으로 문제가 출제되었는지 확인하는 것이 더욱 중요합니다. 즉 과목별로 어떤 개념이 시험에 자주 출제 되었고, 어떤 개념이 출제되지 않았는지, 그리고 출제된 개념은 어떤 방식으로 문제화 되었는지를 확인한 후에 수험서와 본 기출문제 책을 활용하여 문제를 풀어본 후에 정답을 확인하시길 바랍니다. 즉 책을 보고 문제 풀이 → 해설강의 혹은 독학으로 문제해석 → 관련개념 이해 및 암기 → 차후에 책을 보지 않고 문제 풀이하는 방식으로 진행할 것을 권해 드립니다.

둘째, 14학년도 이전의 문제에 대해서는 현재의 문제출제 방식과 다르기 때문에 크게 의미를 두지 마시길 바랍니다. 특히 객관식 문제의 경우 출제될 수 있는 영역과 문제출제 방식이 현재 서답형 방식과는 차이가 있기 때문에 출제 영역만 확인하시고 넘어 가시길 권해 드립니다.

셋째, 해설 답안을 참조하여 정답 작성방식을 꼭 확인하시길 바랍니다. 예를 들어 사례를 찾아 적는 문제, 사례에 근거하여 작성하는 문제, 사례와 개념을 연결하는 문제, 단순히 효과와 특징 등을 적는 문제, 사례와 관련된 효과와 특징을 적는 문제 등 문제유형에 따라 어떤 방식으로 조성하였는가를 꼭 확인하는 작업이 필요합니다. 이 부분은 기본 개념 수험서에 수록된 '문항작성 방법'을 다시 한번 숙지하시길 바랍니다.

넷째, 정답은 정확하고 완벽한 것을 찾는 것이 아닙니다. 지문에 나온 설명과 사례에서 가장 관련있는 개념 즉 더 정답에 가까운 개념을 찾아야 하며, 흔히 지문에서 나타난 핵심단서와 가장 비슷한 개념이 정답이 됩니다.

다섯째, 기출문제는 반드시 기본개념을 숙지 한 후에 풀이하시길 바랍니다. 기본개념에 대한 지식없이 기출문제를 접할 경우 수험서에서 해당영역을 찾는 것도 힘들고, 앞서 말했듯이 어떤 영역에서 어떤 방식으로 어떻게 작성할 것인지를 파악하기가 어렵습니다. 무엇보다도 임용시험에 대한 좌절감과 압박감만 더해질 가능성이 높기 때문에 반드시 기본개념을 숙지한 후에 기출문제를 접하시기 바랍니다.

마지막으로 이 책을 활용하여 공부하시는 수험생 선생님 모두가 2025년이 인생에서 가장 예외적이고 반짝이는 한 해가 되길 바랍니다.

2025년 4월
김 진 구

## CONTENTS 차례

### 문제편

CHAPTER 01 상담 심리학 기출문제 • 7

CHAPTER 02 성격 심리학 기출문제 • 99

CHAPTER 03 심리검사 기출문제 • 151

CHAPTER 04 진로상담 기출문제 • 213

CHAPTER 05 가족상담 기출문제 • 283

CHAPTER 06 집단상담 기출문제 • 353

CHAPTER 07 특수아상담 및 이상심리 기출문제 • 411

CHAPTER 08 심리학개론 및 교육심리 기출문제 • 455

## 정답 및 해설편

CHAPTER 01  상담 심리학 기출문제 정답 및 해설 • 498

CHAPTER 02  성격 심리학 기출문제 정답 및 해설 • 544

CHAPTER 03  심리검사 기출문제 정답 및 해설 • 568

CHAPTER 04  진로상담 기출문제 정답 및 해설 • 596

CHAPTER 05  가족상담 기출문제 정답 및 해설 • 631

CHAPTER 06  집단상담 기출문제 정답 및 해설 • 663

CHAPTER 07  특수아상담 및 이상심리 기출문제 정답 및 해설 • 688

CHAPTER 08  심리학개론 및 교육심리 기출문제 정답 및 해설 • 711

김진구 전문상담 기 출 문 제 집

CHAPTER

# 01

# 상담 심리학 기출문제

- ✦ 상담의 기초
- ✦ 정신역동 상담이론
- ✦ 현상학적 상담이론
- ✦ 인지행동 상담이론
- ✦ 최근 상담이론 및 통합
- ✦ 상담과정
- ✦ 상담면담 및 상담방법
- ✦ 학교상담
- ✦ 상담윤리

## 기출영역: 상담 심리학

| | 14 | 15 (+추시) | 16 | 17 | 18 | 19 | 20 | 21 | 22 | 23 | 24 | 25 |
|---|---|---|---|---|---|---|---|---|---|---|---|---|
| 상담심리 개관 | | | | | | | | | 과학자-실무자 모델 | | | |
| 프로이트 상담이론 | 해석 | 전이(논) | | 역전이 | | | | | | | | |
| 아들러 상담이론 | 생활양식 상담과정 (논) | 격려, 단추누르기 | | | 우월추구 생활양식 | | | | 우월추구, 가상적 목표, 생활양식 | | | |
| 융 상담이론 | | | | | | | | | | | | 적극적 심상화 |
| 인간중심 상담 | | | | | | | | | | | | |
| 실존주의 상담 | | | 프랭클의 3가지 가치 | | 탈숙고 기법 | | 실존적 공허와 신경증 | | | | | |
| 행동주의 상담 | | 상담과정 | | | | | 체계적 둔감법 | | 노출법, 자기교시 | | 상담과정, 자기관리 프로그램, 토큰경제 | 조형법의 요소, 불안위계 |
| 합리적 정서행동상담 | 상담과정 | | | | | | | 비합리적 사고, 합리정서 심상법 | | | | |
| 인지치료 | | 인지왜곡 (논) | 자동사고 | | | | | | 목표, 철학적 관점, 과정 | 자동사고, 행동실험, 하향 화살표, 인지삼제, 인지오류 | | 인지적 오류 |
| 게슈탈트 상담이론 | | | 접촉경계 혼란(논) | | | | 접촉경계 혼란 | | 관계, 접촉경계혼란, 신경증 층 | | 접촉경계 혼란 | 접촉경계혼란 |
| 현실치료 | | 상담과정 | 5가지 욕구(논) | 전행동 | | | | 선택이론, WDEP | | | 질적 세계 | |
| 교류분석 상담 | | 게임분석 | | | 이면교류 | | | | | 자아상태, 생활각본 | | |
| 마음챙김에 근거한 상담 | | | | 마음챙김 | | 수용전념 치료 | | | | | | |
| 상담과정 | | | | | | | | 초기 (구조화) | 종결과업 | | 사례개념화 | |
| 상담방법과 면담기법 | | 중다양식, 직면/해석 | | 심리극 기법 | | 나-전달법 | 재진술, 조하리창, 실험연구 | 명료화, 질문, 동기강화 | 실험자 효과 | 동기강화, 변화과정 모델, 실험설계 | 폐쇄질문, 즉시성 | 재진술, 변증법적 행동치료, 역할연습 |
| 발달문제 상담 | | | | | | | 자살, 인터넷 중독 | | | | | 자해행동 이유 |
| 사이버 상담 | | | | | | | | | | | | |
| 상담윤리 | 비밀보장 (논) | 사전동의 | 키치너의 윤리원칙 | 집단상담 윤리 | 집단상담 윤리 | 키치너의 상담윤리 | 개인상담 윤리 | | | 윤리적 의사결정 모델, 비밀보장 | 집단상담 윤리 (동의서, 비밀유지 한계), 다중관계 및 키치너 윤리 | |
| 학교상담 | | | | | | | | | 종합적 학교 상담모델, 상담정책 | | | |
| 학교폭력법 | | | | | ● | | | | | | | |

# CHAPTER 01 상담 심리학 기출문제

## 상담의 기초

**01** ◀ 2012

통합적 상담 접근에 관한 설명 중 옳은 것만을 〈보기〉에서 있는 대로 고른 것은?

― 〈보기〉 ―

ㄱ. 상담의 주요 이론들로부터 효과적인 기법과 공통점을 결합한다.
ㄴ. 보다 더 완전한 상담이론을 개발하여 효과적으로 상담을 하기 위한 것이다.
ㄷ. 상담이론을 단순히 통합하는 것이 아니므로 각각의 기법이 근거하는 이론은 제시되지 않아도 된다.
ㄹ. 상담자가 통합적 관점을 개발할 경우, 기본 가정이 상충하는 이론들을 통합할 때 발생할 수 있는 문제들에 주의한다.
ㅁ. 상담현장에서 내담자에게 효과적인 것이 무엇인지를 결정하는 상담자의 감각이 상담자가 사용하는 기법보다 더 중요하다.

① ㄱ, ㄴ, ㄹ
② ㄱ, ㄷ, ㅁ
③ ㄴ, ㄷ, ㄹ
④ ㄱ, ㄴ, ㄹ, ㅁ
⑤ ㄱ, ㄴ, ㄷ, ㄹ, ㅁ

**02** 다음은 전문상담교사와 수퍼바이저의 대화이다. 괄호 안의 ㉠과 ㉡에 들어갈 용어를 순서대로 쓰시오.

> 상담 교사: 전문상담교사로 임용되기까지 많은 공부를 했지만, 막상 발령을 받아 학교 상담실에서 아이들을 만나 보니 어떻게 상담을 해야할지 막막할 때가 많아요.
> 수퍼바이저: 그렇지요. 상담의 기본은 익혔지만 학교 현장에서 다양한 내담자를 만나다 보면 계속 공부가 필요할 거예요.
> 상담 교사: 제 경우에는 인근 학교의 전문상담교사들과 상담프로그램 효과에 대한 최신 논문을 읽고 공부하는 모임을 하면서 도움을 받고 있어요.
> 수퍼바이저: 정말 좋은 모임이네요. 논문에 소개된 상담 프로그램이 선생님이 만나는 학생들에게도 잘 적용이 되는지 궁금하군요.
> 상담 교사: 그래서 이번 학기에는 저희 학교의 학생들을 대상으로 프로그램 효과를 검증해 보려고 해요. 그런데, 연구 설계를 하다 보니 제가 상담자이자 동시에 연구자이기 때문에 연구 결과를 오염시킬 가능성, 즉 ( ㉠ )이/가 발생할 수 있을 것 같아 염려가 돼요.
> 수퍼바이저: 선생님과 대화를 나누다 보니 볼더(Boulder)에서 합의되었던 수련 모델인 ( ㉡ ) 모델이 떠오르네요. 상담에 필요한 실제와 연구 능력을 균형 있게 갖추고 숙련된 전문상담교사로 성장해 가는 선생님을 보니 제 마음이 흐뭇해요.

## 정신역동 상담이론

**03** 다음은 상담교사가 동료교사에게 자문을 해주는 상황이다. 물음에 답하시오.

> 동료교사 : 선생님! 우리 반 동준이를 이해할 수가 없습니다. 학년 초부터 담임교사인 나에게 반항을 합니다. 좋은 학급을 만들자고 제안을 할 때도 이죽거리고, 조종례시간에도 딴 짓만 합니다. 지적 능력이 떨어지는지 살펴봤는데 그렇지도 않습니다. 동준이가 왜 그렇게 행동하지요?
> 
> 상담교사 : 학생들 중에 그런 학생들이 있지요. 정신분석학자 프로이드(Freud)는 과거에 대인관계에서 경험했던 갈등이나 분노가 해결되지 않으면 그것이 현재의 관계에 재연될 수 있다고 하였습니다. 이를 ___㉮___(이)라고 하였습니다. 동준이의 행동은 ___㉮___ 현상이라고 생각됩니다.
> 
> 동료교사 : 아하! 그럴 수 있을 것 같군요.
> 
> 상담교사 : 동준이가 선생님께 왜 그렇게 반항하는지 더 구체적으로 알아보려면 몇 가지 탐색 질문을 해볼 필요가 있습니다. 예를 들면, "___㉯___"와(과) 같은 질문이나 "___㉰___"와(과) 같은 질문을 해보시기 바랍니다. 아마도 동준이의 심리상태에 대한 구체적인 가설을 세울 수 있을 것입니다.

• ㉮에 적합한 용어를 한 단어로 쓰시오. _____

• ㉯, ㉰에 적합한 탐색 질문(자유연상을 통한 탐색 질문은 제외)을 각각 1줄 이내로 쓰시오. (순서는 상관없음.)

㉯ _____

㉰ _____

◀ 2012

**04** 전문상담교사가 어떤 학생과의 상담에서 역전이를 경험할 때 취할 행동으로 적합하지 <u>않은</u> 것은?

① 역전이가 일어날 때는 언제나 상담을 중단한다.
② 상담의 진행과정에 대하여 수퍼바이저에게 수퍼비전을 받는다.
③ 상담사로서 자신의 역동을 알기 위하여 각종 세미나와 연수에 적극적으로 참여한다.
④ 상담과정에서 나타나는 자신의 감정에 대하여 동료 전문상담교사들에게 수퍼비전을 받는다.
⑤ 자신의 한계를 알고 학생의 문제를 잘 다룰 수 있는 다른 전문상담교사에게 학생을 의뢰하는 것을 검토한다.

◀ 2017

**05** 다음은 전문상담교사인 김 교사(25세, 여)와 수퍼바이저의 대화 내용이다. 김 교사가 내담자와의 상담 관계에서 경험하는 것을 지칭하는 정신분석이론의 용어를 쓰시오.

> 김　　　교사 : 한 달 전부터 이성 교제 문제로 찾아온 한 남학생의 상담이 지지부진한 상태로 이어지고 있어요. 이 남학생의 이야기를 듣고 있다 보면, 저도 모르게 화가 나기도 해요. 그런데 제가 왜 화를 내고 있는지 알 수가 없어요.
> 수퍼바이저 : 혹시 이것과 관련하여 떠오르는 것이 있나요?
> 김　　　교사 : 고등학교 때 사귀었던 남자가 있었는데 대학 입학 후에 바로 헤어졌어요. 지금 생각해 보니 이 남학생의 인상이 그 남자 친구랑 비슷하네요.

## 06

**세 명의 전문상담교사가 개인심리학 상담이론에 기초하여 상담한 후 사례회의를 하고 있는 내용이다. 각 교사가 적용한 상담기법을 〈보기〉에서 골라 바르게 연결한 것은?**

> 김교사 : 저는 담임교사에게 말하기 너무 힘들어 하는 학생을 상담하였습니다. 그 학생은 뒤에 앉은 아이가 괴롭혀서 자리를 바꿔 달라고 해야 하는데 담임교사에게 말하기를 너무 힘들어 하더군요. 그래서 그 학생의 어려움에 대해 공감해 주고 담임교사에게 그 상황에 대해 자신 있게 설명할 수 있는 사람같이 말해 보게 했습니다. 그리고 그 다음 주까지 담임교사에게 말씀 드리고 오도록 하였더니 담임교사와 관계가 좋아지고 말도 잘하게 되더군요.
>
> 이교사 : 그러셨군요. 저는 같은 반 친구에 대한 불편한 감정 때문에 학교에 오기 싫어하는 학생을 상담하였습니다. 먼저 그 학생에게 눈을 감고 즐거웠던 일을 떠올리게 한 후, 그 때 어떤 느낌이 드는지 충분히 경험하게 했습니다. 그런 다음 불쾌했던 일을 떠올리게 한 후, 다시 어떤 느낌이 드는지 경험해 보게 했습니다. 그리고 학생에게 서로 다른 느낌의 차이에 주목해 보고 자신이 원하는 상태와 감정을 선택해 보도록 했습니다. 그랬더니 결국 친구와 학교에 대한 불편한 감정도 자신이 선택했다는 것을 깨닫게 되었고, 지금은 학교생활에 잘 적응하고 있습니다.
>
> 박교사 : 두 분 모두 성공적인 상담을 진행하셨군요. 제가 상담한 학생은 학급을 위해 열심히 봉사했다고 생각 하는데, 봉사상을 받지 못해 담임교사에게 불만을 갖고 있으면서도 직접 말하지 못하는 아이였어요. 담임교사에게 불공평하다고 말해야겠다고 하더군요. 그래서 선택권이 있으니까 그렇게 해보라고 했죠. 그랬더니 정말 그렇게 하라는 말이냐며 크게 놀라더군요. 그 후에 학생은 불평을 늘어놓지 않고 담임교사에게 말할 내용을 글로 써서 연습하더군요.

〈보기〉

ㄱ. 악동 피하기　　　　ㄴ. 단추 누르기
ㄷ. 자기 포착하기　　　ㄹ. 수프에 침 뱉기
ㅁ. 마치 ~처럼 행동하기

|  | 김교사 | 이교사 | 박교사 |
|---|---|---|---|
| ① | ㄱ | ㄷ | ㄹ |
| ② | ㄷ | ㄴ | ㄱ |
| ③ | ㄷ | ㄹ | ㅁ |
| ④ | ㅁ | ㄴ | ㄱ |
| ⑤ | ㅁ | ㄴ | ㄹ |

**07** ◀ 2010

급우들의 돈을 여러 차례 훔친 철수(중 2, 남)를 상담할 때, 아들러(A. Adler)의 '인간의 정신생활은 목표에 의해서 결정된다.'는 개념을 적용하여 우선 다룰 문제를 가장 적절하게 다루고 있는 전문상담교사는?

① 박 교사는 용돈을 얼마나 받는지 물었고, 철수는 일주일에 만원 정도 받는데 너무 적다고 했다. 철수와 돈을 아껴 쓰는 방법에 대해서 함께 탐색하였다

② 김 교사는 어디에 쓰려고 훔쳤는지 물었고, 철수는 친구들 오락비를 대주어야 자신을 짱으로 여긴다고 대답했다. 철수와 함께 리더쉽을 발휘하는 대안적인 방법을 탐색하였다.

③ 황 교사는 부모님이 어떻게 대해 주시는지 물었고, 철수는 자신이 공부할 때만 부모님이 인정해 준다고 하였다. 철수가 부모와 타협하는 태도와 기술을 습득하도록 도왔다.

④ 최 교사는 타인관점채택 능력을 재는 검사를 실시하였고, 철수는 또래에 비하여 타인관점채택 능력이 매우 낮은 것으로 나타났다. 철수에게 타인관점채택 능력 향상 프로그램을 적용하였다

⑤ 송 교사는 방과 후 시간을 어떻게 보내는지 물었고, 철수는 친구들과 전자오락실이나 동네 놀이터에서 논다고 하였다. 방과 후에 철수가 공부에 전념할 수 있도록 돕기 위해 학습상담 프로그램을 적용하였다.

**08** 다음은 학교 폭력 가해 행동으로 징계를 받은 남자 중학생들을 대상으로 실시한 집단상담 축어록이다. 아들러(A. Adler)의 개인심리학 관점에 근거하여 ㉠, ㉡에 사용된 기법의 명칭을 순서대로 쓰시오.

> 영  철: 이번 징계는 억울해요. 용진이가 자꾸 나를 멍청하다고 놀리는 바람에 열 받아서 한 대 때린 건데요. 지난 몇 달 동안 큰 사고 없이 학교를 잘 다녔는데 이것으로 모든 게 물거품이 되어 버렸어요. 더 이상 아들을 때리지 않겠다고 엄마랑 약속했었는데…….
> 상담교사: ㉠ <u>엄마와의 약속을 지키려고 노력한 걸 보니 영철이는 책임감이 있군요. 지난 몇 달 동안 큰 사고가 없었던 것으로 보아 스스로 절제하기 위해 꾸준히 노력해 왔다는 것을 알 수 있네요.</u>
>
> … (중략) …
>
> 민  규: 날 신고한 소찬이만 보면 견딜 수가 없어요. 엄밀히 따지자면 그 애가 먼저 싸움을 시작한 것인데……. 선생님들은 제 말은 듣지도 않고, 소찬이 말만 듣고 저를 여기에 보낸 거여요. 한때는 소찬이와 절친이었거든요. 주말이면 하루 종일 게임도 같이 할 정도로 친했는데 이번 일로 우리 관계는 끝장났어요.
> 상담교사: 민규는 소찬이에 대해 여러 가지 기억들을 가지고 있군요. ㉡ <u>지금부터 소찬이에 대해 좋은 기억과 나쁜 기억을 차례로 떠올려 보려고 해요. 잠시 눈을 감아보세요.</u>
> 민  규: (눈을 감는다.)
> 상담교사: ㉡ <u>먼저 소찬이와 관련된 즐거웠던 기억을 떠올려 보세요. 어떤 기분이 드나요?</u>
> 민  규: 신나요. 소찬이와 한 팀이 되면 게임방에서 우리를 이길 자가 없었거든요.
> 상담교사: ㉡ <u>이번에는 소찬이와의 불쾌했던 기억을 떠올려 보세요. 어떤 기분이 드나요?</u>
> 민  규: 화가 나요. 날 배신했다는 생각에 치가 떨려요. 때려주고 싶어요.
> 상담교사: ㉡ <u>이제 눈을 뜨세요. 두 가지 장면을 떠올릴 때 들었던 기분이 어떻게 다른지 주목해 보세요. 민규의 생각에 따라 기분이 어떻게 변했나요?</u>
> 민  규: 제가 어떻게 생각하느냐에 따라 기분이 달라지네요. 신기해요.
> 상담교사: ㉡ <u>그래요. 민규의 말처럼 우리가 무엇을 선택하느냐에 따라 기분이 달라질 수 있어요.</u>

## 09 ◀ 2018

다음은 전문상담교사가 준수(고 1, 남)의 어머니를 면담하고 나서 작성한 축어록의 일부이다. 아들러(A. Adler)의 개인심리학에 근거 하여 밑줄 친 부분에 해당하는 개념을 쓰시오. 그리고 준수의 생활양식 유형의 명칭을 쓰고, 그 특성 1가지를 사례와 연결지어 서술하시오.

---

상담교사 : 어머니, 준수가 같은 반 친구 형기를 때린 것을 담임 선생님을 통해 전달 받으셨죠?

어 머 니 : 네. 죄송해요, 선생님. 그런데 준수가 둘째인데 자기 형을 이기려고 해서 걱정이에요. <u>준수가 3살 때 다리를 다쳐서 왼쪽 다리가 좀 불편한데도 어릴 때부터 형과 함께 태권도를 아주 열심히 해서 저희 부부는 준수를 대견하게 생각했어요. 중학교 때는 태권도 시합에 출전하여 형은 메달을 받지 못했지만 준수는 은메달을 받기도 했어요. 준수는 지금도 열심히 운동해요.</u>

상담교사 : 그렇군요. 준수가 대단하네요. 신체에 불편함이 있는 데도 불구하고 태권도를 열심히 해서 은메달까지 받았네요. 그런데 준수가 친구들과의 관계는 원만 하지 못한 것 같아요. 학급회의 때마다 다른 학생 들의 말은 듣지 않고 고집을 부릴 때가 많다고 해요. 준수가 집에서는 어때요?

어 머 니 : 공부는 형이 준수보다 월등하게 잘해요. 틈만 나면 형에게 시비를 걸고 결국 서로 다투게 되지요. 준수 아빠는 가부장적이고 권위적이다 보니 동생이 형에게 덤비는 것을 용납하지 않죠. 그래서 준수를 꾸중하게 되는데, 준수는 꾸중을 들어도 전혀 개의치 않아요.

**10.** 다음은 전문상담교사가 수진(고2, 여)과 상담한 축어록의 일부이다. 〈작성 방법〉에 따라 서술하시오.

---

상담교사 : 수진이가 상담을 하는 동안 전반적으로 성적이 많이 향상되었네… 특히 국어 성적이 많이 올랐네. 어떻게 이렇게 좋은 성과를 낼 수 있었을까?

수　　진 : 저는 어머니가 외국인이기 때문에 어렸을 때부터 한국어의 사용이 제한적이었거든요.

상담교사 : 그랬구나.

수　　진 : 그래서 어머니의 출신지 때문에 늘 알 수 없는 열등감이 있었어요. 저는 뭔가 아이들과 다른 것 같기도 하고…그런데 선생님께서 베토벤의 유명한 교향곡들이 귀가 안 들리기 시작한 이후에 탄생한 작품이라고 하시면서 ㉠ 열등감은 오히려 저를 우수하게 만드는 원천이 된다고 말씀해 주셨어요. 그래서 힘을 얻었고 저도 노력하면 되겠다는 자신감을 갖게 되었어요. 그 후에는 국어 공부에 시간을 많이 들였어요. 좋은 시는 외우기도 했어요. 그러면서 외국어에도 관심을 많이 갖게 되었어요. ㉡ 제 어머니의 모국어도 저는 유창하게 구사하고 싶어졌어요. 그래서 저는 외교관의 꿈을 꾸고 있어요.

상담교사 : 수진이가 부족한 한국어 능력에 좌절하지 않고 언어능력을 키워서 다양한 외국어에 능통하게 되어 외교관이 된다면 이보다 더 좋을 수는 없겠지.

수　　진 : 네, 저는 저의 외국어 능력을 바탕으로 미래에 외교관이 되어 제가 원하는 것을 이루려고 합니다.

상담교사 : 좋아. 인간은 ㉢ 자신이 잘 할 수 있는 것을 실천함으로써 열등감에 대한 보상도 받고 미래에 자신이 원하는 것을 이룰 수 있다는 이상으로 살아간단다.

…(중략)…

[A] ┌ 상담교사 : 지난번에 수진이의 초기기억에 대해서 물었을 때에 아기 새가 다리를 다쳐서 붕대로 묶어주었다고 했었지. 아마도 이 기억이 지금까지 남아 있다는 것은 누군가가 위기에 처해 있거나 도움이 필요할 때 도와주어야 마음이 편안해지는 수진이의 특성과도 상관이 있는거 같아.
　　└ 수　　진 : 맞아요. 그래서 그런지 저는 친구들이 어려움에 처해 있을 때 그냥 지나치지는 못해요.

상담교사 : 그런 수진이의 좋은 특성을 계속 키워 가길 바라.

---

〈작성방법〉

- 아들러(A. Adler) 상담 이론에 근거하여 밑줄 친 ㉠과 ㉡에 해당하는 개념의 명칭을 순서대로 쓸 것.
- 아들러(A. Adler) 상담 이론에 근거하여 [A]를 통해 드러난 수진이의 생활양식(life style)을 쓰고, 그 특징을 1가지 서술할 것.

### 2015 추시

**11.** 다음은 민호(고 2, 남)에 대해 전문상담교사가 파악한 내용이다. 〈조건〉에 따라 설명하시오.

> 민호는 공격적이고 사나워서 친구들은 물론이고 교사들마저도 무서워 피하는 아이다. 결석을 자주 하고, 학교에서나 학교 밖에서 패거리를 지어 다니면서 끊임없이 사고를 친다. 여학생이나 좀 약해 보이는 학생들에게는 더 심한 행패를 부려서 피해 학생들의 신고도 자주 있었다. 민호의 부모님도 민호를 이미 포기한 상태다.
>
> 민호의 아버지는 집안일이나 자녀 일에 무관심하다. 민호의 친어머니는 민호가 2살 때 돌아가셨고, 민호가 4살 때 새어머니가 들어오셨다. 새어머니는 민호가 많이 설치고 말을 안 듣는다면서, 가혹하다 싶을 정도로 엄격하게 통제하고 자주 심하게 벌을 주셨다. 민호는 평소 화를 잘 내고, "덤벼, 덤벼 봐", "내 말을 들으라니까!"라는 말을 자주 한다.
>
> 민호는 전쟁터에서 사는 사람 같고, 대부분의 주변 사람들과 적대적 관계에 있는 듯하다. 여성인 상담교사가 재혼했다는 사실을 알게 된 후부터 민호는 상담교사를 차갑고 냉담하게 대하면서 상담하기 싫다고 하였다. 그 이후 상담교사를 대하는 태도도 반항적이고 적대적으로 바뀌었다.

〈조건〉
- 프로이트(S. Freud)의 정신분석학적 상담의 주요 개념인 '전이'를 민호의 사례와 연결하여 설명할 것.
- 정신분석학적 상담의 전이 단계에서 상담교사가 해야 하는 과제와 과제 수행으로 얻어질 수 있는 상담 효과를 민호의 사례와 연결하여 설명할 것.
- 아들러(A. Adler)의 개인심리학적 관점에서 민호의 '생활양식' 유형을 사례와 연결하여 설명할 것.
- 개인심리학적 상담의 생활양식 탐색 단계에서 상담교사가 해야 하는 과제와 과제 수행으로 얻어질 수 있는 상담 효과를 민호의 사례와 연결하여 설명할 것.

## 12  ⓒ 2012

융(C. Jung)이 제시한 분석심리상담의 상담과정에 대한 설명 중 옳은 것만을 〈보기〉에서 있는 대로 고른 것은?

──〈보기〉──
ㄱ. 고백 단계에서는 내담자의 감정적 수준과 지적인 수준에 대한 통찰을 목표로 한다.
ㄴ. 고백, 명료화, 교육 및 변형의 네 단계를 모두 거쳐야 개성화(individuation)에 도달 할 수 있다.
ㄷ. 교육 단계에서는 삶의 불균형을 초래한 개인의 무의식을 알아차리게 하고, 문제의 기원에 대해 알 수 있도록 해석해준다.
ㄹ. 명료화 단계에서는 내담자가 가지고 있는 증상의 의미, 아니마와 아니무스, 그림자, 현재 상황과 고통 등에 대하여 알아차리게 한다.
ㅁ. 변형 단계에서는 내담자와의 역동적인 상호작용을 통해 내담자가 단순히 사회에 적응하는 것을 넘어서 자기실현을 이룰 수 있도록 변화를 촉진한다.

① ㄱ, ㄴ, ㄹ   ② ㄱ, ㄴ, ㅁ   ③ ㄱ, ㄷ, ㅁ
④ ㄴ, ㄹ, ㅁ   ⑤ ㄴ, ㄷ, ㄹ, ㅁ

## 13  ⓒ 2014

다음은 세 명의 전문상담교사가 각자의 상담 이론적 관점에서 상담한 후 사례 회의를 하고 있는 내용이다. 공통으로 다루고 있는 상담 기법을 쓰시오.

김교사 : 저는 상담 중기를 넘긴 한 학생이 상담 약속 시간에 늦거나 아예 오지 않는 일이 잦아서 그 학생에게 이유를 물었더니 별다른 이유가 없다고 하더군요. 그래서 그 학생이 보인 행동의 의미를 말해 주었더니 그런 일이 줄어들었습니다.

박교사 : 그러셨군요. 저는 학교폭력 가해 행위로 의뢰된 학생을 상담하였습니다. 생활양식조사를 바탕으로 학생에게 타인을 지배하려는 생활양식을 가지고 있을 수 있다고 말해 주었습니다. 그랬더니 그 학생은 자신에 대한 새로운 통찰을 하게 되었고 친구들을 괴롭히는 행동을 덜하게 되었습니다.

정교사 : 정말 두 분 모두 보람이 크시겠네요. 저는 공격성과 분노를 자주 표현하는 학생을 상담하였습니다. 그 학생은 좀처럼 자신의 마음을 열지 않아 상담은 진전 되지 않고 있었습니다. 그런데 5회기에 데칼코마니 작업을 한 후, 선사 시대의 갑각류를 닮은 악마 같다고 했습니다. 그래서 제가 "네 마음속의 어두운 부분을 표현한 것 같구나."라고 말해 주었더니 자기 마음속에 있는 부정적인 생각을 이해하고 상담관계에 변화가 있었습니다.

14. 다음은 전문상담교사가 수퍼바이저와 나눈 대화 내용의 일부이다. 〈작성 방법〉에 따라 서술하시오.

> 상담 교사 : 요즘 제 꿈에는 제가 아주 싫어하는 동료 교사가 자주 나와서 좀 놀랍고 기분이 좋지 않았어요.
> 수퍼바이저 : 그랬군요. 그 동료 교사는 어떤 분이세요?
> 상담 교사 : 그 선생님은 저와 많이 달라요. 저는 혼자 생각을 많이 하고 학교에서 다른 선생님들에게 말을 걸기 어려워해요. 그리고 제 얘기를 잘 하지 않는 편이에요. 회의에서도 제 생각을 말하기 어려운데, 그 선생님은 자기 의견을 유창하고 조리 있게 잘 전달하는 거 같아요. 그리고 그 선생님은 사교적이라 주변에 늘 사람들이 많아서 부러울 때가 많아요. 제가 보기에는 항상 주변의 관심을 끌고 좋은 인상을 주려고 과도하게 노력하는데 말이죠. ──[A]
> 수퍼바이저 : 최근에 그 선생님이 나온 꿈에 대해 말씀해 주세요.
> 상담 교사 : ㉠ 꿈속에서 저는 다른 사람들의 관심을 끌면서 대화를 하고 있었어요. 또 제가 사람들에게 좋은 인상을 주며 회의에서 멋지게 발표를 했어요. 그 모습을 그 선생님을 포함한 많은 사람들이 바라보고 있었어요.
> 수퍼바이저 : 꿈에 나타난 동료 교사가 선생님과 동성인가요?
> 상담 교사 : 네, 맞아요.
> 수퍼바이저 : 융(C. Jung)의 이론으로 살펴보면, 꿈속에서 동성인 동료 교사의 특성으로 나타난 측면은 선생님의 그림자일 수 있어요. 선생님이 그 동료 교사를 아주 싫어한다는 것은 자신의 그림자를 투사한다고 볼 수 있지요.
> …(중략)…
> 상담 교사 : 선생님이 꿈의 기능을 바탕으로 설명을 해 주시니 의미를 이해할 수 있었어요. 제가 내담자에게 꿈 분석을 적용하려면 공부를 더 많이 해야 할 거 같아요. 제가 적용할 수 있는 융(C. Jung)의 다른 상담기법이 있을까요?
> 수퍼바이저 : ( ㉡ )은/는 무의식에 잠재되어 있는 심상을 의식으로 떠오르도록 자극하는 행위와 방법이에요. 그림 그리기, 모래놀이, 춤 등 다양한 활동을 통하여 창조적으로 사용할 수 있지만 쉬운 작업은 아니에요. 내담자의 자아 기능을 고려해야 하거든요.

〈작성방법〉

- 융(C. Jung)의 이론에 근거하여, 심리적 에너지 흐름의 방향을 기준으로 [A]에 해당하는 상담교사의 심리학적 유형(psychological type)을 쓰고, 이를 활용하여 밑줄 친 ㉠에 해당하는 꿈의 내용을 꿈의 기능과 연결 지어 서술할 것.
- 융(C. Jung)의 이론에 근거하여, 괄호 안의 ㉡에 해당하는 상담기법의 명칭을 쓰고, 그 기법을 사용할 때 고려할 점 1가지를 내담자의 무의식과 자아 기능을 중심으로 서술할 것.

## 현상학적 상담이론

◀ 2009

**15** 다음은 불안을 호소하는 학생의 상담을 맡게 된 전문상담교사의 접근방법을 요약·정리한 것이다. 이 전문상담교사가 적용한 이론적 접근은?

- 불안은 성장을 향한 강한 동기적 힘이 될 수 있다고 믿는다.
- 사람에 따라 불안을 숨기기 위해 다른 방법을 찾기도 한다고 여긴다.
- 불안은 행동의 결과에 대한 책임을 깨달을 때 생기는 현상으로 본다.
- 불안의 상담과정은 양파 껍질을 벗기는 것처럼 방어를 떼어 내는 것에 초점을 맞춘다.

① 현실치료  ② 실존치료  ③ 개인심리학
④ 게슈탈트치료  ⑤ 인간중심치료

◀ 2016

**16** 다음은 전문상담교사가 고등학생들을 대상으로 창의 체험활동 시간에 '삶의 의미'라는 주제로 실시한 인성교육 내용의 일부이다. 프랭클(V. Frankl)이 제시한 3가지 가치 중 상담교사가 설명하고 있는 가치의 명칭을 쓰시오.

인간은 무엇인가를 창조하거나 경험함으로써 삶의 의미를 발견합니다. 그렇게 할 수 없는 비극적이고 참혹한 상황에서도 삶의 의미를 찾을 수 있을까요? 의미치료(logotherapy)라는 상담이론을 개발한 프랭클이라는 학자가 있습니다. 그는 아우슈비츠를 포함한 여러 강제 수용소에 오랫동안 수감되었지요. 수감되어 있는 동안 프랭클은 절망인 상황에서도 끝까지 삶을 포기하지 않는 사람들을 보면서 큰 깨달음을 얻게 되었어요. 그가 깨달은 점은 통제하거나 변화시킬 수 없는 운명이나, 좌절과 고통이 가득한 상황에서도 인간이 실현할 수 있는 가치가 있다는 것이었어요. 그는 그 가치를 통해 삶의 의미를 발견할 수 있다고 보았어요.

**17.** 다음은 전문상담교사와 수퍼바이저의 대화 내용이다. (  ) 안에 공통으로 들어갈 상담 기법의 명칭을 쓰시오.

> 상담 교사 : 프랑클(V. Frankl)의 의미치료 기법 중 역설적 의도와 (    )의 구분이 모호한 것 같아요.
> 수퍼바이저 : 역설적 의도는 내담자가 가장 두려워하는 것을 하도록 격려하는 것이지만, (    )은/는 증상을 무시하는 행동으로서, 증상을 떠나서 바라보게 하는 것입니다.
> 상담 교사 : 증상을 떠나 바라본다는 것이 어떤 건가요?
> 수퍼바이저 : 비유적으로 말하자면, 어떤 지네가 한 마리 있었습니다. 그의 적이 그에게 "당신의 다리가 어떤 순서로 움직입니까?"라고 물었답니다. 지네는 그 질문에 주의를 기울이는 순간, 전혀 움직일 수가 없었다고 합니다. 즉, 어떤 것에 집착할수록 자발성과 활동성을 방해받기 때문에 지나친 집착을 무력화하여 내담자의 자발성과 활동성을 회복시켜 주는 것입니다.
> 상담 교사 : 그러면 태도변형 기법과는 어떻게 다른가요?
> 수퍼바이저 : 태도변형 기법은 내담자가 자신이 처해 있는 실존적 현실에 대한 부정적인 태도를 변경하도록 돕는 방법입니다.
> 상담 교사 : 이제 좀 알 것 같아요. 문제에 초점을 두기보다는 현재 순간에 집중하도록 돕는 것이군요.
> 수퍼바이저 : 네, 맞아요. (    )은/는 지나치게 자신에게 초점을 맞추는 강박적인 자기관찰을 줄이고 대인 관계나 목표 등 더 긍정적인 방식에 주의를 돌리도록 함으로써 현재 상황에서 의미를 발견하도록 돕는 것입니다.

**18** 다음은 실존적 심리치료 관점에 대한 설명이다. 괄호 안의 ㉠, ㉡에 해당하는 단계의 명칭을 순서대로 쓰시오.

> 실존적 심리치료에서는 죽음, 자유, 고독, 무의미 등과 같은 주제를 중요하게 다룬다. 특히, 프랭클(V. Frankl)은 인간의 본질이 의미와 목적을 추구하는 데 있다고 보고, 의미의 부재를 실존적 스트레스의 최고점이라고 결론지었다. 이 관점에서 상담자의 역할은 내담자로 하여금 스스로 자신의 삶을 선택할 수 있는 자유를 회복하여 삶의 의미를 발견하도록 돕는 것이다. 프랭클은 실존적 무의미와 관련된 증상을 두 단계로 구분하였다. 첫 번째는 ( ㉠ )(이)라는 단계이다. 이때는 삶에 대한 의미와 가치를 발견하지 못하는 상태로, 바쁜 일이 끝나면 허전하고 각막하며 권태감을 느끼고 막연한 불만족을 토로한다. 두 번째는 ( ㉡ )(이)라는 단계이다. 이때는 무의미에 대한 정서적 반응과 함께 우울증, 알코올 중독, 강박증, 태만 등과 같은 명백한 부적응 증상이 나타난다.

**19** 다음 ①, ② 각각의 상담 내용을 가장 잘 설명할 수 있는 상담이론을 하나씩 쓰시오.

⟨①⟩
상담자 : 당신의 형제 관계는 어떻게 됩니까?
내담자 : 저는 무남독녀입니다 그래서 부모님의 충분한 사랑을 받고 자랐습니다.
상담자 : 아 그렇군요. 그런데 한 가지 더 궁금한 것은 중 고등학교 때에 전교 1등을 놓친 적이 없다고 했는데 그렇게 열심히 공부했던 이유가 있을 것 같은데요.
내담자 : 저는 몸이 너무 약해서 아이들이 나를 따돌릴까봐 늘 두려웠지요. 그래서 열심히 공부해서 1등을 하면 아무도 나를 얕잡아 보지 못할 것 같았어요.
상담자 : 열심히 공부해서 우수한 성적으로 신체적 열등감을 보상 받으려 했군요. 음 지금 이 순간 생각나는 가장 어린 시절의 초기 기억이 무엇인지 말씀해 보세요.
내담자 : 제가 5살 또는 6살 때였어요. 그때 외가에 놀러 가서 낮잠을 자다가 깼는데 주변에 아무도 없는 거예요 엄마가 나를 놔두고 혼자서 집으로 가 버리신 줄 알고 한참을 엉엉 울었던 생각이 납니다.

⟨②⟩
상담자 : 그러니까 그때에 아버님께서 억울하게 몰아붙이셨는데 너무 어린 나머지 적절하게 대항도 못했고 그것이 가슴속에 미해결 과제로 남아 지금까지 아버지만 보면 불편한 심정이 든다는 것이지요.
내담자 : 네 그뿐만 아니라 아버지 생각만 하면 소화가 잘 되지 않아요.
상담자 : 그러면 여기 빈 의자에 아버지가 앉아 있다고 가정하고 아버지에게 그때 못다 한 이야기를 풀어내 보시지요.
내담자 : (빈 의자를 향하여) 아버지, 정말 너무하세요. 나는 정말 아버지를 생각해서 그렇게 한 걸 가지고 나에게 이렇게까지 퍼부으십니까? 정말 너무하십니다.

① _____  ② _____

**20** 다음은 전문상담교사가 정수(중 2, 남)를 상담한 축어록의 일부이다. ㉠, ㉡에 나타난 접촉경계 혼란의 유형을 바르게 연결한 것은?

> 정　　수 : 일주일 전에 민규가 제 휴대전화를 빌려 갔거든요. 친구에게 그냥 빌려 준 것이니까, 언젠가는 돌려주겠죠.
> 상담교사 : 그런데 나 같으면 화날 것 같은데, 넌 아무렇지도 않은 것처럼 말하는구나.
> 정　　수 : ㉠ (아무 감정 없이 마치 남의 이야기를 하듯) 네? 몰라요. 음, 자꾸 생각하다 보면 친구 간에 서로 불편해지잖아요. 그냥 그럴 땐 생각 안 해요. 그러면 아무렇지도 않거든요.
> 
> … (중략) …
> 
> 정　　수 : ㉡ 근데요……. 내가 너무 바보 같아요. (주먹으로 자신의 머리를 치며) 나한테 너무 화가 나요.

|     | ㉠    | ㉡    |     | ㉠    | ㉡    |
| --- | ---- | ---- | --- | ---- | ---- |
| ①   | 내사 | 반전 | ②   | 반전 | 편향 |
| ③   | 반전 | 투사 | ④   | 편향 | 반전 |
| ⑤   | 편향 | 투사 |     |      |      |

**21** 길동이는 돌아가신 어머니에 대하여 풀지 못한 감정을 가지고 있다. 상담 교사는 길동이가 이러한 감정을 표현할 수 있도록 도와주려고 한다. 이때 활용할 수 있는 대표적인 게슈탈트 상담 기법을 쓰고 그 진행 과정을 간략히 기술하시오.

(1) 상담 기법 : _____

(2) 진행 과정 : _____

## 22

게슈탈트(Gestalt) 상담이론에 근거하여 다음 (가), (나)의 사례에 해당하는 접촉경계혼란의 명칭을 순서대로 쓰시오.

(가) 지은이는 많은 사람들로부터 주목받는 것이 두렵다. 특히 수업 시간에 발표를 할 때 '친구들이 나를 어떻게 볼까?' 의식하면서 자신의 행동 하나하나를 지나치게 세심하게 관찰하고 검열한다. 발표를 잘해서 선생님한테 칭찬받고 친구들에게도 인정받고 싶지만 잘할 수 있을지 자신이 없고, 발표를 못해서 웃음거리가 되면 어떡하나 신경이 쓰인다. 그러다 보니 다른 사람들에게 주목을 받으면 당황해서 매우 불안해지고 신체적으로 심한 긴장을 느낀다.

(나) 최근 호영이는 어머니가 갑작스런 사고로 돌아가셔서 장례식을 치르고 등교했다. 담임 선생님은 매우 슬펐을 호영이를 염려하면서 걱정스런 마음으로 어떤지 물었지만 호영이는 아무렇지도 않은 듯 괜찮다고 하면서, 오히려 오랜만에 친구들을 만나서 너무 즐겁다고 하였다. 그러나 호영이는 말할 때 선생님의 눈길을 피하면서 "선생님, 오늘 급식 메뉴 뭐예요?"라고 물으며 화제를 전환했다.

23 다음은 전문상담교사가 고등학교 상담 동아리 학생들을 대상으로 진행한 게슈탈트 집단 상담의 일부이다. 〈작성 방법〉에 따라 서술하시오.

> 수　　진 : 저는 상담을 잘 하고 싶어서 상담 동아리에 들어 왔는데요. 다른 사람의 감정을 잘 이해하지 못할까 봐 염려가 돼요.
> 상담교사 : 혹시 우리 집단 안에서도 그런 염려가 되나요?
> 수　　진 : 글쎄요. 그런데 그런 생각을 해 봐야 되나요?
> 상담교사 : 아직 그런 생각을 해 보지는 않았나 보네요. 그러면 혹시 이전에 다른 사람의 감정을 이해하지 못했던 일이 있었나요?
> 수　　진 : 저번에 동생이 엄마 몰래 학원에 안 가고 친구들과 놀러간 적이 있었는데, 제가 엄마에게 이야기를 해서 동생이 혼난 일이 있었어요. 동생은 어떻게 엄마에게 고자질할 수가 있냐면서 저에게 엄청 화를 냈는데 저도 화가 났어요. 제가 말리면 말을 안 들을 것 같고, 저는 동생이 잘못될까 봐 걱정이 돼서 그런 거였는데 말이죠.
> 상담교사 : 그랬군요. 그래서 어떻게 했나요? 동생에게 그런 마음을 표현했나요?
> 수　　진 : 네, 했는데요. 제가 동생을 이길 수가 없어요. 동생은 너무 말을 잘해서 제가 말을 하려고 하면 말문을 막아 버리고, 결국은 제가 잘못했다고 할 때까지 화를 내거든요.
> 상담교사 : 그렇군요. 그럴 때는 어떤 심정이에요?
> 수　　진 : 제 잘못은 아닌 것 같은데 … 답답하죠.
> 상담교사 : 그러면 옆에 있는 미영이를 동생이라고 생각하고 그때 하고 싶었던 말을 한번 해 볼래요?
> 수　　진 : 선생님, 재미없는데 이제 제 얘기는 그만하면 안 될까요?
> 상담교사 : 그런가요? 그러면 다른 친구들도 이런 비슷한 경험이 있었는지 한번 이야기해 볼까요?

――――――〈작성방법〉――――――

- 접촉경계혼란 중 '편향'에 해당하는 수진이의 말을 상담 내용에서 2가지 찾아 쓸 것.
- '지금-여기(here & now)'에 초점을 둔 상담교사의 개입을 상담 내용에서 2가지 찾아 쓸 것.

**24** 다음은 전문상담교사와 수퍼바이저 간에 이루어진 수퍼비전의 일부이다. 〈작성 방법〉에 따라 서술하시오.

> 상담 교사 : 저는 오늘 선생님께 게슈탈트 상담에 입각하여 수퍼비전을 받고 싶습니다. 우선 여기에서 제가 내담자를 대하는 태도에 대해서 점검을 받고 싶어요.
>
> 수퍼바이저 : 선생님이 제출하신 축어록을 미리 읽어 보았어요. 게슈탈트 상담에서 주장하는 내담자와 상담자 관계의 특성인 수평적이고 열린 ( ㉠ )이/가 잘 드러나 있었습니다. 구체적으로 내담자에 대한 말씀을 해 주세요.
>
> 상담 교사 : 중학교 3학년 여학생인 제 내담자 지민(가명)이는 늘 조용하고 얌전하며 친구들의 요구를 다 들어주면서 살고 있어서 아주 인기가 많은 아이였어요. 그런데 뜻밖에 상담실에 와서는 눈물을 터트리며 친구들의 인기를 한 몸에 받고 있는 자기 모습이 너무 싫다고 하는 것이에요. 구체적으로 탐색을 해 보니 ㉡ 수년 전 아버지가 돌아가시고 슬퍼하시는 어머니가 불쌍하다는 생각에 어머니가 시키시는 것은 무엇이든지 순응하고 어머니의 말씀을 잘 따랐다고 해요. 특히 어머니가 자신이 사는 이유는 지민이 때문이라고 강조를 했기 때문에 지민이는 어머니의 요구대로 살려고 노력하면서 자신이 원하는 것도 말하지 못했다고 해요. 또 아버지를 그리워하며 슬퍼하면 어머니가 슬퍼하실까 봐 참고 내색하지 않으면서 어머니가 자신에게 원하는 모습대로 사는 게 익숙해졌다고 해요.
>
> 수퍼바이저 : 그렇군요. 그런 것을 게슈탈트 상담 이론에서는 혼란을 극복하고 심리적 성숙에 이르기 위해 통과해야 할 신경증 층 중의 하나라고 하지요.
>
> 상담 교사 : 아, 네. 그리고 지민이는 아버지에 대한 연민으로 늘 가슴에 뭔가 맺힌 것이 있어 날씨가 흐리거나 비가 오려고 하면 돌아가신 아버지에 대한 슬픔이 물밀듯이 밀려와 주체할 수 없는 슬픔으로 공부하기 힘들다고 해요.
>
> 수퍼바이저 : 그런 상황에서는 지민이의 미해결 과제를 먼저 다루어야 하지요. 빈의자 기법과 역할 연기 등의 기법을 활용하여 가슴 속에 맺힌 것을 풀어낼 수 있습니다.
>
> 상담 교사 : 네, 한번 사용해 보겠습니다. 최근에 지민이는 또 어머니가 야단을 치시면 어머니에게 억울함을 느낄 때도 ㉢ 어머님께 자신의 의견을 말하지 못하면서 소화가 안되고 머리가 아프며 자신을 탓하고 자책하는 행동을 보입니다.

〈작성방법〉

- 게슈탈트(Gestalt) 상담이론에 따라 괄호 안의 ㉠에 해당하는 용어와 밑줄 친 ㉢에 해당하는 접촉경계혼란 행동의 명칭을 각각 쓸 것.
- 게슈탈트(Gestalt) 상담이론에 따라 밑줄 친 ㉡에 나타난 신경증 층의 명칭을 쓰고, 이후에 나타나는 마지막 신경증 층의 특징을 1가지 서술할 것

**인지행동 상담이론**

**25** 다음은 상담교사가 용준에게 자기주장훈련을 실시하는 사례이다. 물음에 답하시오.

용    준 : 수업시간에 짝이 자꾸 물어봐서 수업에 집중할 수가 없어요. 대답을 안 해 주자니 치사하다는 생각이 들고, 물어볼 때마다 답변을 해주자니 중요한 것을 놓치게 되는데 어떻게 해야죠?

상담교사 : 그런 상황에서 할 수 있는 표현(행동)은 세 가지가 있을 수 있단다. 첫째는, 수동적 표현(행동)이야. 지금까지 한 것처럼 손해를 보더라도 친구가 물어 볼 때마다 대답해 주는 것이지. 둘째는 공격적 표현이야. 예컨대, "왜 자꾸 물어보고 그래, 너 때문에 중요한 것을 놓치잖아. 자꾸 물어보지 좀 마!"라고 말할 수 있을 거야. 셋째는 자기주장 표현이다. 예컨대, "＿＿㉮＿＿"(이)라고 말할 수 있을 거야.

• ㉮에 들어갈 자기주장표현의 예를 1줄 이내로 쓰시오.

_____

• ㉮의 예가 자기주장표현이 되기 위해서 포함해야 할 구성 요소 2가지를 쓰시오.

_____ , _____

**26** 철수는 친구들 앞에서 항상 심한 불안감을 느껴 발표를 하지 못한다. 상담교사는 철수의 이러한 불안을 없애기 위하여 행동 치료의 과정을 다음과 같이 진행하였다. ①, ②에 들어갈 용어를 쓰고 상담교사가 (1)~(6)까지의 과정을 통하여 실시한 행동치료 기법의 명칭을 쓰시오.

> (1) 철수의 발표 불안을 일으키는 자극을 분석하였다.
> (2) 분석 결과에 따라 ( ① )을(를) 작성하였다.
> (3) ( ② ) 훈련을 시켰다.
> (4) 가장 적게 불안을 일으키는 장면을 상상하면서 위의 훈련을 하여 불안이 줄어들도록 하였다.
> (5) 불안을 일으키는 가장 낮은 수준의 자극에서부터 가장 높은 수준의 자극에 이르기까지 단계별로 이러한 과정을 진행하였다.
> (6) 철수가 가장 불안이 심한 자극 장면을 상상할 때에도 불안을 느끼지 않게 되어 상담교사의 치료는 종결되었다.

① _____
② _____

• 행동치료 기법 : _____

**27** 다음은 전문상담교사들이 청소년들의 문제 행동에 대한 행동수정 기법에 대해 나눈 대화 내용의 일부이다. 괄호 안의 ㉠과 ㉡에 들어갈 명칭을 순서대로 쓰시오.

> 홍 교사 : 저는 요즘 청소년들의 행동을 변화시키는 데 도움이 되는 행동수정에 관심이 많습니다. 일반적으로 행동치료에서는 강화를 사용하여 행동을 변화시키는 것을 목표로 하지요. 특히, ( ㉠ )은/는 한 번도 해 본 적이 없거나 거의 하지 않는 행동이나 새로운 기술을 가르칠 때 효과적으로 사용되는 기법입니다. 조작적 조건 형성의 원리를 이용해서 목표행동을 여러 하위 단계로 나누고, 내담자가 세분화된 목표행동에 근접할 때마다 보상을 주어 점진적으로 특정한 행동을 학습하도록 만드는 기법입니다. 이러한 과정에는 소거와 강화, 변별과 일반화가 적용되고 세분화된 행동연습을 통해서 내담자가 하위 목표를 달성하게 되면, 그 다음 상위 목표의 행동을 연습해 나감으로써 궁극적으로 목표 행동에 도달하도록 돕는 방법입니다.
> 민 교사 : 네, 그렇군요. 목표행동 학습을 위해서는 사전에 구체적인 반응 순서를 계획하는 것이 중요하겠네요.
> 홍 교사 : 그렇습니다. 그런가 하면 최근에는 저희 학교 학생들 중에 체중 관리로 고민하는 사례가 부쩍 늘었는데요, 어떤 방법을 적용하는 게 좋을까요?
> 민 교사 : 네, 저의 경우에는 학생들을 상담실에서 만나는 시간이 제한적일 수밖에 없기 때문에 내담자들이 스스로 자신의 행동을 관리할 수 있도록 돕기 위해서 자기관리(self-management) 프로그램을 주로 활용합니다. 여기에 필수적으로 들어가야 하는 과정이 ( ㉡ ) 단계인데, 이 과정을 통해서 문제행동이 자신의 실제 생활에서 일어나고 있는 양상에 대한 구체적인 정보를 얻을 수 있습니다. 이렇게 내담자가 자신의 문제 행동과 관련된 생각, 감정, 행동, 환경과의 관계 등에 대한 정보를 수집한 후에는 나머지 두 단계도 거치게 됩니다.

◀ 2020

**28** 다음은 전문상담교사가 미나(중 2, 여)의 시험 불안 감소를 돕기 위해 참고한 교재의 내용이다. 고전적 조건형성이론에 근거하여 밑줄 친 ㉠에 해당하는 원리와 괄호 안의 ㉡에 해당하는 용어를 쓰시오.

> 체계적 둔감법은 상호억제의 원리를 이용하는 기법으로, ㉠ <u>이전에 형성된 부적응적 조건반응이 소거되는 동시에 그 반응과 양립할 수 없는 새로운 반응이 조건화되는 과정</u>을 포함한다. 체계적 둔감법은 시험 불안이 심한 학생들의 시험 불안을 완화시키기 위해 사용될 수 있다. 구체적으로, 체계적 둔감법을 통해 시험 불안을 감소시키기 위해서는 다음의 두 가지 작업이 선행되어야 한다. 첫 번째 작업은 학생의 시험불안을 대체할 이완 반응을 가르치는 것이다. 두 번째 작업은 학생이 느끼는 시험 불안 수준의 ( ㉡ )을/를 목록화 하는 것이다. 이 두 가지 작업이 잘 이루어지면, 학생에게 이완된 상태에서 가장 낮은 단계의 시험 불안 유발 상황을 떠올려 보게 한다. 이 상황에서 이완 상태가 유지되면 다음 단계의 상황을 떠올려 보게 하고, 최종적으로는 가장 높은 불안을 유발하는 상황에서도 이완 상태가 유지되도록 한다.

◀ 2009

**29** 다음은 상담이론 창시자가 자신의 이론을 설명한 문장의 일부이다. 이 이론의 핵심 내용에 해당하는 것은?

> 인간은 상징적 동물이므로 자신에게 특정 이데올로기들을 계속해서 재주입하는데, 그것이 문제입니다. 그것이 바로 마음이 불안해지는 이유입니다. 자신에게 무슨 말을 하고 있는지를 알고 있고, 어리석은 말을 하고 있다는 것을 알고 있어도, 지속적으로 자신의 철학적 가정을 재평가해야만 나아질 수 있습니다. 〈중략〉 개인이 해야 할 일은 행동입니다. 그러므로 우리는 구체적인 과제물을 부여하고 이를 실행하게 한 후, 과제물 이행 여부를 확인합니다.

① 생각을 바꾸면 감정뿐만 아니라 행동에도 변화가 온다.
② 신경증, 정신증, 중독 관련 행동은 모두 욕구충족을 위한 최선의 선택이다.
③ 과거는 이미 지나갔고 미래는 아직 오지 않았으므로 오로지 현재가 중요하다.
④ 학습된 행동이 바람직하지 않은 경우, 상담목표를 바람직한 행동의 학습으로 설정한다.
⑤ 사람들은 어려서 받았던 부모의 메시지들을 토대로 내린 인생의 초기결정에 따라 살아가는 경향이 있다.

**30** 다음은 전문상담교사가 엘리스(A. Ellis)의 ABCDE 모델을 적용하여 영수(고 2, 남)와 상담한 과정이다. 이 과정의 첫 단계에 해당하는 것을 ㉠~㉤ 중에서 찾아, 그 기호와 단계의 명칭을 쓰시오.

> ㉠ 영수는 "이번 수능 모의고사에서 예상했던 점수보다 낮은 점수를 받은 것은 정말 끔찍하고 바보 같은 일이다."라고 말했다.
> ㉡ 전문상담교사는 영수에게 "모든 사람이 항상 원하는 점수를 받을 수 있을까? 수능 모의고사에서 예상보다 낮은 점수를 받은 것이 그렇게 끔찍한 일이니?"라고 질문하였다.
> ㉢ 영수는 이번 수능 모의고사에서 예상했던 점수보다 낮은 점수를 받았다.
> ㉣ 영수는 수능 모의고사에서 낮은 점수를 탓아서 안타깝기는 하지만 우울하게 느껴지지 않았으며 다음 시험 준비를 위한 계획을 수립하여 실천하게 되었다.
> ㉤ 영수는 학습의욕이 저하되고 우울 증세를 보였다.

**31** 다음 사례에서 나타난 핵심적인 '비합리적 신념'을 쓰고, 그것을 '실용성'의 관점에서 논박하는 질문을 쓰시오.

> 상민은 학업 성적이 우수한 학생이지만 항상 불안한 상태에 있다. 성적도 계속 상위권을 유지해야 하고 친구들과도 좋은 관계를 유지해야 하며 취미 생활도 잘해야 한다고 생각하기 때문이다. 따라서 어느 하나에서라도 부족하면 큰 일 난다고 생각하여 항상 모든 면에서 높은 수준을 유지하려고 한다. 그러지 못하면 때때로 깊은 좌절감을 경험한다.

• 핵심적인 비합리적 신념 : _____

• 질문(1줄 이내) : _____

**32** 다음 (가)는 전문상담교사가 영희(고2, 여)를 상담한 후 작성한 상담 일지이고, (나)는 상담 과정의 일부이다. 〈작성 방법〉에 따라 서술하시오.

◀ 2021

(가)

○ 호소 문제 및 상담 경위
　머리가 아프고 가슴이 두근거리는 증상과 심한 우울을 호소하며 내방함. 최근 어머니의 친구 아들이 대학입시 수시 전형에서 합격한 이후, 어머니가 영희에게 내년에 꼭 명문 의과대학에 합격해야 한다고 강조하고 있음.

○ 상담자가 파악한 내담자 문제
　엘리스(A. Ellis)의 인지정서행동치료(REBT) 이론에 따르면, 영희의 신체 증상과 건강하지 못한 부정적 정서는 명문 의과대학에 합격해서 어머니의 기대에 반드시 부응해야 한다는 당위적 사고 때문임. 이 당위적 사고는 ㉠'어머니의 기대에 부응하지 못하는 것을 참을 수 없다.'라는 생각을 파생시키면서 영희를 괴롭히는 것으로 파악됨.

(나)

(영희의 정서적 문제인 우울이 비합리적인 생각과 관련되어 있다는 것을 충분히 교육한 후)
상담교사 : 눈을 감고 심호흡을 하세요. 가장 최악의 상태를 상상해 보고 상상이 되면 손을 드세요.
영　　희 : (약 30초 후 손을 든다.)
상담교사 : 지금 손을 들었는데 어떤 장면이 떠올랐나요?
영　　희 : 제가 의과대학에 떨어져서 어머니가 울고 있는 모습이에요.
상담교사 : 그 장면에서 영희는 무엇을 느끼고 있나요?
영　　희 : 너무 우울해 하고 있어요.
상담교사 : 그렇군요. 자, 그러면 이제 그 느낌을 덜 우울한 정서로 바꾸어 볼까요? 그리고 정서가 바뀌면 손을 들어 주세요.
영　　희 : (약 1분 후 조용히 손을 든다.)
상담교사 : 지금 느낌은 어때요?
영　　희 : 조금은 나아졌어요. 여전히 속이 좀 상하고 마음도 조금 아프지만요.
상담교사 : 어떻게 해서 느낌을 바꿀 수 있었나요?
영　　희 : 생각을 바꾸었어요.
상담교사 : 바뀐 생각이 무엇인지 말해 주세요.
영　　희 : (　　　㉡　　　)
상담교사 : 그 생각을 계속 유지하기 위해 어떻게 할 수 있을까요?

〈작성방법〉

• REBT 이론에 근거하여, 밑줄 친 ㉠에 해당하는 비합리적 사고의 명칭을 쓰고, 이와 관련하여 괄호 안의 ㉡에 들어갈 영희의 대답을 서술할 것.
• (나)에서 상담자가 REBT 상담 과정에 따라 사용하고 있는 정서적 논박 기법의 명칭을 쓰고, (나)에 나타난 영희의 건강한 부정적 정서를 찾아 쓸 것.

**33** 〈보기〉에 제시된 상황에서 추론할 수 있는 철수의 자동적 사고 내용과 인지적 오류 유형을 쓰시오.

─〈보기〉─

철수는 영어 시간을 매우 싫어한다. 얼마 전에 영어 선생님으로부터 심하게 야단을 맞은 적이 있었기 때문이다. 그 일 이후 철수는 영어 시간에 매우 소극적으로 되었고, 선생님이 책을 읽으라고 지명할 때는 마음이 덜컹 내려앉으며 불안해졌다. 더욱이 철수는 학교의 모든 선생님이 자기를 야단칠 것만 같은 생각이 들었다. 학교생활은 점점 힘들어졌고 성적도 급격하게 떨어졌다. 이제 철수는 다른 수업 시간에도 선생님이 지명할까봐 무척 긴장하게 된다.

(1) 자동적 사고의 내용 : _____

(2) 인지적 오류의 유형 : _____

**34** 다음은 전문상담교사가 혜리(고 1, 여)와 상담한 내용의 일부이다. 〈작성 방법〉에 따라 서술하시오.

---

상담교사 : 어떤 일로 상담실에 오게 되었나요?
혜　　리 : 며칠 전에 부모님과 정신건강의학과에 갔었는데 '주요 우울장애'라는 진단을 받았어요. 의사선생님께서 학교 상담실에도 가서 도움을 받아보라고 권유해서 왔어요.
　　　　　　　　… (중략) …
상담교사 : 혜리가 느끼는 우울 증상에 대해 자세히 얘기해 줄래요? 최근에 힘든 일이 있었나요?
혜　　리 : 최근, 고등학교에 입학하자마자 처음 본 모의고사 성적이 저에게는 너무 충격적이었어요. 중학교 때는 항상 전교 1, 2등이었던 제가, 고등학교에 입학해서 처음 본 모의고사가 세상에나……. 전교 30등인 거예요.
　　　　　　　　… (중략) …
혜　　리 : 그렇지 않아도 그날 부모님께서 제 성적표를 보여달라고 하시더라고요. 역시나, 예상했던 대로 왜 이렇게 성적이 떨어졌냐고 저를 다그치셨어요. 정말 죽고 싶을 만큼 힘든 날이었어요. ㉠ 제가 너무 무능한 것 같아요. ㉡ 제가 어떤 노력을 하더라도 이 상황은 개선될 수 없을 것 같기도 하고요.
상담교사 : 혜리가 정말 힘들었겠군요.
　　　　　　　　… (중략) …
상담교사 : 학업 성적이 떨어지고, 학교 친구들하고는 어떻게 지내나요?
혜　　리 : 친구들이 이제 저랑 놀아 주지 않을 것 같아요. 어느날은 매점 앞을 지나가는데 벤치에서 이야기하던 반 친구들이 저를 보고 크게 웃는 거예요.
상담교사 : 친구들이 왜 혜리를 보고 웃었다고 생각해요?
혜　　리 : ㉢ 아이들이 어떻게 알았는지 제 성적을 알고 비웃지 뭐예요.

---

〈작성방법〉

- 밑줄 친 ㉠, ㉡에 해당하는 내용에 대해 인지이론 관점에서 우울한 사람들이 가지는 인지삼제의 주제 2가지를 순서대로 서술할 것.
- 밑줄 친 ㉢에 해당하는 인지적 오류 유형의 명칭 1가지를 쓰고 그 의미를 서술할 것.

**35** 벡(A. Beck)이 제시한 인지 왜곡 형태 중 (가)~(라)의 예시에 해당하는 것을 〈보기〉에서 골라 바르게 연결한 것은?

(가) 명수는 '내가 모처럼 영화 보러 가려고만 하면, 항상 길이 막혀.'라고 불평한다.
(나) 철수는 '선생님이 영희에게는 수행평가 점수를 잘 주실거야. 같은 아파트에 살고, 같은 여자니까.'라고 믿는다.
(다) 경서는 '이번 시험에서 실수로 전 과목 만점을 놓쳤기 때문에, 전교 1등 했다고 좋아할 일이 아니야.'라며 우울해 한다.
(라) 도희는 '선생님이 내게 공부도 잘하고 모범적이라고 했지만 운동도 좀 하라고 한 것을 보니, 나를 공부만 하는 답답한 아이라고 생각 하시는 게 틀림없어.'라며 우울해 한다.

〈보기〉
ㄱ. 개인화(personalization)  ㄴ. 파국화(catastrophizing)
ㄷ. 과잉일반화(overgeneralization)  ㄹ. 임의적 추론(arbitrary inference)
ㅁ. 선택적 추상(selective abstraction)
ㅂ. 확대·축소(magnification·minimization)

|   | (가) | (나) | (다) | (라) |
|---|---|---|---|---|
| ① | ㄱ | ㄷ | ㄴ | ㅁ |
| ② | ㄱ | ㄹ | ㅂ | ㅁ |
| ③ | ㄹ | ㄷ | ㄴ | ㄱ |
| ④ | ㄹ | ㅂ | ㄷ | ㄱ |
| ⑤ | ㅂ | ㄹ | ㄴ | ㅁ |

◀ 2017

**36** 다음은 전문상담교사가 주희(중 3, 여)를 대상으로 실시한 상담 축어록이다. (  ) 안에 공통으로 들어갈 벡(A. Beck)의 인지치료의 개념을 쓰시오.

> 상담교사 : 지난 한 주 동안 친구 관계에서 불안을 느꼈던 경우를 떠올려 볼까요?
> 주   희 : 화장실을 가려고 복도를 지나가는데 반대편에서 저를 향해 오는 친구와 눈이 마주쳤어요. 그 순간 숨을 제대로 쉴 수가 없었어요.
> 상담교사 : 그때 어떤 느낌이었어요?
> 주   희 : 두려웠어요.
> 상담교사 : 바로 그때 마음 속에 어떤 생각이 스쳐 갔나요?
> 주   희 : '저 친구도 나를 싫어하겠지. 또 나를 괴롭히면 어떡하지?'라는 생각을 했던 것 같아요.
> 상담교사 : 그 친구가 주희를 싫어한다고 생각하니 두려운 마음이 들었겠군요. 우리는 지금 (        )을/를 탐색하고 있어요. (        )은/는 심사숙고하거나 합리적으로 판단한 결과가 아니고, 아주 빠르게 의식 속을 지나가기 때문에 인식하지 못할 때가 많아요. 그래서 우리들은 (        )을/를 인식하기보다는 그 결과에 뒤따르는 감정과 생리적인 반응만 인식하게 되지요.

## 37 ◀ 2022

다음 (가)는 전문상담교사가 진서(중 3, 남)를 상담한 후 작성한 상담일지이며 (나)는 축어록의 일부이다. 〈작성 방법〉에 따라 서술하시오.

(가)

> 1) 호소 문제 및 상담 배경
>    진서의 부모는 오랜 법정 다툼 끝에 협의 이혼을 하게 되었다. 진서는 친구들이 자신의 처지를 알게 될까 봐 불안해하면서 그들을 회피하였다. 최근에는 친구들이 자기를 쳐다보는 것 같아 공포스러웠다.
>
> 2) 상담자가 파악한 내담자의 문제
>    - 외적/환경적 요인 – 부모의 이혼
>    - 정서적 문제 – 불안감, 공포
>    - 행동적 문제 – ⊙ 친구들의 얼굴을 쳐다보지 못함
>
> 3) 상담자가 파악한 내담자 문제의 원인
>    진서는 부모님의 이혼이 자신 때문이라 생각하고 부모가 이혼을 한 자신은 존재 가치가 없는 한심한 아이라고 생각한다.

(나)

> 상담교사 : 선생님은 인지치료의 방법으로 너를 상담할 건데 지금부터 잠시 이론의 기본 개념을 가르쳐 줄게. 간단하게 설명을 하면 인간이 어떻게 생각하느냐가 어떻게 느끼고 행동하느냐에 지대한 영향을 미친다는 것이야. 만약에 진서가 오늘 아침에 학교에 오다가 친구 지우를 보았는데 지우가 그냥 지나쳤을 때 '지우가 나를 무시했다'고 생각했다면 기분이 나빴을거야. 그런데 만약 진서가 '눈이 나쁜 지우가 렌즈를 끼지 않아서 나를 못 알아보아서 인사를 하지 않았다'고 생각하면 그리 기분이 나쁘지는 않았을 거야. 똑같은 상황이지만 내가 어떤 생각으로 그런 상황을 바라보느냐에 따라서 나의 기분이나 감정 그리고 행동은 아주 다를 수 있다는 것이지. 이 이론은 ⓒ 고대 스토아 철학자 에픽테투스(Epictetus)의 기본 철학에서 영향을 받았단다.
>
> 진   서 : 네, 그렇군요. 똑같은 상황에서도 저의 생각이 중요하다는 말씀이군요.

― 〈작성방법〉 ―

- 벡(A. Beck)의 인지치료에 근거하여 상담의 과정적 목표를 사례와 연결지어 서술할 것.
- 밑줄 친 ⊙의 문제를 해결하기 위한 행동 기법으로 불안을 유발하는 자극에 대한 둔감화를 활용한 기법의 명칭을 쓸 것.
- 벡(A. Beck)의 인지치료에 근거하여 (나)에서 사용된 개입 방법이 무엇인지 쓰고, 밑줄 친 ⓒ의 내용 서술할 것.

**38** 다음 (가)는 벡(A. Beck)의 인지치료에 기반하여 전문상담교사가 성민(중 3, 남)을 상담하는 내용의 일부이고, (나)는 (가)에 대해 전문상담교사와 수퍼바이저가 대화하는 내용의 일부이다. 〈작성 방법〉에 따라 서술하시오.

(가)

> 상담교사 : 지난 한 주 동안 어떻게 지냈어요?
> 성　　민 : 최악이었어요.
> 상담교사 : 저런 ……. 무슨 일이 있었나요?
> 성　　민 : 어제 학교 끝나고 집에 가면서 현석이한테 주말에 우리 집에서 게임 같이 하자고 했는데, 현석이가 거절했어요.
> 상담교사 : 그랬군요. 그때 마음에 스쳐 지나간 생각이 무엇인가요?
> 성　　민 : '현석이는 나를 좋아하지 않는구나.'라는 생각이 들었어요.
> 상담교사 : '현석이는 나를 좋아하지 않는구나.'라는 생각에 어떤 감정이 들었나요?
> 성　　민 : 그때는 왜 그런지 외롭고 슬프더라고요.
> 상담교사 : 우리가 방금 전에 한 건 성민이의 자동적 사고를 탐색한 거예요. 자동적 사고는 특정 상황이나 자극을 접하게 되면 거의 자동적으로 나타나는 생각인데, 이는 ( ㉠ ) 형태, ( ㉡ ) 형태 또는 둘 다의 형태로 나타나요.

(나)

> 상　담　교사 : 성민이와 자동적 사고 탐색을 하면서 왜곡된 생각을 찾아봤어요.
> 수퍼바이저 : 성민이가 가지고 있는 왜곡된 생각이 뭐였을까요?
> 상　담　교사 : 성민이가 현석이에게 매번 놀자고 할 때마다, 현석이가 거절하고 뒤돌아가면서 짜증 내는 것 같다고 했어요. 근데, 그걸 성민이가 직접 확인해 본 적은 없대요. 그러면서도 성민이는 현석이가 자기를 싫어해서 그러는 거라고 생각하고 있는 게 왜곡된 생각인 것 같아요.
> 수퍼바이저 : 아, 그렇군요. 그래서 어떻게 개입을 했나요?
> 상　담　교사 : 사실 어떻게 개입을 해야 할지 몰라서 고민이긴 해요. 어떤 좋은 방법이 있을까요?
> 수퍼바이저 : 음……. 여러 가지 방법이 있는데요, 저는 개인적으로 ㉢ 행동 실험을 추천해요.
> 상　담　교사 : 특별히 추천하시는 이유가 있나요?
> 수퍼바이저 : 행동 실험은 체험을 기반으로 하다 보니 왜곡된 생각의 변화가 잘 일어나는 편이에요.
> … (중략) …
> 상　담　교사 : 핵심 신념을 찾는 방법에 하향 화살표 기법이라는 게 있더라고요.
> 수퍼바이저 : 대표적인 방법 중에 하나죠.
> 상　담　교사 : 근데 내담자 입장에서는 말꼬리 잡는 것처럼 느껴질 수도 있어서 걱정이 돼요.

수퍼바이저 : 맞아요. 다들 처음에 그런 걱정들을 해요. 대체로 같은 질문을 계속 반복해서 하니까요. 근데 내담자에게 이 기법의 취지와 방법을 미리 설명해 주면 오해의 소지는 줄일 수 있어요. 연습 한번 해 볼까요? 제가 선생님 역할을 할 테니 선생님이 내담자 역할을 해 봐요. 자, 내담자의 자동적 사고를 활용해서 제가 먼저 할게요. '현석이는 나를 좋아하지 않는구나.' 라는 생각이 사실이라면, ( ㉣ )?

상담 교사 : 나를 좋아하는 사람이 또 하나 사라졌다는 거죠.

수퍼바이저 : '나를 좋아하는 사람이 또 하나 사라졌다.'라는 생각이 사실이라면, ( ㉣ )?

상담 교사 : 내 주위에는 아무도 없다는 거죠.

··· (하략) ···

―――――〈작성방법〉―――――

- 괄호 안의 ㉠, ㉡에 해당하는 용어를 쓸 것.
- 밑줄 친 ㉢의 적용 방법을 사례와 연결 지어 서술할 것.
- 괄호 안의 ㉣에 해당하는 내용을 서술할 것

## 최근 상담이론 및 통합

**39.** 글래써(W. Glasser)는 선택이론에서 4가지 심리적 욕구를 다음과 같이 설명하고 있다. 빈칸에 해당하는 욕구의 명칭을 쓰시오.

| 욕 구 | 설 명 |
|---|---|
| 즐거움에 대한 욕구 | 새로운 것을 배우고, 놀이를 통해 즐기고자 하는 속성 |
| (1) | 사랑하고 나누며, 협력하고자 하는 속성 |
| (2) | 마음대로 이동하고 선택하고자 하는 속성 |
| (3) | 경쟁하고 성취하며, 중요한 존재가 되고자 하는 속성 |

(1) _____
(2) _____
(3) _____

◎ 2015 추시

**40.** 다음은 우볼딩(R. Wubbolding)의 상담 절차에 따라 전문상담교사가 한수(중 3, 남)와 상담한 내용의 일부이다. (가), (나)에서 탐색하고 있는 것을 순서대로 쓰시오.

〈가〉
상담교사 : 아무도 너를 간섭하지 않는다면 넌 무엇을 하겠니?
한　　수 : 내가 원하는 것을 하죠.
상담교사 : 네가 원하는 것을 하게 된다면 어떻게 될까?
한　　수 : 마음이 자유로워질 거예요.
상담교사 : 너는 자유를 원하는구나. 원하는 자유를 얻게 되면 네 삶은 어떻게 변할까?

〈나〉
상담교사 : 한수야, 너의 부모님은 네가 원하는 것을 어떻게 생각하시는 것 같니?
한　　수 : 한심하게 생각하세요. 항상 형과 비교하면서……. 
상담교사 : 그렇구나. 그렇게 생각하시는 부모님을 너는 어떻게 생각하니?
한　　수 : 부모님은 항상 자신들이 옳다고만 생각해서 내가 맞춰 주기만을 바라세요.
상담교사 : 음…. 그럴 때 너는 어떤 생각이 드니?

**41** 다음 (가)는 민호(고1, 남)의 상담 축어록의 일부이고, (나)는 (가)에 대해 전문상담교사들이 대화하는 내용의 일부이다. 〈작성 방법〉에 따라 서술하시오.

---

(가)

상담교사 : 엄마에 대한 얘기를 계속해 볼까?

민　　호 : 엄마는 항상 "너는 아빠처럼 되지 말아라. 공부 열심히 해서 유능한 사람이 돼라."라고 하시고, 힘들어도 저 때문에 견디고 산다고 하셨어요.

상담교사 : 그렇구나.

민　　호 : 그냥 저는 어릴 적부터 너무 당연하게 엄마가 하라는 대로만 하고 살아왔고 그게 제일 좋다고 생각했어요.

상담교사 : 그게 너에게는 너무나 익숙하구나.

민　　호 : 맞아요. 그런데 옆에 친구들을 보니까 그렇지 않더라고요.

상담교사 : 그동안 너무나 당연하고 익숙해서 힘든 줄도 모르고 지내왔는데, 친구들을 보고 뭔가 다르다고 생각했구나.

민　　호 : 사실, 좀 버겁기도 하고……. 그게, 지난번에 견학 프로그램 선택할 때 보니까 다른 친구들은 가고 싶은 대학도 있고 하고 싶은 전공도 이미 정했다고 하는데, 저한테 혼자 선택하라고 하니까 제가 뭘 좋아하는지도 모르겠더라고요.

---

(나)

김 교사 : 우리가 상담 사례를 개념화할 때, 내담자의 문제를 정확하게 이해하기 위해서 하나의 이론 틀로 볼 수도 있고 다양한 이론적 관점에서 접근할 수도 있지요. 이 사례에 대해 각자의 의견을 공유해 보면 좋겠습니다.

이 교사 : 저는 이 사례를 현실치료의 관점에서 접근해 봤는데요. 글래써(W. Glasser)는 현실 자체보다는 그 현실에 대한 인식이 인간의 행동을 결정하는 데 더 중요하다고 보았습니다. 인간은 욕구가 잘 충족되었을 때 경험했던 사람이나 사건과 물체, 그리고 생각에 대한 그림을 ( ㉠ )에 보관합니다. ( ㉠ )은/는 기본 욕구를 반영하여 구성되고 현실세계와 비교되어 어떻게 행동할 것인지를 선택하는 바탕이 됩니다. 따라서 상담을 통해서 민호가 자기의 현실을 어떻게 인식하고 있는지 파악하는 것이 필요해 보입니다.

박 교사 : 저는 이 사례를 분석심리학적 관점에서 접근해 보려고 합니다. 의식과 무의식의 관계 속에서 성격 전체를 통합적으로 이해하는 게 필요한데요. 사실, 요즘 학생들이 자기 성격유형에 관심이 많기도 한데요. 융(C. Jung) 이론이 성격유형의 발달과도 관련이 있잖아요. 융은 다양한 성격적 특성을 태도와 기능의 차이로 설명하는데, ㉡ 두 가지의 태도와 ㉢ 네 가지의 기능을 결합하면 여덟 가지의 성격으로 유형화할 수 있습니다. 태도와 기능의 차이로 민호의 성격을 살펴보는 것도 민호의 적응을 돕는데 도움이 될 것 같아요.

장 교사 : 저는 이 사례를 펄스(F. Perls)의 게슈탈트 상담의 관점에서 접촉경계혼란으로 생각해 봤습니다. 민호와 엄마는 기본적으로 융합상태라고 볼 수 있기도 한데, 좀 더 명확하게 축어록에 나타난 민호의 말을 볼 때, 민호는 ㉣ 내사가 일어난 것으로 보입니다. 민호의 경우는 어릴 적부터 지속되어 온 이러한 문제 때문에 자기가 뭘 원하는지 전혀 알지 못하고 있어요.

〈작성방법〉

- (나)의 괄호 안의 ㉠에 공통으로 해당하는 개념의 명칭을 쓸 것.
- (나)의 밑줄 친 ㉡에 해당하는 2가지 태도와 ㉢에 해당하는 4가지 기능의 명칭을 각각 쓸 것.
- (나)의 밑줄 친 ㉣에 해당하는 접촉경계혼란의 근거를 (가)에서 찾아 서술할 것.

**42** 다음은 전문상담교사가 민서(고 2, 여)와의 첫 회기 상담과 담임교사와의 면담을 바탕으로 사례를 요약한 것이다. 절충적인 상담접근을 지향하는 상담교사는 사례개념화를 위해 민서가 보이는 부적응 행동의 원인을 다양한 이론적 관점에서 파악해 보고자 한다. 민서가 보이는 부적응 행동의 원인에 대해 〈작성 방법〉에 따라 논술하시오.

- 내방경위
  최근 들어 민서는 점심시간에 급식실에 가지 않고 엎드려 자는 등 무기력하고 우울한 모습을 보이기 시작했다. 집에서도 가족들과 대화조차 하기 싫어하며 혼자 방에 누워 있는 등 평소와는 다른 모습을 보였다. 무슨 일이냐는 어머니의 질문에 민서는 수학 시간에 자신이 문제를 못 풀고 나서 반 아이들이 결석을 자주 한다며 속상하다고 했다. 사실 아이들의 결석이 늘어난 것은 요즘 유행 중인 독감 때문이었다. 걱정스러운 마음으로 어머니는 민서의 문제를 담임교사에게 알렸고, 담임교사는 민서에게 상담을 받아 보도록 권유하였다.

- 호소문제
  어렵고 힘든 일이 있냐는 질문에 민서는 수학 시간에 있었던 일을 이야기하면서 반 아이들이 보는 앞에서 문제를 못 풀어 너무 속상하다며 눈물을 흘렸다. 이전에도 친구들과 친하게 지내고 싶은 마음이 컸지만 잘 안 돼서 속상했는데, 수학 시간 이후에 마음이 더 힘들어졌다고 말하였다. 민서는 요즘 반 아이들의 병결이 잦아진 것이 수학 문제를 풀지 못한 자기 잘못 때문이라며 자책하였다.

- 촉발사건
  최근 수학 시간에 선생님이 문제 하나를 칠판에 쓰고 민서에게 나와서 풀어 보라고 하였다. 문제를 풀던 민서는 너무 떨리기도 하고 문제도 어려워서 결국 풀이 과정을 마무리하지 못했다. 남은 수업 시간 동안 민서는 수업내용에 전혀 집중할 수 없었다.

- 성격 및 행동 특성
  민서는 내성적이고 수줍음이 많은 학생이다. 반 아이들과 친하게 지내고 싶은 마음이 강하지만, 관계 형성에 소극적이고 혼자 지내는 경우가 많다. 다른 아이들이 자신을 쳐다만 보아도 마음이 불편하고 악의 없는 가벼운 농담에도 상처를 받을 정도로 예민하다. 말도 조심스럽게 하고 자신의 행동하나하나에 신경을 많이 쓴다.

〈작성방법〉

- 서론, 본론, 결론의 형식을 갖추되, 본론은 다음 3가지를 포함하여 논술할 것.
- '성격 및 행동 특성'에서 나타나는 민서의 부적응 행동이 펄스(F. Perls)가 게슈탈트 상담 이론에서 제시한 접촉경계혼란(contact boundary disturbances) 중 어떤 혼란에 해당하는지 그 개념의 명칭과 의미를 쓰고, 그 개념을 선택한 근거를 찾아 제시할 것.
- 또래관계에서 보이는 민서의 부적응 행동이 글래서(W. Glasser)가 선택이론에서 제시한 5가지 기본 욕구 중 어떤 욕구의 좌절과 관련된 것인지 쓰고, 욕구 좌절의 근거를 민서의 사례에서 찾아 제시할 것.
- 벡(A. Beck)이 인지치료 이론에서 제시한 인지적 왜곡 중 개인화(personalization)의 의미를 설명하고, 민서의 사례에서 개인화를 보여 주는 근거를 찾아 제시할 것.

**43** 다음은 상담교사가 현실치료이론에 근거하여 지섭이를 상담하는 과정이다. 물음에 답하시오.

> 지　　섭 : 공부를 잘하고 싶은데 집중이 잘 되지 않습니다.
> 상담교사 : 집중을 해서 공부를 하고 싶구나.
> 지　　섭 : 네, 집중해서 공부할 수 있으면 참 좋겠습니다.
> 상담교사 : "_____㉮_____"
> 지　　섭 : 예, '집중하자! 집중하자!' 스스로 암시를 주면서 공부도 해봤고요……
> 상담교사 : 아하, 스스로 암시를 주면서 공부를 해 봤구나.
> 지　　섭 : 네.
> 상담교사 : "_____㉯_____"
> 지　　섭 : 암시를 줄 때는 다소 집중이 되었지만, 원하는 만큼 집중이 잘 되지 않았어요.
> 상담교사 : "_____㉰_____"
> 지　　섭 : 미리 문제를 내고 답을 찾으면서 읽을까 생각합니다.
> 상담교사 : 아주 좋아. 문제를 해결하기 위해 적극적으로 생각하는구나.

• ㉮, ㉯, ㉰에 들어갈 수 있는 질문을 각각 1줄 이내로 쓰시오.

㉮ _____
㉯ _____
㉰ _____

## 44

다음은 전문상담교사가 자신의 상담 사례에 대해 수퍼바이저와 나눈 대화 내용의 일부이다. 〈작성 방법〉에 따라 서술하시오.

> 상 담 교 사 : 안녕하세요? 선생님, 오늘 수퍼비전에서 도움받고 싶은 사례의 내담자는 공부를 잘하고 싶은 마음에 압도되어 불안해하다가 웹툰에 빠져서 많은 시간을 보내고 있습니다. 그 학생은 공부에 집중이 안된다고 호소하고 있습니다. 저는 글래써(W. Glasser)의 현실치료의 관점으로 상담을 진행하고자 합니다.
>
> 수퍼바이저 : 네. 글래써의 ( ㉠ ) 이론은 현실치료의 근간이 됩니다. 이것은 원래 통제이론에서 시작되었는데 글래써는 인간이 행동을 ( ㉠ )한다는 점을 강조하기 위해서 명칭을 변경했습니다. 이후 우볼딩(R. Wubbolding)은 현실치료에 기반하여 ㉡ 구조화된 WDEP 상담 모델을 제안했는데, 이 모델에 따라 상담을 어떻게 진행해야 할지 살펴봅시다. 우선, W 단계에서는 내담자의 욕구나 소망을 파악해야 합니다. 이 사례에서 내담자의 욕구나 소망은 공부를 열심히 잘하고 싶은 것이라고 말할 수 있습니다. D 단계에서는 내담자가 현재 무슨 행동을 하고 있는지 파악해야 합니다. 내담자는 공부를 하기보다 웹툰을 보는 데 시간을 대부분 쓰고 있습니다.
>
> … (하략) …

─────── 〈작성방법〉 ───────

- 괄호 안의 ㉠에 들어갈 명칭을 쓰고, ㉠ 이론에서 인간이 통제할 수 있다고 보는 내용을 서술할 것.
- 밑줄 친 ㉡ 모델에 근거하여 E와 P 단계에서 상담교사가 해야 할 일을 내담자의 호소 문제와 관련지어 순서대로 서술할 것.

**45** 다음은 절충적인 상담접근을 지향하는 전문상담교사가 경수(중 2, 남)에 대해 파악한 내용이다. 경수의 문제 행동에 대한 이해와 상담개입 과정을 〈작성 방법〉에 따라 논술하시오.

- **내방 경위 및 의뢰 사유**
  경수는 1학년 때까지는 성적이 상위권이었으나 2학년에 올라와서는 하위권으로 떨어졌다. 지각과 결석을 자주 하고, 수업 시간에 엎드려 자는 횟수가 많아 여러 과목의 교사에게 지적을 받고 있어 담임교사에 의해 상담에 의뢰되었다.

- **행동 관찰**
  경수는 상담 약속 시간보다 일찍 도착하여 상담실을 두리번 거리며 돌아다녔다. 경수는 또래에 비하여 체격이 크고 건강해 보였으나 위생 상태는 불량하였고, 교복 단추가 여러 군데 떨어져 있었다. 상담교사가 제공하는 간식을 맛있게 먹었으며, 어떤 학생들이 상담실에 오는지, 심리검사는 어떤 종류가 있는지를 질문하는 등 상담에 대한 관심을 보였다.

- **가족 관계**
  경수가 중학교 1학년 겨울 방학 때 부모가 이혼하였으며, 아버지가 양육권을 가지게 되어 아버지, 친할머니와 함께 생활하고 있다. 부모의 이혼 이후 엄마와는 연락이 되지 않으며, 아버지는 자주 술을 드시고 경수의 공부에는 전혀 관심이 없다. 할머니께서는 부모의 이혼 이후부터 함께 살면서 경수를 돌봐 주시지만 건강이 좋지 않아 경수에게 자주 짜증을 내신다.

- **호소 문제**
  경수는 밤새 온라인 게임을 하다 보면 정말 자신이 게임을 잘한다는 생각이 들고, 기분이 좋아진다고 한다. 게임을 하다 보면 새벽까지 졸리지 않고 집중하게 되며, 게임에 이기고 레벨이 올라갈 때마다 가슴이 두근거린다고 한다. 그러나 요즘은 자신이 생각해도 게임 중독이 아닌가 걱정이 될 정도라고 한다. 경수는 자신이 게임을 많이 하는 이유를 부모의 이혼, 아버지의 술과 무관심, 할머니의 잔소리, 선생님들의 꾸중 때문이라고 한다.

〈작성방법〉

- 서론, 본론, 결론의 형식을 갖추고, 본론에는 다음의 내용을 포함하여 논술할 것.
- 현실치료에 근거한 전행동(total behavior)의 4가지 구성요소와 경수의 온라인 게임 행동을 연결하여 서술할 것.
- 해결중심상담이론에 근거할 때, 상담자와 내담자의 관계유형 중에서 경수는 어느 유형에 속하는지 쓰고, 그 근거를 사례에서 찾아 쓸 것.
- 학교에 지각하는 행동에 대해 해결중심상담이론에 근거한 예외질문을 사용하고자 할 때, 예외질문의 진행 과정을 2단계로 제시할 것.

## 46. ◀ 2013

교류분석 상담이론에 관한 설명 중 옳은 것을 〈보기〉에서 고른 것은?

─〈보기〉─

ㄱ. 부모자아상태가 성인자아상태를 침범하여 나타나는 혼합 현상이 편견이다.
ㄴ. 성인자아상태는 성격의 합리적 측면을 나타내며 현실을 객관적으로 파악하고자 한다.
ㄷ. 교차교류는 동시에 이중적인 메시지가 전달되는 교류로서 말하는 내용과 다른 숨은 의도가 깔려 있다.
ㄹ. 자기긍정 – 타인부정의 태도를 지닌 사람은 자기도취적 우월감에 사로잡힐 수 있으며 타인을 신뢰하지 못한다.
ㅁ. 시간구조화 방법 중 '게임'은 자기를 타인으로부터 멀리 하고 대부분의 시간을 공상이나 상상을 하며 보내는 것이다.

① ㄱ, ㄴ, ㄷ  ② ㄱ, ㄴ, ㄹ  ③ ㄱ, ㄷ, ㄷ
④ ㄴ, ㄹ, ㅁ  ⑤ ㄷ, ㄹ, ㅁ

## 47. ◀ 2015

다음은 전문상담교사가 번(E. Berne)의 교류분석이론을 바탕으로 경호(중 3, 남)를 상담한 내용의 일부이다. 이 상담 내용에서 전문상담교사가 실시한 작업의 명칭을 쓰시오.

경호가 대인관계에서 어려워하는 점을 좀 더 깊이 다루어 보았다. 우선 경호는 다른 사람들과 대화할 때, 겉으로 보기에는 그럴 듯하게 의사소통하지만 자신의 솔직한 의견이나 느낌을 전하지 않아 내면에 숨겨진 심리적 의도가 있음을 파악할 수 있었다. 또한 경호는 다른 사람, 특히 어머니와 상호작용할 때마다 어머니와의 의사소통이 원활하지 못하고 불쾌한 감정을 남긴 채 마무리되는 방식이 반복된다는 것을 확인할 수 있었다.
예를 들어, 경호가 어머니에게 무언가를 요구하면 어머니는 경호가 원하는 것을 바로 해 주신다. 경호는 어머니가 무엇을 해 주더라도 못마땅해 하며 짜증을 내고, 어머니 역시 참았던 화를 드러낸다. 그럴 때면 경호도 화가 나지만, 어머니를 속상하게 했다는 죄책감이 들어 아무 말도 못하게 된다는 것이다.

◎ 2018

**48** 다음은 전문상담교사가 진수(중 1, 남)를 상담하고 나서 작성한 축어록의 일부이다. 번 (E. Berne)의 교류분석이론에 근거하여 밑줄 친 대화 내용에 나타난 교류패턴 유형의 명칭을 쓰고, 그 유형의 특징 3가지를 사례와 연결지어 서술하시오.

> 진　　수 : 어젯 밤에 아빠한테 많이 혼났어요.
> 상담교사 : 아빠와 무슨 일이 있었나 보구나. 좀 더 자세히 말해 줄래?
> 진　　수 : 사실 어젯 밤에 게임하고 있었는데, 아빠가 갑자기 방문을 열고 들어오시는 거예요.
> 상담교사 : 아빠가 갑자기 들어오셔서 많이 놀랐겠구나.
> 진　　수 : 네! 많이 놀라기도 했지만, 아빠가 노크도 없이 들어와서 기분이 나빴죠. 그래서 그냥 가만히 앉아 있었는데, 아빠가 화난 목소리로 "지금 몇 시야?" 하시더라고요. 그래서 "11시 47분 52초요." 라고 짧게 대답했어요. 그랬더니 아빠가 "너 당장 나가!"라고 하시면서 버럭 소리를 지르시는 거예요.
> 상담교사 : 그래서 어떻게 했니?
> 진　　수 : 저도 화가 나서 그냥 집을 나가려고 했지요. 그랬더니 아빠가 더 화를 내시는 거예요.

**49** 다음은 버언(E. Berne)의 교류 분석 상담 이론에 근거하여, 전문상담교사가 정수(고 1, 남)와 상담하는 내용의 일부이다. 〈작성 방법〉에 따라 서술하시오.

---

정　　수 : 아버지가 이번 모의고사 점수를 보시고는 깊이 한숨을 쉬셨어요. 아무 말씀은 없으셨지만, 속으로 '더 잘해야 할 텐데 ……. 얘는 왜 이것밖에 성적이 안 나올까.'라고 하시는 것처럼 느껴졌어요.
상담교사 : 아버지의 한숨에서 실망감을 느꼈겠군요.
정　　수 : 네. 제가 어렸을 때는 성적이 곧잘 나와서 칭찬을 많이 해 주셨는데, 요즘에는 기대만큼 잘 오르지 않아 조금 걱정이 되시나 봐요. ㉠ <u>친구 너무 많이 사귀지 마라.</u>', '게임 그만하고 공부 좀 해라.' 같은 말씀만 하세요.
상담교사 : 아버지가 그런 말씀하실 때 어떤 생각이 드나요?

[A]
　　정　　수 : 아버지는 그런 걱정을 하시지만, 사실 저는 성적이나 결과에 큰 관심이 없어요. 제가 해야 할 일을 할 수 있는 만큼 꾸준히 하면 그걸로 됐다고 생각해요. 사실, 미술을 하고 싶은 적이 있었어요. 미술 대회에 나가서 몇 번 입상은 했는데, 1등을 해 본 적은 없어요. 미술을 좋아하지만 실력이 남들보다 특별히 뛰어난 것 같지는 않아요. 그냥 공부해서 대학을 가려고요.
　　상담교사 : 1등이 아니더라도 미술 대회에서 입상할 정도면 잠재력이 있는 것으로 보여요. 미술을 그만둔 게 아쉽지는 않아요?
　　정　　수 : 네. 취미로 하면 되니까 괜찮아요. 저는 그냥 별 욕심이 없어요. 남들처럼 공부해서 대학 가고, 그럭저럭 취직해서 살고 싶어요.

---

〈작성방법〉

- 밑줄 친 ㉠에 해당하는 아버지의 자아상태 명칭을 쓰고, 그 특징을 1가지 서술할 것.
- [A]에서 정수의 진술에 해당하는 생활각본(life script)의 명칭을 쓰고, 그 특징을 1가지 서술할 것.

**50** 다음은 학업 스트레스가 높은 고등학생을 대상으로 하는 스트레스감소 프로그램을 실시하기 위한 전문상담교사들의 기획 회의 내용이다. ( ) 안에 공통으로 들어갈 용어를 쓰시오.

> 김교사 : 대학입시전형에서 내신 성적이 차지하는 비율이 높다 보니 학생들의 학업 스트레스가 심각해요. 교장 선생님께서 학생들의 학업 스트레스를 감소시키기 위한 특별 프로그램을 만들라고 하셨어요. 좋은 프로그램을 소개해 주세요.
> 박교사 : 최근에 카밧진(J. Kabat-Zinn)이 개발한 '( ) 기반의 스트레스 감소 프로그램'이 많이 소개되고 있어요.
> 최교사 : 걷기 명상이나 바디 스캔(body scan)도 관련이 있지요?
> 박교사 : 네, 맞아요. ( )은/는 몸과 마음에서 현재 일어나고 있는 의식 경험에 주의를 집중하여, 이를 수용적인 태도로 명확하게 알아차리는 의도적 노력이라고 할 수 있지요.
> 강교사 : 티즈데일(J. Teasdale)과 그의 동료들이 개발한 '( ) 기반의 인지치료'도 우울증 치료에 탁월한 효과가 있다고 하네요.

51. 다음 (가)는 헤이즈(S. Hayes)의 수용전념치료(ACT)의 6가지 핵심과정을 나타낸 모형이고, (나)는 전문상담교사가 영미(고 2, 여)를 상담한 내용의 일부이다. (가)의 ㉠, ㉡에 해당하는 과정의 명칭을 순서대로 쓰고, 각각에 해당하는 전문상담교사의 개입활동 1가지를 (나)에서 찾아 쓰시오.

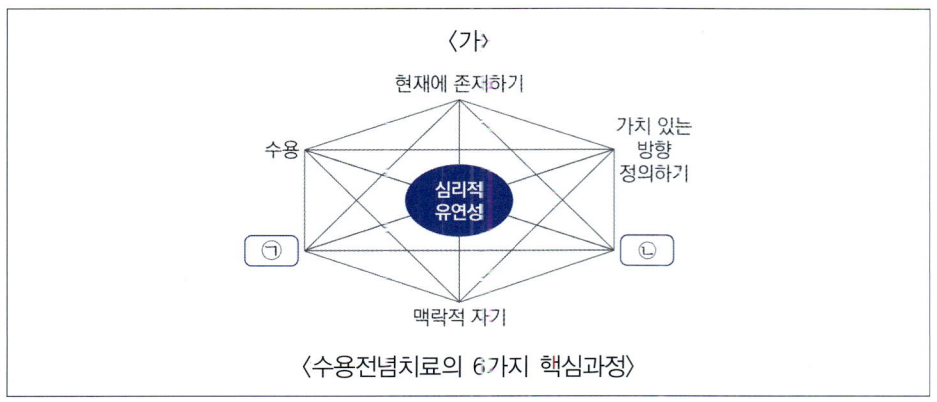

〈수용전념치료의 6가지 핵심과정〉

〈나〉

영    미 : 요즘 생활이 엉망이에요. 잘 해보려고 하지만 언제나 실패하고, 매번 그래요. 엄마랑 자꾸 부딪쳐요. 게다가 아무리 공부해도 성적은 오르지 않고……. 속상하고 불안해요.
상담교사 : 성적이 오르지 않을 때 영미의 마음은 영미에게 뭐라고 말하나요?
영    미 : 전 쓸모없는 사람인 것 같아요.
상담교사 : 잠시 나와 함께 재미있는 활동을 한번 해 볼래요?
영    미 : 네. 어떻게 하는 거죠?
상담교사 : 조금 이상하게 보일 수도 있는데, '나는 내 자신이 쓸모없다는 생각을 하고 있다.'라고 반복해서 천천히 말해 보겠어요?
영    미 : (천천히 '나는 내 자신이…….'라고 몇 차례 반복해서 말한다) 어, 선생님, 이상해요. 제가 하는 말이 좀 웃기게 들려요. 신기해요. 제가 '난 쓸모없어.'라는 생각에 사로잡혀 있을 때에는 그 단어가 제 자신을 꼼짝 못하게 만들었어요. 하지만 여러 번 말하고 난후에는 그 단어가 주는 압박감이 약해진 것을 느끼게 되었어요.

… (중략) …

영    미 : 지금 저에겐 공부를 잘 할 수 있다는 믿음을 갖는 것이 무엇보다 중요해요.
상담교사 : 그렇군요. 공부에 대한 자신감을 회복하기 위해 구체적인 목표를 세워 보면 도움이 될 것 같아요. 공부와 관련해서 지금 당장 어떤 것들을 할 수 있을까요?
영    미 : 매일 적어도 두 시간씩은 그 날 수업에서 배운 내용을 복습할 수 있을 것 같아요.
상담교사 : 매번 빠뜨리지 않고 복습한다는 것은 쉬운 일이 아닐 텐데요. 혹시 게임이나 친구들과 어울려 놀고 싶을 때에도 정해 놓은 복습을 할 수 있겠어요?
영    미 : 네, 할거예요. 제 자신과의 약속을 지키는 것이 중요하니까요.

© 2009

**52.** "요즘 공부에 집중이 잘 안됩니다. 어떻게 하면 좋겠습니까?"라고 호소하는 학생에게 보인 전문상담교사 반응의 일부이다. 각 반응과 그 반응이 기초한 상담이론이 지향하는 상담 목표가 바르게 연결되지 <u>않은</u> 것은?

| 상담교사의 반응 | 상담 목표 |
|---|---|
| ① 공부에 집중을 하고 싶은데 집중이 잘 되지 않아서 속상하겠어요. | • 촉진적 분위기 조성<br>• 자기실현 |
| ② 지난 일주일 동안 집중 정도를 이 시간표에 체크를 해 보고, 나에게 설명해 주세요. | • 적응적 행동의 학습<br>• 부적응적 행동 소거 |
| ③ 살아오면서 최초의 사건이나 순간으로 기억하고 있는 것은 무엇이지요? 그것에 대해 말해 주세요. | • 생활양식 파악<br>• 창조적 자기 활성화 |
| ④ 집중해서 공부를 해야 한다는 마음도 있고, 공부 이외에 하고 싶은 것을 하자는 마음도 있군요. 두 마음 사이에 대화가 이루어지도록 해 볼까요? | • 자기통찰 증진<br>• 자기통제력 고양 |
| ⑤ 그와 관련하여 떠오르는 것이 무엇이든 자유롭게 말해 보세요. 중요하든 중요하지 않든 상관없이 떠오르는 것이면 무엇이든 자유롭게 말해 봐요. | • 자아기능 강화<br>• 자기분석능력 고양 |

**53** ◀ 2010

다음은 전문상담교사인 김교사가 영주(중 2, 여)의 문제원인을 파악하기 위해 동료수퍼비전(Peer Supervision)을 받는 과정이다. 반응 ㉠, ㉡, ㉢이 기초하고 있는 상담이론을 가장 적절하게 연결한 것은?

> 김교사 : 영주는 학습 의욕을 전혀 보이지 않아요. 영주가 학습에 대한 관심이 부족한 이유를 알고 싶은데 어떻게 하면 좋을까요?
> 이교사 : ㉠ <u>현재 영주의 마음을 사로잡고 있는 고민에 대해서 알아봤습니까? 그 고민이 해소되면 학습에 대한 고민에 대해서도 자각할 수 있을 것 같아요.</u>
> 박교사 : 이 선생님의 제안도 탐색해 볼 필요가 있다고 생각 합니다만, ㉡ <u>제 생각에는 영주가 책을 보거나 책상에 앉아 있을 때, 선생님이나 부모님, 친구들이 어떻게 반응하고 있는가를 먼저 알아보아야 한다고 생각합니다.</u>
> 최교사 : 김 선생님! ㉢ <u>영주는 형지자매와 비교했을 때 공부를 통해 부모님의 사랑과 관심을 받을 수 있습니까?</u> 이 점을 살펴보면, 영주가 학습에 의욕을 보이지 않는 이유와 학습 의욕을 증진시킬 실마리를 찾을 수도 있을 것 같아요.

|   | ㉠ | ㉡ | ㉢ |
|---|---|---|---|
| ① | 실존상담 | 현실치료 | 개인심리상담 |
| ② | 인간중심상담 | 해결중심상담 | 정신분석 |
| ③ | 인간중심상담 | 현실치료 | 정신분석 |
| ④ | 게슈탈트상담 | 행동치료 | 개인심리상담 |
| ⑤ | 게슈탈트상담 | 행동치료 | 분석심리상담 |

**54** 세 명의 전문상담교사가 영희(고 2, 여)의 문제에 관한 효과적인 상담전략을 논의하고 있다. 각 교사가 접근하고 있는 상담이론을 바르게 연결한 것은?

> ○ 호소문제
> - 우울과 불안이 심하고, 부정적인 생각이 많음.
> - 학교생활에 의욕이 없고, 진로에 대한 관심이 없음.
> - 가족관계가 원만하지 못함.

> 김교사 : 영희가 우울과 불안을 심하게 느끼고 있다고 하는데, 이 경우 대부분 과거의 충격적 사건에 대한 경험과 관련되는 경우가 많습니다. 따라서 이러한 감정과 관련 된 과거의 경험을 탐색하는 것이 무엇보다 중요해 보입니다.
> 박교사 : 제가 보기에는 부정적인 생각을 많이 한다는 점에 주목할 필요가 있다고 봅니다. 우울의 경우 부정적 사고로부터 유발될 수도 있기 때문에 우선, 부정적인 생각이 들 때마다 큰소리로 '멈춰'라고 말하게 함으로써 그 생각에서 벗어나도록 돕는 것이 필요해 보입니다. 그런 다음 영희의 부정적인 사고가 무엇인지 파악하는 것이 중요해 보입니다.
> 이교사 : 두 분 선생님의 의견에 동감합니다. 대부분 청소년들의 우울과 불안은 외부의 기대와 그 기대에 부응하지 못하는 자신의 모습 간의 불일치에 의해 발생되기도 합니다. 따라서 영희가 생각하는 자신의 이상적 모습과 현실적 모습 간의 차이가 무엇인지를 탐색해 보는 것도 필요해 보입니다.

|   | 김교사 | 박교사 | 이교사 |
|---|---|---|---|
| ① | 정신분석 | 인지행동 | 인간중심 |
| ② | 정신분석 | 게슈탈트 | 인간중심 |
| ③ | 정신분석 | 인지행동 | 실존주의 |
| ④ | 현실치료 | 게슈탈트 | 실존주의 |
| ⑤ | 현실치료 | 인지행동 | 인간중심 |

**55** 다음은 전문상담교사가 영희(중 2, 여)를 상담한 축어록의 일부이다. 전문상담교사가 적용한 상담이론과 기법으로 가장 적절한 것은?

> 영    희 : 이번 반장선거에 친구가 한 번 나가라고 하는데 저는 너무 자신이 없고 불안해요.
> 상담교사 : 아니, 영희같이 공부도 잘하는 학생이 왜 그런 생각을 하게 되었을까?
> 영    희 : 글쎄요. 잘 모르겠어요. 음…… (중략) 저는 엄마에게 칭찬을 받아본 적이 없는 것 같아요.
> 상담교사 : 엄마가 칭찬을 안 해주셨구나. 그럼 칭찬을 받을 줄 알았는데 칭찬을 해 주지 않은 적이 있니?
> 영    희 : 음…… 예, 제가 반에서 1등을 했는데도 엄마는 칭찬을 해주지 않으셨어요.
> 상담교사 : 그럼 그때에 엄마가 너에게 뭐라고 말씀하셨니?
> 영    희 : 엄마는 "반에서 1등만 하면 뭐하니. 전교에서 1등을 해야지."하면서 속상해 하셨어요. 저는 엄마에게 언제나 부족한 딸 같아요.
> 상담교사 : 그래서 너는 자신이 항상 부족하고 유능하지 못한 사람이라고 생각하는구나.
> 영    희 : 예. 제가 아무리 노력해도 엄마를 만족시킬 수는 없었어요. 그래서 제 자신은 늘 부족한 아이라고 생각했어요.
> 상담교사 : 그래서 너 자신을 마치 미운오리새끼처럼 생각하면서 자랐겠구나.
> 영    희 : 예, 그런 것 같아요.

① 교류분석상담의 각본분석
② 실존 상담의 역설적 의도
③ 정신분석상담의 자유연상
④ 개인심리상담의 단추누르기
⑤ 합리정서행동상담의 합리적 정서 상상하기

**56**  ◀ 2011

다음은 전문상담교사인 박 교사가 현수(중 3, 남)를 상담하는 과정에서 동료수퍼비전(peer supervision)을 받는 내용이다. 전문상담교사들의 반응 ㉠, ㉡, ㉢이 기초하고 있는 상담이론을 옳게 연결한 것은?

> 박교사 : 현수는 사귀던 여자 친구와 헤어진 이후 성적이 하락하고 수업 중에 멍하니 창밖만 바라보는 일이 잦아 담임교사에 의해 상담이 의뢰되었습니다. 저는 ㉠ 모든 사람들로부터 반드시 인정받고 사랑받아야 한다는 현수의 생각을 생산적이고 유연한 생각으로 바꾸도록 돕는 것이 필요하다고 생각합니다. 선생님들은 이런 사례에 어떻게 접근하시는지요?
> 송교사 : 박 선생님! 제 경우에는 ㉡ 먼저 현수와 친밀감을 형성합니다. 그리고 현수가 무엇을 원하는지 탐색하고, 현재 행동이 자신이 원하는 것을 달성하는데 도움이 되는지를 평가합니다. 그런 다음 현수가 원하는 것을 성취할 수 있는 행동계획을 수립하여 실천하도록 돕습니다.
> 김교사 : 제가 보기에는 ㉢ "나는 누구인가, 내 삶의 목적과 의미는 무엇인가?"라는 질문을 통해 현수의 자각을 증진시켜, 자기 인생에 대한 확고한 방향 설정을 하고 결단을 내리도록 도와주는 접근이 효과적일 것 같습니다.

|   | ㉠ | ㉡ | ㉢ |
|---|---|---|---|
| ① | 게슈탈트상담 | 현실치료 | 교류분석 |
| ② | 게슈탈트상담 | 행동치료 | 개인심리상담 |
| ③ | 합리정서행동치료 | 현실치료 | 실존상담 |
| ④ | 합리정서행동치료 | 행동치료 | 교류분석 |
| ⑤ | 개인심리상담 | 인지치료 | 실존상담 |

**57** 다음은 전문상담교사인 김교사가 영수(중 1, 남)의 담임교사인 최교사에게 자문하는 과정이다. 밑줄 친 김교사의 반응 ㉠, ㉡이 기초하고 있는 상담이론을 가장 적절하게 연결한 것은?

> 최교사 : 김 선생님, 우리 반 영수는 매사에 반항적입니다. 어제는 수업 시간에 졸고 있어서 깨웠더니 날 위아래로 불손하게 쳐다보면서 "에이 짜증나!"라고 화를 내었습니다.
> 김교사 : 무척 놀라고 속상하셨겠네요.
> 최교사 : 그럼요! 정말 어이가 없더라고요.
> 김교사 : ㉠ 영수가 아버지에게 어떤 감정을 가지고 있을까요? 학생이 아버지에 대한 감정으로 선생님을 대하는 경우가 흔히 있더군요.
> 최교사 : 전에 영수의 아버지가 학교에 와서 영수와 대화하는 것을 보았는데, 영수와 아버지는 서로를 친구처럼 대하는 것으로 보였어요.
> 김교사 : 네, 그럼 아버지에 대한 좋지 않은 감정 때문에 선생님께 반항하는 것 같지는 않다고 생각됩니다.
> 최교사 : 저도 그렇게 생각해요.
> 김교사 : ㉡ 영수가 졸고 있을 때 어떤 느낌이 들었죠? 영수에 대한 느낌이 영수를 깨우는 행동에 영향을 끼치고, 선생님이 영수를 깨우는 행동이 선생님에 대한 영수의 감정과 행동에 영향을 주기도 해요.

|   | ㉠ | ㉡ |
|---|---|---|
| ① | 정신분석 | 교류분석 |
| ② | 정신분석 | 현실치료 |
| ③ | 인간중심상담 | 교류분석 |
| ④ | 개인심리상담 | 현실치료 |
| ⑤ | 인간중심상담 | 정신분석 |

◀ 2010

**58** 다음은 전문상담교사인 박 교사가 강미(고 2, 여)에 대한 상담 기법을 구성하기 위해 동료수퍼비전을 받는 과정이다. 전문상담교사가 제안한 기법 ㉠, ㉡, ㉢의 명칭이 가장 적절하게 연결된 것은?

> 박교사 : 강미는 성인 남자만 보면 화가 난다고 해요. 욕하고 시비를 걸고 싶고, 흉기를 휘두르고 싶다고 해요. 그런 충동을 느끼는 자신이 두렵다고 하고 그런 생각을 하지 않으려는데 자꾸 생각이 나서 공부에 집중할 수 없다고 해요. 그런 생각을 떨치고 공부를 하고 싶다고 해요. 언제부터 그랬는지 물었더니 중학교 1학년 때 동네 아저씨한테 성폭행을 당한 후부터라고 해요. 자세히 들어 보려고 했는데 말을 꺼내다가 더 이상 말하지 않으려고 했어요. 그 이야기를 할 때 손을 부들부들 떨더라고요. 제 생각에는 성폭행으로 인한 심리적 외상과 미해결감정을 다루는 것이 필요하다고 보는데…… 강미를 어떻게 도우면 될까요?
> 
> 이교사 : 강미가 통제력을 회복하는 것이 급하다고 생각해요. ㉠ <u>이런 말을 되뇌이게 하는 것이 도움이 될 것 같아요. "나는 충동의 노예가 아니다. 나는 충동을 통제할 수 있는 주인이다. 나는 시비걸기 충동이나 가해 충동에게 지지 않겠다. 나는 어려움을 극복하고 멋진 삶을 살 수 있다."</u> 이런 되뇌임이 근본적인 해결책은 아니지만 당분간 강미에게 버틸 힘을 줄 것 같아요.
> 
> 김교사 : 저도 이 선생님의 의견에 동의해요. 현재는 통찰치료 보다는 지지치료가 좋을 것 같아요. ㉡ <u>이렇게 하면 어떨까요? 강미의 선택능력을 증가시키기 위해 강미에게 공부에 열중했던 경험과 그때의 감정에 집중하게 해 보세요. 그 다음에 공부가 되지 않는 현재의 상황과 감정에 집중하게 하세요. 몇 차례 반복한 후 스스로 자신의 상태와 감정을 선택할 수 있다는 것을 알게 하면, 강미가 공부에 집중할 수 있지 않을까요?</u> 공부에 집중할 수 있으면 진짜 문제에 직면할 힘이 조금 더 커질 것 같아요.
> 
> 강교사 : 박 선생님! 저도 성폭행으로 인한 심리적 외상과 미해결감정을 다루는 것이 필요하다는 박 선생님의 의견에 동의해요. ㉢ <u>하지만 강미가 아직 성폭행으로 인한 심리적 외상과 미해결감정을 다룰 준비가 되지 않은 것 같아요. 준비가 되면 다루는 것이 좋을 것 같아요.</u> 준비가 되면 성폭행에 대해서도 이야기를 할 수 있다고 말씀하시고, 강미가 말할 때까지는 강미의 분노와 적개심, 상실감 등을 선생님의 가슴에 담아 두셔야 할 듯해요.

| | ㉠ | ㉡ | ㉢ |
|---|---|---|---|
| ① | 자기 독백(self-talk) | 단추누르기(press the button) | 미루어 두기(delaying) |
| ② | 적극적 심상(active imagination) | 심상 만들기(image-making) | 버텨주기(holding) |
| ③ | 자기 독백(self-talk) | 심상 만들기(image-making) | 버텨주기(holding) |
| ④ | 의지암시훈련(suggestive training of will) | 마이더스(midas) | 미루어 두기(delaying) |
| ⑤ | 의지암시훈련(suggestive training of will) | 단추누르기(press the button) | 버텨주기(holding) |

**59** 전문상담교사가 진수(중 2, 남)와의 상담에서 활용한 ㉠~㉢의 상담기법을 바르게 연결한 것은?

---

진　　수 : 수업시간에 발표해야 하는데 걱정이에요. 다른 사람들 앞에서 발표하려면 너무 떨리고 불안해서 눈앞이 캄캄하며, 손에서 땀이 날 정도에요. 준비한 내용이 하나도 생각나지 않아 당황할 때가 많아요.

상담교사 : 그러면 이렇게 한 번 해 보자. ㉠ 발표하기 전에 심호흡을 몇 번 하고 여유를 가진 다음 가족이나 친구 몇 명을 앞에 두고 발표연습을 해 보는 거야. 그 상황에서 불안의 정도가 많이 감소했다면 그 다음에는 보다 많은 사람들 앞에서 발표 연습을 해 보고, 이런 식으로 연습을 한 후 실제 발표상황에서 발표해 보도록 하자.

… 중략 …

진　　수 : 저는 요즈음 밤에 잠을 잘 못 자요. 내일 시험이라서 일찍 자고 일찍 일어나려고 불을 끄고 누워도 잠이 안 와요. 그러다 보니 다음날 시험 보는 데 지장을 받는 경우가 많아요.

상담교사 : 그렇다면 이렇게 해 보도록 하자. ㉡ 잠이 안 올 경우 억지로 잠을 자려고 불을 끄고 누워 있기보다는 아예 재미없고 어려운 과목의 책을 읽어 보는 거야.

… 중략 …

진　　수 : 저는 아버지께 제 의견을 잘 말하지 못하겠어요. 아버지가 무척 엄하시거든요. 제가 평소에 실수를 많이 하는 편이어서 자주 혼나다 보니 아버지와 대화하는 것이 두려워요.

상담교사 : 아버지께 자주 혼났다던 아버지의 이야기하는 것이 편하지 않겠구나. 그러면 ㉢ 나를 아버지로 생각하고 평소 네가 하고 싶었던 얘기를 해 보렴.

---

|   | ㉠ | ㉡ | ㉢ |
|---|---|---|---|
| ① | 이완훈련 | 홍수법 | 역할연습 |
| ② | 이완훈련 | 역설적 의도 | 빈의자 기법 |
| ③ | 체계적 둔감화 | 홍수법 | 역할연습 |
| ④ | 체계적 둔감화 | 역설적 의도 | 역할연습 |
| ⑤ | 체계적 둔감화 | 역설적 의도 | 빈의자 기법 |

### 상담과정

**60** 개인상담의 접수면접 및 초기 단계에서 전문상담교사에게 요구되는 주된 역할로 적절한 것만을 〈보기〉에서 있는 대로 고른 것은?

─〈보기〉─

ㄱ. 학생의 호소문제, 상담에 대한 기대 변화에 대한 동기 등을 탐색한다.
ㄴ. 학생의 말과 행동 간에 나타나는 불일치와 모순을 지적하고 해석해 준다.
ㄷ. 학생 스스로 자기를 탐색하고 문제에 대한 통찰을 얻을 수 있도록 심층적 공감을 해준다.
ㄹ. 학생의 현재 문제와 관련된 개인내적·대인 관계적·가족관계적·생물학정 정보들을 파악한다.
ㅁ. 학생에게 상담진행 과정, 급한 상황에서 전문상담교사에게 연락하는 방법, 상담 관계의 특성 등을 설명해 준다.

① ㄱ, ㄴ  ② ㄱ, ㄷ  ③ ㄱ, ㄹ, ㅁ
④ ㄴ, ㄷ, ㄹ  ⑤ ㄱ, ㄷ, ㄹ, ㅁ

**61** 고등학교 2학년 여학생의 초기상담 축어록의 일부이다. 밑줄 친 부분에 해당하는 상담의 초기단계 과제들을 바르게 나열한 것은?

> 상담교사 : ㉠ <u>매우 긴장되어 보이는구나</u>. 무슨 일로 왔니?
> 학　　생 : 친구들이 절 상대해 주지 않아요. 은근히 따돌리는 것 같아요.
> 상담교사 : ㉠ <u>많이 힘들었겠구나</u>. 어떤 일이 있었는지 더 듣고 싶구나.
>
> … (중략) …
>
> 상담교사 : ㉡ <u>친구들이 널 왜 은근히 따돌리는지를 알아서, 내가 다시 친구들과 사이좋게 지낼 수 있길 바라는 것 같은데, 내가 널 정확하게 이해했니?</u>
> 학　　생 : 네, 왜 그러는지 알고 싶고, 다시 친하게 지낼 수 있었으면 좋겠어요.
> 상담교사 : ㉡ <u>그렇구나. 친구들이 널 따돌리는 이유를 정확하게 알고, 그런 상황에서 친구들과 사이좋게 지내기 위해서 네가 무엇을 어떻게 할지를 알면, 너와 나의 상담이 성공했다고 볼 수 있겠네!</u>
> 학　　생 : 네. 그렇게 되면 제가 상담실에 온 보람이 있을 것 같아요(미소를 짓는다).
>
> … (중략) …
>
> 상담교사 : ㉢ <u>너는 이 문제를 해결하기 위해서 몇 회 정도 상담을 받아야 할 것 같니?</u>
> 학　　생 : 그 점에 대해서 생각해 보지 않았어요.
> 상담교사 : ㉢ <u>그렇구나. 학교에서는 한 학생에 대해서 일차적으로 3회정도 상담을 해주길 바라는구나. 하지만 1차 3회정도 상담을 한 후에 문제가 충분히 해결되지 않으면 3회에 2차례에 걸쳐서 총 6회를 연장할 수 있단다.</u>
>
> … (중략) …
>
> 학　　생 : 선생님! 제가 어떻게 해야 친구들의 따돌림에서 벗어날 수 있지요?
> 상담교사 : ㉣ <u>너는 어떻게 생각하니? 어떻게 해야 따돌림을 벗어날 수 있다고 생각하는지 네 의견부터 들어보고 싶구나.</u>

|   | ㉠ | ㉡ | ㉢ | ㉣ |
|---|---|---|---|---|
| ① | 관계형성 | 목표설정 | 구조화 | 구조화 |
| ② | 관계형성 | 구조화 | 목표설정 | 한계설정 |
| ③ | 목표설정 | 문제탐색 | 한계설정 | 구조화 |
| ④ | 목표설정 | 관계형성 | 구조화 | 한계설정 |
| ⑤ | 내담자교육 | 구조화 | 한계설정 | 역할교육 |

**62** 다음은 전문상담교사가 수퍼바이저와 대화하는 내용의 일부이다. 괄호 안의 ㉠과 ㉡에 해당하는 개념의 명칭을 순서대로 쓰시오.

◀ 2023

> 상담 교사 : 선생님, 사례 개념화에 대해서 어렴풋이 배운 기억은 나는데, 실제로 작성하려니 어렵네요. 사례 개념화에 대해서 더 알고 싶어요.
>
> 수퍼바이저 : 사례 개념화는 내담자와 상담을 시작할 때, 어디에서 시작해서 어디로 가야 할지를 안내해 주는 일종의 상담 지도와 같은 역할을 하지요. 우선 내담자가 호소하는 문제와 관련하여 수집된 정보를 분석하고 확인해서 문제의 원인을 추론합니다. 그리고 호소 문제에 따라 목표를 설정하고, 문제의 해결 방안과 기대 효과까지 포함하여 가설적인 추론을 글로 작성하는 것이지요. 이때 내담자가 호소하는 문제의 발생 원인에 대한 이론적 설명을 하게 되는데, 이것을 ( ㉠ )(이)라고 합니다.
>
> 상담 교사 : 그러면 내담자가 호소하는 문제의 발생 원인과 문제에의 개입이 이론적 관점에 따라 달라질 수 있겠네요.
>
> 수퍼바이저 : 물론이지요. 정신역동적 접근과 인지행동적 접근에서는 인간관과 부적응 행동에 대한 이해가 서로 다르니 목표와 개입 방법도 다르지요.
>
> 상담 교사 : 그러면 사례 개념화의 구성 요소도 이론적 관점에 따라 다른가요?
>
> 수퍼바이저 : 조금씩 다르지만, 일반적으로 문제 행동의 원인을 설명할 때, 촉발 요인과 ( ㉡ ) 요인이 작용하는 것으로 봅니다. 촉발 요인은 부적응 패턴을 활성화하여 호소 문제를 일으키는 자극 또는 스트레스 요인을 의미해요. 내담자의 발달력, 사회적 배경, 가족관계, 건강력 같은 요소들이 포함되지요.
> ( ㉡ )요인은 내담자의 패턴을 지속적으로 활성화하여 호소문제를 경험하게 하는 자극을 의미해요. 내담자의 증상, 갈등 또는 다른 요구 사항으로부터 내담자를 '보호'하거나 '차단'하는 역할을 하지요.

◀ 2013

**63** 개인상담의 과정을 초기, 중기, 종결의 세 단계로 나눌 때, 전문 상담교사가 중기 과정에서 수행하는 주된 역할로 옳은 것만을 〈보기〉에서 있는 대로 고른 것은?

〈보기〉

ㄱ. 내담자로 하여금 자기 이해를 바탕으로 문제해결을 위한 계획을 실행하도록 돕는다.
ㄴ. 내담자의 자기 이해를 촉진시키기 위해 직면, 해석, 높은 수준의 공감 등의 기법을 사용한다.
ㄷ. 내담자에게 필요한 정보를 제공하거나 지금까지 해 왔던 것과는 다른 대안행동을 해 보도록 한다.
ㄹ. 상담회기의 길이와 빈도, 가능한 상담성과, 내담자와 상담자의 책임 등에 대해 내담자와 협의한다.
ㅁ. 내담자에게 다른 문제가 발생하여 상담자의 추가적인 도움이 필요한 경우에 추수 상담이 가능하다는 것을 강조한다.

① ㄴ, ㄷ  ② ㄷ, ㅁ  ③ ㄱ, ㄴ, ㄷ
④ ㄴ, ㄹ, ㅁ  ⑤ ㄱ, ㄴ, ㄷ, ㄹ

**64** 다음 대화에서 다루고 있는 상담 종결 시의 과제를 쓰시오.

상담자 : 처음에 힘들어하던 문제가 상담을 통해서 어떻게 변화되었는지 생각해 봅시다.
내담자 : 친구들이 저를 자꾸 따돌리는 문제로 어려워했었는데 상담하면서 어떻게 대처해야 하는지 알게 되었어요. 자신감도 많이 생겼고요.
상담자 : 그렇군요. 어느 정도 변화했는지 0점에서 10점 사이에서 점수를 준다면 몇 점을 줄 수 있겠어요?
내담자 : 처음 상담할 때에는 2점 정도였는데 지금은 7점 정도로 좋아졌어요.

• 과제 : _____

**65** 다음은 전문상담교사가 영수(고1, 남)와 종결회기를 진행한 내용의 일부이다. [A]와 밑줄 친 ㉠에 각각 해당하는 종결기 과제의 명칭을 순서대로 쓰시오.

> [A]
> ┌ 상담교사 : 그동안 상담에 열심히 참여해 주어서 고마워요. 오늘이 예정된 대로 마지막 시간인데 소감을 한번 들어보고 싶어요.
> │ 영　수 : 저는 지난 3개월 동안 1주일에 한 번씩 선생님을 만나면서 그동안 아무에게도 할 수 없었던 이야기를 했습니다. 그래서 선생님과의 인연이 특별하다는 생각이 듭니다. 이제 선생님과 헤어진다고 생각하니 너무 섭섭하고 허전하여 어떻게 해야 할지 모르겠습니다.
> └ 상담교사 : 영수의 마음이 충분히 이해가 돼요. 선생님도 역시 마찬가지고요. 그 마음에 대해서 서로 좀 더 이야기해 봅시다.
>
> … (중략) …
>
> 영　수 : 지난 시간을 되돌아보니 처음에는 우울증으로 힘들었지만 지금은 우울한 마음이 많이 사라졌습니다. 성적도 많이 올랐습니다. 그래서 상담이 정말 도움이 되었고 상담받기를 잘했다는 생각이 듭니다.
>
> 상담교사 : 정말 기쁘네요. 영수가 그렇게 좋은 성과를 낸 것은 그동안 열심히 상담 과정에 참여한 노력의 결과라고 생각해요. 앞으로 이러한 좋은 결과가 계속 유지되면 좋겠는데 ㉠ 한 달 후쯤 다시 만나서 점검하기로 해요.
>
> 영　수 : 네, 좋습니다. 선생님!

## 상담면담 및 상담방법

◀ 2011

**66** 재우(중 2, 남)와의 상담 과정 중 ㉠, ㉡, ㉢에서 전문상담교사가 활용하고 있는 상담 기법을 바르게 연결한 것은?

> 상담교사 : 정수와 무슨 일로 싸우게 되었어?
> 재　　우 : (시무룩한 표정으로) 체육 시간에 축구를 하는데 정수가 나한테만 패스를 안 해 주는 거예요. 얼마나 열 받던지, 그래서 저도 모르게…….
> 상담교사 : ㉠ 정수가 패스를 안 해 줘서 재우가 화가 많이 났었나 보구나.
> 재　　우 : 네, 정수가 공만 패스해 주었어도 아무 일 없었을 텐데.
> 상담교사 : 그래, 재우가 많이 섭섭했던 모양이야.
> 재　　우 : (잠시 침묵) 아이들이 초등학교 때처럼 나를 나쁜 애로 보고 싫어할까 봐……
> 
> … (중략) …
> 
> 상담교사 : ㉡ 재우 이야기를 들어보니까, 정수가 패스를 안 해 주니까 갑자기 초등학교 때 따돌림 당한 기억이 난 것 같구나. 그래서 가만히 있으면 또 그때처럼 억울하게 당할까 두려워서 재우도 모르게 주먹이 나간 것 같아.
> 재　　우 : (눈물을 흘리며 한참 있다가) 네 맞아요. 그때처럼 가만히 있으면 또 무시 당하고 공격당할 것만 같았어요. 그래서 저도 모르게 때린 것 같아요.
> 상담교사 : ㉢ 선생님도 재우와 비슷하게 따돌림을 당한 경험으로 힘든 적이 있었단다.

|   | ㉠ | ㉡ | ㉢ |
|---|---|---|---|
| ① | 반영 | 해석 | 자기개방 |
| ② | 반영 | 해석 | 정보제공 |
| ③ | 재진술 | 요약 | 나-전달법 |
| ④ | 재진술 | 직면 | 자기개방 |
| ⑤ | 재진술 | 직면 | 나-전달법 |

◎ 2013

**67** 전문상담교사가 활용할 수 있는 상담기법의 특징에 관한 설명으로 옳지 <u>않은</u> 것은?

① 경청은 상담자가 내담자의 말과 행동에 주목하는 것으로, 내담자로 하여금 생각이나 감정을 자유롭게 표현하게 한다.
② 반영은 내담자가 말과 행동으로 표현한 감정, 생각, 태도를 상담자가 다른 참신한 말로 부연해 주는 것으로, 내담자로 하여금 이해받고 있다는 인식을 갖게 한다.
③ 명료화는 내담자의 말에 내포되어 있는 의미를 내담자에게 명확하게 말해 주거나 말해 달라고 요청하는 것으로, 내담자가 미처 생각하지 못했던 측면을 다시 생각해 보게 한다.
④ 직면은 내담자의 여러 가지 말과 행동 간의 관계에 대해 내담자가 인식하지 못하는 의미까지 설명해 주는 것으로, 혼란스럽고 설명할 수 없었던 과거 경험들의 원인을 잘 파악하게 한다.
⑤ 재진술은 내담자가 진술한 어떤 상황, 사건, 생각에 관한 내용을 상담자가 동일한 의미의 다른 말로 바꾸어 기술하는 것으로, 내담자로 하여금 자신이 한 말의 내용에 주의를 기울이게 한다.

◎ 2010

**68** 상담의 언어적 기법 중 직면기법에 관한 설명으로 옳은 것을 〈보기〉에서 모두 고른 것은?

〈보기〉
ㄱ. 내담자의 대화 속에 숨어 있는 모순들을 드러내어 새로운 통찰과 바람직한 변화를 유도하는 기능을 한다.
ㄴ. 내담자로 하여금 자신의 감정을 깨닫게 하고 보다 강하게 경험하며 더 많이 표현하도록 하는 것을 주요 목적으로 한다.
ㄷ. 상황을 정확하게 파악하는 데 있어서 중요한 기능을 하는 대화 기술이므로 주로 상담 초기에 사용하는 것이 바람직하다.
ㄹ. 내담자의 언어적 진술과 비언어적 진술 간, 또는 언어적 진술들 간에 불일치하거나 상충되는 부분이 있을 때, 이러한 부분들을 진술하는 기법이다.
ㅁ. 사용의 예시는 다음과 같다.
　내 담 자 : 저는 담임선생님이 싫어요. 다른 아이들이 잘못할 때에는 가만히 계시다가도 제가 조금만 떠들면 막 야단을 치시는 거예요.
　상담교사 : 담임선생님이 너를 불공평하게 대한다고 여기는구나.

① ㄱ, ㄴ
② ㄱ, ㄹ
③ ㄴ, ㄷ, ㄹ
④ ㄱ, ㄴ, ㄷ, ㅁ
⑤ ㄱ, ㄷ, ㄹ, ㅁ

**69** 〈보기〉에서 내담자 반응에 대한 상담자의 즉시적 반응(immediacy)을 쓰시오.

―〈보기〉―
내담자 : 선생님 저는 그동안 여러 차례에 걸쳐 상담을 받아 왔는데 지금까지 무엇을 했나 하는 생각이 들어요. 괜히 시간을 낭비한 것 같은 생각도 들고……. 이제 상담을 그만 받고 싶습니다.
상담자 : _____

• 상담자 반응 : _____

**70** 상담면접에는 '반영하기', '해석하기' 등의 다양한 기법이 활용된다. 다음 ①, ②, ③에 가장 적합한 면접기법의 명칭을 쓰시오.

①
내담자가 했던 말 중에서 불확실하거나 모호한 내용을 찾아 지적하고 그것을 내담자가 확실히 알도록 돕는다.
영　미 : 어머니의 지나친 사랑 때문에 너무 힘들어요.
상담자 : 그게 무슨 의미이지요?
영　미 : 그러니까 어머니는 매일 아침 차로 저를 등교시키고요. 그러고도 모자라 하교 시간에 교문에서 기다렸다가 학원에 데려다 주세요. 저는 친구들과 영화도 보고 싶고 피시(PC) 방에도 가고 싶거든요.
상담자 : 그러니까 영미가 말하는 지나친 사랑이라는 것은 영미의 생활에 엄마가 지나치게 관여하고 있다는 것이군요.

②
내담자에게 자신의 모습을 바로 보게 해 준다.
은　수 : (떨리는 목소리로) 친구가 저를 배신할 수도 있지요.
상담자 : 지금 심하게 떨리는 목소리로 말하고 있어요. 정말 그것이 있을 수 있는 일이라면 그렇게 목소리가 떨리는 이유가 뭘까요?

③
내담자에게 자신의 이야기를 듣고 있음을 알게 해 준다. 내담자에게 자신의 이야기를 듣고 있음을 알게 해 준다.
병　태 : 정말 저는 죽고 싶었습니다.
상담자 : (의자를 조금 더 내담자 가까이로 옮기고 몸을 기울이면서 고개를 끄떡인다.) 으으음….
병　태 : 선생님, 저는 정말이지 죽고만 싶어요. 아무도 저를 이해해 주는 사람이 없어요. 이 세상 천지에 나 혼자 서 있다는 느낌이 들어요.

① _____
② _____
③ _____

**71** ◁ 2021

다음은 전문상담교사가 철수(중3, 남)를 상담한 내용의 일부이다. 밑줄 친 ㉠과 ㉡에서 상담교사가 사용한 상담 기법의 명칭을 순서대로 쓰시오.

> 철　　수 : 선생님, 저는 요즘 "노담, 담배는 No"라는 공익광고를 보면 마음이 불편해져요. 물론 저도 담배를 끊고 싶긴 하지만 저와 친한 친구들이 담배를 많이 피우기 때문에 담배를 끊으면 어쩐지 친구들에게 배신자라는 소리를 들을까 봐 못 끊고 있어요.
> 상담교사 : ㉠ 친구들에게 배신자라는 소리를 듣는다는 것이 무엇인지 좀 더 설명해 주면 좋겠어요.
> 철　　수 : 저희들끼리 배신자라고 했을 때는 따돌림의 대상이 될 수 있다는 거예요. 그러니까 친구들과 어울릴 수 없다는 뜻이지요.
> 상담교사 : 그렇군요. 그러면 친구들에게 따돌림 당하지 않고 담배를 끊을 수 있는 방법을 생각해 볼까요. 철수가 담배를 끊어야겠다는 결심이 분명하면 길이 있다고 생각해요. 우선 ㉡ 담배를 끊으면 얻는 것과 잃는 것이 무엇인지 말해 보세요.
> 철　　수 : 얻는 것은 무엇보다도 부모님이 좋아하시는 것이지요. 용돈을 절약할 수 있고요. 제 건강에도 좋을 것 같아요. 저에게 담배 냄새가 나지 않겠지요. 그리고 잃는 것은 친구들이겠지요. 친구들은 저를 배신자라고 부르지 않을까요? 그 외엔 없어요.

**72** ◁ 2015

다음은 전문상담교사인 조교사가 혜미(고 2, 여)를 상담한 축어록의 일부이다. 밑줄 친 ㉠, ㉡의 상담기술 명칭을 순서대로 쓰고, 각 상담기술의 정의와 그 공통점을 서술하시오.

> 조교사 : 혜미야, 오늘 표정이 안 좋네.
> 혜　미 : 오늘 엄마랑 좀 그랬어요. 아침에 밥 먹기 싫어서 안먹겠다고 하니까 과일이라도 먹으라고 주시잖아요. 저는 과일을 싫어하거든요. 그랬더니 또 기어이 우유를 가방에 넣어 주시면서 짜증을 내시는 거예요. 짜증난 사람은 난데 말이죠. 정말 너무너무 미워요.
> 조교사 : 음. ㉠ 그런데 너는 지난 번에는 엄마를 사랑한다고 했었는데, 지금은 밉다고 하는구나.
> 혜　미 : 제가 그랬었나요?
> 조교사 : ㉡ 아마도 네가 엄마에 대해 혼란스러운 마음이 드는 것은 엄마가 혼자서 너를 키우는 모습을 보면서 엄마를 사랑해야겠다고 생각하지만 속으로는 아버지와 이혼을 하자고 한 사람은 엄마라고 생각하기 때문인 것 같구나.

**73** 다음은 또래관계의 어려움을 호소하는 영수(중3, 남)와 진행한 상담 사례와 관련하여 전문상담교사가 수퍼바이저와 나눈 대화 내용의 일부이다. 〈작성 방법〉에 따라 서술하시오.

> 수퍼바이저 : 선생님, 한 가지 아쉬운 점이 있다면 전반적으로 개방형 질문을 사용할 수 있는 경우에도 폐쇄형 질문을 많이 사용하신다는 점인데, 선생님 생각은 어떤지요?
> 상담 교사 : 네, 다음 상담에서는 그 부분을 신경 써서 해 보려고 해요.
> 수퍼바이저 : 물론 ⊙ 폐쇄형 질문이 효과적인 경우가 있지요.
>
> … (중략) …
>
> 수퍼바이저 : 상담하면서 어떤 점이 어려웠는지 궁금하네요.
> 상담 교사 : 상담 과정에서 영수가 자기 생각은 분명히 있는 것 같은데 그걸 말로 표현하는 데 망설이는 모습을 보니 저도 답답한 마음이 들어요. 이런 패턴이 지속되다 보니 최근에는 상담이 교착 상태에 빠진 것 같아요. 앞으로 영수가 이런 모습을 보일 때, 이전과는 다르게 반응하는 방식이 있을까요?
> 수퍼바이저 : 그런 경우에는 ( ⓒ )(이)라는 기법을 사용해 볼 수 있습니다. 상담자의 진솔성을 기반으로 하는 이 기법은 내담자와 함께 있는 바로 '지금-여기'에서 내담자의 행동에 대한 상담자의 생각이나, 상담 관계나 과정에 대한 상담자의 느낌을 내담자에게 전할 때 주로 사용합니다. 상담자가 내담자와 유사한 자신의 경험을 말해주는 자기개방 기법과는 구별이 되고요. 예를 들어, 상담이 진전이 없고 제자리를 맴돌고 있다는 생각이 들 때, "영수야, 선생님은 지금 우리의 대화가 제자리를 맴도는 것 같아서 답답한 마음이 드는 것 같아."라고 ( ⓒ ) 기법을 사용한 후에 "영수는 어떤지 궁금하네."라는 식으로 내담자의 반응을 물어볼 수 있을 것 같아요.

〈작성방법〉

- 밑줄 친 ⊙에 해당하는 경우를 1가지 쓸 것.
- 괄호 안의 ⓒ에 공통으로 해당하는 상담면접 기법의 명칭을 쓰고, 이 기법의 기대 효과를 영수의 사례와 연결지어 2가지 서술할 것.

**74** 다음은 전문상담교사가 지수(고2, 여)를 상담한 축어록의 일부이다. 〈작성 방법〉에 따라 서술하시오.

---

지　　수 : 어제 학원 끝나고 남자 친구랑 저녁 먹고 편의점에 갔거든요. 제가 디저트로 빵을 사 먹으려고 하니까 남자 친구가 "또 먹어? 배부르지 않아?"라고 해서 완전 화났어요.

상담교사 : ( ㉠ )

지　　수 : 네. 편의점에 다른 친구들도 많이 있는데 큰 소리로 말해서 창피했어요. (목소리가 잦아들며 눈시울이 붉어진다.)

상담교사 : 정말 많이 속상했겠네요.

지　　수 : (울면서) '내가 많이 먹어서 마음에 안 드나' 싶기도 하고, '그냥 하는 말인데 이렇게 생각하는 내가 이상한 건가' 싶기도 하고….

상담교사 : ㉡ 남자 친구한테 화날 만했어요. 친구들도 많이 있는데 그렇게 얘기하면 면박 주는 것 같아 당황스럽고 무안했겠어요.

지　　수 : (눈물을 닦으며) 맞아요. 선생님도 아시다시피 제가 먹는 거에 진심이잖아요.

상담교사 : ㉢ 어렸을 때부터 엄마가 살찌면 보기 싫다고 그만 좀 먹으라고 늘 얘기하셨다고 했죠? 그러니 남이 먹는다고 뭐라고 하면 더 예민한 반응을 보이는 게 당연해요.

…(중략)…

상담교사 : 다음에 남자 친구가 또 그런 식으로 얘기하면 어떻게 하고 싶어요?

지　　수 : 그렇게 말하면 속상하다고 차분하게 말하고 싶어요.

[A] ┌ 상담교사 : 좋아요. 그러면 선생님을 남자 친구라고 생각하고 한번 얘기해 볼래요?
　　 └ 지　　수 : 네. (잠시 생각을 정리한 후) 나는 네가 남들 보는 앞에서 "또 먹어?"라고 말하면 너무 속상해.

---

〈작성방법〉

- 괄호 안의 ㉠에 들어갈 수 있는 상담자의 재진술 반응을 정서에 초점을 맞추어 서술할 것.
- 변증법적 행동치료(DBT)에 근거하여, 밑줄 친 ㉡과 밑줄 친 ㉢에 나타난 타당화 수준의 '맥락'을 각각 서술할 것.
- [A]에서 상담교사가 적용한 상담기법의 명칭을 쓸 것.

**75** 다음은 '조하리의 창(Johari's window)'으로 본 보라의 인간관계 특성이다. 보라에게 필요한 대인관계 기술 1가지를 쓰시오.

|  | 자신에 대해<br>자신이 안다 | 자신에 대해<br>자신이 모른다 |
|---|---|---|
| 자신에 대해<br>타인이 안다 |  |  |
| 자신에 대해<br>타인이 모른다 |  |  |

• 대인관계 기술 : _____

ⓒ 2015

**76** 다음은 전문상담교사인 김 교사가 라자루스(A. Lazarus)의 중다양식 이론을 적용하여 영호(고 1, 남)를 상담한 내용의 일부이다. 이 이론이 제안하는 평가 영역을 모두 쓰시오. 그리고 밑줄 친 ㉠, ㉡이 각각 어떤 평가 영역에 속하는지를 쓰고, 각 영역에 해당하는 영호의 문제를 감소시키는 데 사용할 수 있는 기법 1가지씩만 쓰시오.

---

영　호 : 애들이 먼저 나를 건드리니까 싸우지 제가 괜히 싸우나요? 왜 저만 가지고 그러세요. 그 애들은 그냥 두고…….

김교사 : 그래, 나도 네가 공연히 싸운다고는 생각하지 않는단다. 그 애들이 너를 건드린다는 것이 무슨 뜻이지?

영　호 : 저를 무시하는 거요.

김교사 : 친구들이 너를 무시한다는 마음이 들면 몸에서 느껴지는 것이 있니?

영　호 : 음, 글쎄요. ㉠ 몸에 힘이 팍 들어가고 숨이 탁 막히는 것 같아요.

김교사 : 그렇구나. 그렇게 몸에 힘이 들어가고 숨이 막힌단 말이지? 그리고 몸의 다른 부분은 어떠니?

… (중략) …

김교사 : 그럴 때는 어떻게 하지?

영　호 : 어떻게 하기는요. ㉡ 바로 주먹을 날리는 거지요. 나도 모르게 손에 잡히는 것들을 다 던져 버려요.

김교사 : 그러니까 주먹으로 때리거나 물건을 던지면서 싸우게 되는 거구나.

**77** 다음은 전문상담교사가 수미(고1, 여)와 진행한 상담에 대해 수퍼바이저와 나눈 대화 내용의 일부이다. 〈작성 방법〉에 따라 서술하시오.

> 상담 교사 : 스마트폰 사용과 관련하여 어려움을 겪고 있는 수미와 상담을 시작했어요. 수미는 사용 시간을 줄이고 싶지만, 쉽지 않은가 봐요. 어떻게 접근하면 좋을까요?
> 수퍼바이저 : 게임하기나 스마트폰하기와 같은 습관성 행동을 바꾸는 일은 뜻대로 잘 되지 않는 경우가 많지요. 수미와 상담하실 때 밀러와 롤닉(W. Miller & S. Rollnick)의 동기 강화 상담(motivational interviewing) 이론을 적용해 보시는 것은 어떨까요?
> 상담 교사 : 동기 강화 상담이요?
> 수퍼바이저 : 네. ( ㉠ ) 이론을 기반으로 하고 있는 내담자 중심의 접근이지요. 내담자를 있는 그대로 존중하기 때문에 변화 상황에 대한 양가감정을 상담의 실마리로 활용할 수 있어요.
> 상담 교사 : 변화하고 싶지 않은 마음까지 활용할 수 있다니 흥미롭군요.
> 수퍼바이저 : 오히려 상담자로서 내담자의 ㉡ 변화를 도우려는 마음이 앞서 잘못된 것을 고치려고만 하는 자세를 경계해야 합니다. 내담자의 한쪽 감정에만 공감하다보면 저항을 일으킬 수 있어요. 다른 쪽 감정을 무시한다면 내담자들은 온전히 수용받지 못하는 것이 되니까요.
> 상담 교사 : 이해가 갑니다. 수미와의 상담에 적용해 보고 싶은 생각이 드네요. 상담의 과정은 어떤 단계로 진행되나요?
> 수퍼바이저 : 동기 강화 상담 이론에서는 프로체스카와 디클리멘티(J. Prochaska & C. DiClemente)의 초이론적 변화 단계모델을 활용해서 내담자의 변화 수준을 확인하고 개입합니다. 수미가 스마트폰 사용과 관련해서 문제를 인식하고 있으니, 변화 단계 모델의 전숙고 단계는 지났네요. ㉢ 숙고 단계로 접어든 것 같습니다. 이론에서 제시하는 변화 대화를 촉진하는 기술을 알려드릴 테니 활용해 보시면 좋을 것 같아요.

〈작성방법〉

- 괄호 안의 ㉠에 해당하는 이론의 명칭과 밑줄 친 ㉡에 해당하는 개념의 명칭을 순서대로 쓸 것.
- 밑줄 친 ㉢의 특징을 2가지 서술할 것.

**78** 사이버 상담 방법 중 이메일 및 게시판 상담의 과정을 다음과 같은 단계로 구분하였을 때, (가)~(다)에 들어갈 내용을 순서대로 제시한 것은?

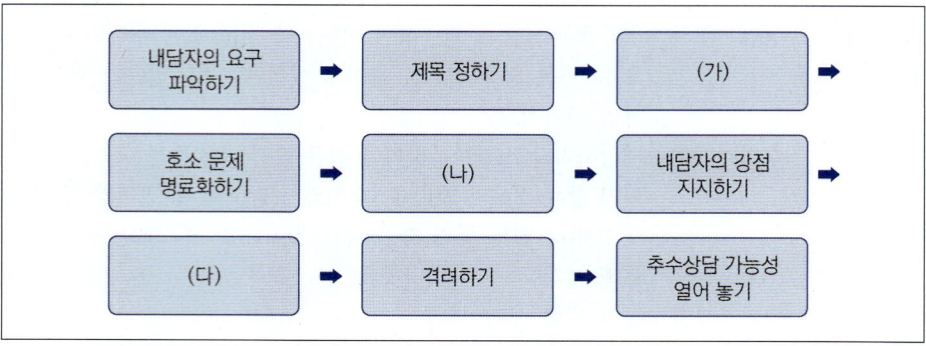

|   | (가) | (나) | (다) |
|---|---|---|---|
| ① | 상담목표 설정하기 | 공감하기 | 맞이하기 |
| ② | 상담목표 설정하기 | 맞이하기 | 공감하기 |
| ③ | 공감하기 | 맞이하기 | 상담목표 설정하기 |
| ④ | 맞이하기 | 공감하기 | 상담목표 설정하기 |
| ⑤ | 맞이하기 | 상담목표 설정하기 | 공감하기 |

**79** 다음은 청소년 우울증에 대한 실험연구를 준비하고 있는 전문 상담교사가 수퍼바이저와 나눈 대화 내용의 일부이다. 〈작성 방법〉에 따라 서술하시오.

상 담 교 사 : 실험 설계를 할 때 어떤 점을 고려해야 하나요?
수퍼바이저 : 실험 설계에서 중요한 것은 독립변인 이외의 다른 조건이나 요인들이 종속변인에 영향을 미치지 못하도록 철저히 통제하여, ㉠ 오직 독립변인간이 원인이 되어 종속변인이 나타났다고 확신할 수 있는 정도를 최대화하도록 실험을 설계하는 거예요. 또한 ㉡ 실험 결과를 다른 대상, 다른 시기, 다른 상황에 일반화할 수 있는 정도도 고려해야 해요.
상 담 교 사 : 실험과정에서 실험 처치 이외에 다른 변인들이 실험 결과에 영향을 주지 않도록 해야 하는군요.
수퍼바이저 : 그렇지요. 이와 관련하여 캠벨과 스탠리(D. Campbell & J. Stanley)가 실험결과에 영향을 주는 혼재(가외) 변인으로 ㉢ 역사(history), 성숙, 검사측정도구, ㉣ 검사(testing), 실험참여자 탈락 등을 제시했는데, 이런 변인들이 실험결과에 영향을 주지 않도록 해야 해요.
상 담 교 사 : 예를 들어서 설명해주시면 좋겠어요.
수퍼바이저 : 예컨대, 주의력 훈련이 우울증 환자의 문제해결 능력 향상에 미치는 영향을 알아보기 위한 실험을 한다고 가정해 보지요. 이때 주의력 훈련을 받은 집단에는 가벼운 정도의 우울증 환자들이 참여하고, 주의력 훈련을 받지 않은 집단에는 심각한 우울증 환자들이 참여했다면, 우울증 환자의 문제해결 능력 향상이 주의력 훈련으로 인한 결과라고 확실하게 말할 수는 없을 거예요. 왜냐하면 ㉤ 주의력 훈련 이외에 우울증의 심각도가 문제해결 능력에 영향을 미쳤을 수도 있으니까요.

〈작성방법〉
- 밑줄 친 ㉠, ㉡에 해당하는 개념을 캠벨과 스탠리가 제시한 용어로 순서대로 쓸 것.
- 밑줄 친 ㉢, ㉣에 해당하는 개념의 의미를 순서대로 서술 할 것.
- 밑줄 친 ㉤의 문제를 해결하기 위해서 실험 전에 사용해야하는 실험집단과 통제집단을 구성하는 방법의 명칭을 쓸 것.

80. 다음은 전문상담교사 협의회에서 김 교사의 연구 계획에 대해 전문상담교사들 간에 이루어진 대화의 일부이다. 〈작성 방법〉에 따라 서술하시오.

김 교사 : 학생들에게 모래 놀이 치료를 종종 하는데, 효과가 있는 것 같아서 한번 제대로 검증해 보고 싶어요.
이 교사 : 어떤 주제인지 궁금하네요.
김 교사 : 모래 놀이 치료가 중학생의 자해 행동의 감소에 미치는 효과에 대한 것이에요.
이 교사 : 꼭 필요한 연구네요. 어떤 방법으로 검증할 것인지 정했나요?

[A] ┌ 김 교사 : 네. 최근에 자해 행동을 한 중학생 10명을 대상으로 모래 놀이 치료 전과 이후의 자해 행동의 변화를 보려고요.
    └ 이 교사 : 다른 비교 집단이나 ㉠ 통제 집단은 없나요?

김 교사 : 네, 현재로서는 생각하지 않고 있어요.
이 교사 : 통제 집단이 없으면 모래 놀이 치료와 자해 행동 간 인과 관계를 추론하기 어렵지 않을까요?
김 교사 : 맞아요. 그런 이유로 저도 통제 집단을 활용해 보고 싶은데 ㉡ 윤리적으로 문제가 되지 않을까 마음에 걸려요.
이 교사 : 선생님께서 걱정하시는 문제가 그렇다면, 해결할 수 있는 방법이 있는 것 같아요. 대안으로 ㉢ 대기자 통제 집단을 활용해 보는 건 어떨까요?
김 교사 : 아, 그런 방법이 있었군요. 선생님, 좋은 정보 감사드려요!

〈작성방법〉

- [A]에서 김 교사가 계획한 준실험 설계의 명칭을 쓸 것.
- 밑줄 친 ㉠의 설계 방법을 사례와 연결 지어 서술할 것.
- 밑줄 친 ㉡에서 김 교사가 염두에 둔 윤리적인 문제와 밑줄 친 ㉢의 설계 방법을 서술할 것.

## 학교상담

**◁ 2011**

**81** 학교상담의 특성에 관한 기술로 옳지 <u>않은</u> 것은?

① 상담활동과 교육활동을 함께 한다.
② 예방적・발달적 활동을 주로 한다.
③ 팀 접근보다 개별적 접근을 주로 한다.
④ 특정 문제행동을 가진 학생을 포함한 전체 학생을 대상으로 한다.
⑤ 학생들의 부적응 문제 해결뿐만 아니라 정상적 발달의 조력에도 관심을 둔다.

**◁ 2013**

**82** 전문상담교사가 수행하는 학급단위 생활지도의 특징에 관한 설명으로 옳은 것만을 〈보기〉에서 있는 대로 고른 것은?

〈보기〉
ㄱ. 외부 인사를 초빙하여 진행할 수 있다.
ㄴ. 예방적이고 발달적인 측면에 초점을 둔다.
ㄷ. 개인상담에 비해 구조화된 프로그램으로 진행한다.
ㄹ. 개인상담에 비해 도움을 받을 수 있는 학생들의 수가 많으므로 경제적이다.
ㅁ. 교실과 같은 친숙한 장면에서 이루어지기 때문에 배운 것을 일상생활에 적용하기가 용이하다.

① ㄱ, ㄴ, ㄷ     ② ㄱ, ㄴ, ㄹ     ③ ㄷ, ㄹ, ㅁ
④ ㄴ, ㄷ, ㄹ, ㅁ     ⑤ ㄱ, ㄴ, ㄷ, ㄹ, ㅁ

**◁ 2009**

**83** 미국학교상담자협회(ASCA, 1997)가 제정・공포한 '종합적 학교상담 프로그램'의 구성요소에 해당되는 것을 〈보기〉에서 모두 고른 것은?

〈보기〉
ㄱ. 진로 발달(career development)     ㄴ. 사회성 발달(social development)
ㄷ. 신체 발달(physical development)     ㄹ. 개인 발달(personal development)
ㅁ. 학업 발달(academic development)     ㅂ. 정서 발달(emotional development)

① ㄱ, ㄴ, ㄷ     ② ㄴ, ㄷ, ㅂ     ③ ㄱ, ㄴ, ㄹ, ㅁ
④ ㄱ, ㄴ, ㅁ, ㅂ     ⑤ ㄷ, ㄹ, ㅁ, ㅂ

**84** 다음은 전문상담교사가 담임교사인 홍 교사와 대화하는 내용의 일부이다. 〈작성 방법〉에 따라 서술하시오.

> 홍 교사 : 상담이나 생활 지도는 일반 교과와는 달리 국가 수준의 교육과정이 명확하게 제시되어 있지 않아서, 어떤 내용을 어떻게 실행해야 하는지 방향을 잡는데 어려움이 있겠어요. 전문상담교사로서 이런 문제를 어떻게 해결하시나요?
>
> 상담교사 : 저는 그 문제와 관련하여 미국의 ( ㉠ ) 모델을 참고하여 적용하고 있습니다. 이 모델은 미국상담교사협회(ASCA)에서 제안한 것으로, 상담과 생활지도를 학교 전체 교육 맥락에서 실행하기 위하여 만들어진 것이지요. 이 모델에서는 ㉡ 학업 영역, 진로영역, 개인적·신체적 영역을 포괄적으로 균형 있게 다루는 것을 목표로 하고 있습니다.
>
> 홍 교사 : 그렇군요. ( ㉠ ) 모델은 포괄적인 영역을 다루고 있어 상담과 생활지도에 참고하면 도움이 되겠네요. 그런데 여러 영역을 균형 있게 다루는 것만큼 학생들의 부적응 수준에 따라 개입의 내용이나 범위도 다르게 수행하는 것이 중요하지 않을까요? 예방부터 위기 개입까지 학생들의 부적응 수준별로 필요한 도움이 다를 테니까요.
>
> 상담교사 : 그렇습니다. 학생들의 부적응 수준에 따라 효과적인 개입이 중요하기 때문에 다중통합지원이 가능한 안전망을 구축하여 운영하고 있습니다. 학교 단위에 설치되어 있는 Wee 클래스는 학교 부적응 학생의 조기 발견과 예방에 초점을 두고 있어 1차 안전망 역할을 하지요. 전문가들이 배치되어 있어 ㉢ 원스톱 서비스를 제공받을 수 있는 ㉣ Wee 센터는 교육지원청 또는 특별시·광역시·특별자치시·도 및 특별자치도 단위에 설치되어 있습니다. 그런데 지역에 특화된 ㉤ 가정형 Wee 센터는 장기 기숙형 위탁 기관이라서 필요시 위탁이 가능합니다. 시·도 교육청 단위에 설치하여 3차 안전망 역할을 하는 ㉥ Wee스쿨은 고위험군 학생을 위한 상담과 돌봄을 제공하지요.

―〈작성방법〉―

- 괄호 안의 ㉠에 들어갈 모델의 명칭을 쓰고, 밑줄 친 ㉡에서 잘못된 설명을 찾아 바르게 고쳐서 서술할 것.
- 밑줄 친 ㉢에 해당하는 서비스의 내용을 서술하고, 밑줄 친 ㉣~㉥ 중에서 잘못된 설명 1가지를 찾아 바르게 고쳐서 서술할 것.

◁ 2010

**85** 학생들의 가장 큰 고민이 학업 문제라는 설문 조사 결과를 보고, 학교장은 전문상담교사에게 학업증진 프로그램의 실시를 요청하였다. 전문상담교사가 실시하려는 요구조사(need assessment)의 내용으로 적절한 것을 〈보기〉에서 모두 고른 것은?

〈보기〉
ㄱ. 선정된 활동의 직접적 효과
ㄴ. 새 학업증진 프로그램에 대한 만족도
ㄷ. 기존 학업증진 프로그램들에 불참한 이유
ㄹ. 세분화된 영역별 학업에 대한 학생의 고민 수준
ㅁ. 구상 중인 학업증진 프로그램에 참여하려는 학생들의 의지 수준

① ㄹ, ㅁ
② ㄷ, ㄹ, ㅁ
③ ㄱ, ㄴ, ㄷ, ㄹ
④ ㄱ, ㄴ, ㄷ, ㅁ
⑤ ㄱ, ㄴ, ㄷ, ㄹ, ㅁ

◁ 2011

**86** 다음에서 설명하고 있는 학교상담의 자문모형으로 옳은 것은?

자문자는 피자문자 소속 기관의 체제와 의사결정, 문제 해결, 목표설정 과정에서 피자문자가 자신이 속한 체제에 대한 통찰을 얻도록 도움을 제공한다. 이 모형에서는 학교에서 일어나는 학생의 문제는 그 학생만의 것이 아니라 그를 둘러싸고 있는 환경으로 인해 발생한다고 본다. 이 모형에서는 조직을 구성하고 있는 구성원 상호간의 인간관계와 의사결정 과정의 형태에서 문제의 원인을 찾으려 한다. 그러므로 자문자가 피자문자를 체제의 구성원으로 보면서, 그의 강점과 약점, 그리고 그 체제 내의 다른 사람들과의 의사소통 방법에 초점을 맞추어야 학생의 문제를 해결하려는 피자문자의 노력이 성과를 거둘 수 있다.

① 과정적 모형
② 협력적 모형
③ 행동주의 모형
④ 조직발달 모형
⑤ 정신건강 모형

◀ 2012

**87** 지역사회 내에서 학생상담을 지원하기 위해 정부가 시행하고 있는 정책 사업에 관한 설명으로 옳지 <u>않은</u> 것은?

① 청소년전화 1388 : 청소년이 긴급한 상황에서 도움을 요청하는 경우에 청소년기관과의 연계를 지원하는 24시간 전화상담 서비스체제
② Rescue School 프로그램 : 위기 청소년을 대상으로 적성탐색에서부터 실제적인 취업까지 지원하도록 설계된 취약계층 청소년자립지원 프로그램
③ CYS-Net : 위기청소년을 발견하고 구조하고, 치료하기 위해 지역사회의 시민, 기관, 단체 등이 주체적으로 협력할 수 있도록 구축된 지역사회청소년통합지원체계
④ Wee 프로젝트 : 위기에 처한 학생을 지원하기 위해 학교, 시·도 교육청 및 지역교육지원청, 지역사회 간에 서로 협력할 수 있도록 구축된 학교안전관리통합시스템
⑤ 청소년동반자 프로그램 : 찾아가는 상담서비스를 제공하는 현장지원전문가가 청소년의 가정, 학교, 지역사회 환경에 개입함으로써 청소년에게 필요한 자원서비스를 연계하고 문제를 해결하는 데 초점을 두는 위기상담 프로그램

◀ 2009

**88** 청소년 자살의 위험성을 높이는 요소들을 〈보기〉에서 모두 고른 것은?

─────────〈보기〉─────────
ㄱ. 가족의 자살력
ㄴ. 과거의 공격행동
ㄷ. 충동성 및 반사회적 성격
ㄹ. 죽음의 개념에 대한 명확한 이해
ㅁ. 특정 기념일(예 좋아하는 연예인의 사망일)
──────────────────────

① ㄱ, ㄴ, ㄹ        ② ㄷ, ㄹ, ㅁ        ③ ㄱ, ㄴ, ㄷ, ㅁ
④ ㄴ, ㄷ, ㄹ, ㅁ    ⑤ ㄱ, ㄴ, ㄷ, ㄹ, ㅁ

**89** 다음은 동료 수퍼비전에서 전문상담교사들이 나눈 대화 내용의 일부이다. 〈작성 방법〉에 따라 서술하시오.

> 양 교사 : 어제 의뢰된 내담자가 있는데 자살 생각을 하는 것 같아서 걱정이에요.
> 박 교사 : 어떤 점에서 그렇게 생각이 되었나요?
> 양 교사 : 자기가 사라지는 게 모두를 위한 것이라는 말을 했다고 하더라고요. ㉠ 자살을 생각하는 청소년들은 대개 자살시도 전에 주변 사람들에게 암시를 하잖아요.
> 박 교사 : 하지만 ㉡ 언어적인 암시를 한 경우에는 행동적인 암시를 한 경우보다 안전하지요.
> 양 교사 : ㉢ 내담자가 먼저 표현하기 전에 상담자가 자살에 대해 직접적으로 물어보면 자살 충동을 자극할 수 있으니 물어보지 않는 것이 좋아요.
> 박 교사 : ㉣ 자살 생각을 한다고 해도 위험 정도는 다르니까 자살 위험성 수준을 잘 평가하는 것이 중요하지요.
> 양 교사 : 제 내담자 중 한 명의 MMPI-A 결과인데, 이것으로도 자살 위험의 정도를 예측해 볼 수 있을까요?
> 박 교사 : MMPI-A 결과만으로 자살을 예측하기는 어렵지만, ㉤ 프로파일을 보니 2번과 4번의 T점수가 각각 72점, 76점으로 가장 높게 상승되어 있어 자살 우험이 높다고 예상할 수 있겠네요. 이런 경우 자살 위험을 지속적으로 평가하는 것이 중요해요.

─── 〈작성방법〉 ───

- 밑줄 친 ㉠~㉣의 진술 중 잘못된 부분의 기호를 2개 찾아 쓰고, 각각 바르게 고쳐 서술할 것.
- 밑줄 친 ㉤에서 자살 위험의 정도를 높게 예측한 이유를 MMPI-A 상승 척도쌍의 특성에 근거하여 2가지 서술할 것.

## 2021

**90** 다음은 전문상담교사와 수퍼바이저의 대화 내용의 일부이다. 〈작성 방법〉에 따라 서술하시오.

> 상담 교사 : 다음 학기에는 인터넷 과몰입 고위험군과 잠재적 위험군에 해당되는 학생들을 대상으로 집단상담을 진행해 보려고 합니다.
>
> 수퍼바이저 : 위험군은 아니더라도 ⊙ 내성을 보이거나 인터넷 사용을 조절하려고는 하지만 자주 실패하는 학생들도 주의 깊게 살펴볼 필요가 있습니다.
>
> 상담 교사 : 네. 그런데 인터넷 과몰입 학생들을 만나보면 인터넷 사용을 조절하고 싶기도 하지만, 또 실컷 하고 싶은 마음도 있기 때문에 도저히 조절을 할 수가 없다고 말하는 경우가 많습니다.
>
> 수퍼바이저 : 그렇지요. 무엇보다도 인터넷 과몰입 학생들을 돕기 위해서는 변화 동기를 촉진하는 것이 필요합니다. 습관적 중독 문제 해결을 위한 단기 개입으로 밀러(W. Miller)와 롤닉(S. Rollnick)에 의해 동기강화 상담(MI)이 개발되었습니다. 이 상담은 집단원의 변화에 대한 ( ⓒ )의 감소와 내적 동기의 증진을 목표로 작업하기 때문에 변화하고자 하는 동기를 촉진하는 데 유용합니다.

──〈작성방법〉──

- 밑줄 친 ⊙을 판단하는 기준을 2가지 서술할 것.
- 괄호 안의 ⓒ에 들어갈 용어를 쓰고, ⓒ에 해당하는 내용을 대화에서 찾아 1가지 서술할 것.

**91** 다음은 전문상담교사와 담임교사가 민지(중2, 여)의 자해 행동에 대해 나눈 대화 내용의 일부이다. 〈작성 방법〉에 따라 서술하시오.

> 담임교사 : 오늘 면담 시간에 민지의 팔뚝을 우연히 보게 되었는데, 칼로 그은 듯한 상처가 너무 많이 나 있어서 깜짝 놀랐어요. 자해를 한 것 같더라고요. 일단 못 본 척 지나가기는 했는데, 위험한 일이라도 생길까 봐 걱정이에요. 제가 어떻게 하면 좋을까요?
> 상담교사 : 많이 놀라고 걱정되셨겠어요. 저가 바로 민지를 만나 봐야겠네요. 그리고 자살 위험성이 있는지 평가해 보겠습니다. 그런데 민지의 자해 행동은 자살 의도가 없는 자해 행동일 수도 있을 것 같아요.
> 담임교사 : 비자살적 자해를 말씀하시는 거죠?
> 상담교사 : 네. 자살 의도가 없는 자해 행동은 예전에는 중요한 타인으로부터 관심을 끌기 위한 행동이라는 가정이 많았지만, 최근에는 정서적 고통이 매우 심한 상황에서 ( ㉠ )을/를 기대하기 때문에 자해 행동을 하게 된다는 의견이 지지되고 있어요.
> 담임교사 : 그렇군요. 그런데 상처를 보니 어제오늘 생긴 건 아닌 것 같더라고요. 자해를 계속하게 되는 이유는 무엇인가요?
> 상담교사 : 정서적 고통이 심한 사람들의 자해 행동이 지속되는 이유는 ( ㉡ )(이)라고 할 수 있지요.

―〈작성방법〉―
- 정신질환의 진단 및 통계 편람 제5판 수정판(DSM-5-TR)에서 제안된 진단 기준에 근거하여, 괄호 안의 ㉠에 들어갈 자해 행동을 하는 이유를 2가지 서술할 것.
- 괄호 안의 ㉡에 해당하는 이유 1가지를 '목표 행동'과 '강화 원리'에 근거하여 서술할 것.

◀ 2010

**92** 전문상담교사가 정미(중 1, 여)를 위해 개입한 내용으로 적절한 것을 〈보기〉에서 모두 고른 것은?

> 정미는 성취욕이 강하고 도전적이며 자기중심적이다. 초등학교 6학년 때에 실시한 지능검사에서 IQ 140이었던 정미는 중학교 입학배치고사에서 전교 1등을 하였다. 정미는 담임교사가 담당한 수학 과목을 특히 좋아해서 수학 문제를 풀 때에는 문제풀이에 몰입되어 시간 가는 줄 몰랐다. 수업시간에 교사가 가르쳐 주지 않은 방법으로 수학 문제를 풀어 교사와 다른 학생들을 자주 놀라게 하였다. 정미는 공부를 못하는 급우들을 무시하곤 하였다. 반면 반 친구들은 정미를 잘난 체하고 이기적이라고 생각하여 집단으로 따돌렸다. 정미는 1학년 중간고사에서도 매우 우수한 성적을 받았다. 특히, 수학 과목은 학년 전체에서 유일하게 만점을 받았다. 정미는 이러한 자신의 학업 성취에 대해 자기가 좋아하는 담임교사의 칭찬을 은근히 기대하였다. 그러나 담임교사는 정미의 탁월한 성적과 수학 과목에서의 만점을 당연하게 여기고 이에 대해 아무런 관심을 보이지 않았다. 이에 정미는 마음이 많이 상했고 담임교사의 관심을 끌기 위해 의도적으로 수학 시험 준비를 하지 않아서 학년 말 성적은 중위권에 머물렀다. … (중략) … 정미는 점차 자신감을 잃어 갔고 심리적으로 위축 되었다. 그러나 반 친구들은 오히려 그런 정미를 좋아하게 되었다. 정미는 친구들과 관계가 개선되어 학교 생활이 즐거워졌다.

─ 〈보기〉 ─
ㄱ. 담임교사에 대한 반응의 원인을 정미와 함께 탐색하였다.
ㄴ. 정미의 학습 부진에 대해 과잉 반응하지 않도록 담임교사에게 자문하였다.
ㄷ. 학습 부진이 급우들과의 친밀한 관계라는 보상으로 인해 만성화되지 않도록 정미를 지도하였다.
ㄹ. 수학 과목에서의 창의적인 문제 해결 능력을 인정하여 정미에게 세부 사항들에 관심을 기울이지 않아도 된다고 하였다.

① ㄱ, ㄷ   ② ㄴ, ㄹ   ③ ㄱ, ㄴ, ㄷ
④ ㄴ, ㄷ, ㄹ   ⑤ ㄱ, ㄴ, ㄷ, ㄹ

## 상담윤리

◀ 2010

**93** 전문상담교사의 행동 중 상담윤리에 합당한 것은?

① 전에 근무했던 학교의 학부모이자 친한 친구를 상담하였다.
② 한부모 가정 자녀를 대상으로 하는 학교적응 프로그램에 참가신청한 중학생들에게 동의서를 받고 집단을 운영하였다.
③ 졸업생의 상담 사례를 학회에서 발표하기 위해 동의를 받으려 했으나 연락이 닿지 않아 동의를 받지 않고 가명 처리하여 발표 하였다.
④ 집단따돌림을 당하고 있어서 많이 힘들며 옥상에서 뛰어내리고 싶은 충동을 자주 느낀다는 학생의 이야기를 상담 과정에서 듣고 학부모와 담임교사에게 그 사실을 알렸다.
⑤ 자녀 문제로 계속 상담을 받고 있는 학부모를 상담하던 과정에서 그가 정수기 임대업을 한다는 것을 알았고 마침 정수기가 필요해서 그에게서 정수기를 임대하였다.

2009

**94** 다음은 전문상담교사가 중학교 2학년 철수를 첫 회 상담한 내용 중 일부이다. '상담자 윤리적 책임과 법적 책임'에 대한 평가 중 적절한 것을 〈보기〉에서 모두 고른 것은?

> 철수는 주 2~3회 정도의 지각, 월 3~5회 정도의 무단결석을 하였다.
> 담임교사가 상담을 의뢰하였지만, 상담을 계속 받을지 여부는 철수가 전적으로 결정할 수 있다는 점을 철수에게 설명하고 상담을 받고 싶은지에 대해서 물었다. 철수는 지금처럼 지각과 결석을 계속하면 징계 받을 위험이 있어 지각과 결석을 줄이고 싶다고 했다. 상담과정에서 철수가 한 말은 모두 비밀유지가 된다는 점을 설명했다.
> 철수에게 언제부터 지각과 결석을 자주 하게 되었는지를 물었더니, 철수는 초등학교 4학년 9월부터 지각과 결석을 자주 하게 되었다고 하였다. 철수에게 "그즈음에 무슨 일이 있었니?"라고 물었는데, 그때 부모님의 사이가 좋지 않아서 부모님이 자주 다투고 이혼을 하시겠다고 해서 많이 불안하였다고 대답하였다. 지금도 두분의 사이가 좋지 않아서 밤새워 싸우고, 아침밥도 제대로 차려주지 않고, 학교에 가는지 마는지 신경도 쓰지 않는다고 불만을 토로했다. 부모의 불화로 인한 불안을 공감해주고, 이런 상황에서 어떻게 하면 철수의 삶이 행복한 삶이 될 수 있을지에 대해 함께 얘기하기로 하고 첫 회 상담을 마쳤다.

〈보기〉
ㄱ. '무해함'의 원칙을 위반하였다.
ㄴ. '정의와 공정'의 원칙을 위반하였다.
ㄷ. 상담 비밀보장의 한계를 설명하지 않았다.
ㄹ. 내담자의 자율성을 존중하는 방식으로 상담을 진행하였다.
ㅁ. 아동학대의 가능성에 대한 조사와 법적 문제를 다루지 않았다.
ㅂ. 내담자의 자살 위험성에 대한 정보를 수집하여 조치를 취해야 했는데 그렇게 하지 않았다.

① ㄱ, ㄹ  ② ㄷ, ㅁ  ③ ㄱ, ㄴ, ㅂ
④ ㄷ, ㄹ, ㅁ  ⑤ ㄴ, ㄷ, ㅁ, ㅂ

**95** 다음은 전문상담교사들이 동료 수퍼비전 중에 나눈 대화 내용의 일부이다. 괄호 안의 ⊙과 ⓒ에 해당하는 용어를 순서대로 쓰시오.

> 박 교사 : 윤리적인 쟁점에 대한 판단이 모호하거나 갈등 상황이 발생한 경우에 학회의 윤리 규정이나 윤리 원칙을 아는 것만으로는 의사결정이 어려워요. 이런 경우에는 지난번 직무연수에서 다룬 윤리적 의사결정 모델을 적용해 보면 도움이 될 것 같아요.
> 최 교사 : 기억나요. 사실 여러 모델을 배웠는데 윤리적 의사결정의 과정에서 고려해야 할 요소와 절차에 관해서는 중첩되는 부분이 많은 것 같아요. 예를 들어, 코리(G. Corey) 등의 모델과 웰펠(E. Welfel)의 모델 모두 관련 주제에 관해 제3자의 전문적인 의견을 얻기 위한 ( ⊙ )의 과정과, 상담자를 위한 전문가 윤리 기준이나 규정뿐 아니라 ( ⓒ )을/를 참조하라는 점을 포함하고 있다는 게 생각이 나요.
> 김 교사 : ( ⊙ ) 과정은 윤리적인 갈등 상황에서 상담자가 느낄 수 있는 부담을 덜어주는 데 도움이 되는 것 같아요. 이 과정에서 내담자의 신상 정보를 보호해야 한다는 점과 필요에 따라 이 과정은 모든 의사결정 단계에서 이루어질 수 있다는 점은 염두에 두어야겠지요.
> 이 교사 : 네, 저도 같은 생각이에요. 저는 ( ⓒ )을/를 참조해야 한다는 내용이 와닿았는데, 사실 우리가 따르는 전문가 윤리 기준이나 규정도 사회적 기준의 범위를 벗어나면 안 되잖아요. 윤리적인 갈등 상황에서 의사결정을 위해 관련 문헌을 찾아보는 것도 필요하지만, 사회적 기준을 이해하고 준수하는 것도 정말 필요한 것 같아요.

**96** (가)~(다)의 전문상담교사의 행동에 해당하는 키치너(Kitchener)의 윤리적 의사결정 원칙을 〈보기〉에서 골라 바르게 연결한 것은?

(가) 김 교사는 상담에 의뢰된 학생이 청각장애가 있어서 학생과 학부모에게 동의를 구하고 수화를 할 수 있는 교사와 함께 이 학생의 상담을 진행하였다.

(나) 최 교사는 얼마 전 놀이치료 워크숍에 참가하여 초급과정 4시간을 이수하였다. 한 학생에 대해 놀이치료를 실시해 달라는 요청을 받았으나, 아직 놀이치료에 대해 전문성이 부족하다고 판단하여 다른 상담전문기관에 의뢰하였다.

(다) 오 교사는 잦은 지각과 결석으로 담임교사가 의뢰한 학생을 상담하게 되었다. 그런데 이 학생은 학교보다는 집 근처에 있는 Wee 센터에서 상담받기를 원하였다. 오 교사는 담임교사와 협의하여 그렇게 하되, 언제든지 도움이 필요하면 상담실에 올 수 있다고 알려주었다.

〈보기〉

ㄱ. 공정성(justice)
ㄴ. 사회지향(societal orientation)
ㄷ. 비유해성(nonmaleficience)
ㄹ. 자율성 존중(respect for autonomy)
ㅁ. 개인과 전문가로서의 정직성(personal and professional honesty)

|     | (가) | (나) | (다) |     | (가) | (나) | (다) |
|-----|------|------|------|-----|------|------|------|
| ①   | ㄱ   | ㄷ   | ㄴ   | ②   | ㄱ   | ㄷ   | ㄹ   |
| ③   | ㄷ   | ㄱ   | ㅁ   | ④   | ㄷ   | ㅁ   | ㄴ   |
| ⑤   | ㅁ   | ㄴ   | ㄹ   |     |      |      |      |

**97** 다음은 전문상담교사가 상담을 진행하면서 겪은 어려움을 수퍼바이저에게 이야기한 내용의 일부이다. 괄호 안의 ㉠, ㉡에 해당하는 윤리원칙을 순서대로 쓰시오.

> 상담 교사 : 제가 상담하고 있는 병수(고 2, 남)는 운동부 코치에게 새 아빠로부터 성적학대를 받았다고 얘기했고, 코치가 이 사실을 학교에 신고하여 상담을 시작하게 되었어요. 그런데 상담 중에 병수는 새 아빠가 성적 학대를 안 했다는 거예요. 거짓말한 이유는 새 아빠와 엄마의 사이를 나빠지게 해서 엄마가 친아빠와 재혼을 하도록 하기 위해서라고 했어요. 그러면서 이 사실을 아무에게도 얘기하지 말아달라고 했어요. 그래서 저는 고민이에요. 병수가 거짓말한 사실을 얘기하지 않으려 하니 새 아빠와 가족들이 받을 피해가 엄청날 것 같고, 얘기를 하자니 병수와의 상담관계가 유지되지 않을 것 같고⋯⋯. 이럴 때에 저는 어떻게 해야 할까요?
>
> 수퍼바이저 : 이러한 판단을 할 때 중요한 준거가 윤리원칙인데요. 키치너(K. Kitchener)가 제시한 5가지 윤리원칙 중에 가장 먼저 고려해야 할 것은 ( ㉠ ) 원칙입니다. 즉 상담자가 윤리적인 의사결정을 할 때에는 내담자는 물론 이해당사자들 모두의 복지를 극대화할 수 있는 대안을 선택하는 것이 중요합니다. 그러기 위해서는 병수가 거짓말을 했다는 얘기를 했을 때와 하지 않았을 때는 물론 그 사이에 취할 수 있는 여러 대안들을 생각해 보셔야 합니다. 그리고 각각의 대안들이 내담자와 이해당사자들에게 미칠 수 있는 피해가 가장 적은 대안을 선택해서 실행해야 합니다.
>
> 상담 교사 : 네, 단순하게 생각해서는 안 될 것 같네요. 그런데 그렇게 검토해 본 결과 제가 병수를 위해 해 줄 수 있는 것이 아무 것도 없다고 판단된다면 그냥 돌려 보내도 되나요? 혹시 그냥 돌려 보내는 것이 문제가 된다면 어떻게 해야 하나요?
>
> 수퍼바이저 : 상담자가 도움을 받으러 온 내담자를 위해 아무런 도움도 주지 않으면 키치너의 ( ㉡ ) 원칙에 위배될 수 있습니다. 정말 상담자가 내담자를 위해 도움을 줄 수 없다면, 더 전문적으로 도움을 줄 수 있는 다른 상담자에게 상담을 의뢰하는 것도 하나의 방법일 듯 싶네요.

**98** 다음은 중학교 학교 폭력 피해자를 대상으로 하는 학교 적응 집단상담 프로그램 예비 회기를 진행한 후 이루어진 사례 회의 내용의 일부이다. 〈작성 방법〉에 따라 서술하시오.

ⓒ 2025

---

수퍼바이저 : 학생들에게 집단의 목표와 프로그램 내용, 진행 방법, 집단 규칙을 소개하고 ( ㉠ )을/를 받으셨죠?
모　　　두 : 네.
최　교　사 : 저의 경우, 집단 따돌림을 당해 너무 힘들고 옥상에서 뛰어내리고 싶은 충동을 자주 느낀다는 학생이 있었어요. 그래서 ( ㉠ )에 대해 설명하면서 그 학생에게 비밀유지 원칙 준수의 예외 사항에 대해 이야기하고 학부모와 담임교사에게 이 사실을 알렸습니다.
수퍼바이저 : 잘하셨네요. 박 선생님은요?
박　교　사 : 저는 집단원 중 한 학생이 2학년 3반 담임 선생님의 딸이라는 걸 알게 되었는데 어떻게 하는 게 좋을까요?
수퍼바이저 : ( ㉡ )의 가능성에 대해 염려하시는군요.
박　교　사 : 네. 2학년 3반 담임 선생님과는 오래전부터 잘 알고 지내는 사이라서, 혹시라도 다른 학생들보다 그 학생에게 더 마음을 쓰게 될까 봐서요.
수퍼바이저 : 선생님 말씀처럼 그 점이 제일 우려되는 점이긴 하네요. 그 외에 선의나 충실성 원칙에도 위배 될 가능성이 있는지 함께 살펴보는 게 좋겠어요.

---

〈작성방법〉

- 괄호 안의 ㉠에 공통으로 해당하는 용어의 명칭을 쓰고, 집단원이 미성년자일 경우 고려해야 할 사항 1가지를 서술할 것.
- 괄호 안의 ㉡에 해당하는 용어의 명칭을 쓰고, 키치너(K. Kitchener)의 윤리 원칙에 근거하여 박 교사가 우려하는, 괄호 안의 ㉡으로부터 파생될 수 있는 문제점을 서술할 것.

**99** ◁ 2016

다음은 전문상담교사가 진행한 집단상담 운영 과정의 일부이다. 상담교사가 위배하고 있는 키치너(K. Kitchener)의 윤리 원칙 2가지를 쓰고, 위배한 행동에 대한 각각의 대안 행동을 서술하시오.

> 상담교사는 학교폭력 예방을 위한 프로그램의 일환으로 분노조절 집단상담을 계획하였다. 이후, 각 반 담임선생님들에게 집단상담 홍보를 부탁하여 희망하는 학생들의 신청서를 받았다. 신청을 받고 나니, 계획했던 총 12명의 인원 중 1명이 부족하여, 평소 폭력행동을 자주 보였던 지희를 명단에 넣고 집단상담 시간에 맞춰 나오라고 통보하였다. 집단상담을 위한 공간은 학교의 빈 교실을 활용하였으며, 탁자와 의자를 둥글게 배치하였다. 매회 집단상담 시간에 반항적인 동수의 이야기는 자제시키고, 잘 따르는 예리에게 이야기를 더 많이 하게 하였다.

**100** ◁ 2012

상담윤리에 합당한 전문상담교사의 행동만을 〈보기〉에서 있는 대로 고른 것은?

― 〈보기〉 ―
ㄱ. 중학생을 대상으로 성장 집단상담을 준비하는 단계에서 학생과 학부모 모두의 동의를 받은 학생을 집단에 참가시켰다.
ㄴ. 상담 회기 중에 불안과 공포 증세를 호소하는 학생에게 전문상담교사 자신이 훈련받은 적이 없는 이완 기법을 적용하였다.
ㄷ. 상담중인 학생의 신체에서 상처를 발견하고 학생이 아버지로부터 자주 매를 맞았다는 사실을 확인한 후 아동보호전문기관에 신고하였다.
ㄹ. 사이버 상담을 신청한 학생에게 학교 홈페이지 비밀상담방에서 주고받는 상담내용이 해킹당할 수도 있음을 상담 시작 전에 알려주었다.

① ㄱ, ㄴ
② ㄱ, ㄷ
③ ㄱ, ㄷ, ㄹ
④ ㄴ, ㄷ, ㄹ
⑤ ㄱ, ㄴ, ㄷ, ㄹ

### 2012

**101.** 상담윤리에 합당한 전문상담교사의 행동만을 〈보기〉에서 있는 대로 고른 것은?

〈보기〉

ㄱ. 정 교사는 학습장애로 의심되어 의뢰된 학생에 대해 자기능력의 한계를 느껴 다른 전문가에게 의뢰하였다.
ㄴ. 송 교사는 현재 상담중인 학생의 상담 내용을 학부모가 알고 싶다고 하여 필요한 내용만 간략히 알려 주었다.
ㄷ. 임 교사는 차량을 정비하러 정비소에 들렀다가 자녀 문제로 상담을 받았던 학부모가 운영하는 곳이란 것을 알고, 다른 정비소에서 차량을 수리하였다.
ㄹ. 오 교사는 상담과정에서 학생이 성적 하락으로 부모님께 혼날까봐 가출 계획을 구체적으로 세우고 있다는 이야기를 듣고, 학부모와 담임교사에게 그 사실을 알렸다.
ㅁ. 박 교사는 연구를 수행하면서 학생들 자신이 피험자라는 사실을 알게 됨으로써 연구에 미칠 영향을 최소화하기 위해, 연구가 끝난 뒤 연구 목적을 설명하고 동의를 얻었다.

① ㄱ, ㄴ  ② ㄷ, ㄹ  ③ ㄱ, ㄹ, ㅁ
④ ㄱ, ㄴ, ㄷ, ㄹ  ⑤ ㄴ, ㄷ, ㄹ, ㅁ

### 2015

**102.** 다음은 전문상담교사인 박 교사가 영주(중 2, 여)를 상담하면서 구조화를 하고 있는 장면이다. 박 교사가 진행하고 있는 절차를 상담의 윤리적 관점에서는 무엇이라고 하는지 쓰시오.

박교사 : 영주야, 상담을 시작하기 전에 몇 가지 알려줄 것이 있단다. … (중략) … 선생님이 상담을 잘 하기 위해서 너와의 상담 내용을 녹음해야 할 경우도 있는데, 그럴 경우가 생기면 너에게 자세하게 안내해줄게. 무엇보다 상담은 상담자인 내가 너의 고민에 대해 답을 해주기보다는 너와 함께 해결 방법을 찾아가는 것이란다. 그래서 너의 어려움을 솔직하게 이야기하는 것이 중요하단다.
영　주 : 네, 알겠습니다. 그런데 궁금한 것이 있는데요. 상담은 매일 하는 건가요?
박교사 : 좋은 질문인데, 상담은 매주 규칙적으로 1회 정도씩 진행되고, 약 50분 정도 하게 될 거야.
영　주 : 그렇군요. 잘 알겠습니다.
박교사 : 자, 지금까지 너에게 이야기했던 것을 정리해 보면 상담자로서의 나의 자격, 비밀보장의 원칙과 예외 상황, 상담을 거부하고 종결할 너의 권리, 상담 참여에 따른 잠재적 이익과 위험, 상담 내용의 녹음과 그에 따른 조치, 내담자로서의 너의 적극적이고 솔직한 참여, 그리고 상담의 진행 방식까지 알려주었지. 이 내용들을 충분히 이해했니?
영　주 : 네, 충분히 이해했습니다.

**103** 다음은 집단상담 수퍼비전 내용이다. ㉠~㉢ 중 비윤리적 행동에 해당하는 기호를 1가지 쓰고, 그 이유를 시기, 내용 및 집단원의 연령을 고려하여 서술하시오.

---

수퍼바이저 : 집단상담을 진행하면서 윤리와 관련된 사안들을 어떻게 다루었는지 이야기해 봅시다.

김 교사 : 저는 결석과 지각이 잦은 학생을 대상으로 학교적응력향상 프로그램을 운영하고 있어요. ㉠ 집단상담 진행 중 한 학생이 부모에게 학대를 당한다는 사실을 인지하게 되었어요. 그 회기가 끝난 직후 해당 학생과의 개인상담을 통해 학대 사실을 확인하였고, 비밀보장의 예외규정을 다시 설명하고, 해당 학생의 동의를 구한 후 학대 사실을 관련 기관에 신고했어요.

… (중략) …

이 교사 : 정서행동특성검사에서 인터넷중독 고위험군으로 선별된 학생들에 대한 사후 조치의 일환으로 자기조절향상 프로그램을 진행하였어요. 해당 학생들의 명단은 담임교사에게 받았어요. 그런데 ㉡ 교내 학교폭력대책자치위원회 업무로 너무 바빠서 집단상담을 시작하기 1주일 전에야 해당 학생들에게 일정과 장소만 안내하고 바로 1회기를 시작했어요. 1회기에서도 자기소개, 규칙정하기, 인터넷 사용 시간표 작성 등을 하느라 정신이 없었어요.

… (중략) …

최 교사 : 저는 학교폭력 징계 결과에 따라 의뢰받은 가해학생들을 대상으로 분노조절 프로그램을 5일간 하루종일 운영하고 있어요. 한 학생이 첫째 날은 1시간 지각하더니 둘째 날은 오후에 나타나는 거예요. 그래서 ㉢ 그 학생에게 집단에 성실하게 참여하지 않을 경우 출석만으로는 집단상담을 이수한 것으로 인정할 수 없다고 분명하게 알려 주었어요.

## 2020

**104** 다음은 전문상담교사와 정표(고 1, 남)의 첫 회기 상담 내용의 일부이다. 〈작성 방법〉에 따라 서술하시오.

> 상담교사 : 정표야, 안녕. 오늘 어떻게 상담실에 오게 되었니?
> 정    표 : 친구와 사소한 일로 다퉈서 속상해요. 그래서 요즘 집중도 안 되고 공부가 힘들어요.
> 상담교사 : 그렇구나. ㉠ 친구와 다툰 일로 공부에 집중하기 어렵다는 말이구나.
>
> … (중략) …
>
> 상담교사 : [A] 상담은 1주일에 한 번 50분 동안 진행될거야. 앞으로 5번 정도 더 만날 수 있을 거 같은데, 상담이 더 필요할지는 그때 가서 생각해 보자. 선생님은 정표에게 대안을 제시해주거나 조언을 해줄 수도 있어. 너는 이 시간에 말하고 싶은 것은 무엇이든 자유롭게 이야기하면 된단다. 상담을 통해서 모든 문제를 해결하려는 기대보다 해결할 수 있는 힘을 얻게 될 거라는 기대를 가졌으면 좋겠다. 네가 아직 미성년자여서 선생님은 너와 상담한 내용을 부모님과 모두 공유할거야.

─〈작성방법〉─
- 밑줄 친 ㉠에 해당하는 언어적 상담기술의 명칭을 쓸 것.
- 상담교사의 진술 [A]에 해당하는 작업의 명칭을 쓸 것.
- 상담교사의 진술 [A] 중에서 상담윤리에 입각해서 문제가 될 수 있는 교사의 진술 내용 1가지를 찾아 쓰고, 그 이유를 서술할 것.

## 105

◀ 2014

다음은 전문상담교사가 민수(중 2, 남)를 상담한 내용이다. 이를 토대로 민수에게 해당하는 비밀보장의 예외 상황 3가지를 제시하고, ⊙과 ⓒ의 경우에 전문상담교사가 취해야 할 적절한 조치를 각각 서술하시오.

> 민수는 지난 해 오토바이를 훔쳐 타다가 체포되어 절도 혐의로 단기 보호 관찰과 수강 명령을 받았었다. 이번에는 2주 동안 무단결석을 하여 담임교사가 민수를 지도하기 위해 면담하려 했지만, 오히려 민수는 욕설을 하며 담임교사를 폭행하였다. 이러한 사실을 보고받은 학교장은 민수를 선도위원회에 회부하였고 Wee센터의 전문상담교사에게 상담 의뢰하였다. 학교장은 민수를 지도하기 위해 무단결석 기간 동안 무슨 일이 있었는지 알려줄 것을 전문상담교사에게 요청하였다. 전문상담교사는 첫 회기에 상담 구조화를 하면서 비밀보장의 원칙에 대해 민수에게 알려주었고 1주일에 한 번씩 총 10회기 상담을 하기로 하였다. 8회기 상담을 마친 다음 날, ⊙ 법원은 전문상담교사에게 민수와의 상담 내용을 법원에 보낼 것을 요청하였으며, ⓒ 부모님도 가정에서 민수를 교육하기 위해 필요하다며 전문상담교사에게 민수와의 상담 내용을 알려달라고 전화를 하였다.

## 106

◀ 2018

다음은 「학교폭력예방 및 대책에 관한 법률(제14839호, 2017.7.26. 타법개정)」에 근거하여 학교에서 폭력 사안이 발생했을 때, 전문 상담교사가 알아야 할 조치에 대한 내용이다. 괄호 안의 ⊙, ⓒ 각각에 공통으로 해당하는 내용을 순서대로 쓰시오.

> - 학교폭력을 인지한 전문상담교사는 이 사실을 ( ⊙ )에게 보고해야 한다.
> - 전문상담교사는 ( ⊙ )의 요구가 있을 때에는 학교폭력에 관련된 피해학생 및 가해학생과의 상담결과를 보고하여야 한다.
> - 피해학생 및 그 보호자는 학교폭력대책자치위원회가 내린 조치를 받은 날부터 ( ⓒ )일 이내에 지역위원회에 재심을 청구할 수 있다.
> - 학교폭력대책자치위원회에서 내린 전학과 퇴학처분 조치에 이의가 있을 경우 가해학생 및 그 보호자는 조치를 받은 날부터 ( ⓒ )일 이내에 시·도학생징계조정위원회에 재심을 청구할 수 있다.

김진구 전문상담 기출문제집

CHAPTER

# 02

# 성격 심리학 기출문제

- ✦ 성격의 이해
- ✦ 특질관점
- ✦ 사회인지관점
- ✦ 정신역동관점
- ✦ 현상학적관점
- ✦ 성격이론 통합
- ✦ 성격심리 실제

## 기출영역  성격 심리학

| | 14 | 15 (+추시) | 16 | 17 | 18 | 19 | 20 | 21 | 22 | 23 | 24 | 25 |
|---|---|---|---|---|---|---|---|---|---|---|---|---|
| 성격의 정의, 개인차, 연구방법 | | | | | | | | | | | | |
| 프로이트 정신분석 | | 콤플렉스 투사 생활양식 | | | | | | | 방어기제 | 초자아, 남근기, 방어기제 | | |
| 아들러 개인심리 | | | | | | | | | 우월추구, 가상적 목표, 생활양식 | | | |
| 에릭슨의 심리사회발달 | | | 마르샤 유형 | | | | | 자아, 위기 | | | 마르샤 유형 | |
| 융의 분석심리 | | 자아, 투사 | | | | 자기, 개성화 과정 | | | | | 자아의 태도와 기능 | 내향, 꿈의 기능 |
| 호나이 성격이론 | | | | | | | | | | | | |
| 설리번 성격이론 | 불안 | 성격이론 | | | | | | | | | | |
| 머레이 성격이론 | | | | | | | 성격개념 | | | | | |
| 프롬 성격이론 | | | | | | | | | | | | |
| 대상관계 | 대상관계 | | | | | | | | | | | |
| 올포트 특질이론 | | | | | | | | | | | | |
| 카텔 특질이론 | | | | | | | | 근원특질 | | | | |
| 아이젱크 특성이론 | 불안 | | | | | | | | | | | |
| 5요인 모델 및 성격유형론 | | 외향성 | 신경증, 성실성 | | | | | 유형과 특질 | | 유형, 5요인 모델 | 클로닝거 | 신경증 |
| 켈리 성격이론 | | Rep 검사 | | | | | | | | | | |
| 로터 성격이론 | | | | | | | 기대-강화 가치모델 | | | | | |
| 미셸 성격이론 | | | | | | | | | | | | |
| 반두라 성격이론 | | 자기 효능감 | | | | 관찰학습 | | 효능감, 결과기대 | | | 사회학습 이론 특징, 관찰학습 | |
| 매슬로우 성격이론 | | | | | | | 결핍과 성장욕구 | | | | | |
| 로저스 성격이론 | Q분류 | | | 성격개념 | | | 성격개념 | | | | 성격개념 | |
| 성격과 자기이론 | | | | | | | | | 자기개념 | | 히긴스의 자기안내 | |
| 성격과 동기 | Dollard 갈등 유형 | 동기 | 기본심리 욕구, 귀인이론 | 학습된 무력감 | | 귀인이론, 암묵적 이론 | | 유기체 통합이론, 과정당화 이론 | 숙달과 수행목표, 학습된 무력감 | | | 기본심리욕구, 플로우 모형 |
| 성격의 적응 및 정서 | | | | | 대인관계 원형모델 | | | | | | 라자러스의 인지적 평가이론 | D유형 성격 |
| 공격성 | | | | | | | | | | | | |

# CHAPTER 02 성격 심리학 기출문제

## 성격의 이해

**01** ◁ 2009

성격연구에서 사용하는 '자료 유형', 유형에 해당하는 자료의 '예', 자료유형의 '특성'이 바르게 묶인 것은?

|   | 자료 유형 | 예 | 특성 |
|---|---|---|---|
| ① | L 자료 | 출석부 | 객관적 |
| ② | O 자료 | 담임교사의 관찰 일지 | 객관적 |
| ③ | T 자료 | 다면적 인성검사(MMPI) | 표집의 한계 |
| ④ | T 자료 | 사례보고서 | 주관적 |
| ⑤ | S 자료 | 구성개념(Rep)검사 | 표집의 한계 |

**02** ◁ 2012

성격을 측정하기 위한 평가도구와 그 평가에 해당되는 자료 유형 및 측정 내용을 바르게 연결한 것은?

|   | 평가도구 | 자료유형 | 측정 내용 |
|---|---|---|---|
| ① | 주제통각검사(TAT) | S | 성취동기 |
| ② | 성격질문지(EPQ) | T | 공감 |
| ③ | 내외 척도(I-E Scale) | L | 통제소재 |
| ④ | 역할구성개념목록검사(Rep Test) | O | 욕구 |
| ⑤ | NEO성격검사(NEO-PI) | S | 특질 |

**03** 다음에 제시한 성격연구의 예를 보고 물음에 답하시오.

> ㉮ 몇 해 전 아들이 부모를 죽인 사건으로 사회가 떠들썩한 적이 있었다. 사람들은 그를 패륜아로 생각하였으나, 어느 심리학자는 그를 직접 면접하고, 주변사람들로부터 다양한 정보를 얻었다. 또한 여러 가지 심리검사를 실시하고, 그의 학생기록부를 검토하였다. 심리학자는 이런 자료를 통해 그가 어떤 사람이고, 왜 그런 범죄를 저지르게 되었는지 알아내었다.
>
> ㉯ 어느 심리학자는 1,000명의 성인들을 대상으로 호기심, 모험심, 부정직성, 수줍음, 불안, 우울 등을 재는 검사를 실시하여, 점수들간의 관련성을 수치화하였다. 이를 토대로 사람들의 성격을 구성하는 두 개 차원을 추출해 내었다.

- ㉮, ㉯에 사용된 연구방법이 무엇인지 쓰시오.
    ㉮ _____    ㉯ _____

- 각 방법의 한계점(단점)을 1가지만 쓰시오.
    ㉮ 방법의 한계점(단점) : _____
    ㉯ 방법의 한계점(단점) : _____

## 특질관점

**2011**

**04** 올포트(G. Allport)의 고유자아(proprium)에 대한 설명으로 옳은 것만을 〈보기〉에서 모두 고른 것은?

〈보기〉
ㄱ. 고유자아의 발달은 자기 신체에 대한 의식에서부터 시작된다.
ㄴ. 초등학교 시기는 합리적인 적응체로서의 자아가 발달되는 시기이다.
ㄷ. 청소년기는 타인들의 기대와 평가에 의해서 자기상을 형성하는 시기이다.
ㄹ. 고유자아는 공통성추론, 숙달과 능력, 패턴화의 세 가지 원리에 의해 조직된다.
ㅁ. 고유자아 기능 자율성은 일상적인 과업을 수행해 나가는 습관적인 방식을 말한다.

① ㄱ, ㄴ  ② ㄱ, ㄹ  ③ ㄱ, ㄴ, ㄹ
④ ㄴ, ㄷ, ㅁ  ⑤ ㄷ, ㄹ, ㅁ


**2011**

**05** 특질이론의 주요개념에 대한 설명으로 옳은 것만을 〈보기〉에서 모두 고른 것은?

〈보기〉
ㄱ. 주특질(cardinal traits)은 개인의 생활 전반에 강력하게 나타나며, 모든 사람이 가지고 있다.
ㄴ. 근원특질(source traits)은 개인의 생각이나 감정에 영향을 주고 성격의 핵심을 이루며, 비교적 일관적이고 안정적이다.
ㄷ. 표면특질(surface traits)은 표정, 동작 등을 통해 외현적으로 관찰할 수 있으며, 환경의 영향을 받아 쉽게 변할 수 있다.
ㄹ. 이차특질(secondary traits)은 잘 드러나지 않고 개인의 행동에 영향력이 적으며, 가족이나 절친한 친구만이 알 수 있다.
ㅁ. 중심특질(central traits)은 다양한 상황에서 개인의 행동에 영향을 주고 두드러지게 드러나며, 친절, 정직, 성실 등과 같이 자기 소개서나 추천서에 자주 언급된다.

① ㄱ, ㄷ  ② ㄱ, ㄹ
③ ㄴ, ㄹ, ㅁ  ④ ㄴ, ㄷ, ㄹ, ㅁ
⑤ ㄱ, ㄴ, ㄷ, ㄹ, ㅁ

## 06 ◁ 2021

다음은 고등학교의 또래상담자 교육 시간에 전문상담교사가 학생들에게 설명하고 있는 내용의 일부이다. 〈작성 방법〉에 따라 서술 하시오.

> 상담교사 : 여러분, MBTI 검사 결과지를 가지고 있지요? 그 결과를 가지고 다음 시간에 프로그램을 진행해 보겠습니다. 그러니까 각자 자신이 어떤 유형에 속하는지를 확인하기 바랍니다. 자, 오늘은 지난주에 이어서 성격심리학에 대해서 살펴보겠습니다. 성격의 개인차를 구분하는 접근 방식으로 크게 두 가지가 있다고 했었는데요. 그게 무엇이었는지 누가 얘기해 볼래요?
> 학　　생 : ㉠ 범주적 접근과 ㉡ 차원적 접근으로 구분할 수 있어요.
> 상담교사 : 그래요. 잘 기억하고 있었네요. 오늘은 성격특질론에 대해서 한번 이야기해 볼게요. 특질은 개인의 독특한 특성을 의미한다고 볼 수 있어요. 이렇게 말하니까 너무 추상적이지요? 그래서 케텔(R. Cattell)은 다양한 데이터를 요인분석이라고 하는 통계적인 방법으로 분석하여 인간의 보편적인 특질들을 도출해 내고, 그러한 특질에 영향을 미치는 요인들을 과학적으로 밝혀내고자 했어요. 케텔은 그의 연구를 바탕으로 특질을 표면 특질과 ( ㉢ )(으)로 구분하였고, 16개의 ( ㉢ )을/를 측정할 수 있는 자기 보고형 성격검사인 16PF를 개발했어요. 이 16PF를 통해 측정된 16개 성격 요인 점수를 프로파일 형태로 표시하여 개인의 성격 패턴을 이해할 수 있어요. 예를 들면, 내가 얼마나 내향적이고 얼마나 외향적인지를 결과 프로파일을 통해서 확인해 볼 수 있다는 것이지요.

〈작성방법〉

• 밑줄 친 ㉠과 ㉡에 해당하는 내용을 상담교사의 말에서 찾아 순서대로 쓸 것.
• 괄호 안의 ㉢에 들어갈 특질의 명칭을 쓰고, 그 의미를 서술할 것.

**07** 다음은 전문상담교사와 수퍼바이저가 성격에 대해 나눈 대화 내용의 일부이다. 〈작성방법〉에 따라 서술하시오.

> 상 담 교 사 : 내담자가 자신의 성격에 대해 알고 싶어 해요. 그래서 검사 도구로 MBTI나 NEO-PI-R 중에 고민하고 있는데 어떤 게 좋을까요?
>
> 수퍼바이저 : 성격을 바라보는 관점에는 2가지가 있어요. 즉, 질적 관점에서 바라보는 ( ㉠ ) 관점과 양적 관점에서 바라보는 특질 이론 관점이 있는데, 선생님이 고민하고 있는 두 검사는 각 관점에서 만들어진 대표적 검사 도구예요. 혹시 그걸 고려해 고민하는 건가요?
>
> 상 담 교 사 : 아니요, 거기까지는 생각 못했어요.
>
> 수퍼바이저 : 그렇군요. 우선 MBTI는 ( ㉠ )의 관점에서 만들어진 검사예요. 반면에 NEO-PI-R은 인간의 행동을 나타내는 특성들이 양적인 개념으로 설명될 수 있다고 보는 특질 이론의 관점에서 만들어진 검사예요.
>
> 상 담 교 사 : 특질 이론 관점이 익숙하지 않은데 좀 더 설명해 주실 수 있나요? 검사 선택에 도움이 될 것 같아요.
>
> … (중략) …
>
> 수퍼바이저 : 성격 특질을 연구하기 위해 접근하는 방법에는 법칙 정립적(nomothetic) 접근과 개체 기술적(idiographic)접근, 이렇게 2가지가 있어요. 우선 법칙 정립적 접근의 목표는 어떤 사람에게도 적용될 수 있는 보편적인 특질을 찾는 거예요.
>
> 상 담 교 사 : 그럼 지금까지 밝혀진 보편적인 특질이 있나요?
>
> 수퍼바이저 : 지금까지 여러 학자들이 연구했어요. 그중 하나는 ( ㉡ )인데 들어본 적이 있나요?
>
> 상 담 교 사 : 네, 들어봤어요. 신경증적 경향성, 외향성, 개방성, 우호성, 성실성으로 구성된 것 맞죠?
>
> 수퍼바이저 : 맞아요. 그리고 아까 얘기한 NEO-PI-R 검사가 바로 ( ㉡ )에 근거해서 만든 검사예요.

─〈작성방법〉─
- 괄호 안의 ㉠에 해당하는 용어를 쓰고 그 의미를 서술할 것.
- 괄호 안의 ㉡에 해당하는 용어를 쓰고 그 한계점을 1가지 서술할 것

**08** 다음은 전문상담교사가 수퍼바이저와 나눈 대화 내용의 일부이다. 괄호 안의 ㉠, ㉡에 해당하는 용어를 순서대로 쓰시오.

> 상담 교사 : 지난주에 성희(고1, 여)의 NEO 성격검사 결과를 확인했습니다. 평소 성희가 사소한 일에도 스트레스를 많이 받고, 예민할 뿐만 아니라 걱정이 많고, 우울하며, 분노감과 부정 정서를 많이 보였어요. 또래 관계에서도 어려움을 많이 호소했는데, 검사를 하고 보니 성희가 더 잘 이해되었어요.
> 수퍼바이저 : 그러셨겠네요. NEO성격검사는 코스타와 맥크래(P. Coasta & R. McCrae)가 제안한 성격 5요인에 근거를 두고 있죠. 일반적으로 성격 5요인 중 ( ㉠ )요인은 우울 장애, 양극성 장애, 불안 장애, 섭식 장애, 해리 장애, 조현병 스펙트럼 장애 등의 정신장애와 밀접한 관계가 있는 것으로 보고되고 있어요.
> 상담 교사 : 그렇군요. 성격이 여러 가지 정신건강과 관련이 있네요. 신체적인 건강과도 관련이 있겠지요?
> 수퍼바이저 : 네. 프리드먼과 부스큐레이(H. Friedman & S. BoothKewley)는 부정 정서를 주된 특징으로 하는 질병 취약 성격이 존재한다고 했어요. 이러한 사람들은 분노, 적개심, 우울을 잘 경험한다고 해요. 데놀렛(J. Denollet)과 그의 동료들은 성희처럼 걱정이 많고, 우울하며, 분노감과 부정 정서를 경험할 뿐만 아니라 대인 관계에서 어려움을 보이는 성격을 ( ㉡ )유형 성격이라고 했습니다. 이러한 유형은 부정 정서와 사회적 억제를 특징으로 하고, 심장 혈관 질환에 걸릴 가능성이 높은 것으로 알려져 있습니다.

## 09 ◁ 2016

다음은 고등학교 1학년 여학생인 소희와 혜미의 갈등내용과 두 학생의 맥크레이(R. McCrae)와 코스타(P. Costa) 성격 5요인 검사결과이다. 갈등내용과 검사결과에 근거할 때, 소희와 혜미의 성격 차이가 두드러지게 나타나는 성격 요인 2가지의 명칭을 쓰시오.

> 소희와 혜미는 단짝 친구로 평소에는 잘 지내지만, 시험 얘기만 나오면 불편한 관계가 된다. 시험 때가 되면 소희는 불안하고 예민해지기 때문이다. 소희는 시험 기간이 발표되자마자 시험공부 계획을 세우고 공부하기 시작한다.
> 혜미는 소희와 함께 도서관에 다니기로 했지만 자주 약속을 잊고 못 간다. 그럴 때마다 소희는 혜미에게 전화를 해서 심하게 화를 낸다. 혜미는 이런 소희의 행동이 당혹스럽다.

소희

| 척도명 | T점수 |
|---|---|
| 1 | 69 |
| 2 | 43 |
| 3 | 45 |
| 4 | 48 |
| 5 | 60 |

혜미

| 척도명 | T점수 |
|---|---|
| 1 | 42 |
| 2 | 52 |
| 3 | 51 |
| 4 | 52 |
| 5 | 30 |

**10**  5요인 모형(Big Five)에서는 5가지 성격의 요인을 다음과 같이 설명하고 있다. 빈칸에 해당하는 요인의 명칭을 쓰시오.

| 요 인 | 설 명 |
|---|---|
| 경험에 대한 개방성 | 호기심이 강하고 상상력이 풍부하며 독창적이다. |
| 신경증적 경향 | 정서적으로 불안정하고 긴장하며 걱정이 많다. |
| (1) | 사교적이고, 대인관계가 적극적이며 대담하다. |
| (2) | 감정이입을 잘하고, 친절하며 따뜻하다. |
| (3) | 진지하고 근면하며, 책임감이 강하다. |

(1) _____  (2) _____  (3) _____

**11**  다음 여러 상황에서 나타난 보람이와 보영이의 행동방식의 차이를 보고, 물음에 답하시오.

| 상황 | 행동방식의 차이 |
|---|---|
| • 낯선 사람들과 처음 만날 때 | 보람 : 먼저 다가가 인사하며 말을 건넨다. |
| | 보영 : 사람들의 눈길을 피해 조용한 곳으로 간다. |
| • 친구가 도서관에 가서 함께 공부하자고 할 때 | 보람 : 좋아하며 도서관에 함께 간다. |
| | 보영 : 집에서 혼자 공부하겠다고 말한다. |
| • 친구들이 새로운 운동을 해보자고 권유할 때 | 보람 : 주저함 없이 그렇게 하자고 한다. |
| | 보영 : 생각해 보고 결정하겠다고 말한다. |

• 보람이와 보영이의 행동방식을 설명할 수 있는 특질(차원)의 이름을 쓰시오.
_____

• 아이젠크(Eysenck)에 따르면, 보람이와 보영이의 행동방식의 차이는 생물학적(신경생리적) 반응의 차이 때문에 생긴 것이라 할 수 있다. 보람이와 보영이의 행동방식을 설명할 수 있는 생물학적(신경생리적) 반응의 차이를 쓰시오.

보람 : _____
보영 : _____

## 사회인지 관점

**◁ 2010**

**12** 켈리(G. Kelly)는 성격에 대한 개인구성개념 이론에서 '모든 인간은 과학자'라는 기본 가정 하에 인간행동을 설명하는 11가지 추론을 제시하였다. 다음 중 켈리의 추론에 대한 설명으로 옳은 것은?

① 선택추론은 개인이 두 개의 구성개념을 양극적인 것으로 생각하는 것을 의미한다.
② 구성개념추론은 반복되는 사건들 간의 유사성 때문에, 개인이 미래에 그러한 사건을 어떻게 경험할 것인가를 예견하는 것을 의미한다.
③ 조절추론은 개인이 구성개념들의 유사성과 차이점에 따라 구성개념들을 체계적인 패턴으로 배열하는 것을 의미한다.
④ 공통성추론은 타인이 생각하는 방식을 이해하고 그의 행동을 예견하여 자신의 행동을 수정하는 것을 의미한다.
⑤ 사회성추론은 경험을 통해 자신의 구성개념을 끊임없이 검증하여 불필요하고 부적절한 구성개념을 수정하고 대체해 가는 것을 의미한다.

**◁ 2013**

**13** 켈리(G. Kelly)의 개인구성개념 이른에 관한 내용으로 옳은 것만을 〈보기〉에서 있는 대로 고른 것은?

─────〈보기〉─────
ㄱ. 이 이론을 근거로 제작한 검사로는 역할구성개념목록(REP) 검사가 있다.
ㄴ. 성격의 개인차를 보여주는 과거의 경험과 객관적 현실을 중점적으로 다룬다.
ㄷ. 개인마다 사고의 틀이 다르므로 동일한 자극에 대해 각자 다르게 해석·지각할 수 있다고 본다.
ㄹ. 인간은 과학자처럼 자신의 주변에서 발생하는 현상을 이해 하고 사건을 예측하고자 하는 욕구를 지니고 있다.
ㅁ. 인간은 개인구성개념을 각 상황에 맞는 대안적 구성개념으로 수정하거나 대체하면서 현실에 적응해 간다고 논다.

① ㄱ, ㄴ
② ㄱ, ㄷ
③ ㄴ, ㄷ, ㄹ
④ ㄴ, ㄹ, ㅁ
⑤ ㄱ, ㄷ, ㄹ, ㅁ

**14** 다음은 철민이와 재석이가 자신의 가족들이 어떤 점에서 서로 비슷하고 다른지에 대하여 응답한 내용이다. 물음에 답하시오.

|  | [철민] | [재석] |
|---|---|---|
| 평정대상 | <u>어머니 아버지</u> : 나 | <u>어머니 나</u> : 아버지 |
| 응답내용 | 머리가 좋다 : 공부를 못한다 | 감정적이다 : 냉철하다 |
| 평정대상 | <u>아버지 형</u> : 나 | <u>아버지 형</u> : 나 |
| 응답내용 | 똑똑하다 : 멍청하다 | 똑똑하다 : 우둔하다 |
| 평정대상 | <u>어머니 형</u> : 나 | <u>어머니 나</u> : 형 |
| 응답내용 | 기억력이 좋다 : 잘 잊어버린다. | 친구가 많다 : 친구가 없다 |

※ 밑줄 친 두 사람은 서로 비슷하다고 평정한 대상이고, 나머지 한 사람은 다른 두 사람과 다르다고 평정한 대상임

- 철민이와 재석이의 응답에서 두 사람의 인지 구조가 다름을 알 수 있다. 이와 관련하여 세상을 이해하고 해석하는 틀로서 켈리(Kelly)가 제안한 성격개념이 무엇인지 쓰시오.

- 인지 구조적 측면에서 볼 때, 주변에서 일어나는 일을 보다 다양하고 융통성 있게 해석할 수 있는 사람은 둘 중 누구인지 쓰시오.

## 15

◀ 2015 추시

다음은 성격을 평가하기 위해 사용한 검사의 한 예이다. 이 검사의 명칭과 핵심 실시 절차를 서술하시오.

| | 나자신 | 어머니 | 아버지 | 친한 친구 | 누나 | 좋아하는 선생님 | 싫어하는 선생님 | 여자 친구 |
|---|---|---|---|---|---|---|---|---|
| | ⊗ | ⊗ | | ○ | | | | |
| | | | ⊗ | | | ⊗ | ○ | |
| | | ○ | | | | ○ | | ○ |
| | ○ | ○ | ○ | | | | | |
| | | ○ | ○ | | | | | |
| | ○ | ○ | | | ○ | | | |
| | | | ○ | ○ | | | ○ | |
| | ○ | | | | ○ | ○ | | |
| | | ○ | | ○ | | | ○ | |

| 유사 구성개념 | 대조 구성개념 |
|---|---|
| 재미 있는 | 유머 감각이 없는 |
| 인내심이 있는 | 성질이 급함 |

## 16

다음을 읽고 답하시오.

> 상희와 영수는 둘 다 학기 말 시험 성적이 매우 낮게 나왔다. 상희는 이번에 공부를 좀 더 열심히 하지 않았기 때문이라고 생각하였고 영수는 자기가 운이 없었기 때문이라고 생각하였다.

- 로터(J. B. Rotter)의 통제소재(locus of control) 이론에 따라 상희와 영수의 통제소재 유형은 무엇인지 쓰시오.

  상희 : _____  영수 : _____

- 영수가 계속 이렇게 생각한다면 영수는 다음 시험에서 열심히 공부하지 않을 가능성이 높다. 영수가 다음 시험을 위하여 열심히 노력하게 할 수 있는 방법을 로터(J. B. Rotter)의 기대 가치 모델에 근거하여 제시하시오(2줄 이내).

**17** 다음은 연주(중 2, 여)가 친구 소희와 나눈 대화 내용의 일부이다. 로터(J. Rotter)의 기대-강화가치 모델에 근거하여 〈작성 방법〉에 따라 서술하시오.

> 연주 : 나는 ㉠ 사람들의 주목을 받는게 좋아. 그래서 모델을 꿈꾸기도 했어. 그렇지만 모델이 되면 나보다 옷이 더 주목받을 것 같아.
> 소희 : 그렇긴 하지. 그런데 내 친구들 사이에서 너는 이미 SNS스타야.
> 연주 : 그래서 나는 인터넷 개인방송을 하고 싶어. 그러면 내 얼굴도 나오고 사람들의 반응도 즉각적으로 확인할 수 있잖아. 그래서 그동안 패션에 대해 공부한 걸 가지고 교복 스타일링을 소재로 인터넷 개인방송을 하고 싶어. ㉡ 인터넷 방송을 시작하면 구독자들이 생길거야. 구독자가 10명만 되어도 기쁠 것 같아. 그리고 구독자들이 주는 반응을 통해서 사람들이 원하는 걸 더 잘 반영할 수 있을 거야. 그 내용을 반영해서 더 좋은 콘텐츠를 개발하면 구독자들이 더 늘어나게 되겠지. 그러면 정말 더 많은 사람들의 주목을 받게 될거야.

〈로터의 기대-강화가치 모델〉
( ㉢ ) = f [기대(Expectancy), 강화가치(Reinforcement Value)]

─── 〈작성방법〉 ───
- 밑줄 친 ㉠에 나타난 강화가치를 1가지 쓸 것.
- 로터가 제시한 3가지 기대의 유형 중에서 밑줄 친 ㉡에 해당하는 유형의 명칭을 쓰고, 그 의미를 서술할 것.
- 괄호 안의 ㉢에 들어갈 개념의 명칭을 쓸 것.

**18.** 반두라(A. Bandura)의 이론에 근거해서 '운동을 잘하지 못한다고 생각하는 학생들'의 운동에 대한 자기효능감의 원천을 확인하려고 한다. 이때 전문상담교사가 사용할 질문으로 적절하지 <u>않은</u> 것은?

① 친구들과 비교하여 자신의 운동 실력은 어느 정도인가?
② 운동을 하려고 할 때 불안이나 가슴 떨림은 어느 정도인가?
③ 지금까지의 체육 수행평가 점수의 평균과 최고점수는 얼마인가?
④ 부모님으로부터 물려받은 운동 능력은 어느 정도라고 생각하는가?
⑤ 자신의 운동 실력에 대해 주변사람들이 지금까지 한 말 중 기억나는 말은 무엇인가?

**19.** 다음은 전문상담교사가 민우(중2, 남)의 어머니와 나눈 대화 내용의 일부이다. 반두라(A. Bandura)의 사회학습이론에 근거하여 밑줄 친 ㉠과 ㉡에 해당하는 개념을 순서대로 쓰시오.

> 민우 어머니 : 우리 민우는 중학교 2학년이 된 후 공부에 어려움을 겪고 있어요. 공부 내용도 어려워지고 해야 할 분량도 많아지면서 초등학교 때보다 자신감이 부쩍 떨어진 것 같아요. 2학기가 되면서 더욱 의욕을 잃고 공부를 안 해요. 우리 민우를 어쩌면 좋아요?
> 상 담 교 사 : 민우 때문에 걱정이 많으시겠어요. 민우 같은 경우 성적이 자꾸 떨어지다 보니 의욕도 떨어졌나보네요. 이런 학생들이 종종 있어요. 공부를 해도 좋은 결과가 나오지 않을 것이라 생각해서 하지 않는 것이죠. 우선, 민우가 ㉠ <u>자신도 마음만 먹으면 잘할 수 있을 것이라는 생각을 갖도록</u> 하는 게 필요해요. 그리고 민우가 ㉡ <u>공부를 하면 좋은 성적도 얻을 수 있고 부모님도 기뻐하실 것이라고 예상을</u> 하면 더 열심히 하게 되겠지요.

### 20

◁ 2012

다음은 남매인 현수(중 1, 남)와 영희(고 1, 여)의 폭력 행동의 차이에 대한 진술이다. 반두라(A. Bandura)의 관찰학습 관점에서 그 이유를 설명한 내용으로 옳은 것만을 〈보기〉에서 있는 대로 고른 것은?

> 현수와 영희는 집에서 함께 TV나 인터넷을 통하여 폭력영화들을 자주 본다. 그런데 현수와 영희의 행동은 서로 많이 다르다. 현수는 학교에서 친구들에게 폭력을 자주 행사하는 반면에 영희는 학교에서 폭력적인 행동을 거의 하지 않는 편이다.

─────〈보기〉─────

ㄱ. 현수는 영희에 비해 주인공의 행동에 주의를 기울이지 않았기 때문일 것이다.
ㄴ. 현수는 영희에 비해 이전에 폭력 행동을 해서 보상받은 경험이 많기 때문일 것이다.
ㄷ. 현수와 영희의 폭력적인 행동에 대한 인지적 기대는 같지만 포부수준은 서로 다르기 때문일 것이다.
ㄹ. 현수와 영희가 본 폭력영화의 주인공들은 현수처럼 남자이고 현수의 또래들이 많았기 때문일 것이다.

① ㄱ, ㄴ  ② ㄱ, ㄷ  ③ ㄴ, ㄹ
④ ㄱ, ㄷ, ㄹ  ⑤ ㄴ, ㄷ, ㄹ

### 21

다음 사례에 나오는 영희와 수미의 차이는 무엇 때문인지 반두라(A. Bandura) 의 이론에 따라 설명하시오.

> 영희와 수미는 학업능력이 우수하다. 영희는 항상 학업에 자신감이 있으며 어떤 상황에서도 성공적으로 잘 대처해 나간다. 그리고 자신의 현재 수준보다 다소 높은 목표를 세우고 열심히 노력하며 성공적인 결과를 기대한다.
> 이에 반해 수미는 자신에게 주어진 과제를 항상 어렵다고 판단하고 자신의 능력이 부족하다고 생각한다. 그래서 어려운 문제에 부딪히면 쉽게 좌절한다. 이에 따라 수미는 자신의 목표를 자신의 수준보다 항상 낮게 세우고 그 결과에 대해 불안해한다.

• 답(1줄 이내) : _____

## 22

다음은 학생들의 공격성 및 폭력 행동과 관련한 관찰학습에 대해 전문상담교사와 김 교사가 나눈 대화 내용의 일부이다. 괄호 안의 ㉠, ㉡ 각각에 해당하는 용어를 순서대로 쓰시오.

김 교사 : 선생님, 영화나 TV 혹은 인터넷 게임에서 공격성과 폭력 행동을 보이는 모델이나 장면을 보면 학생들이 더 공격적이 될 수 있다는 것을 설명하는 데 도움이 되는 이론이 없을까요?

상담교사 : 반두라(A. Bandura)의 관찰학습이론을 소개해 드리고 싶어요. 그는 관찰학습이 이루어지는 과정을 4단계로 제시했는데, 그림으로 나타내면 다음과 같습니다.

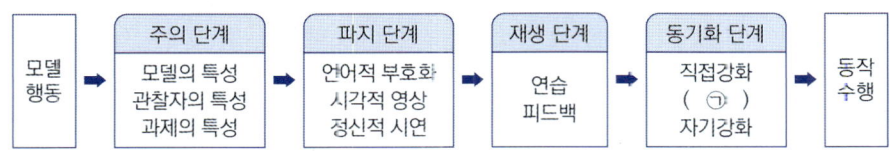

김 교사 : 그런데 선생님, 그림에 제시된 동기화 단계에서 직접 강화와 자기강화는 알겠는데 ( ㉠ )(이)란 무엇인가요?

상담교사 : 그것은 관찰자가 모델이 강화 받는 것을 관찰할 때 경험하는 일종의 간접강화를 말해요. 그래서 관찰자가 모델이 어떤 특정한 행동에 대해 강화 받는 걸 관찰하게 되면 자신도 그와 같은 행동을 반복할 기회가 증가한다는 것이죠.

김 교사 : 그렇군요. 그럼 학생들이 모델의 행동을 학습하고 그것을 수행하는 데 영향을 미치는 요인에는 어떤 것이 있나요?

상담교사 : ( ㉡ ), 모델의 지명도와 역량, 결과에 대한 기대, 목표 설정 등 몇 가지 요인이 있어요. 관찰자인 학생은 자신이 모델의 행동을 학습하거나 수행할 능력이 있다고 믿을 때 모델에 집중하게 되지요. 따라서 만약 학생이 높은 수준의 ( ㉡ )을/를 갖는다면 모델로부터 더 잘 배울 수 있게 됩니다.

◀ 2015 추시

**23** 다음은 전문상담교사가 영호(고 1, 남)를 상담한 내용의 일부이다. 반두라(A. Bandura)의 사회인지이론의 개념을 바탕으로 영호가 겪었던 심리적 문제를 쓰고, 그 문제를 극복하는 데 도움을 준 요인 2가지를 사례와 연결하여 서술하시오.

> 상담교사 : 다음 주가 방학이니 오늘이 우리가 만나는 마지막 상담이겠구나.
> 영　　호 : 벌써 그렇게 되었네요. 상담을 통해 제가 많이 변한 것 같아요.
> 상담교사 : 어떤 게 가장 많이 변화되었다고 생각하니?
> 영　　호 : 이전에 저는 축구를 포기하고 싶은 마음만 가득했어요. 제가 축구 선수로 잘할 수 있을까, 경기에 나갔을 때 골은 넣을 수 있을까, 저번 대회에서처럼 실수하지 않을까… 그런데 지금은 내일 당장 경기에 나가더라도 잘할 수 있을 것 같아요.
> 상담교사 : 그 사이에 영호가 정말 많이 노력했지. 최근 다른 학교들과의 시범 경기에서 영호가 골도 많이 넣고, 한 경기에서는 MVP도 되었다면서?
> 영　　호 : (활짝 웃으며) 맞아요! 그리고 친구들을 보면서도 많이 배웠어요. 저랑 실력이 비슷한 친구들이 연습 경기에서 잘하는 것을 보니 저도 잘할 수 있겠다는 자신감이 생겼어요.
> 상담교사 : 그 모든 경험들이 영호가 변화하는 데 도움이 되었다니 흐뭇하구나.

**24** 다음은 전문상담교사가 소희(중1, 여)의 아버지와 나눈 대화 내용의 일부이다. 〈작성 방법〉에 따라 서술하시오.

> 아 버 지 : 소희를 키우면서 별로 힘든 적이 없었어요. 그런데 중학교에 들어간 후 선배들과 어울리면서 안 하던 행동을 하고 있어요. 선배들이 쓰는 욕을 친구들에게 하고 다른 친구를 따돌리며 나쁜 소문을 퍼뜨리는 것을 놀이처럼 하는 거 같아요. 중학교에 가면서 학원에서 만난 학교 선배 언니에게 영향을 많이 받는 거 같고, 언니가 하는 행동을 보고 친구들에게 하는 거 같아요. 소희는 혼자 자라면서 항상 언니가 있는 친구들을 부러워하기는 했어요. 소희는 선배 언니가 동생처럼 대해 줘서 좋다고 해요
> 
> 상담교사 : 소희가 선배들의 행동을 보고 배우는 측면이 있습니다. 다른 사람의 행동을 관찰하여 새로운 행동을 배우는 것을 ㉠ 관찰학습이라고 합니다. 소희와 같은 행동 문제를 과학적으로 연구한 학자들이 있습니다. 그중 반두라(A. Bandura)는 아동을 대상으로 인형을 활용하여 공격성에 대한 실험 연구를 하였습니다. 지금 제가 이 실험에 대한 영상을 보여드리겠습니다. 이 영상을 보시면 소희의 행동을 좀 더 이해할 수 있으실 겁니다.

〈작성방법〉

- 반두라(A. Bandura)의 사회학습이론에 근거하여, 밑줄 친 ㉠의 4단계를 쓸 것.
- 고전적 조건형성 및 조작적 조건형성과 비교할 때, 반두라(A. Bandura)의 사회학습이론이 갖는 고유한 특징을 2가지 서술할 것.

## 정신역동 관점

**◀ 2022**

**25** 다음은 교사의 질책에 대한 학생들의 행동을 정신분석이론의 방어기제로 설명하는 전문상담교사와 차 교사의 대화이다. ㉠ 혜원(고1, 여)과 ㉡ 용희(고1, 남)가 사용하고 있는 방어기제의 명칭을 순서대로 쓰시오.

> 차 교사 : 학생들이 잘못된 행동을 할 때 제가 불러서 문제를 지적하고 옳고 그름을 가려 말해 주면 아이들은 야단을 맞았다고 생각하는지 무척 불쾌해하지요. 그런데 그 후로 반응들이 달라서 제가 어떻게 이해해야 할지 모르겠어요. ㉠ <u>혜원이는 큰 문제도 아닌데 그런다며 자신이 그렇게 행동할 수밖에 없었던 이유를 대면서 정당화하려고 하고요.</u> ㉡ <u>용희는 화풀이하듯 약해 보이는 학생에게 짜증을 내고 괴롭혀서 다시 불러 온 적도 있어요.</u>
> 상담교사 : 그것은 학생들이 불쾌한 감정을 해결하려고 방어기제를 사용하는 것으로 이해할 수 있을 것 같아요. 방어기제를 적절히 사용하는 것은 일상생활에서 도움이 됩니다. 그러나 문제 상황과 관련 없이 특정 방어기제만 지속적으로 사용하게 될 때 부적응이 나타날 수 있습니다.

**◀ 2023**

**26** 다음은 전문상담교사가 민호(중 1, 남)를 상담한 내용의 일부이다. 프로이트(S. Freud)의 정신분석 이론에 근거해, 민호의 지배적인 성격의 구성 요소와 이 요소가 발달하기 시작하는 심리성적 단계의 명칭을 순서대로 쓰시오.

> 민　　호 : 사람은 거짓말하면 안 돼요. 항상 정직해야 해요.
> 상담교사 : 거짓말을 하지 않고 정직하게 사는 건 좋은데, 거짓말이 반드시 나쁘다고만 할 수 있을까요? 선의의 거짓말이라는 말도 있잖아요.
> 민　　호 : 말장난일 뿐이에요. 선의의 거짓말도 결국은 거짓말이잖아요. 남을 속인 거죠.
> 상담교사 : 혹시 거짓말과 관련해서 가장 기억에 남는 상황이 있을까요?
> 민　　호 : 네, 제가 아주 어렸을 때 게임했는데 안 했다고 아빠한테 거짓말을 한 적이 있었거든요. 그때 엄청 혼났어요. 아직도 생생하게 기억나요.
> 상담교사 : 그때 어떤 생각이 들었을까요?
> 민　　호 : '아 ……. 거짓말이 이렇게 무서운 거구나. 아빠한테 인정받으려면 다시는 거짓말은 하지 말아야겠다.'라는 생각이 들었어요.
> 상담교사 : 그래도 살다 보면 거짓말을 하게 되는 때도 있지 않았나요?
> 민　　호 : 몇 번 있었는데, 그런 제 자신을 보면서 굉장히 창피했어요. 아빠가 아시면 엄청 실망하셨을 거예요. 지금은 절대로 안 해요.

**27** 다음은 전문상담교사가 수진(고2, 여)과 상담한 축어록의 일부이다. 〈작성 방법〉에 따라 서술하시오.

> 상담교사 : 수진이가 상담을 하는 동안 전반적으로 성적이 많이 향상되었네… 특히 국어 성적이 많이 올랐네. 어떻게 이렇게 좋은 성과를 낼 수 있었을까?
> 수　　진 : 저는 어머니가 외국인이기 때문에 어렸을 때부터 한국어의 사용이 제한적이었거든요.
> 상담교사 : 그랬구나.
> 수　　진 : 그래서 어머니의 출신지 때문에 늘 알 수 없는 열등감이 있었어요. 저는 뭔가 아이들과 다른 것 같기도 하고…그런데 선생님께서 베토벤의 유명한 교향곡들이 귀가 안 들리기 시작한 이후에 탄생한 작품이라고 하시면서 ⊙ 열등감은 오히려 저를 우수하게 만드는 원천이 된다고 말씀해 주셨어요. 그래서 힘을 얻었고 저도 노력하면 되겠다는 자신감을 갖게 되었어요. 그 후에는 국어 공부에 시간을 많이 들였어요. 좋은 시는 외우기도 했어요. 그러면서 외국어에도 관심을 많이 갖게 되었어요. ⓒ 제 어머니의 모국어도 저는 유창하게 구사하고 싶어졌어요. 그래서 저는 외교관의 꿈을 꾸고 있어요.
> 상담교사 : 수진이가 부족한 한국어 능력에 좌절하지 않고 언어능력을 키워서 다양한 외국어에 능통하게 되어 외교관이 된다면 이보다 더 좋을 수는 없겠지.
> 수　　진 : 네, 저는 저의 외국어 능력을 바탕으로 미래에 외교관이 되어 제가 원하는 것을 이루려고 합니다.
> 상담교사 : 좋아. 인간은 ⓒ 자신이 잘 할 수 있는 것을 실천함으로써 열등감에 대한 보상도 받고 미래에 자신이 원하는 것을 이룰 수 있다는 이상으로 살아간단다.
> … (중략) …
> [A] ┌ 상담교사 : 지난번에 수진이의 초기기억에 대해서 물었을 때에 아기 새가 다리를 다쳐서 붕대로 묶어주었다고 했었지. 아마도 이 기억이 지금까지 남아 있다는 것은 누군가가 위기에 처해 있거나 도움이 필요할 때 도와주어야 마음이 편안해지는 수진이의 특성과도 상관이 있는거 같다.
> 　　 │ 수　　진 : 맞아요. 그래서 그런지 저는 친구들이 어려움에 처해 있을 때 그냥 지나치지는 못해요.
> 　　 └ 상담교사 : 그런 수진이의 좋은 특성을 계속 키워 가길 바라

───── 〈작성방법〉 ─────

- 아들러(A. Adler) 상담 이론에 근거하여 밑줄 친 ⊙과 ⓒ에 해당하는 개념의 명칭을 순서대로 쓸 것.
- 아들러(A. Adler) 상담 이론에 근거하여 [A]를 통해 드러난 수진이의 생활양식(life style)을 쓰고, 그 특징을 1가지 서술할 것.

**28** 다음을 읽고 답하시오.

- 직접적으로 의식되지는 않지만 신화, 민속, 예술 등을 통해서 간접적으로 관찰될 수 있다.
- 인류 역사를 통해서 선조에게서 물려받은 정신적 소인인 많은 원형(archetype)으로 구성되어 있다.
- 융(C. G. Jung)이 제안한 독창적 개념으로서 사람들이 역사와 문화를 통해서 공유해 온 모든 정신적 자료의 저장소를 말한다.

- 위의 내용이 무엇에 관한 설명인지 쓰시오. _____

- 위의 원형 중 아니마(anima)와 아니무스(animus)의 개념을 적용하여 건강한 성격 발달의 방향을 쓰시오(1줄 이내).
  _____
  _____

◎ 2010

**29** 융(C. Jung)의 성격이론에 대한 설명 중에서 옳은 것을 〈보기〉에서 모두 고른 것은?

─────〈보기〉─────

ㄱ. 페르소나(persona)는 자아로 하여금 외계와 관계를 맺게 해주는 기능을 한다.
ㄴ. 무의식의 의식화가 진행되면 결국 무의식성은 없어지고 완전히 깨달은 상태가 되어 전인(全人)이 된다.
ㄷ. 외향적 사고와 내향적 사고는 사고의 두 가지 특이한 유형으로 이 둘은 대립되는 별개의 것이 아니라 상보적이다.
ㄹ. 콤플렉스는 의식과 무의식의 구성요소로서, 특히 집단 무의식의 내용을 이루는 콤플렉스를 원형(archetypes)이라고 한다.
ㅁ. 중년기를 전환점으로 인생 후반기에는 자기(self)의 방향이 내부로 향하여 자아(ego)는 다시 자기(Self)에 통합 되면서 성격발달이 이루어진다.

① ㄱ, ㄴ, ㄷ  ② ㄱ, ㄴ, ㄹ  ③ ㄴ, ㄷ, ㄹ, ㅁ
④ ㄱ, ㄷ, ㄹ, ㅁ  ⑤ ㄱ, ㄴ, ㄷ, ㄹ, ㅁ

**30** 다음 ( ) 안에 공통으로 들어갈 용어를 쓰시오.

- 융(C. Jung)이 말한 자기, 아니마, 아니무스, 그림자 등과 같은 원형들은 ( )을/를 통해 간접적으로 의식될 수 있다.
- 대인 관계에서 나타나는 ( )의 예로는, 엄마를 싫어하는 자녀가 엄마가 자신을 싫어한다고 여기는 경우를 들 수 있다.
- ( )은/는 사회 현상에서도 살펴볼 수 있는데, 국가의 경제가 악화되는 것을 이민자 때문이라고 여기며 이민자에게 적대감을 표현하는 경우가 그 한 가지 예이다.

**31** 다음은 전문상담교사가 부모교육과 관련해 수퍼바이저와 나눈 대화 내용이다. 융(C. Jung)의 분석심리학에서 제시한 개념 중 수퍼바이저가 설명하고 있는 괄호 안의 ㉠, ㉡에 해당하는 개념의 명칭을 순서대로 쓰시오.

상담 교사 : 학부모들을 대상으로 '건강한 성격과 성장'이라는 주제로 부모교육을 실시하고 싶은데, 혹시 도움이 될 만한 이론이 있을까요?
수퍼바이저 : 융의 이론을 추천하고 싶어요. 융은 인간의 본질이 정신의 전체성에 있다고 합니다. 이 전체성을 ( ㉠ )(이)라는 개념으로 설명하고 있는데, ( ㉠ )은/는 '본래적 나' 혹은 '선험적 나'에 해당하는 원형입니다.
상담 교사 : 융이 말한 전체성이라는 내용에 대해 좀 더 설명해 주시겠어요?
수퍼바이저 : 심리적으로 건강한 사람이 되기 위해서는 성격의 여러 체계와 요소가 무시되지 않고 통합되어야 한다는 의미이죠. 무의식의 요소들을 의식과 통합시킴으로써 자신의 성격을 이해하고 삶을 수용할 수 있게 된다는 겁니다.
상담 교사 : 건강한 성격에 대한 통찰을 갖게 해 준다는 점에서 학부모들에게 도움이 될 수 있는 이론이군요.
수퍼바이저 : 네. 융은 정신의 전체성을 추구하면서 타인과 구별 되는 자신만의 고유한 존재로 성장해 나가는 과정을 ( ㉡ )(이)라고 지칭했어요.

◀ 2015

**32** 다음은 전문상담교사들이 윤지(고 3, 여)의 어떤 성격 특질을 묘사하는 내용의 일부이다. 전문상담교사들이 언급하고 있는 성격 특질이 무엇인지 쓰고, 그 성격 특질을 융(C. Jung)의 '자아(ego)', '의식(consciousness)', '태도(attitude)' 개념과 관련지어 서술하시오.

> 송교사 : 윤지를 만나 보지는 않았지만, 이 척도에서 높은 점수를 보이는 것을 보니, 아마 윤지는 자신감이 있고, 말이 많으며, 솔직할 것으로 추측됩니다.
> 임교사 : 윤지의 그런 특성은 아이젠크(H. Eysenck)의 생물학적 연구와도 관련이 있지 않을까요? 예를 들면, 윤지의 뇌는 자극에 더 느리고 약하게 반응하므로 생리적인 각성 수준(기초 각성 수준)이 낮아서 자신을 각성시킬 자극을 찾아 나서는 경향이 있을 거예요.
> 정교사 : 그 말씀은 윤지가 사회적인 유인가에 더 민감하다는 의미이고, 따라서 윤지에게는 처벌보다는 보상이 더욱 효과적일 수 있다는 거군요.

◀ 2013

**33** 설리반(H. Sullivan)의 성격이론에 관한 설명으로 옳지 않은 것은?

① 불안은 대인간의 건강하지 못한 관계에서 야기된다.
② 유아기에서 청소년 초기에 광범위하고 보편적인 성격의 틀이 형성된다.
③ 성격은 개인의 대인관계, 특히 친밀한 사람들과의 관계에 의해 일생에 걸쳐 형성된다.
④ 개인이 다른 사람들과 관계를 맺는 경험양식에는 원형적, 병렬적, 독립적 경험양식이 포함된다.
⑤ '해리(dissociation)'는 자아를 보호하기 위해 불안을 야기하는 행동, 태도, 욕망 등을 의식으로부터 배제시키는 선택적 외면 행위이다.

### 34 ◁ 2014

다음 ( ) 안에 공통으로 들어갈 용어를 쓰시오.

- 그레이(J. Gray)는 아이젱크(H. Eysenck)가 사용한 자료와 유사한 자료를 요인분석한 결과를 바탕으로 외향성(E)과 신경증 성향(N) 대신 충동성과 (     )의 두 요인이 더 의미 있다고 주장하였다.
- 설리번(H. Sullivan)은 (     )이/가 항상 대인관계에서부터 비롯된다고 믿었다. 즉, 사람 간의 단기적, 장기적인 부적절한 관계로부터 (     )이/가 생성된다는 것이다.

### 35 ◁ 2015 추시

다음은 전문상담교사가 담임교사에게 현주(중 3, 여)의 대인관계 문제에 대해 자문하는 내용의 일부이다. 전문상담교사의 자문 중 잘못된 내용을 2가지만 쓰고, 설리반(H. Sullivan)의 성격이론에 근거하여 그 이유를 서술하시오.

담임교사 : 현주는 친구들 앞에서는 말도 잘하고 웃기도 잘 하는데, 제 앞에서는 아무 말도 못하고 눈도 못 마주쳐요. 현주 말로는 저뿐만 아니라 다른 선생님들도 대하기가 많이 어렵대요.

상담교사 : 설리반의 이론이 현주의 행동을 설명하는 데 도움이 될 것 같아요. 설리반에 따르면 한 번 형성된 성격은 변하지 않는다고 해요. 선생님들을 가까이 하지 못하고 어려워하는 현주의 행동을 이해하기 위해서는 어머니와의 관계를 먼저 고려해야 할 것 같아요. 현주는 유아기 때 엄마와의 관계를 통해 자신이나 다른 사람에 대해 어떤 이미지를 형성했을 거예요. 어머니가 양육 과정에서 아이의 욕구를 충족시켜 주지 못하면 아이는 불안을 느끼게 되지요. 이로 인해 현주는 자신에 대해서는 '나쁜 나' 이미지를 형성했고, 엄마에 대해서는 '친밀하지 않은' 이미지를 형성했을 수 있어요. 엄마에 대한 '친밀하지 않은' 이미지는 다른 사람에 대한 이미지의 기본이 되어서 현주는 다른 어른들, 예를 들면 선생님들도 모두 어렵고 친밀하지 않게 여길 것 같아요. 이러한 방어 양식을 설리반은 원형적 왜곡이라고 불렀어요.

**36** 다음은 두 학자의 성격 발달 단계를 설명한 글이다. (가)~(나)에 들어갈 말로 옳게 묶여진 것은?

> - 설리번(H. Sullivan)은 성격 발달을 자기(self)의 진화로 생각하였다. 그가 제안했던 성격 발달의 일곱단계는 자기체계가 거의 발달되지 않은 유아기를 시작으로 성역할을 인지하는 아동기, ( 가 )가 이루어지는 소년기, 자기 체계가 다소 안정되는 청소년 전기, 자기 체계는 혼란스럽지만 여전히 안정적인 청소년 중기, 친밀감과 애정 욕구의 통합이 이루어지는 청소년 후기, 자기 체계가 완성되는 성인기이다.
> - 머레이(H. Murray)는 초기 유아기 때의 사건, 경험, 행동양식에 초점을 맞추어 유아기의 성격 발달을 다섯 단계로 나누어 설명하였다. 각 단계마다 경험하게 될 수 있는 콤플렉스는 폐소 콤플렉스, 구강 콤플렉스, 항문 콤플렉스, ( 나 ), 거세 콤플렉스이다.

| | (가) | (나) |
|---|---|---|
| ① | 욕구통합과 내적통제 | 요도 콤플렉스 |
| ② | 욕구탐색과 외적통제 | 공격 콤플렉스 |
| ③ | 자아탐색과 내적통제 | 성기 콤플렉스 |
| ④ | 자아탐색과 외적통제 | 성기 콤플렉스 |
| ⑤ | 욕구분화와 내적통제 | 요도 콤플렉스 |

**37** (가)는 전문상담교사와 담임교사가 현서(중1, 남)의 문제 행동에 관해 나눈 대화 내용이고, (나)는 머레이(H. Murray)의 성격이론에서 제시한 모형이다. (나)의 ㉠, ㉡에 해당하는 용어를 순서대로 쓰고, 이 모형에 제시된 3가지 개념으로 현서의 공격 행동이 형성되는 과정을 사례와 연결지어 서술하시오.

〈가〉

담임교사 : 우리 반 현서가 좀 걱정이 돼요. 며칠 전에 반장에게 자격이 없다고 비난하더라고요. 친구들이 자기 지시를 따르지 않으면 욕설을 하고, 다른 사람의 생각과 감정을 무시하고요.

상담교사 : 반에 이런 학생이 있으면 여러 학생들 사이에 갈등이 생기게 되어 지도하기 어렵죠. 현서에 관한 이야기를 좀 더 해 보실래요?

담임교사 : 현서가 또래에 비해 몸집이 크고 싸움도 잘해요. 평소에 언행이 상당히 거칠고, 그런 모습을 바로바로 표출하고 싶어 해요. 특히, 자기 마음에 들지 않는 사람에게 그런 모습을 직접 드러내는 것 같아요. 언젠가 같은 반 아이에게 주먹을 휘두르려던 것을 보고 주의를 주었던 적도 있었어요. 집에서도 동생이 말을 듣지 않는다고 윽박지르기도 하나 봐요. 더 놀라운 것은 아버지가 이런 광경을 보고도 묵인하는 태도를 보인다는 거죠.

상담교사 : 학교에서의 행동을 좀 더 관심 있게 살펴볼 필요가 있겠네요. 그러면 현서가 가족에 대해서는 어떻게 말하나요?

담임교사 : 현서는 어려서부터 아버지에게 자주 야단과 처벌을 받아왔던 것 같아요. 아버지는 매우 가부장적이어서 아이들이 실수하거나 대드는 것을 용납하지 않고, 아이들의 생각을 무시하는 것 같아요. 그리고, 자기는 장손이라 위엄이 있어야 한대요. 자세히 물어봤더니 어렸을 때부터 장손은 강하고 위엄이 있어야 한다고 배웠대요. 그래서 현서가 동생을 때리는 것을 허용하나 봐요.

〈나〉

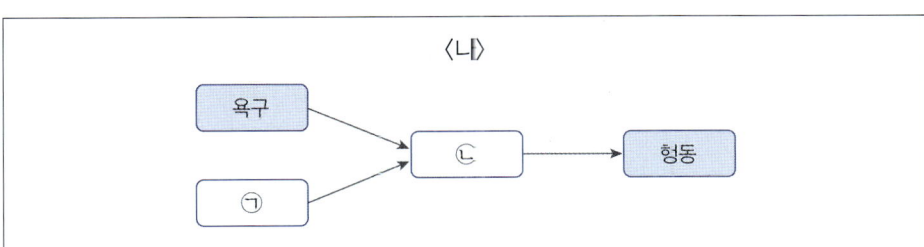

◀ 2015

**38** 다음 ( ) 안에 공통으로 들어갈 용어를 쓰시오.

- 프로이트(S. Freud)는 아동이 보통 4~6세 정도가 되면 부모의 규칙과 훈계에 의해 성격의 도덕적 측면이 형성되고, 동일시를 통해 (　　)을/를 해결하면서 성격의 사회적 구성요소인 초자아가 발달된다고 하였다.
- 아들러(A. Adler)는 (　　)을/를 사회에 유용한 방식으로 주어진 문제를 해결하기에 충분히 강하지 않은 사람이 갖는 과장되고 신경증적인 특성이라고 주장하였다.
- 머레이(H. Murray)는 프로이트의 성격발달 단계를 바탕으로 아동기를 다섯 단계로 나누고, 단계마다 (　　)을/를 경험한다고 보았다.

◀ 2014

**39** 다음은 전문상담교사가 혜지(고 2, 여)의 성격형성에 대해 어떤 이론에 근거하여 담임교사에게 자문한 내용의 일부이다. 그 이론명을 쓰시오.

담임교사 : 혜지는 기분이 좋을 때는 주변 사람들에게 상냥하다가도, 어떤 때에는 친구들과 이야기조차 하지 않는데 도대체 왜 그러는 걸까요?
상담교사 : 혜지의 문제는 어렸을 때 어머니와의 경험 때문인 것 같아요. 혜지가 태어나서 두 살까지는 부모님이 맞벌이로 많이 바빴다고 하시더라고요. 그 때 한참 어머니가 많이 힘드셨나 봐요. 그래서 어머니가 심리적으로 여유가 있을 때면, 혜지를 잘 돌봐 주시다가도 스트레스를 받을 때면 혜지가 옆에 와서 재롱을 피워도 귀찮아서 밀어 냈다고 해요. 그러다보니 혜지에게는 어떤 때는 나에게 잘해 주는 엄마였다가, 어떤 때는 나를 싫어하는 엄마라는 서로 다른 정신적 이미지가 마음속에 자리 잡게 되었고, 이것이 혜지의 성격의 일부가 되어 현재 혜지의 상반된 모습으로 나타나는 것 같아요.

## 현상학적 관점

**2011**

**40.** 다음 사례를 로저스(C. Rogers)의 성격 형성에 관한 주요 개념에 비추어 보았을 때, 밑줄 친 태수(중 1, 남)의 행동에 대한 설명으로 옳은 것만을 〈보기〉에서 모두 고른 것은?

> 태수는 동생을 자주 때린다. 엄마는 그것을 보고 "너는 못된 아이이므로 난 널 사랑하지 않는다."라는 메시지를 말이나 얼굴 표정으로 전달한다. 반면에 태수가 동생을 때리지 않고 잘 데리고 놀면, "너는 착한 아이이므로 난 널 사랑한다."라는 메시지를 태수에게 보낸다. 이런 일이 반복되면서, 태수는 점차 엄마가 좋아하는 일을 하지 않으면 자신이 사랑 받을 수 없다는 생각을 하게 되었다. 그래서 태수는 동생을 때린 자신의 행동이 정당방위였다고 변명하거나, 자신이 한 행동을 부정하게 되었다.

〈보기〉
ㄱ. 태수의 행동은 경험에 대한 개방성이 강하기 때문에 일어나는 것이다.
ㄴ. 태수의 행동은 자기 개념과 자신의 체험이 일치함으로써 일어나는 것이다.
ㄷ. 태수의 행동은 인간의 기본욕구인 긍정적 자기존중을 얻기 위하여 일어나는 것이다.
ㄹ. 태수의 행동은 원형적 경험과 병렬적 경험을 통해 자기에 대한 개념이 형성된 결과이다.
ㅁ. 태수의 행동은 자신의 행동을 선택적으로 지각하여 자신을 방어하기 위하여 일어나는 것이다.

① ㄱ, ㄴ  ② ㄷ, ㅁ  ③ ㄱ, ㄹ, ㅁ
④ ㄴ, ㄷ, ㄹ  ⑤ ㄷ, ㄹ, ㅁ

**41** 다음 철수의 상담사례를 읽고 물음에 답하시오.

> 철  수 : 우리 선생님은 차별이 심해요. 공부 잘하는 애들만 편애하시고요. 그래서 선생님을 보면 화가 나고 따지고 싶어요. 그렇지만 선생님께 버릇없이 굴면 안 되잖아요.
> 상담교사 : 선생님께 섭섭한 모양이네. 그러시지 않았으면 좋겠다고 말씀드리고 싶은데, 선생님께 그런 것을 따지듯이 말하면 버릇없이 구는 것처럼 느껴지는 모양이네.
> 철  수 : 예! 선생님이 그러실 때마다 매우 섭섭해요. 우리도 똑같이 대해 주셨으면 좋겠어요. 선생님께 말씀드리는 것이 좋을까요?
> 상담교사 : 선생님께 말씀드리면 어떻게 될까를 생각하고 있구나.

• 로저스(Rogers)의 인간중심 상담이론에서는 철수의 문제를 무엇이라고 개념화하는지 1줄 이내로 쓰시오.
_____
_____

• 로저스(Rogers)의 인간중심 상담이론에 충실한 상담자들이 철수를 돕기 위해서 취하는 태도 3가지를 쓰시오.
_____ , _____ , _____

42. 다음 그림을 보고 답하시오.

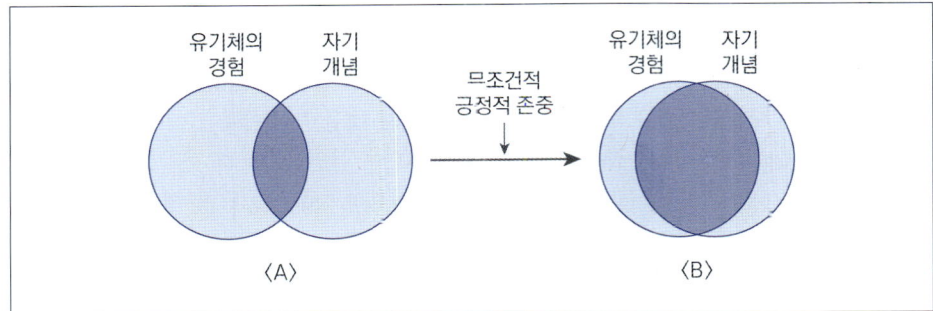

- 로저스(C. Roger)의 인간중심상담에서는 〈A〉와 〈B〉중 어느 쪽을 심리적으로 건강한 상태로 보는지, 그리고 그 이유는 무엇인지를 쓰시오.

  건강한 상태 : _____

  이유(1줄 이내) : _____

43. 학생을 〈보기〉와 같이 이해하는 성격이론과 여기서 제시된 구체적 개념 2가지를 쓰시오.

〈보기〉
- 학생의 외모, 가정환경, 성적 그리고 현재 학생이 고민하고 있는 문제와 관계없이 학생을 대한다.
- 적절한 환경을 제공하면 누구나 자신의 잠재력을 최대한 발휘하여 심리사회적으로 성장하려는 경향이 있다.

(1) 성격이론 : _____

(2) 개념 : _____ , _____

**44** 인간의 부적응적 성격에 관한 다음의 두 가지 견해를 읽고 답하시오.

① 인간은 결핍욕구와 성장욕구를 충족시키지 못하면 신경증, 성격장애, 생에 대한 허무감 등의 병리현상을 보이게 된다. 이러한 병리현상은 인간이 자아실현을 위하여 자신의 잠재력을 표현하고 충족하는 것을 방해한다.
② 인간은 성적 공격적 충동에서 일어나는 불안으로부터 자기를 보호하기 위해 다양한 방어기제를 사용한다. 이것은 무의식적으로 작동되며 현실의 부정이나 왜곡으로 나타날 수 있다.

- ①에서 말하는 결핍욕구와 성장욕구의 의미를 각각 쓰시오.
  결핍욕구 (1줄 이내) : _____
  성장욕구 (1줄 이내) : _____

- ①과 ②의 견해를 대표하는 성격이론을 각각 쓰시오.
  ① _____   ② _____

**45** 다음에서 (가)는 전문상담교사가 희수(중 1, 여)를 상담한 내용이고, (나)는 심리적 부적응에 이르게 되는 과정을 로저스(C. Rogers)의 인간중심이론에 근거하여 제시한 그림이다. ㉠에 해당하는 용어를 쓰고, ㉠, ㉡에 해당하는 내용을 희수의 사례에 적용하여 설명하시오.

〈가〉

희    수 : 엄마는 제가 어렸을 때부터 시험 성적을 잘 받아 올 때는 저에게 다정하셨지만, 제가 시험을 못 보면 화를 내고 저를 차갑게 대하셨어요.
상담교사 : 성적에 따라 엄마가 희수를 대하는 태도가 달랐군요.
희    수 : 예. 제가 시험 성적을 잘 받기 위해서 얼마나 애썼는지 몰라요. 엄마의 기대에 어긋나지 않으려면 공부 잘하는 딸이 되었어야 하니까요.
상담교사 : 엄마의 인정을 받기 위해 많은 애를 썼네요.
희    수 : (표정이 어두워지며) 하지만……. 제 꿈은 사실 가수가 되는 거예요.
상담교사 : 그 말을 하면서 표정이 어두워졌네요.
희    수 : 제가 가수가 되고 싶다고 했더니 엄마가 화를 내면서 반대하셨거든요. 엄마는 제가 의사가 되기를 원하세요.
상담교사 : 엄마가 반대하니 많이 힘들었나 봐요.
희    수 : 예. 엄마와 자꾸 그 문제로 부딪치니 마음이 불안하고 두통이 너무 심해서 머리가 깨질 것 같아요.

〈나〉

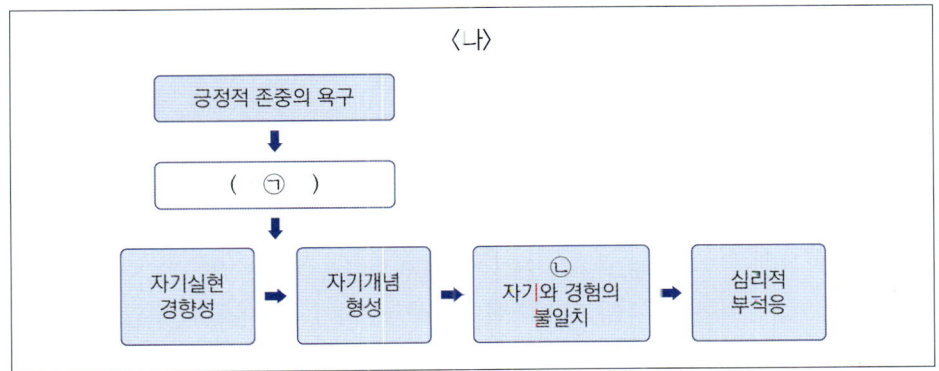

2024

**46** 다음은 전문상담교사가 로저스(C. Rogers)의 인간중심상담에 기반하여 지수(중1, 여)를 상담한 후, 수퍼비전을 받은 내용의 일부이다. 〈작성 방법〉에 따라 서술하시오.

상담 교사 : 지수를 상담하면서 안타까운 것은 참 착하고 모범생인데, 이 아이가 유난히 자기감정을 수용하는 데 어려워하고 그 정도 또래 아이들이라면 자연스럽게 느낄만한 것들도 느끼지 못하더라고요. 그러다가 지난 상담 시간에는 지수가 어릴 적 이야기를 했습니다. 지수가 유치원 때 남동생 지호가 태어났는데, 엄마의 사랑을 빼앗긴 것 같아서 동생에게 미운 마음이 들었답니다. 그래서 엄마가 안 볼 때 몰래 동생을 꼬집기도 했는데, 어느 날 엄마에게 들켜서 호되게 야단을 맞았다고 합니다.

수퍼바이저 : 그랬군요. 아마도 지수의 엄마가 의도하지는 않았겠지만 그러한 양육방식으로 인해 지수의 ( ㉠ )이/가 손상되었을 겁니다. 유아 때는 유기체가 충족되느냐 그렇지 않느냐에 따라서 각각의 경험을 평가하기 때문에, 어떤 특정 경험이 더 가치 있다고 보지 않고 있는 그대로 보게 됩니다. 예를 들면, 아이일 때는 누군가가 가르쳐 주지 않아도 안아 주면 웃고 기저귀가 차가우면 울지요. 로저스에 의하면 유아의 행동은 이러한 ( ㉠ )에 의해 지배를 받기 때문에 특별한 혼란 없이 경험을 있는 그대로 지각할 수 있고 모든 경험을 선입견 없이 흥미롭게 탐구하게 됩니다.

[A] ┌ 상담 교사 : 네, 맞습니다. 지수의 말에 의하면, 엄마는 지수에게 ㉡ "너는 누나니까 동생을 미워하면 안 되고 예뻐해야지. 그래야 착한 딸이지."라고 하시며 매번 지수를 혼냈다고 합니다. 한동안 이런 일들이 반복된 후로 지수는 "내 동생 예뻐, 지수는 지호를 예뻐해."라고 하며 동생을 쓰다듬었고 엄마는 그런 지수를 칭찬해 주었다고 합니다. 그 후로 지수 엄마는 지수가 어릴 적부터 동생을 잘 챙기는 착한 아이였다며 기특하다고 자랑하기도 했답니다.
└

수퍼바이저 : 네, 그랬군요. 지수는 그러한 양육환경 속에서 성장하면서 유기체적 경험과 자기개념 사이에서 갈등을 느꼈을 겁니다.

상담 교사 : 그럼, 지수가 불일치를 경험하거나 방어를 하지 않도록 제가 어떻게 도와야 할까요?

수퍼바이저 : 다음 그림과 같이 지수가 '온전히 기능하는 사람(fully-functioning-person)'이 되도록 하기 위해서는, 지수의 엄마가 제공했던 것과는 다른 새로운 관계 경험을 상담자가 제공해야겠지요.

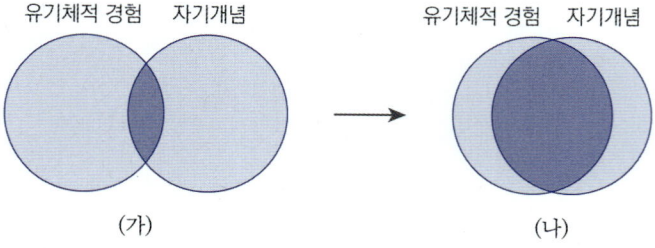

〈작성방법〉

- 괄호 안의 ㉠에 공통으로 해당하는 개념의 명칭을 쓸 것.
- [A]에 해당하는 인간중심상담 이론이 제시하는 개념의 명칭을 쓰고, 밑줄 친 ㉡의 엄마의 반응을 지수의 유기체적 경험에 일치하도록 고쳐서 서술할 것.
- '온전히 기능하는 사람'의 특징 중, 지수가 (가)에서 (나)의 상태로 변화될 경우 나타나는 특징을 사례와 연결 지어 1가지 서술할 것.

◀ 2020

**47** 다음은 인본주의 심리학자인 진 박사의 '자기실현'에 대한 강연 내용의 일부이다. 〈작성방법〉에 따라 서술하시오.

오늘 '자기실현'이라는 주제에 대해 같이 이야기해보도록 하겠습니다. 자기실현은 더 유능한 인간으로 끊임없이 성장해가는 과정을 의미합니다. 그렇다면 자기실현이 왜 어려울까요? 매슬로우(A. Maslow)는 하위 욕구의 좌절 때문에 자기실현을 성취하기가 어렵다고 보았습니다. 사실, 인간에게 ㉠ <u>생리적 욕구, 안전 욕구, 애정/소속 욕구와 존중 욕구</u>가 매우 중요합니다. 이들 욕구들이 충족되어야 ㉡ <u>성장 욕구</u>가 촉발되는 반면, 충족 되지 않으면 자기실현 자체가 불가능합니다.

… (중략) …

우리가 자기실현을 할 수 있기 위해서는 수용적이고 허용적인 환경이 제공되는 것이 필요합니다. 그렇지만 우리는 때로 부모님 말씀에 순종하면 사랑받을 수 있다는 조건부 애정이 담긴 메시지를 받기도 합니다. 조건부 애정은 부모님으로부터 인정을 받기 위해 자신이 원하는 것이 아니라 부모님의 가치와 기준에 맞춰 살게 합니다. 이것이 자기실현에 상당히 부정적인 영향을 미치지요. 그래서 로저스(C. Rogers)는 ㉢ <u>상담자가 내담자를 판단하지 않고 있는 그대로 받아들여 주는 것</u>을 강조합니다. 이렇게 할 때 내담자는 ㉣ <u>자신의 경험을 있는 그대로 받아들여 자기구조로 통합시킬 뿐만 아니라 내면적 자원을 온전히 발휘하는 사람</u>으로 성장하게 됩니다.

〈작성방법〉

- 밑줄 친 ㉠에 제시된 용어들을 통칭하는 개념의 명칭을 쓰고, 밑줄 친 ㉡과의 차이점 1가지를 서술할 것.
- 밑줄 친 ㉢, ㉣에 해당하는 로저스가 제시한 개념의 명칭을 순서대로 쓸 것.

### 48. 2014

다음에서 설명하고 있는 성격 연구 및 평가 방법이 무엇인지 쓰시오.

- '나는 호감을 주는 사람이다', '나는 사려 깊은 사람이다' 등이 기록된 여러 장의 카드를 사용한다.
- 피연구자가 현재 자신과 가장 유사하지 않은 속성이 적힌 카드부터 가장 유사한 속성이 적힌 카드를 연속선상에서 정상 분포에 따라 분류한다.
- 동일한 성격 진술문이 동일한 정상 분포에 따라 배열되기 때문에 '자기'와 '이상적 자기'를 비교하고, 둘 사이의 불일치 점수를 구할 수 있다.

## 성격이론 통합

### 49. 2011

성격 이론에 따른 건강한 성격을 가진 사람의 특성과 이를 설명하기 위해 사용한 개념을 바르게 연결한 것은?

| | 특성 | 개념 |
|---|---|---|
| ① | 초욕구(metaneeds)와 초동기(metamotivation)를 충족시키고자 노력한다. | 허구적 최종목적론 |
| ② | 열등감을 극복하고 우월성을 추구함으로써 건설적 생활양식을 갖는다. | 기능적 자율성 |
| ③ | 삶의 의미를 추구하려는 의지를 가지고 미래의 목표에 도달하기 위해 노력한다. | 구성개념적 대안주의 |
| ④ | 충분히 기능을 발휘하는 사람으로서 새로운 경험에 대해 자아(self)가 개방되어 있다. | 상호결정론 |
| ⑤ | 존재의 개별화(individuation)를 이루어 자신의 순수한 내면을 인식하고 발달시킨다. | 자기원형 |

**50** 성격 이론에서는 인간의 부적응 성격이 형성되는 원인을 다음과 같이 설명한다. (가)~(다)의 내용을 설명한 학자를 〈보기〉에서 골라 바르게 연결한 것은?

(가) 구성개념 체제의 기능 장애에 의하여 형성된다.
(나) 유전적인 생리적 기능의 개인차와 관련된 부적응적 학습으로 인하여 형성된다.
(다) 대인관계를 위한 자아보호체계와 진정한 자아와의 간격이 커짐으로 인하여 형성된다.

〈보기〉
ㄱ. 융(C. Jung)
ㄴ. 켈리(G. Kelly)
ㄷ. 반두라(A. Bandura)
ㄹ. 설리반(H. Sullivan)
ㅁ. 아이젠크(H. Eysenck)

|   | (가) | (나) | (다) |   | (가) | (나) | (다) |
|---|---|---|---|---|---|---|---|
| ① | ㄴ | ㄱ | ㄷ | ② | ㄴ | ㅁ | ㄹ |
| ③ | ㄹ | ㄷ | ㄱ | ④ | ㅁ | ㄴ | ㄱ |
| ⑤ | ㅁ | ㄷ | ㄹ |   |   |   |   |

◀ 2012

**51** 다음은 성격의 개인차에 대한 설명이다. (가)~(마)의 내용을 설명한 학자를 〈보기〉에서 골라 바르게 연결한 것은?

(가) 기대와 강화가치에 의하여 동기화되는 정도의 차이이다.
(나) 다양한 자극에 반응하는 경향 혹은 사전 성향의 차이이다.
(다) 자신의 삶을 해석하는 방법으로서의 구성개념의 차이이다.
(라) 의식의 일반적 태도와 정신기능들이 조합되어 나타나는 다양한 양상의 차이이다.
(마) 개인의 욕구들과 그가 처한 상황에서의 환경적 압력들이 서로 상호작용하는 방식의 차이이다.

〈보기〉
ㄱ. 설리반(H. Sullivan)  ㄴ. 머레이(H. Murray)
ㄷ. 올포트(G. Allport)   ㄹ. 융(C. Jung)
ㅁ. 켈리(G. Kelly)       ㅂ. 로터(J. Rotter)

|   | (가) | (나) | (다) | (라) | (마) |
|---|---|---|---|---|---|
| ① | ㄷ | ㄴ | ㅁ | ㄱ | ㄹ |
| ② | ㄷ | ㅁ | ㄱ | ㄹ | ㄴ |
| ③ | ㄹ | ㄷ | ㅁ | ㄱ | ㅂ |
| ④ | ㅂ | ㄷ | ㅁ | ㄹ | ㄴ |
| ⑤ | ㅂ | ㅁ | ㄴ | ㄷ | ㄱ |

**52** (가)~(다)와 같이 성격발달의 특징을 설명한 성격심리학자를 〈보기〉에서 골라 바르게 연결한 것은?

> (가) 아동기의 억압된 적개심이 성격발달에 지속적인 영향을 미치지 되는데, 적개심을 억압하는 데에는 무기력, 두려움, 사랑, 죄의식이 원인으로 작용한다.
> (나) 성격발달은 궁극적으로 자기(self)를 실현하는 과정인데, 인생 전반기에는 분화된 자아(ego)가 외부로 향하다가 인생 후반기에는 내부로 향하면서 통합된다.
> (다) 성격의 체계는 욕구, 압력, 주제의 개념으로 이루어져 있다. 모든 사람이 다섯 단계의 성격발달단계에 기초한 콤플렉스를 경험하게 되는데 각 단계는 이후의 발달을 지배할 무의식적 콤플렉스의 형태로 성격에 남게 된다.

〈보기〉
ㄱ. 융(C. Jung)　　　　　ㄴ. 프롬(E. Fromm)
ㄷ. 말러(M. Mahler)　　　ㄹ. 호나이(K. Horney)
ㅁ. 머레이(H. Murray)　　ㅂ. 반두라(A. Bandura)

| | (가) | (나) | (다) | | (가) | (나) | (다) |
|---|---|---|---|---|---|---|---|
| ① | ㄱ | ㄴ | ㅂ | ② | ㄴ | ㄷ | ㄹ |
| ③ | ㄹ | ㄱ | ㅁ | ④ | ㄹ | ㄷ | ㄴ |
| ⑤ | ㅂ | ㄱ | ㅁ | | | | |

## 53

(가)~(라)에 맞게 각 이론의 주요 개념을 주장한 성격심리학자들을 옳게 고른 것은?

> (가) 이론의 주요 개념은 기대-강화가치 모형, 심리적 욕구, 통제소재이다. 이 학자는 그의 이론을 기본적으로 학습개념 및 원리에 근거하였고, 성격의 기능을 설명하기 위해 네 가지 개념, 즉 행동 잠재력, 기대, 강화가치, 심리적 상황을 제안하였다.
> (나) 이론의 주요 개념은 도피기제, 기본 욕구, 성격 유형이다. 이 학자는 자유 대 안전에 대한 개념을 바탕으로 인간의 기본적 딜레마를 설명하고, 인간의 세 가지 정신적 도피기제를 권위주의, 파괴성, 자동적 동조라고 하였다.
> (다) 이론의 주요 개념은 기본 불안, 신경증 욕구, 신경증 경향성, 세 가지 자아 등이다. 이 학자는 사회적 힘에 의해 형성되는 불안을 처리해야 할 기본적인 인간조건으로 보았다. 그리고 기본 불안을 처리하는 데 사용하는 방어적 태도를 신경증 욕구(neurotic needs)로 보았다.
> (라) 이론의 주요 개념은 특질(traits)이다. 이 학자는 특질을 다양한 종류의 자극에 같거나 유사한 방식으로 반응할 경향 혹은 사전성향(predisposition)이라고 정의하였다.

| | |
|---|---|
| ㄱ. 나이저(U. Neisser) | ㄴ. 로터(J. Rotter) |
| ㄷ. 밀러(N. Miller) | ㄹ. 셸돈(W. Sheldon) |
| ㅁ. 아이젠크(H. Eysenck) | ㅂ. 올포트(G. Allport) |
| ㅅ. 프롬(E. Fromm) | ㅇ. 호나이(K. Horney) |

| | (가) | (나) | (다) | (라) |
|---|---|---|---|---|
| ① | ㄱ | ㅅ | ㄷ | ㅂ |
| ② | ㄱ | ㅁ | ㅂ | ㅇ |
| ③ | ㄴ | ㅅ | ㅇ | ㅂ |
| ④ | ㄴ | ㅇ | ㄱ | ㄷ |
| ⑤ | ㅁ | ㄴ | ㄹ | ㅂ |

# 성격심리 실제

**54** ◀ 2015

다음은 전문상담교사가 성격이론의 어떤 개념을 정리한 도식이다. ㉠에 공통으로 들어갈 용어를 쓰시오.

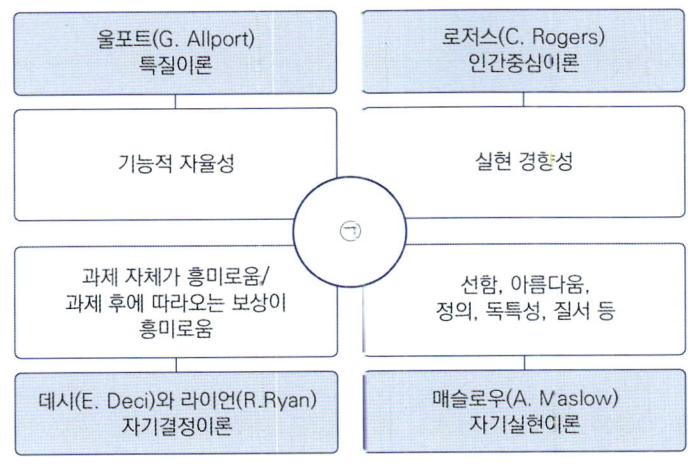

**55** ◀ 2014

다음은 전문상담교사가 민희(중 1, 여)를 상담한 축어록의 일부이다. 돌라드와 밀러(J. Dollard & N. Miller)가 제시한 갈등의 유형 중 민희가 겪고 있는 유형을 쓰시오.

> 상담교사 : 요새 수지랑 어떻게 지내니? 얼마 전에 너와 수지가 심하게 다퉜다고 그랬는데…….
> 민　　희 : 저는 수지랑 정말 잘 지내고 싶어요. 수지는 예쁘기도 하고 저한테 참 잘해주거든요. 근데 요새 수지가 노는 애들이랑 어울려 다니면서 학교도 잘 안 나오고……. 나쁜 행동도 하는 것 같아요. 그래서 왠지 수지랑 친하게 지내다가 '수지처럼 되면 어떻게 하지?'라는 생각이 들곤 해요. 어떻게 하면 좋을지 모르겠어요.

© 2012

**56** 다음은 자기불일치를 지각하고 있는 경희의 사례이다. 히긴스(E. Higgins)의 자기불일치 이론(self-discrepancy theory)에 근거하여 경희의 상태와 대처방안을 설명한 내용으로 옳은 것만을 〈보기〉에서 있는 대로 고른 것은?

> 경희는 학교 성적이 낮은 편이다. 그러나 담임선생님은 경희가 더 잘할 수 있다고 생각하기 때문에 경희를 볼 때마다 열심히 해서 성적을 올려 보라고 말한다. 그런데 경희는 선생님이 원하는 만큼 똑똑한 학생이 되지 못하는 자신을 항상 부끄럽게 생각한다.

〈보기〉

ㄱ. 경희는 실제적/자기와 이상적/타인 간의 불일치를 겪고 있다.
ㄴ. 경희의 자기불일치에 따른 부정적 감정은 두려움과 위협적 느낌이다.
ㄷ. 경희는 다음 시험을 위해서 열심히 공부함으로써 자기불일치에 따른 부정적 감정에 대처할 수 있다.
ㄹ. 경희는 자신과 학교 성적이 비슷한 친구들을 머릿속에 떠올려 생각해 봄으로써 자기불일치에 따른 부정적 감정에 대처할 수 있다.

① ㄱ, ㄴ   ② ㄴ, ㄷ   ③ ㄷ, ㄹ
④ ㄱ, ㄷ, ㄹ   ⑤ ㄱ, ㄴ, ㄷ, ㄹ

**57** 다음은 전문상담교사가 고등학교 또래상담지 교육 시간에 '자기(self)'에 대한 히긴스(E. T. Higgins)의 이론을 소개하고 있는 내용의 일부이다. 〈작성 방법〉에 따라 서술하시오.

---

상담교사 : 히긴스(E. T. Higgins)의 이론에 따르면, 인간은 모두 각자 도달해야 할 기준을 가지고 있어요. 히긴스는 이러한 기준을 ( ㉠ )(으)로 명명하고, 특히 ( ㉡ )와/과 ( ㉢ )을/를 중요하게 고려했답니다. 인간은 자신의 현재 모습인 실제 자기(actual self)와 ( ㉡ ), ( ㉢ )을/를 끊임없이 비교하면서 더 나은 삶을 살기 위해 필요한 행동을 파악하여 실행합니다. 여러분도 유사한 경험을 한 적이 있나요?

학    생 : 네, 선생님. 저는 공부를 열심히 해야 한다고 생각해서 요즘 공부하는 시간을 늘리고 있어요. 저와 가깝게 지내는 친구도 마찬가지고요. 친구와 같이 독서실에도 새로 등록해서 열심히 다니고 있어요. 생각만큼 성적이 오르지 않아 괴로워하고 있지만요. 그런데 선생님, 성적이 기대만큼 오르지 않는 것에 대해서 저와 친구가 느끼는 감정은 서로 다른 것 같아요.

상담교사 : 흥미로운 발견이네요. 어떤 점이 다르던가요?

학    생 : 제 친구는 슬픔이나 실망감 같은 감정을 더 많이 느끼는 반면, 저는 불안이나 초조함을 많이 느껴요.

상담교사 : 감정을 잘 구분해서 파악했네요. 실제로 히긴스는 실제 자기와 비교하는 ( ㉠ )의 유형에 따라 감정 반응이 달라진다고 제안했어요. 실제 자기와 ( ㉡ )의 불일치가 크면 슬픔이나 실망감을 느낄 가능성이 높아지는 반면, 실제 자기와 ( ㉢ )의 불일치가 크면 불안이나 초조함을 상대적으로 더 많이 느낀다는 것이지요.

---

〈작성방법〉

- 괄호 안의 ㉠과 ㉡에 해당하는 용어를 각각 쓸 것.
- 괄호 안의 ㉢에 해당하는 용어를 쓰고, 실제 자기와 ㉢의 불일치가 클 때 불안이나 초조함을 느끼는 이유를 히긴스(E. T. Higgins)의 자기 불일치 이론 관점에서 서술할 것.

58. 다음은 성진(고2, 남)이의 담임교사와 전문상담교사가 나눈 대화 내용의 일부이다. 〈작성 방법〉에 따라 서술하시오.

> 담임교사 : 선생님, 오늘도 성진이가 다른 친구와 다투었어요. 이번에는 친구가 옆에서 큰 소리로 웃는다고 화를 내며 싸웠답니다. ⓐ 큰 소리로 웃는 것은 흔히 있는 일인데, 성진이는 왜 그렇게 강한 감정 반응을 보이는 걸까요?
> 상담교사 : 혹시 요즘 성진이가 특별히 몰두하는 일이 있나요?
> 담임교사 : 성진이 머릿속에는 공부밖에 없는 것 같아요. 어떻게 해서든 성적을 올려서 좋은 대학에 가고 싶어 하지요. ⓑ 오늘도 쉬는 시간에 공부를 하다가 원하는 만큼 집중을 하지 못해서 부정적 감정을 느꼈던 것 같아요.
> 상담교사 : 그렇군요. 성진이는 공부에 집중하지 못하는 이유에 대해 어떤 생각을 가지고 있나요?
> 담임교사 : ⓒ 다른 사람이나 환경 탓을 많이 하는 것 같아요. 교실이 소란스러워 집중하기가 어렵다거나, 친구들이 쓸데없이 말을 걸어 공부의 흐름이 끊긴다고 이야기하곤 했어요. 친구들이 성진이를 존중하는 마음을 가졌다면 그렇게 행동하지 않았을 거라는 말도 했고요. 그래서 분노감을 자주 느끼고, 친구들과도 다투는 것으로 보여요

〈작성방법〉

- 라자루스(R. Lazarus)의 정서에 대한 인지적 평가 이론의 관점에서 보았을 때 밑줄 친 ⓐ, ⓑ, ⓒ에 나타나는 성진이의 정서적 체험과 관련된 평가기준을 각각 쓸 것.
- 성진이가 밑줄 친 ⓐ과 같이 정서적으로 반응하는 이유를 라자루스(R. Lazarus)가 제안한 평가 기준의 관점에서 서술할 것.

**59** ◁ 2012

창수(중 3. 남)는 학교 성적이 낮게 나오는 것을 항상 자신의 능력이 부족한 탓으로 여겨 공부에 대하여 학습된 무력감을 가지게 되었다. 창수에 대한 전문상담교사의 지도 내용으로 가장 적절한 것은?

① 창수의 귀인이 안정된 외적 귀인으로 변화될 수 있도록 지도한다.
② 창수의 귀인이 통제가능한 외적 귀인으로 변화될 수 있도록 지도한다.
③ 창수가 낮은 성공기대 수준과 높은 요구가치 수준을 지니도록 지도한다.
④ 창수의 학습에 대한 자기효능감을 높여주기 위해서 대리경험의 방법을 활용한다.
⑤ 창수가 숙달지향적(mastery-oriented) 신념보다는 수행지향적(performance-oriented) 신념을 가질 수 있도록 지도한다.

**60** ◁ 2016

다음은 현우(2, 남)의 어머니가 최근 현우의 행동 변화에 대해 사이버상담을 요청한 내용이다. 데시(E. Deci)와 라이언(R. Ryan)이 제시한 자기결정성 이론(self-determination theory)에 근거하여 현우의 최근 행동의 동기가 되는 기본심리욕구 2가지를 쓰시오.

> "안녕하세요? 저는 올해 중학교 2학년 남자아이의 엄마입니다. 우리 아이가 공부를 썩 잘하지는 않았지만 초등학교 때까지는 공부하라고 하면 하는 척은 하고 투덜거리면서도 학원에는 다녔습니다. 그런데 중학교에 올라와서는 학원을 자주 빠지고 자정이 다 되어서야 들어오는 거예요. 어디서 무엇을 하다 오는 거냐고 다그치자, 자신은 공부 체질이 아닌 것 같다며 백댄서가 되고 싶다고 하네요. 우리 아이가 동네에서 춤 잘 추기로 유명하긴 해요. 한번은 스트리트 댄스 공연을 하다가 기획사에서 명함을 받아 오기도 했어요. 이후로 유명 기획사에서 하는 오디션에 참가하기 위해 밤늦게 까지 연습을 한다고 해요. 저는 우리 아이가 공부를 했으면 좋겠는데… 아이를 설득할 방법이 없을까요?"

**61** 다음 (가), (나)는 전문상담교사가 현우(중 1, 남)와 민기(중 1, 남)를 상담한 내용이다. 〈작성 방법〉에 따라 서술하시오.

ⓒ 2019

〈가〉

현   우 : 요즘 기분도 안 좋고 수업에 집중하기가 어려워요. 사실, 엊그제 영어 과제 발표가 있었는데 완전히 망쳐 버렸어요. 반 아이들이 모두 보는 앞에서 실수를 했거든요.
상담교사 : 많이 속상했겠네요. 어쩌다가 그렇게 되었다고 생각해요?
현   우 : 제가 과제 준비를 잘 안 해서 그런 것 같아요. 그래도 영어를 포기하지는 않을 거예요.
상담교사 : 영어 실력을 높이려면 어떻게 하면 좋을까요? 좋은 생각이 있나요?
현   우 : 제가 좀 더 열심히 하면 똑똑해질 거라고 생각해요. 영어 공부가 어렵기는 하지만 열심히 하다 보면 학기 말에는 지금보다 더 나아질 거예요.

〈나〉

민   기 : 요즘 재미있는 일이 하나도 없어요. 이번 사회 중간고사를 망쳤거든요.
상담교사 : 많이 힘들겠군요. 그런데 시험점수가 낮게 나온 이유가 있었나요?
민   기 : 전 머리가 나쁜가 봐요. 동생이랑 똑같이 암기에 소질이 없어요. 우리 둘 다 부모님한테서 '암기를 못하는 유전자'를 물려받은 것 같아요.
상담교사 : 그럴까요? 혹시 공부시간이 부족하거나 학습전략을 몰라서 성적이 낮게 나온 건 아닌지……. 우리 같이 방법을 찾아볼까요?
민   기 : 소용없어요. 머리가 더 좋아지기 어려운데, 해봤자 결과는 뻔해요. 아무래도 사회 과목을 포기해야 할까 봐요.

〈작성방법〉

• 드웩(C. Dweck)이 제시한 '지능에 대한 암묵적 관점' 중에서 현우와 민기에게 해당하는 관점을 순서대로 쓸 것.
• 와이너(B. Weiner)의 귀인이론에서 제시한 '내부소재 차원'에 근거하여 현우와 민기가 자신들의 실패를 어느 요소에 귀인 하고 있는지를 사례와 연결 지어 각각 서술할 것.

## 62  ◀ 2016

다음은 전문상담교사가 은지(중 2, 여)와 상담한 내용의 일부이다. 와이너(B. Weiner)가 제시한 귀인의 3가지 차원을 설명하고, 성적에 대한 은지의 귀인이 이들 3가지 차원에서 각각 어떻게 나타나는지 서술하시오.

> 상담교사 : 은지는 이번 중간고사 준비 잘 하고 있니?
> 은　　지 : 아니요. 안 하고 있는데요.
> 상담교사 : 시험이 얼마 안 남았는데… 시험공부를 해야 하지 않을까?
> 은　　지 : 글쎄요. 공부를 해도 별로 소용이 없어서요.
> 상담교사 : 그렇구나. 그런데 어떤 이유 때문에 그렇게 생각하지?
> 은　　지 : 전 시험 운이 없어요. 공부를 해도 제가 공부한 부분에서 시험 문제가 거의 안 나와요. 가끔 운이 좋으면 제가 아는 부분에서 시험 문제가 나오기도 하고 정말 운이 좋은 때는 그냥 찍었는데 맞을 때도 있지만요.

## 63  ◀ 2018

다음은 전문상담교사가 설리반(H. Sullivan)의 대인관계이론에 근거한 리어리(T. Leary)의 대인관계 원형이론에 따라 주아(고 1, 여)의 대인관계 특성을 분석한 내용이다. 괄호 안의 ㉠, ㉡에 해당하는 용어를 순서대로 쓰시오.

> • 주아는 담임 선생님에 대한 불만을 토로하고, 담임선생님을 싫어한다.
> • 주아는 부모님이 늘 바쁘고 자신에게 관심이 없다고 생각하기 때문에 부모님을 싫어한다.
> • 주아는 부모님을 싫어하면서도 부모님이 자신에게 더 무관심 해질까봐 말 잘 듣는 딸로 행동한다.
> • 주아는 학교에서 친구들과 거리를 두지만 친구들의 요구를 잘 들어준다.

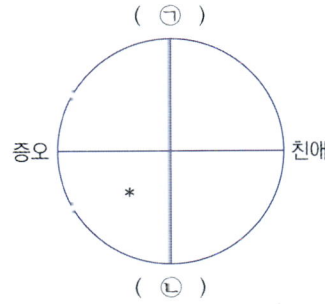

\* 주아의 대인관계 위치

**64** 다음 (가), (나)는 전문상담교사와 수퍼바이저가 두 사례에 대해 나눈 대화 내용의 일부이다. 〈작성 방법〉에 따라 서술하시오.

(가)

> 상담 교사 : 얼마 전 성민이 담임 선생님께서 상담을 의뢰하셔서 성민이를 관찰해 보았습니다. 성민이가 다른 친구들의 감정 상태를 잘 파악하지 못하고, 상황에 적절하지 않은 감정 표현을 할 때가 많더라고요. 혹시 정서지능이 낮아서 그런 것인지 궁금합니다.
> 수퍼바이저 : 그럴 수도 있겠네요. 정서지능은 자신과 다른 사람의 감정 상태를 잘 파악하고 적절하게 정서적 표현을 할 수 있는 능력을 의미하니까요. 정서지능은 네 가지 하위 능력으로 구분됩니다. 첫째, ( ㉠ )은/는 얼굴 표정, 목소리 톤, 인상 등에 나타난 정서적 메시지에 주의를 기울이고, 이를 해석하는 것을 포함합니다. 둘째, '정서 활용하기'는 사고에 정서를 통합하고 인지적 활동을 촉진하는 방향으로 정서를 사용하는 능력입니다. 셋째, '정서 이해하기'는 정서적 개념과 의미, 정서와 그것을 나타내는 관계들 간의 연결, 시간에 따라 정서가 어떻게 혼합되고 진행되는지를 이해하는 능력입니다. 넷째, '정서 관리하기'는 개인적 성장과 사회적 관계를 향상시키기 위해서 정서를 관찰하고 규제하는 능력입니다.

(나)

> 수퍼바이저 : 지난달에 말씀하셨던 혜수의 부모님은 변화가 있으신가요?
> 상담 교사 : 네. 혜수 말에 의하면, 통제적이시던 부모님께서 많이 달라지셨다고 합니다. ㉡ 그래서 혜수도 부모님의 결정에만 따랐던 예전과 달리, 자신의 삶의 중요한 문제에 대해 독립적으로 결정할 기회를 갖게 되었어요. 본인 스스로 많은 것을 선택할 수 있게 되었고, 본인이 무엇을 하고 싶은지 또 그것을 하기 위해 어떻게 해야 하는지에 대해서도 스스로 충분히 고민하고 결정할 기회를 갖게 되었다고 합니다.
> 수퍼바이저 : 잘 되었네요. 혜수도 많이 달라졌겠네요.
> 상담 교사 : 네, 맞습니다. 혜수가 예전에는 우울, 좌절, 지루함과 같은 부정적인 정서를 더 많이 느꼈는데, 요즘은 즐거움을 더 많이 느낀다고 하더라고요. 무엇보다도 혜수가 정말 하고 싶어 했던 무용을 할 때는 어려운 일이 생겨도 그걸 극복하기 위해 자신의 기술 수준과 도전 수준 간의 적절한 조화를 이루기 위해 노력하는 것으로 보여요.
> 수퍼바이저 : 혜수가 진정한 플로우(flow)경험을 하고 있네요. 플로우 모형에서는 기술 수준과 도전 수준의 적절한 조화가 매우 중요합니다. 만약 혜수의 기술 수준과 도전 수준이 조화롭지 않으면, ㉢ 불안에 빠지거나 ㉣ 지루함을 느낄 수 있어요.

─ 〈작성방법〉 ─
- (가)에서 메이어, 카루소와 샐로베이(J. Mayer, D. Caruso, & P. Salovey)가 제안한 정서지능이론에 근거하여 괄호 안의 ㉠에 해당하는 용어의 명칭을 쓸 것.
- (나)에서 라이언과 데시(R. Ryan & E. Deci)가 제안한 자기결정성이론의 기본 심리 욕구 중 밑줄 친 ㉡에 해당하는 용어의 명칭을 쓰고, 그 의미를 (나)의 사례와 연결하여 서술할 것.
- 칙센트미하이(M. Csikszentmihalyi)가 제안한 플로우 모형에 근거하여, 만약 혜수가 밑줄 친 ㉢과 밑줄 친 ㉣을 느끼게 된다면 그 이유를 각각 '기술 수준'과 '도전 수준' 측면에서 순서대로 서술할 것

◀ 2009

**65** 다음에 기술된 상민의 공격행동 원인으로 가장 적절한 것은?

> 상민의 말에 의하면 반 아이들이 쉬는 시간에 자기를 골탕 먹이려고 일부러 책을 떨어뜨리고, 체육시간에 운동장에 나가면서 고의로 발을 밟았기 때문에 싸울 수밖에 없었다고 한다. 그러나 실제로는 학생들이 우르르 나가면서 실수로 그렇게 된 일이었다.

① 부호화 방략의 왜곡
② 공격행동의 가치화
③ 비효과적 반응의 결정
④ 자기조절 기술의 부족
⑤ 문제해결 능력의 부족

**66** 성격심리학적 관점에서 본 공격성에 관한 설명 중 옳은 것만을 〈보기〉에서 있는 대로 고른 것은?

〈보기〉

ㄱ. 사회인지이론에서는 개인이 사회적 정보처리를 하는 각 단계에서 부적절한 정보처리로 인해 공격행동이 나타난다고 보았다.
ㄴ. 사회학습이론에서는 공격성이 주로 관찰과 모방에 의해 형성되며 학습한 공격행동을 개인이 항상 표출하는 것은 아니라고 보았다.
ㄷ. 좌절-공격가설에서는 공격행동의 표출에 선행조건이 필요 하지 않고, 공격행동이 공격추동을 감소시키지 않는다고 보았다.
ㄹ. 고전적 조건형성이론에서는 공격행동과 특정 자극이 연합된 후에 유사한 상황에서 특정 자극이 제시될 경우 공격행동이 유발된다고 보았다.
ㅁ. 정신분석에서는 좌절되거나 분노의 감정을 경험하는 사람이 타인의 공격행동을 관찰하거나 실제로 공격행동을 하면 공격추동이 감소되어 공격행동이 감소된다고 보았다.

① ㄱ, ㄴ, ㄹ  ② ㄱ, ㄴ, ㅁ  ③ ㄴ, ㄷ, ㄹ
④ ㄱ, ㄷ, ㄹ, ㅁ  ⑤ ㄴ, ㄷ, ㄹ, ㅁ

김진구
**전문상담 기출문제집**

김진구 전문상담 기 출 문 제 집

CHAPTER 03

# 심리검사 기출문제

- 심리평가 및 측정
- 객관적 성격검사
- 지능 및 인지기능 검사
- 투사검사
- 정서행동문제 및 학업검사
- 심리검사 활용

## 기출영역: 심리검사

| | 14 | 15 (+추시) | 16 | 17 | 18 | 19 | 20 | 21 | 22 | 23 | 24 | 25 |
|---|---|---|---|---|---|---|---|---|---|---|---|---|
| 심리평가 | | | | | | | 검사 분류 | | | | | |
| 심리측정 | 신뢰도/ 타당도 | 신뢰도 표준화 | 표준점수 | | 수렴/변별 타당도 | 편파성 문항, 신뢰도 | | | | | | |
| 객관적 성격검사: MMPI | | 1, 7코드 해석(논), 123코드 | 해석 | D, Pd 척도 및 해석 (SCT 포함) | | Ml척도 및 해석 (SCT 포함) | 2-7코드 | 2-4코드 | F1-F2 해석, 456코드 해석 | VRIN, 2-3코드 | F2척도, Ma척도 및 2-3코드 | MMPI-A 내용척도, MMPI-A-RF |
| 객관적 성격검사: 기타 | | | | | | | | | | | JTCI | |
| 웩슬러 지능검사 | WISC-Ⅳ 소검사 | WISC-Ⅳ 합산점수 해석 | WAIS-Ⅳ 합산점수 해석 | | WISC-Ⅳ 합산점수 및 소검사 해석 | | 편차지능, WAIS-Ⅳ 지표 및 소검사, GAI | | WISC-Ⅴ 검사체계 | | WAIS-Ⅳ 소검사 및 병전 지능 | |
| 지능 및 인지기능검사: 기타 | | | | | | | | | | | | |
| 투사 검사 | HTP, SCT 해석 | 로샤검사 실시/채점 | SCT 해석 | SCT, 로샤 실시, SCT 해석 | | TAT, SCT 실시 | | KFD 실시 | | | HTP: 강박 | |
| 정서 및 행동평가 | CBCL 해석 | CBCL 해석 | | | | 평정척도 오류 | | | | | | CBCL의 DSM 진단 척도 |
| 학습 및 진로평가 | ALSA 해석 | | | | | | | | | | | |
| 통합 및 활용 | | 검사윤리 | | | | | | | | | | |

# CHAPTER 03 심리검사 기출문제

## 심리평가 및 측정

**01** 〈보기〉에 제시된 심리검사들을 보고 답하시오.

〈보기〉
- ㉠ 웩슬러 검사(Wechsler)
- ㉡ 일반종합적성검사(GATB)
- ㉢ 카우프만 검사(Kaufman)
- ㉣ 집-나무-사람-검사(HTP)
- ㉤ 로르샤흐 검사(Rorschach)
- ㉥ 주제통각검사(TAT)
- ㉦ 비네 검사(Binet)
- ㉧ 문장완성검사(SCT)
- ㉨ 성격유형검사(MBTI)

- 측정내용(심리적 구성개념)에 따라 심리검사를 두 종류로 구분할 때 ㉠과 ㉡은 어떤 종류의 검사로 분류되는지를 쓰고, 이와 같은 종류에 속하는 검사의 예 2가지를 보기에서 찾아 쓰시오.
  검사의 종류 : _____ 검사의 예 : _____, _____

- 검사자극의 구체성 정도에 따라 심리검사를 두 종류로 구분할 때 ㉤과 ㉥은 어떤 종류의 검사로 분류되는지를 쓰고, 이와 같은 종류에 속하는 검사의 예 2가지를 보기에서 찾아 쓰시오.
  검사의 종류 : _____ 검사의 예 : _____, _____

**02** 〈보기〉의 사례에서 진수의 문제를 평가하기 위해 어떤 심리검사를 사용하는 것이 적절한지 영역별로 각각 2개씩 쓰시오.

〈보기〉
중학교 3학년 학생인 진수의 고민은 성적이 너무 낮다는 것이다. 공부를 해도 성적이 오르지 않으니까 자꾸 다른 친구들과 비교를 하게 되고, 심지어 자신의 머리가 나쁜 것이 아닌가 하는 의심을 하게 된다. 진수는 성적이 부모님의 기대에 미치지 못하는 데 대해 심한 죄책감을 가지기도 한다. 시험 때만 되면 부모님을 또 실망시켜 드리게 될 것 같아 불안해진다. 진수는 자신이 쓸모없다고 느껴져 어떤 때는 죽고 싶은 생각이 들기도 한다.

(1) 인지적 영역 : _____

(2) 정서적 영역 : _____

**03** 심리검사는 그 종류가 다양하며 분류하는 방식 또한 다양하다. 〈보기〉는 심리검사의 한 유형에 대한 설명이다. 이 설명으로 알 수 있는 유형의 명칭과 이 유형으로 분류되는 심리검사를 2가지만 쓰시오.

〈보기〉
- 시간제한이 있다
- 정답과 오답이 있는 문항들을 사용한다.
- 지식과 기술의 수준을 측정할 때 사용한다.

(1) 유형 명칭 : _____

(2) 심리검사 : _____, _____

**04** 다음의 목적을 모두 충족시킬 수 있는 검사를 〈보기〉에서 고른 것은?

> • 학생 개인의 상대적인 위치보다 구체적인 사고와 행동 내용을 알아보고자 한다.
> • 다른 학생과 달리 특정 학생만이 가지고 있는 다양하고 풍부한 심리적 특성을 알아보고자 한다.
> • 학생이 평소에 생각하거나 이해하지 못하는 무의식적인 생각과 행동특성을 알아보고자 한다.

〈보기〉
ㄱ. 주제통각검사(TAT)   ㄴ. 성격요인검사(16PF)
ㄷ. 다면적 인성검사(MMPI)   ㄹ. 벤더-게슈탈트검사(BGT)
ㅁ. 동적 가족화 그림검사(KFD)   ㅂ. 한국형 성격 평가 질문지(PAI)

① ㄱ, ㄴ, ㄹ   ② ㄱ, ㄷ, ㅂ   ③ ㄱ, ㄹ, ㅁ
④ ㄴ, ㄷ, ㅂ   ⑤ ㄴ, ㄹ, ㅁ

**05** 전문상담교사가 심리검사를 선정하고자 할 때 고려해야 할 사항으로 옳은 것을 〈보기〉에서 고른 것은?

〈보기〉
ㄱ. 검사불안이 있는 학생을 알아본다.
ㄴ. 학생들이 검사받을 준비가 되어 있는지를 알아본다.
ㄷ. 검사도구가 측정하려고 하는 것을 제대로 측정하고 있는지를 알아본다.
ㄹ. 검사도구가 측정하고자 하는 내용을 일관성 있게 측정하고 있는지를 알아본다.
ㅁ. 학교에서 실시하고자 하는 목적에 맞게 사용할 수 있는 검사인지를 알아본다.

① ㄱ, ㄴ, ㄷ   ② ㄱ, ㄴ, ㅁ   ③ ㄱ, ㄷ, ㄹ
④ ㄴ, ㄹ, ㅁ   ⑤ ㄷ, ㄹ, ㅁ

◎ 2009

**06** 학교상담 장면에서 표준화 심리검사 실시에 관한 설명 중 옳은 것을 〈보기〉에서 모두 고른 것은?

―〈보기〉―
ㄱ. 실시요강의 표준절차를 준수하는 것이 기본원칙이다.
ㄴ. 담임교사는 집단용 심리검사의 검사자가 될 수 없다.
ㄷ. 상담을 신청한 모든 학생들에게 심리검사를 실시한다.
ㄹ. 검사의 지시사항에 대해 학생으로부터 3회까지 질문을 받는다.
ㅁ. 학생이 검사를 받고 싶은 마음이 없거나 동의하지 않으면 검사를 실시하지 않는다.

① ㄱ, ㄴ  ② ㄱ, ㅁ  ③ ㄴ, ㄹ
④ ㄴ, ㄷ, ㅁ  ⑤ ㄷ, ㄹ, ㅁ


◎ 2012

**07** 심리검사를 사용하는 전문상담교사의 행동 중 적절한 것만을 〈보기〉에서 있는 대로 고른 것은?

―〈보기〉―
ㄱ. 진로상담에 활용하기 위해, 신뢰도 및 타당도가 검증되고 전국규준이 작성되어 있는 적성검사를 선정하였다.
ㄴ. 주제통각검사(TAT)에 관한 교육과 임상 훈련을 받은 적이 없지만 동료 전문상담교사의 설명을 듣고 학생에게 주제통각검사를 실시하였다.
ㄷ. 현장연구에 적합한 심리검사를 찾을 수 없어서, 가장 유사하다고 판단된 표준화 검사의 문항수를 줄여서 신뢰도와 타당도를 확보한 후 사용하였다.
ㄹ. 학생들의 읽기 능력이 충분하다고 판단되어, 지필검사의 지시문을 학생들에게 직접 설명하지 않고 학생들이 각자 지시문을 읽어본 후 응답지에 답하도록 하였다.

① ㄱ, ㄷ  ② ㄴ, ㄷ  ③ ㄱ, ㄴ, ㄹ
④ ㄱ, ㄷ, ㄹ  ⑤ ㄴ, ㄷ, ㄹ

## 08. ⓒ 2013

전문상담교사가 심리검사를 실시하고 활용할 때의 유의사항으로 옳은 것만을 〈보기〉에서 있는 대로 고른 것은?

─〈보기〉─

ㄱ. 자신이 훈련받은 심리검사를 사용해야 하며, 검사 사용의 자격요건 및 해석에 관한 지침을 분명히 이해하고 있어야 한다.
ㄴ. 피검자에게 심리검사 결과의 수치만을 알리거나 본인의 동의 없이 제삼자에게 알리는 등, 검사 결과를 잘못 제공하는 일이 없도록 해야 한다.
ㄷ. 심리검사 결과를 상담 장면에서 활용하는 경우, 상담자와 내담자 간의 작업동맹보다는 상담자의 주도적인 해석과 활용방안 제시를 더 중시해야 한다.
ㄹ. 피검자와의 충분한 라포가 형성되지 않으면 능력검사의 경우 과소평가되고, 성향검사의 경우 반응이 실제와 다르게 나타날 수 있음을 유의해야 한다.

① ㄱ, ㄷ  ② ㄴ, ㄷ  ③ ㄴ, ㄹ
④ ㄱ, ㄴ, ㄹ  ⑤ ㄱ, ㄴ, ㄷ, ㄹ

## 09.

A중학교 학생 10명을 대상으로 집단따돌림 체크리스트를 사용하여 집단따돌림 피해의 정도를 조사하였다. 다음 결과표를 보고 답하시오.

| 사례번호 | 1 | 2 | 3 | 4 | 5 | 6 | 7 | 8 | 9 | 10 | 계 |
|---|---|---|---|---|---|---|---|---|---|---|---|
| 원점수 | 10 | 9 | 8 | 6 | 5 | 4 | 3 | 2 | 2 | 1 | 50 |
| 편차점수 | 5 | 4 | 3 | 1 | 0 | -1 | -2 | -3 | -3 | -4 | 0 |
| 자승합 | 25 | 16 | 9 | 1 | 0 | 1 | 4 | 9 | 9 | 16 | 90 |

• 이 집단의 표준편차(SD) : _____

• 사례번호 3인 학생의 표준점수(z-score) : _____

**10**  다음은 전문상담교사가 최 교사와 대화하는 내용의 일부이다. 괄호안의 ㉠, ㉡에 해당하는 용어를 순서대로 쓰시오.

> 최  교사 : 우리 반 아이들의 심리검사결과를 어떻게 이해해야 하는지요? 점수가 높을수록 좋은 것인가요?
> 상담교사 : 결과표를 보시면 원점수, ( ㉠ ), ( ㉡ )이/가 있어요. 원점수는 검사에서 나온 점수를 말하는데 그 자체로는 별 의미가 없어요.
> 최  교사 : 그렇군요.
> 상담교사 : 원점수 옆에 있는 두 점수는 학생들이 다른 아이들과 비교할 때 상대적으로 어떤 위치에 있는지 알려 주는 점수입니다. 먼저, ( ㉠ )은/는 평균을 50, 표준편차를 10으로 환산해서 보여 주는 점수요.
> 최  교사 : 수학에서 나오는 용어들 아닌가요? 수학 잘 모르는데….
> 상담교사 : 그래서 좀 더 쉽게 이해할 수 있는 ( ㉡ )도 제시되어 있어요. 1번 학생의 수가 85.4라면, 이 학생보다 더 낮은 점수를 받은 학생이 85.4%가 있다는 걸 의미해요. 그러니까 1번 학생은 상위 14.6%에 속한다고 보시면 됩니다.

**11**  다음은 심리검사에서 사용되는 척도(scale)의 종류와 그 예를 나타낸 것이다. 빈칸에 해당하는 척도의 명칭을 쓰시오.

| 척 도 | 예 |
| --- | --- |
| (1) | 석차, 육상경기 등수 |
| (2) | 온도, 수학 점수 |
| (3) | 성별, 주민등록번호 |

**12** ⓒ 2009

심리검사의 표준화, 신뢰도와 타당도에 관한 설명 중 옳은 것을 〈보기〉에서 고른 것은?

―〈보기〉―
ㄱ. 신뢰도는 타당도의 충분조건이다.
ㄴ. 검사의 타당도는 검사점수로부터 무엇을 추론할 수 있는지를 말해준다.
ㄷ. 표준화란 도구의 표준화, 절차의 표준화, 채점 및 해석의 표준화를 말한다.
ㄹ. 검사-재검사 신뢰도는 검사 실시 간격이 길어질수록 높아지는 경향이 있다.
ㅁ. 구인타당도는 특정검사가 조작적으로 정의된 구성인자를 실제로 측정하고 있는지를 검증하여 구한다.

① ㄱ, ㄴ, ㄷ   ② ㄱ, ㄴ, ㄹ   ③ ㄱ, ㄹ, ㅁ
④ ㄴ, ㄷ, ㅁ   ⑤ ㄷ, ㄹ, ㅁ

**13** ⓒ 2014

다음은 전문상담교사가 간편 검사를 제작하는 과정의 일부이다. 전문상담교사가 알아본 상관관계가 무엇인지 쓰시오.

전문상담교사는 상담을 받으러 온 학생들의 흥미수준을 알아보기 위해 200문항으로 구성된 흥미검사를 사용하였다. 교장 선생님의 권유로 전교생을 대상으로 실시하기로 하였으나, 문항수가 너무 많아 하위요인 각각의 문항수를 고려하여 50문항으로 줄였다. 이 검사가 학생들의 흥미를 제대로 측정하는지 확인하기 위해 총 400명의 학생을 대상으로 원 검사와 간편 검사를 실시한 후, 두 검사 점수사이의 상관관계를 알아보았다.

―〈조건〉―
신뢰도, 타당도, 실용도, 객관도 중 하나의 하위 유형으로 답할 것.

◀ 2012

**14** 다음은 전문상담교사가 총 30문항(6개 하위척도)으로 이루어진 청소년용 우울증 검사를 개발하는 과정에서 신뢰도와 타당도를 검증한 방법을 기술한 것이다. ㉠과 ㉡에 해당하는 것으로 바르게 연결된 것은?

> 이 검사의 ㉠ 전체 30문항을 각각 독립된 하나의 검사라고 생각하고 문항들 사이의 일관성을 측정하여 신뢰도를 산출하였고, ㉡ 검사가 6개 하위 척도로 이루어져 있는지 확인하기 위해서 요인분석법을 사용하여 타당도를 검증하였다.

|   | ㉠ | ㉡ |
|---|---|---|
| ① | 문항내적합치도(internal consistency) | 구성타당도(construct validity) |
| ② | 동형(parallel-form)검사 신뢰도 | 공인타당도(concurrent validity) |
| ③ | 문항내적 합치도(internal consistency) | 공인타당도(concurrent validity) |
| ④ | 동형(parallel-form)검사 신뢰도 | 구성타당도(construct validity) |
| ⑤ | 반분(split-half) 신뢰도 | 내용타당도(content validity) |

◀ 2015 추시

**15** 다음은 전문상담교사들이 객관형 자기보고식 검사에 대하여 대화하는 내용이다. 괄호 안의 ㉠, ㉡에 해당하는 용어를 순서대로 쓰시오.

> 신교사 : 학습동기를 재려면 어떤 검사가 좋을까요?
> 고교사 : 좋은 검사는 무엇보다도 알아보고자 하는 내용을 알 수 있게 구성되어 있어야 해요. 일단 제가 한번 알아보죠.
> 신교사 : 고맙습니다. 그런데 어떤 검사들은 할 때마다 검사 결과가 달라져서 곤란한 적이 있었어요.
> 고교사 : 그랬었군요. 검사 결과가 실시할 때마다 다르게 나오면 결과를 믿을 수가 없죠. 그래서 검사 결과가 일관성 있게 나오는 ( ㉠ )이/가 높은 검사를 사용해야 해요.
>
> … (중략)…
>
> 신교사 : 검사를 학생들한테 실시하고 채점할 때 고려해야 할 사항들이 있지요.
> 고교사 : 네, 대부분의 객관형 자기보고식 검사는 누가 실시하더라도 동일한 실시와 채점 및 해석 절차를 거쳐야 합니다. 실시와 채점 방법은 검사 매뉴얼이나 실시요강에 상세히 나와 있습니다. 해석할 때는 필요에 따라 원점수를 그대로 사용하지 않고 규준표에서 원점수에 해당하는 환산점수를 찾아서 사용하기도합니다. 이와 같은 방식으로 실시하고 해석하는 검사를 ( ㉡ )(이)라고 합니다.

## 16  ◀ 2018

다음은 전문상담교사가 A 검사를 개발하는 과정에서 타당도를 검토한 자료이다. 수렴타당도(convergent validity)와 변별타당도(discriminant validity)의 정의를 쓰고, A 검사의 수렴타당도와 변별타당도의 근거를 (가)를 참조하여 (나)에서 찾아 각각 1가지씩 제시하시오.

(가) 검사 정보

| 검사명 | 구인 | 측정방법 | 신뢰도, 타당도 정보 |
|---|---|---|---|
| A 검사 | 사회적 효능감 | 자기보고식 | • 내적합치도(Cronbach's α)가 높음 |
| B 검사 | 사회적 효능감 | 자기보고식 | • 내적합치도(Cronbach's α)가 높음<br>• 구인타당도가 확인됨 |
| C 검사 | 사회적 효능감 | 교사평정 | • 검사-재검사 신뢰도 높음<br>• 구인타당도가 확인됨 |
| D 검사 | 사회적 바람직성 | 자기보고식 | • 내적합치도(Cronbach's α)가 높음<br>• 구인타당도가 확인됨 |

(나) 검사들 간의 상관관계

|  | B 검사 | C 검사 | D 검사 |
|---|---|---|---|
| A 검사 | .76*** | .54*** | .07 |

***$p < .001$

## 17  ◀ 2019

다음은 심리검사의 제작과 활용에 관해 전문상담교사가 수퍼바이저로부터 자문 받은 내용의 일부이다. 밑줄 친 ㉠, ㉡의 개념을 각각 설명하고, ㉢에 제시된 요인들과 관련하여 신뢰도를 높이는 방안을 2가지 서술하시오.

- 피검자의 능력을 측정하는 심리검사를 제작할 때 ㉠ 편파성 문항(biased item)이 없도록 유의해야 한다.
- 서답형 문항으로 구성된 지필검사나 평정이 요구되는 관찰과 면접에는 ㉡ 후광효과(halo effect)에 의한 오차, 관용의 오차, 집중경향의 오차, 논리적 오차 등이 작용하여 채점자로 인한 오차가 생기므로 채점자 신뢰도를 추정할 필요가 있다.
- 신뢰도가 높은 심리검사를 제작하기 위해서는 ㉢ 문항 수, 문항의 난이도, 측정내용의 범위 등과 같은 신뢰도에 영향을 미치는 요인을 고려해야 한다. 검사자는 이러한 요인을 고려하여 제작된 검사를 사용해야 한다.

## 객관적 성격검사

**2020**

**18** 다음은 경희(고 2, 만 17세 6개월, 여)에 대한 정보를 요약한 내용이다. 이 내용을 주요 특징으로 하는 MMPI-A의 2코드 유형을 쓰시오.

> 경희는 일어나지 않은 일에 대해서 미리 걱정하고 염려하는 경향이 있다. 사소한 스트레스에도 쉽게 우울, 불안, 초조함과 같은 부정적인 정서를 자주 드러낸다. 스스로에게 지나치게 엄격하고 완벽주의적인 경향이 있으며, 생각이 많아 결정을 잘 내리지 못하고 우유부단한 행동을 보인다. 자기 자신에 대한 기대 수준과 성취 욕구가 높으며, 자신의 기대에 미치지 못하는 자신의 모습에 대해 죄책감과 좌절감을 느낀다. 실패했던 상황을 지속적이고 반복적으로 생각하며, 자신의 결점과 부족한 점에 대해서 자책하고 자신을 비난하는 행동을 자주 보인다. 타인과 정서적 유대관계를 맺을 수 있는 능력이 있으며, 대인관계에서 온순하고 순응적인 모습을 보이나, 적당한 정도로 자기의 주장을 내세우는 것조차 매우 힘들어 한다.

**19** 다음은 경태(고 3, 남)의 MMPI 결과표와 남자 고등학생 규준표이다. 이 검사결과의 채점 및 해석에 대한 진술로 타당한 것을 〈보기〉에서 고른 것은?

| 척 도 | ? | L | F | K | Hs +.5K | D | Hy | Pd +.4K | Mf | Pa | Pt +1K | Sc +1K | Ma +.2K | S |
|---|---|---|---|---|---|---|---|---|---|---|---|---|---|---|
| 원점수 | 11 | 2 | 16 | 18 | 11 | 31 | 30 | 32 | 30 | 22 | 20 | 27 | 25 | 32 |
| K교정 점수 | | | | | 9/20 | | | 7/39 | | | 18/38 | 18/45 | 4/29 | |
| T점수 | 55 | 45 | 52 | 70 | 55 | 59 | | 78 | 56 | 71 | 58 | 55 | | 44 |

[남자 고등학생 규준표]

| T | Hs+.5K | D | Hy | Pd+4K | Mf | Pa | Pt+1K | Sc+1K | Ma-.2K | Si | T |
|---|---|---|---|---|---|---|---|---|---|---|---|
| 65 | 25 | | 32 | | | | | 53 | 51 | 49 | 65 |
| 64 | | 34 | | | 34 | 19 | 42 | 52 | | 48 | 64 |
| 63 | 24 | | 31 | 33 | | | 41 | | | | 63 |
| 62 | | 33 | | | 33 | | | 51 | 50 | 47 | 62 |
| 61 | 23 | 32 | 30 | 32 | | 18 | 40 | 50 | | 46 | 61 |
| 60 | | | | | | | | 49 | 29 | 45 | 60 |
| 59 | 22 | 31 | 29 | 31 | 32 | 17 | 39 | 48 | | 44 | 59 |
| 58 | | | | | | | 38 | 47 | 28 | 43 | 58 |
| 57 | 21 | 30 | 28 | | 31 | | | 46 | | | 57 |
| 56 | | | | 30 | | 16 | 37 | | | 42 | 56 |
| 55 | 20 | 29 | 27 | | 30 | | 36 | 45 | 27 | 41 | 55 |
| 54 | | | | 29 | | 15 | | 44 | | 40 | 54 |
| 53 | 19 | 28 | 26 | | 29 | | 35 | 43 | 26 | 39 | 53 |
| 52 | | | 25 | | | 14 | | 42 | | 38 | 52 |
| 51 | 18 | 27 | | 28 | | | 34 | 41 | 25 | | 51 |

〈보기〉

ㄱ. 척도 Hy와 Ma의 T점수는 각각 61과 51이다.
ㄴ. 타당성 척도의 형태는 정서적인 위축과 긴장을 암시한다.
ㄷ. 4번 척도의 상승으로 인해 과도한 의심과 과민한 성격이 예견된다.
ㄹ. 경태의 주요 심리적 특징은 억제된 분노와 적개심이라고 진단할 수 있다.

① ㄱ, ㄴ  ② ㄱ, ㄷ  ③ ㄴ, ㄷ
④ ㄴ, ㄹ  ⑤ ㄷ, ㄹ

**20** ◀ 2012

다음은 경미(만 15세, 여)의 MMPI-A 결과 프로파일이다. 이 검사 결과에 대한 해석으로 적절한 것만을 〈보기〉에서 있는 대로 고른 것은?

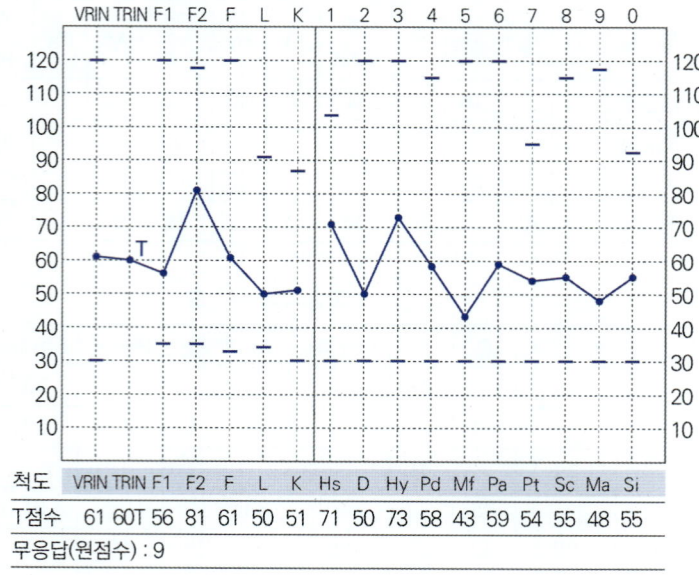

〈보기〉
ㄱ. 경미의 임상척도 프로파일은 전형적인 '정신증적V' 형태이다.
ㄴ. 경미의 MMPI-A 보충척도나 내용척도를 타당하게 해석할 수 없다.
ㄷ. 경미는 성격적으로 미성숙하고 자기중심적이며 애정이나 주의에 대한 욕구가 강한 특징을 보일 것이다.
ㄹ. 경미는 심리적 문제를 신체적 증상으로 전환하여 문제를 외재화하며 불안과 우울 수준이 높을 것이다.
ㅁ. 경미는 무응답('그렇다'와 '아니다' 모두에 응답한 문항포함)을 많이 했기 때문에 결과를 타당하게 해석할 수 없다.
ㅂ. 경미는 증상의 기저에 있는 심리적 요인을 인정하지 않으려하기 때문에 전통적인 심리치료에 대한 동기가 부족할 것이다.

① ㄱ, ㄴ  ② ㄷ, ㅁ  ③ ㄴ, ㄷ, ㅂ
④ ㄷ, ㄹ, ㅁ  ⑤ ㄴ, ㄷ, ㄹ, ㅂ

**21** 세 명의 여자 중학생에게 실시한 MMPI-A의 타당도 척도 결과 해석으로 옳은 것만을 〈보기〉에서 있는 대로 고른 것은?

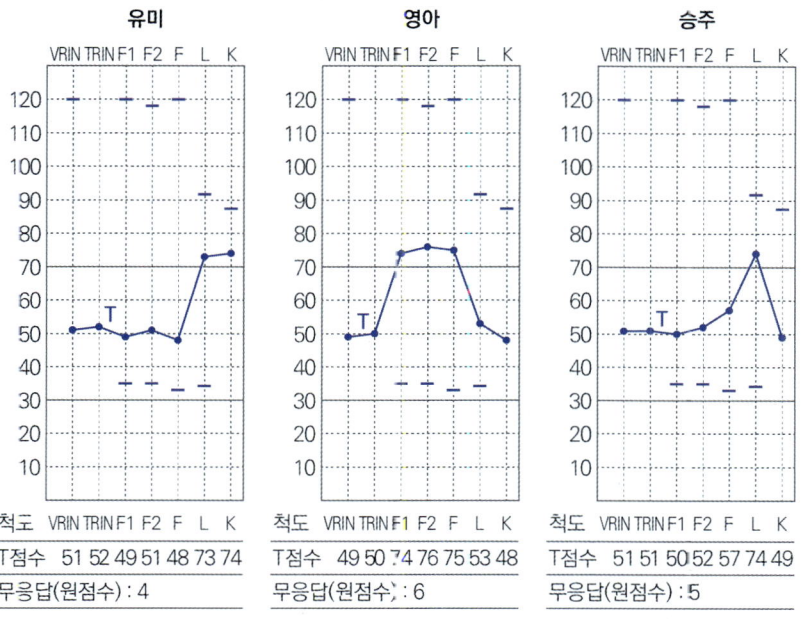

─〈보기〉─

ㄱ. 유미는 자신의 문제에 대해 심각하게 생각하고 불안해한다.
ㄴ. 유미는 바람직하지 않은 감정, 충동, 문제들을 부인하거나 회피하는 경향이 있다.
ㄷ. 영아는 전문상담교사가 상담을 권할 경우 이를 받아들일 가능성이 높다.
ㄹ. 영아는 심리적 고통이 심하거나 일반 사람들과는 다른 독특한 사고와 태도를 지니고 있을 가능성이 있다.
ㅁ. 승주는 자신의 사소한 결함이나 단점을 부인하고 정직한 사람처럼 보이고 싶어 한다.
ㅂ. 승주는 타인에게 공격적인 반응을 많이 보여 대인관계에서 어려움을 경험할 가능성이 높다.

① ㄱ, ㅁ  ② ㄱ, ㅂ  ③ ㄴ, ㄹ, ㅁ
④ ㄱ, ㄷ, ㄹ, ㅂ  ⑤ ㄴ, ㄷ, ㄹ, ㅁ

**22** 다음에 제시한 미애(여고생)의 다면적 인성검사(MMPI) 결과표를 보고 물음에 답하시오.

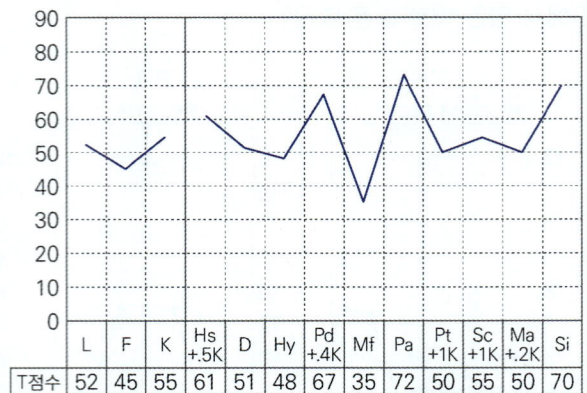

- 미애가 전형적인 '전환(증) V프로파일'을 보이는지 확인하는데 필요한 척도 3가지를 쓰시오.

  척도 : _____, _____, _____

- 미애의 결과표에서 Si척도의 Z점수를 구하시오. _____

## 23

다음은 어느 여고생의 다면적 인성검사 점수이다 점수를 보고 답하시오.

|  | L | F | K | Hs +.5K | D | Hy | Pd +.4K | Mf | Pa | Pt +1K | Sc +1K | Ma +.2K | Si |
|---|---|---|---|---|---|---|---|---|---|---|---|---|---|
| 원점수 | 9 | 12 | 20 | 20 | 25 | 42 |  | 34 | 19 | 12 | 14 | 24 | 25 |
| K교정 점수 | 9 | 12 | 20 | 30 | 25 | 42 | 34 | 34 | 19 | 32 | 34 | 28 | 25 |
| T점수 | 83 | 46 | 77 | 74 | 44 | 80 | 66 | 46 | 65 | 42 | 48 | 60 | 32 |

- Pd척도의 원점수 : _____

- 우울장애, 신체화장애, 강박장애, 품행장애, 불안장애, 정신분열증, 양극성장애 중에서 가장 먼저 고려해야 할 진단명과 그 근거를 쓰시오.
  진단명 : _____
  근거(1줄 이내) : _____

- 10개의 임상척도 중에서 2개의 척도는 엄밀한 의미에서 임상척도에 해당하지 않는다. 그 중 한 가지는 5번 척도인 Mf척도이다. 나머지 한 가지 척도의 T점수를 쓰고 그 의미를 해석하시오(1줄 이내).
  _____

## 24

다음은 미영이의 다면적 인성검사(MMPI) 결과이다. 미영이의 임상 척도 프로파일에 나타난 주된 심리적 증상을 쓰고, 그 근거를 제시하시오.

| 1 Hs | 2 D | 3 Hy | 4 Pd | 5 Mf | 6 Pa | 7 Pt | 8 Sc | 9 Ma | 0 Si |
|---|---|---|---|---|---|---|---|---|---|
| 49 | 73 | 52 | 54 | 42 | 49 | 51 | 50 | 29 | 44 |

(1) 증상 : _____

(2) 근거 : _____

◀ 2015 추시

**25** 다음은 윤미(중 2, 여)의 아동·청소년용 다면적 인성검사(MMPI-A) 결과이다. 3개 척도 형태분석 방법에 따라 윤미의 임상적 특징을 서술하시오.

1. 검사 의뢰 경위

    윤미는 평소 몸이 안 좋다며 보건실에 자주 드나들면서 수업에 빠지곤 했다. 윤미는 항상 피곤하다며 친구들과 잘 어울리지 않았다. 그래서 담임교사가 상담을 의뢰하여, 전문상담교사가 윤미에게 아동·청소년용 다면적 인성검사(MMPI-A)를 실시하였다.

2. MMPI-A 검사 결과

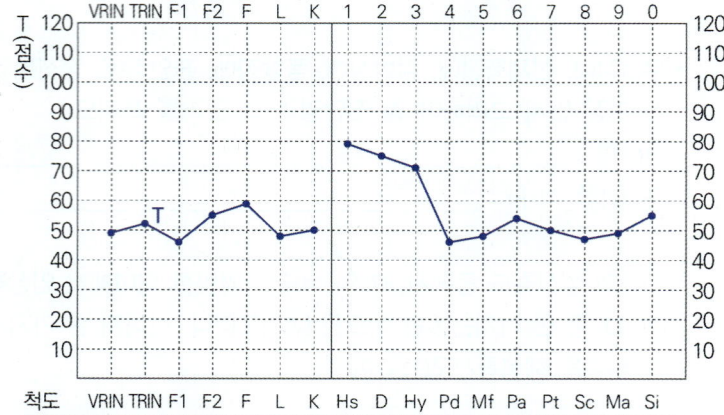

| 척도 | VRIN | TRIN | F1 | F2 | F | L | K | Hs | D | Hy | Pd | Mf | Pa | Pt | Sc | Ma | Si |
|---|---|---|---|---|---|---|---|---|---|---|---|---|---|---|---|---|---|
| T점수 | 49 | 52T | 46 | 55 | 59 | 48 | 50 | 79 | 75 | 71 | 46 | 48 | 54 | 50 | 47 | 49 | 55 |

무응답(원점수) : 0

**26** 다음은 동료 수퍼비전에서 전문상담교사들이 나눈 대화 내용의 일부이다. 〈작성 방법〉에 따라 서술하시오.

> 양 교사 : 어제 의뢰된 내담자가 있는데 자살 생각을 하는 것 같아서 걱정이에요.
> 박 교사 : 어떤 점에서 그렇게 생각이 되었나요?
> 양 교사 : 자기가 사라지는 게 모두를 위한 것이라는 말을 했다고 하더라고요. ㉠ 자살을 생각하는 청소년들은 대개 자살시도 전에 주변 사람들에게 암시를 하잖아요.
> 박 교사 : 하지만 ㉡ 언어적인 암시를 한 경우에는 행동적인 암시를 한 경우보다 안전하지요.
> 양 교사 : ㉢ 내담자가 먼저 표현하기 전에 상담자가 자살에 대해 직접적으로 물어보면 자살 충동을 자극할 수 있으니 물어보지 않는 것이 좋아요.
> 박 교사 : ㉣ 자살 생각을 한다고 해도 위험 정도는 다르니까 자살 위험성 수준을 잘 평가하는 것이 중요하지요.
> 양 교사 : 제 내담자 중 한 명의 MMPI-A 결과인데, 이것으로도 자살 위험의 정도를 예측해 볼 수 있을까요?
> 박 교사 : MMPI-A 결과만으로 자살을 예측하기는 어렵지만, ㉤ 프로파일을 보니 2번과 4번의 T점수가 각각 72점, 76점으로 가장 높게 상승되어 있어 자살 위험이 높다고 예상할 수 있겠네요. 이런 경우 자살 위험을 지속적으로 평가하는 것이 중요해요.

── 〈작성방법〉 ──

- 밑줄 친 ㉠~㉣의 진술 중 잘못된 부분의 기호를 2개 찾아 쓰고, 각각 바르게 고쳐 서술할 것.
- 밑줄 친 ㉤에서 자살 위험의 정도를 높게 예측한 이유를 MMPI-A 상승 척도쌍의 특성에 근거하여 2가지 서술할 것.

◀ 2017

**27** 다음은 지우(중 3, 남)의 심리검사 결과 자료이다. MMPI-A의 D 척도와 Pd 척도의 점수에 상응하는 지우의 증상이나 문제 행동을 평가 면담 내용에서 찾아 척도별로 2가지씩 서술하고, MMPI-A 결과표와 문장완성검사 결과를 통해 추정할 수 있는 지우의 위기문제를 1가지 쓰시오.

1. 평가 면담

지우는 작년 겨울 방학부터 온라인 게임에 빠지게 되었고, 잦은 두통으로 내과에서 처방해 준 약을 복용하고 있다. 최근에는 온라인 게임 도중 채팅으로 상대방에게 욕설을 하여 강제로 퇴장당한 적이 여러 번 있다. 중학교에 입학하기 직전에 어머니가 고양이를 선물로 사 주었는데, 게임이 잘 진행되지 않으면 고양이에게 물건을 던져 다치게 하는 일이 많다. 그러나 고양이가 방 한구석에 앉아 있으면 자신의 처지 같아서 고양이를 괴롭힌 행동에 대해 죄책감을 느낀다.

2. MMPI-A 결과표

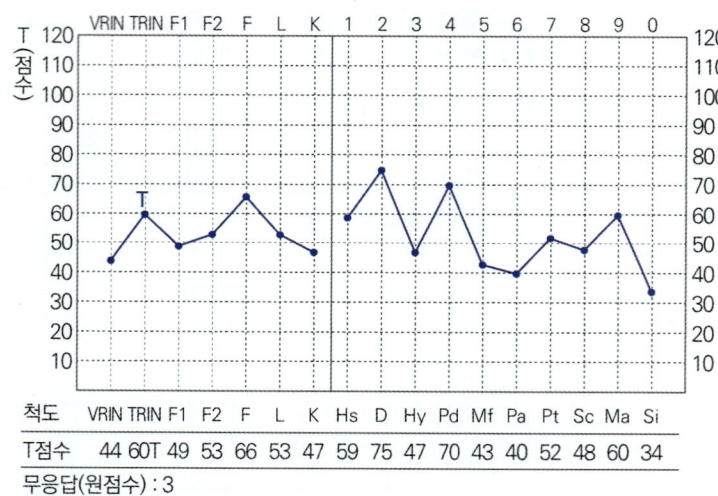

| 척도 | VRIN | TRIN | F1 | F2 | F | L | K | Hs | D | Hy | Pd | Mf | Pa | Pt | Sc | Ma | Si |
|---|---|---|---|---|---|---|---|---|---|---|---|---|---|---|---|---|---|
| T점수 | 44 | 60T | 49 | 53 | 66 | 53 | 47 | 59 | 75 | 47 | 70 | 43 | 40 | 52 | 48 | 60 | 34 |

무응답(원점수) : 3

3. 문장완성검사 결과 일부
   - 언젠가 나는 <u>고통 없는 세상에서 살 수 있겠지.</u>
   - 어리석게도 내가 두려워하는 것은 <u>혼자 있는 시간.</u>
   - 다른 가정과 비교해서 우리 집안은 <u>문제가 많다.</u>
   - 내가 잊고 싶은 두려움은 <u>내가 없어지는 것.</u>
   - 나의 평생 가장 하고 싶은 일은 <u>없다.</u>
   - 내가 늙으면 <u>살아 있을까?</u>

© 2019

**28** 다음은 성호(고 1, 남)의 배경정보, 청소년용 미네소타 다면적 인성검사(MMPI-A) 및 삭스(J. Sacks)의 문장완성검사(SSCT)의 결과이다. MMPI-A의 임상척도에서 유의미하게 상승한 척도에 근거하여, 성호의 임상적 특징에 해당하는 것을 '배경정보'와 'SSCT 결과'에서 찾아 각각 2가지씩 제시하시오.

1. 배경정보

    성호는 혼자 있거나 몇몇 가까운 친구들과 있을 때만 편안하게 느끼고, 각종 도움 활동이나 사회적 활동에 참여하는 것을 싫어한다. 접수면접 과정에서 성호는 여학생들과 어울리는 것이 편하며, 또한 여자가 되고 싶은 마음이 생기기도 한다고 말했다.

    상담 진행 과정에서 상담자의 지시를 잘 따르고, 자신의 문제에 대한 심리적 지원을 받기 위해 문제 증상을 일부 과장해서 말하기도 했다.

2. MMPI-A 결과

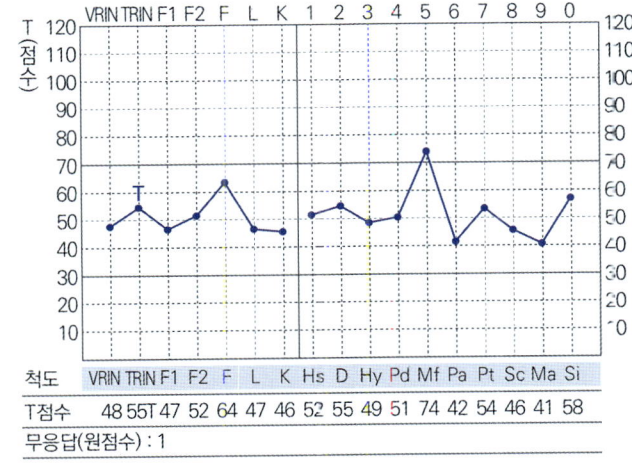

| 척도 | VRIN | TRIN | F1 | F2 | F | L | K | Hs | D | Hy | Pd | Mf | Pa | Pt | Sc | Ma | Si |
|---|---|---|---|---|---|---|---|---|---|---|---|---|---|---|---|---|---|
| T점수 | 48 | 55T | 47 | 52 | 64 | 47 | 46 | 52 | 55 | 49 | 51 | 74 | 42 | 54 | 46 | 41 | 58 |

무응답(원점수) : 1

3. SSCT 결과 일부
   - 나의 가장 큰 결점은 낯을 많이 가린다는 점이다.
   - 나의 야망은 쓸모 있는 사람이 되는 것이다.
   - 언젠가 나는 여자로 태어나고 싶다.
   - 내 생각에 참다운 친구는 가장 어려울 때 도와주는 친구다.
   - 나의 어머니는 여동생보다 누나를 더 좋아한다.
   - 우리 가족이 나에 대해서 남자다워야 한다고 말하는 게 싫다.

**29** 다음은 '외상후 스트레스장애(PTSD)'로 진단 받은 현아(고 1, 여)에 대한 접수면접 개요와 심리검사 결과 자료의 일부이다. 이 장애에 대한 DSM-5 진단기준을 4개 범주의 핵심어를 사용하여 간략히 쓰고, 각 범주에 해당하는 현아의 증상 1가지씩을 〈접수면접 개요〉에서 찾아 쓰시오. 그리고 MMPI-A의 임상 척도에서 유의미하게 상승한 척도들을 해석하고, 상승척도와 연결하여 현아의 증상을 각각 1가지씩만 설명하시오.

〈접수면접 개요〉

- 의뢰 사유 : 3개월 전 현아는 교통사고를 당한 후, PTSD 진단을 받음. 사고 이후 자동차를 보거나 자동차 소리를 듣기만 해도 당시의 사고 장면이 떠오른다며 괴로워함. 부모가 직접 승용차로 등교시키려고 해도 차타기를 거부. 최근 정밀검진 결과, 아무런 이상이 없는 것으로 나타났음에도 불구하고 지속적인 신체적 불편감과 통증을 호소함. 학교에서는 보건실을 자주 방문하여 누워있다고 함.
- 행동관찰 : 면담 중 눈을 마주치지 못하고 긴장된 상태로 안절부절 하지 못함. 면담 도중에도 밖에서 나는 조그마한 소리에도 소스라치게 놀라는 반응을 보임.

… (중략) …

- 면담 내용 : 교통사고를 당하는 끔찍한 꿈을 반복적으로 꾼다고 함. 가슴이 두근거려서 밤에도 잠을 자기 어렵다고 함. 이러다가 대학도 못 가고 자신의 인생이 엉망이 될 것 같다고 호소함.

… (중략) …

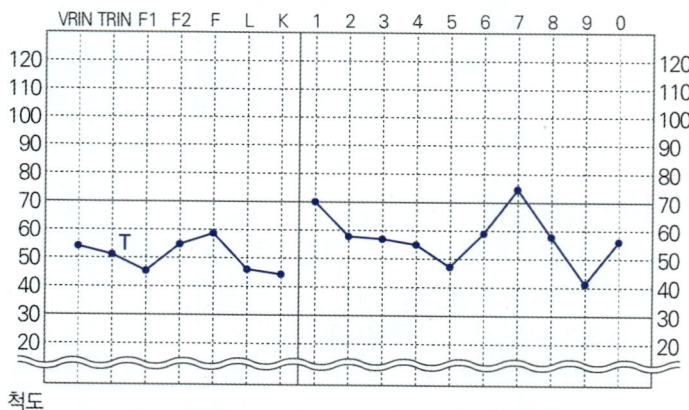

〈MMPI-A 결과표〉

| 척도 | VRIN | TRIN | F1 | F2 | F | L | K | 1 | 2 | 3 | 4 | 5 | 6 | 7 | 8 | 9 | 0 |
|---|---|---|---|---|---|---|---|---|---|---|---|---|---|---|---|---|---|
| T점수 | 54 | 51T | 46 | 55 | 59 | 46 | 43 | 70 | 58 | 57 | 55 | 47 | 58 | 75 | 58 | 41 | 56 |

무응답(원점수) : 1

**30** 다음 (가)는 정민(고2, 여)에 대한 접수면접 일지이고, (나)는 MMPI-A 결과 자료의 일부이다. 〈작성 방법〉에 따라 서술하시오.

**2022**

(가)

- 의뢰 사유 :
  최근 남자 친구와 헤어진 후 심리적 어려움을 호소하며 방문하였음.
- 행동 관찰 :
  비교적 밝은 모습으로 인사를 하며 입실하였음. 눈맞춤은 적절하게 이루어졌으나 지속 시간이 길지는 않았음. 검사지를 건네주자 관심을 보이고 집중하여 답을 하기 시작하였음. 전반적으로 협조적이었으나 남자 친구와 관련된 질문에는 금방 답하지 못하고 머뭇거리는 모습이 관찰되었음. 한편, 검사 후반으로 갈수록 지루한 듯 한숨을 한 번씩 쉬는 모습을 보였음.
- 실시 검사 : MMPI-A

(나)

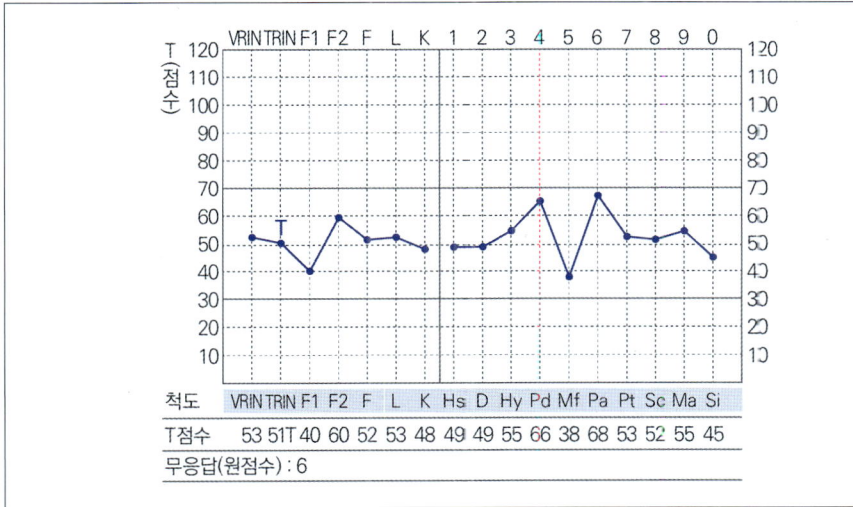

〈작성방법〉

- MMPI-A의 척도 F1과 F2의 결과에 상응하는 정민의 행동을 행동 관찰에서 찾아 2가지 서술할 것.
- MMPI-A의 프로파일 4-5-6 형태에 근거하여 대인 관계에서 정민에게 현저한 정서가 무엇인지 쓰고, 대인 갈등 상황에서 정민이가 취할 것으로 예측할 수 있는 행동 특성을 1가지 서술할 것.

## 31

2023

다음은 인화(고 1, 여)에 대한 MMPI-A 보고서의 일부이다. 〈작성 방법〉에 따라 서술하시오.

1. MMPI-A 심리 검사 의뢰 사유
   2022학년도 1학기 학생정서·행동특성검사 결과 관심군으로 분류되어 추가로 Wee 센터에 MMPI-A 검사 의뢰

2. 행동 관찰과 면담
   보통 키에 보통 체격으로, 교복 차림에 뿔테 안경을 끼고 있었으며, 피부가 매우 하얀 편이었음. 전체적으로 기운 없어 보였고, 별다른 표정 변화를 보이지 않았으나, 검사와 면담에 순응적인 태도로 임하였음.

3. MMPI-A 결과 해석
   - MMPI-A 결과, ( ㉠ ) 척도 상승
   - 타당도 척도 점수에 근거하여 볼 때, 임상 척도 해석은 유효하나 ㉡ VRIN 69점(T-점수)으로 해석에 주의 필요

   … (중략) …

   내담자는 만성적 피로감과 소화 불량을 호소할 가능성이 있음. 이 때문에 힘이 없고 우울한 기분이 드는 것 같다고 생각할 수 있음. 또한, ㉢ 내담자는 정서적으로 과도하게 억눌려 있어 자신의 감정을 자각하고 적절하게 표현하는 것이 어려울 수 있음. 내담자의 수동적, 순응적, 의존적인 모습은 타인의 관심과 보호를 가져올 수 있음. 내담자는 어떤 일이든 시작하기 어려워하고 일상적 활동에 대한 흥미나 참여가 부족하며, 만성적인 우울과 불안, 무기력감을 가지고 있을 수 있음. 따라서 통찰 치료보다는 지지 치료를 활용하는 것이 도움이 될 수 있음.

〈작성방법〉

- 괄호 안의 ㉠에 해당하는 임상 쌍척도 코드를 쓸 것.
- 밑줄 친 ㉡ 결과가 나타나게 되는 수검자 요인 2가지를 서술할 것.
- MMPI-A 결과 해석에 근거해서, 밑줄 친 ㉢에 해당하는 인화의 방어기제 명칭을 쓸 것.

32  다음의 (가)는 은아(고3, 여)에 대해 전문상담교사가 작성한 상담 기록의 일부이고, (나)는 은아의 청소년용 다면적인성검사(MMPI-A) 결과의 일부이다. 〈작성 방법〉에 따라 서술하시오.

〈가〉

공부할 때 집중이 잘 되지 않는다는 이유로 방문했음. 전반적으로 행동이 느리고 말수가 적었으며, 질문에 대답하기까지 오랜 시간이 걸림. ㉠ 기운이 없고 무기력해서 공부를 하는 것이 너무 힘들다고 호소함. 성취지향적인 면이 있어서 목표를 높게 잡는 경향이 있으나, 기대만큼 성과를 이루지 못해 반복적으로 실패감을 경험하는 양상이 있어 보임. 평소 감정을 과도하게 통제하는 경향이 있으며, 피로감이나 어지럼증 등의 신체증상을 보이고 있음.

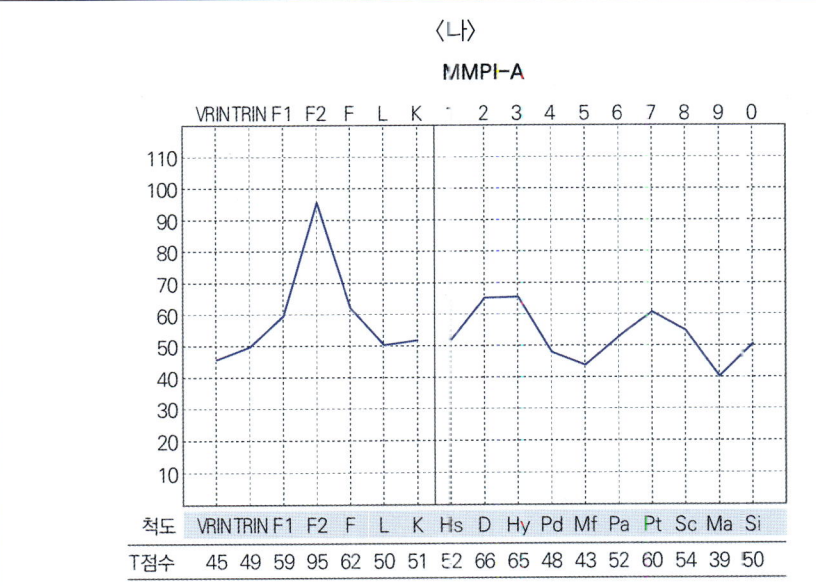

〈작성방법〉

- (가)의 밑줄 친 ㉠의 내용이 반영되어 있는 (나)의 MMPI-A 임상척도를 1가지 쓸 것.
- (가)에 나타나 있는 은아의 상태와 부합하는 임상 척도쌍을 (나)의 MMPI-A 결과에서 찾아 쓸 것.
- (나)의 MMPI-A 타당도 척도 점수를 바탕으로 했을 때 임상척도, 내용척도, 보충척도 중 해석 불가능한 척도를 쓰고, 그 판단의 근거를 서술할 것.

**33.** 다음은 전문상담교사와 수퍼바이저가 나눈 대화 내용의 일부이다. 괄호 안의 ㉠, ㉡에 해당하는 MMPI-A의 내용 척도를 순서대로 쓰시오.

> 상담 교사 : 제가 상담하고 있는 고1 남학생이 요즘 등교를 하지 않아 걱정입니다.
> 수퍼바이저 : 학생이 결석하는 데는 다양한 이유가 있을 수 있죠. 어떤 문제로 결석하는 것 같다고 생각이 드시나요?
> 상담 교사 : 우울 증상이 심해서 그런 것은 아닐까 하는 생각이 들어요. 이전에 MMPI-A검사를 실시 했었는데, 임상 척도 2번이 상승되어 있었거든요.
> 수퍼바이저 : 그렇다면 MMPI-A의 내용 척도 중 ( ㉠ )도 함께 살펴보는 것이 좋겠네요. ( ㉠ )은/는 2번 척도에서 측정되지 않는 우울 증상들도 측정할 뿐만 아니라, 자살 사고도 측정하거든요.
> 상담 교사 : 그렇군요. 살펴보도록 하겠습니다. 또 담임 선생님께 여쭤보니, 학생이 2학기 들어 친구들과 사이가 멀어지기 시작했다고 하시더라고요.
> 수퍼바이저 : 학교에 안 오는 것이 대인 관계와 관련된 문제일 수도 있겠네요. MMPI-A 내용 척도 중 ( ㉡ )을/를 살펴보세요. 이 척도는 대인 관계에서 소외감과 좌절감, 고립감을 느끼는 것을 측정해요. 다른 사람들이 자신을 이해하지 못한다고 생각하거나 의지하거나 기댈 사람이 없다고 믿는 것을 측정하기도 하고요. MMPI-2에는 없고 MMPI-A에만 있는 내용 척도라 살펴보는 것이 좋을 것 같아요.
> 상담 교사 : 아, 그렇군요. 확인 해 보도록 하겠습니다.

## 지능 및 인지기능검사

**34** ◀ 2020

다음은 전문상담교사와 담임교사의 대화 내용이다. 〈작성 방법〉에 따라 서술하시오.

> 담임교사 : Wee 클래스에서 학업성취도처럼 인지적 특성을 측정할 수 있는 검사가 있나요?
> 상담교사 : 지능검사나 적성검사와 같은 수행검사가 있습니다. 수행을 평가할 때, 일정한 시간 내에 얼마나 빠르고 정확하게 답을 할 수 있는지를 측정하는 ( ㉠ ) 검사와 충분한 검사 시간 내에 최대한으로 발휘한 능력 수준을 측정하는 ( ㉡ ) 검사로 구분되지요.
> 담임교사 : 그렇군요. 그런데 지능검사는 어떤 검사가 좋은가요?
> 상담교사 : 비율 지능지수를 사용했던 검사에 비해 웩슬러(Wechsler) 지능검사는 ( ㉢ )을/를 사용하기 때문에 장점이 많지요.

──〈작성방법〉──
- 괄호 안의 ㉠, ㉡에 해당하는 명칭을 순서대로 쓸 것.
- 괄호 안의 ㉢에 해당하는 지능지수의 명칭을 쓰고, 그 개념의 의미를 서술할 것.

◁ 2009

**35** 표에 나타난 중학교 1학년 남학생(만 13세)의 한국판 웩슬러 아동용 지능검사(K-WISC-Ⅲ) 결과로 세울 수 있는 가설 중 타당한 것은?

| 척도 | IQ | 95% 신뢰구간 | 백분위 | 지능의 분류 |
|---|---|---|---|---|
| 언어성 | 113 | 105~120 | 72.6 | 평균 이상 |
| 동작성 | 92 | 81~106 | 29.7 | 평균 |
| 전체 | 104 | 97~111 | 60.5 | 평균 |

| 소검사 | 환산점수 | 소검사 | 환산점수 |
|---|---|---|---|
| 상식 문제 | 10 | 빠진 곳 찾기 | 11 |
| 공통성 문제 | 16 | 기호 쓰기 | 9 |
| 산수 문제 | 15 | 차례 맞추기 | 6 |
| 어휘 문제 | 10 | 토막 짜기 | 13 |
| 이해 문제 | 9 | 모양 맞추기 | 6 |
| 숫자 문제 | 12 | 동형 찾기 | 9 |

① 동작성 IQ가 언어성 IQ보다 상대적으로 낮아 주의집중력이 낮을 것이다.
② 시간제한이 없는 토막 짜기와 빠진 곳 찾기에서의 수행이 다른 동작성 하위검사에서의 수행보다 높으므로 불안이 높을 것이다.
③ 이해 문제와 차례 맞추기의 점수가 각 언어성 척도와 동작성 척도의 평균보다 낮게 나타나고 있어 사회적 상황을 처리하는 능력이 낮을 것이다.
④ 공통성 문제와 토막 짜기의 점수가 각 언어성 척도와 동작성 척도의 평균보다 높게 나타나고 있어 구체적 사항에 대한 정보처리 능력이 높을 것이다.
⑤ 상식 문제, 기호 쓰기, 동형 찾기에서 평균의 수행을 보이고 있어 장의존적 또는 장독립적 인지양식에 있어서는 어느 쪽도 특별히 선호하지 않을 것이다.

◁ 2010

**36** 한국판 웩슬러 아동용 지능검사(K-WISC-Ⅲ)를 통하여 알아볼 수 있는 내용으로 옳은 것을 〈보기〉에서 고른 것은?

〈보기〉
ㄱ. 가치관    ㄴ. 우울      ㄷ. 불안
ㄹ. 주의집중  ㅁ. 특수능력   ㅂ. 직업적 흥미

① ㄱ, ㄴ, ㄷ, ㄹ    ② ㄱ, ㄷ, ㄹ, ㅁ    ③ ㄱ, ㄹ, ㅁ, ㅂ
④ ㄴ, ㄷ, ㄹ, ㅁ    ⑤ ㄴ, ㄷ, ㅁ, ㅂ

**37** 다음은 영주(만 13세, 여)의 한국웩슬러아동지능검사(K-WISC-Ⅲ) 결과이다. 이 검사 결과의 채점 및 해석에 대한 진술로 타당한 것을 〈보기〉에서 고른 것은?

◀ 2011

| 소검사 | 환산점수 | 소검사 | 환산점수 |
|---|---|---|---|
| 빠진 곳 찾기 | 11 | 상식 | 12 |
| 기호쓰기 | 12 | 공통성 | 9 |
| 차례맞추기 | 6 | 산수 | 11 |
| 토막짜기 | 9 | 어휘 | 12 |
| 모양맞추기 | 8 | 이해 | 11 |
| 동형찾기 | 11 | 숫자 | 11 |
| 미로 | 9 | — | — |

|  | 환산점수 | IQ | 백분위 | 90% 신뢰구간 |
|---|---|---|---|---|
| 언어성검사 | 55 | 107 | 57.9 | 100 – 112 |
| 동작성검사 | 46 | 94 | 34.5 | 84 – 105 |
| 전체검사 | 101 | 100 | 50.0 | 94 – 106 |
| 언어이해 |  | 106 | 65.5 | 100 – 112 |
| 지각조직 |  | 90 | 25.3 | 84 – 97 |
| 주의집중 | 22 | 106 | 65.5 | 98 – 113 |
| 처리속도 | 23 | 108 | 70.3 | 91 – 120 |

〈보기〉

ㄱ. 언어이해 요인과 지각조직 요인의 환산점수는 각각 44와 34이다.
ㄴ. 영주의 전체 지능지수는 94에서 106 사이로 보통 정도에 해당한다.
ㄷ. 언어성 지능이 동작성 지능 보다 높기 때문에 신경증적 경향성을 가정할 수 있다.
ㄹ. 영주의 지적 능력에서 상대적으로 가장 취약한 부분은 제한된 단기 기억 능력이다.
ㅁ. 영주에게 지각을 촉진하는 효과적인 단서를 제공하면 학습능력을 향상시킬 수 있다.

① ㄱ, ㄴ, ㄹ  ② ㄱ, ㄴ, ㅁ  ③ ㄴ, ㄷ, ㄹ
④ ㄴ, ㄷ, ㅁ  ⑤ ㄷ, ㄹ, ㅁ

**38.** 웩슬러 지능검사(K-WAIS) 실시요강에 따르면 만 16세~17세 집단의 경우에 전체 소검사 환산점수 합의 평균은 127점 표준편차는 15점이다. 다음은 만 16세인 어느 고등학생의 소검사별 환산점수이다. 다음 표를 보고 답하시오.

| 기본지식 | 숫자외우기 | 어휘문제 | 산수문제 | 이해문제 | 공통성문제 | 빠진곳찾기 | 차례맞추기 | 토막짜기 | 모양맞추기 | 바꿔쓰기 |
|---|---|---|---|---|---|---|---|---|---|---|
| 14 | 7 | 15 | 6 | 13 | 13 | 9 | 9 | 10 | 10 | 6 |

• 이 학생의 전체검사 지능지수(Full Scale IQ) : _____

• 이 학생의 전체검사 지능지수에 해당하는 백분위(percentile rank) : _____

• 이 학생의 숫자외우기와 산수문제 점수를 동시에 고려할 때 가장 중요한 시사점 (1줄 이내) : _____

**39.** 다음은 철호의 한국 웩슬러 아동지능검사(K-WISC-Ⅲ)소검사들의 환산점수표이다. 표를 보고 답하시오.

| 빠진곳찾기 | 상식 | 기호쓰기 | 공통성 | 차례맞추기 | 산수 | 토막짜기 | 어휘 | 모양맞추기 | 이해 | 동형찾기 | 숫자 | 미로 |
|---|---|---|---|---|---|---|---|---|---|---|---|---|
| 10 | 13 | – | 12 | 10 | 8 | 11 | 10 | 7 | 14 | 8 | 11 | 9 |

• 주의집중지표 점수 산출에 필요한 소검사들의 환산점수 합을 쓰시오. _____

• 사회적 이해력, 사회적 판단력, 사회적 지능을 알아보는 데 일반적으로 가장 많이 사용하는 소검사 2가지를 찾아 환산점수의 합을 쓰시오. _____

• 철호에게 기호쓰기를 실시하지 못했다. IQ점수를 계산할 때 기호쓰기를 대신하여 사용할 수 있는 보충 소검사의 명칭을 쓰시오. _____

**40** 다음은 전문상담교사가 민수(만 14세 3개월, 남)에게 실시한 한국 웩슬러 아동지능검사(K-WISC_Ⅲ)의 결과 프로파일이다. 이 검사의 채점 및 결과 해석에 대한 진술로 가장 적절한 것은?

| 소검사 점수 | | | | | | | | | | | | | |
|---|---|---|---|---|---|---|---|---|---|---|---|---|---|
| | 언어성 | | | | | | 동작성 | | | | | | |
| | 상식 | 공통성 | 산수 | 어휘 | 이해 | 숫자 | 빠진곳찾기 | 기호쓰기 | 차례맞추기 | 토막짜기 | 모양맞추기 | 동형찾기 | 미로 |
| 환산점수 | 6 | 9 | 1 | 7 | 8 | | 8 | 9 | 9 | 12 | 9 | 6 | 1 |
| 원점수 | 12 | 16 | 0 | 30 | 21 | 0 | 20 | 80 | 39 | 63 | 32 | 29 | 0 |

언어성IQ : 75   동작성IQ : 95   전체IQ : 82

① 언어성 IQ의 산출 근거가 되는 소검사의 환산점수의 합은 32이다.
② 원점수가 0인 소검사가 3개 있기 때문에 IQ는 타당하지 않다.
③ K-WISC_Ⅲ의 분류기준으로 볼 때 민수의 전체 IQ는 평균 범위에 속한다.
④ 민수는 우울증 환자에게서 일반적으로 나타나는 검사 결과 프로파일을 보인다.
⑤ 민수는 전체를 구성요소로 분석하는 능력이 요구되는 소검사에서 가장 높은 수행을 보인다.

**41.** 전문상담교사가 지혜(고 2, 여)에게 실시해서 나타난 한국판 웩슬러 지능검사(K-WAIS) 결과의 해석으로 옳은 것만을 〈보기〉에서 있는 대로 고른 것은?

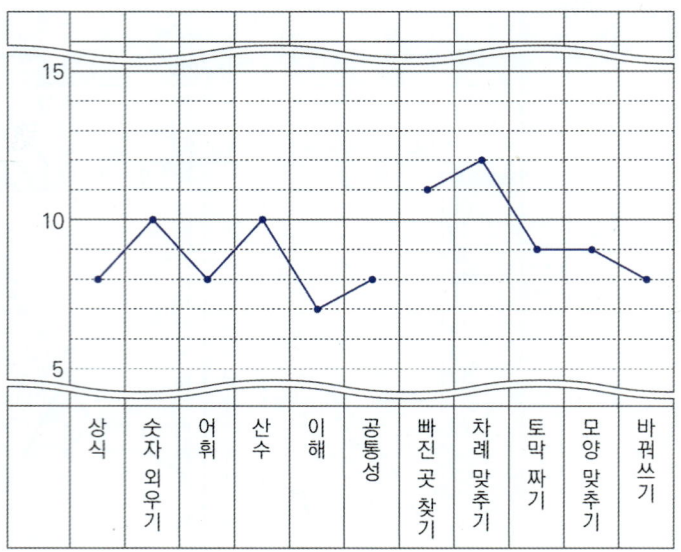

〈보기〉
ㄱ. 언어성검사 결과를 볼 때, 다른 능력에 비해 언어적 이해력과 표현력이 좋은 편이다.
ㄴ. 언어성검사 결과를 볼 때, 교육적 기회의 부족으로 인해 지적 능력 발달에 한계가 있었을 것으로 보인다.
ㄷ. 동작성검사 결과를 볼 때, 다른 능력에 비해 시각-운동 협응력이 좋은 편이다.
ㄹ. 동작성검사 결과를 볼 때, 다른 능력에 비해 사물의 본질적인 부분과 비본질적인 부분을 구별하는 능력이 좋은 편이다.
ㅁ. 언어성검사와 동작성검사 결과를 종합해 볼 때, 일상생활에서의 대처능력에 비해 지적 과제에 대한 수행능력이 상대적으로 좋은 편이다.

① ㄱ, ㄴ  ② ㄴ, ㄹ  ③ ㄷ, ㅁ
④ ㄴ, ㄷ, ㄹ  ⑤ ㄷ, ㄹ, ㅁ

## 42

◀ 2014

다음은 한국판 아동용 웩슬러 지능검사(K-WISC-Ⅳ)가 이전 판(K-WISC-Ⅲ)과 달라진 점을 서술한 것이다. 괄호 안의 ㉠~㉢에 들어갈 소검사 명칭을 쓰시오.

> 한국판 아동용 웩슬러 지능검사(K-WISC-Ⅳ)는 15개의 소검사로 구성되어 있다. K-WISC-Ⅳ는 이전 판의 13개 소검사 중 3개의 소검사인 차례맞추기, 모양맞추기, 미로를 삭제하고, 5개의 소검사인 공통그림찾기, 순차연결, ( ㉠ ), ( ㉡ ), ( ㉢ )을/를 추가하였다. 또한 이전 판까지 유지되었던 언어성 지능과 동작성 지능이라는 용어는 언어이해지표(VCI)와 지각 추론지표(PRI)라는 용어로 변경되었다. 그리고 작업기억지표(WMI)와 처리속도지표(PSI)를 마련하여 다각적인 지적 능력을 평가하고 있다.

## 43

◀ 2015 추시

다음은 상우(13세 3개월, 중 1, 남)의 K-WISC-Ⅳ 검사 결과의 일부이다. 상우의 언어이해지표 점수와 지각추론지표 점수의 진단적 분류를 각각 쓰고, 두 지표 합산점수의 차이를 비교하여 상우의 지적 특징을 서술하시오.

◎ K-WISC-Ⅳ 검사 결과

| 지표 | 합산 점수 | 백분위 |
|---|---|---|
| 언어이해지표 | 120 | 91 |
| 지각추론지표 | 105 | 63 |

※ 유의도 .05 수준에서 남자 13:00-13:11세에 해당하는 언어이해지표(VCI) - 지각추론지표(PRI) 차이의 임계치는 12.71임.

## 44

◎ 2016

다음은 전문상담교사가 정호(16세 3개월, 고 2, 남)와 상담한 내용을 요약한 것이다. 심리검사 결과와 상담내용에 공통적으로 나타난 정호의 임상적 특징을 쓰고, 그 근거를 문장완성검사, 웩슬러 지능검사의 지수점수 간 차이, 1회기 상담내용에서 각각 1가지씩 찾아 서술하시오.

- 4월 7일
  ① 접수면접에서 정호는 자신이 머리가 나빠서 공부를 포기해야 할 것 같다고 하면서 지능검사를 요청하여 웩슬러 지능검사를 예약하고 이틀 후 받기로 했다.
  ② 문장완성검사
    내가 어렸을 때는 <u>평범한 아이였다.</u>
    내가 싫어하는 사람은 <u>잘 모르겠다.</u>
    내 생각에 진정한 친구는 <u>힘들 때 같이 있어주는 사람이다.</u>
    나의 가장 큰 결점은 <u>아무 것도 하고 싶은 것이 없다는 것이다.</u>
    내가 정말 행복할 수 있으려면 <u>할머니, 할아버지와 함께 사는 것이다.</u>

- 4월 9일 : K-WAIS-Ⅳ(한국판 웩슬러 지능검사 4판)

| | VCI | PRI | WMI | PSI | FSIQ |
|---|---|---|---|---|---|
| | 116 | 99 | 104 | 89 | 102 |

(16-17세 표준화 집단에서 통계적 유의수준(.05)에 도달하는 데 필요한 지수점수 간 차이(임계치)는 VCI-PRI : 13.86, VCI-WMI : 13.92, VCI-PSI : 13.46, PRI-WMI : 15.91, PRI-PSI : 15.51, WMI-PSI : 15.57임.)

- 4월 15일
  ① 상담교사는 지능검사와 문장완성검사 결과에서 정호의 공부문제의 원인이 지능만이 아닌 것으로 판단하여 1회기 시작 전에 MMPI-A를 추가로 실시했다. MMPI-A에서 9번 척도가 낮게 나타난 것 외에 두드러진 특징은 없었다.
  ② 1회기 상담내용
    정호는 4세에 부모님이 이혼하면서 지방의 할머니 댁에서 계속 자랐다. 갑자기 할머니와 할아버지가 교통사고로 돌아가시게 되어, 지난 학기 말부터 아버지와 함께 살게 되었다. 아직도 할머니와 할아버지가 돌아가신 게 믿어지지 않고 이유 없이 눈물이 날 때가 많다. 아버지와는 어색하기만 하고, 학기 중에 전학을 와서 친구도 제대로 사귈 기회가 없어 속마음을 얘기할 사람도 없다. 집이나 학교나 어디를 가도 항상 혼자라는 느낌이다.

**45** 다음은 전문상담교사가 학업 스트레스를 호소하는 희라(중 2, 여, 만 14세 6개월)의 인지적 특성을 이해하기 위해 수집한 배경정보와 K-WISC-Ⅳ 검사 결과의 일부이다 〈작성 방법〉에 따라 서술 하시오.

〈배경정보〉

어머니의 보고에 따르면, 희라는 자주 초조해 하고 걱정이 많은 편이며, 말수가 적고 조용한 성격이다. 요즘은 짜증도 부쩍 늘었다고 한다. 희라는 자신이 좋아하는 일에는 열심이지만, 학교 공부에는 대체로 관심이 없다. 또래들에 비해 방향감각이 좋아 낯선 곳에서도 길을 잘 찾는 편이다. 담임교사에 의하면, 희라는 교칙을 잘 따르지만, 수업 중에 부과되는 과제를 싫어하며 언어이해력이 떨어진다고 한다. 수업을 방해하는 일은 없지만, 수업 중 쉽게 산만해지고 주의 집중하기가 어렵다. 또래관계에 소극적이고 소수의 친구하고만 어울리는 편이다.

〈검사태도 및 행동관찰〉

전반적으로 협조적이었으나, 언어적 과제에서는 자신의 반응이 맞는지 확인하고자 하였으며, <u>연속되는 숫자와 글자를 읽어준 후, 숫자가 커지는 순서와 한글의 가나다 순서대로 암기 하는 과제</u>를 수행할 때 과제에 압도되는 듯한 반응을 보였다.

〈검사결과〉

| 지표 | 지표점수 | 백분위 | 기술적 분류 |
|---|---|---|---|
| VCI | 100 | 50 | 평균 |
| PRI | 95 | 37 | 평균 |
| WMI | 80 | 9 | 평균하 |
| PSI | 85 | 16 | 평균하 |

☞ 단, 각 지표점수에 포함되는 핵심 소검사들 간의 차이가 1.5SD보다 작음. 만 14세~만 14세 11개월 연령집단에서 VCI-WMI, PRI-WMI 지표점수 차이가 .05 수준에서 유의하며, 그 외의 다른 지표 쌍의 차이는 통계적으로 유의하지 않음.

〈작성방법〉

- 밑줄 친 내용에 해당하는 K-WISC-Ⅳ의 소검사 명칭을 쓸 것.
- 검사결과와 일치하는 희라의 인지적 특성 1가지를 배경정보에서 찾아 쓰고, 그 근거를 설명하되, 규준집단과 비교한 결과 2가지, 지표점수 간 차이분석 결과 2가지를 포함할 것.

**46** 다음은 민수(고 2, 만 17세 3개월, 남)의 전반적인 지적 능력을 알아보기 위해 실시한 K-WAIS-Ⅳ의 〈환산점수표〉, 〈조합점수표〉와 〈GAI 환산점수표〉의 일부이다. 주어진 3가지 표에 근거하여 〈작성 방법〉에 따라 서술하시오.

〈환산점수표〉

| 소검사 | 원점수 | 환산점수 | | | | 준거집단 환산점수 |
|---|---|---|---|---|---|---|
| 토막짜기 | 55 | | 10 | | 10 | 11 |
| 공통성 | 13 | 7 | | | 7 | 5 |
| 숫자 | 31 | | | 10 | 10 | 10 |
| 행렬추론 | 19 | | 9 | | 9 | 9 |
| 어휘 | 21 | 6 | | | 6 | 5 |
| 산수 | 11 | | | 7 | 7 | 6 |
| 동형찾기 | 57 | | | 17 | 17 | 16 |
| ( ㉠ ) | 12 | | 6 | | 6 | 7 |
| 상식 | 14 | 10 | | | 10 | 10 |
| 기호쓰기 | 114 | | | 15 | 15 | 14 |
| 순서화 | 21 | | 9 | | 9 | 9 |
| 무게비교 | 20 | | 10 | | 10 | 10 |
| 이해 | 12 | 8 | | | 8 | 6 |
| 지우기 | 58 | | | 15 | 15 | 14 |
| 빠진곳찾기 | 11 | | 8 | | 8 | 9 |

〈조합점수표〉

| 지수 | 조합점수 | 백분위 | 95% 신뢰구간 |
|---|---|---|---|
| VCI | 88 | 20 | 82-95 |
| PRI | 90 | 26 | 83-99 |
| WMI | 93 | 31 | 86-101 |
| PSI | 133 | 99 | 119-138 |
| PSIQ | 98 | 44 | 93-103 |

〈GAI 환산점수표〉

| 환산점수합 | GAI | 환산점수합 | GAI | 환산점수합 | GAI |
|---|---|---|---|---|---|
| 26 | 61 | 46 | 84 | 66 | 107 |
| 27 | 63 | 47 | 85 | 67 | 108 |
| 28 | 64 | 48 | 86 | 68 | 110 |
| 29 | 66 | 49 | 87 | 69 | 111 |
| 30 | 67 | 50 | 88 | 70 | 112 |
| 31 | 68 | 51 | 90 | 71 | 113 |
| 32 | 69 | 52 | 91 | 72 | 114 |
| 33 | 69 | 53 | 92 | 73 | 116 |
| 34 | 70 | 54 | 93 | 74 | 117 |
| 35 | 71 | 55 | 95 | 75 | 118 |
| 36 | 73 | 56 | 96 | 76 | 119 |
| 37 | 74 | 57 | 97 | 77 | 120 |
| 38 | 75 | 58 | 98 | 78 | 122 |
| 39 | 76 | 59 | 99 | 79 | 123 |
| 40 | 77 | 60 | 100 | 80 | 124 |
| 41 | 78 | 61 | 101 | 81 | 125 |
| 42 | 80 | 62 | 102 | 82 | 126 |
| 43 | 81 | 63 | 103 | 83 | 127 |
| 44 | 82 | 64 | 105 | 84 | 128 |
| 45 | 83 | 65 | 106 | 85 | 128 |

〈작성방법〉

- 〈환산점수표〉의 괄호 안의 ㉠에 들어갈 소검사의 명칭을 쓸 것.
- 민수의 전반적인 지적 능력에 대한 신뢰롭고 타당한 추정치에 해당하는 지수 점수를 산출하여 쓰고, 산출된 지수 점수를 신뢰롭고 타당한 추정치로 판단한 근거를 서술할 것.

**47** 다음의 (가)는 기현(고3, 남)이의 담임교사가 전문상담교사와 나눈 대화 내용의 일부이다. (나)는 기현이의 한국웩슬러지능검사 IV판(K-WAIS-IV) 검사 결과의 일부이다. 〈작성 방법〉에 따라 서술하시오.

---

(가)

담임교사 : 선생님, 요즘 기현이가 조금 이상해요. 성적 관리도 잘하는 학생이었는데, 성적이 계속 떨어지고 있어요.

상담교사 : 그렇군요. 조금 더 구체적으로 어떤 점이 변했는지 말씀해 주실 수 있을까요?

담임교사 : ㉠ 일단 대화를 나눌 때 간혹 멍해지고, 방금 전에 했던 말도 기억을 못해서 대화가 끊겨요. 그래서 친구들한테 가끔 놀림을 당하기도 하고요.

상담교사 : 멍한 상태가 오래 유지되거나, 수업 시간에 조는 일도 있나요?

담임교사 : 아니요. ㉡ 오히려 약간 심하다 싶을 정도로 바짝 긴장한 채 주변을 경계하는 눈빛으로 유심히 살펴봐요.

상담교사 : 그렇군요. 혹시 다른 이상한 점도 있나요?

담임교사 : 상황에 맞지 않는 부적절한 말이나 행동을 하기도 해요. 늘 예의 바르고 상황에 맞게 행동하는 학생이었는데, 마치 다른 세상에 살고 있는 것처럼 변해서 너무 당황스러워요. 다른 사람을 의심하는 일들도 많아져 반 친구들이 점점 기현이를 멀리하고 있어요.

---

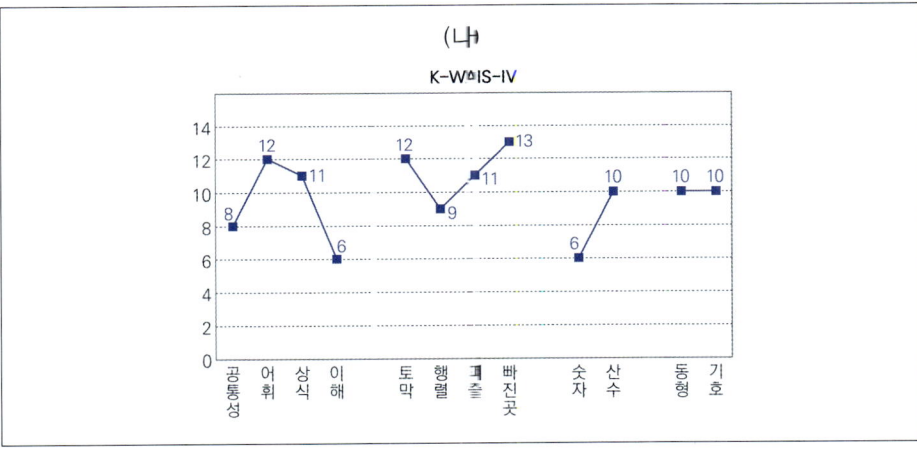

---

〈작성방법〉

- (가)의 밑줄 친 ㉠과 ㉡에 나타난 기현이의 상태를 반영하고 있는 K-WAIS-IV 소검사 명칭을 (나)에서 찾아 순서대로 쓸 것.
- (가)에서 담임교사가 전달하고 있는 기현이의 문제 중 K-WAIS-IV '이해' 소검사 점수를 반영하는 내용을 찾아 쓸 것.
- (가)에 나타난 기현이의 증상을 고려했을 때 인지 기능의 부분적 손상을 의심해 볼 수 있음. 기현이의 증상이 나타나기 이전의 지능 수준을 평가하기에 적합한 소검사의 명칭을 언어이해지수(Verbal Comprehension Index) 안에서 찾아 2가지를 쓰고, 해당 소검사가 왜 적합한지 그 이유를 서술할 것.

**48** 다음은 한국판 아동용 웩슬러 지능검사(K-WISC-Ⅴ)에 대한 전문상담교사 교육 연수 내용의 일부이다. 〈작성 방법〉에 따라 서술하시오.

> 지능검사 결과를 제대로 해석하여 상담에 효과적으로 활용 하는 것은 전문상담교사에게 필요한 역량입니다. 그래서 오늘은 우리나라에서 사용되고 있는 한국판 아동용 웩슬러 지능검사를 함께 정리해 보려고 합니다.
> ㉠ 우선 5판의 검사체계는 전체척도, 기본지표척도, 추가지표척도, 보충지표척도로 구성되어 있어요. ㉡ 전체척도는 전체 IQ를 제공하는데, 전체 IQ를 통해 아동의 전반적인 지적 능력 수준을 또래 집단과 비교할 수 있을 뿐 아니라 이후 학업 성취를 예측할 수도 있습니다. ㉢ 기본지표의 경우에는 4판은 4개로 구성되어 있었지만, 5판에서는 5개가 되면서 전반적인 인지능력을 더 폭넓게 측정하고 있어요. ㉣ 기존의 지각추론지표는 시공간지표와 작업기억지표로 세분화되었지요. ㉤ 또한 5판에서는 추가지표척도를 산출하는데, 그중 ( ⓐ )은/는 작업기억지표와 처리속도지표를 합한 것이고 ( ⓑ ), ( ⓒ ), 그림기억, 동형찾기 소검사로 구성되어 있습니다.
> … (하략) …

〈작성방법〉
- 밑줄 친 ㉠~㉣ 중 잘못된 내용 2가지를 찾아 기호를 쓰고 각각 바르게 고쳐 서술할 것.
- 밑줄 친 ㉤에서 괄호 안의 ⓐ에 해당하는 지표명과 괄호 안의 ⓑ, ⓒ에 해당하는 소검사명을 각각 쓸 것

## 투사검사

**49** ⓒ 2024

다음의 (가)는 아란(고1, 여)이의 청소년용 기질 및 성격검사(JTCI) 결과의 일부이며, (나)는 전문상담교사들이 아란이의 심리검사 결과에 대해 나눈 대화 내용의 일부이다. (다)는 흔하게 나타나는 〈집-나무-사람 그림검사〉 수검 태도의 예시를 모아 놓은 것이다. 〈작성 방법〉에 따라 서술하시오.

(가)

| JTCI | 척도 | 백분위 점수 막대 그래프 |
|---|---|---|
| 기질 | 자극추구(NS) | NS 10 |
| | 위험회피(HA) | HA 92 |
| | 사회적 민감성(RD) | RD 20 |
| | 인내력(P) | P 15 |
| 성격 | 자율성(SD) | SD 90 |
| | 연대감(C) | C 52 |
| | 자기초월(ST) | ST 3 |

(나)

유 교사: 아란이의 JTCI 결과에 대해 함께 이야기를 나눠 보면 좋을 것 같아요. 이 검사는 뇌과학적 연구 결과를 토대로 만들어졌다고 해요. 예를 들면, 자극추구는 ( ㉠ )작용과 관련이 있고, 위험회피는 ( ㉡ ) 활동과 관련되어 있다고 제안하고 있어요. 생물학적인 기반을 가지고 있는 특성들인 만큼 아란이의 기본적인 성향을 파악하는 데 도움이 될 것 같아요.

한 교사: 그렇군요. 이 학생의 척도 점수를 보면 자극추구, 위험회피, 사회적 민감성 점수의 높낮이가 각각 낮음, 높음, 낮음으로 나타났는데, 이런 경우 강박적인 경향성이 있지는 않을까요?

유 교사: 그럴 가능성도 있어 보여요. 하지만 그 부분을 확인하려면 다른 검사 자료들도 같이 살펴봐야 할 것 같아요.

김 교사: ( ㉢ ) 척도 점수를 보니, 아란이가 목표 의식이 뚜렷하고 책임감 있는 사람인 것 같아요.

(다)
〈집-나무-사람 그림검사〉의 수검태도 예시
- 용지의 크기를 고려하지 않아 대상의 일부만 표현되기도 함
- 지우개를 매우 많이 사용함
- 세부 묘사를 자주 생략함

〈작성방법〉
- (나)의 괄호 안의 ㉠과 ㉡에 들어갈 신경전달물질의 명칭을 순서대로 쓸 것.
- (나)의 괄호 안의 ㉢에 알맞은 척도의 명칭을 쓸 것.
- 아란이가 강박적인 경향성을 가지고 있다고 가정할 때 이 경향성과 일치하는 〈집-나무-사람 그림검사〉의 수검 태도를 (다)에서 찾아 쓰고, 그런 태도를 보이는 이유를 서술할 것.

**50** 다음은 어떤 심리검사 지시문의 일부이다. 물음에 답하시오.

지금부터 몇 장의 카드를 보여드리겠습니다. 각 그림을 보면서 될 수 있는 대로 극적인 이야기를 만들어 보십시오. 그림에 나타난 장면이 있기까지 어떤 일이 있었는지, 현재 무슨 일이 일어나고 있는지, 등장하는 사람들이 어떻게 느끼고 무엇을 생각하고 있는지 이야기해 주십시오. 그리고 그 일의 결과에 대해서도 이야기해 주십시오. 어떻게 하는지 이해하셨나요? 각 카드마다 약 5분 정도로 이야기해 주시면 됩니다. 자, 여기 첫 번째 카드가 있습니다.

- 이 검사의 명칭을 쓰시오. _____

- 이 검사처럼 비구조적 검사과제를 통해 개인의 다양하고 독특한 심리적 특성을 이끌어 내는 데 목적이 있는 심리검사의 다른 예를 3가지 쓰시오.
  _____, _____, _____

◀ 2009

**51** 각 투사적 검사의 목적과 실시에 관한 내용 중 옳은 것을 〈보기〉에서 모두 고른 것은?

〈보기〉

ㄱ. 문장완성검사(SCT) : 검사자극이 불분명하여 무의식적 자료를 수집할 때 사용하는 검사로, 집단으로 실시할 수 없다.
ㄴ. 주제통각검사(TAT) : 모호한 대상을 지각하는 과정에서 나타나는 다양한 대인관계상의 역동적 측면을 파악하는데 유용한 검사로, 전체 카드 중 내담자의 성별과 연령에 따라 카드를 선택하여 제시한다.
ㄷ. 집-나무-사람 검사(HTP) : 집, 나무, 사람 그림에 나타난 개인 생활양식을 알아보기 위한 검사로, 순서·위치·선의 강도·크기·세부묘사의 정도·대칭과 같은 그림의 구조를 중심으로 해석한다.
ㄹ. 로샤 잉크반점 검사 : 인지, 정서, 자기상, 대인관계 등 개인 성격의 여러 차원에 대한 종합적이고 다각적인 정보를 주는 검사로, 채점체계 중 엑스너(Exner) 종합체계는 가장 표준화된 절차로 받아들여진다.

① ㄱ, ㄴ  ② ㄴ, ㄷ  ③ ㄴ, ㄹ
④ ㄷ, ㄹ  ⑤ ㄱ, ㄷ, ㄹ

◀ 2011

**52** 〈보기〉에서 BGT, 로샤검사(Rorschach Test), TAT의 특징을 골라 바르게 연결한 것은?

〈보기〉

ㄱ. 피검자에게 9매의 카드를 정해진 순서대로 한 장씩 제시한다.
ㄴ. 피검자에게 10매의 카드를 카드에 새겨진 순서에 따라 한 장씩 지시한다.
ㄷ. 피검자의 성과 연령에 따라 선정된 20매의 카드를 10매씩 2회로 나누어 실시한다.
ㄹ. 이야기 속에 투사된 주인공의 욕구와 환경 자극 압력의 관계를 파악함으로써 피검자 성격의 내용과 구조를 분석, 진단한다.
ㅁ. 지적능력수준, 정서 안정성, 환경 적응성, 욕구·충동 억제 및 통제력, 대인 관계, 내향-외향성, 비행·일탈 가능성 등을 종합적으로 해석, 진단한다.
ㅂ. 모사된 각 도형의 채점 항목에 따라 총점을 산출하여 피검자의 발달 수준을 알아보고, 도형의 배치와 형태를 중심으로 정서적 지표를 분석, 진단한다.

|   | BGT | 로샤검사 | TAT |   | BGT | 로샤검사 | TAT |
|---|---|---|---|---|---|---|---|
| ① | ㄱ, ㄹ | ㄴ, ㅁ | ㄷ, ㅂ | ② | ㄱ, ㅂ | ㄴ, ㅁ | ㄷ, ㄹ |
| ③ | ㄱ, ㅂ | ㄷ, ㄹ | ㄴ, ㅁ | ④ | ㄴ, ㄹ | ㄱ, ㅂ | ㄱ, ㅂ |
| ⑤ | ㄴ, ㅁ | ㄷ, ㄹ | ㄱ, ㅂ |   |   |   |   |

**53** 전문상담교사가 고등학생에게 로샤검사(Rorschach Test)를 실시하고 있다. 다음 〈지시문〉과 같이 안내하게 되는 단계의 명칭을 쓰시오. 그리고 엑스너(J. Exner) 체계를 기준으로 할 때, 이 단계에서 초점을 두고 있는 특징적인 채점요소들 중 다음 〈채점표〉에 해당하는 요소의 명칭을 쓰시오.

〈지시문〉

지금까지 10장의 카드에 대해서 대답을 참 잘 했어. 이제부터 조금 전에 봤던 카드를 하나씩 다시 보여 줄게. 카드마다 네가 본 그대로 선생님도 똑같이 볼 수 있도록 설명해 주렴. 네가 말한 것을 다시 읽어 줄 테니 어디에서 그렇게 보았는지, 어떤 점에서 그렇게 보았는지를 선생님이 이해할 수 있도록 설명해 주겠니?

〈채점표〉

| 범주 | 기호 | 채점 기준 |
|---|---|---|
| 형태 | F | 형태 반응: 전적으로 반점의 형태 특징을 근거로······. |
| 운동 | M | 인간 운동 반응: 인간의 움직임이나 동물 또는 가공적인······. |
| | FM | 동물 운동 반응: 피검자가 보고한 동물에서······. |
| | m | 무생물 운동 반응: 무생물 또는 감각이 없는 대상에······. |
| 유채색 | C | 순수 색채 반응: 전적으로 반점의 유채색에······. |
| | CF | 색채-형태 반응: 일차적으로는 반점의 색채가······. |
| | FC | 형태-색채 반응: 일차적으로는 형태가······. |
| | Cn | 색채 명명 반응: 반점의 색채를 명명한 경우로······. |
| 무채색 | C' | 순수 무채색 반응: 반점의 무채색, 즉 흰색, 검정색, 회색이······. |
| | C'F | 무채색-형태 반응: 일차적으로는 반점의 무채색이······. |

···(하략)···

**54** 상담을 신청한 승우(중 2, 남)의 심리검사 결과 해석으로 옳은 것을 〈보기〉에서 고른 것은?

〈주제통각검사(TAT)〉
- 질문단계에서 자신이 말한 내용이 적절한지 여러 번 질문함.
- 도판 1에 대해 책을 앞에 두고 있는 소년이 이것을 외우지 못하면 내일 선생님께 혼날 거라며 걱정하고 있다고 설명함.
- 도판 13B에 대해 아이가 교실 앞에 앉아 운동장에서 친구들이 노는 모습을 보며 부러워하고 있다고 설명함.

〈집-나무-사람(HTP) 검사〉
- 지우개를 많이 사용했고 대부분의 그림에서 선이 흐리고 좌우대칭적으로 그림.
- 집 그림에서 작고 단순한 모양의 집을 그림. 아빠인 자신은 사람들이 다 알아주는 직업을 가진 사람이고 너무 바빠서 집에 없는 경우가 많다고 응답함.
- 나무 그림에서 가늘고 여러 갈래로 나뉜 나무기둥을 그렸고 투명한 땅을 통해 뿌리가 들여다보이는 모습을 그림.
- 첫 번째 사람 그림(남자)에서 이 사람은 친구들이 모여 있는 장소에 나가면 반겨줄지 아닐지 고민하고 있다고 설명함.

〈보기〉
ㄱ. 권위자의 평가와 비난에 대해 두려움을 갖고 있다.
ㄴ. 일상생활에서 불안을 느끼고 감정을 억누르는 편이다.
ㄷ. 이성에 대해 관심이 많고 남성으로서의 자부심이 크다.
ㄹ. 계획한 바는 일관성 있게 추진하며 일을 할 때 현실적인 측면을 많이 따져본다.
ㅁ. 주변 사람들에게 인정받고자 하는 욕구가 있고 또래 집단에 소속되고 인정받고 싶은 욕구가 크다.

① ㄱ, ㄴ, ㅁ   ② ㄱ, ㄷ, ㅁ   ③ ㄱ, ㄷ, ㄹ
④ ㄴ, ㄹ, ㅁ   ⑤ ㄷ, ㄹ, ㅁ

**55** ⓒ 2019

다음은 주제통각검사(TAT)와 문장완성검사(SCT)에 대해 궁금해 하는 학교장의 질문에 대해 전문상담교사가 응답한 내용의 일부이다. 밑줄 친 ㉠~㉣ 중 잘못 반응한 진술문의 기호를 2가지 쓰고, 그 2가지를 각각 올바른 응답으로 고쳐 서술하시오.

〈TAT에 대해 나눈 대화〉

학 교 장 : TAT라는 검사가 흥미롭네요. 이 검사는 총 몇 장의 카드로 구성되어 있죠?

상담교사 : 백지를 포함하여 총 31장으로 구성되어 있고, 각 카드의 뒷면에는 성인 남자(M), 성인 여자(F), 소년(B), 소녀(G) 등이 표기되어 있습니다.

학 교 장 : 그러면 각 개인에게 몇 장의 카드를 보여 주나요?

상담교사 : ㉠ 특별한 경우엔 9~12장의 카드를 보여 주지만, 보통은 각 개인에게 20장의 카드를 보여 줍니다.

학 교 장 : 그렇군요. 이와 비슷한 검사로 '한국판 아동용 회화 통각검사(K-CAT)'도 있다고 들었는데, TAT의 카드와는 어떤 차이점이 있나요?

상담교사 : ㉡ TAT 카드에 등장하는 인물들이 K-CAT 카드에는 집과 나무로 그려져 있는 점이 다릅니다.

〈SCT에 대해 나눈 대화〉

학 교 장 : SCT는 개인과 집단 모두에게 실시할 수 있는 건가요?

상담교사 : ㉢ 개인과 집단 모두에게 실시할 수 있어요. 그러나 집단에 실시하더라도 해석은 개인을 대상으로 해야 합니다.

학 교 장 : 시간제한이 있나요?

상담교사 : ㉣ 시간제한이 있습니다만 생각을 많이 해 쓰도록 지시해야 합니다.

**56** 다음은 전문상담교사가 민영(고 1, 여)에게 집 – 나무 – 사람 그림 검사(HTP)와 로샤검사 (Rorschach Test)를 실시하는 대화 내용이다. 밑줄 친 ㉠~㉣ 중 잘못된 반응의 기호를 2가지 쓰고, 각각을 바른 반응으로 고쳐 서술하시오.

〈집–나무–사람 그림검사 실시 중 나눈 대화〉

민　　영 : 혹시 자나 다른 도구를 사용해도 되나요?

상담교사 : ㉠ <u>필요하다면 사용해도 됩니다.</u>

… (중략) …

상담교사 : 자, 이제 여기에 사람을 그려 보세요.

민　　영 : (종이에 얼굴만 그려 놓았다.)

상담교사 : ㉡ <u>여기 얼굴만 그려 놓았는데 사람 전체를 다시 그려 보세요.</u>

〈로샤검사 실시 중 나눈 대화〉

상담교사 : (카드 Ⅰ을 제시하며) 이게 무엇처럼 보이나요?

민　　영 : 몇 개나 말해야 되죠?

상담교사 : ㉢ <u>일반적으로 사람들은 1개 카드에 1개 이상을 말해요.</u>

… (중략) …

민　　영 : 카드를 돌려 봐도 되나요?

상담교사 : ㉣ <u>아니요. 카드는 돌려 볼 수 없어요.</u>

**57** 다음은 성지(중 1, 남)의 집 – 나무 – 사람 검사(HTP)와 문장완성검사(SCT) 결과의 일부이다. 두 검사 결과의 공통점에 근거하여, 성지의 개인적 특성과 관계적 특성을 서술하시오.

< 2014

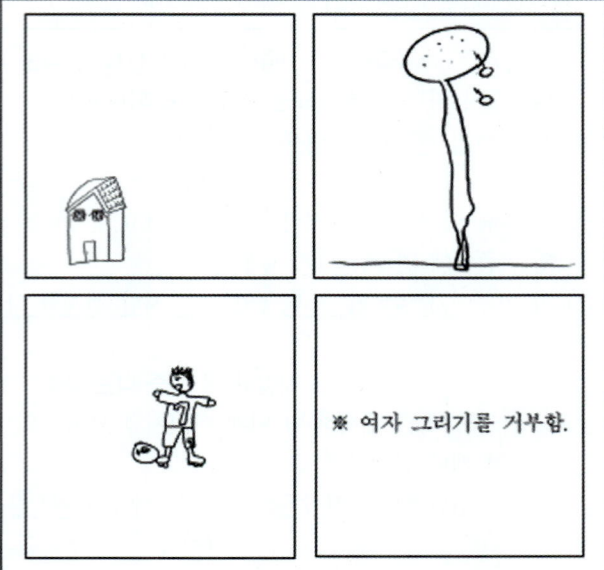

○ HTP에 대한 성지의 설명
집: 화목한 집이고 가족들이 살고 있다. (망설이다가) 저, 누나, 엄마만 산다. 이 집은 여자일 것 같고 창문은 십자가를 향하고 있다. (커튼을 떼면 다 볼 수 있다고 말하면서 커튼을 그린다.)
나무: 어린나무는 크지만 건강하지 않을 것 같다. 어린나무는 어릴 때부터 너무 많이 맞아서 말라 있고 나중에 이 나무는 의자가 될 것 같다. 씨가 말라서 죽을 것 같다.
사람: 남자는 겸손하지만 축구를 잘한다.

○ SCT의 일부
나는 __때때로 놀고 싶다.__
우리 가족은 __불쌍하다.__
어머니는 __걱정...__
아버지는 _____
다른 사람들은 나를 __싫어 한다.__
내가 가장 싫어하는 사람은 __김태호다. 걔는 아빠자식을 한다.__
나의 미래는 __생각한 적 없다.__
내가 제일 걱정하는 것은 __너무 많다.__

**58** 다음은 전문상담교사가 강박장애로 진단된 현서(중 1, 여)에게 동적가족화검사(KFD)를 실시한 과정과 이후 상담한 내용의 일부이다. 〈작성 방법〉에 따라 서술하시오.

---

상담교사 : (종이를 가로 방향으로 제시하며)
   ( ㉠ )
현   서 : 몇 분 동안 그려야 되는 거예요?
상담교사 : 시간 제한은 없어요.
현   서 : (선뜻 시작하지 않고 가만히 있음)
상담교사 : 편하게 그리면 돼요.
현   서 : (머리를 좌우로 4번 흔든 후 머뭇거리며) 그게 … 연필이 너무 뾰족해서요. 이런 생각을 안 하고 싶은 데도 잔인한 장면이 자꾸 떠올라요.

… (중략) …

현   서 : 제가 가족들에게 해를 끼치고 안 좋은 일이 생길 것 같아요. (다시 머리를 좌우로 4번 흔듦)
상담교사 : 방금 그 얘기를 하면서 머리를 양옆으로 흔드는 걸 봤는데 현서도 알고 있어요?
현   서 : 네 ….
상담교사 : 그렇게 행동하는 이유가 있을 것 같네요.
현   서 : 그렇게 안 하면 진짜 끔찍한 일이 생길 것 같아서 너무 불안해요.
상담교사 : 현서가 겪고 있는 어려움을 해결하는 데 효과적인 방법이 있어요. (구체적인 실시 절차를 설명한 후) 방금 설명한 것처럼 이 방법은 현서가 ㉡ <u>반복적으로 떠오르는 끔찍하고 잔인한 생각을 하는 동안 머리를 좌우로 흔드는 행동은 하지 않도록 하는 거예요.</u>

---

〈작성 방법〉

- 동적가족화검사를 실시할 때, 괄호 안의 ㉠에 들어갈 지시문을 서술할 것.
- 밑줄 친 ㉡에 해당하는 강박장애 치료 기법의 명칭을 쓰고, 그 기법의 치료 원리를 강박장애의 2가지 증상의 명칭을 사용하여 서술할 것.

## 정서행동문제 및 학업검사

◁ 2011

**59** 다음 그림은 정서 및 행동 문제를 보이는 영수(만 13세, 남)에 대해 어머니가 작성한 아동·청소년 행동평가척도(K-CBCL) 검사 결과 프로파일의 일부이다. 이 프로파일에 대한 설명 및 해석으로 타당한 것은?

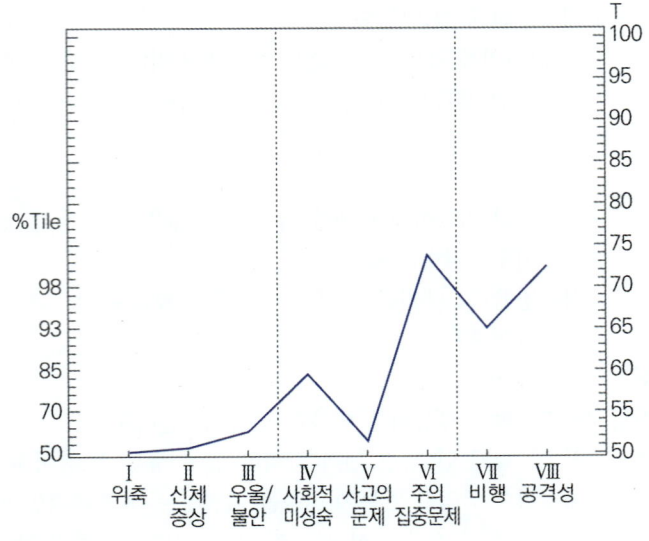

① 영수는 4개의 척도에서 임상 범위 내에 있다.
② 영수의 총사회능력점수는 정상 범위 내에 있다.
③ 영수는 외현화 문제보다 내재화 문제를 더 많이 나타내는 것으로 보인다.
④ 영수는 주의력결핍·과잉행동장애의 하위 유형 중 과잉행동형으로 보인다.
⑤ 영수 행동에 대한 어머니의 평가는 주관적일 수 있으므로, 가능하다면 영수 아버지 및 담임교사의 평가와도 비교해야 한다.

## 60 ◀ 2010

한국 아동·청소년 행동 평가 척도(K-CBCL)에 관한 설명으로 옳은 것을 〈보기〉에서 고른 것은?

─〈보기〉─
ㄱ. 사회 능력 척도는 사회성 척도와 학업 수행 척도로 구성된다.
ㄴ. 문제행동증후군에서 가장 문제가 되는 영역을 판단하는 자료로 사용할 수 없다.
ㄷ. 만 4~17세 아동·청소년의 부모 혹은 아동·청소년을 잘 아는 사람이 평가한다.
ㄹ. 사회능력척도는 T점수 70이상이, 문제행동증후군 척도는 T점수 30이하가 주의 대상이다.
ㅁ. 문제행동증후군 척도는 내재화 문제척도(위축, 신체증상, 우울/불안)와 외현화 문제척도(비행, 공격)로 구성된다.

① ㄱ, ㄴ, ㄹ   ② ㄱ, ㄷ, ㄹ   ③ ㄱ, ㄷ, ㅁ
④ ㄴ, ㄷ, ㅁ   ⑤ ㄴ, ㄹ, ㅁ

## 61 ◀ 2011

다음에 제시된 특징을 모두 갖춘 심리검사들로 바르게 묶은 것은?

• 성격과 정신병리를 평가하기 위한 객관적 검사이다.
• 피검자가 각 문항에 0점에서 3점까지 4분척도로 반응하도록 구성된다.
• 타당성척도와 임상척도는 물론 여타의 특수척도를 추가로 포함한다.
• 임상장면에서 내담자의 정신과적 문제를 선별·진단하는데 중요한 정보를 제공한다.

① 다면적인성검사(MMPI), 성격유형검사(MBTI)
② 다면적인성검사(MMPI), 한국아동인성검사(KPI-C)
③ 성격평가질문지(PAI), 한국아동인성평정척도(KPRC)
④ 성격평가질문지(PAI), 코너스교사평정척도(CTRS-R)
⑤ 한국아동인성검사(KPI-C), 한국아동인성평정척도(KPRC)

**62** ⓒ 2014

다음은 남수(중 2, 남)의 아동·청소년 행동평가척도(CBCL 6-18) 결과 중 문제행동 증후군 척도의 하위척도 점수이다. 내재화 척도의 하위 척도를 찾아 그 척도의 내용을 쓰고, 해당 T점수의 임상적 의미를 서술하시오.

| 구 분 | 척도명 | T점수 |
| --- | --- | --- |
| 문제행동 증후군 척도 | 공격행동 | 58 |
| | 규칙위반 | 55 |
| | 불안/우울 | 68 |
| | 사고문제 | 62 |
| | 사회적 미성숙 | 67 |
| | 신체증상 | 58 |
| | 위축/우울 | 72 |
| | 주의집중문제 | 73 |
| | 기타문제 | 59 |

◀ 2015 추시

**63** 다음의 면담 내용과 아동·청소년 행동평가 척도(K-CBCL6-18) 검사 결과에서 공통적으로 나타난 준수(중 1, 남)의 임상적 특징 2가지를 쓰고, 각 특징과 일치하는 내용을 문장완성검사(SCT) 결과에서 찾아 서술하시오.

1. 검사 의뢰 경위

   준수는 중학생이 되면서부터 말이 없어지고 친구들과 함께 어울리지 못한 채 혼자 있는 시간이 많아졌다. 수업시간에는 자주 산만한 행동을 해서 선생님에게 지적을 받는다. 집에서 준수는 게임을 하거나 TV를 보는 데 대부분의 시간을 보내고 있어서 엄마는 제발 1시간만이라도 공부하라고 한다. 엄마의 말처럼 준수도 1시간만이라도 공부하고 싶지만 책상 앞에만 앉으면 다른 생각이 들어서 공부를 끝까지 할 수가 없다.

2. K-CBCL6-18검사 결과

   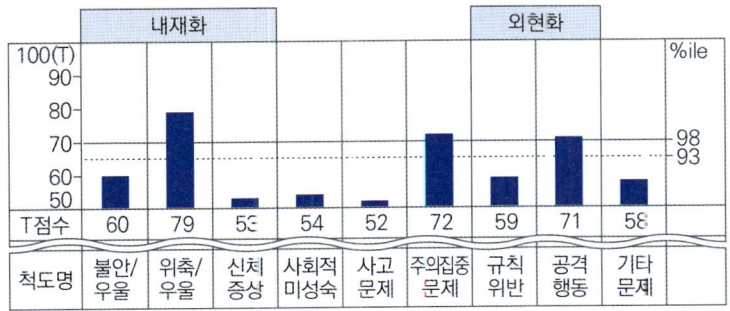

   | 척도명 | 불안/우울 | 위축/우울 | 신체증상 | 사회적미성숙 | 사고문제 | 주의집중문제 | 규칙위반 | 공격행동 | 기타문제 |
   |---|---|---|---|---|---|---|---|---|---|
   | T점수 | 60 | 79 | 53 | 54 | 52 | 72 | 59 | 71 | 58 |

3. SCT 반응의 일부
   - 엄마와 나는 사이가 좋지 않다.
   - 집에 있을 때 나는 가만히 있지 못한다.
   - 우리 엄마는 항상 잘난 척한다.
   - 언젠가 나는 내가 하고 싶은 것을 할 것이다.
   - 요즘 나는 시작한 일을 끝내지 못한다.
   - 내가 잊고 싶은 두려움은 나는 항상 혼자라는 것이다.

64. 다음 (가)는 전문상담교사와 수퍼바이저가 심리검사에 대해 나눈 대화 내용의 일부이고, (나)는 심리검사를 실시한 이후 수퍼비전 받은 내용의 일부이다. 〈작성 방법〉에 따라 서술하시오.

(가)

> 수퍼바이저 : 지난번 말씀하셨던 학생에게 MMPI-A-RF를 실시해 보면 어떨까요?
> 상담 교사 : MMPI-A와 어떤 차이가 있나요?
> 수퍼바이저 : MMPI-A-RF와 MMPI-A의 가장 큰 차이점은 MMPI-A에 있던 임상 척도가 모두 사라지고 재구성 임상 척도로 바뀌었다는 점이에요. 그리고 상위 차원 척도라는 것이 새로 생기게 되었죠.
> 상담 교사 : 상위 차원 척도라는 것이 무엇인가요?
> 수퍼바이저 : MMPI-A-RF는 3계층의 위계 구조로 되어 있어요. 그중 가장 상위의 광범위한 수준을 측정하는 척도가 상위 차원 척도예요. 상위 차원 척도는 정서적/내재화 문제, ( ㉠ ), 행동적/외현화 문제의 3개 차원으로 구성되어 있어요.
> 상담 교사 : K-CBCL8-16의 문제 행동 증후군 척도와 유사한 부분이 있네요.
> 수퍼바이저 : 맞아요. MMPI-A-RF와 K-CBCL8-16모두 ㉡ <u>차원적 요소가 반영된 것</u>이라고 할 수 있어요. 두 검사를 같이 해 보면 어떨까요?

(나)

> 상담 교사 : 선생님, 지난번에 말씀해 주신 대로 제 내담자에게 MMPI-A-RF와 K-CBCL 8-16검사를 실시했는데 검사 결과가 불일치하는 부분이 있는 것 같아요. 어떻게 해석을 하는 것이 좋을까요?
> 수퍼바이저 : 어떤 점이 불일치하나요?
> 상담 교사 : K-CBCL 8-16결과에서는 문제 행동 증후군 척도에서 외현화 총점이 임상 수준으로 상승되어 있어요. 그런데 MMPI-A-RF의 상위 차원 척도에서는 행동적/외현화 문제 척도는 상승되어 있지 않은 반면, 정서적/내재화 문제 척도가 상승되어 있어요.
> 수퍼바이저 : 네, 그러네요. 아마도 K-CBCL8-16은 학생의 어머니가 한 것이고 MMPI-A-RF는 학생이 해서 그럴 수 있을 것 같아요. ㉢ <u>K-CBCL 8-16결과를 보니 학생이 사회적으로 용인되지 않는 행동까지는 아니지만, 반항적이고 비협조적으로 행동하고, 때로는 폭력적으로 행동하는 것 같네요.</u> 한편 MMPI-A-RF의 결과에서는 학생이 우울하고 불안하며 정서적 고통이 크다고 호소하는 것 같습니다.

──〈작성방법〉──
- 괄호 안의 ㉠에 들어갈 MMPI-A-RF 상위 차원 척도의 명칭을 쓰고, 그 척도가 무엇을 측정하는지 1가지를 서술할 것.
- 밑줄 친 ㉡이 정신질환의 진단 및 통계편람 제5판(DSM-5)의 진단 기준에 반영된 내용 중 1가지를 서술할 것.
- 밑줄 친 ㉢의 특성을 고려할 때 학생의 K-CBCL 8-16의 'DSM진단 척도'에서 상승되어 있을 것으로 예상되는 척도명 1가지를 쓸 것.

## 65 | 2012

한국형 인터넷중독자가진단검사(K-척도)에 관한 설명으로 옳은 것만을 〈보기〉에서 있는 대로 고른 것은?

──〈보기〉──
ㄱ. 총점을 기준으로 고위험 사용자군, 저위험 사용자군, 정상 사용자군으로 나눈다.
ㄴ. 일상생활장애, 현실구분장애, 긍정적 기대, 금단, 가상적 대인관계지향성, 일탈행동, 내성 요인들로 이루어져 있다.
ㄷ. 고위험 사용자군에 속하는 중고등학생은 1일 약 3시간정도 인터넷 접속을 하며 인터넷 중독에 대한 주의가 요망된다.
ㄹ. 인터넷 사용에 대한 내성과 금단 증상이 생기고 이로 인해 일상생활의 장애가 유발된다는 인터넷 중독 정의에 근거해서 만들어졌다.

① ㄱ, ㄴ  ② ㄴ, ㄷ  ③ ㄴ, ㄹ
④ ㄷ, ㄹ  ⑤ ㄱ, ㄷ, ㄹ

## 66 | 2014

다음은 전문상담교사가 기수(중 2, 남)가 속한 학년 전체를 대상으로 학습전략검사(Assessment of Learning Strategies for Adolescents : ALSA)를 실시한 결과이다. 학년 전체 결과와 비교했을 때 기수의 학습 전략의 강점과 약점을 제시하고, 약점을 보완하기 위한 구체적인 상담 방향을 서술하시오.

| 소검사 | 학년 전체 검사결과 | | 기수의 검사결과 |
|---|---|---|---|
| | 평균 | 표준편차 | |
| 학습동기 | 2.49 | 0.54 | 3.00 |
| 자아효능감 | 2.48 | 0.44 | 3.00 |
| 인지·초인지전략 | 2.23 | 0.44 | 1.00 |
| 자원관리전략 | 2.65 | 0.43 | 2.00 |

◀ 2011

**67** 다음은 강희(고 1, 여)의 호소 내용을 정리한 것이다. 전문상담교사가 강희의 학습 관련 문제를 평가하기 위해 실시할 수 있는 심리검사로 옳은 것만을 〈보기〉에서 모두 고른 것은?

> 강희는 고등학교에 들어오면서 학업 문제로 고민이 깊어졌다. 중학교까지만 해도 학교 공부도 재미있고 성적도 상위권을 유지했으나, 고등학교에서는 성적이 계속 하락하고 있다. 기숙형 고등학교에 진학한 강희는 학원에 의존하던 중학교 때와는 달리 많은 시간을 혼자 보내면서 스스로 공부해야 하는 상황이 되었다. 그러나 강희는 학습 의욕을 상실한 채 무엇을 어떻게 시작해야 하는지 감을 잡지 못하고 있다. 최근 들어 강희는 수업 중에 자주 긴장하고 두통을 느끼며, 때로 이상한 생각에 사로잡혀 허공을 응시하곤 한다.

〈보기〉
ㄱ. 학습방법진단검사
ㄴ. 학업동기검사(AMT)
ㄷ. 한국판학습장애평가척도(K-LDES)
ㄹ. 아동·청소년행동평가척도(K-CBCL)

① ㄱ, ㄴ  ② ㄷ, ㄹ  ③ ㄱ, ㄴ, ㄷ
④ ㄱ, ㄴ, ㄹ  ⑤ ㄴ, ㄷ, ㄹ

◀ 2012

**68** 다음은 정호(고 1, 남)에 대한 주요 상담내용이다. 정호에게 필요한 심리검사로 가장 적절한 것은?

> 정호는 부모 모두 의사인 집안의 장남으로 과학 고등학교에 다니고 있다. 성격은 자유분방하고 개방적이며 상상력과 감수성이 풍부하다. 부모는 정호가 의대에 진학하는 것을 당연하게 생각했다. 그런데 의대에 진학하기로 마음먹은 정호는 요즘 들어서 의대 공부를 지속적으로 좋아할지 의문이 들기 시작했다.

① 개인지향성검사(POI)
② STRONG 진로탐색검사
③ 성격평가질문지(PAI)
④ 직업 적응검사 패키지
⑤ 캘리포니아 성격검사(CPI)

**69** ◀ 2013

진로를 탐색하기 위해 상담을 요청한 민규(고 1, 남)의 심리검사 결과에 관한 설명 중 옳은 것만을 〈보기〉에서 있는 대로 고른 것은?

성격유형검사(MBTI)

| E | I | S | N | T | F | J | P |
|---|---|---|---|---|---|---|---|
| 8 | 25 | 26 | 15 | 24 | 11 | 29 | 12 |

홀랜드 진로탐색검사

| R | I | A | S | E | C |
|---|---|---|---|---|---|
| 28 | 47 | 31 | 30 | 34 | 51 |

─〈보기〉─

ㄱ. 관대하고 느긋하며 사람이나 사건에 대해 선입관을 갖지 않고 개방적이다.
ㄴ. 호기심이 많고 분석적이며 어떤 일을 결정하는 데 세부 사항을 중시한다.
ㄷ. 민감성이 뛰어나 타인의 입장을 잘 이해해 주고 대인 간 갈등상황에서 조정능력을 발휘한다.
ㄹ. 생각하기보다는 직접 경험하는 것을 좋아하며 사회적인 활동이나 성취를 중요하게 여긴다.
ㅁ. 한 번 계획한 일에는 집중력을 발휘하고 자신이 세운 목표를 이루기 위해 꾸준히 실천해 나간다.

① ㄱ, ㄴ  ② ㄱ, ㄹ  ③ ㄴ, ㅁ
④ ㄴ, ㄷ, ㅁ  ⑤ ㄴ, ㄷ, ㄹ, ㅁ

### 심리검사 활용

◀ 2019

**70** 심리검사 활용과 관련한 전문상담교사의 행동 가운데 전문가 윤리에 합당한 것은?

① 심리검사 결과해석이 끝난 사례는 즉시 폐기 처분한다.
② 심리검사 결과해석을 학교장에게 정기적으로 점검 받는다.
③ 심리검사 결과와 학생에 대한 평소 관찰결과 사이에 불일치가 있을 때 다른 자료를 더 수집한다.
④ 해당 학생을 여러 번 만나 좋아하는 마음이 들 때를 기다린 다음 심리검사 결과를 해석한다.
⑤ 다면적인성검사(MMPI)의 결정적 문항과 위험수준에 대한 기준을 학교 홈페이지에 게시한다.

◀ 2009

**71** 전문상담교사가 학교로부터 심리검사 실시를 요청받았을 때 취한 행동 중 가장 적절한 것은?

① 학생들이 자신의 적성과 흥미에 맞는 특별활동을 선택할 수 있도록 홀랜드 진로탐색검사를 실시하고, 각 학급 학생들의 홀랜드 유형 목록을 담임교사에게 전달했다.
② 인터넷 중독을 예방하기 위해 전체 학생들을 대상으로 MBTI 성격유형검사를 실시하고, 그 가운데 인터넷 중독에서 가장 많이 발견되는 ENFP 유형의 학생들을 모아 분노조절 프로그램을 실시했다.
③ 담임교사가 모르고 있는 가운데 집단따돌림이 발생해 학교장은 재발 방지를 요청하였다. 전문상담교사는 담임교사 연수시간에 사회성 측정법 실시방법을 통해 학급에서 소외된 학생을 발견하는 방법을 소개했다.
④ 학교 밖에서 물건을 훔치다가 잡혀 학교상담실에 오게 된 학생들을 포함한 전체 학생들을 대상으로 교내 폭력 및 절도 발생 가능성을 조기에 진단하기 위해 상태·특성 불안검사와 스트레스 대처유형 검사를 실시했다.
⑤ 학교에서도 자살가능성이 있는 학생들을 미리 선별하여 도움을 주어야 한다는 요구가 있어, 전체 학생들을 대상으로 NEO인성검사(NEO-PI)를 실시하여 외향성 척도에서 점수가 낮은 학생들을 자살위험군으로 분류했다.

## 72 ⓒ 2009

중학교 3학년 은서가 학교상담실을 방문하여 전문상담교사에게 다음과 같은 문제를 호소했다. 이 호소 내용과 관련하여 전문상담교사가 알아보고자 하는 내용과 이를 위해 실시할 심리검사로 적절한 것은?

> 지난 주말에 할머니 생신이어서 친척들이 저희 집에 모였는데, 다들 어느 대학을 목표로 공부하느냐고 물어보시는데 뭐라고 대답을 해야 할지 모르겠더라고요. 사실 지금까지 성적이 괜찮았기 때문에 친척들은 제가 뭐 대단한 줄 알아요. 거기에 엄마는 한 술 더 떠서 "지금 뭘 하겠다고 정할 필요가 있겠어. 열심히 해서 나중에 하고 싶은 것 고르면 되지."라고 하셨죠. 그날 이후로 그냥 답답하기만 해요. 잠도 안 오고, (한숨을 쉬며) 벌써 중학교도 다 지났는데 말이에요. 성적은 나오지만 공부도 잘 안 되고 정말 앞으로 뭘 해야 할지 모르겠어요.

① 은서의 직업적 흥미를 알아보기 위해 직업카드분류를 실시할 것이다.
② 은서의 전반적인 학교적응상태를 알아보기 위해 진로성숙도 검사를 실시할 것이다.
③ 은서의 미결정 수준을 확인하기 위해 벤더-게슈탈트 검사(BGT)를 실시할 것이다.
④ 은서의 능력에 대한 신념을 알아보기 위해 카우프만 검사(K-ABC)를 실시할 것이다.
⑤ 은서의 학업으로 인한 스트레스 수준을 확인하기 위해 행동평가척도(K-CBCL)를 실시할 것이다.

**73** 전문상담교사가 철수(고 1, 남)에게 심리검사 결과를 바탕으로 해석 상담을 실시한 대화의 일부이다. 상담교사의 반응 ㉠~㉣ 중 적절한 것을 〈보기〉에서 고른 것은?

◀ 2010

〈보기〉

철수 : 검사결과를 가지고 저를 나쁘게 보지는 않을거죠? 그리고 문제가 있으면 어떻게 하죠?

교사 : ㉠ 철수가 검사를 받을 때 많은 걱정을 하면서 응답을 했나 보네요. 검사결과를 가지고 철수를 좋거나 나쁘게 보는 것이 아니고, 철수의 특징이 무엇인지, 그리고 어떻게 도와주는 것이 좋은지를 알아보려고 해요.

철수 : 선생님, 그런데 예전에 받았던 결과와 너무 달라요. 그때는 이렇게 나오지 않았거든요.

교사 : ㉡ 선생님이 실시한 검사는 정확해요. 그래서 검사결과는 어디에서 누가 실시하더라도 같게 나와요.

철수 : 선생님! (결과표를 보면서) 이것이 요즘 제가 부모님이나 친구들과 다투는 이유인가요? 그래서 요즘 공부를 못하는 것인가요?

교사 : ㉢ 철수가 이번에 받은 검사는 대인관계를 알아보는 검사입니다. 이 결과만 보아도 철수가 요즘에 공부를 못하는 이유를 다 알 수가 있어요.

철수 : 이 검사결과를 친구들이나 다른 선생님에게 말 안하실 거죠? 다른 친구들이 우리 집이 이렇게 복잡하고 문제가 많은 집이라는 것을 알면 창피해요. 친구들은 아직 모르거든요.

교사 : ㉣ 이 검사결과가 친구나 다른 선생님에게 알려질까 봐 걱정인가 보네요. 검사결과는 아주 특별한 이유가 없는 한 다른 사람에게 알리지 않을 것입니다.

① ㉠, ㉡   ② ㉠, ㉣   ③ ㉡, ㉢
④ ㉡, ㉣   ⑤ ㉢, ㉣

**74** ⓒ 2012

전문상담교사가 심리검사보고서를 작성할 때 취한 행동 중 적절한 것만을 〈보기〉에서 있는 대로 고른 것은?

─────〈보기〉─────
ㄱ. 검사점수의 함축적인 의미를 해석하여 보고서에 기술하였다.
ㄴ. 검사를 실시하는 동안에 학생이 보인 행동을 보고서에 기술하였다.
ㄷ. 검사결과 해석과 관련 있는 개인력에 관한 정보를 보고서에 기술하였다.
ㄹ. 검사점수만 가지고 정신병리적, 교육적 진단을 내려 보고서에 기술하였다.

① ㄱ, ㄴ　　② ㄱ, ㄴ, ㄷ　　③ ㄱ, ㄷ, ㄹ
④ ㄴ, ㄷ, ㄹ　　⑤ ㄱ, ㄴ, ㄷ, ㄹ

**75** ⓒ 2016

다음은 전문상담교사가 자신이 근무하는 고등학교에서 올해 2학년 학생들을 대상으로 심리검사를 실시한 내용이다. 심리검사 실시 과정에서 상담교사가 취한 비윤리 행동 2가지를 찾아 쓰고, 각각에 대한 윤리 대안 행동을 서술하시오.

상담교사는 심리검사 실시에 대한 계획을 앞두고 동료교사로부터 인근 학교에서 실시한 새로운 검사에 대해 전해 들었다. 상담교사는 정확한 검사명을 알아보았는데 자신이 잘 모르는 검사였다. 해당 학교에서 전화번호를 받아 검사지를 구매하여 실시하고 결과를 받았다. 검사결과지에 해석내용이 비교적 상세히 기술 되어 있어, 담임교사들에게 검사결과지를 학생들에게 나눠 줄 것을 부탁하였다.

**76** 다음은 영희(중 2, 여)와의 면담 내용과 삭스(J. Sacks)의 문장완성검사(SCT) 결과의 일부이다. 면담 내용과 검사 결과에 기초하여 해석한 것으로 적절하지 <u>않은</u> 것은?

> • 면담내용
> 영희는 초등학생 때에는 성적도 높게 나오고 친구들과도 잘 지냈으며, 고민이 있으면 어머니와 자주 이야기를 나누었으나 아버지와는 그렇게 해본 적이 없었다고 하였다. 그런데 중학교 1학년 말부터 성적이 내려가고 부모로부터 꾸중도 많이 들었으며, 여름 방학 때에는 가출을 한 번 한 적이 있다고 하였다. 요즘은 자기를 알아주는 새로 사귄 친구들과 함께 늦은 밤까지 어울려 돌아다니는 일이 잦아졌으며, 특히 자기에게 잘 대해주는 남자 친구들과 자주 돌아다닌다고 하였다. 아버지가 혼내면서 상담을 받으라고 해서 어쩔 수 없이 받는 거라고 하였으며, 검사 결과를 아버지께 가져가야 한다고 하였다. 면담 중에는 자기가 하고 싶은 이야기만 하고 나머지는 "모르겠어요", "잘 모르겠어요"라고 하면서 수동적인 태도를 보였다.
>
> • 문장완성검사 결과
> 2. 대개 아버지들이란 <u>무섭다.</u>
> 8. 내 생각에 참다운 친구는 <u>항상 나에게 잘 대해 주어야 한다.</u>
> 13. 나의 어머니는 <u>잔소리가 심하다.</u>
> 20. 내 생각에 남자들이란 <u>잘 모르겠다.</u>
> 22. 내가 싫어하는 사람은 <u>앞에서는 좋아한다고 하지만 뒤에서는 비난하는 사람이다.</u>
> 26. 나와 어머니는 <u>예전에는 좋았지만 지금은 모르겠다.</u>
> 29. 내가 바라기에 아버지는 <u>잘 대해 주는 것이다.</u>
> 39. 대개 어머니들이란 <u>자녀들에게 따뜻하다.</u>
> 50. 아버지와 나는 <u>잘 모르겠다.</u>
> 53. 내가 없을 때 친구들은 <u>항상 나를 생각해 줄 것이다.</u>

① 대인관계에서 자기중심적일 가능성이 있다.
② 친구들에게 비합리적인 사고나 신념을 가지고 있을 가능성이 있다.
③ 이성에 대한 이해가 부족하며 사람들에게 기대나 희망이 없을 가능성이 있다.
④ 비자발적인 검사 동기로 인하여 무성의하거나 간단하게 반응했을 가능성이 있다.
⑤ 아버지와의 부적응적인 관계가 어머니와의 부적응적인 관계보다 더 오래 되었을 가능성이 있다.

김진구

**전문상담 기출문제집**

김진구 전문상담 기출문제집

# CHAPTER 04

# 진로상담 기출문제

- 진로상담과 진로교육
- 개인-환경 조화이론
- 진로발달 이론
- 사회학습과 사회인지 이론
- 관계적 접근
- 의사결정 이론
- 구성주의 및 진로이론 통합
- 진로상담 과정
- 진로평가 및 직업정보

## 기출영역　　진로상담

| | 14 | 15 (+추시) | 16 | 17 | 18 | 19 | 20 | 21 | 22 | 23 | 24 | 25 |
|---|---|---|---|---|---|---|---|---|---|---|---|---|
| 진로상담의 이해 및 초기이론 | | | | | | | | | 보딘 분류 | | | |
| 특성요인 이론 | | | | | | | | | 직업정보 기능 | | | |
| 홀랜드 이론 | | 정체성 | | | | | | 주요 개념 및 검사 해석 | | 변별성, 일치성 | | |
| 진로발달 이론 | 수퍼: 생애 무지개 | | | 긴즈버그: 잠정기 | | 수퍼: 탐색기 과업 | | 수퍼: 진로 성숙도, 진로적응 | 수퍼: 생애역할, C-DAC 모형 | | | 수퍼의 생애역할 |
| 제한-타협 이론 | | 내적 고유 자아 지향, 타협요소 | | | | | | 타협과정 | 사회적 가치지향 | 성역할 | | |
| 사회인지 진로이론 | 진로장벽 지각분석 | 선택모형 | | 수행모형 | 맥락변인 | | | 선택모형 | | 근접맥락 변인 | | 흥미발달 모형 |
| 크롬볼츠 사회학습 | 진로결정 요인 | | 우연학습 모형 및 기술 | | | 진로선택 요인 | | | 일반화 | | | 계획된 우연 기술 |
| 직업적응 | | 개인-환경 부조화 | | | | MIQ 가치 유형 | | | MIQ 가치 유형 | | | 가치와 강화인(욕구) |
| 관계적 접근 | | Roe 양육 유형 | | | | Roe 양육유형 | | | | | Roe의 따뜻한 자녀관계, 부모관여(참여)진로탐색 | |
| 의사결정 | 의사결정 5단계 | | 주관적 기대효용 | 하렌: 의사결정 유형, CIP 단계 | | | CIP: 정보처리 영역, 초인지 | 하렌: 의사 결정 유형 | | 주관적 기대효용 모델 | | |
| 구성주의 진로이론 | | | | | 구성주의: 진로 적응도 차원 | | | | 구성주의: 진로 적응도 차원, 역량 | 진로 유형 면접 | | 진로적응과정, 생애설계 단계, 코크런의 7개 에피소드 |
| 기타 진로이론 | | | | | | | | | 브라운 가치중심 모델: 가치, 흥미 | 소수민 여성을 위한 다문화 진로상담 | 진로 무질서 이론 | |
| 진로상담 과정 및 기법 | | 내담자 유형 | 생애진로 사정, 진로 가계도 | | | | | | | 생애진로 사정 | 우유부단 | |
| 진로평가 | 직업카드 분류의 목표 | | 홀랜드 해석 | | | | | | | 홀랜드 해석 | | |
| 직업세계와 직업정보 및 진로교육 | | | | | | | NCS | | | | 교육/직업/ 심리사회적 정보 | 진로전환 (프로티언 진로) |
| 진로 프로그램 | | | | | | | | | | | | |

# CHAPTER 04 진로상담 기출문제

## 진로상담과 진로교육

**01** ◀ 2009

다음은 고등학교 2학년인 하진이 전문상담교사에게 호소한 진로상담 내용의 일부이다. 하진에게 가장 필요한 진로상담의 목표는?

> 저는 이번 시험에서도 주요 과목에서 모두 1등급이 나왔어요. 앞으로의 진로와 관련해서 적성검사, 흥미검사, 성격검사도 받아보았어요. 어른들의 의견도 들어보면서 나중에 무엇을 해야 할지를 고민해 봤고요. 여러 직업들에 대해서 어떤 일을 주로 하는지, 그 직업을 가지려면 무엇을 해야 할지도 인터넷에서 찾아보았어요. 그런데 부모님이나 선생님이 원하는 것도 괜찮아 보이고, 저는 다른 것을 하고 싶기도 하고. 어떻게 해야 할지 모르겠어요. 계획을 세워서 결심히 하고 있는 친구들을 보면 부러워요.

① 자신에 대한 이해 증진
② 직업세계에 대한 이해 증진
③ 정보 탐색 및 활용능력의 향상
④ 합리적인 의사결정 능력의 증진
⑤ 일과 직업에 대한 올바른 태도 형성

**02** 다음은 진로교육의 영역과 그에 따른 목표를 제시한 것이다 다음 빈칸에 해당하는 명칭을 쓰시오.

| 영 역 | 목 표 |
| --- | --- |
| 자아의 이해 | • 자아에 대한 기초적인 인식을 갖게 한다.<br>• 자아개념을 명료화한다. |
| 일과 직업 세계의 이해 | • 다양한 직업 역할을 인식시킨다.<br>• 일의 세계에 관련된 제 개념을 이해시킨다. |
| (1) | • 일과 직업에 대한 존경심을 갖게 한다.<br>• 일에 대한 태도 및 가치를 발전시킨다. |
| (2) | • 의사결정 기술의 기본 원리를 인식시킨다.<br>• 문제해결 기술을 적용하게 한다. |
| (3) | • 협동적인 행동을 배우게 한다.<br>• 바람직한 인간관계를 발전시킨다. |

(1) _____

(2) _____

(3) _____

## 개인-환경 조화 이론

**03** 다음은 진로상담 과정에서 명희가 자신에 대해 말한 내용이다. 물음에 답하시오.

> 명 희 : 선생님, 저는 아이들을 좋아해요. 초등학교 선생님이 된다면, 재미있을 것 같아요. 수업 시간에 발표를 잘해서 선생님들께 칭찬을 받은 적도 많아요. 그래서 학생들을 잘 가르칠 수 있을 것 같아요. 그런데 제가 교사가 되고 나서 후회하지 않을지 확신이 서질 않아요. 그렇다고 다른 직업을 가지면 더 나을 거라는 생각이 들지도 않아요. 어찌할 바를 모르겠어요.

- 명희를 특성-요인 진로상담의 관점에서 진단하려고 한다. 크리츠(Crites)에 따르면, 명희는 어떤 유형의 사람으로 진단되는지 쓰시오.

  _____사람

- 윌리암슨(Williamson)의 진로상담 6단계에 따라 상담을 하려고 한다. 명희를 진단 후, 진행해야 할 다음 단계의 명칭을 쓰시오.

  _____단계

  _____단계

**04** 〈보기〉는 상담실을 찾은 영희가 호소한 내용이다. 영희의 진로문제를 보딘(E. Bordin)의 이론에 따라 분류하면 어느 유형에 해당하는지 쓰시오.

〈보기〉
선생님, 저는 졸업할 것을 생각하면 불안해요. 어머니는 사범대학에 진학하여 교사가 되라고 하시는데, 저는 디자이너가 되고 싶어요. 어머니 말씀을 따르자니 별로 관심이 안 가고, 그렇다고 제 생각을 강하게 주장할 자신도 없어요. 어떤 선택이 옳은 것인지 확신이 안서요.

• 문제 유형 : _____

◀ 2009

**05** 다음에서 설명하고 있는 학자가 제안한 상담이론의 원리를 반영한 것만을 〈보기〉에서 모두 고른 것은?

이 학자는 특성–요인이론의 원리를 확대하고 정교화하였다. 그에 의하면 진로 상담을 위한 5가지 기술은 촉진적 관계형성, 자기이해 증진, 행동계획 설계, 계획수행, 의뢰이다. 또한 그는 개인의 직업과 관련한 문제를 미결정, 불확실한 선택, 현명하지 못한 선택, 흥미와 적성 간 불일치로 분류하고, 문제에 맞는 처치를 강조하였다.

〈보기〉
ㄱ. 내담자가 진로의사결정 전후로 경험하는 불안을 감소시킨다.
ㄴ. 내담자가 해야 할 일에 대해 상담자의 견해를 솔직히 전달한다.
ㄷ. 내담자가 검사 결과를 이해하고 현명한 선택을 하도록 설명한다.
ㄹ. 내담자가 일의 세계에서 자신의 인식과 경험 간 일치를 실현하도록 돕는다.

① ㄱ, ㄴ   ② ㄱ, ㄹ   ③ ㄴ, ㄷ
④ ㄱ, ㄷ, ㄹ   ⑤ ㄴ, ㄷ, ㄹ

**06** 다음은 전문상담교사와 재유(중3, 남)의 대화 내용이다. 브레이필드(A. Brayfield)가 제시한 직업정보 기능에 근거하여 [A]와 [B] 대화에 해당하는 기능의 명칭을 순서대로 쓰시오.

상담교사 : 재유가 외국에서 전학 와서 학교에 적응하는 데도 쉽지 않은데 부모님이 진학 준비를 빨리 안 한다고 하시니 속상하고 막막했군요.
재 유 : 네, 이제 3학년 1학기 시작인데, 뭐 벌써 진학을 준비해요? 친구를 사귀고 학교 공부하기도 바빠요. 아직 알아보고 싶지 않아요.

[A]
상담교사 : 지금 당장 고등학교와 대학교 진학을 준비하는 것은 아니더라도 진학을 준비하고 결정하는 것이 모두 학교 적응에 도움돼요.
고등학교의 유형이나 학과, 대학교의 학과나 전공 분야, 그에 관련된 직업들, 그 직업들과 관련된 정보를 많이 알면 하고 싶은 일, 갖춰야 할 능력 등을 알 수 있어 진로를 결정하는 데 도움이 됩니다.
재 유 : 맞아요. 친구들도 진학에 대해 고민하고 고등학교에 대해 이야기를 많이 나눠요. 비슷한 고민을 하면 친구들과 친해지기도 쉽고, 앞으로의 적응에도 도움이 되겠네요. 어서 빨리 고등학교 정보, 대학교 정보를 많이 찾으며, 고등학교 진학 준비를 하고 싶어요.

상담교사 : 재유는 정말 이해가 빠르네요.
재 유 : 선생님, 오래전부터 궁금했던 직업이 있어요. 영화에서 보면 비행기가 착륙할 때 관제탑이랑 통신을 하는데, 관제탑에서 일하는 사람의 직업이 뭐예요?

정보제공
상담교사 : 항공교통관제사라는 직업에 대해 궁금해 했군요.
항공교통관제사는 전문적인 교육, 실습을 거치고 항공교통관제사라는 자격증을 취득해야 해요.
… (중략) …
재 유 : 궁금증이 많이 풀리고, 새로운 것도 알게 되었어요. 항공교통관제사의 대부분이 공무원이라는 것도 신기했어요. 아, 그리고 공무원이 되려면 대학을 졸업하지 않아도 된다고 하던데, 맞아요? 저는 한국에서 모든 고등학생이 대학에 진학해야 하고, 대학을 졸업해야 공무원 시험이나 취업이 가능하다고 알고 있거든요.

[B]
상담교사 : 재유가 항공교통관제사, 공무원 시험에 대해 아주 관심이 많군요. 한국에서 고등학생들이 대학 진학을 많이 선택하지만, 일반 고등학교나 특성화 고등학교를 졸업하고 취업하는 학생들도 있어요. 그리고 일반 행정직 공무원 시험은 만 18세 이상이면 응시할 수 있어요. 기타 응시 자격과 제약 조건 등은 나중에 자세히 알아볼 필요가 있어요.
재 유 : 제가 잘못 알고 있었네요. 이제 정확히 알았어요. 대학에 진학한다면 무슨 과를 선택할지 더 알아봐야겠어요.

**07** 〈 2015 추시

다음은 전문상담교사들이 이중국적 소유자인 보라(미찌코/美智子, 고 2, 여)에 관해 대화한 내용의 일부이다. (　) 안에 공통으로 들어갈 개념을 쓰시오.

> 이교사 : 보라의 아버지는 한국에 있는 대학에 진학하기를 원하는데, 어머니는 일본에 있는 대학에 진학하기를 바라고 있답니다. 그래서 보라는 한국에 있어야 할지, 아니면 일본으로 가야 할지 혼란스러워하고 있어요.
> 민교사 : 보라의 표면적인 문제는 대학 진학이지만, 보라와 진로에 대해 얘기해 보니 진로 관련 특성과 진로목표가 명확하지도 안정적이지도 않고, 구체적으로 무엇에 흥미나 재능이 있는지도 분명하지 않은 것 같아요.
> 김교사 : 맞아요. 민 선생님의 말씀을 듣고 보니 보라는 홀랜드(J. Holland)가 말한 진로에 관한 (　)에 문제가 있는 것 같네요.
> 이교사 : 저는 보라의 진로 문제를 돕기 위해서는 보라가 자신을 어떤 문화적 집단과 동일시하는지, 또한 어떤 문화적 가치와 전통을 중시하는지를 스스로 탐색해 보도록 격려해 주는 것이 필요하다고 생각해요. 보라는 자신이 동일시하는 문화적 가치, 태도, 전통 등에 대한 (　)을/를 형성하는 것이 중요할 것 같습니다.

## 08

◎ 2010

다음은 예술고등학교에서 바이올린을 전공하고 있는 현주(고 2, 여)의 홀랜드(J. Holland) 진로탐색검사(중고생용) 결과이다. 이 결과에 대한 설명 중 옳은 것으로 〈보기〉에서 고른 것은?

|  | R | I | A | S | E | C |
|---|---|---|---|---|---|---|
| 활동 | 5 | 4 | 5 | 6 | 7 | 10 |
| 직업 | 4 | 6 | 4 | 4 | 10 | 9 |
| 가치 | 4 | 4 | 4 | 5 | 4 | 4 |
| 성격 | 5 | 3 | 1 | 5 | 6 | 10 |
| 유능감 | 5 | 4 | 2 | 5 | 5 | 8 |
| 능력A | 4 | 4 | 3 | 6 | 5 | 7 |
| 능력B | 4 | 4 | 5 | 6 | 7 | 7 |
| 총점 | 31 | 29 | 24 | 37 | 44 | 55 |

〈보기〉

ㄱ. 현주의 최종 진로코드는 EC이다.
ㄴ. 현주의 성격 유형 간 변별성(differentiation)은 높은 편이며, 피검사자의 흥미성향은 잘 규정될 수 있다.
ㄷ. 현주의 성격 유형 간 일관성(consistency)은 낮은 편이며, 상황에 따라 진로가 수정될 가능성이 높다고 볼 수 있다.
ㄹ. 현주의 두드러진 성격적 특성은 정확하고 계획적이며, 책임감이 강하고 순응적일 가능성이 높다.
ㅁ. 현주의 성격 유형과 환경의 일치성(congruence)은 매우 낮은 편이어서, 현재 학교 적응에 문제가 있는지 확인해 볼 필요가 있다.

① ㄱ, ㄴ, ㄷ   ② ㄱ, ㄷ, ㄹ   ③ ㄴ, ㄷ, ㄹ
④ ㄴ, ㄷ, ㅁ   ⑤ ㄴ, ㄹ, ㅁ

**09** 다음은 홀랜드(J. Holland)의 직업성격이론에 기초한 심리검사를 실시한 결과표이다. 제시된 결과에 따라 2코드(two code)로 구성된 1차 진로코드와 그에 적합한 직무의 내용이 무엇인지 쓰시오.

| | R | I | A | S | E | C |
|---|---|---|---|---|---|---|
| 활동 | 0 | 7 | 6 | 6 | 7 | 1 |
| 직업 | 3 | 6 | 5 | 7 | 8 | 4 |
| 가치 | 1 | 2 | 2 | 3 | 4 | 1 |
| 성격 | 1 | 6 | 5 | 7 | 8 | 3 |
| 유능감 | 2 | 7 | 5 | 7 | 8 | 2 |
| 능력A | 2 | 3 | 2 | 5 | 6 | 2 |
| 능력B | 2 | 4 | 3 | 5 | 6 | 3 |
| 총점 | 11 | 35 | 28 | 40 | 47 | 16 |

• 1차 진로코드 : _____

• 직무 내용 (1줄 이내) : _____

**10** 〈보기〉는 홀랜드(J. Holland)의 직업 성격유형 중 하나에 대한 설명이다. 〈보기〉의 유형과 관련이 가장 적은 유형을 찾고, 그 유형의 대표적인 직업을 2가지만 쓰시오.

─────〈보기〉─────
• 정확하고 빈틈이 없으며, 신중하다.
• 세밀하고 계획적이며, 변화를 좋아하지 않는다.
• 체계적인 작업 환경에서 사무·계산 능력을 발휘하는 활동을 좋아한다.

(1) 유형 : _____

(2) 직업 : _____, _____

**11** 다음은 사례회의 중 지아(중3, 여)와 주호(중3, 남)의 홀랜드(J. Holland) 진로탐색검사 결과에 대해 전문상담교사들이 나눈 대화 내용의 일부이다. 〈작성 방법〉에 따라 서술하시오.

> 김 교사 : 두 학생의 홀랜드 진로탐색검사 결과를 보면 지아는 각 흥미 유형이 모두 높게 나왔고, 주호는 R형과 S형이 높게 나왔어요.
> 박 교사 : 지아의 경우 모든 유형이 높게 나타나고 유형 간에는 서로 1, 2점 씩 차이를 보이고 있네요. ( ㉠ )(이)라는 개념을 적용해 보면 흥미 유형이 구분되지 않는 것처럼 보여요. 홀랜드 이론의 ( ㉠ ) 개념은 개인의 흥미나 환경을 구분하는 것을 의미하잖아요.
> 이 교사 : 주호는 R형과 S형이 동점으로 다른 유형보다 월등하게 높네요. 이 두 유형은 육각형 모형에서 대각선에 위치해 있잖아요. 홀랜드가 제시한 ( ㉡ )(이)라는 개념은 상관관계를 바탕으로 유형 간의 이론적 관계를 육각형 모형으로 구성한 원리를 말하는 거죠?
> 김 교사 : 맞아요. 저도 ( ㉡ ) 개념은 육각형 모형을 설명하기 위한 개념이라고 알고 있어요. 그래서 검사 결과를 해석할 때는 이 개념을 거의 쓰지 않죠.
> 박 교사 : 네, 그러네요. 저도 ( ㉡ ) 개념보다 ㉢ 일관성 개념을 활용해서 학생들에게 검사 결과를 설명해 줘요.

─〈작성방법〉─
- 괄호 안의 ㉠과 ㉡에 들어갈 개념의 명칭을 순서대로 쓸 것.
- 괄호 안의 ㉠ 개념과 밑줄 친 ㉢ 개념을 각각 적용해서 주호의 검사 결과를 서술할 것.

## 12

다음은 효주(중 2, 여), 동우(중 2, 남), 연지(중 2, 여)의 홀랜드 (J. Holland) 검사결과이다. 학생들의 일관성과 일치성 수준에 대해 〈작성 방법〉에 따라 서술하시오.

〈효주〉
- 희망 직업 : 항공기 조종사

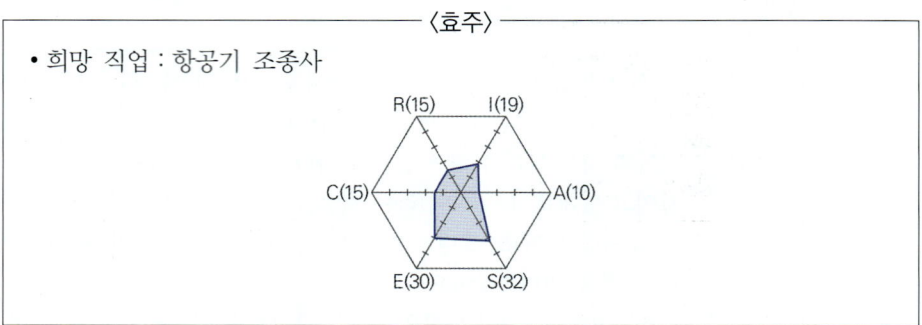

〈동우〉
- 희망 직업 : 교사

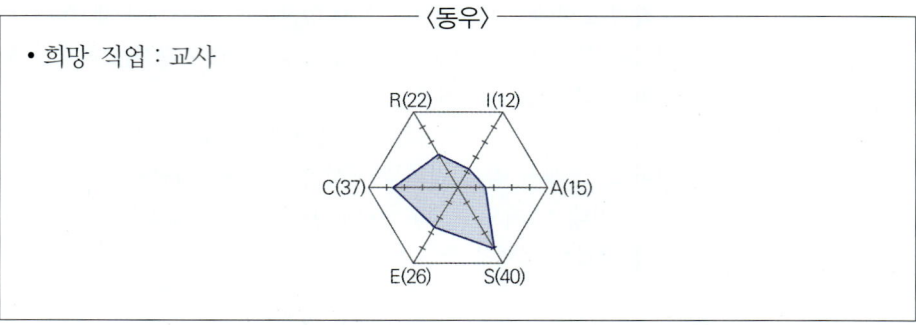

〈연지〉
- 희망 직업 : 과학자

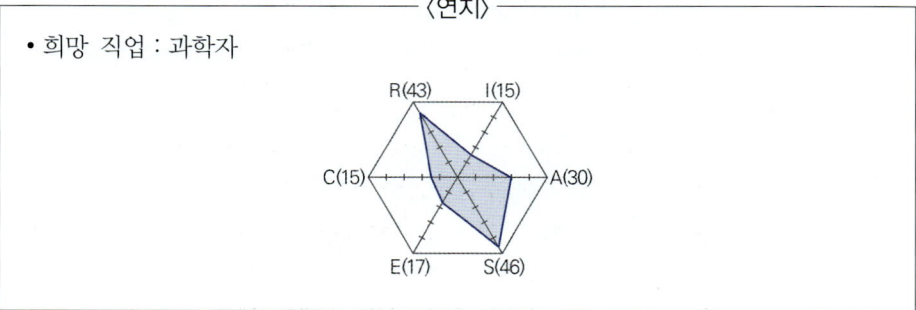

(괄호 안의 점수는 학생의 유형별 원점수임.)

─── 〈작성방법〉 ───
- 세 학생 중, 일관성(consistency) 수준이 가장 높은 학생은 누구이며, 그 이유가 무엇인지 쓸 것.
- 세 학생 중, 일치성(congruence) 수준이 가장 높은 학생은 누구이며, 그 이유가 무엇인지 학생의 희망 직업과 진로코드를 비교하여 쓸 것.

13 다음 (가)는 예술 고등학교에서 첼로를 전공하고 있는 민수(고1, 남)의 어머니와 전문상담교사가 나눈 대화 내용의 일부이고, (나)는 민수의 홀랜드(J. Holland) 진로 탐색 검사(중고생용) 결과를 요약한 그림이다. 〈작성 방법〉에 따라 서술하시오.

(가)

> 어 머 니 : 민수가 최근에 인문계 고등학교로 전학을 가고 싶다고 자꾸 얘기하고 있어요. 초등학교 3학년 때부터 레슨 받고, 악기 사고, 대회 나가느라 들어간 돈과 시간이 얼마인데 첼로가 적성에 맞지 않는다고 이야기하는 건 수긍할 수가 없어요. 아무리 사회 복지사를 하고 싶고 그게 자기 성격에 잘 맞을 것 같은 생각이 들더라도 지금까지 투자한 것을 생각하면 이제 와서 민수가 진로를 바꾸는 것은 제가 받아들이기 힘들 것 같아요.
>
> 상담교사 : 어머니께서는 민수가 첼로를 계속하기를 바라시는데 민수가 진로를 바꾸고 싶다고 해서 요즘 참 고민이 많으실 것 같아요. 어머니께서는 이미 투자한 비용 등을 고려해서 현재 상황에 대한 결정을 내리시려는 것 같은데요. 얼마 전에 실시한 민수의 홀랜드 검사 결과를 보시고 민수의 진로에 대해 생각해 보시면 더 좋을 것 같아요. 일단 민수의 검사 결과 ㉠ <u>성격 유형 간 계측성(calculus)이 높은 편이어서, 민수의 흥미 성향은 잘 파악될 수 있을 것 같네요.</u> 검사에서 확인되는 ㉡ <u>민수의 진로 코드는 SC예요.</u> 이를 통해서 보면, ㉢ <u>민수의 성격 특성은 타인의 복지에 관심이 많으면서 꼼꼼하고 체계적일 가능성이 높지요.</u> 민수가 되고 싶다는 사회 복지사하고 잘 어울리는 특성이라고 볼 수 있겠네요. ㉣ <u>민수의 성격 유형과 환경의 일치성(congruence)은 높은 편이어서, 현재 학교생활에 어려움은 없을 것으로 추정되네요.</u>

(나)

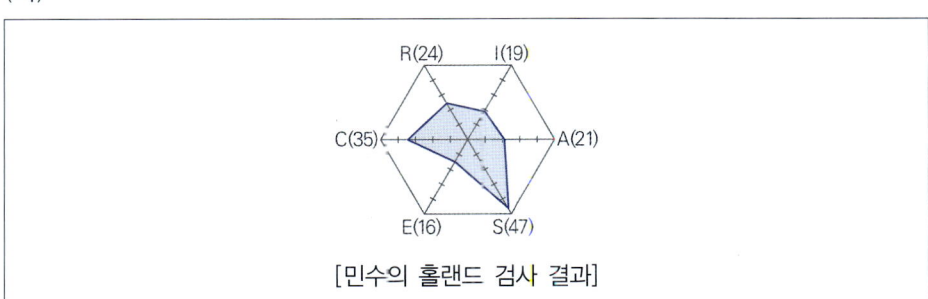

[민수의 홀랜드 검사 결과]

〈작성방법〉

- 민수 어머니가 민수의 진로 변경을 수용하기 어렵다고 말하는 이유를 설명할 수 있는 틀 효과(frame effect)의 명칭을 쓰고, 그 개념의 의미를 상담교사의 말에 근거하여 서술할 것.
- 민수의 홀랜드 검사 결과에 대한 밑줄 친 ㉠~㉣의 해석 중에서 잘못된 것 2가지를 찾아 바르게 고쳐서 서술할 것.

◎ 2015 추시

**14** 다음은 현서(고 3, 남)와 현서가 인턴으로 근무하는 회사에 관한 정보이다. 다위스와 로프퀴스트(R. Dawis & L. Lofquist)의 직업적응이론에서 제시한 성격양식(personality style)의 4가지 요소를 설명하고, 현서의 사례에서 개인-환경 부조화의 내용을 찾아 서술하시오.

〈내담자 정보〉
- 현서는 상업계 고등학교에서 재무 회계를 전공하고 있는 성적이 우수한 졸업반 학생임.
- 최근 3개월 동안 A 기업의 인턴 사원으로 재무팀에서 선배들에게 열심히 배우면서 근무하고 있음.
- 전문 지식 부족과 업무 절차 이해 부족으로 실수가 많고, 타부서와의 관련 업무에서도 어려움을 느끼고 있음.
- 3개월 후 계약직 채용 평가를 받을 예정이며, 장기적으로는 정식 직원으로 채용되어 A 기업에서 근무하기를 희망함.

〈회사 정보〉
- A 기업은 영업 실적이 매우 좋고, 보수와 사원 복지가 좋은 제조업체임.
- 재무 부서 직원 중 80%가 대학 졸업자이고 모두 업무 능력이 뛰어남.
- A 기업은 사원들에게 자기계발을 할 수 있도록 다양한 기회를 제공함.
- 인턴 사원의 경우, 6개월 근무 후 좋은 평가를 받으면 계약직으로 채용되고, 채용 2년 후 재평가 결과가 우수하면 정식직원이 됨.
- 선배들이 후배들의 업무를 지원하는 멘토링 프로그램이 있음.

**15** 다음은 전문상담교사가 주아(고 3, 여)의 진로상담 사례를 요약한 내용이다. 〈작성 방법〉에 따라 논술하시오.

〈내방경위 및 호소문제〉

주아는 대학진학 및 학과선택 문제가 고민되어 상담실을 방문 하였다. 새로운 꿈이 생기면서 지금까지 목표로 삼았던 것들이 바뀔 것 같아 혼란스러워 했다. 지금까지는 진로 문제로 부모와 충돌이 없었지만 이로 인해 부모와의 갈등이 심해졌다.

〈학업 특성 및 진로발달 과정〉

주아는 공부를 잘하고 다양한 흥미를 가진 학생이다. 중1 때 진로탐색 활동을 하면서 자신의 흥미와 적성을 대략 파악하였다. 주아는 스스로 논리적 추론 능력, 수리 능력, 언어 능력 등이 우수하다고 생각하였다. 주아는 수학을 좋아하고 수학이나 과학 문제 푸는 것을 재미있어 하였다. 여러 수학경시대회에서 상을 받았다. 주아는 의사인 부모처럼 공부를 많이 해서 부모의 바람에 따라 의사가 되고 싶어 했다.

… (중략) …

고등학생이 되어서도 주아는 여전히 성적이 우수하였고, 흥미를 느끼는 여러 과목과 관련된 다양한 직업들을 탐색하면서 새로운 직업들에 관심을 가지게 되었다. 몇 개의 직업 대안을 고려하는 가운데 여전히 의사라는 직업에 매력을 느꼈고, 성적이 계속 좋으면 의사가 되는 데는 문제가 없을 것이라 생각했다. 부모를 보면서 의사라는 직업은 의미 있는 일이라고 생각했고, 사회적 지위도 높은 직업인 것 같아 선망하였다. 그런데 고2 말에 국제 구호 활동을 하는 사회복지사에 관한 책을 읽고 그 직업에 대해 관심을 갖게 되었다. 사회적 약자를 위해 늘 뭔가를 해주고 싶었던 주아는 난민 구조 활동을 통해 위험에 처한 사람들을 돕고 싶었다. 그러나 사회복지사는 의사보다 사회적으로 인정받거나 높은 수준의 학력이나 능력을 요구하는 것 같지 않고, 의사에 비해 보수도 턱없이 적다는 점이 마음에 걸렸다. 주아는 의사도 남을 위해 일하는 직업이지만 분쟁지역에서 난민을 돕는 일이 병원에서 진료하는 것보다 더 의미 있다고 생각하였다. 난민 구조 활동의 위험성을 알고 있었지만 부모가 매우 위험하다고 반대하니 더 고민하게 되었다. 남을 돕는 것도 중요하지만 자신의 생명과 건강 역시 중요하기 때문에 갈등하고 있다. 고3이 되어서 진로를 빨리 결정해야 하는데 의대와 사회복지학과 사이에서 고민하고 있다.

〈부모의 특성〉

주아의 부모는 두 분 다 유명한 의사이며 매우 바쁘다. 그들은 주아가 꼭 의사가 되어 자신들처럼 사회적 지위를 얻고 성공하기를 바란다. 부모는 주아에게 완벽한 딸이 되기를 기대하고, 의사가 되려면 항상 전교 1등을 해야 한다고 말한다. 주아의 성적이 좋게 나올 때는 주아가 원하는 것을 모두 들어주지만, 성적이 조금이라도 떨어지면 냉랭하게 눈도 마주치지 않고 문제집을 잔뜩 사서 주아의 책상에 놓아둔다. 평소에는 바빠서 주아의 일상생활에 관심을 쏟지 않다가, 주아가 사회복지사가 되고 싶다고 하니 심하게 반대하고 일일이 간섭한다.

─ 〈작성방법〉 ─
- 서론, 본론, 결론의 형식을 갖추되, 본론에는 다음 3가지를 포함하여 논술할 것.
- 수퍼(D. Super)의 진로발달이론에 근거하여 주아에게 해당하는 진로발달 단계의 명칭을 쓰고, 이 시기에 주아가 수행해야 할 과업 1가지를 사례와 연결 지어 서술할 것.
- 로우(A. Roe)의 욕구이론에 근거하여 주아의 진로선택 어려움에 영향을 미치는 부모-자녀 상호작용 유형의 명칭을 쓰고, 그 유형의 특징 1가지를 〈부모의 특성〉에서 찾아 서술할 것.
- 다위스와 로프퀴스트(R. Dawis & L. Lofquist)의 직업적응 이론에서 제시한 6가지 가치 중에서 주아의 내적 갈등을 설명하는 3가지 가치를 사례와 연결 지어 서술할 것.

## 진로발달 이론

 2009

**16.** 다음 사례에서 전문상담교사가 활용한 진로관련 이론으로 가장 적절한 것은?

- 기본정보
  명현 : 고2, 남, 신체 조건이 매우 우수하며 축구선수로 활동, 학업성적은 중상위권
  부 : 자동차 정비소 운영, 어렸을 적에 축구선수, 명현이 축구선수가 되기를 원함
  모 : 전업 주부, 명현이 공무원이 되기를 원함
- 실시한 검사
  진로성숙도 검사, 스트롱 직업흥미 검사, 청소년 직업가치관 검사, 역할 중요도 검사
- 검사 결과
  명현은 자신의 진로계획에 대하여 어느 정도 생각해 보고, 다양한 진로정보를 사용할 의지가 있다. 그러나 직업세계에 대하여 아는 것이 거의 없었다. 흥미검사 결과를 보면 운동에 대한 흥미가 높지 않았으며, 단지 부와 명예에 가장 많은 가치를 두고 있었다. 명현은 공부, 일, 지역사회봉사, 가족, 여가활동 중에서 여가활동이 가장 중요한 역할이라고 생각하고 있으며, 앞으로도 일보다는 가정생활을 통해서 자신의 가치를 달성할 수 있을 것이라고 생각하고 있다.

① 홀랜드(J. Holland)의 성격유형 이론
② 수퍼(D. Super)의 전생애적 진로발달 이론
③ 크롬볼츠(J.Krumboltz)의 사회학습 진로상담 이론
④ 해켓(N. Hackett)과 베츠(N. Betz)의 사회인지 진로 이론
⑤ 데이비스(R. Dawis)와 롭퀴스트(L. Lofquist)의 직업적응 이론

## 2017

**17** 다음은 위(Wee) 센터에서 진행한 사례 배정 회의 내용이다. 이에 기초하여 긴즈버그(E. Ginzberg)의 진로발달이론에서 제시한 하위 발달 단계의 낮은 단계부터 순서대로 내담자의 이름을 쓰고, 민규에게 해당하는 하위 발달 단계의 특징을 3가지 서술하시오.

> ○ 협의 일시 : 2016년 ○월 ○일
> ○ 협의 장소 : ○○ Wee 센터 회의실
> ○ 회의 내용
>   – 진로상담 내담자는 민규, 영희, 태희 3명임.
>   – 이들 3명은 모두 '잠정기' 내에서 각 다른 하위단계인 것으로 확인됨.
>   – 접수면접 과정에서 "자신이 하고 싶은 일이 무엇이고, 그 이유는 무엇인가요?"라는 질문에 이들은 다음과 같이 대답함.
>     • 민규 : "나는 상담자가 되고 싶어요. 왜냐하면 나는 사람들 만나는 것을 좋아하기 때문이에요. 상담은 전망도 좋고 다른 사람을 도와줄 수 있다는 점이 아주 매력적이에요. 그런데 상담자가 되려면 공부를 좀 더 열심히 해야 할 것 같아요."
>     • 영희 : "나는 만화가가 되고 싶어요. 그 이유는 만화 그리는 것이 재미있고 만화를 좋아하기 때문이에요."
>     • 태희 : "나는 수학 선생님이 되고 싶어요. 그 이유는 내가 수학을 좋아하고 잘 하기 때문이에요. 실제로 수학 성적도 아주 높기 때문에 충분히 가능하다고 생각해요."

**18** 다음은 진로를 아직 결정하지 못한 고등학교 1학년 영우를 상담하기 위해 상담교사가 수행한 내용이다. 이 상담교사가 활용한 진로상담 이론에서는 내담자를 이해하는 데 있어서 '진단'(diagnosis) 보다는 '평가'(appraisal)라는 개념을 중요시한다. 그 이유를 쓰시오.

> (1) 상담교사는 진로선택이 전생애 발달 과정을 통해 이루어진다고 생각한다.
> (2) 상담교사는 영우의 직업적 자아개념 수준을 알아보기 위해 진로성숙도 검사를 실시하였다.
> (3) 상담교사는 상담목표를 설정하기 위해 문제평가, 개인평가, 예언평가를 실시하였다.
> (4) 상담교사는 영우가 자신의 진로 정체성에 관심을 갖도록 하기 위해 자서전 쓰기를 요구하였다.

• 이유 (1줄 이내) : _____

**19** 다음은 진로 집단상담(중3 대상)에서 전문상담교사와 학생들이 나눈 대화 내용의 일부이다. 〈작성 방법〉에 따라 서술하시오.

ⓒ 2021

---

상담교사 : 오늘 집단상담을 마치면서 소감을 한번 얘기해 보세요.

진　　주 : 저는 이번 집단상담에서 ㉠ 진로를 계획하고 직업을 탐색하며 직업 세계에 관한 정보를 갖는 것이 필요 하다는 것을 알게 되었어요. 그리고 제가 좋아하는 직업군에 대해서 알아보고 진로를 결정하는 방법도 알게 되어 좋았어요. 우리가 나이와 발달 단계에 맞게 잘 준비하고 있다는 것을 알게 되었어요.

지　　우 : 선생님, 그럼 어른이 된 미래에는 나이나 발달 단계에 맞게 무엇을 해야 하나요?

상담교사 : 어른이 되면 ㉡ 주어진 삶의 역할이나 자신이 처한 사회적 상황에 맞게 생각하고 행동해야 해요. 복잡하게 변화하는 사회나 직업 세계에서 마주하게 될 문제들에 대처하기 위해 얼마나 준비되었는지가 중요해요. 주변의 어른들을 생각해 보세요.

진　　주 : 아, 이제 알겠어요. 우리 아빠는 디지털 가전 서비스 센터에서 일을 하시는데, 늘 공부를 열심히 하세요. 선생님 말씀을 들어 보니 이해가 되네요. 디지털 기술이 계속 발전하니까 거기에 맞춰 공부하시는 것 같아요.

상담교사 : 맞아요. 멋있는 분이네요. 다른 친구들은 어떤가요?

은　　호 : 저도 제가 무엇을 하고 싶은지 확실히 알 것 같아요. 최근에 본 TV 프로그램에서 스쿠버다이버가 멋져보였어요. 저는 스쿠버다이버가 되기로 결심했어요.

상담교사 : 스쿠버다이버 직업에 대해 알아본 것이 있어요?

은　　호 : 스쿠버다이버의 역동적인 모습이 저에게 잘 맞을 것 같아요. 그 일을 하면 매일매일 즐거울 것 같아요.

지　　우 : 그렇게 스쿠버다이버가 되기로 결정한 것을 보니 지난번 검사에서 은호가 왜 그 유형이 나왔는지 알 것 같아요.

---

〈작성방법〉

- 수퍼(D. Super)가 개인의 진로발달 수준을 평가하기 위해 제안한 개념 중 밑줄 친 ㉠과 ㉡에 해당하는 개념의 명칭을 순서대로 쓰고, 두 개념의 의미를 진주와 진주 아버지의 진로 관련 행동과 연결하여 서술할 것.
- 하렌(V. Harren)이 제시한 진로의사결정 유형 중 은호에게 해당하는 유형의 명칭을 쓰고, 그렇게 판단한 이유를 서술할 것.

**20** 다음은 전문상담교사가 작성한 연미(고3, 여)의 진로상담 사례 기록이다. 〈작성 방법〉에 따라 서술하시오.

---

○ 진로 특성
- 흥미 : 천문 우주, 기상 변화 관측 및 분석 등
- 적성 : 과학 및 수리 영역
- 발달 과정 및 진로 목표 : 초등학교-과학자, 중학교-우주과학자, 고2까지-항공우주공학자

○ 진로 선택의 어려움
연미가 고3 1학기 시작할 때 어머니가 암 진단을 받아 투병생활을 하고 있다. 어머니의 치료로 아버지는 일을 자주 쉬게 되고, 최근에는 가정 수입도 줄어들고 있다. 연미는 아버지의 건강 상태도 좋지 않은 것 같아 걱정이 많다. 연미는 어머니를 돌볼 수 있고, 아버지를 도울 수 있는 방법이 간호사가 되는 것이라고 생각한다. ⓐ 간호학과나 간호사에 관한 정보를 찾고 대학교 학과 지원 방법 등을 알아봐야 하는데, 스스로 알아본 것도 없고, 주변에서 알려 주는 사람도 없어서 어느 대학에 진학해야 할지 어려움을 겪고 있다. 처음에는 두렵고 막막해서 공부에 집중할 수 없었는데 다시 마음먹고 학업 및 학교생활에 충실히 임하고 있다. 그리고 연미는 과학자를 포기하는 것에 대해 내적 갈등이 심했지만 지금은 충분히 정리되었다고 한다. 그래서 이제는 간호사가 되겠다는 확신을 가지고 있다.

○ 생애 역할과 진로발달단계
연미는 간호사라는 직업을 희망하지만 ⓑ 자신의 직업적 정체성은 과학자라고 생각하는 것 같다. ⓒ 간호학과 진학은 부모님에 대한 애정과 딸로서 현재의 어려움을 극복하기 위한 자신만의 최선의 노력이라고 생각한다. 과학자와 간호사라는 직업이 연미에게 무엇을 의미하는지 더 비교해서 탐색할 필요가 있다. 연미는 진로발달단계에서 탐색기의 구체화시기에 해당한다. 그러나 간호학과 진학 준비로 인해 탐색기의 다른 하위 단계에 속할 수 있다.

---

〈작성방법〉

- 보딘(E. Bordin)의 정신역동적 분류에 따라 밑줄 친 ⓐ에 해당하는 연미의 진로 문제 유형 1가지를 쓸 것.
- 수퍼(D. Super)의 진로발달이론을 적용하여 밑줄 친 ⓑ과 ⓒ에 해당하는 역할의 명칭을 순서대로 쓸 것.
- 상담교사가 연미의 ⓑ과 ⓒ의 역할을 비교하여 탐색하려는 이유를 수퍼(D. Super)의 진로발달 평가 및 상담(C-DAC) 모형에 근거하여 서술할 것

**21** ◀ 2014

다음은 전문상담교사가 수퍼(D. Super)의 생애무지개(life rainbow) 모형을 적용하여 슬기(고 1, 여)를 상담한 내용이다. 생애주기(life span)와 생애공간(life space)의 2가지 축을 쓰고, 교차 지점에서 발생한 슬기의 갈등을 서술하시오.

> 슬　　기 : 선생님, 저는 집에만 가면 정말 짜증이 나요. 학교 갔다 와서 쉬면서 음악도 듣고 싶고 친구들하고 채팅도 하고 싶은데, 엄마는 밥 먹기가 무섭게 들어가서 공부하라고 재촉해요. 또 제가 방에 있으면 부모님이 번갈아 들어와서는 제가 뭐하나 감시하는 거예요. 그럴 때면 정말 아무도 간섭하지 않는 곳으로 도망가고 싶어요. (눈물을 흘린다.)
> 상담교사 : 선생님이 슬기 말을 들어 보니까 부모님의 간섭 때문에 답답하겠구나.

**22** ◀ 2012

터크만(B. Tuckman)의 진로발달이론에서 제시한 중학교 1학년의 진로발달 특징으로 가장 적절한 것은?

① 직업선택의 가치, 일에 대한 기대와 보상, 의사결정의 효율성 등에 대하여 관심을 가진다.
② 자신의 규칙과 규범을 설정하고 자아인식을 위해 노력하며 직업군을 탐색하기 시작한다.
③ 진로문제에서 자신의 적합성 여부, 교육조건, 선택 가능성 등에 초점을 두면서 대안을 점차적으로 줄여나간다.
④ 기술과 직업세계에 대한 인식, 사회 내에서의 자신의 위치 등을 생각해 보며 진로결정에 대하여 관심을 가진다.
⑤ 자아를 인식하기 시작하여 더욱 독립적인 존재가 되며 자아인식의 초점은 동기와 욕구, 친구와의 관계형성이다.

**23** 다음은 어떤 진로상담 이론에 대해 설명한 글이다. (가)~(다)에 들어갈 말로 가장 적절한 것을 고른 것은?

> ( 가 )는 직업발달 단계란 연령과 관계없이 문제의 성질에 의해 좌우되며, 일생 동안 여러 번 반복될 수도 있다는 입장을 취하고 있다. ( 가 )는 의사결정 과정을 통해서 직업의식이 발달하는 과정을 설명하고 있는데, 직업발달이란 ( 나 )을 형성해 나가는 계속적 과정이다. 여기서 ( 나 )이란 개인이 자신의 제반 특성을 파악하고 자기를 실현시킬 수 있는 일을 추정하는 자기 나름대로의 인식을 말한다. 개인은 어떤 문제에 직면하거나 어떤 결정을 내려야 할 때 의사결정의 단계에 접어들게 된다. ( 가 )는 ( 나 )의 형성 과정에 따라 의사결정 방식이 다른데 잠정적인 결정을 내리는 단계인 예상기와 잠정적 결정을 실행하는 실천기로 구분하고 있다. 예상기는 다시 ( 다 ) → 구체화기→ 선택기→ 명료화기의 하위 단계를 거치고, 실천기는 순응기→ 개혁기→ 통합기의 하위 단계를 거치게 된다.

| | (가) | (나) | (다) |
|---|---|---|---|
| ① | 수퍼(D. Super) | 직업자아정체감 | 흥미기 |
| ② | 긴즈버그(E. Ginzberg) | 직업자기효능감 | 환상기 |
| ③ | 긴즈버그(E. Ginzberg) | 직업자기개념 | 탐색기 |
| ④ | 티이드만과오하라 (R. Tiedeman & D. O'Hara) | 직업자기효능감 | 환상기 |
| ⑤ | 티이드만과오하라 (R. Tiedeman & D. O'Hara) | 직업자아정체감 | 탐색기 |

## 24

◀ 2021

다음 (가)는 전문상담교사가 미소(고2, 여)를 상담하고 작성한 상담 일지의 일부이고, (나)는 수퍼바이저와 나눈 대화 내용의 일부이다. 〈작성 방법〉에 따라 서술하시오.

(가)

> 1. 흥미와 관련된 활동
>    미소는 건축 설계와 전통 건축의 목공 기술에 흥미를 느끼고 건축학과와 전통건축학과에 관한 정보를 찾아보았다. 그 후, 전통건축박람회에 참가해서 체험 활동을 해 보고 3개월 동안 주말 교육 프로그램을 수강하였다. 이러한 활동을 통해 건축학과 보다 전통건축학과에 진학하기로 마음먹었다.
>
> 2. 내적·외적 갈등
>    미소가 건축학과를 고려했던 이유는 유명한 건축 설계사가 되면 멋진 대형 복합 건물 등을 설계하고 세계적인 명성을 얻을 수 있을 것이라고 생각했기 때문이었다. 하지만 명성을 얻는 것보다 나무를 만지고 가공하는 것이 더 재밌고 즐거워서 전통 건축학과 진학을 결정했다. 그러나 여전히 불편한 감정을 느끼고 있다. 집에서 진로 이야기만 하면 부모님과 갈등이 생기기 때문이다. 특히 어머니는 사범 계열 진학을 강력하게 요구하고 있다. 집에서 미소의 진로 이야기만 나오면 가족 간의 전체 분위기가 악화된다.

(나)

> 수퍼바이저 : (자료를 보면서) 선생님이 정리한 '흥미와 관련된 활동'의 내용을 보면 미소는 뚜렷한 흥미를 가지고 있고, 정보 수집, 다양한 관련 활동을 하면서 진학준비를 했어요. 이를 사회인지진로이론의 선택모형으로 보면 흥미가 ( ㉠ )에 직접 영향을 준 것이지요.
> 김 교 사 : 네, 그러네요.
> 수퍼바이저 : 미소는 진로 이야기를 하면서 부모님과의 갈등보다 자신이 문제라고 했죠. 내적 갈등을 주목해 봅시다. 내적 갈등을 일으키는 요소가 뭐라고 보세요? 이 부분은 또 어떤 진로이론으로 설명할 수 있을까요?
> 김 교 사 : 음, 내적 갈등을 일으키는 요소라고 한다면 …
>    아, 갓프레드슨(L. Gottfredson)의 이론이네요.

〈작성방법〉

- 렌트, 브라운과 헤켓(R. Lent, S. Brown, & G. Hackett)의 사회인지진로이론 선택모형에서 괄호 안의 ㉠에 들어갈 개념의 명칭을 쓰고, 이에 해당하는 내용을 (가)에서 찾아 서술할 것.
- 갓프레드슨의 제한타협이론을 적용해서 미소의 진로의사결정 타협과정을 서술할 것.

**25** ⓒ 2011

갓프레드슨(L. Gottfredson)의 이론에 기초할 때, 내담자가 자신의 직업 포부와 외적 환경 간 타협 혹은 절충의 필요성 정도(작은 경우, 중간인 경우, 큰 경우)에 따라 가장 중요하게 여길 진로 변인을 담고 있는 내용을 〈보기〉에서 골라 바르게 연결한 것은?

―〈보기〉―
ㄱ. "내가 좋아하는 일을 해야지."
ㄴ. "수입도 많고 사회적으로도 남부럽지 않은 직업을 선택해야만 해."
ㄷ. "나는 남자(여자)니까 남자(여자)들이 많이 하는 일을 선택해야지."

|   | 작은 경우 | 중간인 경우 | 큰 경우 |
|---|---|---|---|
| ① | ㄱ | ㄴ | ㄷ |
| ② | ㄱ | ㄷ | ㄴ |
| ③ | ㄴ | ㄷ | ㄱ |
| ④ | ㄷ | ㄱ | ㄴ |
| ⑤ | ㄷ | ㄴ | ㄱ |

**26** 다음을 읽고 물음에 답하시오.

㉮ 이것은 개인이 어떤 직업을 갖기를 열망하는가에 대한 개념으로, 흥미나 적성과 같이 미래의 직업 선택을 예언해 주는 중요한 개념 중의 하나이다. 갓프레드슨(Gottfredson)에 따르면, 이것은 자아개념, 직업에 대한 이미지, 선호성, 직업어의 접근 가능성 등의 요소들에 의해 형성된다.

㉯ 9~13세의 아동들은 대개 자기중심성을 벗어나 동료집단의 평가, 일반적인 사회의 기대나 가치에 민감한 경향이 있다. 또한 사회계층의 차이를 비롯하여 개인의 능력과 직업의 사회적 명성의 차이 등을 무의식적으로 인식하게 된다.

• ㉮의 이것은 무엇인지 쓰시오.

• ㉯는 갓프레드슨(Gottfredson)이 제안한 발달단계 중 어디에 해당되는지 쓰시오.
　_____지향성 단계

© 2015

**27** 다음은 갓프레드슨(L. Gottfredson)이 제안한 이론의 네 번째 단계에 근거하여 진행된 사례 요약의 일부이다. 이 이론에서 제안한 네 번째 단계의 명칭을 쓰고, 이 단계의 특징을 3가지만 서술하시오. 그리고 진로대안을 제거하는 데 필요한 요소를 이 단계의 특징에서 찾아 현수(중 3, 남) 사례와 연결하여 서술하시오.

〈상담 사례 요약〉

현수는 어려서부터 학업성적이 우수하고 다재다능하여 부모님의 기대가 컸다. 초등학교 시절 우연히 발레를 접하고, 그것에 재미를 느껴서 계속 하고 싶어 했다. 어려운 동작도 잘 따라 해서 발레 선생님도 소질이 있다고 칭찬하셨다. 그 후에도 계속 연습하면서 발레리노가 되는 꿈을 키워왔다. 최근에 현수는 이 사실을 부모님께 말씀드렸다. 그러자 아버지는 크게 화를 내며 반대 하셨다. 아버지는 현수가 연습도 못하도록 엄하게 통제하셨다. 아버지는 현수가 학업성적도 좋은데, 남자라면 남들이 우러러 보는 법관 같은 직업을 가져야 한다고 하셨다. 현수도 발레를 직업적으로 하고 싶지만, 여자들이 주로 갖는 직업이라는 생각이 들어서 답답한 마음에 진로상담을 신청하였다.

진로흥미검사를 실시하여 현수의 흥미유형이 'AS'임을 확인하였다. 상담을 통해 현수는 진로를 잠정적으로 결정하고, 지속적인 발레 연습을 통해 장차 대학의 무용학과에 진학하기로 결정하였다. 또한 현수는 부모님을 설득하는 한편, 무용학과 진학을 위해 최선을 다하기로 다짐하였다.

## 사회학습과 사회인지 이론

◁ 2011

**28** 변화하는 직업세계의 흐름에 대응하기 위해 진로상담자가 유념해야 할 것으로서 크럼볼츠(J. Krumboltz)가 제안한 내용으로 옳은 것만을 〈보기〉에서 모두 고른 것은?

〈보기〉

ㄱ. 개인은 직업이 안정적으로 유지될 것이라는 가정을 하지 말고 직무 변화에 대비하여야 한다.
ㄴ. 개인은 자기 자신이나 진로를 변화시킬 때 우연적 사건들의 영향을 의식하지 말아야 한다.
ㄷ. 진로 상담자는 진로 선택 뿐 아니라 모든 진로 문제를 다루는 데 중요한 역할을 수행하여야 한다.
ㄹ. 개인은 자신의 흥미를 확장하기보다 지금까지의 경험을 반영하는 특성에 적합한 진로의사결정을 하여야한다.
ㅁ. 진로상담자는 흥미, 적성 등의 특성 탐색을 통해 내담자를 진단할 뿐 아니라, 내담자의 의사결정과 실행을 촉진, 격려 하여야 한다.

① ㄱ, ㄹ   ② ㄴ, ㄹ   ③ ㄱ, ㄷ, ㅁ
④ ㄱ, ㄹ, ㅁ   ⑤ ㄴ, ㄷ, ㅁ

**29** 다음은 전문상담교사가 민호(고 2, 남)와 진로상담을 하고 있는 내용의 일부이다. ( ) 안에 들어갈 용어를 쓰시오.

> 민호 : 오래 전에 있었던 일이어서 그 동안 완전히 잊고 있었어요. 초등학교 때 영어캠프가 갑자기 취소되어 아버지의 친구분이 근무하는 공항 출입국관리 사무소에 아버지와 함께 갔었죠. 그 때 출입국심사 업무를 하는 직업이 있다는 것을 처음으로 알게 되었어요.
>
> 교사 : 정말 신기하고 즐거운 경험이었을 것 같아요. 그때의 경험이 그 이후에 생활이나 진로에 어떤 영향을 줬나요?
>
> 민호 : 그 때는 그 직업이 무엇을 하는 것인지 잘 알지 못했어요. 그런데 그 이후에 영화나 드라마를 보면 외국에는 이민국이라는 관공서가 있더라고요. 거기에서 그 나라의 출입국 정책을 만든다는 것을 알게 되었어요.
>
> 교사 : 앞으로 대학 진학을 고려할 때 그 경험이 학과선택에도 영향을 미칠 것 같네요.
>
> 민호 : 네, 맞아요. 고1 때 해외여행을 계획하면서 제가 가족들의 비자를 신청했어요. 그 때 여러 나라의 이민 정책, 출입국 정책 등이 궁금해서 자료를 찾아 보았죠. 그리고 정치외교학과와 행정학과 등에 대해 더 진지하게 생각하게 되었어요.
>
> … (중략) …
>
> 교사 : 이런 경험들이 진로선택에 도움이 되겠네요. 크럼볼츠(J. Krumboltz)의 사회학습진로이론에서는 이와 같은 경험들을 ( )(이)라고 하는데, 민호는 호기심이 많고 낙관적이니까 그러한 경험들을 잘 활용하면 도움이 될 것 같아요.

**30** 다음은 전문상담교사가 효나(중 3, 여)와 진행한 진로상담 축어록의 일부분이다. 상담교사가 적용한 명칭과 주요 기술에 대해 〈작성 방법〉에 따라 서술하시오.

> 효    나 : 선생님, 요즘 제가 어떤 직업을 가져야 할지 걱정되고 그래서 많이 불안해요.
> 상담교사 : 진로에 대해 고민하면서 불안해하는 것은 너무나 자연스러운 일이야. 선생님은 오히려 효나가 그런 불안을 신나는 모험을 떠나기 전의 느낌으로 여겼으면 좋겠어. 효나는 평소에 어떤 일을 할 때 힘이 넘친다는 느낌이 드는지 선생님한테 말해 줄래?
> 효    나 : 예전에 친구 은영이가 어려운 수학 문제를 가지고 와서 제가 그 문제를 풀어 줬는데, 너무 고마워하는 거예요. 그때 가르쳐 주는 일에 대해 그런 느낌을 받았어요.
> 상담교사 : 그랬구나. 그럼 효나는 그 다음에 그런 느낌을 더 느끼기 위해 해 본 일이 있니?
> 효    나 : 그 후에 우리 반 연재가 수학 문제를 풀면서 스트레스를 많이 받기에 제가 도와줬어요. 그런데 몇 번을 설명해 줘도 연재가 이해를 못 하는 거요. 그래도 포기하지 않았어요.
> 상담교사 : 그래서 어떻게 했어?
> 효    나 : 이런저런 방법으로 설명해 주다가 연재가 좋아하는 게임의 규칙을 예로 들어 설명해 줬어요. 그랬더니 연재가 이해를 하더라구요. 저는 친구 성향에 맞게 다양한 방법으로 설명해 줄 수 있어요.
> 상담교사 : 효나는 그런 기회가 일어날 가능성을 높이기 위해 어떤 것을 해 볼 수 있을까? 혹시 초등학생에게 수학을 가르치는 멘토링 프로그램에 참여해 볼 의향이 있니?
> 효    나 : 네, 초등학생도 잘 가르칠 수 있을 것 같아요.
> … (중략) …
> 상담교사 : 그럼, 효나가 정말 하고 싶은 것을 가로막는 것이 있다면 무엇일까? 선생님과 같이 생각해 볼까?

〈작성방법〉

- 상담교사가 적용한 크럼볼츠(J. Krumboltz) 이론의 명칭을 쓸 것.
- 크럼볼츠가 제시한 '기회를 자신의 진로에 유리하게 활용 하는데 도움이 되는 5가지 기술' 중 축어록에 나타난 3가지 기술의 명칭과 각각의 근거를 효나의 반응에서 찾아 쓸 것.

### 2014

**31.** 다음은 전문상담교사가 사회학습 진로이론(Learning Theory of Career Counseling : LTCC)을 적용하여 진로선택을 고민하고 있는 민기(중 2, 남)를 상담한 축어록의 일부이다. 상담 내용에 근거하여 민기의 진로결정에 영향을 준 3가지 요인을 서술하시오.

> 민 기 : 선생님, 아빠는 저보고 공부를 열심히 해서 작은 아버지처럼 공무원이 되라고 하시는데 저는 공무원 보다는 사업가가 되고 싶어요.
> 교 사 : 그렇구나. 그럼 최근에 사업가에 관심을 갖게 된 계기가 있었어?
> 민 기 : 며칠 전 TV에서 성공한 기업인에 대한 방송을 보고나서부터는 대기업의 CEO가 된 미래의 내 모습을 상상하면 막 가슴이 뛰고 즐거워져요. 그래서 성공 할 수 있는 사업 아이템을 인터넷에서 찾아보기도 했어요. 또 Wee센터에서 실시한 여름 방학 직업 체험 프로그램에 참여해 보기도 했어요.
> 교 사 : 민기가 성공한 기업인에 대한 방송을 보고 가슴이 뛰고 즐거웠고 직업체험 프로그램에도 참여했다고 했는데, 예전에도 그런 일이 있었을까?
> 민 기 : 글쎄, 부모님이 바쁠 때는 가끔 도와드리는데 가게에 손님이 들어와서 제 설명을 듣고 물건을 사면 '나는 잘할 수 있어'하는 생각이 드니까 뿌듯했어요.
> 교 사 : 민기는 사람들에게 서비스를 하는 것에 흥미가 있고 손님들이 물건을 사 가게 되면 더 자신감이 생기는구나.

### 2011

**32.** 다음 (가)~(라)에 들어갈 말을 바르게 연결한 것은?

> 사회인지진로이론은 처음 ( 가 ) 등이 사회인지이론을 여성의 진로발달 과정에 적용하며 태동하였다. 이 이론에 의하면 진로흥미의 발달에 자기효능감과 ( 나 )가 중요한 영향을 끼친다. 한편 진로를 선택하고 실행하는데 부정적 영향을 미치는 근접맥락요인을 ( 다 )이라고 한다. 진로 상담의 초기에 낮은 자기효능감과 ( 나 ), 그리고 ( 다 )의 영향을 극복하면서 내담자의 진로선택대안은 ( 라 )하게 된다.

|   | (가) | (나) | (다) | (라) |
|---|---|---|---|---|
| ① | 미첼(L. Mitchell) | 목표 | 진로장벽 | 증가 |
| ② | 미첼(L. Mitchell) | 결과 기대 | 맥락조건 | 감소 |
| ③ | 해켓(G. Hackett) | 결과 기대 | 진로장벽 | 증가 |
| ④ | 해켓(G. Hackett) | 목표 | 맥락조건 | 증가 |
| ⑤ | 해켓(G. Hackett) | 목표 | 진로장벽 | 감소 |

## 33 ◀ 2014

다음은 전문상담교사가 사회인지 진로이론(Social Cognitive Career Theory : SCCT)을 적용하여 미소(고 2, 여)와의 상담과정에서 실시한 전략이다. 이 전략의 목표를 쓰시오.

> 먼저 미소가 좋아하는 직업과 싫어하는 직업을 기록지에 작성하게 하였다. 그런 다음, 미소가 각 직업을 선택했을 때 나타날 수 있는 긍정적 결과와 부정적 결과를 적어보게 하였다. 그 후 각 직업에서 예상되는 부정적인 결과에 상담의 초점을 맞추었다.

## 34 ◀ 2015

다음은 사례회의에서 전문상담교사인 최 교사가 백 교사에게 소라(고 1, 여)의 사례에 대해 조언을 하고 있다. 최 교사가 제안한 모형에서 ⊙과 ⓒ에 해당하는 용어를 순서대로 쓰시오.

> 백교사 : 제가 소라를 3회기나 상담했는데, 소라는 매번 다른 직업들을 제시하고는 어떤 직업이 좋은지 물어요. 이 직업들은 홀랜드(J. Holland)의 진로코드로 보면 서로 다른 유형에 속해요. 소라가 어떤 영역에서는 분명히 잘 하는데도 불구하고, 늘 자신 없어 해요. 지금까지 흥미검사와 적성검사를 실시했고, 직업카드분류도 해봤어요. 이제 이론을 적용해서 소라의 진로선택을 도울 수 있는 방법을 찾아 봐야겠어요.
> 최교사 : 그러면 지금까지 탐색했던 내용과 앞으로 탐색해야 할 내용을 사회인지진로이론 선택모형으로 적용해보면 어떨까요?

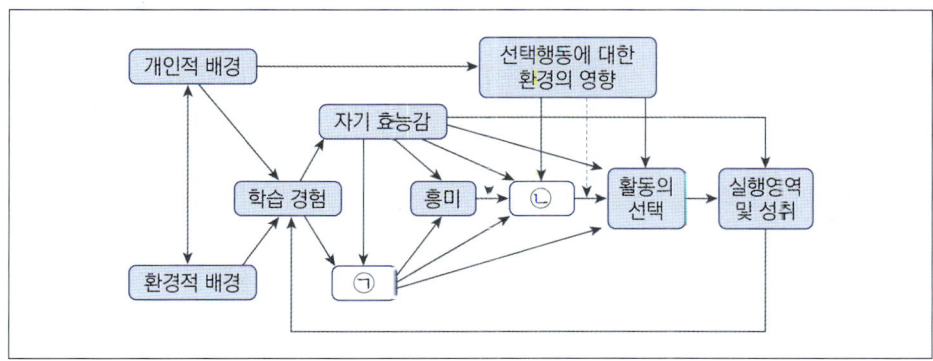

**35** 다음에서 (가)는 전문상담교사와 수퍼바이저 간의 대화 내용이고, (나)는 수퍼바이저가 이야기하는 내용의 근간이 되는 렌트(R. Lent), 브라운(S. Brown), 해켓(G. Hackett)의 사회인지진로이론에서 제시하는 진로모형을 설명하는 그림이다. ㉠, ㉡에 들어갈 용어를 순서대로 쓰시오.

〈가〉

상담 교사 : 제가 상담하고 있는 수철이는 자기가 하고 싶어하는 직업 선택은 잘하는데 그것을 꾸준히 유지하거나 실제로 수행하고 달성하는 것은 잘 못하는 것 같아요. 수철이가 자신의 목표를 지속적으로 추구하고 성취할 수 있도록 도와주는 방법이 있을까요?

수퍼바이저 : 물론 있지요. 예를 들어, 고등학교 때 그림을 잘 그려서 많은 상을 받았던 학생은 그림 실력에 자신감을 갖고, 대학의 미술 관련 전공에 지원할 거예요. 대학에 진학해서는 과거 자신의 능력과 자신감에 기초하여 더 나은 그림을 그리겠다는 목표를 세우게 되고 이러한 목표를 달성하기 위해 지속적으로 노력하게 되죠. 이처럼 자신이 선택한 진로 영역에서의 수행 수준과 지속성 수준을 예측할 수 있는 모형을 활용할 수 있어요.

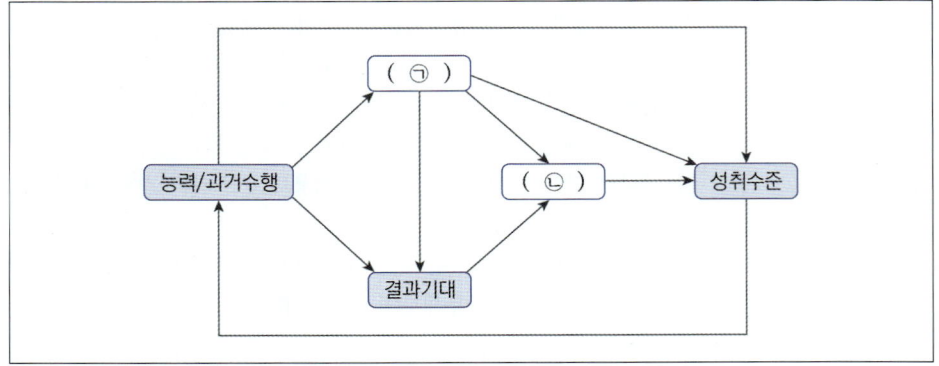

36 다음 (가)는 전문상담교사와 수퍼바이저가 수지(중2,여)에 대해 나눈 대화 내용의 일부이고, (나)는 진로흥미발달모형이다. 〈작성방법〉에 따라 서술하시오.

(가)

상담 교사 : 지난번 말씀드렸던 수지를 기억하세요? 식품 공학을 공부하고 싶은데, 수학을 잘하지 못해서 고민하는 학생이요.
수퍼바이저 : 기억나요. 학교에서 수학을 재미있게 공부했는데, 학원에서 치른 반 배정 시험에서 최하위 성적을 받고 상심했던 그 학생이지요?
상담 교사 : 네, 맞아요. 수지의 학교 수학 성적은 나쁘지 않은데, 아무래도 수지의 수학에 대한 ( ㉠ )이/가 문제인 것 같아요. 수학에 흥미가 있어서 격려해 주고 싶은데, 어떻게 하면 좋을까요? 수지는 수학 성적이 오르면 부모님이 최신형 휴대폰을 사 주신다고 해서서 기대하고 있기는 해요.
수퍼바이저 : 그렇다면 수지의 사례를 렌트, 브라운과 헤켓(R. Lent, S. Brown, & G. Hackett)의 사회인지진로이론을 적용하여 살펴볼까요? 진로흥미발달모형을 같이 보시죠.
[A] 상담 교사 : 네, 좋습니다. 저는 모형에서 ( ㉠ )와/과 흥미가 연결된 것을 보니 수지가 수학에 흥미를 갖고 있으면, 수학을 잘할 수 있다는 믿음도 금방 생길 것이라 생각해요.

(나)

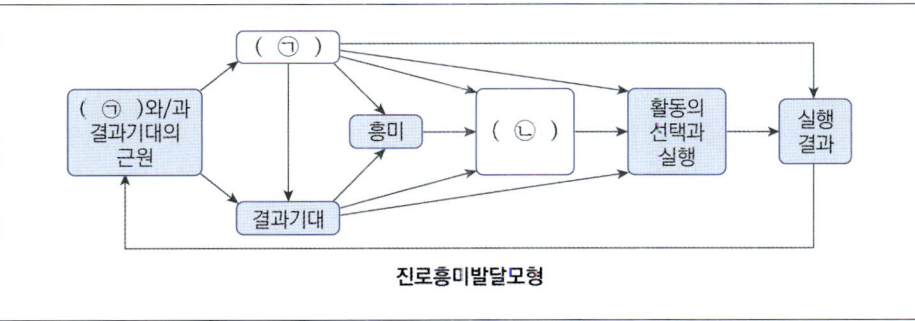

진로흥미발달모형

─────〈작성방법〉─────
- (가)와 (나)의 괄호 안의 ㉠에 공통으로 해당하는 개념의 명칭을 쓸 것.
- (나)의 괄호 안의 ㉡에 해당하는 개념의 명칭을 쓰고, 결과기대가 괄호 안의 ㉡에 미치는 영향을 (가)의 사례와 연결지어 1가지를 서술할 것.
- 렌트, 브라운과 헤켓(R. Lent, S. Brown, & G. Hackett)의 진로흥미발달모형에 근거하여, [A]에서 잘못된 부분을 찾아 바르게 고쳐서 서술할 것.

**37** (가)는 렌트(R. Lent), 브라운(S. Brown), 해켓(G. Hackett)의 사회인지진로이론에 관한 설명이고, (나)는 아라(고 3, 여)가 상담과정에서 작성한 자기소개서의 일부이다. ( ) 안에 해당하는 명칭을 쓰고, (나)에서 아라의 진로발달에 영향을 미치는 ㉠의 예를 2가지 찾아 서술하시오.

〈가〉

- 사회인지진로이론에서는 개인의 진로 발달과 선택에 영향을 미치는 변인으로 개인적 변인뿐만 아니라 환경적 변인을 강조하고 있다.
- 개인적 변인은 개인의 진로 발달과 선택에 영향을 미치는 요인들로 성, 민족, 인종, 신체적 건강 등을 포함한다.
- 환경적 변인은 개인이 속하는 사회문화적 환경을 뜻하며 ( ) 변인과 ㉠ 근접 맥락 변인으로 구분된다.

〈나〉

저는 초등학교 때부터 할머니와 함께 주민센터에서 나오는 정부지원금으로 생활해 왔습니다.

… (중략) …

어려운 사람들을 위한 복지제도가 얼마나 중요한지 중학교 때 알게 되었습니다. 그리고 우리 가족을 포함해서 주변에 어렵고 힘든 사람들이 정말 많다는 것을 알게 되었습니다. 할머니는 지원금이 나올 때면 기분이 좋아 보였고, 그런 할머니의 모습을 보고 가난하고 어렵게 사는 사람들도 희망을 가질 수 있다는 것을 알았습니다. 어려운 가정환경 때문인지 저는 사회복지와 경제 분야에 대해 관심이 많아졌습니다.

… (중략) …

경제적으로 어려운 상황에 처해 있는 저로서는 대학에 진학 하는 것이 쉽지 않은 일입니다. 그러나 이런 어려움에도 불구하고 저는 장차 사회복지사가 되어 우리처럼 어려운 상황에 처해 있는 사람들을 돕고 싶습니다.

## 관계적 접근

**2012**

**38.** 다음은 진희(중 2, 여)의 부모 – 자녀 관계를 진술한 내용이다. 로우(A. Roe)의 욕구이론에 근거하였을 때, 진희가 선택할 가능성이 높은 직업군만을 〈보기〉에서 있는 대로 고른 것은?

- 진희는 부모로부터 자상한 배려나 관심을 받지 못한다.
- 진희는 자신에게 어떤 문제가 생겨도 부모에게 도움을 청하지 않는다.
- 진희 부모는 진희의 신체적·심리적 요구를 충족시키려는 노력을 거의 하지 않는다.

〈보기〉
ㄱ. 서비스직  ㄴ. 산업기술직  ㄷ. 조직·단체직
ㄹ. 일반문화직  ㅁ. 과학직  ㅂ. 옥외활동직

① ㄱ, ㄴ  ② ㄴ, ㅁ  ③ ㄴ, ㅁ, ㅂ
④ ㄹ, ㅁ, ㅂ  ⑤ ㄱ, ㄷ, ㄹ, ㅂ

**2015 추시**

**39.** 다음은 로우(A. Roe)의 양육태도 유형 분류 방식을 적용하여 두 내담자가 가지고 있는 부모와의 관계 특성을 분석한 내용의 일부이다. ㉠, ㉡에 들어갈 아버지의 양육태도 유형을 순서대로 쓰시오.

| 내담자 | 부모와의 관계 특성 | 양육태도 유형 |
| --- | --- | --- |
| 영주<br>(고 1, 여) | • 영주가 어릴 때부터 아버지는 회사 일에만 신경을 썼고 어머니가 자녀 양육과 교육 문제를 도맡아 왔다.<br>• 어머니가 암으로 돌아가신 후, 아버지는 영주가 진로에 대해 상의하려 할 때마다 '엄마가 없으니…'하고 한숨만 푹 쉬면서 자리를 피한다. | ㉠ |
| 설아<br>(고 3, 여) | • 설아가 어릴 때부터 아버지는 '아이들은 실수하면서 큰다'고 말하면서 설아가 하고 싶은 것을 대부분 허용하였다.<br>• 아버지는 예술 분야 직업의 현실적인 어려움 때문에 설아가 실용음악과에 진학하려는 것을 염려하지만, 설아의 의견을 존중하여 실용음악과가 있는 대학의 입시 정보를 찾아주곤 한다. | ㉡ |

© 2024

**40** 다음은 중학교에 근무 중인 전문상담교사가 자녀 진로지도에 대한 학부모 교육 중에 나눈 대화 내용의 일부이다. 〈작성 방법〉에 따라 서술하시오.

> 상담교사 : 여러분들은 가정에서 자녀가 앞으로 어른이 되면 무엇을 하고 싶어 하는지 충분히 대화를 나누시는 편인가요?
>
> 학부모 1 : 저희 부부는 모두 낮에는 직장을 다녀서 함께 있어 주지 못하지만, 퇴근 후와 주말에는 우리 강민(중3, 남)이랑 가능한 많은 시간을 보내려고 노력했어요. 그래서 그런지 자연스럽게 자신이 하고 싶은 것들도 이야기를 잘하더라고요.
>
> 상담교사 : 로우(A. Roe)라는 진로이론가는 부모님들께서 자녀를 양육하는 방식에 의해 자녀의 심리적 욕구가 형성되고, 그러한 욕구를 충족시키기 위한 직업을 선택한다고 했어요. 물론, 부모-자녀 관계는 이론처럼 획일적이거나 단순하지 않아서 해석에 주의를 요하지만, 로우(A. Roe)의 욕구이론에 비추어 보면, 강민이 부모님과 강민이처럼 ㉠ <u>따뜻한 부모-자녀 관계를 형성한 경우</u>에는 ( ㉡ ) 직업군을 선택하는 경향이 있다고 해요.
>
> 학부모 2 : 선생님, 저는 우리 연지(중1, 여)랑 진로에 대해서 이야기를 나누고 싶은데 중학교 입학 후부터는 더욱 대화가 단절된 것 같아요. 초등학교 때는 학교에서 있었던 일이나 좋아하는 연예인 이야기, 커서 무엇이 되고 싶은지 곧잘 이야기했었던 것 같은데 말이에요. 혹시, 연지랑 함께 진로에 대해 자연스럽게 이야기하는 방법 같은 것이 있을까요?
>
> 상담교사 : 마침 잘 되었네요. 다음 달에 부모 참여 진로탐색 프로그램을 실시할 예정이거든요. 연지 부모님께서는 다음 달에 연지와 함께 참여해 주시면 좋을 것 같아요. ㉢ <u>아먼슨(N. Amundson)과 페너(K. Penner)가 함께 고안한 PICE(Parents Involved Career Exploration) 프로그램</u>은 한 회기(60~90분) 안에 총 5단계의 세부 내용을 다루도록 구성되어 있어서 직장 때문에 시간 맞추시기 어려운 부모님들도 참여하시는 데 부담되지 않으실 거예요.
>
> 학부모 2 : 네, 시간적인 부담도 없고, 무엇보다도 연지와 함께 참여한다는 점에서 의의가 있는 것 같아요. 아까 한 회기에 총 5단계를 진행한다고 하셨는데, 대략적으로 설명해 주실 수 있으신가요?
>
> 상담교사 : 그럼요. 1단계는 소개, 2단계는 패턴 확인 연습, 3단계는 학교 공부 선호와 수행에 대한 논의, 4단계는 교육과 노동 시장에 대한 전망, 5단계는 활동 계획하기 내용으로 진행될 예정이에요.

─〈작성방법〉─

- 로우(A. Roe)의 욕구이론에 기반해서 밑줄 친 ㉠과 같은 부모-자녀 관계에서 성장한 사람이 가지는 욕구 충족 방식과 괄호 안의 ㉡에 속하는 직업의 특성을 서술할 것.
- 밑줄 친 ㉢의 PICE 프로그램이 강조하는 점 1가지와 이 프로그램이 효과적이기 위해서 부모와 자녀에게 공통으로 필요한 조건 1가지를 서술할 것.

## 의사결정 이론

◀ 2014

**41** 다음은 전문상담교사가 진로의사결정 5단계에 따라 수아(고 1, 여)를 상담한 축어록의 일부이다. 바로 다음 단계의 주요 활동내용을 쓰시오.

> 상담교사 : 수아야, 오늘 상담을 시작하기 전에 그 동안의 상담 내용을 정리해 볼까?
> 수　　아 : 지금까지의 상담에서 제가 중요하게 여기는 가치와 원하는 것이 무엇인지 확실히 알게 되었어요. 그리고 저가 하고 싶은 것을 하려면 어떤 방법이 필요한지도 알게 되었어요. 정말 이렇게 많은 방법이 있을 줄 몰랐어요.
> 상담교사 : 그래, 수아가 이제 원하는 것도 분명히 알게 되었고 그것을 성취할 수 있는 방법도 많이 찾았구나. 수아가 적극적으로 상담에 참여하는 모습이 참 보기가 좋았어. 그런데 우리가 지난주 상담 시간에 나눈 이야기가 더 있는 것 같은데…….
> 수　　아 : 참, 지난주에는 제가 찾은 여러 가지 방법 중에서 무엇을 기준으로 선택해야 할지 정했지요.
> 상담교사 : 그렇지, 지난주는 선택기준을 정했지. 그럼 다음 단계로 넘어가 볼까?

### 2011

**42** 피터슨(G. Peterson) 등이 제안한 인지정보처리이론에 기초할 때, 다음의 진로 상담 축어록에 나타난 의사결정기술단계로 옳은 것은?

> 내담자 : 저는 어렸을 때부터 우리 아빠처럼 훌륭한 건축설계사가 되고 싶었거든요. 그런데…….
> 상담자 : 그런데 뭔가 다른 생각을 하게 되었나 보구나.
> 내담자 : 글쎄요, 아직 잘 모르겠어요.
> 상담자 : 아직 생각이 분명하지는 않은 모양이네. 그럼 건축설계사가 되는 것에 대해먼저 얘기해볼까?
> 내담자 : 음, 건축설계사가 된다는 것이 아무래도 너무 따분할 것 같다는 생각이 드는거예요. 그래서 점점 건축학과에 진학하는 것이 내키지 않거든요. 그렇지만 어려서부터 건축학과만 생각해 왔고, 다른 전공은 한 번도 생각해 본 적이 없어서……. 하지만 뭔가 다시 생각해보긴 해야 할 것 같아요.

① 평가(valuing)
② 분석(analysis)
③ 실행(execution)
④ 종합(synthesis)
⑤ 의사소통(communication)

### 2009

**43** 다음의 내용과 가장 관련이 있는 이론은?

> • 진로의사결정은 하나의 문제해결과정이다.
> • 진로선택은 정서와 인지의 상호작용의 결과이다.
> • 진로문제를 해결하는 능력은 지식뿐만 아니라 조작의 가용성에 달려 있다.
> • 진로발달은 자신과 직업에 대한 정보를 가지고 일련의 구조화된 기억구조를 형성함으로써 이루어진다.

① 블러(P. Blau)의 사회학적 이론
② 터크만(B. Tuckman)의 발달이론
③ 브라운(D. Brown)의 가치중심적 진로접근 모델
④ 타이드만(D. Tiedeman)과 오하라(R. O'Hara)의 발달이론
⑤ 피터슨(G. Peterson), 샘슨(J. Sampson), 리어던(R. Reardon)의 인지적 정보처리이론

**44** 다음은 전문상담교사가 수지(고 2, 여)와 경원(고 2, 남)을 상담한 내용이다. (가), (나)의 상담 내용이 피터슨(G. Peterson) 등의 인지정보처리이론에서 제안한 정보처리기술 중 어느 기술에 해당하는지 각각 쓰고, 각 기술에 포함되는 내담자의 활동을 1가지씩 서술하시오.

〈가〉

상담 교사 : 상담을 통해 도움을 받고 싶은 내용이 무엇인가요?
수　　지 : 그동안 저는 교사가 되면 안정되고 여유로운 생활을 할 거라고 생각했어요. 그런데 요즘 들어 교사가 저의 적성에 맞는지 잘 모르겠어요.
상담 교사 : 진로에 대해 갈등하는 이유가 있나요?
수　　지 : 제가 지역아동센터에서 3개월 동안 학습 멘토링 봉사활동을 했어요. 그런데 초등학생들을 대상으로 학습지도를 하다 보니 가르치는 일이 따분하고 재미가 없더라고요. 수업 시간에 딴 짓을 하는 아이를 보면 화가 나서 참을 수가 없었어요.

〈나〉

상담 교사 : 지금까지 알아본 직업들의 장단점을 이야기해 보세요.
경　　원 : 우선 공무원은 안정적이지만 공무원 시험에 합격하기가 어려워요. 그리고 군인은 조직을 통솔하고 국가에 기여하는 일이기는 하지만 위험해요. 사업을 하면 돈은 많이 벌 수 있지만 실패할 위험이 커요.
상담 교사 : 그래요. 지금부터는 그 직업들의 우선 순위를 정해 볼까요?
경　　원 : 저는 아무래도 사업가가 가장 좋을 것 같아요. 그 다음은 공무원이고, 군인이 마지막이에요.

## 45

다음은 전문상담교사와 선우(고 1, 남)의 진로상담 내용의 일부이다. 피터슨과 샘슨(G. Peterson & J. Sampson)이 제안한 인지적 정보처리(Cognitive Information Processing : CIP) 이론의 정보처리영역 피라미드를 적용하여 〈작성 방법〉에 따라 서술하시오.

> 선　　우 : 선생님, ㉠ 저는 의자에 앉아서 일하는 것보다 몸을 움직이고 밖에서 일하는 것이 체질에 맞는 것 같아요. 그리고 앞으로는 친환경 농업이 유망직종이라고 하잖아요. 그래서 저는 졸업하고 바로 농장 일을 시작하고 싶어요.
> 상담교사 : 밖에서 일하는 게 너에게 잘 맞고, 앞으로 유망직종이라서 농장 일을 하고 싶다는 말이구나. 혹시 농장 일을 해본 적이 있니?
> 선　　우 : 지난여름에 집 근처 농장에 가서 아르바이트를 해본 적이 있어요.
> 상담교사 : 그랬구나. 어떤 것 같아?
> 선　　우 : 너무 더워서 힘이 들었지만 농장 일을 해보기를 잘 했다는 생각이 들었어요. 재미있고 보람도 느껴졌고요. 농장 경험을 통해 그동안 미처 생각하지 못했던 것들을 알게 되었어요. ㉡ 저에 대해 모르고 있었던 것들이 많았더라고요. 앞으로 무엇을 더 준비하고 알아보아야 할지, 시간을 어떻게 활용하면 좋을지, 시간을 갖고 계획해보려고 해요. 꿈만 꾸기보다 직접농장 아르바이트를 시도하다니, 제 스스로가 대견하다는 생각이 들었어요.

―〈작성방법〉―

- 밑줄 친 ㉠, ㉡에 해당하는 정보처리 영역의 명칭을 순서대로 쓸 것.
- 선우의 진로의사결정과 관련된 '자기자각(self-awareness)'과 '자기대화(self-talk)' 내용을 밑줄 친 ㉡에서 찾아서 각각 1가지씩 서술할 것.

2012

**46.** 다음은 진로문제로 고민하고 있는 태희(고1, 여)가 의사결정유형 검사에서 '그렇다'고 응답한 문항들의 일부이다. 해런(V. Harren)의 이론에 근거하여 추론할 수 있는 태희의 의사결정유형은?

> • 나는 의사결정을 할 때, 한 단계 한 단계 체계적으로 한다.
> • 나는 어떤 의사결정을 할 때, 시간을 갖고 주의 깊게 생각해 본다.
> • 나는 의사결정을 할 때, 이 의사결정과 관련된 결과까지 고려한다.
> • 나는 내가 내린 각각의 의사결정을 일정한 목표를 향한 진보의 단계들로 본다.

① 외적유형(external style)
② 합리적 유형(rational style)
③ 직관적 유형(intuitive style)
④ 의존적 유형(dependent style)
⑤ 체계적 유형(systematic style)

---

**47.** 다음은 하렌(Haren)의 의사결정 유형 검사 문항의 일부이다. ㉮, ㉯, ㉰는 각각 어떤 유형을 측정하는 문항인지 쓰시오.

> ㉮ • 의사결정을 할 때, 나는 다른 사람의 많은 격려와 지지를 필요로 한다.
>    • 대개의 경우 나는 주위 사람들이 바라는 방향으로 의사결정을 한다.
> ㉯ • 나는 중요한 의사결정을 할 때, 한 단계 한 단계 체계적으로 한다.
>    • 나는 얻을 수 있는 정보를 다 수집하고 나서야 중요한 의사결정을 한다.
> ㉰ • 나는 문제의 본질에 대해 순간적으로 떠오르는 생각에 의해 결정을 한다.
>    • 나는 의사결정을 할 때, 마음이 가장 끌리는 쪽으로 결정을 한다.

㉮ _____ 유형, ㉯ _____ 유형, ㉰ _____ 유형

◀ 2013

**48** 다음은 중학교 3학년 학생들이 자신의 희망직업에 대해 말하는 내용이다. 해런(V. Harren)의 의사결정이론에 근거하여 볼 때 (가)~(다) 학생의 진로의사결정유형을 바르게 연결한 것은?

> (가) 나는 공무원이 되려고 해. 아빠가 안정적인 직업이 최고라고 하셨어. 나는 잘 모르겠지만 정년이 될 때까지 신분이 보장되는 직업을 갖는 것이 중요한가 봐. 공무원이 되려면 공부를 잘해야 한다고 아빠가 말씀하셔서 열심히 하려고 해.
> (나) 나는 백댄서가 될지 프로게이머가 될지 고민 중이야. 둘 다 멋있고 신나는 직업인 것 같아. 물론 힘들 때도 있겠지만, 수많은 관중 앞에서 화려한 조명을 받으며 멋진 가수들과 함께 춤을 추거나 신나게 게임하는 것은 상상만 해도 즐거워.
> (다) 나는 상담자가 되고 싶어. 사람을 만나 고민을 들어주는 것은 참 의미 있는 일이라고 생각해. 성격검사나 적성검사에서도 이 직업이 나에게 적합하다고 나왔어. 커리어넷을 보니까 상담을 공부할 수 있는 학과들도 많고, 상담직의 장래 전망도 괜찮아. 부모님과 친구들도 나에게 적합한 일이라고 말해 주었어.

|   | (가) | (나) | (다) |
|---|---|---|---|
| ① | 수동적 유형 | 직관적 유형 | 종합적 유형 |
| ② | 수동적 유형 | 직관적 유형 | 종합적 유형 |
| ③ | 의존적 유형 | 합리적 유형 | 종합적 유형 |
| ④ | 의존적 유형 | 직관적 유형 | 합리적 유형 |
| ⑤ | 직관적 유형 | 의존적 유형 | 합리적 유형 |

◀ 2017

**49** 다음은 해런(V. Harren)의 이론을 토대로 개발된 의사결정유형 검사 문항의 일부이다. 이 문항들이 측정하는 의사결정유형을 쓰고, 이 유형의 특징을 3가지 서술하시오.

> • 나는 의사 결정을 할 때, 마음이 가장 끌리는 쪽으로 결정을 한다.
> • 어떤 의사 결정이 감정적으로 나에게 만족스러우면 나는 그 결정을 올바른 것으로 본다.
> • 여러 가지 정보를 수집하거나 검토하는 과정을 갖기보다, 나에게 떠오르는 생각대로 결정을 내리는 경우가 자주 있다.

**50** ◁ 2016

다음은 전문상담교사가 직업 선택을 고민하고 있는 영지(고 3, 여)와 함께, 라이트(G. Wright)가 제안한 의사결정 절차를 거치면서 작성한 표이다. 상담교사가 적용한 의사결정 절차(모형)의 명칭을 쓰고, ㉠, ㉡, ㉢의 의미를 순서대로 서술하시오.

| 고려 중인 직무특성 | ㉠ 가중치 | 연예인 | | 회계사 | |
| --- | --- | --- | --- | --- | --- |
| | | ㉡ 확률 | 가중치×확률 | ㉡ 확률 | 가중치×확률 |
| 고소득 | 9 | 0.6 | 5.4 | 0.9 | 8.1 |
| 독립성 | 6 | 0.8 | 4.8 | 0.2 | 1.2 |
| 안정성 | 8 | 0.3 | 2.4 | 0.8 | 6.4 |
| 여가/가족 시간 | 9 | 0.3 | 2.7 | 0.4 | 3.6 |
| 승진 | 7 | 0.3 | 2.1 | 0.7 | 4.9 |
| 좋은 학군 | 5 | 0.5 | 2.5 | 0.8 | 4.0 |
| 장거리 통근 | -8 | 0.4 | -3.2 | 0.2 | -1.6 |
| 교통체증 | -6 | 0.5 | -3.0 | 0.9 | -5.4 |
| ㉢ 합계 점수 | | | 13.7 | | 21.2 |

**51** ◁ 2023

다음은 전문상담교사인 김 교사와 박 교사가 각자 최근 활용한 진로 상담 방법에 대해서 나누고 있는 대화 내용의 일부이다. 괄호 안의 ㉠, ㉡에 들어갈 명칭을 순서대로 쓰시오.

> 김 교사 : 저는 최근에 아들러(A. Adler)의 개인 심리학에 기초한 진로 상담 기법인 ( ㉠ )을/를 활용해 본 적이 있어요. 이 기법은 내담자의 교육 및 직업 경험, 일상적인 하루, 강점 및 약점을 파악하면서 내담자의 정보를 체계적으로 수집하도록 하고 있어요. 그래서 내담자가 자신의 경험에 초점을 두고, 스스로 탐색하면서 자신을 알아가도록 하는 데에 도움을 주는 유용한 기법이라는 생각을 했어요.
>
> 박 교사 : 저는 내담자가 2가지의 직업 중 하나를 선택해야 하는 상황에서 미첼과 비치(T. Mitchell & L. Beach)가 의사 결정을 위해 제안한 ( ㉡ ) 모델을 활용해 봤어요. 저는 이것을 통해, 가능한 진로 선택 영역에서 주관적인 가치와 가능성 등을 고려한 결괏값을 내담자 스스로 평가하도록 해 보았습니다. 이러한 방법은 간단한 수리적 접근으로 내담자들이 바람직한 결과를 얻을 수 있는 가능성을 보여 주는 효과가 있었습니다.

## 구성주의 및 진로이론 통합

◁ 2018

**52.** 다음은 진주(고 2, 여)의 진술 내용을 사비카스(M. Savickas)의 구성주의 진로이론의 진로적응성 차원에 따라 구분한 내용이다. 괄호 안의 ㉠, ㉡에 해당하는 차원의 명칭을 순서대로 쓰시오.

| 차원 | 진주의 진술 내용 |
|---|---|
| ( ㉠ ) | "로봇을 개발하는 학과에 진학하려고 진학설명회에도 참석하고, 관련 전공에 관한 다양한 정보를 모으고 있어요. 대학을 졸업하고 나서는 로봇 개발과 관련된 직업을 가지고 싶거든요." |
| ( ㉡ ) | "로봇, 인공지능의 발달에 따라 미래 사회는 크게 변화할 것이잖아요. 변화하는 사회에 대비하기 위해서는 로봇 전문가들이 많이 있어야 한다고 생각해요. 또 내 인생의 주인은 바로 나 자신이기 때문에 스스로 나의 미래를 준비해야죠." |
| 호기심 | "미래에는 인공지능의 발달에 따라 새로운 직업들이 많이 생길 것 같은데, 로봇과 관련하여 어떤 새로운 직업들이 생길지 궁금해요. 제가 로봇 관련 분야에서 어떤 멋진 모습을 보여줄지 정말 궁금해요." |
| 자신감 | "로봇이나 인공지능과 관련된 직업에는 어떤 것들이 있는지 아직 잘 모르기는 하지만, 저는 수학과 과학을 잘 하니까 로봇과 관련된 직업을 가질 수 있을 것 같아요. 그래서 다른 사람들보다 더 잘 해낼 수 있을 것 같아요." |

**53** 다음 (가)는 전문상담교사가 동호(고2, 남)를 상담하면서 작성한 상담 기록의 일부이고, (나)는 상담 축어록의 일부이다. 〈작성 방법〉에 따라 서술하시오.

(가)

○ 진로 특성 및 준비 행동 :
　새로운 일을 알아보는 것을 좋아하고, 소프트웨어 개발, 인공지능에 관한 정보를 모으고 있다. 인공지능 전문가라는 직업이 아직 모호하고 자신에게 실현 가능할지 모르겠지만, 다양한 새로운 정보를 계속 분석하여 필요한 노력을 시도하고 있다. 관련 학과 진학을 알아보고, 방학 동안 학원에서 코딩 기초 지식을 수강하고 있다. 관련 학과의 입학 정보, 졸업 후 진로 방향, 향후 직업 전망 등의 정보를 모으고 진로 계획을 세우려고 한다.

○ 진로 방해 요소 :
　어떤 일을 새로 시작할 때는 신나고 재미있다가 시간이 조금만 지나면 지루해져서 다른 것으로 관심이 옮겨 간다. 한두 번 실패하고 나면 더욱 하기 싫어지고 심지어 자신이 무능하다고 느낀다.

(나)

상담교사 : 새로 배우는 코딩이 금방 지루해지고 두려워질까 봐 걱정이 많구나.
동　　호 : 네, 이번에는 정말 포기하지 않고, 제가 원하는 목표를 성취하고 싶어요.
상담교사 : 새로운 것을 재밌게 잘 하는데 금방 지루해지고, 한두 번 실패하면 무능하다고 느껴서 쉽게 포기하는 것 같구나. 무엇이든 계속 해 봐야 잘 할 수 있는데, 지루하다고 손을 놓게 되면 당연히 잘 못하게 되니 무능감까지 느낄 수 있지.
동　　호 : (침묵) 좀 알 것 같아요. 재미있던 일이 두려운 일로 바뀌는 게 아니라 제가 두렵다고 생각해서 그렇게 된 것이죠? 제 자신에 대해서도 제가 스스로 무능하다고 평가한다는 것이죠?
상담교사 : 아주 정확하게 설명하고 있구나.
… (중략) …
동　　호 : 그리고 제가 뭘 시작하려면 부모님의 눈치를 봐요. 포기할 거면서 뭘 또 시작하려고 하냐고 저한테 핀잔을 주셔요.
상담교사 : 부모님이 응원을 안 해 주시고 핀잔을 하시니 정말 속상하겠구나.
동　　호 : 가족들이 다 그래요. 왠지 동생까지 저를 비웃는 것 같아요. 가끔 '괜찮아, 너무 걱정하지 마' 하면서 위로해 준다고 하는데 진심이 아닌 것 같아요.
상담교사 : 부모님의 말씀 때문에 가족들이 다 그렇게 생각한다고 느끼는구나.
동　　호 : 그런 것 같아요. 심지어 친구들까지 저를 '쉽게 포기하는 아이'라고 비웃는 것 같아요.

─ ⟨작성방법⟩ ─
- (가)에서 동호의 '진로 특성 및 준비 행동'에 해당하는 사비카스(M. Savickas) 구성주의 진로 이론의 진로적응 차원의 명칭 2가지를 쓰고, 각 차원에 해당하는 진로적응도의 역량 요소를 사례와 연결 지어 각각 서술할 것.
- 크롬볼츠(J. Krumboltz)의 사회학습 진로 이론에 근거하여 동호의 자기관찰 일반화 내용과 세계관 일반화 내용을 각각 서술할 것

◀ 2010

**54** 다음의 상황에 놓인 희주(고 2, 여)를 길리건(C. Gilligan)이 주장하는 여성주의적 관점으로 진로상담하려고 한다. 희주의 상황을 진단하고 상담 방향을 정할 때 가장 적절한 것은?

> 희주는 어려서부터 할머니에게서 여자는 따뜻하고 배려하는 사람이 되어야 한다는 말을 자주 듣고 자랐다. 희주는 친구들과 함께 하는 시간이 너무 즐겁기도 하고, 놀자는 제안을 거절하면 친구들이 서운해 할까 봐 방과 후나 주말이면 친구들과 함께 많은 시간을 보냈다. 그 결과 중학교 때까지는 상위권이던 성적이 중위권으로 떨어졌다. 대학 입시를 준비하면서 희주는 자신에게 어울리는 전공이나 직업은 어떤 것일까?, 직장 동료들과는 친구들과 지내는 것처럼 잘 지낼 수 있을까?, 결혼을 하게 되면 엄마처럼 직장을 그만두는 게 맞는 걸까? 등 앞날에 대한 다양한 걱정이 생겼다.

|  | 진단 | 상담 방향 |
|---|---|---|
| ① | 대인관계 편중 | 대인관계 요인을 포함한 진로 탐색 및 계획 수립 |
| ② | 학업수행 실패 | 학업성취 향상을 위한 학습 동기 부여 |
| ③ | 낮은 자기존중감 | 성차별적 환경에 대한 통찰과 자기 능력의 객관적 탐색 |
| ④ | 직업정보 부족 | 산업사회 변화의 이해 및 직업 전망에 대한 조망 능력 향상 |
| ⑤ | 직업자아정체감 미형성 | 자신의 특성 탐색을 통한 진로 계획 수립 |

**55** 다음은 중학교 1학년 학생을 대상으로 진행한 진로 집단상담 축어록의 일부이다. 〈작성방법〉에 따라 서술하시오.

---

상담교사 : 진로를 탐색할 때 우리는 자신의 흥미, 적성, 성역할, 신체적 조건, 부모님의 기대 등 여러 요소를 살펴봐요. 이번 시간에는 자신의 주요 특성을 진로검사 결과나 다른 활동 등과 연결해서 생각해 보고 이야기를 나눠 봅시다.

준 서 : 저는 원래 첼로 연주자, 음악가 같은 직업을 가지려고 했어요. ㉠ 음악을 너무 좋아해서 연주할 때 설레고 즐겁거든요. 사실 지금도, 앞으로도 그럴 것 같아요. 그리고 저의 흥미 유형은 예술형과 실재형이에요. 아버지도 성악가라서 부모님이 제가 첼리스트가 되는 것을 기대하세요. 근데 제가 키가 작고 몸도 좀 약한 편이거든요. 그래서인지 제가 학교폭력을 당했어요. 첼로 연주를 정말 좋아하지만 학교폭력 피해자가 된 후부터는 경찰관이라는 직업을 가지려고 해요. 저처럼 힘없고 약한 아이들이 학교폭력 피해를 받지 않게 보호해 주고 싶고 약한 사람을 지켜 주고 싶어요.

수 아 : 준서는 음악을 좋아하는데 저는 조각 작품이나 구조물 감상을 좋아해서 조각가가 되고 싶어요. 작품을 원하는 형태로 만들고, 언제든지 아이디어가 떠오르면 바로바로 그림으로 그려 보고 나중에 조형물로 만들어 낼 수 있어서 좋아요. 그리고 회사 같은 곳에서 ㉡ 답답하게 일하지 않고 원하는 시간, 원하는 장소, 원하는 소재로 작품을 만들고, 작품을 망쳐도 제 책임이니 이런 것들이 저에게는 정말 매력적인 것 같아요.

형 우 : 준서야, 나라면 유명한 음악가가 되는 것을 선택하겠다. 통계청에서 청소년이 선호하는 직장을 조사한 결과인데 1순위가 돈을 많이 벌 수 있는 대기업이고, 2순위가 공무원 같은 안정적인 직장이래. 그리고 3순위가 자신의 흥미와 적성을 고려한 직업이래. ㉢ 나도 돈을 많이 벌 수 있고, 사람들이 인정해 주는 대기업에 취업하는 것을 가장 선호해. 그런데 준서와 수아는 나랑 다른 것 같다.

---

〈작성방법〉

- 브라운(D. Brown)의 가치중심적 모형을 적용하여 준서의 진로의사결정 과정에 나타난 밑줄 친 ㉠ 요소의 명칭을 쓰고, 가치가 ㉠보다 진로의사결정에 결정적 영향을 미치는 이유를 설명할 것.
- 다위스와 로프퀴스트(R. Dawis & L. Lofquist)의 직업적응 이론에 근거하여 밑줄 친 ㉡에 해당하는 수아의 가치 유형을 쓰고, 그 특성을 사례와 연결 지어 서술할 것.
- 갓프레드슨(L. Gottfredson)의 제한타협이론에 근거하여 밑줄 친 ㉢에 해당하는 형우의 발달단계 명칭을 쓸 것

2023

**56** 다음 (가)는 전문상담교사에게 상담이 의뢰된 용규(중3, 남)의 상황을 설명한 내용이고, (나)는 전문상담교사가 용규를 상담한 내용의 일부이다. 〈작성 방법〉에 따라 서술하시오.

(가)

> 용규는 중2 때 학교 현장 체험 학습으로 발레 공연을 보고 매료되어 발레를 배워 보고 싶다는 생각이 들었다. 그래서 아버지 모르게 발레 학원에 등록하여 8개월간 발레를 배웠다. 어려운 동작도 곧잘 해내고 표현력도 좋아서 발레 선생님으로부터 소질이 있다는 칭찬도 자주 듣게 되었다. 그리하여 용규는 최근에 아버지에게 발레리노가 되고 싶다는 생각을 말씀드렸다. 그러자 ㉠ 아버지는 남자가 무슨 발레냐면서 매우 화를 내시며 반대하셨고, 용규는 남자도 얼마든지 발레를 할 수 있다고 주장하였다. 현재 용규와 용규의 아버지는 이 문제로 갈등 중이다.

(나)

> 상담교사 : 용규는 요즘 아버지랑 갈등이 있어서 많이 힘들 것 같은데 어때요?
> 용　　규 : 아버지 때문에 힘들 때도 있지만 발레하면서 땀을 흠뻑 흘리면 기분이 나아져요.
> 상담교사 : 힘든 마음을 덜어낼 수 있어서 다행이네요. 내가 몇 가지 질문을 하고 싶은데, 괜찮아요?
> 용　　규 : 네.
> 상담교사 : 용규의 ㉡ 진로를 만들어 나가기 위해 이 상담 시간을 어떻게 활용할 수 있을까요?
> 용　　규 : 어떻게 하면 저의 꿈을 인정받을 수 있을지 상담을 통해 알고 싶어요.
> 상담교사 : 용규는 지금까지 자라면서 가장 존경했던 사람은 누구예요?
> 용　　규 : 폴 포츠요. 선생님도 이 사람 아세요?
> 상담교사 : 오! 그 사람 공연을 TV로 봤는데 정말 감동적이었어요. 그 사람의 어떤 점이 존경스러웠어요?
> 용　　규 : 온갖 역경을 극복하고 끝내 자기의 꿈을 이루잖아요. 저도 폴 포츠처럼 제 꿈을 꼭 이루고 싶어요.
> 상담교사 : 꼭 이루고 싶은 꿈을 가지고 있다는 것이 용규에게는 매일 힘이 될 수 있겠다는 생각이 드네요. 용규가 정말로 좋아하는 TV 프로그램은 무엇인가요? 이유도 함께 말해 주면 좋겠어요.
> 용　　규 : 음 ……. 친구들은 별로 관심 없어 하는 것 같던데요. 저는 TV에서 클래식 음악이나 예술 공연 보는 것을 좋아하고요. 라디오 클래식 음악 방송도 좋아해요.
> … (중략) …
> 상담교사 : 용규가 ㉢ 좋아하는 명언이나 좌우명이 있나요?
> 용　　규 : 하하! 저는 '고생 끝에 낙이 온다.', '안 되면 되게 하라.' 같은 말 좋아해요.
> 상담교사 : 뭔가 정말 용규의 의지가 느껴지는 말들이네요. 이런 명언이나 좌우명을 좋아하는 이유를 이야기해 주겠어요?
> … (하략) …

─ 〈작성방법〉 ─
- 갓프레드슨(L. Gottfredson)이 제시한, 수용 가능한 진로 대안영역을 둘러싸고 있는 3개의 선 중, 밑줄 친 ㉠에서 용규와 용규의 아버지가 차이를 보이는 것은 무엇인지 명칭을 쓰고 그 의미를 서술할 것.
- 사비카스(M. Savickas)의 구성주의 진로 이론에 근거한 진로유형 면접에서 밑줄 친 ㉡, ㉢이 탐색하는 것의 의미를 순서대로 서술할 것.

◁ 2025

**57.** 다음 (가)~(라)는 승우(고2, 남)가 내러티브 진로 집단상담에 참여하고 작성한 회기별 경험 보고서의 일부이다. 〈작성 방법〉에 따라 서술하시오.

(가) 진로를 생각하면 늘 막연히 걱정만 됐다. 이번 회기에서 진로카드를 분류하면서 내가 하고 싶은 일이 무엇인지 잘 알게 되었다. 또 내가 직업을 통해 얻고자 하는 것이 무엇인지 분명해졌다. 나의 미래 직업은 무엇보다 안정적이어서 오래 할 수 있는 일이면 좋겠다.

(나) 그동안 내가 시도했던 이런저런 일들이 뜻대로 안돼서 전부 '실패'로 생각했었다. 잘하는 것도 없고 제대로 하는 것도 없는 내가 '실패자'처럼 여겨지기도 했다. 그런데 ㉠ 오늘 생애선(lifeline)그리기 활동을 해 보니 '지금까지 나를 실패자로 여겼던 생각이 맞나?'라는 의문이 생겼다.

(다) 미래 진로 자서전을 작성하는 시간이 있었다. 나의 강점을 어떻게 발휘할지를 적었다. 회기 후 과제를 하면서도 느꼈는데, 아무래도 나에게는 직업 군인이 잘 맞을 것 같다.

(라) 관심이 생긴 육군부사관학교에 대해 인터넷으로 검색하고, 집단원들과 같이 이야기를 나누고 보니 용기가 생겼다. 회기 후의 과제로 가까이 있는 육군부사관학교를 방문하고 그곳에 있는 미래 선배들과 대화하고, 직업 군인도 직접 만나 보았다. 마치 내가 군인이 된 것 같은 기분이 들었다.

─ 〈작성방법〉 ─
- 밑줄 친 ㉠에 나타난 구성주의 진로상담 단계의 명칭을 쓰고, 해당 단계의 목적 1가지를 '재구성 단계'와 구별하여 서술할 것.
- 코크런(L. Cochran)의 7가지 에피소드를 바탕으로 회기 (라)가 (가)~(다)와 구별되는 특성 1가지를 서술할 것.
- 다위스와 로프퀴스트(R. Dawis&L. Lofquist)의 직업적응 이론에 근거하여, 승우의 가치를 고려할 때 승우가 미래직업에서 '만족(satisfaction)'하기 위해 확인해야 할 강화인(reinforcer) 1가지를 서술할 것

**58** 다음 (가)는 전문상담교사가 윤하(고1, 여)와 진행한 진로상담 축어록의 일부이며, (나)는 전문상담교사가 수퍼바이저와 나눈 대화 내용의 일부이다. 〈작성 방법〉에 따라 서술하시오.

(가)

> 윤    하 : 저는 사실 초등학교 때는 미술을 전공하려고 예술 중학교 입시를 준비했었어요. 하루에 몇 시간씩 앉아서 그림을 그리다 보니, 허리 디스크에 문제가 생겨서 결국 시험을 못 보게 되었어요.
>
> 상담교사 : 허리가 아픈 것도 힘들었겠지만, 열심히 준비한 입시 기회를 놓쳤으니 많이 속상했겠어요.
>
> [A]
> 윤    하 : 그때는 허리도 너무 아프고 미술 전공이 아니면 끝이라고 생각했어요. 그러다가 친구가 같이 하자고 조르기에 별생각 없이 들어갔던 사회 연극 동아리 활동을 의외로 좋아하게 됐어요. 사회 문제를 토론하는 것도 재미있고, 역사 이야기에도 푹 빠졌어요. 처음에는 글자가 많은 책을 읽는 것이 어려워서 너무 지루하고 힘들었어요. 그래도 포기하지 않고 계속 읽었어요. 이제는 책 읽기를 좋아하고, 요즘에는 중국 역사와 관련된 책을 읽고 있어요.
>
> 상담교사 : 재미있는 공부를 찾았다니 잘됐네요.
>
> 윤    하 : 저도 그렇게 생각해요. 지금은 한문 공부도 하고 자격증 취득 준비도 따로 하고 있어요. 미술이 아닌 다른 전공을 하려니 막막했는데, 이제 정했어요. ○○대학교 ○○학과에 진학하려고 해요.
>
> 상담교사 : 윤하의 이야기를 들으니 윤하가 참 멋있다는 생각이 들어요. 윤하의 경험처럼 삶에서 일어나는 예기치 않은 경험이 긍정적으로 작용하기도 하는데, 이를 '계획된 우연'이라고 해요. 진로 전문가들이 계획된 우연을 가능하게 하는 기술 5가지를 제시했는데, 선생님이 보기에 윤하에게는 호기심과 유연성뿐 아니라 ( ㉠ )도 있네요.

(나)

상담 교사: 윤하는 참 기특해요. 윤하를 상담하며 저는 우연학습 이론을 많이 활용했어요.

수퍼바이저: 네, 좋습니다. 한편으로 저는 토카, 사비카스와 카웃(D.Tokar, M.Savickas, & K.Kaut)이 제시한 진로적응 과정에 적용해서 생각해 볼 수도 있다고 봅니다. 진로 구성주의에서는 변화에 대한 적응을 4개의 과정으로 설명합니다. 윤하는 훌륭한 적응자원을 가지고 있는 학생으로 보이네요. 그래서 다양한 진로활동과 같은 적응반응을 해 왔고, 이제는 ( ⓒ )에 이르렀다고 볼 수 있겠네요.

〈작성방법〉

- 미첼, 레빈과 크롬볼츠(K.Mitchell, A.Levin, & J.Krumboltz)의 이론에 근거하여 괄호 안의 ㉠에 들어갈 용어의 명칭을 쓰고, 그 근거를 [A]에서 찾아 쓸 것.
- 괄호 안의 ㉡에 들어갈 용어의 명칭을 쓰고, 그 근거를 (가)에 있는 윤하의 말에서 찾아 쓸 것.

**59**

다음의 (가)는 최근 변화하는 직업 환경에 대한 신문 기사의 일부이고, (나)는 이러한 기사를 접한 전문상담교사가 자신의 상담 사례에 대해 동료 수퍼비전을 받은 내용의 일부이다. 〈작성 방법〉에 따라 서술하시오.

〈가〉

○○신문　　　　　　　　　　　　　　　　　　　　　　　○○○○년 ○○월 ○○일

**변화무쌍 직업 세계**

2016년 스위스 다보스에서 열린 세계경제포럼(WEF)에서 「제4차 산업혁명 시대」가 도래하였다고 선언하면서 그 당시 초등학교에 입학하는 어린이들의 약 65%는 성인이 되었을 때 현재 존재하지 않는 새로운 직업에 종사할 것이라고 하였다. 그런데 이러한 변화는 2021년 COVID-19라는 예상치못한 팬데믹으로 인해 우리 생활 전반에서 체감할 수 있을 정도로 급격하게 나타나고 있다. 즉, 이미 많은 직업들이 기계가 사람을 대신하고 있다. 예를 들어, 음식점에서 키오스크로 주문한 음식을 로봇이 가져다 주는 것도 이제는 낯설지가 않다. 또한 직접 은행을 방문하지 않고 애플리케이션으로 은행 업무를 보는 것도 익숙하게 되었다.

따라서 앞으로 우리나라 청소년들이 사회에 진출하는 시점에는 변화의 속도가 굉장히 빠르고 예상하지 못했던 상황이 더 많이 나타날 것으로 예측된다.

〈나〉

김 교사 : 제가 얼마 전에 자신에게 가장 잘 어울릴 것 같은 직업이 무엇인지 궁금해하는 고등학교 2학년 남학생을 상담하게 되었는데요. 저는 그동안 진로상담에서 많이 사용했었던 홀랜드(J. Holland)의 진로탐색 검사(중고생용)를 실시하고 그것을 바탕으로 상담계획을 수립했어요. 그런데 얼마 전 직업 세계의 변화와 관련된 기사를 접하고, 최근 우리가 사는 시대적 상황을 반영한 또 다른 진로상담 기법이 무엇인지 궁금하게 되었어요.

장 교사 : 저도 비슷한 고민을 하던 찰나에 얼마 전 참여한 직무연수에서 요즘 시대에 적합하다고 생각되는 대안적 진로상담이론을 접했어요. 지금처럼 복잡하고 변화가 빠른 시대의 속성을 반영해 프라이어(R. Pryor)와 브라이트(J. Bright)는 ( ㉠ )을/를 제시했어요. 파슨스(F. Parsons)나 홀랜드(J. Holland)와 같은 이론에서는 선형적인 세계관을 가정하기 때문에 적성이나 흥미를 알면 그에 따른 직업 예측이 가능하죠. 그런데 선생님이 보셨던 신문 기사에 나온 것처럼 우리가 실제 살고 있는 세상은 비선형적이고 개방적인 체제의 속성이 있기 때문에 미리 예상하지 못했던 상황들이 생겨나죠. 따라서 자신의 미래에 대해 정확하게 예측하는 것이 현실적으로 어렵다는 점을 수용해야 합니다.

김 교사 : 아주 흥미롭네요. 그럼 이 관점에서 제가 구체적으로 진로상담에서 활용할 수 있는 방법은 무엇이 있을까요?

장 교사 : ( ㉠ )에 기반해서 진로상담을 할 때에는 폐쇄적 체제의 속성에서 나타나는 ( ㉡ ) 유인, 진동 유인, 패턴 유인 외에 개방적 체제의 속성에서 나타나는 ( ㉢ ) 유인의 출현과 가능성을 충분히 인식시킬 수 있어야 해요.

― 〈작성방법〉 ―
- (나)의 괄호 안의 ㉠에 공통으로 해당하는 이론의 명칭과 괄호 안의 ㉡에 해당하는 유인의 명칭을 각각 쓸 것.
- (나)의 괄호 안의 ㉢에 해당하는 유인의 경칭을 쓰고, 진로발달 과정에서의 역할을 1가지 서술할 것.

◁ 2025

**60** 다음은 전문상담교사와 학교 진로 특강에 초청된 강사가 나눈 대화 내용의 일부이다. 괄호 안의 ㉠, ㉡에 해당하는 용어를 순서대로 쓰시오.

강　　사 : 선생님, 특강에 초청해 주셔서 감사해요. 제 진로 경험을 이야기한다는 것이 저에게는 신나는 일이지만, 학생들에게도 도움이 되는 일인지 모르겠어요. 저는 그저 제 뜻에 따라 제가 하고 싶은 일을 해 온 것뿐이거든요. 사실 첫 직장의 동기 중에는 승진해서 이미 임원이 된 친구도 있어요. 저는 첫 회사에 입사했을 때부터 제가 원하는 것을 선택하면서 자유롭게 일하다 보니 여러 직장을 옮겨 다니기도 했어요. 남들은 어떻게 생각할지 모르지만 저는 제가 하는 일에서 성취감을 느끼고 제가 성공했다고 느낍니다. 그런 과정에서 계속 공부하며 변화와 성장을 거듭해 왔습니다.

상담교사 : 바로 그런 부분에 대해서 말씀해 주시면 돼요. 학생들에게 홀(D.Hall)이라는 학자가 설명한 ( ㉠ )을/를 소개하고 싶어서 강의를 의뢰한 거예요. 강사님처럼 자신의 가치관에 따라 주도적으로 진로를 결정하고 경력을 쌓는 것을 ( ㉠ )(이)라고 해요.

강　　사 : 그렇게 멋진 이름을 붙여서 설명해 주시니 제가 더 훌륭한 사람이 된 것 같네요.

상담교사 : 강사님은 또 사이버 대학에서 상담도 공부하시고, 사회 활동가로 장애인의 이동권 확보를 위한 일에 참여하신다고 들었어요.

강　　사 : 사회 활동가라는 말씀은 거창하고, 시민으로서 당연히 해야 할 일을 하고 있을 뿐입니다. 상담 공부는 사실 저의 아이를 이해하고 싶어서 시작했어요.

상담교사 : 강사님의 이야기는 수퍼(D.Super)가 제시한 개념인 ( ㉡ )을/를 설명하기에 좋은 예시가 될 수 있겠어요. 수퍼(D.Super)는 개인이 다양한 생애 공간(lifespace)에서 다양한 ( ㉡ )을/를 수행하며 살아간다고 설명했어요. 학생들은 대부분 ( ㉡ )을/를 한정적으로 생각하기 쉬운데, 강사님의 삶에 대해 말씀해주시면 폭 넓게 생각하는 것에 도움이 될 거예요.

**61** 다음 (가)는 빙햄과 워드(R. Bingham & C. Ward)의 다문화 진로 상담 모형의 단계별 진로 상담 활동이며, (나)는 이주 배경을 가진 야스민(고3, 여)과 전문상담교사의 첫 회기 상담 장면의 일부이다. 〈작성 방법〉에 따라 서술하시오.

(가)

- 1단계 : 문화적으로 적절한 관계 형성
- 2단계 : ( ㉠ )
- 3단계 : ( ㉡ )
- 4단계 : 진로 상담 목표 설정
- 5단계 : 문화적으로 적절한 개입 전략 실행
- 6단계 : 의사 결정
- 7단계 : 수행과 추수 지도

(나)

상담교사 : 야스민은 한국에 온 지 얼마나 되었나요?
야 스 민 : 저는 시리아에서 부모님과 한국에 온 지 4년 조금 넘었어요.
상담교사 : 오, 시리아에서 온지 4년이 되었군요. 상담을 하면서 나는 야스민과 시리아 문화나 야스민이 한국 생활에서 느끼는 것에 대해 얘기하는 것을 언제든지 환영해요. 야스민은 나와의 상담에서 기대하는 것이 있나요?
야 스 민 : 네. 저도 선생님과 제 고민을 편하게 이야기할 수 있으면 좋을 것 같아요.
상담교사 : 담임 선생님께 듣기로는 야스민이 대학 진학을 원한다고 들었어요.
야 스 민 : 네. 요즘 친구들이 입시 준비하는 걸 보면 저도 한국에서 대학을 가고 싶다는 생각을 해요.
상담교사 : 한국에서 대학 진학을 생각하고 있군요. 그런데 이와 관련해서 염려하는 문제가 있는지 얘기해 볼래요?
야 스 민 : 네. 저는 대학에 가서 한국 문학을 공부해 보고 싶어요. 그런데 아직 부모님께 말씀을 못 드렸어요. 게다가 아버지께서 하시는 일이 코로나 때문에 점점 어려워져서 지금 경제적으로 힘든 상황이에요. 그래서 제 대학 진학을 부모님께서 지원해 주시기는 힘들 것 같아요.

… (중략) …

상담교사 : 오늘 많은 얘기를 나눈 것 같은데 마치기 전에 혹시 더 하고 싶은 얘기 있어요?
야 스 민 : 사실 이걸 말씀드려도 되는지 정말 고민 많이 했는데요. 제 부모님 비자가 이미 만료되어서 저희 가족이 한국에 머물러 있는 것이나 제가 학교에 다니는 게 언제까지 가능할지 걱정이 많아요.
상담교사 : 정말 그동안 걱정이 많았겠어요. 내가 도와줄 수 있는 방법이 있는지 한번 알아봐도 될까요?

… (하략) …

─〈작성방법〉─
- 괄호 안의 ㉠을 위한 상담자의 반응을 (나)에서 찾아 서술할 것.
- 괄호 안의 ㉡에 해당하는 말을 쓸 것.
- 렌트, 브라운과 헤켓(R. Lent, S. Brown, & G. Hackett)의 사회 인지 진로 이론의 근접 맥락 변인에 해당하는 예를 (나)에서 2가지 찾아 서술할 것.

◁ 2012

**62** 다음은 진로상담 이론에 대한 설명이다. (가)~(라)의 이론을 주장한 학자를 〈보기〉에서 골라 바르게 연결한 것은?

(가) 직업선택과정은 바라는 것과 가능성 간의 타협과정이다.
(나) 사회계층에 따라 개인은 교육수준과 지능수준, 직업포부 수준이 다르다.
(다) 반두라(A. Bandura)의 사회학습이론을 진로의사결정 체제에 적용하여 설명하는 이론이다.
(라) 사람들은 자기 이미지에 알맞은 직업을 원하기 때문에 직업발달에서 자기개념은 중요한 요인이며 이는 사회계층, 지능수준 및 다양한 경험 등에 의해 결정된다.

─〈보기〉─
ㄱ. 크럼볼츠(J. Keumboltz)    ㄴ. 블러(P. Blau)
ㄷ. 수퍼(D. Super)           ㄹ. 갓프레드슨(L. Gottfredson)
ㅁ. 긴즈버그(E. Ginzberg)

| | (가) | (나) | (다) | (라) | | (가) | (나) | (다) | (라) |
|---|---|---|---|---|---|---|---|---|---|
| ① | ㄱ | ㄴ | ㄷ | ㄹ | ② | ㄷ | ㄱ | ㅁ | ㄹ |
| ③ | ㄷ | ㄹ | ㄱ | ㄴ | ④ | ㄹ | ㄱ | ㄴ | ㅁ |
| ⑤ | ㄹ | ㄴ | ㄱ | ㅁ | | | | | |

**63** 다음은 세 명의 전문상담교사가 중학생용 진로상담 프로그램을 개발하면서 참여자의 특성에 대해 논의한 내용이다. 각 교사들의 진술에 해당하는 진로발달이론을 주장한 학자를 〈보기〉에서 골라 바르게 연결한 것은?

> 김 교사 : 중학생들은 자신이 흥미를 느끼는 분야에서 성공할 수 있는 능력을 지니고 있는지 시험해 보기 시작하고, 직업을 선택할 때 고려해야 하는 다양한 요인들을 인식하게 되지요. 학생들의 진로발달을 바람과 가능성 간의 타협이라는 관점에서 보았을 때, 중학생들은 능력단계와 가치단계에 있다고 할 수 있지요.
>
> 박 교사 : 그렇지요. 또한 중학교 3학년 정도면 잠정적으로 진로를 선택하고 환상, 토의, 일 등의 경험을 통해 시행해 보는 단계에 있다고 할 수 있지요. 자기개념 발달이라는 관점에서 보았을 때 능력기를 거쳐 이제 잠정기에 있다고 할 수 있겠지요.
>
> 최 교사 : 맞습니다. 하지만 진로상담에서는 직업적 포부의 발달이라는 관점에서 학생들을 보는 것도 중요합니다. 중학생 시기부터는 내성적 사고를 통하여 자기인식이 발달하며, 타인에 대한 개념이 생겨나서 이제 자기성찰과 사회계층의 맥락에서 직업적 포부가 발달하게 됩니다. 이전의 사회적 가치 지향성 단계에서 이제 내적 고유한 자기 지향성 단계로 접어들었다고 볼 수 있지요.

〈보기〉
ㄱ. 수퍼(D. Super)   ㄴ. 터크만(B. Tuckman)
ㄷ. 긴즈버그(E. Ginzberg)   ㄹ. 갓프레드슨(L. Gottfredson)

|   | 김 교사 | 박 교사 | 최 교사 |
|---|---|---|---|
| ① | ㄱ | ㄴ | ㄷ |
| ② | ㄱ | ㄴ | ㄹ |
| ③ | ㄷ | ㄱ | ㄹ |
| ④ | ㄷ | ㄴ | ㄱ |
| ⑤ | ㄹ | ㄱ | ㄷ |

**64** 다음은 진로선택 이론 중 발달과정을 강조하는 진로발달 이론에 대한 설명이다. 다음 ①, ②, ③, ④ 각각의 이론을 주장한 학자를 쓰시오.

① 진로선택과정은 자신의 자아개념과 진로성숙을 통한 끊임없는 선택과 타협의 과정이다. 개인의 진로발달은 성장기, 탐색기, 확립기, 유지기, 쇠퇴기의 단계로 진행된다.
② 진로선택과정은 바람(wish)과 가능성(possibility)과의 타협과정이며 비가역적이다. 개인의 진로발달은 환상기, 잠정기, 현실기의 3단계로 진행되며, 초기 성인기에 완성된다.
③ 진로선택과정은 분화와 통합을 통해 직업정체감을 형성해 가는 과정이다. 인간은 일생동안 의사결정과정을 반복하며, 개인의 진로발달은 예상기, 실천기의 2단계로 구성된다.
④ 진로선택과정은 자신의 흥미 능력 가치 사회계층 등을 고려하여 직업포부를 형성해 가는 과정이다. 개인의 진로발달은 힘과 크기 지향성, 성역할 지향성, 사회적 가치 지향성, 고유한 자아 지향성의 4단계로 진행된다.

① _____  ② _____

③ _____  ④ _____

© 2013

**65** (가), (나) 학자의 진로선택이론에 해당하는 내용을 〈보기〉에서 골라 바르게 연결한 것은?

(가) 흥미에 기초해서 직업을 8개의 군집으로 나누고 직업에서의 곤란도와 책무성에 따라 6개의 단계를 설정하여 8×6의 직업분류체계를 만들었다.
(나) 진로결정에 영향을 주는 요인을 '선천적으로 타고난 능력', '환경적 조건과 사건', '학습경험', '과제접근 기술'로 구분하였다.

〈보기〉

ㄱ. 직업선택은 개인의 욕구충족과 밀접하게 관련된다.
ㄴ. 상담자는 내담자가 진로선택에 방해되는 생각들을 검토하고 대안적인 신념을 탐색하도록 돕는다.
ㄷ. 사람들은 환경과의 상호작용에서 학습한 내용을 다른 환경에서도 적용하는 세계관 일반화(worldview generalization)를 경험한다.
ㄹ. 수용적인 양육환경에서 성장한 사람은 사람들과의 접촉을 통해서 자신의 필요를 충족하는 방식을 배우고 직업을 선택할 때 인간지향적인 직업을 고르게 된다.
ㅁ. 진로의사결정 과정에서 나타나는 문제는 진로무선택, 불확실한 선택, 현명하지 못한 선택, 흥미와 적성 간의 모순 등이며, 진로상담은 분석, 종합, 진단, 예측, 상담, 추수지도 등의 과정으로 이루어진다.

|  | (가) | (나) |  | (가) | (나) |
|---|---|---|---|---|---|
| ① | ㄱ, ㄷ | ㄴ, ㄹ | ② | ㄱ, ㄹ | ㄴ, ㄷ |
| ③ | ㄴ, ㅁ | ㄱ, ㄷ | ④ | ㄷ, ㄹ | ㄱ, ㅁ |
| ⑤ | ㄹ, ㅁ | ㄴ, ㄷ |  |  |  |

**66** 〈보기〉는 진로이론들에 대한 설명이다. 각각 어떤 이론에 해당하는지 쓰시오.

―〈보기〉―
(1) 직업의식은 일련의 생애단계 (성장기, 탐색기, 확립기, 유지기, 쇠퇴기)를 거쳐 발달한다.
(2) 개인이 속해 있는 사회, 즉 가정, 학교, 지역사회 등이 직업 선택과 발달에 지대한 영향을 미친다.
(3) 진로 결정은 학습된 기술로, 유전적 요인과 적성, 환경과 사건, 학습 경험, 과제접근 기술 간의 상호작용을 통해 변화한다.
(4) 서로 다른 직업에 종사하는 사람들은 각기 다른 욕구를 가지고 있으며, 이러한 욕구의 차이는 어린 시절 부모-자녀 관계에 기인한다.

(1) _____

(2) _____

(3) _____

(4) _____

## 진로상담과정

**◀ 2015 추시**

**67** 다음은 동주(중 3, 남)가 전문상담교사에게 이야기한 내용의 일부이다. 샘슨, 피터슨, 렌즈와 리어든(J. Sampson, G. Peterson, J. Lenz, & R. Reardon)의 내담자 유형 분류를 적용하여 동주가 어느 유형에 속하는지 쓰고, 해당 유형의 특징 3가지를 서술하시오.

> 동　　주 : 저는 집에서나 학교에서 아무 문제없이 즐겁게 잘 지내요. 최근에 생긴 진로 고민 이외에는 고민도 없어요. 어렸을 때부터 늘 이것저것 궁금한 게 많았고, 하고 싶은 것도 많았어요. 과학관에도 자주 갔고, 피아노 학원, 미술 학원도 재미있게 다녔어요. 중학교에 들어와서는 중국어와 일본어도 하고 싶어서 인터넷 강의로 외국어 공부도 했어요. 학교 성적도 다 잘 나오는 편이에요.
> 
> 상담교사 : 그러면 너는 진학에 대해서는 어떤 생각을 하고 있니?
> 
> 동　　주 : 제가 지금 3학년이잖아요. 진로를 결정하려고 하는데, 과학고를 추천하는 선생님, 외국어고를 추천하는 선생님, 외국에 있는 예술과학고 같은 학교를 추천하는 선생님들이 계신데, 저는 다 가고 싶어요. 그런데 그럴 수는 없잖아요. 나중에 제가 이 모든 걸 다 할 수 있는 학교를 세워 볼까요? (상담교사와 함께 웃음) 하고 싶은 것이 너무 많아서 진로를 어떻게 결정해야 할지 잘 모르겠어요. 너무 고민이에요. 좋아하는 것만 했지, 어떤 직업이 있는지는 지금까지 생각해 보지 않아서 직업에 관한 정보는 거의 없어요. 저도 아직 저를 잘 모르겠어요.

**68** ◁ 2010

다음은 진로상담을 신청한 민수(고 1, 남)의 호소 내용이다. 진로 선택·결정의 수준에 따라 내담자의 유형을 나눌 때, 민수와 같은 내담자의 유형과 그에 맞는 상담목표를 바르게 연결한 것은?

> 민수는 어린 시절에 당한 교통사고의 후유증으로 여러 번 수술을 해야 했다. 그로 인해 학업을 성실히 수행하지 못하여 성적이 떨어졌고, 장래를 계획해 볼 수 없었다. 그러나 건강이 어느 정도 회복되면서 민수는 앞으로 어떻게 살아야 할지 고민이 되었다. 자신이 좋아하고 잘 하는 영역이 무엇인지 알지 못하며, 설령 자신에게 맞는 진로를 찾더라도 그것을 하기 위해서 무엇을 준비해야 하는지, 필요한 정보는 어디에서 얻을 수 있는지 몰라 답답하였다. 지금까지는 어머니가 많은 문제를 해결해 주셨지만, 앞으로는 스스로 알아보고 결정하고 싶어졌다.

|   | ㉠ | ㉡ |
|---|---|---|
| ① | 우유부단형 | 동기의 개발 |
| ② | 우유부단형 | 자존감의 회복 |
| ③ | 진로 결정자 | 내담자의 잠재력 확인 |
| ④ | 진로 미결정자 | 진로에 대한 탐색 |
| ⑤ | 진로 미결정자 | 충분한 진로 정보의 확인 |

**69** ◁ 2012

진로 의사결정 수준에 따라 내담자를 분류했을 때, '진로결정자'로 확인된 내담자의 진로상담 목표로 적절한 것만을 〈보기〉에서 있는 대로 고른 것은?

〈보기〉
ㄱ. 충분한 진로정보를 확인한다.
ㄴ. 불안이나 우울감을 완화한다.
ㄷ. 내담자의 잠재가능성을 확인한다.
ㄹ. 진로를 결정하게 된 과정을 탐색한다.
ㅁ. 타인의 평가에 대한 지나친 민감성을 완화한다.

① ㄱ, ㅁ  ② ㄱ, ㄹ  ③ ㄱ, ㄷ, ㄹ
④ ㄱ, ㄴ, ㄷ, ㅁ  ⑤ ㄱ, ㄴ, ㄷ, ㄹ, ㅁ

◀ 2013

**70** 진로의사결정수준에 따라 내담자를 분류할 때, 우유부단형에 해당하는 내담자로 옳은 것은?

① 진수는 교사가 되고 싶은데 자신에게 교사로서의 적성이 있는지 알고 싶어 한다.
② 자영은 컴퓨터공학과로 진로를 선택한 것이 잘한 것인지 명료화 하고 싶어 한다.
③ 미경은 낮은 자존감, 심한 불안, 정체감 혼란 등의 성격적 문제로 인해 진로를 선택하지 못하고 있다.
④ 수지는 간호사가 되기로 결정하였는데 입학사정관제 전형을 위해 어떤 준비를 해야 하는지에 대한 도움을 필요로 한다.
⑤ 영규는 영어, 수학, 과학 등 공부뿐만 아니라 운동, 음악 등 다양한 분야에서 뛰어난 능력을 보여 어느 한 분야로 진로를 결정하기 어려워하고 있다.

◀ 2024

**71** 다음의 (가)는 Wee 센터에 근무 중인 전문상담교사가 관할 지역의 중학교에 재학 중인 학생들을 대상으로 메타버스를 활용해 진로 집단상담 참여 학생을 모집하기 위해 제작한 홍보물이고, (나)는 진로정보 탐색 회기의 일부이다. 〈작성 방법〉에 따라 서술하시오.

(가)

| 모집 | 메타버스로 진행하는 진로 집단상담 |

| 모집 대상 | • 자신의 진로에 고민이 있는 관내 모든 중학생 |
| 모집 기간 | • 2024년 ○월 ○일~○일 |
| 모집 인원 | • 10명 이내 |
| 운영 기간 | • 겨울 방학 중 매주 화요일과 목요일(총 4주간 8회 운영) |
| 신청 방법 | • 아래 QR 코드로 들어가서 신청서 작성·제출 혹은 각 학교의 Wee 클래스에 방문해서 신청서 작성·제출 |
| 특이사항 | • 메타버스 이용 방법에 대한 동영상 강의 제공 예정<br>• 참여 학생의 개인 정보는 Wee 센터와 Wee 클래스 선생님에게만 공개됨<br>• 상담실에 직접 오지 않아도 됨 |
| 참여혜택 | • 다른 학교 학생들과도 교류 가능 |

(나)

… (상략) …

**나무(상담교사)**: 지금부터 여러분에게 필요한 진로정보를 탐색해 보는 시간을 가져보려고 해요. 우리가 모두 각자 있는 곳에서 인터넷 사용이 가능하니까 필요한 정보를 인터넷을 활용해서 찾아보도록 할 거예요. 현재 시점에서 자기 자신에게 가장 필요한 정보가 무엇인지 이야기해 보도록 할까요? 여러분들의 이야기를 다 듣고 각자에게 필요한 정보를 어느 곳에서 찾을 수 있는지 확인해 봅시다.

**멋쟁이파일럿(학생1)**: 저는 사실 오늘이 정말 기다려졌어요. 왜냐하면, ㉠ 초등학교 때부터 파일럿이 정말 멋져 보였거든요. 파일럿은 어떤 일을 하는지, 비행하는 것은 위험하지 않은지, 돈은 많이 벌 수 있는지, 로봇으로 대체되는 것은 아닌지 궁금한 게 너무 많아요.

**선인장(학생2)**: 멋쟁이 파일럿은 어떻게 그렇게 꿈이 하나지요? 여러분, 저는 되고 싶은 게 정말 많아요!

**나무(상담교사)**: 그래요? 무엇이 되고 싶은가요?

**선인장(학생2)**: 손흥민 선수를 보면 축구 선수가 되고 싶기도 하고, 우리 학교 수학 선생님이 너무 멋있어서 선생님이 되고 싶기도 하고, 사촌 오빠처럼 의사가 되고 싶기도 해요. ㉡ 저는 사실 다양한 것에 관심이 있어서 아직 무엇을 하나 선택하기가 너무 어려워요. 제가 무엇을 잘 할 수 있는지, 어떤 일을 하면 행복한지 잘 모르겠어요.

**나무늘보(학생3)**: 저는 별로 의욕이 없는데 꼭 해야 할까요? 아직 중학생인데 벌써부터 무엇을 정해야 하나 싶기도 해요. 솔직히 이 상담에 참여하게 된 것도 방학만 하면 항상 방에 틀어 박혀서 안 나오고, 친구도 없고, 그렇다고 공부를 하는 것도 아니고 잠만 자니까 엄마가 억지로 신청해서 참여하게 되었거든요.

… (하략) …

― 〈작성방법〉 ―

- 노리스(W. Norris) 등이 분류한 진로정보 영역 중 (나)의 밑줄 친 ㉠, ㉡과 같은 경우에 필요한 진로정보를 순서대로 쓸 것.
- 샘슨(J. Sampson) 등이 제시한 내담자 유형 중 '진로 무결정(the indecisive)'에 해당하는 학생의 별칭을 쓰고, 그 학생에게 필요한 전문상담교사의 개입 전략을 1가지 서술할 것.

## 진로평가 및 직업정보

**72** ◀ 2009

전문상담교사가 학생들을 대상으로 진로교육을 할 때 적성과 흥미에 대한 설명으로 옳은 것은?

① 적성과 흥미는 변하지 않는다.
② 적성은 미래보다는 현재의 능력을 말한다.
③ 한 사람에게는 하나의 적성과 흥미가 있다.
④ 한 직업에는 하나의 적성과 흥미가 필요하다.
⑤ 적성과 흥미는 직업에서의 성공이나 지속성과 관련이 있다.

**73** ◀ 2013

진로 관련 검사에 관한 설명 중 옳은 것만을 〈보기〉에서 있는 대로 고른 것은?

─〈보기〉─

ㄱ. 진로성숙도검사(CMI)는 관계척도, 태도척도, 능력척도로 구성되어 있다.
ㄴ. 진로신념검사(CBI)는 피검자의 진로목표 결정에 방해되는 생각을 파악하는 검사이다.
ㄷ. 스트롱 직업흥미검사는 홀랜드(J. Holland)의 RIASEC 모델을 활용하여 결과를 제시한다.
ㄹ. 일반적성검사는 다양한 종류의 직무 수행에 필요한 기본 능력을 측정하는 검사로서 지능검사와 유사하다.

① ㄱ, ㄷ  ② ㄴ, ㄹ  ③ ㄱ, ㄴ, ㄷ
④ ㄴ, ㄷ, ㄹ  ⑤ ㄱ, ㄴ, ㄷ, ㄹ

**74** ◀ 2011

진로상담에서 직업카드의 활용과 관련된 설명으로 옳은 것을 〈보기〉에서 고른 것은?

〈보기〉
ㄱ. 피드백이 즉각 주어진다.
ㄴ. 내담자의 능동적 참여를 이끈다.
ㄷ. 내담자의 다양한 특성을 파악할 수 있다.
ㄹ. 문화적·민족적 차이에 의해 사용이 제한된다.
ㅁ. 같은 연령대 검사대상자들 간 비교가 용이하다.

① ㄱ, ㄴ, ㄷ   ② ㄱ, ㄴ, ㄹ   ③ ㄱ, ㄷ, ㅁ
④ ㄴ, ㄹ, ㅁ   ⑤ ㄷ, ㄹ, ㅁ

**75** ◀ 2014

다음은 진로선택을 고민하는 현지(고 3, 여)의 호소내용을 정리한 것이다. 전문상담교사가 직업카드를 사용하여 진로상담을 실시하고자 할 때, 현지의 호소내용에 근거하여 카드분류활동의 3가지 목표를 서술하시오.

이번 수시 1차에 대학 원서를 접수해야 하는데 어떤 학과를 지원해야 할지 걱정이다. 막연히 상담 관련 학과에 관심이 있기는 한데, 그 학과를 졸업하면 구체적으로 어떤 직업을 갖게 되는지 모르겠다. 그리고 그 학과와 관련된 직업 외에 나에게 더 적합한 직업이 있는지도 알고 싶다. 부모님은 간호학과를 가라고 하시는데, 학년 초에 실시했던 적성검사에서는 추천 학과로 행정학과와 경영학과가 나왔다. 그런데 왜 그런 결과가 나왔는지 궁금하고, 이러한 학과들에 대한 정보를 더 많이 얻고 싶다.

◀ 2016

**76** 다음은 전문상담교사협의회에서 전문상담교사들이 나눈 대화의 내용이다. 조 교사와 임 교사가 소개한 진로상담 기법의 명칭을 순서대로 쓰시오.

> 강교사 : 최근 진로상담을 하다 보니 학생들이 자신에 대한 이해가 부족하다는 것이 공통적인 문제더군요. 학생들이 자신을 이해할 수 있도록 돕는 좋은 방법이 없을까요?
> 조교사 : 저는 아들러(A. Adler)의 개인심리학에 기초한 진로 상담 기법을 사용해요. 이 기법은 상담자가 학생의 교육 경험, 일상인 하루, 강점과 약점 등에 대해 질문하고, 학생은 자신에 대해 체계적으로 이야기를 해 나가는 방식으로 진행돼요. 이를 통해 학생이 자신에 해 명확하게 인식하도록 돕지요.
> 강교사 : 그것 참 유용할 것 같아요.
> 임교사 : 저는 조 선생님께서 소개하신 기법과 함께, 보웬(M. Bowen)의 이론을 응용한 진로상담 기법을 사용해요. 제가 소개할 이 기법은 3세에 걸쳐 학생 가족이 어떤 진로를 선택해 왔는지 가계력을 알아보고, 그것이 학생에게 어떤 영향을 주었는지 살펴보는 방식으로 진행돼요. 이를 통해 학생은 자신을 더 깊게 이해할 수 있어요.
> 강교사 : 네, 그 기법도 정말 유용하겠네요.

◀ 2009

**77** 전문상담교사가 제공할 진로정보로 가장 적절한 것을 〈보기〉에서 모두 고른 것은?

〈보기〉
ㄱ. 인터넷 등 다양한 진로정보의 출처를 제공한다.
ㄴ. 생각을 확장하거나 발전시킬 수 있는 진로정보를 제공한다.
ㄷ. 최근의 진로정보보다 과거에 유망했던 정보를 위주로 제공한다.
ㄹ. 진로탐색에 대한 동기를 부여할 수 있는 진로정보를 제공한다.
ㅁ. 상담교사가 중요하다고 생각하는 진로정보를 우선적으로 제공한다.

① ㄱ, ㄷ　　　② ㄷ, ㅁ　　　③ ㄱ, ㄴ, ㄹ
④ ㄴ, ㄷ, ㄹ　　⑤ ㄱ, ㄴ, ㄹ, ㅁ

**78** 다음은 학생들의 진로지도 및 상담을 위해서 사용되는 인터넷 사이트에 대한 설명이다. 이 사이트에서 제공하는 서비스의 내용만을 〈보기〉에서 있는 대로 고른 것은?

- 한국직업능력개발원의 진로정보센터에서 운영한다.
- 주로 진로정보탐색, 진로심리검사, 진로탐색 등에 관한 정보를 생산 및 보급한다.
- 수요자의 요구에 부응하는 발달단계별 진로지도 관련 프로그램을 개발 및 보급한다.

〈보기〉

ㄱ. 직업사전, 학과정보, 학교정보 등을 제공한다.
ㄴ. 중·고등학생들의 진로탐색을 도와주기 위한 진로지도 프로그램인 '아로플러스'를 제공한다.
ㄷ. 청소년의 진로설계와 취업을 돕는 프로그램으로 청년층 직업지도 프로그램(CAP)을 제공한다.
ㄹ. 중·고등학생들이 자신의 적성에 맞는 직업을 탐색할 수 있도록 하기 위해서 Job-School을 운영한다.
ㅁ. 중·고등학생들이 활용 가능한 심리검사로 직업적성검사, 직업흥미검사, 진로성숙도검사, 직업가치관검사를 제공한다.

① ㄱ, ㄴ
② ㄷ, ㄹ
③ ㄱ, ㄴ, ㄹ
④ ㄱ, ㄴ, ㅁ
⑤ ㄴ, ㄷ, ㄹ, ㅁ

79. 다음은 다양한 전달 체계를 활용하여 전문상담교사가 학생들에게 진로 정보를 제공한 활동들이다. (가)~(마)에 대한 설명으로 옳지 <u>않은</u> 것은?

> (가) 김 교사는 학생들이 특정 직업에 대한 정보를 물어올 때, 상담실에 비치해 놓은 한국고용정보원에서 발간한 「2009 한국직업전망」을 통해 정보를 제공하였다.
> (나) 박 교사는 학생들이 알고 있는 직업이 매우 한정되어 있다는 문제를 접하고, '직업의 세계'라는 영상물을 구입하여 원하는 학생이 시청할 수 있도록 제공하였다.
> (다) 이 교사는 전문계 고등학생들이 산학협동체제를 통하여 현장 경험을 할 수 있도록 행정적인 지원 업무를 한 후, 실습 소감문을 작성하도록 과제를 부여하였다.
> (라) 최 교사는 학생들의 방학 숙제로 관심이 있는 회사를 방문한 후, 보고서를 제출하도록 하였다. 그 과정에서 학생들이 실제 작업 현장에서 수행되는 일을 직접 관찰하고, 그 일에 종사하는 사람들과 이야기를 나눌 수 있게 하였다.
> (마) 정 교사는 학생들이 직업인이 되어보는 경험을 하도록 특별 활동 시간에 헤어 디자이너 등 특정 직업인의 역할활동을 하게 하였다.

① (가)의 방식은 보편적인 것으로, 「2009 한국직업전망」을 통해 학생들은 200여개 직업의 업무 내용, 근무 환경, 향후 10년간의 직업 전망 등을 알 수 있다.
② (나)의 방식은 감각에 호소함으로써 학생들의 동기를 유발시킬 수 있다는 장점이 있다.
③ (다)의 방식은 다른 전달 방식보다 특정 직업에 대하여 더 많은 정보를 제공해 주는 장점이 있다.
④ (라)의 방식은 특정 직장의 분위기를 실제로 접하면서 작성한 관찰보고서를 통해 자신에게 필요한 정보를 정확히 얻게 하는 장점이 있다.
⑤ (마)의 방식은 직업에 대한 대리 경험을 통해 학생들이 특정 직업 활동에 대하여 개인적인 의미를 발견하도록 돕는다.

**80** 허와 크레이머(E. Herr & S. Cramer)가 제시한 진로상담 프로그램의 가발 단계에 입각하여 〈보기〉의 일반적인 절차를 바르게 배열한 것은?

―〈보기〉―
ㄱ. 프로그램의 내용을 선정한다.
ㄴ. 프로그램의 목표를 선정한다.
ㄷ. 학교 상황에 맞도록 내용을 수정한다.
ㄹ. 진로상담의 방법을 탐구하고 선정해야 한다.
ㅁ. 프로그램을 사용할 학생의 특성과 필요를 조사한다.
ㅂ. 프로그램의 실시에 필요한 지원 체계를 결정해야 한다.
ㅅ. 프로그램의 효과를 검증할 수 있는 평가 방법과 절차를 구안한다.

① ㄴ – ㄹ – ㄱ – ㅁ – ㄷ – ㅂ – ㅅ
② ㄴ – ㅂ – ㄹ – ㄱ – ㅅ – ㅁ – ㄷ
③ ㅁ – ㄴ – ㄹ – ㄱ – ㄷ – ㅂ – ㅅ
④ ㅁ – ㅂ – ㄴ – ㄹ – ㄱ – ㄷ – ㅅ
⑤ ㅂ – ㄴ – ㄱ – ㄹ – ㅁ – ㅅ – ㄷ

## 81

◀ 2020

다음은 고등학생용 '직업기초능력 향상 진로지도 프로그램' 개발절차 중 프로그램 구성 단계에서 나눈 전문상담교사들의 대화 내용이다. 〈작성 방법〉에 따라 서술하시오.

> 김 교사 : 오늘은 프로그램의 세부 목표와 활동 요소를 선정하고 조직하는 과정을 진행하기로 하지요.
> 이 교사 : 먼저 국가직무능력표준(National Competency Standards :NCS)에서 제시하고 있는 10가지 직업기초능력 영역의 의미와 하위 능력, 세부 요소를 확인해 보아야할 것 같아요.
> 박 교사 : 저는 무엇보다 '( ㉠ )' 영역이 중요하다고 생각해요. 자기 능력과 특성을 객관적으로 이해하고, 스스로 목표를 세우고 관리하고 성취해나가는 능력은 어느 시대에나 필요한 능력이 아니겠어요?
> 최 교사 : '( ㉡ )' 영역도 놓쳐서는 안 될 것 같아요. 4차 산업혁명 시대의 직업세계에서도 근면, 정직, 성실과 같은 태도와 올바른 직업관을 갖는 것이 필요하지요.
> … (중략) …
> 김 교사 : 다음 회의에서는 목표 달성을 위한 프로그램 활동 요소의 선정을 위해 서스만(S. Sussman)이 제시한 4가지 선정 기준에 따라, 수집한 자료들을 평가하면서 활동 요소들을 조직해 가기로 하지요.
> 정 교사 : 무엇보다도 ㉢ 프로그램에 참여할 학생들이 잘 이해하고, 실제로 참여할 수 있는 활동 요소를 선정하는 것이 중요하겠지요.
> 이 교사 : 그렇지요. ㉣ 수용성(acceptability)도 선정 기준으로 꼼꼼히 챙겨봐야겠어요.

〈작성방법〉

- 괄호 안의 ㉠, ㉡에 해당하는 국가직무능력표준의 직업기초 능력 영역의 명칭을 순서대로 쓸 것.
- 밑줄 친 ㉢에 해당하는 서스만이 제시한 활동요소 선정 기준의 명칭을 쓸 것.
- 밑줄 친 ㉣이 의미하는 내용을 2가지 서술할 것.

김진구

전문상담 기출문제집

김진구 전문상담 기 출 문 제 집

# CHAPTER 05
# 가족상담 기출문제

- 가족상담과 가족체계
- 다세대 가족상담
- 경험적 가족상담
- 구조적 가족상담
- 전략적 가족상담
- 해결중심 가족상담
- 이야기 치료
- 가족평가 및 가족생활주기(특수가족포함)
- 가족상담과정

## 기출영역   가족상담

| | 14 | 15 (+추시) | 16 | 17 | 18 | 19 | 20 | 21 | 22 | 23 | 24 | 25 |
|---|---|---|---|---|---|---|---|---|---|---|---|---|
| 가족상담과 체계이론 | | 가족규칙, 가족항상성 | | | | | | 순환적 인과 | | | | |
| 정신역동 및 대상관계 | 대상관계 | | | | | | | 대상관계: 위니컷 거짓자기 | | | | |
| 다세대 | | 분화 | 정서적 단절 | 분화, 핵가족 정서체계 | 삼각관계 | | | | 상담목표, 정서단절 | | 자아분화, 나의 입장 기법 | |
| 경험 | | 개인빙산, 의사소통 유형 | 개인빙산 목표 | 의사소통 유형 | | 의사소통 유형 | | 폐쇄체계, 가족조각 | | 빙산기법 | | |
| 구조 | 주요 개념 | 목표 및 가족도표 | | 모방 | | 경계선 유형 | 실연화, 가족지도 해석 | | 구조적 지도 | 목표 (재구조화) | 교류수정 기법 | |
| 전략 | 의사소통 이론 | 순환질문 이중구속 | 가장기법 | | | 고된 체험기법, 불변처방 | | | | 역설적 과제 | 긍정적 의미 부여 | |
| 이야기 | 정의예식 | 문제의 외재화, 독특한 결과 | | | | 회원 재구성 | | | | 독특한 결과 | 문제의 외재화 | |
| 해결중심 | 관계성 질문 기본가정, 질문기법 | | 관계 유형 예외질문 | | 기적질문 | | 관계 유형, 척도 및 악몽질문 | | 예외질문 | | | |
| 가족평가 | 가계도 +KFD | 순환모델 | 가계도 해석 | | | | | 가계도 | 순환모델 | | | 가계도 |
| 가족생활 주기 | | | | | | | | | | | | |
| 가족상담 과정 | | | | | | | | | | | | |
| 특수가족 | 재혼 (충성심 갈등) | | 재혼가족 과업 | | | 이혼가족 과업 | | | | | | |

# CHAPTER 05 가족상담 기출문제

## 가족상담과 가족체계

**01** ◁ 2010

버텔란피(L. Bertalanffy)의 일반체계 이론을 가족상담 이론에 적용한 개념으로 옳은 것을 〈보기〉에서 고른 것은?

―〈보기〉―
ㄱ. 가족체계는 각 부분의 특성을 합한 것이다.
ㄴ. 가족체계는 일반적인 규칙의 지배를 받는다.
ㄷ. 가족체계에서 부분의 변화는 전체의 변화를 초래할 수 있다.
ㄹ. 가족체계는 안정된 상태를 유지하려는 경향이 있으면서도 변화를 추구한다.
ㅁ. 가족 내의 개인행동은 순환적 인과관계보다는 직선적 인과관계로 파악하는 것이 적절하다.

① ㄱ, ㄴ, ㄷ   ② ㄱ, ㄷ, ㅁ   ③ ㄴ, ㄷ, ㄹ
④ ㄴ, ㄹ, ㅁ   ⑤ ㄷ, ㄹ, ㅁ

**02** 〈보기〉는 엄마와 아이의 상호작용 패턴을 나타낸 것이다. 의사소통이론에서는 이러한 상호작용 패턴을 무엇이라고 하는지 그 개념을 쓰시오.

―〈보기〉―
엄마 : 엄마는 널 사랑해 엄마에게 오렴.
아이 : ( 엄마에게 다가간다. )
엄마 : 너, 하던 숫자놀이는 다 했니? 마저 다 해야지.
아이 : ( 엄마에게 다가가는 것을 강설인다. )
엄마 : 엄마는 널 사랑하는데 넌 엄마를 좋아하지 않는구나.
아이 : ( 엄마의 말에 관심을 보이지 않고 계속 하던 놀이에 몰두한다. )

• 개념 : _____

## 03 ⓒ 2021

다음은 전문상담교사가 소미(중3, 여)를 상담한 후 수퍼바이저와 나눈 대화 내용의 일부이다. 〈작성 방법〉에 따라 서술하시오.

---

상 담 교 사 : 제가 상담하고 있는 소미가 지난주에 가출했다가 들어왔어요.
수퍼바이저 : 가출을 할 만한 특별한 이유가 있었나요?
상 담 교 사 : 소미 부모님 간의 갈등이 큰 원인인 것 같아요. 소미의 아버지는 내성적이고 행동이 좀 느린 편이시라고 합니다. 어머니는 그런 아버지에게 잔소리를 좀 많이 하시는 편이고요. 아버지는 어느 날부터 저녁에는 야근을 하시고 주말마다 낚시를 가 버리셨대요. 그러면서 어머니와 아버지의 갈등은 더 심해지셨다고 하더라고요. 소미는 부모님이 싸우실 때마다 답답한 마음에 담배를 피우기 시작했는데, 지난주에 학교에서 담임 선생님에게 걸렸다고 하더라고요. 그 일로 부모님이 학교에 오시게 되었는데, 그날 부모님이 더 크게 싸우신 것 같아요.
수퍼바이저 : 소미는 부모님이 본인 때문에 싸우시는 것 같아서 힘들었겠네요.
상 담 교 사 : 네, 아마도 그랬던 것 같아요. 소미는 부모님이 이혼하실까 봐 걱정이 들면서도, 집에 있으면 속이 터질 것 같고 너무 답답한 마음에 가출을 했다고 하더라고요.
수퍼바이저 : 음 … 제 생각에는 부모님을 같이 상담에 참여시켜 가족 상담을 진행하면 어떨까 합니다. 소미의 문제 행동의 원인을 다른 관점에서 보면 좋을 것 같아요. 가족 상담이 활발하게 발달하기 전에는 ㉠ 내담자문제는 특정한 원인의 결과라는 시각이 많았습니다. 아마도 선생님이 소미 문제를 바라보는 관점과 비슷할 것 같아요. 이후, ㉡ 베르탈란피(L. Bertalanffy)가 제시한 일반체계 이론의 영향으로 내담자 문제의 원인을 바라보는 새로운 시각이 주목받기 시작했습니다.

---

〈작성방법〉

- 밑줄 친 ㉠과 ㉡에 해당하는 인과론의 명칭을 순서대로 쓰고, 각각의 관점에 근거하여 소미의 문제 행동의 원인을 순서대로 서술할 것.

**04** 〈보기〉는 한 가족의 상황을 기술한 것이다. 순환적 인과론의 관점에서 적절한 설명이 되도록 빈칸을 채우시오.

---
〈보기〉

아 버 지 : 거의 매일 밤늦게 귀가한다. 가정에는 무관심하다.
어 머 니 : 남편과 소원하다고 느낀다. 아들에게 강한 애착을 느끼고 집착한다. 딸의 문제로 남편과 자주 싸운다.
아들(고2) : 또래들과 잘 어울리지 못한다. 밖에 나가서도 집에 혼자 있는 어머니 걱정만 한다.
딸(중3)  : 집에서 소외감을 느낀다. 학교에서 문제 행동을 자주 일으킨다.

---

어머니는 딸의 문제가 남편의 무관심 때문이라고 남편을 비난한다.

(1) 이 같은 아내의 비난은 _____

(2) 이러한 부부 간의 문제는 _____

(3) 아들은 또한 _____

(4) 이러한 어머니와 아들 간의 관계는 _____
　　결국, 같은 현상이 반복되는 악순환적 연쇄 고리가 형성된다.

**05** 다음은 명호(중 3, 남)의 가족을 상담한 내용 중 일부를 도식화한 것이다. 이 도식에서 베이트슨(G. Bateson)의 의사소통 이론에 따라 명호 가족의 호소내용을 설명할 수 있는 원리를 쓰시오.

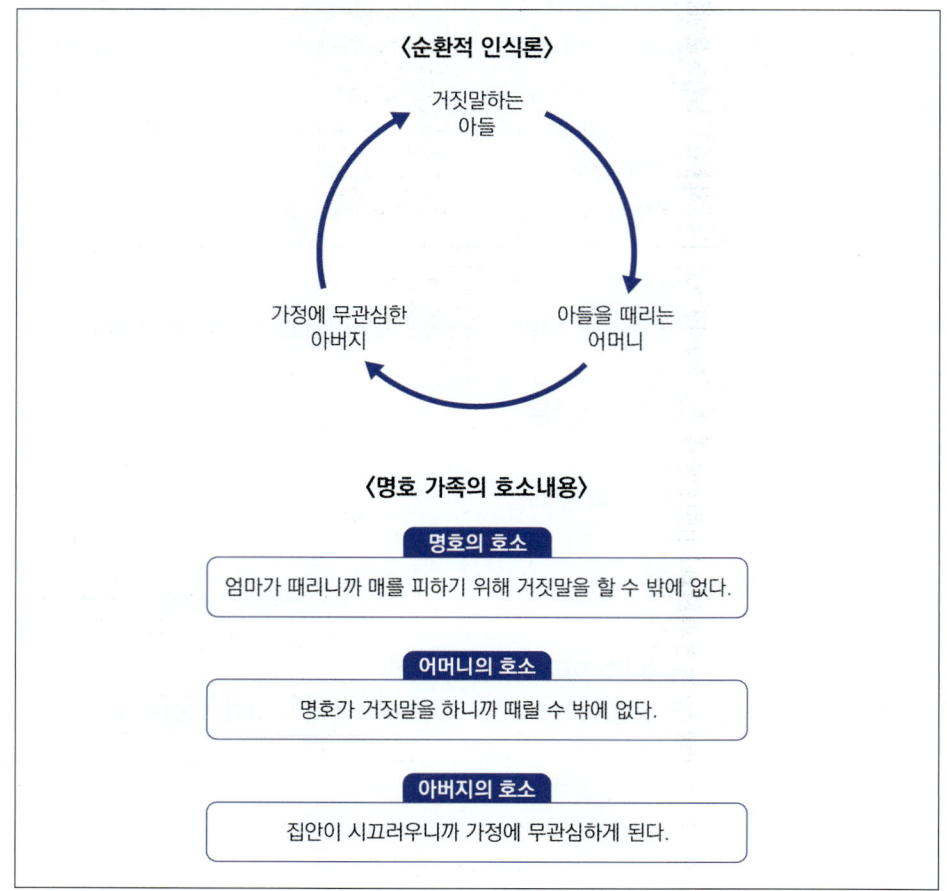

**06** 다음은 경수(중 2, 남)가족과 민지(중 2, 여)가족의 의사소통을 관찰한 내용이다. 괄호 안의 ㉠, ㉡에 해당하는 용어를 순서대로 쓰시오.

〈경수네 가족의 의사소통〉

엄마 : (무표정한 얼굴로) 경수야, 엄마가 널 얼마나 사랑하는지 알지? 이리 와 보렴.
경수 : (엄마에게 다가가며) 네…. 엄마.
엄마 : 사랑하는 우리 아들, 이번 기말고사에는 1등 할 수 있지?
경수 : 네, 노력해 볼게요.
엄마 : 얘, 누가 너더러 대답하래?
경수 : 엄마가 물어보셔서…….
엄마 : (짜증난 표정으로) 그래서 이번 1등은 자신 있다는 거야, 없다는 거야?
경수 : (어쩔 줄 몰라 아무 말도 하지 못하고 서 있다.)
엄마 : 왜 말이 없어? 엄마 말이 말 같지 않니?

〈민지네 가족의 의사소통〉

엄마 : 민지야, 정말 너 땜에 내가 못살겠다. 성적이 이게 뭐니?
민지 : 엄마, 죄송해요.
엄마 : 그러니까 엄마가 학원 바꾸라고 했잖아. 엄마 말대로 했으면 됐잖아. 넌 왜 그렇게 엄마 말을 안 듣니?
민지 : 그 학원은 가기 싫단 말이에요…….
엄마 : 네가 제대로 하는 게 뭐가 있니? 네가 매번 고집 피우니까 되는 게 없잖아. 어휴, 내가 정말 너 때문에 못살겠다.

〈상담 기록지〉

- 경수네 가족의 의사소통을 베이트슨(G. Bateson)의 개념으로 볼 때, 경수 어머니는 경수에게 ( ㉠ )을/를 보내고 있다고 볼 수 있음.
- 민지네 가족의 의사소통을 사티어(V. Satir)의 개념으로 볼 때, 민지 어머니의 의사소통 유형은 ( ㉡ )(이)라고 볼 수 있음.

## 다세대 가족상담

### 07. 2009

다음 사례에서 밑줄 친 ㉠~㉢을 설명하는 보웬(M. Bowen) 가족상담 이론의 개념을 바르게 나열한 것은?

> 진영은 친구들과 잘 어울리지 못하는 문제로 상담실을 찾아봤다. 전문상담교사가 진영의 가족생활을 물어보니 진영이 중학교 입학할 때쯤 부모는 이혼하였다. 부모님이 이혼한 후 진영은 혼자 계신 어머니를 더욱 신경 쓰면서 자신이 하고 싶은 일을 잘 하지 못하게 되었다. ㉠ 진영은 친구의 생일 파티에 가고 싶었지만 주말에 친구랑 놀겠다고 하면 홀로 계신 어머니가 서운해 할까 봐 말하지 못했다. 친구들과 재미있게 지내는 것이 어머니에게 잘못하는 일인 것 같아 죄송스러운 마음도 든다고 했다.
> 예전에 ㉡ 진영의 부모는 자주 싸웠는데 어머니는 부부싸움을 하다가 진영을 불러서 누구 말이 맞는지를 물어보곤 했다. ㉢ 그런데 상담교사가 진영의 어머니를 면담해보니 어머니도 자신의 어머니에 대해서 진영이 느끼는 것과 비슷한 마음을 가졌었다고 했다.

|  | ㉠ | ㉡ | ㉢ |
|---|---|---|---|
| ① | 가족투사 | 우회연합 | 다세대 전달과정 |
| ② | 자아미분화 | 삼각관계 | 다세대 전달과정 |
| ③ | 불일치의 역기능 | 삼각관계 | 사회적 감정과정 |
| ④ | 자아미분화 | 감정단절 | 핵가족 감정체계 |
| ⑤ | 가족투사 | 감정단절 | 사회적 감정과정 |

**08** 다음은 학교 부적응 문제로 상담실에 의뢰된 동혁(중2, 남)과 어머니를 전문상담교사가 상담한 축어록의 일부이다. 보웬(M. Bowen)의 다세대 가족상담의 관점으로 이 가족을 평가한 내용 중 옳은 것만을 〈보기〉에서 모두 고른 것은?

> 상담교사 : 어머니, 상담실에 오시라고 해서 많이 놀라셨죠?
> 어 머 니 : 네, 우리 동혁이가 집에 와서는 학교 이야기를 통 안 하니까, 저는 얘가 잘 지내는 줄 알았죠.
> 상담교사 : 아, 그러셨군요.
> (동혁이를 보며) 동혁이는 학교생활이 어려운데도 집에 가서는 아무 말도 하지 않았구나.
> 동　　혁 : 말해 봤자 엄마한테 혼날 게 뻔한데요, 뭐.
> 어 머 니 : 얘, 그래도 엄마한테 얘기를 해야지. 장남인 네가 그렇게 아무 말도 하지 않으니 엄마 맘이 답답하지. 넌 어쩜 네 아빠랑 그렇게 똑같니?
> 동　　혁 : 보셨죠? 제가 말했잖아요. 여기서도 저를 혼내시잖아요. (어머니를 보며) 여기서 아빠 얘기는 왜 해요? 아빠가 뭘 그렇게 잘못하셨다고.
> 상담교사 : 그럼 동혁아, 아빠와는 학교생활에 대해 이야기하니?
> 동　　혁 : 아빠는 한 달에 한두 번 집에 오시니까 말씀드리기 어려워요. 대신 할머니하고는 얘기해요. 그래도 저를 가장 잘 이해해 주시거든요.
> 어 머 니 : 저희 시어머님이 당신 아들이나 손자는 끔찍이 여기세요. 항상 저만 중간에서 못된 사람이 되는 거죠.

〈보기〉

ㄱ. 할머니의 분화 수준이 높다.
ㄴ. 동혁에게 가족투사가 이루어지고 있다.
ㄷ. 아버지와 어머니는 융합-적대 관계이다.
ㄹ. 어머니는 감정반사행동을 하지 않고 있다.
ㅁ. 어머니는 두 개 이상의 삼각관계를 형성하고 있다.

① ㄱ, ㄹ　　② ㄴ, ㅁ　　③ ㄱ, ㄷ, ㅁ
④ ㄴ, ㄹ, ㅁ　　⑤ ㄱ, ㄴ, ㄷ, ㄹ

◀ 2010

**09** 보웬(M. Bowen)의 가족정서체계 상담에서 사용하는 기법에 대한 설명으로 옳지 <u>않은</u> 것은?

① 가계도 기법은 가족의 패턴을 명료화하고 가족의 문제를 재구성하기 위해 사용할 수 있다.
② 코칭 기법은 가족 구성원이 가족의 정서적 상호 작용 과정과 개인의 역할을 이해할 수 있도록 돕는다.
③ 과정질문 기법은 가족 구성원이 문제에 대한 지각과 관계유형에 어떤 방식으로 참여하였는지를 인식할 수 있게 한다.
④ 나-입장(I-Position) 기법은 가족 구성원의 행동을 비난하거나 지적하기보다는 자신의 감정에 초점을 맞추어 표현하는 것이다.
⑤ 치료적 삼각관계 기법은 가족의 상호 작용을 파악하기 위해 가족 구성원이 사용하는 언어, 동작, 감정 표현 등을 따라하는 것이다.

◀ 2013

**10** (가), (나)는 자녀문제로 상담실을 방문한 영수 어머니를 보웬(M. Bowen)의 가족상담 이론에 기초하여 상담한 내용의 일부이다. 전문상담교사가 적용한 기법을 〈보기〉에서 골라 바르게 연결한 것은?

| (가) |
| --- |
| 상담교사 : 영수가 숙제하라는 어머니의 말은 안 듣고 게임만 하고 있으면 어머니께서는 어떤 생각을 하세요?<br>어 머 니 : 아, 정말 화나지요.<br>상담교사 : 그렇군요. 그러면 영수가 게임만 계속하는데 어머니는 무슨 역할을 하셨나요?<br>어 머 니 : 모르겠어요. 내가 무슨 역할을 했을까요?<br>상담교사 : 글쎄요. 어머니는 영수가 원하는 것을 말하면 들어 주셨나요? |
| (나) |
| 어 머 니 : 영수 때문에 힘들 때는 친정 어머니가 우리 칠남매를 어떻게 키웠을까 하는 생각도 들고 갑자기 어머니가 보고 싶기도 하네요.<br>상담교사 : 아, 그러시군요. 영수도 할머니를 보고 싶어 하던데, 주말에 영수가 게임에 빠져 있는 모습을 보면서 화내고 힘들어 하는 것보다는 가족이 함께 영수 할머님 댁을 방문해 보세요. 다녀오신 후 어떠셨는지 다음 시간에 이야기해 보도록 하지요. |

〈보기〉
ㄱ. 코칭   ㄴ. 과정질문   ㄷ. 탈삼각화   ㄹ. 관계실험

|     | (가) | (나) |     | (가) | (나) |
| --- | --- | --- | --- | --- | --- |
| ① | ㄱ | ㄴ | ② | ㄱ | ㄷ |
| ③ | ㄴ | ㄱ | ④ | ㄴ | ㄷ |
| ⑤ | ㄷ | ㄹ |   |   |   |

◀ 2015

**11.** 다음은 전문상담교사인 한 교사가 동료 교사인 박 교사에게 자문해주는 과정의 일부이다. 괄호 안의 ㉠~㉢에 들어갈 용어를 쓰시오. 그리고 밑줄 친 ㉣의 내용을 바탕으로 하여 경미 아버지와 어머니의 특성을 보웬(M. Bowen)이 제시한 자기분화의 관점에서 각각 평가하여 서술하시오.

> 박교사 : 저희 반 경미가 요즘 부쩍 성적이 떨어져서 면담을 해보았습니다. 경미 어머니는 평소에 경미 아버지의 모든 것을 챙겨주어 사이가 좋은 것처럼 보이지만, 부부싸움을 하면 심하게 한다고 합니다. 경미 어머니는 경미 아버지가 조금이라도 늦게 퇴근하면 불안해하며 전화를 한다고 합니다. 그대마다 경미 아버지는 퇴근하기가 무섭게 경미 어머니에게 큰 소리로 화를 내며 폭력을 휘두른다고 합니다. 부부싸움을 하고 나면 경미 어머니는 경미 방에서 경미와 함께 잠을 자면서 신세한탄을 하며 운다고 합니다. 그때 경미는 엄마가 울 때 같이 울게 되고 엄마가 슬퍼하는 것이 마음이 아파서, 아버지가 너무 싫어진다고 합니다. 대학생인 경미의 언니는 다양한 체험을 위해 외국으로 가고 싶어하는데 가족은 떨어져 살면 안 된다고 경미 부모님이 심하게 반대한다고 합니다. 경미의 언니는 부모님에게 늘 순종적인 편이지만 대학생이 되었는데도 아직까지도 변함없이 엄격하기만 한 집안 분위기 때문에 힘들어하고 있습니다.
>
> 한교사 : 순환모델을 적용하여 경미네 가족을 ( ㉠ )와/과 ( ㉡ )의 차원에서 평가할 수 있는데, 이러한 평가 결과 경미네 가족은 16가지 유형 중 ( ㉢ ) 유형에 속한다고 볼 수 있습니다. 또한, ㉣ <u>경미네 가족을 보웬의 분화의 관점에서 볼 때, 경미 아버지는 분화의 개인내적 측면에서, 경미 어머니는 분화의 관계적 측면에서 평가해볼 수 있습니다.</u>

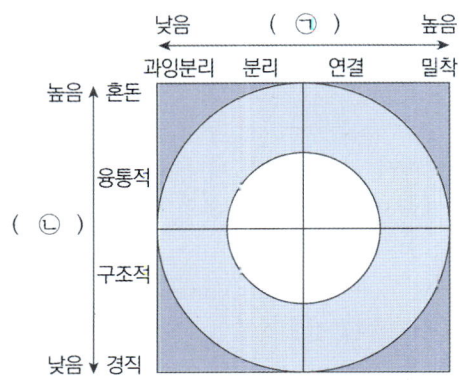

2022

**12.** 다음 (가)는 민지(가명, 고3, 여)의 가족 상담에 대한 수퍼비전 내용의 일부이고, (나)는 순환모델에 의한 가족체계 유형을 나타낸 것이다. 〈작성 방법〉에 따라 서술하시오.

(가)

> 상담교사 : 민지는 오빠가 대학을 간 후에 더 힘들어졌다고 하소연합니다. 그래도 오빠가 집에 있을 때는 부모님이 오빠에게 관심을 쏟느라 자기에게는 간섭이 덜 했는데, 오빠가 대학을 간 후부터는 간섭이 심해져서 집에 있는 게 싫다고 합니다. 그동안 민지 오빠는 엄마 아빠의 기대가 너무 부담스럽다며 민지에게 종종 하소연을 해 왔는데, 민지는 그런 오빠가 늘 불쌍하다고 생각하면서도 오빠로 인해 엄마 아빠의 간섭을 피할 수 있어서 한편으로는 안도하면서 지냈다고 합니다. 민지 아버지는 엄한 성격이어서 민지와 오빠는 또래들에 비해 늘 자유롭지 못했고 민지엄마는 온통 자식밖에 모르는 사람이라고 합니다. 아버지의 반대에도 불구하고 민지 오빠는 어떻게 해서든 집에서 멀리 떨어진 곳으로 대학을 가겠다고 민지에게 말하곤 했는데, ㉠ <u>실제로 대학을 간 후에는 집에 발길을 거의 끊고 살고 있답니다.</u> 민지 부모님은 민지가 어릴 적부터 사이가 좋지 않아서 민지는 늘 불안했다고 합니다. 매번 부부싸움을 하고 나면 엄마가 민지 방에서 자면서 하소연을 해 왔는데, 그럴 때면 아버지가 너무 밉고 엄마가 불쌍해서 슬프면서도 답답하다고 합니다.
>
> 수퍼바이저 : 가족의 문제는 다양한 평가 도구를 활용해서 평가해 볼 수 있는데, 오늘은 순환모델의 가족체계유형을 적용해 보면 어떨까 합니다. 민지네 가족은 ( ㉡ )의 극단가족 유형에 해당되는 것으로 보입니다. 따라서 민지네 가족이 균형가족이 되기 위해서는 지속적인 개입이 필요해 보입니다

(나)

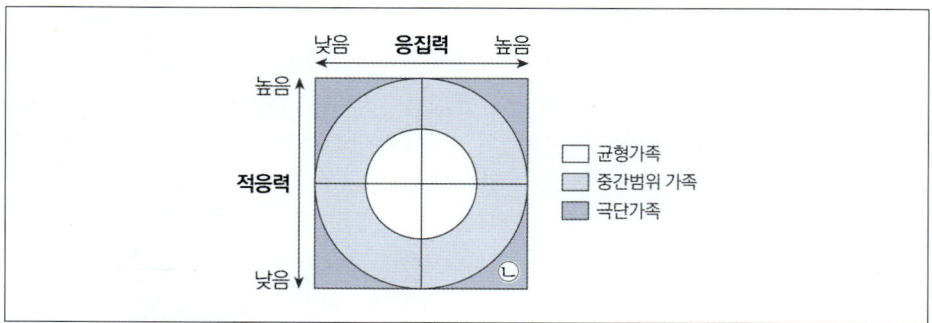

〈작성방법〉

- 밑줄 친 ㉠에서 민지 오빠가 나타내고 있는 문제에 해당하는 명칭과 발생 원인을 보웬(M. Bowen) 가족상담 이론의 주요 개념으로 서술할 것.
- ㉡에 해당하는 용어를 쓸 것.
- 민지의 상담 목표를 보웬(M. Bowen) 가족상담 이론의 주요 개념으로 사례와 연결 지어 1가지 서술할 것.

**13** 다음은 전문상담교사가 보웬(M. Bowen)의 가족상담 이론에 근거하여 영수(중 1, 남) 가족에 대해 파악한 내용이다. 자아분화 수준이 낮은 영수 부모의 공통적인 특징에 대해 〈작성 방법〉에 따라 서술하시오.

---

(가)

- 아버지(42세)

  어릴 적에 아버지가 돌아가신 후 어머니, 누나와 함께 살았다. 어머니는 남매를 키우는 데 온갖 정성을 바쳤지만, 요구가 많고 비판적이었다. 고향에서 먼 지역의 대학에 진학한 후 어머니와 왕래하지 않고 있다. 결혼 후에는 요구가 많고 비판적인 아내가 부담스러웠다. 평일에는 회사일에 집중하고 늦게 귀가하며, 주말에도 산악 동호회 활동으로 집에 머무는 시간이 거의 없다.

(나)

- 어머니(40세)

  어릴 때부터 사소한 것도 어머니와 언니가 하라는 대로 하였고, 서로 간에 비밀이 없어야 한다는 것이 보이지 않는 규칙이었다. 대학에 진학할 때는 자신이 원하던 전공보다는 부모님이 원하는 전공을 선택하였다. 대학을 졸업한 후 직장에서 만난 남편과 몇 번 데이트를 하고 집을 떠나고 싶어서 충동적으로 결혼을 하였다. 결혼 후에는 친정 가족과 교류하지 않고 있다.

---

〈작성 방법〉

- 보웬의 가족상담 이론의 개념 가운데 (가)와 (나)에서 공통으로 드러나는 특징을 설명하는 개념의 명칭과 의미를 쓰고, 이 개념을 선택한 근거를 (가)와 (나)에서 각각 1가지씩 찾아 제시할 것

**14** 다음은 철수(고 1, 남)의 어머니가 전문상담교사에게 보낸 이메일 내용이다. 보웬(M. Bowen)의 다세대가족상담이론에 근거하여 어머니와 철수의 관계 특성에 해당하는 개념을 쓰고, 이 관계 특성이 철수의 가족에서 발달한 과정을 '핵가족 정서체계' 개념에 근거하여 서술하시오.

> 선생님, 안녕하세요. 저는 일전에 전화로 연락드렸던 철수 엄마입니다. 철수는 친구들과 어울리고 싶은데 그게 잘 안되나 봐요. 자신감이 없고 마음이 많이 여린 것 같아요. 그래서 친구의 사소한 말에도 크게 상처를 받고요.
> 
> … (중략) …
> 
> 저의 가족은 시어머니와 남편, 아들과 저입니다. 시어머니는 우리 부부 사이에 갈등이 생기면 일방적으로 남편 편만 듭니다. 이에 대한 불만을 남편에게 이야기하면 들으려 하지 않고 화부터 내니까 심하게 싸우게 됩니다. 부부싸움을 하고 나면 남편은 아예 시어머니 방으로 들어가서 식사 때 외에는 나오지 않습니다. 그러면 저는 아들 철수에게 밤이 새도록 하소연을 합니다. 착한 아들인 철수는 끝까지 저의 이야기를 들어줍니다. 부부싸움 다음날은 제가 걱정이 되는지 철수가 학교에도 가지 않으려 하고, 학교에 가서도 쉬는 시간마다 전화를 해서 제 안부를 확인하곤 합니다. 철수가 화목하지 않은 집안 분위기 때문에 성적이 떨어지는 것 같아 걱정이 됩니다.

## 경험적 가족상담

◀ 2013

**15** 경험적 가족상담 이론에 관한 설명으로 가장 적절한 것은?

① 증상은 가족구성원들의 비효율적인 문제해결 시도로 나타남으로 반복되는 역기능적 행동에 직접 개입한다.
② 증상에는 관심을 갖지 않고 문제가 없었던 예외상황을 찾아 가족구성원들의 강점과 자원을 활용하여 문제를 해결한다.
③ 증상은 원가족과 분리되지 않은 정서체계를 가질 때 생기는 것이므로 자신과 타인을 분리시켜 사고할 수 있는 능력을 촉진 시킨다.
④ 증상은 문제해결력이 낮아 상황에 적절하게 대응하지 못할 때 생기는 것이므로, 가족구성원들의 자기존중감을 높이고 선택권을 갖게 하며 의사소통 유형을 일치형으로 만든다.
⑤ 증상은 자신의 경험에 의해 구성된 문제 이야기와 자아정체성을 동일시할 때 생기는 것이므로, 증상과 관련된 이야기를 해체하고 대안적 이야기를 구축하기 위해 문제를 외현화한다.

◀ 2012

**16** 경험적 가족상담이론에 근거한 전문상담교사의 역할 중 옳은 것만을 〈보기〉에서 있는 대로 고른 것은?

〈보기〉
ㄱ. '지금-여기'의 상황보다는 과거의 사건을 더 중요시한다.
ㄴ. 역전이 감정을 줄이기 위해 학생의 가족과 개방적으로 감정을 나눈다.
ㄷ. 가족들이 긴장할 때 보이는 의사소통 및 대처 유형에는 관여하지 않는다.
ㄹ. 가족조각이나 안무 등의 기법을 활용하여 감정적 측면보다는 행동적 측면을 강조한다.
ㅁ. 역기능적인 원가족 삼인군 가족관계에서 유래된 문제를 현재 상황에서 이해하게 하고, 이 문제를 현재의 삶에 대한 방해물이 아닌 긍정적인 것으로 부각시킨다.

① ㄱ, ㄷ  ② ㄴ, ㄹ  ③ ㄴ, ㅁ
④ ㄴ, ㄷ, ㅁ  ⑤ ㄴ, ㄹ, ㅁ

ⓒ 2011

**17.** 다음 가족의 대화를 새티어(V. Satir)의 의사소통 유형의 관점에서 분석했을 때 각 가족 구성원의 자기존중감 요소의 특성과 자원을 바르게 제시한 것은?

> 어머니 : 내가 못살아, 너희들, 성적이 왜 이 모양이야? 그러니까 내가 학원 옮기라고 했잖아. 너희는 왜 그렇게 엄마 말을 안 듣니?
> 아버지 : 자, 흥분 한다고 일이 해결되는 것은 아니니 차분히 살펴봅시다. 학원을 옮겼다면 아이들이 새 학원에 적응하느라 더 어려움이 있었겠지. 그렇다고 애들이 원했던 인터넷 강의도 효과적이지는 않았어. 돈이 많이 들지만 개인 과외를 받는 것이 가장 낫지 않을까?
> 할머니 : 애비야, 넌 어째 항상 그런 식이냐? 과외가 얼마나 돈이 많이 드는데, 돈 무서운 줄 알아야지.
> 진 희 : 에이, 아무려면 어때요. 아빠, 오늘 주말인데 우리 외식하고 노래방 가요.
> 진 미 : 아냐, 엄마 말씀이 맞아요. 다 우리 잘못이에요. 엄마, 죄송해요.

| | 가족 구성원 | 자기존중감 요소의 특성 | 자원 |
|---|---|---|---|
| ① | 어머니 | 타인 무시 | 관계성 |
| ② | 아버지 | 자신, 상황 무시 | 지식 |
| ③ | 할머니 | 자신, 타인, 상황 존중 | 자발성 |
| ④ | 진희 | 자신, 타인, 상황 무시 | 강한 주장 |
| ⑤ | 진미 | 자신 무시 | 예민성 |

**18** 다음 사례에서 사용된 가족상담 기법과 새티어(V. Satir)의 관점에서 본 아버지의 의사소통 유형을 쓰시오.

> 상담자는 민수에게 가족들이 평소에 자신에게 어떻게 했는지를 가족들의 신체 자세로 나타내도록 했다. 그러자 민수는 아버지에게는 무서운 얼굴로 민수를 노려보며 주먹을 들고 서 있게 하였고, 어머니에게는 아버지를 향해 애원하는 자세를 취하게 하였다. 누나에게는 멀리 떨어져서 팔짱을 끼고 이들을 지켜보는 모습을 하도록 하였고 자신은 아버지에게 등을 돌린 채 어머니 옆에 쪼그리고 앉아 있는 자세를 취하였다.

• 상담기법 : _____

• 아버지의 의사소통 유형 : _____

◀ 2017

**19** 다음은 진수(고 2, 남)의 가족이 주고받은 대화이다. 사티어(V. Satir)의 경험적 가족상담 이론에서 제시한 의사소통유형 중 진수에게 해당하는 유형의 내적 자원 1가지와 내적 경험 2가지를 서술하시오.

> 아버지 : 너 오늘도 학원 간다고 하고 게임방에 갔지? 너는 생각이 있는 거니, 없는 거니? (아내를 향하여) 당신도 진수에게 신경 좀 써요.
> 어머니 : 당신 말이 맞아요. 모든 게 다 나 잘못이에요. 내가 더 신경을 써야 했는데……. 미안해요.
> 진 수 : 아빠가 자꾸 공부하라고 잔소리하니까 공부가 더 하기 싫어지잖아요. 이 모든 것이 다 아빠 때문이에요.
> 누 나 : 진수가 학원도 가지 않고 게임방에 가서 아빠가 화를 내시는 것은 이해가 돼요. 실은 저도 입시를 준비할 때 아빠가 공부하라고 스트레스를 주니까 공부가 더 안 되더라고요. 그러니 아빠도 진수의 입장을 이해해 주셨으면 좋겠어요.

**20** 다음은 전문상담교사가 영수(중 1, 남) 가족을 상담하는 과정에서 작성한 원가족 도표와 상담 기록지의 일부 내용이다. 괄호 안의 ㉠에 해당하는 용어를 쓰고, 영수 아버지와 어머니의 역기능적 의사소통 유형을 기능적으로 변화시키기 위해서 어떻게 해야 하는지 ㉠을 활용하여 서술하시오. 그리고 밑줄 친 ㉡의 과정을 순서대로 제시하시오.

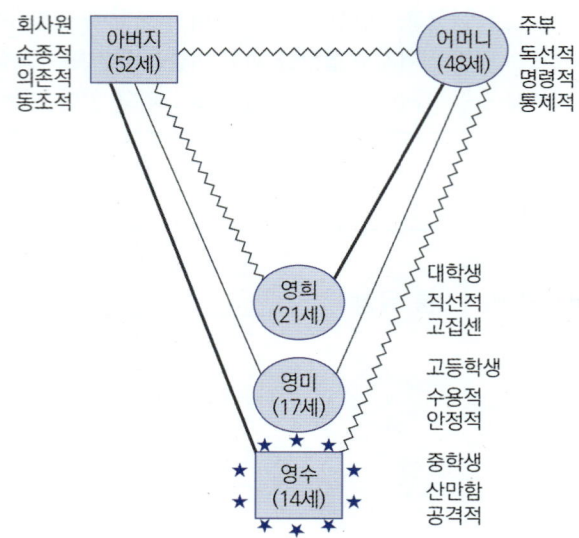

〈상담 기록지〉
- 영수 아버지와 어머니의 역기능적인 의사소통 유형은 ( ㉠ )이/가 낮으며 불균형 상태에 있을 때 주로 나타남.
- 영수 아버지와 어머니의 의사소통 유형은 ( ㉠ )의 3요소 중 특정 부분을 각각 무시한 결과라고 볼 수 있음.
- 영수가 공격적인 행동을 변화시킬 수 있도록 내적 경험을 표면화하고 통합하여 성장할 수 있도록 돕는 것을 목표로 설정함.
- 따라서 ㉡ 겉으로 드러나는 영수의 공격적인 행동과 대처 방식만 문제 삼을 것이 아니라 기저에 감추어져 있는 내적경험들을 표면적 수준에서부터 점차 깊은 수준으로 탐색해가는 과정이 필요함.

**21** ◁ 2021

다음은 전문상담교사가 사티어(V. Satir)의 경험적 가족상담 이론을 토대로 서희(증 2, 여) 가족을 상담한 내용의 일부이다. 〈작성 방법〉에 따라 서술하시오.

[A]
상담교사 : (가족 간의 대화를 관찰하고 있다.)
어 머 니 : 서희야, 요즘 도대체 왜 그러니? 집에 오면 네 방으로 문을 쾅 닫고 들어가 버리기 일쑤고, 엄마랑 눈도 안 마주치고 있잖아. 게다가 매일 스마트폰만 붙잡고 공부는 도대체 언제 하니?
서   희 : 공부! 공부! 정말 지겨워 죽겠어요.
어 머 니 : 다 너 잘되라고 하는 말이잖아.
아 버 지 : 서희야, 여보! 이제 그만 좀 합시다.
어 머 니 : 여보, 당신이 자꾸 그렇게 내 말을 막고 좋게만 해결하려고 하니까 서희가 저렇게 버릇이 없어지잖아요. 이럴 때마다 정말 힘들어요.
상담교사 : 네, 잠시만요. 지금까지 가족 간의 대화를 들어 보니, 서로 서운하고 속상한 점이 많은 것 같아요.
어 머 니 : 말로는 다 할 수 없지요. (한숨을 쉰다.) 서희 뒷바라지하느라 저희 부부는 모임 한번 제대로 나가 본 적도 없고, 세상 어떻게 돌아가는지도 모르고 살아요.
서   희 : 저도 엄마가 시키는 대로 학원만 왔다 갔다 하고, 친구도 없다고요.

… (중략) …

[B]
상담교사 : 서희가 주도적으로 가족의 모습을 배치하여 가족조각을 만들어 보았습니다. 서희와 엄마는 서로 손가락질을 하는 자세를 취했고, 아빠는 엄마와 서희 앞에서 한 쪽 무릎을 꿇고 가족을 바라보는 모습이었습니다. 이러한 모습을 관찰하고 이야기하면서 어떤 것을 느꼈나요?
서   희 : 저와 엄마는 서로 화내고 비난하고 각자 얘기만 하고 있는 게 보였어요.
어 머 니 : 그러게요. 상대방의 이야기를 전혀 듣지 않고, 내가 원하는 것만 요구하고 있었던 것 같아요.
상담교사 : 네, 그 모습 속에서 그런 것들을 느꼈군요.
어 머 니 : 네.

[C]
상담교사 : 그러면 서로에게 듣고 싶었던 말들 있을 것 같아요. 한번 이야기해 볼까요?
어 머 니 : 네, 저는 서희와 남편이 '고마워.'라고 말해 주면 좋을 것 같아요.
서   희 : 저는 부모님께 '너를 믿는다.'라는 말을 듣고 싶어요.
아 버 지 : 아내와 서희가 예전처럼 그냥 편하게 웃을 수 있으면 좋겠습니다.
상담교사 : 그렇군요. 그러면 지금부터 그 모습을 가족조각으로 만들어 보겠습니다.

〈작성방법〉
- 사티어의 경험적 가족상담 이론에 근거하여, [A]에서 보이는 역기능적 가족 체계의 명칭을 쓰고, 그 체계의 특징을 2가지 서술할 것.
- [B]와 [C]를 비교할 때, [C]의 가족조각 활동을 통해 추가적으로 얻을 수 있는 효과를 1가지 서술할 것.

◀ 2016

**22** 다음은 전문상담교사가 사티어(V. Satir)의 빙산탐색기법을 적용 하여 진수(고 2, 남)와 상담한 축어록의 일부이다. (가)와 (나)에서 상담교사가 탐색하고 있는 것을 순서대로 쓰고, 빙산탐색기법의 목표를 개인적 측면과 가족관계적 측면에서 각각 1가지씩 서술하시오.

---

(가)

상담교사 : 실직 이후 술만 마시고 계신 아버지께 진수가 화가 났구나. 그런 자신이 어떻게 느껴지니?

진　　수 : 아버지가 잘못해서 실직한 것도 아니고 원해서도 아니라는 것을 알지만 아버지가 무능해 보여요. 그런 아버지를 무시하는 제 자신에게도 화가 나요.

상담교사 : 진수가 느끼는 화 이면에는 어떤 감정이 있을까?

(나)

상담교사 : 지금까지 진수가 가지고 있는 자신에 대한 기대를 탐색해 보았어. 이제 다음으로 넘어가 보자. 공무원 이라는 꿈을 이루는 것을 통해 진수가 진정으로 원하는 것은 무엇일까?

진　　수 : 공무원이 되어서 가족을 사랑하고 보호할 수 있는 사람이 되고 싶어요.

상담교사 : 진수는 가족을 사랑하고 보호하고 싶은 욕구가 있구나.

---

◀ 2023

**23** 다음 (가)는 전문상담교사인 박 교사가 준수(중2, 남)에게 빙산 탐색 기법을 실시한 상담 기록 내용의 일부이고, (나)는 이에 대한 집단 수퍼비전 내용의 일부이다. 사티어(V. Satir)의 경험적 가족 상담 이론에 근거하여 〈작성 방법〉에 따라 서술하시오.

(가)

준수는 중학교 1학년 때 집단 따돌림을 당했고, 그 이후로 성격이 점점 소심해지며 게임에만 몰입하게 되고 성적도 떨어졌다. 그런 준수에게 준수의 아빠는 성적에 대하여 다그치거나 훈계를 하기 일쑤였다. 준수는 아빠가 자기를 이해하지 못하고 답답한 사람이라고 여겨 아빠와의 대화를 피하려고만 했었다. 어느 날 준수가 잠이 들 무렵 아빠가 조용히 들어와서 이불을 덮어 주는 것을 알아차린 순간, 준수는 자기를 걱정해 주는 아빠에게 고마움을 느끼면서 '아빠도 본인의 역할을 하기 위해서 노력하고 계시는구나.'라는 생각을 하게 되었다. 최근 준수는 아빠와의 대화를 조금씩이라도 하려고 시도하게 되었고, 어느 날부터 아빠도 격려의 말을 해 주기 시작했다. 아빠의 행동 변화로 인해 아빠에게 인정받고 사랑받는 좋은 아들이 되고 싶었던 준수의 기대가 채워지고, 자신이 참 괜찮은 사람인 것 같다고 생각하게 되었다.

(나)

박 교사 : 제가 상담하고 있는 준수를 대상으로 빙산 탐색 기법을 활용해서 아빠와의 관계가 회복되는 과정을 탐색해 보았어요.

수퍼바이저 : 준수와 아빠의 상호 작용으로 인해 변해가는 가족 역동이 한눈에 보이네요. 빙산의 영역들 중 하나의 ⊙ 영역이 변화하니까 준수의 다른 영역도 같이 변화하는 것을 볼 수 있네요.

김 교사 : 네, 그러네요. 그런데 이러한 변화를 어떻게 설명할 수 있나요?

수퍼바이저 : 사티어(V. Satir)는 인간을 빙산에 비유하면서 인간을 빙산에 나타나는 영역의 통합적 유기체라고 설명했어요. 이러한 빙산의 다양한 부분들은 각각 고유 기능을 지니고 유기체적으로 연결되어 서로 긴밀하게 상호 작용을 하는 거지요. 또한 빙산 기법은 준수의 사례에서도 나타나듯이 외적으로 드러나는 개인의 행동 변화에만 초점을 두는 것이 아니라 수면 아래를 탐색하여 ( ⓒ )을/를 이끌어 내고 변형시키는 것이 목적이에요. 이 과정을 통해서 가족 구성원들은 진정으로 중요한 것이 무엇인지 알 수 있게 되는 거지요.

김 교사 : 아, 그렇군요. 또, 빙산 탐색에서 열망을 찾아내는 것이 중요하다고 들었어요.

수퍼바이저 : 맞아요. ⓒ 열망은 개인이 기대를 통해서 채우고자 하는 깊은 차원의 바람이며 모든 사람이 가진 보편적 욕구라고 해요.

〈작성방법〉

- (가)를 참고하여 (나)의 밑줄 친 ⊙에 해당하는 영역의 명칭을 쓰고, 이를 탐색한 사례를 (가)에서 찾아 서술할 것.
- 괄호 안의 ⓒ에 해당하는 개념의 명칭을 쓸 것.
- 밑줄 친 ⓒ이 충족되었을 때 나타나는 효과를 준수의 사례와 연결하여 서술할 것

## 24

ⓒ 2019

다음은 전문상담교사가 친구관계로 고민하는 승희(고 1, 여)를 상담한 내용의 일부이다. 〈작성 방법〉에 따라 서술하시오.

〈배경 정보〉

승희는 학생정서행동특성검사 결과에서 관심군으로 나타나 상담에 의뢰된 학생이다. 승희는 친구 은서를 늘 배려하고 어려운 일도 도와주었지만, 최근 은서가 자신을 피하는 것 같아 은서의 눈치를 보고 있다. 은서는 곤란한 상황에 처하면 남을 탓하거나 핑계를 대는 일이 많기는 해도 늘 자기주장도 분명하고 리더십도 있어서 승희는 은서와 잘 지내고 싶어 한다. 현장체험 학습을 간 날에는 체험학습 준비를 귀찮아하는 은서를 위해 준비물을 챙겨주고, 은서의 현장체험학습 보고서도 밤잠을 안 자고 대신 작성해주었다. 하지만 은서는 승희가 애써 작성해 준 보고서에 빠진 내용을 지적하며 '네 거라면 이렇게 성의 없이 하지는 않았겠지? 차라리 못한다고 하지, 공연히 너 때문에 나만 우습게 되었잖아.'라고 했다. 승희는 친구 일을 대신해 주고 고맙다는 말은커녕 잘못했다는 비난을 들어서 서운하고 답답했다.

〈대화 내용〉

상담교사 : 자, 그럼 여기 옆에 은서가 있다고 생각하고 지금까지 같이 연습한 '나-전달법(I-Message)'으로 얘기해 보겠니?

승　　희 : 네, 선생님. 잘 할 수 있을지 모르겠지만 한번 해볼게요. ㉠ '<u>은서야, 네가 나 때문에 우습게 되었다고 그랬는데, 그렇게 얘기해서는 안 된다고 생각해. 왜냐하면 나는 너를 정말 도와주고 싶었고 그래서 너랑 더 친해지고 싶었는데, 내 기대가 무너진 것 같았어. 그래서 난 네가 나에게 고맙다는 말을 해주면 좋겠어.</u>'라고 말하면 된다는 거지요?

〈작성방법〉

- 새티어(V. Satir)가 제시한 의사소통 유형 중 〈배경 정보〉의 승희와 같은 유형에서 무시되고 있는 자존감의 구성요소와 내적 자원을 각각 1가지 쓸 것.
- 고든(T. Gordon)이 제시한 '나-전달법'의 구성요소에 근거하여, 밑줄 친 ㉠에서 잘못된 부분 1가지를 찾아 쓰고, 빠진 요소 1가지를 추가하여 서술할 것.

## 구조적 가족상담

◀ 2009

**25** 미누친(S. Minuchin)의 구조적 가족상담 접근으로 미진의 가족 지도를 그렸을 때 가장 적합한 것은?

> 미진의 부모는 미진의 요구를 거의 다 들어준다. 미진은 부모의 권위를 존중하지 않는 행동을 많이 하며 자기 고집을 주장하여 부모가 미진을 통제하기 어렵다. 심지어 미진이 새 학년이 되면서 학교 가기를 싫어하는데 부모가 미진을 타이르기도 했지만 결국 미진은 학교에 가지 않는다.

① 
```
어머니
·········································
   미진              아버지
- - - - - - - - - - -
   학교
```

② 
```
아버지           어머니
·········································
       미진
                    학교
```

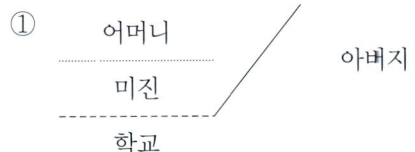

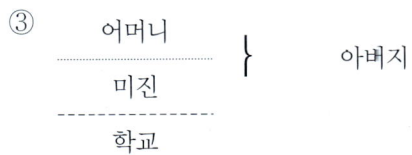

④ 
```
아버지  ——‖——  어머니
        미진
                학교
```

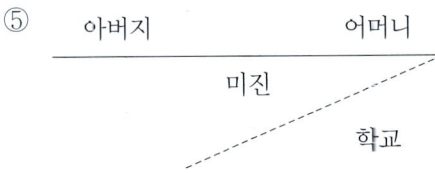

◁ 2013

**26.** 다음은 구조적 가족상담에서 가족구성원들의 상호작용을 나타내는 구조적 지도이다. 기능적인 가족을 표현한 것으로 옳은 것은?

①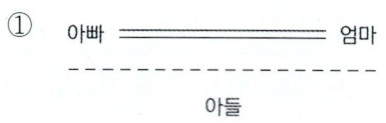
②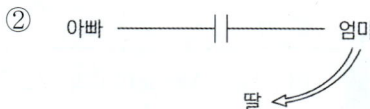
③
④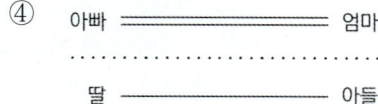
⑤

**27.** 다음의 가족 관계에서 아버지와 어머니의 관계, 어머니와 아이의 관계를 미누친(Minuchin)의 가족지도 기호를 이용하여 표기하시오.

> ㉮ 아버지와 어머니는 갈등이 심하다. 어머니는 아버지와의 갈등으로 슬픔과 외로움을 느끼고 있다. 한편 ㉯ 어머니는 아이와 정서적으로 연합(coalition)되어 있으면서 협력(affiliation) 관계도 형성하고 있다. 아이와의 이러한 관계를 통하여 어머니는 자신의 슬픔과 외로움을 달래고 있다.

• ㉮에 나타난 아버지와 어머니의 관계 : _____

• ㉯에 나타난 어머니와 아이의 관계 : _____

**28** 다음 가족 간의 대화를 읽고 답하시오.

> 어 머 니 : 여보 전세 계약이 끝나 가는데 어디로 이사 가지요?
> 현　　경 : 엄마 이번에는 아파트로 이사 가요.
> 어 머 니 : 넌 이사는 걱정 말고 공부나 잘 해.
> 아 버 지 : 그래, 현경아. 이사는 우리가 알아서 할 테니까 너는 공부만 열심히 해라.
> 현　　경 : 예, 알았어요.

• 위의 대화에 나타난 가족 규칙을 1가지만 쓰시오.

_____

• 이 가족 규칙은 가족 내 2가지 하위체제 간의 경계선으로 작용하고 있다. 그 2가지 하위체제를 쓰시오.

_____ , _____

**29** ⓒ 2017

다음은 전문상담교사가 영수(고 3, 남)의 가족에게 미누친(S. Minuchin)의 구조적가족 상담이론을 적용한 상담 축어록이다. 밑줄 친 부분에서 전문상담교사가 가족과 합류하기 위해 사용한 기법의 명칭을 쓰시오.

> 아 버 지 : 저는 아내가 영수의 양육에 좀 더 관심을 가졌으면 좋겠습니다.
> 상담교사 : 그렇군요. 아버님께서는 영수 어머님이 자녀의 양육에 신경을 더 써 주면 좋겠다는 말씀이군요.
> … (중략) …
> 어 머 니 : (얼굴이 상기되고 목소리가 커지며) 남편은 제가 아이 양육에 신경을 쓰지 않는다고 하지만 저도 죽을 맛이에요. 제가 수퍼우먼은 아니잖아요.
> 상담교사 : (큰 목소리로) 남편이 아내에게 수퍼우먼이 되라고 하면 아내는 죽을 맛이지요.

© 2014

**30**

다음은 전문상담교사가 소라(고 2, 여)와의 면담 내용을 정리한 것이다. 이를 토대로 미누친(S. Minuchin)의 구조적 상담의 주요 개념을 사용하여 가족상담의 3가지 목표를 서술하시오.

- 전문상담교사의 견해
  소라의 거식증상은 "난 선생님과 말하면 열일곱살인 것 같은데, 엄마와 함께 있으면 일곱살 아이가 돼요."라는 소라의 말과 관련이 있는 것 같다.

- 소라의 진술
  엄마는 모든 일을 자기중심적으로 결정하는 아빠와 싸울 때 마다 거식증상을 들먹이면서 그것이 아빠 탓이라고 비난한다. 난 두 사람의 싸움에 엄마가 날 끌어들이는 게 너무 싫다. 그렇지만 '소라는 내 편'이라고 믿고 있는 엄마를 실망시킬 수 없어서 그때마다 나도 아빠를 비난한다. 이럴 때면 아빠에게 인정받으면서 편하게 지내는 동생이 부럽다. 나도 동생처럼 지내고 싶지만 내가 불쌍한 엄마를 보호해야 할 것 같다.

- 소라가 표현한 은유적 가족 모습
  동생과 나는 링 위에서 권투시합을 한다. 엄마와 아빠는 우리의 코치가 되어 어떻게 싸워야 하는지를 알려 준다. 아빠가 더 유능한 코치인 것 같다. 언제나 내 쪽이 일방적으로 져서, 이젠 더 이상 싸우고 싶지 않다. 그렇지만 내가 그런 말을 하면 엄마가 실망할 것 같다. 그래서 난 억지로 싸운다. 지금 내 몸에는 사람들을 약하게 만드는 바이러스가 침투하여 엄마를 위해 언제까지 싸울 수 있을지 모르겠다.

**31** 다음은 전문상담교사가 구조적 가족상담 접근으로 진숙(중3,여)의 가족을 상담한 축어록의 일부이다. 상담자가 ㉠~㉤에서 사용한 상담 기법에 대한 설명으로 옳은 것은?

- 진희는 부모로부터 자상한 배려나 관심을 받지 못한다.
- 진희는 자신에게 어떤 문제가 생겨도 부모에게 도움을 청하지 않는다.
- 진희 부모는 진희의 신체적·심리적 요구를 충족시키려는 노력을 거의 하지 않는다.

어 머 니 : 진숙이가 컴퓨터를 너무 많이 해서 문제예요.
상담교사 : ㉠ 아, 그렇군요. 그럴 때 어머니는 어떻게 하시죠?
어 머 니 : 뭐, 혼내기도 하고, 달래기도 하지만 별 효과가 없어요.
상담교사 : ㉡ 그래도 어머니는 진숙이를 도와주려고 애를 많이 쓰고 계시네요.
진    숙 : (고개를 가로저으며)저는 엄마가 그러는 게 싫어요. 그냥 내버려 두면 제가 알아서 할 텐데.
상담교사 : ㉢ (진숙을 따라 고개를 가로저으며) 엄마가 내버려 두었으면 좋겠구나.
어 머 니 : (상담교사에게)자식이 종일 게임만 하는데 어떻게 그냥 내버려둘 수 있겠어요?
상담교사 : ㉣ 저도 우리 아이들이 놀고만 있으면 그냥 내버려 두기 어렵더라구요.
아 버 지 : 제 생각에는 애 엄마가 평소에 너무 잔소리를 많이 해서 문제인 것 같아요.
상담교사 : ㉤ 그러면 평소에 진숙이가 집에서 컴퓨터를 하고 있을 때, 가족들이 실제로 어떻게 대화를 하는지 지금 여기에서 해 보시겠어요?

① ㉠은 유지(maintenance) 기법으로서 가족의 의사소통과 행동의 내용을 변화시키지 않고 가족에 합류하기 위해 사용한다.
② ㉡은 지지(support) 기법으로서 가족 중 한 사람에게 특별한 배려와 관심을 표현하기 위해 사용한다.
③ ㉢은 따라가기(tracking) 기법으로서 가족의 언어, 몸짓, 대화 방식을 그대로 따라 하여 가족의 생활 방식과 정서 상태에 적응하기 위해 사용한다.
④ ㉣은 모방(mimesis) 기법으로서 가족의 경험과 동일한 상담자의 경험을 제시함으로써 가족들이 상담자를 모델링하도록 하기 위해 사용한다.
⑤ ㉤은 실연(enactment) 기법으로서 내담자의 가족 구조를 파악하기 위해 사용한다.

◀ 2015 추시

**32** 다음은 전문상담교사가 미누친(S. Minuchin)의 구조적 가족치료관점에서 진수(중 1, 남)의 가족을 평가한 요약서의 일부이다. 밑줄 친 ㉠에 해당하는 재구조화 목표를 2가지 측면에서 진수 가족 사례에 적용하여 서술하고, 이를 바탕으로 상담 후 예상되는 바람직한 상호작용의 변화를 나타내는 가족지도 ㉡을 그리시오.

### 가족평가 요약서

1. 가족 문제 및 증상

   진수는 중학교에 입학한 후 결석이 잦아져서 담임교사를 통해 상담에 의뢰되었다. 진수의 아버지(50세, 남)는 대기업 임원인데 지금의 위치에 올라오기까지 회사 일에 열중했고 매일 밤늦게 귀가하면서 가정을 소홀히 하였다. 어머니(48세, 여)는 전업주부로 자녀 교육과 집안일을 도맡아 하고 있는데, 주로 큰딸(진희, 고3)과 많은 이야기를 나누며 남편이 너무 무심하다며 원망한다. 둘째딸(진숙, 고1)도 어머니와 늘 붙어 지낸다. 진수는 어릴 적부터 아버지와 대화가 없었고, 엄마와 누나들의 대화에도 끼지 못했다. 가족들이 있어도 진수는 외톨이처럼 지내는 시간이 많았다.

2. 가족조각

3. 상담 목표

   1) 가족 재구조화 : ㉠ _____

   2) 가족 상호작용의 변화

   | [상담 전] | [상담 후] |
   |---|---|
   | 아버지─┼─어머니≡진희, 진숙<br>─────────────<br>진수 | ㉡ |

**33** 다음은 전문상담교사가 해수(중 3, 여) 가족을 대상으로 미누친(S. Minuchin)의 가족상담이론을 바탕으로 진행한 상담 내용의 일부와 상담 후 작성한 해수 가족의 구조적 지도이다. 〈작성 방법〉에 따라 서술하시오.

> 상담교사 : 여기에 집 안의 방들이 모두 들여다보이는 집 모형과 가족인형 모형이 있어요. 모두 한 번 살펴보세요.
> 해　　수 : 우리 집과 비슷하게 생겼어요. 우리 집도 2층이에요.
> 상담교사 : 해수 집과 비슷하다니 잘 되었네요. 여기 있는 가족 인형 중에서 해수 어머니와 해수 아버지, 해수를 닮은 가족인형을 골라 이 집에 있는 어떤 방을 쓸것인지, 집안 어디에서 무엇을 하는지 표현해 보세요.
> 어 머 니 : 해수야, 2층 큰 방을 나랑 같이 쓸까?
> 해　　수 : 그래. 난 좋아.
> 상담교사 : 그럼 해수 아버지는 어느 방을 쓰시게 되나요?
> 아 버 지 : 글쎄요. 저야 뭐…….
> 상담교사 : 혹시 두 분의 관계는 어떠신가요?
> 어 머 니 : 저희는 자주 다퉈요. 어제 저녁에도 다퉜어요.
> 상담교사 : 그러셨군요. ㉠ 그러면 어제 저녁 다퉜던 그대로 다시 한번 해 보세요.

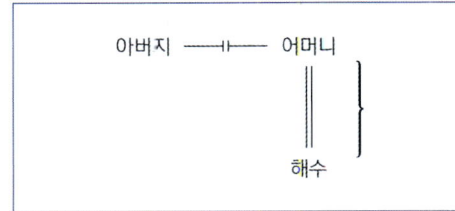

〈해수 가족의 구조적 지도〉

―――――〈작성방법〉―――――
- 밑줄 친 ㉠에서 상담교사가 사용하고 있는 기법의 명칭을 쓸 것.
- 해수 가족의 구조적 지도에 나타난 가족구조의 특징을 3가지 서술할 것.

## 34. 2018

다음은 전문상담교사가 윤아(중 3, 여)의 가족에 대해 파악한 내용이다. 가족상담의 이론적 접근에 따른 사례개념화를 〈작성 방법〉에 따라 논술하시오.

〈내방 경위〉
담임교사는 지각과 결석을 반복하고, 수업 중에도 엎드려 자며, 수행평가 과제도 제대로 하지 않는 윤아가 걱정스러워 상담을 의뢰하였다.

〈가족 관계〉
- 아버지 : 46세. 회사원. 가족들에게 언어적 폭력이 심하며 신경쇠약적인 태도를 보임. 자녀들에게 가정이 우선이어야 한다는 것을 강요함. 가족들이 자신의 권위를 인정해 주지 않는다고 느낄 때 분노폭발을 함. 피해의식이 강하고, 사회적으로 위축되어 있으며, 알코올 의존도와 실직에 대한 불안이 높음.
- 어머니 : 45세. 주부. 민호 출산 이후 만성 우울증으로 1년에 2~3회 병원에 입원을 하여 집안일을 거의 하지 못함. 집에서 수차례 자해 행동을 한 적이 있음. 남편의 언어적 폭력에 대해 심한 불안감을 보이며 남편과 대화가 거의 없는 편임. 윤아가 항상 자기 옆에 있어 주기를 요구함.
- 첫째(윤아, 딸) : 16세. 중3. 긴장과 불안 수준이 높고 과민한 편임. 아빠에게는 적대감과 공포심이 강한 반면, 엄마는 측은하게 여김. 친구들과 정서적 교류가 거의 없으며, 수업에 집중하지 못함. 화가 날 때는 동생에게 심한 욕설을 퍼붓거나 때리기도 함.
- 둘째(민호, 아들) : 12세. 초5. 발달장애가 있고, 산만하고 충동적임. 밤새 게임에 빠져 있음. 매사에 누나에게 자주 부탁하는 등 윤아에게 많이 의지함.

〈호소 문제〉
윤아는 어려서부터 아빠의 언어적·정서적 폭력에 시달려 왔으며, 아픈 엄마를 돌봐야 한다는 심한 부담감을 가지고 있다. 윤아는 엄마가 병원에 입원해 있는 동안 집안일을 하고, 동생 돌보는 일을 도맡아 왔다. 또한 엄마가 또다시 자해를 할까봐 걱정스러워 학교에서도 수시로 전화를 걸어 엄마의 안부를 확인 하곤 하였다. 윤아는 고교 진학을 앞두고 자신의 진로를 고민 하면서 자신이 원하는 것이 무엇인지도 모르겠고, 잘하는 것도 없고, 뭘 해도 성공하지 못할 것이라는 생각에 심한 혼란을 겪고 있다. 특히 또래와는 달리, 집안 살림을 하고 발달장애가 있는 동생을 돌보게 했던 부모님에 대해 화가 치밀어 오른다고 한다. 윤아의 무력감과 분노는 갈수록 심해졌고, 학교 가는 것도 귀찮고, 친구들과 어울리지도 않고, 수업 중에도 멍하게 앉아 있는 경우가 잦아졌다고 한다.

─〈작성방법〉─
- 서론, 본론, 결론의 형식을 갖추되, 본론에는 다음 3가지를 포함하여 논술할 것.
- 보웬(M. Bowen)의 다세대가족상담이론에 근거하여, 윤아 가족의 삼각관계 형성 과정에 영향을 미친 요인 3가지를 사례와 연결지어 서술할 것.
- 윤아 가족의 삼각관계가 윤아의 문제 행동 발생에 미친 영향 1가지를 사례와 연결지어 서술할 것.
- 미뉴친(S. Minuchin)의 구조적가족상담이론에서 제시된 경계선 유형 중, 윤아 가족에게 해당하는 유형을 쓰고, 그 유형의 특징 3가지를 사례와 연결지어 서술할 것.

## 전략적 가족상담

  2015

**35** 다음은 전문상담교사들이 진수(중 2 남)의 가족상담 사례에 대해 논의한 내용의 일부이다. 괄호 안의 ㉠, ㉡에 해당하는 개념을 순서대로 쓰시오.

> 김교사: 진수의 반항 행동을 '가족'이라는 맥락에서 접근해 보면 어떨까요?
> 강교사: 경험적 가족치료의 관점에서 볼 때, ( ㉠ )은/는 일종의 명령으로 원가족 삼인군(original family triangle)에서 경험한 것을 내면에 지니고 있는 것이지요. 이것이 비합리적이면 진수의 성장에 방해가 될 수 있습니다.
> 박교사: 전략적 가족치료의 관점에서 볼 때, 진수네 가족은 의식적이고 명백한 것보다는 무의식적이며 암묵적인 ( ㉠ )에 따라 움직이는 것으로 보이네요. 자주 부딪히는 문제를 중심으로 진수와 아버지의 의사소통 문제를 좀 더 살펴볼 필요가 있을 것 같습니다.
> 이교사: 일반체계이론의 관점에서 볼 때, 가족체계는 가족의 상황에 따라 안정성을 유지하기도 하고 변화되기도 하지요. 진수가 중학생이 되었는데도 여전히 어린 아이로 취급하는 아버지 때문에 반항하는 행동을 보이는 것 같습니다. 이러한 상황을 볼 때, 진수네 가족은 가족체계의 변화를 거부하고 안정성을 유지하는 방향으로 ( ㉡ )을/를 작동시키고 있다.

**36** 다음은 태호(중2, 남)의 가족을 상담한 김 교사가 동료 수퍼비전에서 나눈 대화의 일부이다. 괄호 안의 ㉠과 ㉡에 해당하는 개념의 명칭을 순서대로 쓰시오.

> 김 교사 : 태호의 폭력적인 문제 행동으로 담임 선생님이 가족 상담을 의뢰하셔서 태호 부모님 면담을 했습니다. 두 분은 태호에 대한 이야기를 하기도 전에 서로를 비난하기 시작했어요. 태호 어머니는 남편이 조금만 더 자신에게 관심을 가져 주기를 바랐고, 태호 아버지는 아내가 자신을 조금만 덜 다그치며 기다려 주기를 바란다고 했어요. 그렇게 각자 자신의 이야기만 하다가 면담은 끝이 나고 다음 주부터 가족 상담을 진행하기로 했습니다. 다음 주에 오시면 어떤 개입을 하는 것이 좋을까요?
>
> 권 교사 : 구조적 가족 상담 접근으로 상담을 진행해 보면 어떨까요? 두 분이 치료적 동맹을 맺도록 상담을 진행하고, 과제로 두 분에게 저녁마다 '태호에게 도움이 되는 말과 행동이 무엇인지 이야기하기'를 내 주면 좋을 것 같아요. 미뉴친(S. Minuchin)은 부부의 상호 작용을 강화하고, 부부 하위 체계가 제 기능을 하도록 노력하여 구조적 가족 상담의 목표인 ( ㉠ )을/를 이루어야 문제 해결이 가능할 수 있다고 했어요.
>
> 최 교사 : 저는 전략적 가족 상담을 권해드리고 싶어요. 그리고 두 분이 '아내는 남편을 더 다그치고, 남편은 아내를 더 무관심하게 대하기' 과제를 하도록 하는 거죠. 헤일리(J. Haley)의 이러한 역설적 과제는 치료의 목표와 반대되는 행동을 하도록 지시하여 변화를 일으키도록 하는 거예요. 즉, 문제라고 규정된 증상의 변하지 않고 반복되는 ( ㉡ )을/를 깨는 거지요.

## 37 ◁ 2016

다음은 전문상담교사가 철희(고 1, 남) 가족을 상담한 후 수퍼비전을 받은 축어록의 일부이다. 밑줄 친 부분에 해당하는 전략적 가족상담 기법의 명칭을 쓰시오.

> 수퍼바이저 : 철희 가족이 가장 힘들어하는 문제는 무엇인가요?
> 상 담 교 사 : 어머니는 자신이 가족들과 자주 싸우는 것을 호소 문제로 제기합니다. 남편과 더 자주 싸우게 되고 철희에게 큰소리를 치며 화를 내는 일들이 많아져, 어머니는 우울하고 불안하다고 합니다. 아버지도 아내가 가족들과 싸우는 문제를 심각하게 생각하고 있습니다.
> 수퍼바이저 : 선생님이 생각하는 가족의 문제는 무엇입니까?
> 상 담 교 사 : 저는 가족들 간에 싸우는 패턴이 문제라고 생각 했습니다.
> 수퍼바이저 : 그렇군요. 그럼, 선생님은 어떻게 상담을 진행할 계획입니까?
> 상 담 교 사 : <u>어머니께 매일 20분씩 남편에게 화를 내고 싸우는 척하도록 지시하고, 아버지께도 함께 싸우는 척 하도록 지시할 계획입니다.</u>
> 수퍼바이저 : 이 기법은 효과는 있지만 위험한 요소도 있어요.

## 38 ◁ 2019

다음은 전문상담교사들이 동료 수퍼비전 중에 나눈 대화 내용이다. 밑줄 친 ㉠, ㉡에 공통으로 해당하는 기법의 명칭을 쓰시오.

> 정 교사 : 제가 지금 상담하고 있는 학생의 아버지는 아들에게 어머니에 대한 험담을 너무 많이 하면서 아들을 부부 문제에 끌어들이는 것 같아요. 아버지가 어머니 흉을 실컷 보고 '어머니한테 말하지 말자.'고 해 아들과 비밀을 만들어요. '네가 어머니를 닮지 않아 정말 다행이다.'라는 말도 자주 하는 것 같아요. 부부 사이의 동맹을 강화하여 가족의 상호작용을 바꿀 수 있는 가족 상담 기법으로 무엇이 있을까요?
> 강 교사 : ㉠ <u>밀란(Milan)모델에서 제시한 가족의 역기능적인 게임을 중단시키기 위한 기법</u>이 생각납니다. 이것은 부모와 자녀의 은밀한 연합을 깨뜨리기 위해 사용되었다고 합니다. 요즘 부모들이 자녀를 친구처럼 대하면서 자녀에게 해서는 안 될 이야기들도 가리지 않고 하는 경우가 있는데 그 경우에도 적용해 볼 수 있을 것 같습니다
> 임 교사 : 강 선생님께서 말씀하신 기법이 저도 생각납니다. ㉡ <u>부모가 데이트나 외출을 계획하고 어디로 왜 가는 지를 자녀에게 말하지 않는 것이지요? 그러면 부모와 자녀 사이에 비밀이 만들어져서, 부모 연합팀과 증상을 보이는 자녀 사이에 명확한 경계가 세워지니까요.</u>

39. 다음은 전문상담교사가 현서(고2, 여)와 현서 어머니와 진행한 상담에 대해 수퍼바이저와 나눈 대화 내용의 일부이다. 〈작성 방법〉에 따라 서술하시오.

> 상담 교사 : 현서는 집에 있으면 늘 마음이 편하지 않고 자신이 무언가 놓친 집안일이 없나 하는 걱정 때문에 공부에 집중하기 어렵다고 해요. 그래서 어머니 상담을 몇 번 진행했는데, 어머니는 공부는 안 하고 강박적일 정도로 집안일에 집착하는 현서를 이해하기 어렵다고 하세요.
> 수퍼바이저 : 현서가 그렇게 하는 데에는 나름의 이유가 있을 것 같은데요. 어떤 이유일까요?
> 상담 교사 : 아버지는 어머니에게 집안을 깔끔하게 정리하기를 요구하는데 어머니는 워낙 외부 활동을 좋아하셔서 그런 요구를 충족시키는 걸 힘들어하신다고 합니다. 아버지가 퇴근 후에 집안이 정돈되어 있지 않으면 불같이 화를 내시는데, 그렇게 되면 집안 분위기도 안 좋아지고 현서도 부모님 사이가 잘못될까 봐 불안해하고요. 그래서 현서가 집안일을 다 해 놓느라 늘 정신이 없다고 하네요.
> 수퍼바이저 : 그래서 현서가 어머니의 집안일을 대신하고 있는 거네요.
> 상담 교사 : 네, 제 생각도 그래요. 어머니는 어린 시절부터 자신의 부모님이 집안일을 다 하시고 시킨 적이 없으셔서 집안일 하는 데 자신이 없다고 하세요. 현서가 워낙 잘하니 의지하게 되는 것 같다고 하시고요. 이런 경우에 어머니의 태도를 변화시킬 만한 개입 방법이 있을까요?
> 수퍼바이저 : 두 가지 개입 방법이 생각나는데요. 하나는 구조적 가족 치료에서 사용하는 ( ㉠ )(이)라는 기법으로 가족의 상호작용을 수정하는 방법 중 하나로 알려져 있습니다. 특히 현서 어머니는 어린 시절 자신의 부모님을 보면서 집안일에 대해 배운 점이 분명히 있을 것 같으니 이를 탐색해 본 후 이 기법을 사용하면 어머니가 집안일에 자신감을 회복하는 데 도움을 줄 수 있을 것 같아요. 또 다른 하나는 밀란(Milan) 모델에서 사용하는 ㉡'긍정적 의미 부여(positive connotation)'라는 기법인데, 이 기법은 ㉢가족체계적 측면에서 현서의 행동이 갖는 의미를 어머니에게 설명하는 방식으로 사용될 수 있습니다.

―― 〈작성방법〉 ――

• 괄호 안의 ㉠에 해당하는 기법의 명칭을 쓰고, 이 기법의 사용 방법을 서술할 것.
• 집안일에 대한 어머니의 행동 변화를 유도하기 위해 필요한 밑줄 친 ㉡의 효과를 서술할 것.
• 밑줄 친 ㉢에 해당하는 상담자의 언어적 표현을 위 사례와 연결지어 쓸 것.

## 해결중심 가족상담

◁ 2010

**40** 해결중심 상담이론으로 부모의 유형을 나눌 때, 현기(중 2, 남)의 부모와 같은 유형의 내담자에 대한 전문상담교사의 태도와 역할로 적절한 것을 〈보기〉에서 모두 고른 것은?

> 현기는 쉬는 시간에 학교 건물 모퉁이에서 담배를 피우고, 급우들의 돈을 빼앗았다. 그리고 자기 말을 듣지 않는 급우를 친구들과 함께 폭행하였다. 그 때문에 학교폭력대책자치위원회에서는 부모 상담을 권장하였다. 그러나 부모는 두 번이나 약속을 지키지 않다가 세 번째에 마지못해 상담실에 왔다.

〈보기〉
ㄱ. 자녀의 거듭된 문제로 인한 부모의 좌절과 무력감을 공감해 준다.
ㄴ. 자녀에 대한 부모의 불평 원인이 부모의 어떤 행동과 관련 있는지 언급해 준다.
ㄷ. 부모에게 자녀의 현재 문제는 발달과정에서 나타날 수 있는 일이라고 안심 시킨다.
ㄹ. 부모가 자녀를 위해 현재 노력하고 있는 것에 대해 사소하고 작은 것이라도 인정해 준다.
ㅁ. 자녀 교육에 대한 관심과 노력을 격려하면서 부모가 변화할 수 있는 방법을 모색한다.

① ㄱ, ㄹ  ② ㄴ, ㄷ  ③ ㄷ, ㄹ, ㅁ
④ ㄴ, ㄷ, ㄹ, ㅁ  ⑤ ㄱ, ㄴ, ㄷ, ㄹ, ㅁ

## 41

◎ 2009

전문상담교사가 학교에서 가족상담을 진행하고 있다. (가), (나)에 제시된 기법을 사용하는 가족상담의 입장을 〈보기〉에서 골라 바르게 나열한 것은?

---

**(가)**

상담교사 : 이제 현수가 생각하는 가족관계를 신체 자세로 표현해 보도록 합시다. 현수가 아버지와 어머니, 현수 자신이 각각 어떤 자세를 취할지를 말하고 각자 그 자세로 서 봅시다.

현　　수 : 아빠는 왼손을 허리에 얹고 오른손으로 엄마를 가리키고 있어요. 엄마는 아빠 앞에 무릎을 꿇고 애원하는 자세로 있어요. 저는 등을 돌리고 팔짱끼고 있지요.

**(나)**

상담교사 : 지금 어머니가 생각하시는 수진의 문제 정도를 점수로 나타내 볼까요? 문제가 아주 심각한 상태를 0점이라고 하고, 문제가 완전히 해결된 상태를 10점이라고 한다면 지금은 몇 점 정도일까요? 그리고 상담이 끝나면 몇 점 정도 되면 좋겠어요?

어 머 니 : 지금은 3점 정도 되고요, 상담이 끝난 후 약 8점 정도 되면 좋겠어요.

---

**〈보기〉**

ㄱ. 인간은 대상을 찾고 관계를 맺으려는 본능을 가지고 있다. 인간의 발달은 대상과의 관계 속에서 자아가 형성되는 과정 중에 발생된다.

ㄴ. 자녀들이 부모로부터 대화를 통해 물려받게 되는 명령을 유산이라고 한다. 부모가 자녀에게 가지고 있는 기대들은 자녀들에게 본질적인 명령을 전달한다.

ㄷ. 내담자가 문제 삼지 않는 것은 건드리지 않으며 일단 무엇이 효과가 있는지를 안다면 그것을 더 많이 하게하고, 그것이 효과 없다면 다른 것을 하도록 한다.

ㄹ. 개인과 가족의 행동은 수면 위에 떠오르는 빙산의 일부처럼 겉으로 드러난 현상일 뿐이다. 수면 밑에는 대처방식, 감정, 지각, 기대, 열망, 자아 등이 감추어져 있어 이 복합물이 행동을 형성한다.

---

|   | (가) | (나) |   | (가) | (나) |
|---|---|---|---|---|---|
| ① | ㄱ | ㄴ | ② | ㄱ | ㄹ |
| ③ | ㄴ | ㄷ | ④ | ㄹ | ㄴ |
| ⑤ | ㄹ | ㄷ |   |   |   |

**42** 해결중심 상담이론에 입각하여 상담을 하고자 한다. 상담자가 태지에게 할 수 있는 예외질문과 기적질문을 각각 1줄 이내로 쓰시오.

> 태  지 : 저는 친구들이 놀리고 괴롭혀도 그냥 당하고만 있습니다. 이런 제 자신이 몹시 못나 보이고 바보처럼 생각됩니다.
> 상담교사 : "＿＿＿＿＿＿＿＿＿＿＿＿＿＿＿＿＿＿＿＿＿＿＿＿＿＿＿"

• 예외질문 : ＿＿＿＿＿＿＿＿＿＿＿＿＿＿＿＿＿＿＿＿＿＿＿＿＿

• 기적질문 : ＿＿＿＿＿＿＿＿＿＿＿＿＿＿＿＿＿＿＿＿＿＿＿＿＿

**43** 해결중심 가족상담 이론에서는 문제를 해결하는 데 유용한 질문을 개발하고 발전시켜 왔다. 이중 한 가지는 상담을 통해 변화될 현실이 무엇인지 명료하게 하도록 도와주는 기적질문(miracle question)이다. 이 질문을 활용하여 다음 내담자에 대한 상담자의 반응을 완성하시오.

> 내담자 : 괴로워요. 가족 모두가 저를 비난하는 것만 같아요.
> 상담자 : 무척 힘드시겠습니다. (침묵 5초) 이렇게 한번 생각해 보면 어떨까요? 밤에 잠자는 동안 기적이 일어나 문제가 모두 해결되었다고 합시다. ＿＿＿＿＿

• 상담자 반응 : ＿＿＿＿＿＿＿＿＿＿＿＿＿＿＿＿＿＿＿＿＿＿＿＿＿

다음은 상담교사가 해결중심 가족상담에서 한 회기를 마무리하며 어떤 기법을 적용한 사례이다. 물음에 답하시오.

㉮ 나는 두분이 자녀와의 갈등을 해결하기 위해 열심히 노력하신 것을 높이 평가합니다. 두 분께서 자녀에게 적극적으로 공감해 주시고, 나-전달법을 실천하신 것이 좋은 효과를 나타내고 있다고 생각합니다. 특히 주말 저녁에 한 시간씩 가족 화목 시간을 갖기로 한 두 분의 결정에 큰 감명을 받았습니다.
… (중략) …
이러한 노력이 자녀와의 갈등 해결에 더 도움이 되려면 이제 '결과 경험시키기'를 적용할 필요가 있다고 생각합니다. 따라서 ㉯ 다음 회기까지 자녀의 문제 행동에 대해 '자연적 결과 경험시키기'와 '논리적 결과 경험시키기'를 각각 2회씩 실시해 보고, 그 효과와 문제점을 생각해 오시기 바랍니다.

• 이 기법의 명칭을 쓰시오. _____

• ㉮, ㉯에 해당하는 이 기법의 구성 요소를 쓰시오.
  ㉮ _____, ㉯ _____

**45** 다음은 전문상담교사인 정 교사가 민수(중 1 남)의 가족상담을 진행한 축어록의 일부이다. 전문상담 교사가 사용한 질문기법을 해결중심 가족치료와 전략적 가족치료에서 각각 무엇이라고 하는지 그 명칭을 순서대로 쓰시오.

> 정교사 : 민수야, 어머니가 여기 오신 목적이 뭐라고 생각하니?
> 민  수 : 학교에 잘 다니게 하려고요. 제가 자꾸 학교를 빠져서요.
> 정교사 : 그럼, 네가 학교에 가지 않을 때는 어머니가 어떻게 하시니?
> 민  수 : 걱정은 하지만 먹을 것도 챙겨 주시고 집에서 같이 놀아주세요.
> 정교사 : 그렇구나. 그럼 어머니, 어머니께서 그렇게 민수가 원하는 대로 해 주시는 것을 마음에 들어 하지 않는 사람은 누구죠?
> 어머니 : 민수 아버지요…….
> 정교사 : 민수 아버지께서 지금 이 자리에 계신다면 뭐라고 말씀하실까요?
> … (중략) …
> 정교사 : 민수야, 학교에 가지 않는 너를 보면 아버지의 마음이 어떠실 것 같니?
> 민  수 : 화가 엄청 많이 나시겠죠.
> … (중략) …
> 정교사 : 민수야, 엄마와 아빠가 싸우신 뒤에는 어떻게 하시니?
> 민  수 : 엄마가 제 방에서 주무세요.

© 2013

**46** 사회구성주의의 영향을 받은 가족상담이론에 관한 내용으로 옳은 것만을 〈보기〉에서 있는 대로 고른 것은?

〈보기〉

ㄱ. 개인이 자율적으로 구성하는 의미의 세계에 주목한다.
ㄴ. 상담의 첫 단계에서 가족구성원의 역기능적인 행동에 대한 평가의 중요성을 강조한다.
ㄷ. 체계는 사회적 역할이나 구조에 의해 형성된 것이 아니라 언어에 의해 구성되어 가는 것으로 본다.
ㄹ. 가족의 문제는 가족구성원의 개인적 관점에 의해 구성되기 때문에 객관적으로 존재하는 것이 아니라고 본다.
ㅁ. 상담자는 내담자보다 더 많이 알고 있는 유능한 전문가가 아니라 내담자의 경험세계를 재창조하는 과정에서 협력 해야 할 동반자의 입장을 강조한다.

① ㄱ, ㄴ, ㄷ　　② ㄱ, ㄴ, ㄹ　　③ ㄱ, ㄷ, ㄹ, ㅁ
④ ㄴ, ㄷ, ㄹ, ㅁ　　⑤ ㄱ, ㄴ, ㄷ, ㄹ, ㅁ

© 2011

**47** 해결중심 가족상담의 기본 원리로 옳은 것을 〈보기〉에서 고른 것은?

〈보기〉

ㄱ. 간략한 해결방법을 사용한다.
ㄴ. 작은 변화보다는 근본적인 변화를 목표로 한다.
ㄷ. 병리적인 것보다는 건강한 것에 초점을 맞춘다.
ㄹ. 증상의 원인에 대한 체계적인 가설을 수립, 활용한다.
ㅁ. 문제가 발생하지 않는 예외상황을 발견하여 그것을 증가시킨다.

① ㄱ, ㄴ, ㄹ　　② ㄱ, ㄴ, ㅁ　　③ ㄱ, ㄷ, ㅁ
④ ㄴ, ㄷ, ㄹ　　⑤ ㄷ, ㄹ, ㅁ

◀ 2012

**48** 다음은 전문상담교사가 영수(고 2, 남)와 해결중심 가족상담을 하고 있는 장면이다. 전문상담교사가 적용한 질문기법을 바르게 연결한 것은?

> 교사 : 영수야, ㉠ <u>최근에 네가 집에서 화를 내지 않은 때가 언제였니?</u>
> 영수 : 며칠 전, 시험 끝나고 집에 가서는 화를 내지 않았던 것 같아요.
> … (중략) …
> 교사 : ㉡ <u>그렇게 어려운 상황 속에서도 어떻게 더 나빠지지 않을 수 있었는지 얘기해 줄 수 있겠니?</u>
> 영수 : 불쌍한 어머니를 생각하면서 참았어요.
> … (중략) …
> 교사 : 영수야, ㉢ <u>네가 그렇게 계속 화를 내지 않는다면 어머니는 어떻게 반응하실까?</u>
> 영수 : 글쎄요, 아마 어머니께서는 좋아하시겠죠.

|   | ㉠ | ㉡ | ㉢ |
|---|---|---|---|
| ① | 기적질문 | 대처질문 | 척도질문 |
| ② | 예외질문 | 대처질문 | 기적질문 |
| ③ | 관계성질문 | 척도질문 | 예외질문 |
| ④ | 예외질문 | 대처질문 | 관계성질문 |
| ⑤ | 예외질문 | 기적질문 | 관계성질문 |

◀ 2013

**49** 해결중심 단기상담의 장점에 관한 설명 중 옳은 것만을 〈보기〉에서 있는 대로 고른 것은?

〈보기〉
ㄱ. 기적질문을 사용함으로써 문제의 원인을 구체적으로 파악 할 수 있다.
ㄴ. 그동안 효과가 있었던 해결책을 찾게 하는 데 중점을 둠으로써 문제해결 가능성을 높인다.
ㄷ. 내담자의 강점이나 자원을 발견하고 활용하는 데 초점을 맞춤으로써 문제해결에 대한 동기를 유발한다.
ㄹ. 내담자 유형을 세 가지로 구분하고, 각 유형에 따라 상담 목표와 기법을 달리함으로써 상담효과를 높인다.
ㅁ. 성취할 수 있는 작은 목표를 설정함으로써 성공확률을 높이고, 성공경험을 통해 문제해결에 대한 희망을 갖게 한다.

① ㄱ, ㄴ  ② ㄱ, ㄹ, ㅁ  ③ ㄴ, ㄷ, ㄹ
④ ㄱ, ㄷ, ㄹ, ㅁ  ⑤ ㄴ, ㄷ, ㄹ, ㅁ

ⓒ 2015 추시

**50** 다음은 전문상담교사들이 준호(중 2, 남)의 사례에 대해 해결중심상담의 관점에서 협의하는 내용의 일부이다. 박 교사의 의견을 바탕으로 ㉠에 들어갈 질문 내용을 쓰고, 해결중심상담의 관점에서 밑줄 친 ㉡의 최 교사 의견이 잘못된 이유를 서술하시오.

〈축어록의 일부〉

준　　호 : 애들이 매일 놀리고 따돌리니까 학교 가는 게 너무 힘들어요.
상담교사 : "_____㉠_____?"
준　　호 : 그래도 학교는 가야 하는 거니까 마지못해 그냥 다녔죠 뭐.

〈사례 토의 내용〉

김교사 : 따돌림 때문에 힘든 상황이지만 그래도 상담을 신청한 걸 보면 준호가 이 문제를 이겨낼 힘을 가지고 있을 것 같아요.
박교사 : 축어록을 살펴보니, 준호는 지금까지 계속되고 있는 아이들의 따돌림 때문에 매우 절망해 있었던 것 같습니다. 그래서 상담교사는 질문 ㉠을 통해 준호로 하여금 자신 안에 대처할 수 있는 힘이 있다는 것을 깨닫도록 돕고자 했던 것 같습니다.
최교사 : ㉡ 제가 볼 때는 준호가 과거에 어떤 일을 겪었는지 살펴봐야 할 것 같습니다. 뿐만 아니라 따돌림 당하는 근본적 원인이 되는 문제를 찾아내야 합니다.

**51** ⓒ 2018

다음은 전문상담교사가 슬기(중 1, 여)를 상담하고 나서 작성한 축어록의 일부이다. 해결중심상담이론에 근거하여 밑줄 친 부분에서 사용한 기법의 명칭을 쓰고, 이 기법의 사용 목적 3가지를 사례와 연결지어 서술하시오.

> 슬    기 : 저는 반에서 왕따에요. 반 친구들이 전부 저를 싫어해요.
> 상담교사 : 친구들이 널 싫어한다는 느낌을 받고 있구나. 많이 힘들고 외롭겠다. 친구들이 너를 어떻게 대하는지 구체적으로 말해줄 수 있겠니?
> 슬    기 : 제 말을 일방적으로 무시하고요, 조별 과제도 저랑 같이 하지 않으려고 해요. 급식도 혼자 먹을 때가 많아요.
> 상담교사 : 친구들이 너를 무시하고 함께해 주지 않아 많이 섭섭하고 화도 나겠구나. 혹시 초등학교 때 친구들과 친하게 지냈던 적이 있었니?
> 슬    기 : 전혀 없었어요. 초등학교 때부터 저는 늘 왕따였어요.
> 상담교사 : 친구들과 친해지기 위해 뭔가를 해봤을 것 같은데, 그동안 어떤 노력들을 해 보았니?
> 슬    기 : 제가 노력해봤자 아무 소용없어요. 이건 제 문제가 아니고요. 배려심 없는 친구들이 문제에요.
> 
> … (중략) …
> 
> 상담교사 : 이번 상담의 목표를 정했으면 하는데, 오늘 상담을 통해 네가 어떻게 달라졌으면 좋겠니?
> 슬    기 : 제가 달라질 수 있을까요? 초딩 때부터 왕따였는데요. 늘 혼자 다니는 게 힘들지만 이젠 익숙해져서 괜찮아요. 이 상태에서 벗어나기 어려울 거에요.
> 상담교사 : 왕따 당하는 시간이 오래 지속되다 보니 친구들과 관계가 좋아질 수 있을 거라는 기대를 하지 못하는구나. 슬기야, <u>내가 조금 색다른 질문을 해 볼게. 슬기가 오늘 여기에서 상담을 끝낸 후, 보통 때처럼 시간을 보내고 잠자리에 들었지. 슬기가 잠든 사이에 신기한 일이 일어나서 네가 고민하던 문제가 해결되었어. 슬기가 잠든 사이에 그 일이 일어났기 때문에 그 일이 일어난 줄도 몰랐어. 아침에 눈을 떴을 때 무엇을 보면 원하는 일이 일어났다는 것을 알아차릴 수 있을까?</u>
> 슬    기 : 음 ……. 친구들과 함께 놀이공원에 가서 재미있게 노는 거요. 함께 수다도 떨고, 맛있는 아이스크림도 사 먹고요.

**52** 다음은 전문상담교사가 준호(고 1, 남)와 준호 어머니를 상담한 후 수퍼비전을 받은 내용의 일부이다. 〈작성 방법〉에 따라 서술하시오.

> 상 담 교 사 : 선도담당교사의 요청으로 해결중심 단기치료를 적용하여 준호와 준호 어머니를 상담했어요.
> 수퍼바이저 : 선도담당교사가 의뢰한 학생이라 비자발적이고 상담에 대한 동기가 낮을 수 있겠군요.
> 상 담 교 사 : 준호는 상담실에 오지 않으려고 했는데 어머니가 끌고 오다시피 해서 상담실에 데리고 오셨어요. 준호는 흡연 문제로 중학교 때부터 어머니와 자주 다퉜고, 그럴 때마다 자기 방에 들어가서 나오지 않거나 집을 나가버렸다고 해요. 상담실에 와서도 준호와 준호 어머니는 서로 눈도 마주치지 않았어요. 그래서 준호와 준호 어머니에게 ㉠ 1부터 10까지의 점수 중 관계가 최악인 상황을 1점, 서로 대화도 잘하고 관계가 만족스러운 상황을 10점이라고 한다면, 현재 서로의 관계가 몇 점이라고 생각하는지 질문해 보았어요.
> 수퍼바이저 : 준호와 어머니가 관계를 스스로 평가할 수 있도록 돕는 질문을 하셨군요.
> 상 담 교 사 : 준호 어머니는 4점, 준호는 1점이라고 대답했어요. 그래서 준호와 준호 어머니에게 상담 이전의 변화에 대한 질문, 기적 질문, 예외 질문을 다 해보았는데 효과가 없어서 ( ㉡ ) 질문을 해보려고 합니다.
> 수퍼바이저 : 선생님께서도 잘 아시겠지만, ( ㉡ ) 질문은 내담자와 관계가 잘 형성된 후에 신중하게 하시는 것이 좋을 것 같아요.

──── 〈작성방법〉 ────

- 드 셰이저(S. de Shazer)가 제시한 상담자와 내담자 관계 유형 3가지 중 전문상담교사와 준호의 관계 유형 명칭을 쓸 것.
- 밑줄 친 ㉠에 해당하는 질문기법의 명칭을 쓸 것.
- 괄호 안의 ㉡에 해당하는 명칭을 쓰고, 그 질문기법의 사용 목적을 서술할 것.

**53** ◀ 2017

다음은 절충적인 상담접근을 지향하는 전문상담교사가 경수 (중 2, 남)에 대해 파악한 내용이다. 경수의 문제 행동에 대한 이해와 상담개입 과정을 〈작성 방법〉에 따라 논술하시오.

- 내방 경위 및 의뢰 사유
  경수는 1학년 때까지는 성적이 상위권이었으나 2학년에 올라와서는 하위권으로 떨어졌다. 지각과 결석을 자주 하고, 수업 시간에 엎드려 자는 횟수가 많아 여러 과목의 교사에게 지적을 받고 있어 담임교사에 의해 상담에 의뢰되었다.

- 행동 관찰
  경수는 상담 약속 시간보다 일찍 도착하여 상담실을 두리번 거리며 돌아다녔다. 경수는 또래에 비하여 체격이 크고 건강해 보였으나 위생 상태는 불량하였고, 교복 단추가 여러 군데 떨어져 있었다. 상담교사가 제공하는 간식을 맛있게 먹었으며, 어떤 학생들이 상담실에 오는지, 심리검사는 어떤 종류가 있는지를 질문하는 등 상담에 대한 관심을 보였다.

- 가족 관계
  경수가 중학교 1학년 겨울 방학 때 부모가 이혼하였으며, 아버지가 양육권을 가지게 되어 아버지, 친할머니와 함께 생활하고 있다. 부모의 이혼 이후 엄마와는 연락이 되지 않으며, 아버지는 자주 술을 드시고 경수의 공부에는 전혀 관심이 없다. 할머니께서는 부모의 이혼 이후부터 함께 살면서 경수를 돌봐 주시지만 건강이 좋지 않아 경수에게 자주 짜증을 내신다.

- 호소 문제
  경수는 밤새 온라인 게임을 하다 보면 정말 자신이 게임을 잘한다는 생각이 들고, 기분이 좋아진다고 한다. 게임을 하다 보면 새벽까지 졸리지 않고 집중하게 되며, 게임에 이기고 레벨이 올라갈 때마다 가슴이 두근거린다고 한다. 그러나 요즘은 자신이 생각해도 게임 중독이 아닌가 걱정이 될 정도라고 한다. 경수는 자신이 게임을 많이 하는 이유를 부모의 이혼, 아버지의 술과 무관심, 할머니의 잔소리, 선생님들의 꾸중 때문이라고 한다.

〈작성방법〉

- 서론, 본론, 결론의 형식을 갖추고, 본론에는 다음의 내용을 포함하여 논술할 것.
- 현실치료에 근거한 전행동(total behavior)의 4가지 구성요소와 경수의 온라인 게임 행동을 연결하여 서술할 것.
- 해결중심상담이론에 근거할 때, 상담자와 내담자의 관계유형 중에서 경수는 어느 유형에 속하는지 쓰고, 그 근거를 사례에서 찾아 쓸 것.
- 학교에 지각하는 행동에 대해 해결중심상담이론에 근거한 예외질문을 사용하고자 할 때, 예외질문의 진행 과정을 2단계로 제시할 것.

## 이야기치료

**2010**

**54.** 다음은 전문상담교사가 영미(중 2, 여)를 면담한 내용이다. 영미에게 적용할 이야기치료(Narrative Therapy) 기법과 예시적 반응으로 적절하게 묶이지 않은 것은?

> 영미 아버지는 사업 관계로 주말에만 집에 오시는데 그 때마다 동생보다는 영미만을 간섭하고 꾸중한다고 한다. 그리고 돈 문제로 부모가 자주 싸우는데 부모가 헤어지지 않게 하려면 자신이 공부를 잘 해야 한다고 생각하고 있다. 학교에서 여자 친구들과는 말이 통하지 않고 남자 친구들에게서는 돼지라는 놀림을 받고 있다. 방학 때 비만관리 프로그램에 참여하여 10kg을 줄였으나 식욕을 억제하지 못하고 있다. 이러한 문제로 영미는 요즘 우울하고 죽고 싶다는 생각이 들 때도 있다.

① 문제의 외재화 : "우울한 기분과 죽고 싶다는 생각이 영미를 사로잡고 있네요."
② 독특한 결과 찾아내기 : "영미의 우울한 기분과 죽고 싶다는 생각이 다 해결되면 어떤 일이 일어날까요?"
③ 새로운 이야기의 강화 : "죽고 싶다는 생각이 영미를 통제한 것은 언제였고, 영미가 그 생각을 통제한 것은 언제였나요?"
④ 재진술을 통한 이야기의 풍부화 : "영미가 계속 우울해 하고 죽음을 생각한다면 그런 생각이 영미의 미래에 어떤 영향을 줄까요?"
⑤ 전체 이야기 다시 쓰기 : "체중도 줄이고 공부도 더 잘하고 싶다는 영미의 희망에 비추어 볼 때 영미는 어떤 방식의 삶을 추구하는 사람이라고 할 수 있을까요?"

**55** ◀ 2015 추시

다음은 전문상담교사가 연희(고 1, 여)와 연희 어머니를 화이트와 엡스턴(M. White & D. Epston)의 이야기치료 관점에서 상담한 내용의 일부이다. 밑줄 친 ㉠, ㉡에 해당하는 기법의 명칭을 순서대로 쓰시오.

---

〈학부모 상담〉

어 머 니 : 우리 연희는 숙제를 자꾸 미루기만 하는 게으른 아이라 걱정이에요. 연희 때문에 너무 속상해요.

상담교사 : 그럼, 연희와 어머니 사이를 괴롭히는 그 문제에 이름을 한번 붙여 본다면 뭐라고 할 수 있을까요?

어 머 니 : 글쎄요. 아무래도 미루는 행동이 제일 큰 문제죠.

상담교사 : ㉠ 네, 그러니까 '미루는 행동'이 연희와 어머니 사이에 갈등을 일으키게 만들었나 보네요. 어머니와 연희를 힘들게 하는 '미루는 행동'이 어머니의 삶에 어떤 영향을 주고 있나요?

〈학생 상담〉

연　　희 : 엄마는 제가 항상 숙제를 미루니까 저보고 게으른 아이래요.

상담교사 : ㉡ 연희야, 네가 숙제를 미루지 않을 때는 어떤 경우니? 네가 숙제를 미루지 않고 했던 적이 있는지 생각해 보고 그 일에 대해 자세히 얘기해 볼래?

연　　희 : 매번 똑같은데요 뭐. 음…. 그러니까 어쩌다가 엄마가 집에 계실 때는 좀 나은 것 같기도 하고요…….

상담교사 : 그렇구나. 그럼, 그 얘기를 좀 더 해 보면 좋겠구나.

## 56

다음의 (가)는 전문상담교사가 민기(중3, 남)와 민기 어머니를 상담한 내용을 바탕으로 작성한 두 사람 간의 상호작용에 대한 기록이고, (나)는 이러한 상호작용을 이론적인 관점에서 개념화한 내용의 일부이다. 〈작성 방법〉에 따라 서술하시오.

〈가〉

최근 민기는 어머니에게 짜증을 내며 게임하는 시간을 스스로 정할 수 있게 해 주지 않으면 공부도 안 하겠다고 소리를 질렀다. 이러한 요구에 민기의 어머니는 중학교 3학년인데 게임할 시간이 어디 있냐며 호통을 치고 민기를 나무라면서 민기의 요구를 무시하였다. 이후 민기는 어머니의 사소한 말에도 화를 내며 방안의 물건까지 집어던지며 폭력적인 행동을 보였다. 이런 민기의 모습에 어머니는 분노하며 급기야 인터넷 서비스를 끊어 버렸다. 이렇게 민기와 어머니의 갈등은 날이 갈수록 깊어지고 있다. 이 사건은 민기와 어머니의 지속적이고 반복적인 갈등 양상을 보여주는 예시이다.

〈나〉

- 이야기치료
  (원인) 민기와 어머니는 둘 간의 현재 관계를 '문제'가 지배하는 이야기로 구성하고 있음.
  (개입) 문제가 지배하는 이야기를 해체하기 위해 문제에 이름 붙이는 작업을 통해 문제의 ( ㉠ )을/를 시도할 필요가 있음.
- 다세대 가족치료
  (원인) 민기와 어머니의 갈등은 ㉡ 두 사람의 낮은 자아분화 수준과 관련되어 있음.
  (개입) 민기와 어머니에게 ㉢ '나의 입장(I-position)' 기법을 사용해 보도록 권할 수 있음

―〈작성방법〉―

- (나)의 괄호 안의 ㉠에 해당하는 개념의 명칭을 쓰고, 그 의미를 서술할 것.
- (나)의 밑줄 친 ㉡의 근거를 '자아분화'의 개념을 사용하여 (가)의 사례와 연결 지어 서술할 것.
- (나)의 밑줄 친 ㉢의 사용 방법을 서술할 것.

**57** 다음은 전문상담교사가 화이트(M. White)의 이야기치료를 적용하여 선모(고 1, 남)와 어머니를 상담한 축어록의 일부이다. 지문에서 나타난 과정 전체를 포괄하는 기법의 명칭을 쓰시오.

◁ 2014

---

상담교사 : 선모야, 어머니가 말한 것 중에 네 관심을 끈 이야기가 있니?
선　　모 : (침묵) 태권도 이야기……. 중학교 때는 여러 가지 운동을 했어요.
상담교사 : 엄마는 네가 운동을 많이 해서 다른 아이들보다 힘이 세다는 말씀을 하셨지. 난 네가 운동을 해서 기른 힘을 어디에 썼는지 궁금해.
선　　모 : (침묵)
상담교사 : 선모는 운동을 하면서 얻은 힘을 좋은 일에도 나쁜 일에도 썼을 것 같은데…….
선　　모 : 태권도장에서 산동네에 연탄 나르기 봉사를 했어요. 우리가 자꾸 싸우니까 관장님이 힘은 좋은 일에 써야 한다며 우리에게 시켰어요. 그 때부터 걔들하고 많이 친해졌어요.
상담교사 : 그렇구나, 이번 일이 학교 친구들과 많이 친해질 수 있는 계기가 될 수 있겠구나.
선　　모 : (어색해 하면서) 친하진 않을 것 같지만, 나는 학교에서 조용히 지내고 싶어요. 애들이 날 건드리니까 자꾸 싸우게 돼요. 참았어야 했는데…….
상담교사 : 어머님, 선모와 제 이야기를 들으면서 어떤 이야기에 관심이 끌리셨나요?
어 머 니 : '참아야 했는데'라는 말이에요. 선모에게 이런 마음이 있는 줄 몰랐어요.
상담교사 : 이 말에 관심을 가진 특별한 이유가 있으신가요?
어 머 니 : 선모가 어렸을 때부터 덩치는 컸지만 아이들에게 맞고 들어오는 적이 많아서 태권도장을 보내면서 참지 말라고 야단을 쳤어요. (침묵) 어쩌면 선모는 더 참을 수 있었는데 제가 자꾸 참지 말라고 한 것 같아요.
상담교사 : 선모는 어릴 때부터 엄마의 말씀에 순종하려고 노력한 아이였군요. 선모가 어머니 말씀을 잘 듣는 게 어머니에게 어떤 영향을 주었나요?
… (중략) …
상담교사 : 선모야, 지금까지 엄마와 나눈 이야기를 들으면서, 네 자신에 대해 새롭게 알게 된 부분은 어떤 게 있니?

**58** 다음은 전문상담교사가 수지(중 1, 여)와 엄마를 대상으로 이야기 치료이론을 적용하여 상담하고 나서 작성한 축어록의 일부이다. 밑줄 친 부분은 이 이론의 기법 중 1가지를 적용한 것이다. 이 기법의 명칭을 쓰시오.

> 수　　지 : 집에 혼자 있는 게 싫어요. 엄마가 식당일 하시느라 밤 11시가 되어야 들어오시니 고민이 있어도 도움을 청할 수가 없어요.
> 엄　　마 : 수지야, 미안해. 나도 혼자 있는 네가 늘 걱정스러워. (상담교사를 바라보며) 작년에 수지 아빠가 갑자기 세상을 떠난 후 저 혼자 아이를 키우다 보니 늦게까지 일해야 해요. 수지에게 늘 미안하지요.
> 상담교사 : 어머님도 수지도 힘든 시간을 보내고 계시군요. 두 분의 마음이 전해져서 저도 마음이 뭉클해지네요.
> 　　　　　　　　　…  (중략) …
> 상담교사 : <u>어머님! 그동안 많이 힘드셨을 텐데 수지와 함께 꿋꿋하게 살아오셨군요. 그런데 이처럼 힘든 상황을 버틸 수 있게 해 주는 힘이 무엇인지요?</u>
> 엄　　마 : 수지 아빠에요. 지금은 우리 곁에 없지만, 우리 부부는 수지와 함께 행복한 가정을 만들어 보자는 말을 자주 했어요. 지금도 힘들 때면 수지 아빠랑 상상 속의 대화를 나누곤 해요.
> 수　　지 : (울먹거리며) 난 엄마가 슬퍼할까봐 아빠 이야기를 하지 않았는데……. 나도 아빠가 많이 보고 싶어.
> 상담교사 : <u>수지도 아빠가 많이 그립구나. 아빠가 너에게 준 사랑을 어떤 느낌으로 기억하고 있는지 말해 보렴.</u>
> 　　　　　　　　　…  (중략) …
> 상담교사 : 수지야, 아빠에게 수지는 어떤 딸이었을까?
> 수　　지 : 귀염둥이 공주? 아빠는 절 공주라고 불렀어요. 아빠는 자기가 한 일 중에 절 낳은 게 제일 자랑스럽다고 말씀하셨어요.
> 상담교사 : 아빠에겐 수지가 최고의 보물이었구나.
> 　　　　　　　　　…  (중략) …
> 상담교사 : <u>어머님과 함께했던 시간들이 아버님에게는 어떤 영향을 미쳤을까요?</u>
> 엄　　마 : 짧은 생을 행복하게 해 주었다? 생전에 저에게 결혼 해줘서 고맙다는 말을 자주 했었어요.
> 　　　　　　　　　…  (중략) …
> 상담교사 : 오늘 상담에 대한 소감을 말해 보실래요?
> 수　　지 : 아빠가 절 소중히 여기셨던 것처럼 저도 저 자신을 소중히 여기고 사랑해야겠어요.
> 엄　　마 : 요즘 많이 힘들었는데 남편으로부터 위로를 받은 느낌이에요. 수지와 함께 행복한 가정을 만들어 보자던 그 약속, 꼭 지켜나갈 거에요.

**59** 가족상담이론에 대한 설명 중 옳은 것만을 〈보기〉에서 있는 대로 고른 것은?

― 〈보기〉 ―

ㄱ. 헤일리(J. Haley)의 전략적 가족상담은 증상을 유지시키는 가족의 위계와 조직의 문제에 관심을 둔다. 유지, 추적, 모방 등이 대표적인 기법이다.

ㄴ. 미누친(S. MinuChin)의 구조적 가족상담은 가족의 하위 체계의 유형, 역기능적인 하위체계간의 경계 등에 관심을 둔다. 교류의 재구성 등이 대표적인 기법이다.

ㄷ. 보웬(M. Bowen)의 다세대 가족상담은 가족구성원들의 불안을 감소시키고 자기분화(differentiation of self)의 수준을 높일 것을 강조한다. 가계도, 코칭, 과정질문 등이 대표적인 기법이다.

ㄹ. 화이트(M. White)와 엡스턴(D. Epston)의 이야기치료는 개인의 문제를 가족을 비롯한 다른 사회제도적 맥락과 연결짓는 데 관심을 둔다. 문제의 내재화, 독특한 결과의 내재화 등이 대표적인 기법이다.

① ㄱ, ㄴ  ② ㄴ, ㄷ  ③ ㄴ, ㄹ
④ ㄱ, ㄷ, ㄹ  ⑤ ㄴ, ㄷ, ㄹ

**60** 다음 (가)는 현수(가명, 중1, 남)의 상담사례 축어록의 일부이고, (나)는 전문상담교사들의 동료 수퍼비전 내용의 일부이다. 〈작성 방법〉에 따라 서술하시오.

(가)

> 현　　수 : 답답하니까… 그냥 게임할 때가 제일 좋아요. 게임할 땐 아무 생각도 안 나거든요. 그래서 맨날 게임만 하는 거죠 뭐.
> 상담교사 : "(　　　㉠　　　)?"
> 현　　수 : 음… 생각 안 해 봤는데요. 그래도 엄마가 설거지 도와달라고 하면 어쩔 수 없이 게임을 그만두고 밖으로 나가긴 하는 거 같아요. 엄마는 맨날 나밖에 없다고 하시거든요

(나)

> 김 교사 : 지난 회기까지의 상담 내용을 보면, 이혼 후부터 현수엄마가 자주 앓아 누우시고 그럴 때면 하루 종일 현수를 찾고 현수가 안 보이면 불안해하는 모습을 보였습니다. 현수가 학교를 안 가고 게임만 해서 등교 거부로 의뢰된 시기도 부모님이 이혼하고 엄마와 살게 된 이후인 것으로 보입니다. 아마도 학교를 간 사이에 엄마도 떠나버리고 혼자 남을 수도 있다는 생각이 어느 순간부터 현수의 마음에 자리 잡았을 수도 있고요. 게임을 하는 동안은 아무 생각도 안 난다고 하는 것을 볼 때, 게임하는 동안엔 엄마마저 떠나 버릴지도 모른다는 두려움을 잊을 수 있기 때문에 자기도 모르게 게임에 몰두하게 되지 않았을까 싶네요. 그래서 이 축어록에서 가장 인상적인 것은 상담교사의 질문으로 보입니다. 해결중심 관점에서 볼 때, 이 질문을 통해 현수는 그동안 자기가 맨날 게임만 한다고 생각해 오다가 자신을 새롭게 보게 된 것 같거든요.
> 이 교사 : 네, 저도 그 부분이 가장 중요하다고 생각했는데요. 그 질문을 이야기치료의 관점에서 보자면, (㉡)(이)라고도 볼 수 있을 것 같습니다. 현수는 그동안 엄마의 설거지를 도우러 잠깐 게임을 멈췄던 게 별거 아니라고 생각하고 무심코 지나쳐 버렸는데 그 질문 후에 자기 행동을 다르게 보게 된 것 같았어요.
> 최 교사 : 저는 조금 다른 입장에서 생각해 보았는데요. 힘들고 복잡한 가족일지라도 경계선을 활용해서 가족 구조를 그려 보면 가족의 문제가 보이더라고요. 그래서 현수가족이 현재의 문제를 볼 수 있도록 도와주면 좋을 듯 합니다.

───── 〈작성방법〉 ─────

- (가)의 괄호 안의 ㉠에 해당하는 상담교사의 예외질문 내용을 쓸 것.
- 괄호 안의 ㉡에 해당하는 기법의 명칭을 쓸 것.
- 미누친(S. Minuchin)의 가족상담 이론에 근거하여 현수, 엄마, 학교의 구조적 지도를 그린 후, 현수의 상담 목표를 구조적 지도와 연결 지어 1가지 서술할 것.

## 가족평가 및 가족생활주기(특수가족포함)

**2009**

**61.** 다음 사례에 대한 가족평가 내용으로 적절한 것을 〈보기〉에서 고른 것은?

> 주희는 동시통역사가 되고 싶다며 상담을 신청하였다. 주희의 어머니는 영어에 능통한 이주여성으로 어렸을 때부터 주희에게 영어를 가르쳤다. 그러나 아버지는 어머니가 한국어를 열심히 배우기보다는 자꾸 영어로 말하는 것에 대해 불만을 품고 있으며, 할머니도 한국어를 잘하지 못하는 며느리를 좋지 않게 생각하고 있다. 어머니는 농사일이 싫고 힘들다며 초등학교 방과후 영어교사를 하고 있는데, 아버지는 바쁜 농사일을 돕지 않는 어머니를 비난하고 있다. 주희는 어머니를 불쌍하게 생각하여 어머니 말씀을 잘 들으려고 영어를 열심히 공부하게 되었고, 어머니를 구박하는 아버지와 할머니를 미워하고 있다.

〈보기〉

ㄱ. 가족 규칙이 잘 합의되어 있지 않다.
ㄴ. 세대간 연합이 반복하여 나타나고 있다.
ㄷ. 부모의 부부관계는 갈등-융합 관계이다.
ㄹ. 어머니는 회유형 의사소통 유형을 나타내고 있다.
ㅁ. 부부체계에 자녀를 위한 공간을 만드는 것이 필요한 시기다.
ㅂ. 아버지와 할머니가 어머니에 대해 경직된 경계선을 형성하고 있다.

① ㄱ, ㄴ, ㅂ   ② ㄱ, ㄷ, ㅁ   ③ ㄴ, ㄷ, ㅁ
④ ㄴ, ㄹ, ㅂ   ⑤ ㄹ, ㅁ, ㅂ

**62** 다음 (가)는 전문상담교사가 은서(중 1, 여)의 가족에 대해 파악한 내용이고, (나)는 가족상담 과정의 일부이다. 〈작성 방법〉에 따라 서술하시오.

(가)

아버지(40세) : 고졸. 영업직. 내성적인 성격으로 영업을 하는 일에 스트레스가 높은 편임. 술에 많이 의존하고 있으며 이로 인해 늘 늦게 귀가를 함.
어머니(38세) : 대졸. 회사원. 몸이 많이 약한 편임. 자상하지 못한 남편에게 불만이 많고 싸우는 일이 많음. 현재 (2020년)는 임신 중임.
은 서(14세) : 중1. 엄마와 융합된 관계를 맺고 있음. 유아 때부터 엄마가 자주 아프고 바빠서 충분한 돌봄을 받지 못했음. 은서는 엄마가 몸이 약해서 걱정이 많음. 동생들을 돌보는 것은 은서의 몫임. 최근에 학급 내에서 집단 따돌림을 당하였고 많이 위축되어 있음.
쌍둥이 남동생 2명(9세) : 초2. 일란성 쌍둥이로 유아 때 평일에는 외할머니 댁에 맡겨져서 지냈음. 초등학교 입학 후 현재는 가족들과 살고 있음.

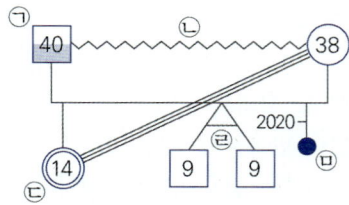

〈은서 가족의 가계도〉

(나)

어 머 니 : 우리 은서는 정말 천사 같은 딸이에요. 부모님 말도 잘 듣고, 알아서 집안일도 잘 도와주고 공부도 열심히 해요. 그런데 은서가 학교에서 집단 따돌림을 당하고 있었다니 어찌해야 될지 모르겠네요.
상담교사 : 네, 그렇군요. (은서를 바라보며) 요즘 어떻게 지내고 있나요?
은     서 : 저는 요즘 그냥 힘들어요.
상담교사 : 네, 그럼 어떤 점에서 힘든지 조금 더 이야기해 줄 수 있어요?
은     서 : 전 정말 열심히 하고 있거든요. 엄마 말씀처럼 집에서도 엄마를 돕고 쌍둥이들도 잘 돌보고요. 그런데 그게 정말 제가 하고 싶어서 하는 건지 잘 모르겠어요.

〈작성방법〉

- 맥골드릭, 걸슨과 페트리(M. McGoldrick, R. Gerson, & S. Petry)의 가계도 작성 방법으로 볼 때 〈은서 가족의 가계도〉의 ㉠~㉤ 중 <u>잘못</u> 표기된 기호를 찾아 쓰고, <u>잘못된</u> 이유를 서술할 것.
- 위니컷(D. Winnicott)의 대상관계 이론에 근거하여 은서가 형성한 자기(self)의 명칭을 쓰고, 그 특성 2가지를 은서의 모습과 관련지어 서술할 것.

**63** 다음 (가)는 전문상담교사들이 가족상담 사례에 대해 나눈 대화 내용의 일부이고, (나)는 유 교사가 상담한 학생이 작성한 가계도이다. 〈작성 방법〉에 따라 서술하시오.

(가)

김 교사: 저는 학생과 가족의 상호작용을 이해하기 위해 애착이론을 적용하고 있어요. 제 내담자는 또래나 선생님들과의 관계에서 어려움을 보이고 있어요. 저는 그것이 생애 초기에 형성된 부모와의 불안정한 애착관계의 영향이라고 생각해요. 그 학생은 자라면서 부모로부터 적절한 보호와 관심을 받지 못하였어요. 자신은 사랑받을 가치가 없고 다른 사람들은 자신에게 우호적이지 않다는 생각을 가지고 있어요.

신 교사: 그 학생은 부정적인 ( ㉠ )을/를 가지고 있군요.

김 교사: 그래서 저는 상담 관계에서 안정적인 안전지대와 긍정적이고 친밀한 유대감을 경험하도록 돕고 있어요. 신 선생님은 어떠세요?

신 교사: 저는 주로 인지행동 가족상담이론으로 접근해요. 제가 최근에 상담한 학생은 불안하고 예민한 어머니 때문에 상담을 받으러 왔어요. 그 학생의 어머니는 사소한 일에도 걱정이 많고 고민 반응을 하신다고 해요. 그러다 보니 학생은 고민이 있어도 상의하지 못하고, 어머니가 어떻게 반응할까 늘 신경을 쓴다고 해요. ( ㉡ )은/는 개인이 가족에 대해 가지고 있는 모든 신념과 인지를 의미하는데, 그 학생의 ( ㉡ )은/는 '가족 내에서는 어떤 불평도 하지 말고 일단 참아야 한다'는 것으로 보여요.

유 교사: 그렇군요. 저는 가계도를 통해 내담자 가족의 정보를 먼저 살펴보는데요, 최근에 상담한 학생은 가족 문제 때문에 걱정이 많고 불안하여 학교생활에 집중하기가 어렵다고 호소했어요. 학생이 작성한 가계도를 통해 ㉢ 친조부모의 부부 관계에 나타난 구조적 특징과 ㉣ 부모와 학생의 상호작용 패턴을 알 수 있었어요.

(나)

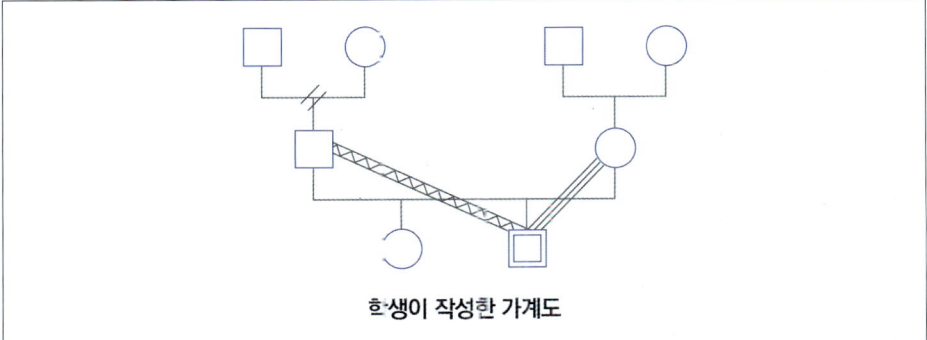

학생이 작성한 가계도

─〈작성방법〉─
- 볼비(J. Bowlby)의 애착이론에 근거하여 괄호 안의 ㉠에 해당하는 용어의 명칭을 쓸 것.
- 인지행동 가족상담이론에 근거하여 괄호 안의 ㉡에 공통으로 해당하는 용어의 명칭을 쓸 것.
- (나)의 가계도를 바탕으로, 밑줄 친 ㉢에 나타난 구조적 특징 1가지와 밑줄 친 ㉣의 상호작용 패턴 2가지를 맥골드릭, 게르손과 페트리(M. McGoldrick, R. Gerson, & S. Petry)의 가계도 작성 방법에 근거하여 서술할 것.

## 64

◎ 2010

다음 사례는 담임교사의 의뢰로 상담실을 방문한 현미(중 3, 여)를 전문상담교사가 상담한 내용의 일부이다. 상담 과정에서 알 수 있는 현미 가족의 구조나 기능에 대한 평가로 적절한 것은?

상담교사 : 담임선생님께서 요즘에 현미에게 무슨 문제가 있는지 염려가 되어서 상담을 의뢰하셨어요.
현    미 : 아마 성적이 떨어져서 그러실 거예요.
상담교사 : 아! 그래요? 성적이 떨어질 만한 이유가 있나 보네요?
현    미 : 공부를 잘하면 뭐해요? 재미가 없는데……. 집에 가도 짜증만 나고…….
상담교사 : 그래요, 무슨 일이 있는지 궁금하군요?
현    미 : 우리 집에서는 아버지가 왕이에요. 무조건 아버지 말이면 복종해야 해요. 휴일날에 아버지는 골프 채널만 틀어 놓고 우리가 다른 채널로 돌리자고 하면 가서 공부나 하라고 해요. 그러면 엄마는 옆에서 자기는 학교 다닐 때 만날 책만 보고 1등 했다고 하면서……. 부모님은 우리가 공부 못하면 아마 사람 취급도 안 할 거예요.
상담교사 : 부모님 때문에 답답하고 화가 난 모양이군요.
현    미 : 예! 맞아요! 여자는 표정이 예뻐야 한다며 인상도 못쓰게 해요. 그 뿐인 줄 아세요? 할 말도 없는데 주중에 한 번은 할머니께 안부 전화를 해야 해요. 또 주말에는 식구들이 함께 모여서 식사를 해야 한다며 친구들이랑 어울리고 싶은데 마음대로 외출도 못하게 해요.
상담교사 : 현미는 그렇게 답답하고 짜증이 났었는데 어떻게 견뎠어요?
현    미 : 그러니까 집에서는 아버지하고 거의 말도 안 하고 엄마와는 밥을 달라고 할 때만 이야기해요. 학교생활이나 친구 이야기는 동생하고만 해요.

ㄱ. 아버지, 어머니, 동생은 삼각관계이다.
ㄴ. 공부를 잘 해야 한다는 가족 신화(family myth)가 있다.
ㄷ. 어머니와 현미는 애매한 경계선으로 연합이 일어나고 있다.
ㄹ. 가족 의식(family ritual)이 현미의 발달과업을 방해하고 있다.

① ㄱ, ㄴ  ② ㄱ, ㄷ  ③ ㄴ, ㄷ
④ ㄴ, ㄹ  ⑤ ㄷ, ㄹ

◀ 2012

**65** 다음은 맥골드릭(M. McGoldrick), 걸슨(R. Gerson) 및 쉘렌버거(S. Shellenberg)가 제시한 방법에 따라 작성한 철수(고 1, 남)의 가계도이다. 이에 대한 설명으로 옳은 것만을 〈보기〉에서 있는 대로 고른 것은?

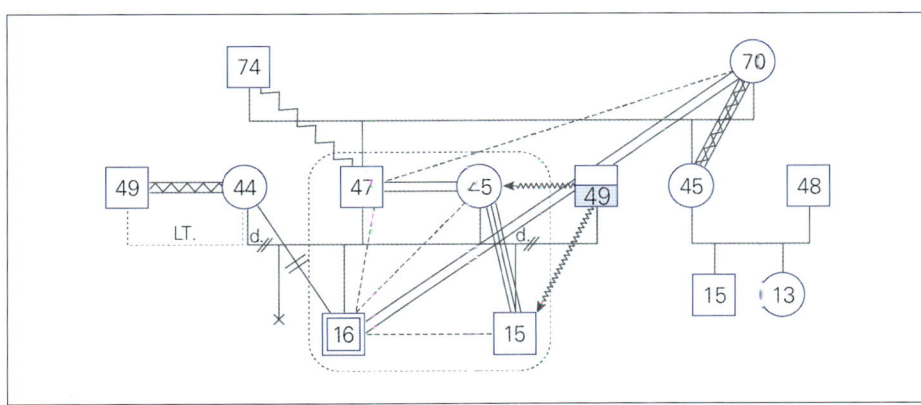

〈보기〉
ㄱ. 철수는 조모와 친밀관계이다.
ㄴ. 철수는 친모와 단절된 관계이다.
ㄷ. 철수는 아버지와 소원한 관계이다.
ㄹ. 철수의 친모는 자연유산을 하였다.
ㅁ. 철수의 이복형제는 그의 친부에게 신체적 학대를 당했다.

① ㄱ, ㄴ, ㄷ  ② ㄱ, ㄴ, ㅁ  ③ ㄴ, ㄷ, ㄹ
④ ㄱ, ㄴ, ㄷ, ㅁ  ⑤ ㄱ, ㄷ, ㄹ, ㅁ

◀ 2010

**66** 다음 그림은 전문상담교사가 영수(중 1, 남)의 상담 과정에서 작성한 가계도이다. 맥골드릭(M. McGoldrick) 등이 제시한 가계도 기호에 따른 평가로 옳지 <u>않은</u> 것은?

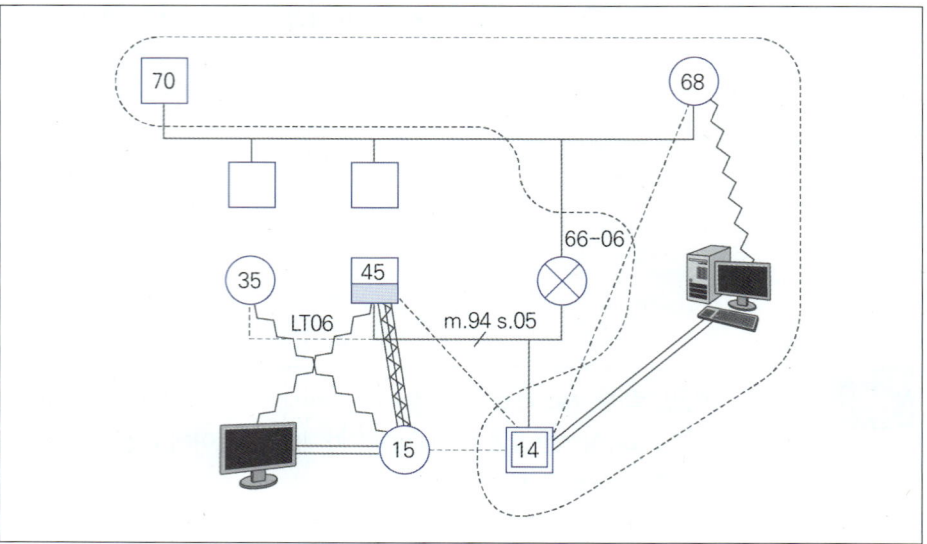

① 어머니는 별거 후 사망하였다.
② 영수와 컴퓨터는 동맹 관계이다.
③ 영수는 가족들과 소원한 관계이다.
④ 아버지와 누나는 융합된 적대 관계이다.
⑤ 영수, 외할머니, 컴퓨터는 삼각관계이다.

**67** 다음의 가계도를 보고 답하시오.

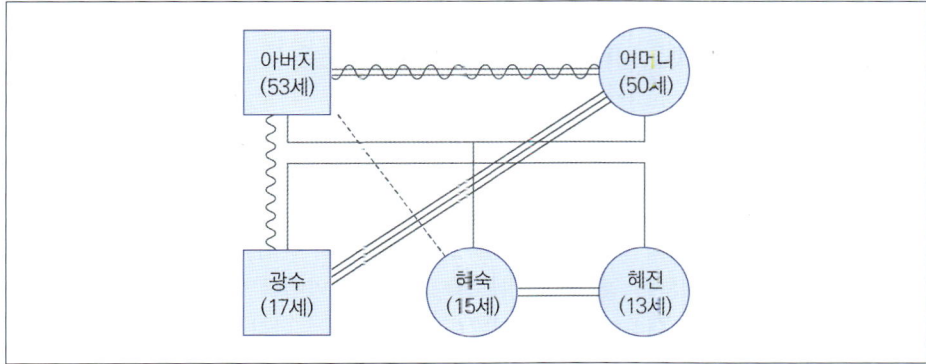

- 부부 간 상호작용의 특성을 쓰시오(1줄 이내).
  _____

- 현재 부모화 증상을 보일 가능성이 가장 높은 사람과 그 이유를 1가지만 쓰시오.
  사람 : _____
  이유 (1줄 이내) : _____

## 68. 2013

전문상담교사가 다음에 제시된 명호 가족의 가계도를 맥골드릭(M. McGoldrick), 걸슨(R. Gerson), 셀렌버거(S. Shellenberger)가 제시한 방법에 따라 작성하였다. 가족구성원 간의 관계를 나타낸 것으로 옳지 <u>않은</u> 것은?

- 명호(15세, 남학생)는 어머니를 졸라서 자신이 원하는 최신형 스마트폰을 샀다. 명호는 스마트폰을 소유한 이후 잠시도 그것을 손에서 놓지 않고 지낸다. 명호의 행동을 못마땅하게 여기던 아빠가 스마트폰을 뺏으면 명호는 심한 불안 증세를 보인다. 이러한 상황으로 볼 때, 명호는 스마트폰과 융합 관계에 있다고 볼 수 있다.
- 아버지(48세, 공무원)는 아들을 남자답게 키워야 한다는 소신 때문에 명호를 매우 엄격하게 대하며 자주 때리기도 한다. 명호는 이런 아버지가 두려워서 피한다. 이러한 상황으로 볼 때 아버지와 명호의 관계는 적대관계로 볼 수 있다. 또한 아버지는 자녀교육 문제로 명호엄마와는 대화 없이 단절 관계로 지낸다.
- 어머니(45세, 공무원)는 자신이 아들의 양육을 소홀히 했다는 죄책감 때문에 명호가 요구하는 것은 무엇이든 다 들어 주면서 말썽을 피울 때는 명호에게 심하게 화를 낸다. 이러한 상황으로 볼 때 어머니와 명호의 관계는 융합적대관계로 볼 수 있다.
- 누나(20세, 대학생)는 자기욕구에만 관심이 있어 어머니와는 갈등관계이고, 아버지, 명호와는 소원한 관계로 지낸다.
- 할머니(73세, 무직)는 명호를 어릴 적부터 키워서 여전히 명호와는 융합관계로 지낸다.

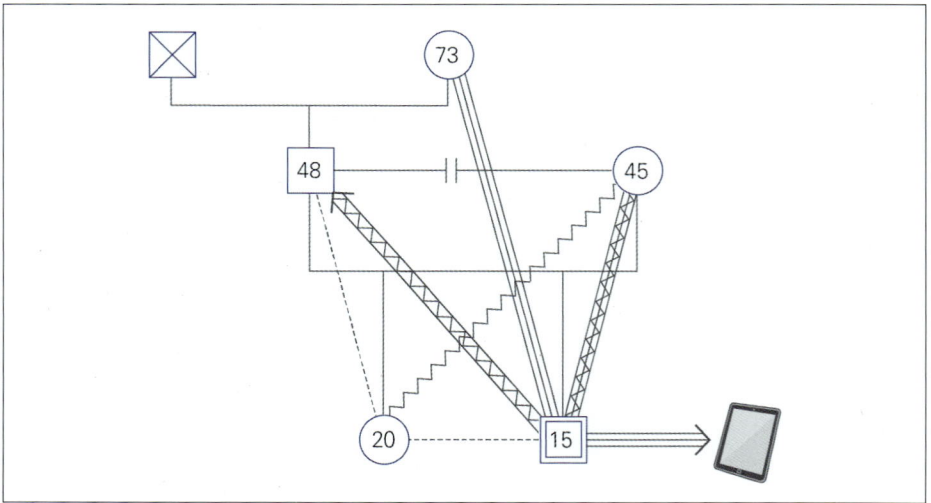

① 명호와 누나 관계　　② 명호와 아버지 관계
③ 명호와 할머니 관계　　④ 명호와 어머니 관계
⑤ 명호와 스마트폰 관계

◀ 2014

**69** 다음은 전문상담교사가 찬우(중 1, 남) 가족을 상담하는 과정에서 작성한 가계도(genogram)와 동적 가족화(KFD)이다. 이를 토대로 정리한 전문상담교사의 견해 중에서 일치하지 않는 3곳을 찾아서 바르게 서술하시오.

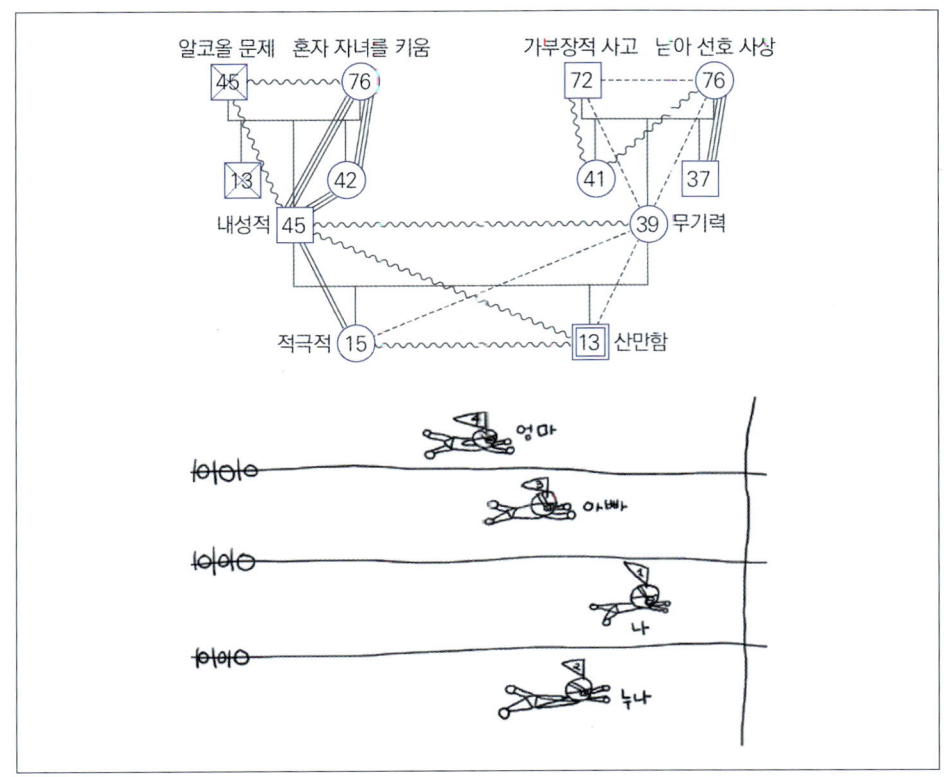

〈전문상담교사의 견해〉

　찬우 아버지는 남편을 잃고 고생하신 어머니 밑에서 성장하여 자신의 원가족과 융해된 관계를 맺고 있다. 찬우 어머니는 가부장적이며 남아 선호 사상을 강조하는 가정 분위기에서 자랐지만, 반항적인 언니와는 달리 순종적이어서 부모로부터 많은 관심을 받고 자랐다. 찬우 부모님은 각각의 원가족에서 삼각관계를 경험했기 때문에 현재 가정에서도 자녀와 삼각관계의 패턴을 보이고 있다. 특히, 찬우 아버지는 자신이 겪어온 사건들이 우연히 일치되고 있다는 점에서 현재 정서적으로 힘든 시기일 것이다. 이 같은 찬우 부모님의 서로 다른 가정환경이 현재 가족 구성원들 사이에 여러 가지 갈등으로 드러나고 있다. 한 예로 찬우가 KFD를 설명할 때, 누나를 제치고 자신이 1등을 한다는 표현에서 형제 간의 갈등을 엿볼 수 있다. 찬우의 KFD를 인물의 행동, 스타일, 상징이라는 3가지 분석 기준에서 보면, 가족들이 함께 수영을 하고 있어서 찬우는 화목한 가족을 기대하는 것 같다.

© 2014

**70** 다음은 전문상담교사가 빛나(중 1, 여)의 새어머니와 나눈 대화의 일부이다. 카터와 맥골드릭(B. Carter & M. McGoldrick)이 주장한 재혼 가족 자녀의 특성이 무엇인지 (   )에 들어갈 말을 쓰시오.

> 새어머니 : 빛나가 날 정말 싫어하는 것 같지는 않은데, 내가 잘해 주어도 좋아하지 않고 오히려 나를 더 화나게 하는 행동만 골라 하는 것 같아요.
> 상담교사 : 그것은 새로운 부모와 관계를 맺을 때, 아이들이 (   ) 때문에 현재 함께 사는 부모와 잘 지내고 싶다는 속마음과는 달리 겉으로는 화나게 하는 행동을 하는 것입니다.

© 2009

**71** 카터(B. Carter)와 맥골드릭(M. McGoldrick)의 가족생활주기 중 '청소년 자녀를 둔 가족단계'의 과업과 가장 거리가 먼 것은?

① 자녀의 자율성 허용
② 가족 경계의 융통성 증가
③ 노인세대를 돌보기 위한 준비
④ 부부 중심 가족관계로 재조정
⑤ 중년기 부모의 진로문제 재초점

**72** 다음은 전문상담교사가 정아(중 2, 여)의 어머니를 상담한 내용의 일부이다. 〈작성 방법〉에 따라 서술하시오.

> 어 머 니 : 정아에게 험한 말을 하지 말아야지 하면서도 정아가 아침이면 학교를 안 가려고 해서 험한 말을 하게 되요. 이혼 전에는 정아가 학교를 안 가려고 한 적이 없었어요. 정아가 변했다는 생각도 들고 험한 말을 한 것이 후회되기도 합니다. 정아가 아빠를 그리워 할까 봐 아빠랑 편하게 만나도록 하고 있지만 그래도 정아가 우울해질까 봐 마음이 무거워요. 다시는 험한 말을 하지 말아야지 하면서도 집에 틀어박혀 지내는 정아를 보면 걱정이 되어 험한 말을 하게 됩니다.
> 상담교사 : 험한 말을 하고 나면 정아에게 상처를 준 것 같고 죄책감도 들어 후회된다는 말씀이네요.
> 어 머 니 : 네. 오늘 아침에는 정아에게 그렇게 학교가기 싫으면 아예 학교를 다니지 말라고 또 험한 말을 했습니다. 그러지 말아야 하는데 자꾸 왜 그러는지 답답합니다.
> 상담교사 : 험한 말을 안 하고 싶으신데 마음먹은 대로 안 되시는 군요. ㉠ <u>혹시 어머니가 가장 싫어하시는 것은 무엇인가요?</u>
> 어 머 니 : 글쎄요. (침묵) 저는 친구나 지인들과 연락하기가 싫어요. 안정된 직장이 없다 보니 생계도 어렵고 별로 연락을 안 하고 지냅니다. 또 싫어하는 것이라면……. 아, 생각해 보니 저는 글쓰는 걸 정말 싫어합니다.
> 상담교사 : 그러시군요. 그럼 어머니, ㉡ <u>험한 말을 했을 때마다 정아를 향한 어머니의 마음을 담아 편지를 써 보시면 어떠할까요? 예쁜 편지지 2장에 빼곡하게 써 보시면 좋을 것 같은데요.</u>
> … (하략) …

─〈작성방법〉─
- 카터와 맥골드릭(B. Carter & M. McGoldrick)이 제시한 '이혼가족의 생활주기'를 근거로, 정아 가족의 발달상의 과제 중 정아의 어머니가 수행하지 <u>못하고</u> 있는 과제를 2가지 서술할 것.
- 헤일리(J. Haley)의 전략적 치료에 근거하여 전문상담교사가 밑줄 친 ㉠, ㉡에서 사용한 기법의 명칭을 쓰고, 해당 기법의 원리를 사례와 연결 지어 서술할 것.

**73** 다음은 대호(3, 남) 가족이 전문상담교사와의 상담에서 진술한 내용의 일부이다. 이 가족의 발달 과제에 대해 〈작성 방법〉에 따라 서술하시오.

> 아버지(48세): 대호는 학교에 습관적으로 지각을 하고 학업 성적도 자꾸 하락하고 있어요. 대호의 훈육문제로 아내와 갈등이 심합니다.
>
> 어머니(39세): 남편은 대호와 사이가 좋지 않아요. 지난 번에 남편과 대호 문제로 크게 다투었어요. 남편이 화를 내면서 대호가 친할머니와 연락하지 못하게 하라고 했고, 제게도 죽은 대호 아빠에 대한 기억을 모두 지우라고 소리 쳤어요. 저는 너무 놀라고 충격을 받았고, 대호도 우리의 얘기를 모두 들었죠.
>
> 대 호(15세): 요즘은 제가 부모님과 자꾸 싸워서 집에 있는 게 많이 불편해요. 저는 힘든 일이 생기면 할아버지 댁에 가서 고모와 할머니께 위로를 받아요. 하지만 지금은 할머니께 전화드리려 해도 새아버지 때문에 눈치가 보여요.

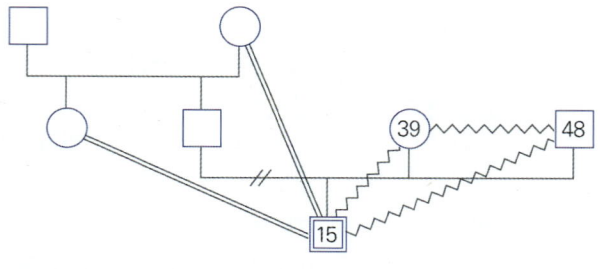

─〈작성방법〉─

- 대호가족의 진술내용과 가계도를 비교하면서, 맥골드릭(M. McGoldrick), 걸슨(R. Gerson)과 페트리(S. Petry)의 기입 방식에 근거하여 가계도에 <u>잘못</u> 표시된 부분 1가지를 지적할 것.
- 카터(B. Carter)와 맥골드릭(M. McGoldrick)이 제시한 재혼 가족의 발달 단계와 쟁점을 바탕으로 이 가족이 계획해야 할 과제 1가지를 쓰고, 그 근거를 대호가족의 진술내용에서 찾아 쓸 것.

## 가족상담과정

**74** 2009

다음 상황에서 ㉠~㉤과 관련하여 전문상담교사가 알아야 할 행동 지침으로 가장 적절한 것은?

> 교내 폭력 문제로 상담실에 의뢰된 민수를 상담하게 된 김 교사는 ㉠ 민수의 징계 문제로 학교를 방문한 민수의 아버지를 면담하게 되었다. 민수의 아버지는 일찌감치 민수를 포기했다고 말하면서 ㉡ 학교가 학생의 문제를 고쳐 줘야 하지 않느냐고 말했다. 김 교사는 자신이 민수를 맡아서 열심히 상담을 할 것인데, 부모도 함께 상담을 받으면 좋을 것이라고 하였다. 완강하게 거절하던 민수의 아버지는 김 교사의 간곡한 부탁에 마지못해 한 번만이라고 하면서 ㉢ 며칠 후 어머니와 함께 상담실에 왔다. 김 교사는 ㉣ 민수의 가족들에게 각자 동적 가족화를 그리게 하고 그림에 대해 이야기 하면서 자연스럽게 가족관계에 대해 말하도록 하였다. 상담이 끝난 후 민수의 부모는 김 교사에게 매우 감사하다고 하면서 ㉤ 앞으로 민수를 상담하게 되면 그 내용을 민수 모르게 자신들에게 알려줄 것을 부탁하였다.

① ㉠ : 가해학생 부모상담 내용을 피해학생 부모에게 알려야 한다.
② ㉡ : 부모에게 학생의 문제를 전문상담교사가 책임지고 해결하겠다고 약속해야 한다.
③ ㉢ : 부모가 학교를 방문하면 가족상담 형태로 상담을 진행해야 한다.
④ ㉣ : 부모와 자녀가 함께 상담을 받을 경우 투사검사를 사용해야 한다.
⑤ ㉤ : 위기상황의 경우 학생이 동의하지 않더라도 부모에게 상담 내용을 알려야 한다.

**75** 다음 그림은 클라우스(Klaus)와 켄넬(Kennell)이 장애아동의 부모가 자녀의 장애를 수용하는 과정을 다섯 단계로 도식화한 것이다. 물음에 답하시오.

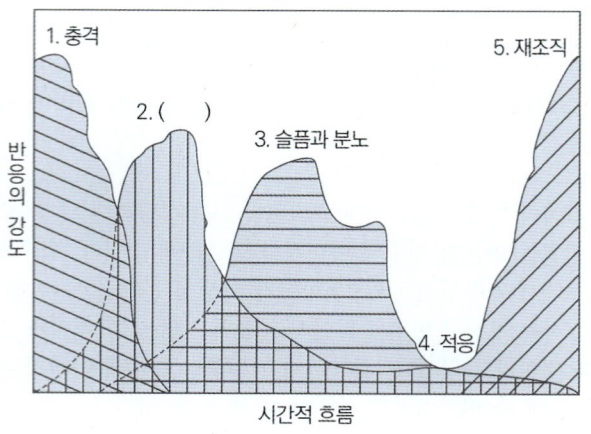

• 그림에서 2.(    )에 들어갈 단계의 명칭을 쓰시오. _____

• 그림에 나타난 단계들 중에서 부모가 자녀의 장애를 현실적으로 수용하기 시작하는 단계의 명칭을 쓰시오. _____ 단계

◀ 2011

**76** 다음 민수(중 2, 남)의 사례를 가족상담으로 접근하는 전문상담교사의 활동으로 옳은 것은?

> 민수는 학교폭력 문제로 담임교사에 의해 Wee 센터로 상담 의뢰되었다. 전문상담교사가 상담 일정을 정하기 위해 민수의 어머니와 전화통화를 하니, 어머니만 민수와 함께 Wee 센터에 올 수 있고 아버지는 오지 못한다고 하였다.

① 관찰을 통한 가족 평가는 실시하지 않는다.
② 아버지가 참여하지 않아도 가족상담을 진행한다.
③ 가족생활주기에서 자녀 독립기의 가족 특성을 고려하여 상담한다.
④ 미성년자인 민수에게는 사전동의(informed consent)를 받지 않는다.
⑤ 가계도를 작성하기 위해 가족에게 가장 중요한 관심사부터 질문한다.

◀ 2012

**77** 전문상담교사가 학생의 가족과 상담하는 과정에서 발생한 문제에 대해 적절하게 대처한 것만을 〈보기〉에서 있는 대로 고른 것은?

> 〈보기〉
> ㄱ. 어머니와 아버지가 상담 중에 서로 비난하고 싸워서 비난을 멈출 것을 요구하는 말이나 행동을 하였다.
> ㄴ. 가족구성원들이 동시에 자신의 의견을 달해서 막대볼펜을 가진 사람만이 말할 수 있다는 규칙을 만들었다.
> ㄷ. 어머니가 두서없이 말을 많이 하였지만, 수용능력이 부족한 상담교사로 인식될 수 있으므로 말이 끝날 때까지 기다렸다.
> ㄹ. 학생이 말할 때마다 어머니가 대신 말을 해서 어느 누구도 다른 사람을 대신해서 이야기해서는 안 된다는 규칙을 만들었다.
> ㅁ. 학생이 상담교사에게만 말을 하고 다른 가족구성원에게는 직접 말하지 않아서, 다른 가족구성원들도 상담교사를 통해서 말을 하도록 규칙을 만들었다.

① ㄱ, ㄴ, ㄷ    ② ㄱ, ㄴ, ㄹ    ③ ㄴ, ㄹ, ㅁ
④ ㄱ, ㄴ, ㄷ, ㄹ    ⑤ ㄱ, ㄷ, ㄹ, ㅁ

**78.** 다음 사례를 가족상담의 관점에서 설명한 것 중 옳은 것만을 〈보기〉에서 모두 고른 것은?

> 아버지가 퇴근하여 집에 왔는데, 아들이 인터넷을 하느라 인사를 제대로 하지 않았다. 아버지가 아들을 예의 없다고 혼내자, 아들은 화를 내면서 방으로 들어갔다. 어머니는 잘 지내는 아이를 왜 건드리느냐고 아버지를 탓하며 아들 편을 들었다. 아버지는 더 화가 나서 아들에게 방에서 나오라고 소리쳤다. 그러자 아들은 친구 만난다며 집을 나갔다. 어머니는 아들을 따라 나가 잘 놀고 오라고 하며 용돈까지 주었다. 어머니는 아버지가 그렇게 아이를 혼내려고만 하니까 아이가 잘못된다고 아버지를 비난하였다. 아버지는 어머니가 그렇게 아이를 감싸니까, 아이가 버릇이 없어지고 아버지를 무시하는 것이라고 어머니를 책망하였다. 결국 아버지는 아들이 문제가 많다며 아들의 상담을 의뢰하였다.

〈보기〉
ㄱ. 아들의 반항 행동은 가족 간의 역기능적 상호작용의 결과이다.
ㄴ. 어머니는 아들과 연합하여 아버지와의 갈등 관계에 대처하고 있다.
ㄷ. 부모는 아들의 행동을 서로 다르게 해석하여 아들에게 상반된 반응을 보이고 있다.
ㄹ. 이 가족의 문제는 화를 잘 내는 아버지, 과보호적인 어머니, 사춘기의 아들로 요약된다.
ㅁ. 아들의 반항적인 태도가 이 상황의 원인이므로 상담의 목표는 아들의 태도를 수정하는 것이다.

① ㄱ, ㄹ
② ㄱ, ㄴ, ㄷ
③ ㄱ, ㄷ, ㅁ
④ ㄴ, ㄹ, ㅁ
⑤ ㄴ, ㄷ, ㄹ, ㅁ

김진구
**전문상담 기출문제집**

김진구 전문상담 기출문제집

# CHAPTER 06

# 집단상담 기출문제

- 집단고- 집단상담
- 집단역동
- 집단상담자와 집단원
- 집단상담기법
- 집단발달단계
- 집단계획 및 과정
- 집단 프로그램 및 평가
- 이론 및 윤리

## 기출영역: 집단상담

| | 14 | 15 (+추시) | 16 | 17 | 18 | 19 | 20 | 21 | 22 | 23 | 24 | 25 |
|---|---|---|---|---|---|---|---|---|---|---|---|---|
| 집단상담 | | 집단상담 단점 | | | | | | | | | | |
| 집단 유형과 형태 | | 구조화집단, 동질집단 | | | | | 집단형태 분류 | | | | | |
| 집단역동과 치료적 요인 | 치료적 요인 (논술) | 치료적 요인 (대인관계 입력, 실존) | | | 치료적 요인 (실존, 희망고취) | | 치료적 요인(피드백, 자기개방), 코틀러(모험 시도, 마법) | | | | 치료적 요인: 보편성 | |
| 집단 상담자 | | 인간적 자질, 전문성: 개인상담 경험 | | | | | | | | | | |
| 집단원 | | | 하위집단 | | | 일시적 구원 | 하위집단, 의존적 행동 | | 소극적 행동 | 대화독점, 주지화 하위집단 | | 소극적 행동 |
| 기법 | 연결 | 초점, 연결, 자기개방 | | | | 연결 나-전달법 | | 지금-여기 | 차단, 초점 | | | |
| 집단상담계획 및 과정 | | 집단윤리 | 구조화 활동내용 | 중도 포기 | 집단 윤리 | | 집단규칙 | | | 집단구성 | 회기종결 기술 (미결사안 다루기) | |
| 집단의 발달단계 | 마지막 단계 | | 집단 작업단계 | | | | | | 초기단계 과업 | | | 초기단계 특징 |
| 프로그램 개발/평가 | | | | | | | 서스만의 활동요소 | | | | | |
| 이론 | | | 심리극 구성요소 | | 심리극 기법 | | | | | | | |

# CHAPTER 06 집단상담 기출문제

## 집단과 집단상담

**01** ◁ 2013

개인상담과 비교할 때 집단상담의 장점으로 옳은 것만을 〈보기〉에서 있는 대로 고른 것은?

〈보기〉
ㄱ. 집단원들 간의 상호교류를 통해 소속감이 높아지고 현실 검증의 기회가 많다.
ㄴ. 다양한 관점의 피드백을 받으면서 새롭고 위험부담이 있는 행동을 연습해 볼 수 있다.
ㄷ. 집단원 전체나 집단역동의 문제보다는 집단원의 개인적인 문제가 더 중요하게 다루어진다.
ㄹ. 집단원들이 자신의 대인관계 양식을 탐색하고 좀 더 효과적인 사회기술을 학습할 기회가 많다.
ㅁ. 집단원들의 사적인 정보에 대한 비밀보장을 보다 강하게 강조하기 때문에 쉽게 신뢰로운 관계가 형성된다.

① ㄱ, ㄴ
② ㄱ, ㄴ, ㄹ
③ ㄴ, ㄷ, ㅁ
④ ㄷ, ㄹ, ㅁ
⑤ ㄱ, ㄷ, ㄹ, ㅁ

◀ 2013

**02** 집단목적에 따른 집단유형에 관한 설명 중 옳은 것만을 〈보기〉에서 있는 대로 고른 것은?

― 〈보기〉 ―
ㄱ. 과업집단은 집단원들의 협의와 상호작용을 촉진하고, 특정 목표 달성에 관심을 두며, 토론집단, 학습집단 등이 그 예이다.
ㄴ. 성장집단은 집단원들 자신의 참모습을 깨닫고, 대인관계기술을 습득하고, 집단원들의 잠재력 개발에 관심을 두며, 감수성훈련 집단, 참만남집단 등이 그 예이다.
ㄷ. 치료집단은 비교적 잘 기능하는 사람들을 대상으로 하여 집단원들의 내적 근원을 발견하고, 삶의 문제를 탐색하고, 성격의 재구성에 관심을 두며, T-집단, 신체자각집단 등이 그 예이다.
ㄹ. 지지집단은 지도자 없이 진행되는 집단으로 유사한 문제를 겪으면서 공유하게 되는 유사한 생각과 감정들을 서로 나누는 것에 관심을 두며, 12단계집단, AA집단 등이 그 예이다.

① ㄱ, ㄴ  ② ㄱ, ㄷ  ③ ㄷ, ㄹ
④ ㄱ, ㄴ, ㄹ  ⑤ ㄴ, ㄷ, ㄹ

◀ 2009

**03** 성장집단 참여학생 선발을 위한 개별면담에서 학생들이 말한 내용이다. 이 집단에 가장 적합한 학생은?

① 가현 : 사실, 공부가 싫어요. 그래서 선생님을 속였죠. 속이는 것은 너무 쉽죠. 그건 재미있죠.
② 지혜 : 세상이 다 미워요. 부모님도 나를 버렸고, 신경 써 주는 사람은 한 명도 없어요. 복수할거예요.
③ 미서 : 선생님도 날 믿지 않죠. 선생님이 생각하는 소리를 분명히 들을 수 있어요. 지금 제가 이상하다고 생각하시죠? 다 들려요.
④ 현우 : 가장 친한 친구가 배신했어요. 나를 괴롭히는 애들과 한 패가 됐어요. 죽고 싶어 학교 옥상에 올라간 적도 있어요.
⑤ 수민 : 우리 엄마, 아빠가 이혼해서 할머니가 저를 키워 주셨어요. 그런데 매사에 자신이 없는 거예요. 당당한 친구들이 너무 부러워요. 저도 변하고 싶어요.

## 04

◁ 2012

성장 집단상담과 문제해결 집단상담을 비교한 내용 중 가장 적절한 것은?

① 성장 집단상담은 문제해결 집단상담보다 더욱 구조화되고 조직화되며 통제된다.
② 성장 집단상담은 집단원들에게 좀 더 개별적으로 주의를 기울여야 하기 때문에 문제해결 집단상담보다 적은 인원으로 구성된다.
③ 성장 집단상담은 문제해결 집단상담과는 달리 일단 집단원들을 선정하여 상담을 시작한 후에는 새로운 구성원을 받아들이지 않는 폐쇄 집단으로 운영된다.
④ 성장 집단상담은 학생들이 개인적 발달과 발달위기를 잘 대처할 수 있도록 하는 것에 초점을 두는 반면, 문제해결 집단상담은 학생들의 개인적 갈등을 해결하는 것에 초점을 둔다.
⑤ 성장 집단상담은 학생들의 학교부적응, 부모의 이혼, 비행의 문제를 다루는 데에 적합한 반면, 문제해결 집단상담은 학생들의 우정, 자기관리 등과 같은 발달적 과제를 다루는 데에 적합하다.

## 05

◁ 2010

심리교육집단의 특징으로 적절한 것을 〈보기〉에서 모두 고른 것은?

―― 〈보기〉 ――
ㄱ. 비구조화된 형식으로 운영된다.
ㄴ. 중간 단계가 종결 단계보다 더 길다.
ㄷ. 집단 지도자의 역할은 교육자와 촉진자이다.
ㄹ. 성장집단에 비해 '지금-여기' 상호 작용을 더욱 중시한다.

① ㄴ, ㄷ　　　② ㄷ, ㄹ　　　③ ㄱ, ㄴ, ㄷ
④ ㄴ, ㄷ, ㄹ　　⑤ ㄱ, ㄴ, ㄷ, ㄹ

**06** 개방적 집단과 폐쇄적 집단에 대해 설명하고 각각의 장점을 1가지씩 쓰시오.

(1) 개방적 집단이란? _____

(2) 폐쇄적 집단이란? _____

(3) 개방적 집단의 장점 : _____

(4) 폐쇄적 집단의 장점 : _____

**07** 다음은 세 사람이 자신이 속해있는 집단에 관해 이야기하는 내용이다. ㉮, ㉯, ㉰에 해당하는 집단 형태의 명칭을 쓰시오. (목적에 따른 집단 분류는 제외)

> ㉮ 아영 : 저는 상담 선생님이 권해서 어떤 집단상담 모임에 중간부터 참여하게 되었어요. 처음엔 집단원들이 자기들끼리만 아는 이야기를 해서 소외감이 들었어요. 그런데 그 다음 주에 또 한 아이가 새로 들어왔어요. 그러면서 이야기하기가 훨씬 편해졌어요.
> ㉯ 지희 : 저는 요새 따돌림 피해를 받은 아이들로 구성된 집단에 참여하고 있어요. 같은 나이 대에, 경험까지 같으니 너무 좋아요. 어떤 얘기를 해도 아이들이 이해해 줄 거라고 생각하니 쉽게 말하게 돼요.
> ㉰ 철균 : 저는 스트레스 관리 프로그램이라는 제목의 집단상담에 나가고 있어요. 매 회기마다 상담 선생님이 스트레스를 줄일 수 있는 구체적인 활동을 제시하시면, 집단원들과 함께 그 활동을 하지요. 도움이 많이 돼요.

㉮ _____ 집단, ㉯ _____ 집단, ㉰ _____ 집단

**08** 다음은 집단상담 축어록의 일부이다. 집단상담에서 발생할 수 있는 문제점 중에서 (가), (나)에 나타난 것을 순서대로 쓰시오.

---

(가)

상담교사 : (이슬의 표정을 보며) 이슬아, 오늘은 말이 별로 없구나. 저번까지는 네가 이런저런 피드백도 잘 해줘서 친구들에게 많은 도움이 되었는데.

이 슬 : (바닥을 쳐다보며) 오늘부터는 말 안 할 거예요.

상담교사 : 그 이유가 무언지 궁금하구나.

이 슬 : (머뭇거리며) 오늘 다른 반 아이들이 지난주에 제가 집단에서 한 이야기에 대해 수군대는 것을 들었어요.

(나)

효 인 : 우리 아빠와 엄마는 제가 어릴 때 헤어지셨어요. 그래서 외할머니께서 저를 키우셨어요. 이건 처음 말하는 거예요.

수 민 : 저도 다른 사람한테 한 번도 말하지 않은 비밀이 있어요. 최근에 남자 친구가 생겼어요. 아무도 몰라요. 엄마가 알면 큰일 나요. 그런데 여기서는 이야기해도 될 것 같아요

진 아 : (눈치를 보며 주저하다가)저는 딱히 털어놓을 만한 비밀이 없어서…….

효 인 : 비밀이 없다고? 우리는 모두 말했는데.

**09** 다음은 전문상담교사가 고등학생을 대상으로 집단상담 오리엔테이션을 하는 내용의 일부이다. 〈작성 방법〉에 따라 서술하시오.

> 상담교사 : 이번 집단상담의 주제는 '효과적인 스트레스 관리'입니다. 우리 학교에서 진행하는 집단상담은 주제에 따라 ㉠ <u>집단상담 시작 이후에 새로운 친구들이 참여하는 것을 허용하기도 하고 그렇지 않기도 해요</u>. 이 집단의 경우에는 더 이상 새로운 친구들의 참여를 허용하지 않을 거예요. 오늘 여기 모인 9명만 5주 동안 함께 하게 되는 거죠. 그렇기 때문에 집단상담 마지막 시간까지 여러분 모두가 빠지지 않고 참여하는 게 정말 중요해요. 끝날 때까지 함께 잘 마무리하길 바랍니다.
> … (중략) …
> 상담교사 : ㉡ <u>우리가 목적을 달성하기 위해서 집단상담을 진행하는 동안 서로에게 기대하는 행동으로,</u> 이 시간에 해야 할 것과 해서는 안 될 것을 함께 정해볼까요?
> 경   수 : 집단상담을 하다가 기분이 나빠도 서로 때리거나 욕하는 일이 없었으면 좋겠어요.
> 상담교사 : 당연하지요. 어떤 경우에도 언어적, 물리적 폭력은 허용되지 않아요.
> 영   민 : 저는 우리끼리 얘기한 내용의 비밀을 꼭 지켜줬으면 좋겠어요.
> 상담교사 : 물론이에요. 집단상담 중에 나온 이야기는 이 집단 밖에서는 반드시 비밀을 지켜야 해요.

〈작성방법〉

- 밑줄 친 ㉠에서 상담교사가 말하는 집단 형태의 명칭을 쓰고, 이 집단형태의 장점과 단점을 각각 1가지씩 서술할 것.
- 밑줄 친 ㉡에 해당하는 명칭을 쓸 것.

**10** 다음은 고등학생을 위한 분노조절 집단상담 프로그램 계획서의 일부이다. 아래 프로그램에 적용된 상담이론의 배경을 근거로 ㉠에 해당하는 활동 내용 1가지를 그 이유와 함께 서술하시오. 그리고 아래와 같이 구조화된 프로그램을 실시할 때의 장점 2가지와 동질집단의 장점 2가지를 각각 서술하시오.

---

**분노조절 집단상담 프로그램 계획서**

○ 프로그램의 목적 : 청소년들의 분노 감정에 대한 이해를 높이고, 분노를 적절히 조절하는 방법을 배운다.
○ 집단 대상 : 고등학교 二학년생
○ 집단 크기 : 6~8명
○ 집단 형태 : 동질집단, 폐쇄집단
○ 집단 시간 : 회기 당 90분, 총 8회기
○ 장소 : Wee 클래스

| 회기 | 주제 | 목표 | 활동 내용 |
|---|---|---|---|
| 1 | 프로그램 목적과 자기소개 | • 프로그램 목적을 알리고 친밀감을 형성한다. | -서약서 쓰기<br>-자기소개 |
| 2 | 다양한 감정알기 | • 분노는 다양한 감정 중 하나임을 안다. | -감정일기 쓰기 |
| 3 | 분노 이해하기 | • 분노 유발 상황과 그 상황에서 경험하는 신체적, 정서적, 행동적 증상을 자각하고 상호 관계를 이해한다. | -분노 이해하기 활동지 작성<br>-분노 상황 떠올려 보기<br>-분노 상황에서 경험하는 증상 탐색하기<br>-ABCDEF 모델 교육 |
| 4 | 분노를 일으키는 신념 알기 | • 분노를 일으키는 비합리적 신념을 탐색한다. | -비합리적 신념 찾기 게임(조별)<br>-나의 비합리적 신념 찾기 활동(개인) |
| 5 | (생략) | (생략) | ㉠ |
| 6 | 대체 신념 활용 연습 | • 대체신념을 활용할 수 있도록 연습한다. | -분노 유발 상황에서의 역할 연기<br>-대안적 자기 진술문 만들기 |
|  |  | …(하략)… |  |

## 집단 역동

**2012**

**11.** 다음은 얄롬(I. Yalom)이 주장한 집단상담의 치료요인에 대한 설명이다. (가)와 (나)에 나타난 집단상담의 치료요인을 바르게 연결한 것은?

> (가) 집단원 자신이 다른 사람들에게 아무리 많은 지지와 후원을 받았다 할지라도 자신의 인생을 살아가는 방식에 대한 궁극적인 책임이 자신에게 있다는 사실을 배운다.
> (나) 다른 집단원들이 자신의 관심과 유사한 내용을 털어놓은 후, 집단원들은 보다 더 세계와 가까워진 것 같다는 느낌을 보고한다. 이러한 현상은 '우리 모두는 같은 배에 탄 운명'이라는 표현에서 발견할 수 있다.

|   | (가) | (나) |
|---|---|---|
| ① | 대인학습(interpersonal learning) | 응집력(cohesiveness) |
| ② | 실존적 요인(existential factors) | 보편성(universality) |
| ③ | 대인학습(interpersonal learning) | 보편성(universality) |
| ④ | 희망고취(instillation of hope) | 응집력(cohesiveness) |
| ⑤ | 실존적 요인(existential factors) | 대인학습(interpersonal learning) |

## 12 ⓒ 2010

얄롬(I. Yalom)의 이론을 근거로 집단원이 느끼는 집단상담의 변화 촉진 요인을 조사하고 있다. 〈보기〉 중에서 동일한 요인으로 옳게 묶인 것은?

— 〈보기〉 —
ㄱ. 집단원들과 계속 친밀감을 느꼈다.
ㄴ. 마음의 응어리를 털어놓으니 시원하다고 느꼈다.
ㄷ. 다른 집단원이 변화되는 것을 보고 가능성을 느꼈다.
ㄹ. 인생이 때로 부당하고 공정하지 않다는 것을 느꼈다.
ㅁ. 집단원이 내 문제와 비슷한 문제를 해결하는 것을 봤다.
ㅂ. 다른 사람처럼 나 자신도 잘 지내고 있다는 것을 알았다.
ㅅ. 꾹 참는 대신 괴로운 것을 말하면 그때마다 가슴이 후련해졌다.
ㅇ. 다른 집단원들도 나와 같이 나쁜 생각과 감정을 가진다고 느꼈다.
ㅈ. 집단원들도 나처럼 복잡하고 불행한 고거를 갖고 있다는 것을 느꼈다.
ㅊ. 집단원들과 아무리 친해져도 인생은 여전히 홀로 짊어지고 살아야 한다는 것을 깨달았다.

① ㄱ, ㄹ       ② ㄴ, ㅈ       ③ ㄷ, ㅅ
④ ㅁ, ㅊ       ⑤ ㅂ, ㅇ

## 13 ⓒ 2009

다음 얄롬(I. Yalom)의 글에서 설명하는 치료적 요인은?

집단치료는 자체 안에 많은 긴장을 가지고 있다. 예를 들면 형제간의 경쟁, 지도자의 관심에 대한 경쟁, 집단의 주의를 끌기 위한 경쟁, 지위와 우월을 위한 분투, 성적 긴장, 관계 왜곡, 집단원 간의 배경과 가치의 차이 등이다. 그러나 긴장만으로 충분치는 않다. 그 긴장들은 교정적 정서체험으로 전환되어야 한다. 이것을 위해서는 두 가지 조건이 필요하다. 집단원들은 이러한 차이들이 드러나도록 허용하기 위해 집단을 충분히 안전하고 지지적인 장으로 경험해야 하고, 그리고 효과적인 현실검증이 가능하도록 충분한 피드백과 표현의 솔직성이 있어야 한다.

① 정화             ② 응집력
③ 모방행동          ④ 대인관계 학습
⑤ 사회화 기술의 개발

◀ 2015

**14** 다음은 상담의 종결 단계에서 전문상담교사인 박 교사와 집단원들이 나눈 대화의 일부이다. 얄롬(I. Yalom)과 레스츠(M. Leszcz)가 Q-분류법을 통해 밝힌 집단의 치료적 요인 중, 준기(고 2, 남)와 은지(고 2, 여)의 진술에 해당하는 요인을 순서대로 1가지씩 쓰시오.

> 박교사 : 여러분들은 이번 집단상담이 매우 좋았고 도움이 되었다고 했어요. 어떤 경험이 특별히 좋았는지 이야기해 보도록 하지요.
> 준 기 : 저는 다른 집단원들이 저에 대해 어떻게 생각하는지 솔직하게 말해준 것이 받아들이기 힘든 점도 있었지만, 큰 도움이 되었어요. 저에게 다른 사람을 짜증나게 하는 습관이나 태도가 있다는 것을 알게 되었고요. '다른 사람들은 내가 생각하고 있는 것과는 다르게 나를 볼 수도 있겠구나.'라는 생각을 하게 된 것이 기억에 남아요.
> 은 지 : 저는 사는 게 늘 힘들고 어려웠어요. 그래서 화도 나고 왜 이렇게 살아야 하나 고민을 많이 하며 지냈어요. 집단상담 시간에 죽음에 관해서 이야기를 나누었을 때였던 거 같아요. 옆에서 누군가 나를 도와주는 사람이 있다 해도 나의 아픔이나 어려움은 결국 내가 책임지고 해결해 나가야 한다는 생각이 들었어요.

◀ 2020

**15** 다음은 집단상담에 참여한 고등학교 2학년 학생들이 작성한 소감문의 일부이다. 밑줄 친 ㉠, ㉡에 해당하는 코틀러(J. Kottler)가 제시한 치료 요인의 명칭을 순서대로 쓰시오.

> • 나는 초등학교 때 친구들에게 거짓말을 했다가 집단 따돌림을 당한 적이 있었다. 그 기억이 너무 고통스럽고 부끄러워서 아무에게도 말하지 않았다. ㉠ <u>이번 집단상담에서 용기를 얻어 그동안 숨겨왔던 비밀을 솔직하고 진정성 있게 친구들에게 이야기할 수 있었고</u>, 그 이후로 친구들에게 조금씩 마음을 열고 다가갈 수 있게 되었다.
> • 나는 이번 집단상담에서 3회기 때의 경험을 잊을 수가 없다. 누군가에게 그렇게까지 깊이 이해받아본 건 난생 처음이었다. ㉡ <u>마음에 온통 햇빛이 드는 것 같았다. 마치 새로운 사람이 된 것처럼 스스로도 믿을 수 없을 만큼 큰 변화가 있었다.</u> 작년에 친구들이 나를 심하게 놀려서 친구들을 믿지 못했는데, 이제는 편안한 마음으로 친구들과 잘 어울릴 수 있게 되었다.

**16** ◀ 2018

(가)는 준서(고 2, 남)의 집단상담 소감문이고, (나)는 전문상담 교사가 집단상담 수퍼비전을 받고 나서 작성한 축어록의 일부이다. 얄롬(I. Yalom)과 레스츠(M. Leszcz)가 제시한 집단상담의 치료적 요인 중 ( ) 안에 공통으로 해당하는 요인의 명칭을 쓰고, 밑줄 친 ㉠이 드러나는 내용을 (가)에서 찾아 쓰시오.

〈가〉

집단따돌림을 당했을 때의 기억들이 끊임없이 나를 괴롭혔다. 그럴 때마다 상담실에 가서 도움을 받았다. 오늘은 집단상담 시간에 '생애 곡선'을 그려 보았다. 태어나서 죽을 때까지 나의 모습을 써보고 이야기하면서 많은 생각을 하게 됐다. 우리는 인생에서 고통과 죽음을 피할 길이 없는 것 같다. 부모님이나 선생님이 아무리 도와주신다고 하더라도 살아가는 것에 대한 책임은 나에게 있는 게 아닐까? 나의 가치와 삶의 의미는 어떤 걸까? 조금 더 생각을 해 봐야겠다. 최근에 따돌림을 당해서 힘들어 했던 경호가 집단상담에 열심히 참여하면서 변해 가는 모습을 보며, 나도 어려움을 극복할 수 있을 것 같다고 생각 했다. 다음 집단상담 시간이 기다려진다.

〈나〉

상 담 교 사 : 준서의 소감문을 보면 준서에게 긍정적인 변화가 일어나고 있는 것 같아요. 이 변화에 도움을 주는 치료적 요인이 ( )(이)라는 생각이 들었어요.
수퍼바이저 : 치료적 요인으로 ( )을/를 생각한 이유는 무엇인가요?
상 담 교 사 : 준서가 집단상담 소감문에 쓴 내용이 기억나요. '우리는 인생에서 고통과 죽음을 피할 길이 없는 것 같다.'는 것을 알게 되었다고 했는데 이 과정을 통해서 성장과 변화가 일어나는 것 같아요. 이것이 ( )의 효과라고 보여져요.
수퍼바이저 : 네, 그렇지요. 그리고 제가 보기에는 ㉠ 희망 고취도 치료적 요인으로 함께 나타나는 것 같습니다.

17. 다음은 전문상담교사가 집단상담의 주요 치료적 요인의 기능을 조하리의 창(Johari's window)을 적용하여 집단원들에게 설명하기 위해 고안한 도식이다. 〈작성 방법〉에 따라 서술하시오.

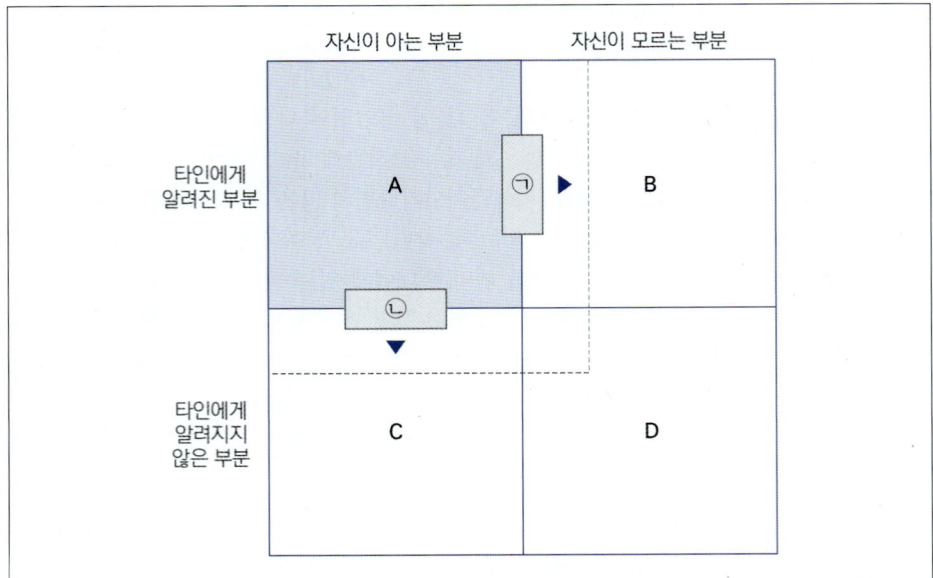

─────〈작성방법〉─────
- 코리(M. Corey) 등이 제시한 집단상담의 치료적 요인 중 ㉠, ㉡에 해당하는 요인의 명칭을 순서대로 쓸 것.
- A~D 중 관련된 영역의 명칭을 사용하여, 위 도식의 빗금친 A 영역을 확장시키기 위한 ㉠, ㉡의 기능을 각각 1가지씩 순서대로 서술할 것.

**18** ◀ 2014

다음은 전문상담교사가 진행하는 집단상담 과정에 대한 기록의 일부이다. 지문에 근거하여 집단상담에서 작용한 치료적 요인 4가지를 제시하고, 집단상담에 긍정적으로 작용한 이유를 요인별로 서술하시오.

> 대인관계의 어려움이 있는 학생들을 대상으로 계획한 10회기의 집단상담 중 8회기가 끝났다. 자발적으로 참여했음에도 처음에 집단원들은 좀처럼 자신의 이야기를 하려고 하지 않았다. 2회기에는 내가 중학교 때 겪었던 대인관계의 어려움에 대해 이야기를 하자, 집단원들도 점차 속마음을 드러내기 시작하였다. 4회기의 역할 바꾸기 활동에서는 집단원들이 눈물을 흘리기도 하였고 후련하다고 말하기도 하는 등 의미 있는 변화를 보였다.
> 
> … (중략) …
> 
> 혜진이는 자신의 소극적 행동에 대한 집단원들의 다양한 반응이 도움이 되어 자신감을 되찾은 것 같다. 지민이는 수줍음의 문제가 완전히 해결되지는 않았지만, 이제는 친구들에게 먼저 말을 걸겠다는 다짐을 하는 등의 진전이 있었다.

## 집단상담자와 집단원

**19** <보기>는 집단상담자의 지도성 유형을 설명한 것이다. 각각 어떤 유형에 해당하는지 쓰시오.

―〈보기〉―
(1) 집단구성원이 스스로 집단의 방향을 결정하고 문제를 해결할 수 있도록 도와준다.
(2) 집단의 진행은 전적으로 집단구성원의 책임이라고 생각하여 가능한 한 관여하지 않는다.
(3) 집단구성원만의 힘으로는 변화를 가져올 수 없다고 생각하여 집단과정을 주도적으로 이끈다.

(1) _____

(2) _____

(3) _____

2012

**20** 집단상담에서 바람직한 집단원의 역할 행동으로 옳은 것만을 <보기>에서 있는 대로 고른 것은?

―〈보기〉―
ㄱ. 집단이 토의하고 결정할 때 잘 들어주고 다른 집단원들의 생각을 받아들여 집단의 진행을 따라가는 행동
ㄴ. 다른 집단원이 제시한 상황과 연결하여 자신의 일상생활에 대한 상세하고 긴 이야기를 장황하게 늘어놓는 행동
ㄷ. 여러 가지 제안들 간의 관련성을 밝히고 종합하려고 노력하며, 여러 집단원들의 활동을 조정하려고 노력하는 행동
ㄹ. 다른 집단원이 슬퍼서 울려고 할 때 위로의 말을 하면서 상처를 어루만져 주고, 고통을 덜어주고, 그의 기분을 좋게 해주려고 노력하는 행동
ㅁ. 어떤 사실에 대한 다른 집단원의 태도와 가치관을 명료화하기 위하여 질문하거나 집단에서 다루고 있는 문제에 대하여 자신의 신념이나 견해를 진술하는 행동

① ㄱ, ㄷ, ㅁ   ② ㄴ, ㄷ, ㅁ   ③ ㄴ, ㄹ, ㅁ
④ ㄱ, ㄴ, ㄷ, ㄹ   ⑤ ㄱ, ㄷ, ㄹ, ㅁ

**21** 다음은 예비 집단상담자가 집단상담 전문가에게 보낸 자기소개서의 일부이다. 집단상담자가 되기 위해 노력해야 할 점을 ㉠~㉣ 중에서 찾고 보완해야 할 자질을 쓰시오. 그리고 ㉤과 관련하여 예비 집단상담자가 개인상담에서의 상담자 경험과 내담자 경험을 통해 얻을 수 있는 교육적 효과를 각각 2가지씩 서술하시오.

---

자기소개서

이름 : 이은주

안녕하십니까? 저는 앞으로 집단상담 전문가가 되고 싶은 이은주입니다. 찾아뵙고 선생님의 지도를 받기 전에 간단히 제 소개를 드리고자 합니다. 저는 고등학교 시절에 참여했던 집단상담 덕분에 고민이 많았던 청소년기를 잘 견뎌낼 수 있었습니다. 그 이후 기회가 되는대로 집단상담에 참여하였고, 그러면서 자연스럽게 집단상담 전문가가 되고 싶다는 희망을 가지게 되었습니다.

… (중략) …

㉠ 저는 있는 그대로의 저를 받아들이며 강점은 물론이고 약점도 저의 일부로 여깁니다. ㉡ 저는 새로운 경험을 추구하며, 저와 다른 방식의 삶과 그 가치를 기꺼이 수용하는 자세를 지니고 있습니다. ㉢ 저는 쓸데없는 농담으로 시간을 낭비하지 않고, 늘 신중하며 진지하게 사람을 대하는 장점을 가지고 있습니다. ㉣ 사람들에 대한 폭 넓은 이해력을 가지기 위하여 상담이론을 열심히 공부하고 있습니다.

… (중략) …

㉤ 집단상담자가 되기 위해서는 무엇보다 먼저 개인상담을 직접 체험해 보는 것이 중요하다는 말을 들었습니다. 아직 제가 개인상담은 경험해 보지 못했지만, 그래야 한다면 개인상담을 경험해 보도록 하겠습니다.

… (하략) …

2013

**22** 집단상담에 참여한 은지(중 2, 여)에 대해 전문상담교사인 이 교사와 공동리더인 박 교사가 함께 논의한 내용이다. ㉠~㉤ 중 집단원의 침묵에 관한 이해와 개입으로 적절한 내용만을 있는 대로 고른 것은?

> 박 교사 : 은지가 집단에서 거의 말을 하지 않는 거 보셨지요?
> 이 교사 : 네. 저도 신경이 많이 쓰였어요. 은지가 계속 그런 자세로 참여하면 다른 집단원들에게 불필요한 의구심을 자아낼 수 있고, 또 ㉠ 자신들이 일방적으로 관찰당한다는 느낌을 갖게 되어 불안해하거나 화를 내는 집단원들이 생길 수도 있지요.
> 박 교사 : 그래요. ㉡ 은지를 의식해서 다른 집단원들의 집단 참여가 둔화될 수도 있을 것 같아요. 선생님은 은지의 침묵에 대해 어떻게 생각하세요?
> 이 교사 : 글쎄요. 은지의 성격 때문일 수도 있고, 집단에 대한 믿음이 아직 부족해서 그럴 수 있을 것 같아요.
> 박 교사 : 제 생각에는 ㉢ 어떤 이유이든 간에 은지가 침묵하고 있으면 즉각 개입해야 할 것 같아요.
> 이 교사 : 글쎄요. ㉣ 말은 안 하더라도 다른 집단원들의 말을 듣고 혼자 깊이 생각하면서 깨닫는 경우도 있지 않을까요?
> 박 교사 : 아, 그렇군요. ㉤ 그럼 은지가 침묵하는 의미를 먼저 파악해 봐야겠군요.
> 이 교사 : 그렇게 해 보세요.

① ㉠, ㉡  ② ㉡, ㉢, ㉤  ③ ㉢, ㉣, ㉤
④ ㉠, ㉡, ㉢, ㉣  ⑤ ㉠, ㉡, ㉣, ㉤

**23** 다음은 전문상담교사들이 공동으로 진행하는 중학교 3학년 학생 8명으로 구성된 집단상담에서 일어난 문제 행동에 대해 논의한 내용의 일부이다. 〈작성 방법〉에 따라 서술하시오.

---

김교사 : 지난 회기에 ⊙ 태익이가 집단에 늦게 왔을 때, 호준이가 왜 늦었냐고 했더니 용재와 현우가 똘똘 뭉쳐서 너도 늦으면서 왜 그러냐고 마치 태익이를 감싸듯이 말을 하더라구요. 다른 친구들이 이야기할 때, 세 명이 서로 눈길을 주고받기도 하고….

이교사 : 저도 보았어요. 어떤 친구는 자신의 이야기를 할 때 세 명의 눈치를 보면서 머뭇거리더군요.

김교사 : 이러한 문제가 반복되면 적절한 개입이 필요할 것으로 보입니다. 그리고 ⓒ 현주는 다른 친구들이 자신의 문제를 대신 해결해 주기를 바라는 것 같아요. 그렇지만 막상 친구들이 조언을 해 주면 잘 받아들이지 않아요.

이교사 : 네, 맞아요. 친구들이 엄마와 관계가 좋지 않은 현주에게 다른 가족의 도움을 받아보는 게 어떻겠냐고 하자, 현주는 아무 소용이 없다며 받아들이지 않더군요. 이런 상황이 반복되니까 이제는 현주가 뭔가를 상의하려 해도 친구들이 귀담아 듣지 않아요.

---

〈작성방법〉

- 밑줄 친 ⊙, ⓒ에 해당하는 문제 행동의 유형을 순서대로 쓸 것.
- 밑줄 친 ⊙, ⓒ에 해당하는 문제 행동에 대한 집단상담자의 대처방안을 각각 1가지씩 순서대로 서술할 것.

## 24

◀ 2019

다음은 전문상담교사들이 집단상담을 진행하면서 겪은 어려움을 수퍼바이저에게 이야기한 내용이다. 〈작성 방법〉에 따라 서술 하시오.

> 강 교 사 : 집단상담을 하면서 어려운 점은 특정 집단원이 자신의 아픈 상처와 고통을 드러내려고 할 때 그 집단원의 상처를 달래주고 고통을 완화시켜 주면서 집단원들을 기분 좋게 하려는 집단원이 있다는 거예요. 언뜻 보면 다른 집단원들에게 관심을 보이고 돌보는 행동처럼 보일 수 있지만 실제로는 자신의 고통을 피하기 위한 방편인 것 같기도 해요. 그러한 상황이 되면 자신의 아픈 기억을 이야기하려던 집단원이 당황하기도 하고요.
>
> 김 교 사 : 맞아요. 저도 비슷한 경험을 한 적이 있어요. 집단원 중의 한 사람이 자신의 어려움을 호소하려고 할 때마다 그를 위로한다고 '괜찮아', '잘 될거야', '네가 걱정한다고 해결될 일이 아니잖아', '너무 신경 쓰지 마' 등의 말을 하면서 겉으로는 지지해 주는 것 같은데……. 이러한 상황이 반복되는 것은 바람직하지 않은 것 같아요. 이럴 때 어떻게 대처해야 할지 고민이 돼요.
>
> 수퍼바이저 : 네, 집단상담에서 자주 나타나는 그러한 문제행동을 ( ㉠ )(이)라고 하는데, 이러한 집단원의 행동은 고통을 드러내려는 집단원에게 ㉡ 여러 문제점들을 발생시켜요. 따라서 집단상담자는 ㉢ 이러한 문제 행동을 하는 집단원에 대하여 적절하게 대처해야 합니다. 이를 통해 문제행동이 해소되면 어려움을 호소하는 집단원은 물론 그러한 문제행동을 하는 집단원에게도 도움이 됩니다.

─── 〈작성방법〉 ───

- 괄호 안의 ㉠에 해당하는 문제행동의 명칭을 쓸 것.
- 밑줄 친 ㉡에 해당하는 문제점을 2가지 서술할 것.
- 밑줄 친 ㉢에 해당하는 대처방안을 2가지 서술할 것.

**25** 다음은 전문상담교사들이 동료 수퍼비전 중에 나눈 대화 내용이다. 글라딩(S. Gladding)이 제시한 집단 상담에서 나타나는 저항유형과 관련하여 괄호 안의 ㉠에 해당하는 문제 행동의 명칭과 괄호 안의 ㉡에 해당하는 개념의 명칭을 순서대로 쓰시오.

> 김 교사 : 중학교 2학년 학생들을 대상으로 자아 성장 집단 상담을 운영하고 있는데, 좀 어려운 학생들이 있어요. 예를 들자면 이번 회기의 주제는 행복이었는데, 초희는 자신의 행복보다는 철학적 관점으로 행복에 대해 설명했어요. 초희는 매 회기 자신의 정서에 접근하는 것을 피하는 것 같다는 생각이 들어요. 반면에 동주는 자신의 행복에 대하여 적극적으로 이야기를 하는데, 본인의 순서가 끝났음에도 불구하고 다른 학생들이 이야기를 하면 바로 그 이야기를 자신의 이야기로 엮어서 끼어들어요. 그러다 보니 시간이 부족해져서 다른 학생들의 이야기를 충분히 듣지 못하고 마치게 되는 경우가 종종 있어요.
>
> 박 교사 : 초희가 지적 관심을 주로 보인다고 해서 문제가 되지는 않는다고 봐요. 하지만, 감정의 경험을 하지 못하도록 하는 ( ㉠ )을/를 사용한다면 집단원들 간의 감정 표출도 저해할 수 있어요. 초희가 말한 사건과 관련된 감정을 좀 더 직접적으로 경험하도록 해 주면 어떨까요?
>
> 이 교사 : 동주의 반응도 주의를 기울일 필요가 있을 것 같아요. 동주의 반응은 독점하기라고 할 수 있어요. 독점하기를 보이는 집단원은 보통 불안을 느끼거나 집단을 ( ㉡ ) 하려는 시도가 있다고 합니다. 동주의 행동이 집단 상담 안에서 어떤 영향을 미치는지를 자연스럽게 다뤄 보면서 동주의 행동이 그의 삶에서 어떤 의미가 있는지 맥락을 탐색해 볼 필요가 있을 것 같아요.

## 집단상담 기법

◀ 2010

**26** 다음 밑줄 친 부분에서 전문상담교사가 사용한 집단상담 기법을 적용할 상황으로 적절하지 <u>않은</u> 것은?

> 나  비 : 지난 주에 조금 이야기했는데요. 원래 제가 서울에서 태어났거든요. 태어난 지 얼마 되지 않아 춘천으로 이사를 했어요. 그리고 파주로 갔어요. 아빠가 군인이셨거든요. 그래서 자주 이사를 다녔어요. 그리고 대구로 갔어요. 대구에서 초등학교를 다녔어요. 거기서 동생이 태어났어요. 남동생이에요. 동생은 좀 크게 태어났어요. 아기 때도 컸었고, 유치원에서도 제일 키가 컸어요. 초등학교 때도 친구들 중에서 제일 컸어요. 그래서 제가 매일 놀렸어요. 동생은 너무 싫어했어요. 그리고 동생은.
> 상담교사 : <u>나비님, 잠깐만요. 여기서 나비님의 이야기를 중단 시키겠어요.</u> 아빠가 군인이셔서 나비님이 어려서부터 이사를 많이 다녔나 보군요. 그런데 여기서는 말하는 내용보다 말하는 방법을 다루고 싶어요. (집단원들을 바라보며) 나비님의 말을 들으면서 어떤 느낌이 들었는지 말해 주시겠어요?

① 집단의 초점을 옮기고 싶을 때
② 집단원이 눈물을 보이기 시작할 때
③ 집단원이 횡설수설하며 계속 중언부언할 때
④ 다른 집단원에게 정확하지 않은 사실을 말할 때
⑤ 회기의 종료가 임박해서 집단원이 심각한 주제를 새롭게 꺼낼 때

**27** 다음은 집단상담에서 집단원 슬기(중 3, 여)가 한 말이다. 이 말에 대한 집단상담자의 반응 (가)~(다)에 해당하는 집단상담 기술을 바르게 연결한 것은?

> 슬기 : 이야기하고 싶지 않아요. (짜증스러운 말투와 표정으로) 와야 하니까 오긴 했지 단 종일 수업에 지쳐서 피곤해요. 상담 선생님 말도 잘 이해가 안 되고요. 솔직히 말해서, 선생님께서 아직 경험이 별로 없으셔서 그런지 우리를 잘 이해 못 하시는 것 같아요.

> (가) "많은 친구들이 슬기와 비슷한 마음이 들 것 같아요. 몇몇 친구들 표정이 동감이라고 말하는 것처럼 보이던데요. 누군가 비슷한 마음을 좀 표현해볼까요?"
> (나) "슬기가 이야기할 때 지우가 고개를 갸우뚱 하는 것을 보았어요. 지우는 슬기 말을 들으면서 어떤 마음이 들었나요?"
> (다) "선생님이 우리를 잘 이해하지 못 하는 것 같다고 표현했는데, 앞으로는 확인되지 않은 '우리', '모두' 보다는 확실하게 마음이 확인되는 '나', '누구와 누구' 이렇게 분명하게 말해 주었으면 좋겠어요."

|   | (가) | (나) | (다) |
|---|---|---|---|
| ① | 보편화 | 연결 | 행동제한 |
| ② | 보편화 | 연결 | 명료화 |
| ③ | 연결 | 질문 | 명료화 |
| ④ | 연결 | 질문 | 행동제한 |
| ⑤ | 연결 | 보편화 | 명료화 |

**28** 집단상담 과정에서 전문상담교사가 사용한 밑줄 친 부분의 상담기법에 관한 설명으로 적절하지 <u>않은</u> 것은?

> 은경 : 선생님은 저에 대해 모든 것을 아시는 것처럼 말씀 하시지만, 선생님은 아무 것도 모르세요.
> 교사 : 은경아, 내가 너에 대해서 말한 것 때문에 화가 난 것 같구나. <u>혹시 내가 아빠를 기억나게 하지는 않니? 지난번에 네 아빠가 모든 것을 아는 것처럼 말해서 화가 난다고 말했었던 것 같은데……. 내가 너에게 아빠를 기억나게 해서 나에게 화를 내는 것은 아닌지 궁금하구나.</u>
> 은경 : 제가 그랬나요? (잠시 생각에 잠기다가) 사실 어릴때부터 아빠는 저를 무시했어요. 아빠만이 아니에요. 엄마와 언니도 저를 무시했어요.
> 교사 : 부모님과 언니가 너를 무시한다는 생각이 너를 괴롭 히는 것 같구나. <u>네가 어린 시절에 식구들에게서 무시당했다고 느꼈던 것 때문에 나한테 예민해진 것 같은데, 어떻게 생각하니?</u>

① 집단원이 새로운 방식으로 자신의 문제를 바라보게 한다.
② 집단원의 사고, 감정, 행동의 이면에 숨겨진 진정한 이유를 이해할 수 있도록 한다.
③ 집단원이 있는 그대로 받아들여지고 있다고 느끼게 되어 깊은 수준의 자기탐색을 가능하게 한다.
④ 집단원이 자신의 감정을 통찰하게 되어 더 이상 감정을 억제 하지 않고 자유롭게 경험하게 한다.
⑤ 문제의 근원이 집단원 자신에게 있다는 사실을 깨달아 자신의 감정과 행동에 대해 스스로 책임을 질 수 있게 한다.

**29** 다음 ①, ②, ③에 가장 적합한 집단상담 기술의 명칭을 쓰시오.

> ① 집단원을 정서적으로 격려하지만, 때로는 비생산적이며 집단원을 의존적으로 만들기도 한다.
> ② 다른 집단원의 사생활을 침범하거나 험담을 늘어놓는 등의 신뢰를 깨는 행동이 나타날 때 활용된다.
> ③ 집단상담자의 통찰력이 요구되며 집단원 간의 의사소통을 강조할 때 자주 쓰인다. 한 사람이 행동하거나 말한 것을 다른 사람의 관심과 이어 준다.

① _____  ② _____

③ _____

◀ 2014

**30** 다음은 전문상담교사가 중학교 2학년 학생들을 대상으로 집단상담을 진행한 축어록의 일부이다. 전문상담교사가 사용한 집단상담 기술을 쓰시오.

> 혜민 : (상담교사를 보면서) 저희 엄마는 오빠와 저를 너무 차별해요. 용돈을 줄 때에도 오빠만 더 많이 주시고요. 학원도 더 비싼 곳에 보내주세요
> 지희 : 우리 엄마는 더 심해. 남동생만 예뻐하거든. 그래도 혜민이 너는 엄마가 핸드폰도 새것으로 바꿔줬잖아…….
> 영민 : 사실 우리 아빠도 차별하기는 마찬가지야. 여동생만 칭찬해서 소외감을 느낄 때가 많아.
> 교사 : 혜민이, 지희, 영민이는 모두 부모님이 너희를 다른 형제자매들과 차별 대우한다고 생각하는구나.

**31** 다음은 세 명의 전문상담교사가 집단상담을 진행하면서 겪은 어려움을 집단수퍼비전 시간에 이야기한 내용이다. ( ) 안에 들어 갈 집단상담 기술의 명칭을 쓰시오.

> 김 교 사 : 학생들의 시간 관리에 대해서 이야기를 나누고 있는데, 원재라는 아이가 어제 본 영화에 관한 이야기를 시작하는 거예요. 그 영화를 본 몇 명의 학생들이 그 이야기에 가담하면서 순식간에 영화에 관한 토론장이 되어버렸어요. 오늘 다루어야 할 주제를 절반도 다루지 못했는데, 아이들이 모두 영화 이야기에 집중해서 당황했어요.
>
> 이 교 사 : 저희 집단에 있는 서희라는 아이는 궁금한 것이 뭐가 그리 많은지 다른 아이들이 이야기할 때마다 계속해서 질문만 하는 거예요. 적극적으로 참여하는 것 같아서 처음에는 그냥 두었는데, 솔직히 서희의 그런 행동때문에 다른 아이들의 고민을 보다 깊이 있게 다루지 못하고 있다는 생각이 들었어요. 제가 뭘 잘못한 것인지 모르겠어요.
>
> 박 교 사 : 저희 집단에서는 오늘 집단원들의 원가족에 대해 토론하였어요. 약 10분이 넘게 토론이 계속되기는 했지만 집단원들의 얘기는 겉돌기만 할 뿐, 핵심주제가 논의되지는 않았어요.
>
> 수퍼바이저 : 흥미롭게도 세 분이 모두 비슷한 경험을 하셨네요. 여러분들의 사례와 관련해서 두 가지 집단상담 기술을 제안하고 싶습니다. 우선, 집단리더는 집단상담의 과정을 촉진시키기 위해서 집단과정에 부정적인 영향을 주는 집단원의 말이나 행동은 차단시켜야 합니다. 또 한 가지 여러분들이 적용했어야 할 집단과정 기술은 ( )입니다. 이 기술은 집단원들에게 집단의 목적을 일깨워주는 효과가 있어서 자주 사용됩니다.

**32** 다음은 전문상담교사가 운영하고 있는 집단상담 축어록의 일부이다. 밑줄 친 ㉠, ㉡에서 상담교사가 사용한 집단상담 기법의 명칭을 순서대로 쓰시오.

---

상담교사 : 방금 영아가 아버지와 싸운 이야기를 할 때 희수가 한숨을 쉬었는데, 이유가 뭔지 궁금하구나.

희　수 : 네, 선생님. 저는 그냥 … 돌아가신 저희 아버지 생각이 나서요…

주　연 : 아버지가 언제 돌아가셨는데?

희　수 : 응 … 내가 초등학교 때 …

영　아 : 어쩌다가, 왜 돌아가셨는데?

희　수 : (갑자기 고개를 숙이며 울먹인다.)

주　연 : (재빨리 희수 옆으로 가서 휴지를 건네며) 야, 넌 아버지가 돌아가셨다는데 그걸 왜 죽었냐고 물어보면 어떡해.

영　아 : 네가 먼저 물어봤으면서 왜 나한테 그래?

주　연 : 너는 꼭 내가 말할 때마다 한마디 하더라.

영　아 : 하고 싶은 말도 맘대로 못하냐.

상담교사 : ㉠ 잠깐만, 두 사람 모두 궁금한 게 많겠지만 지금은 그 얘기를 하기에 적절하지 않구나.

… (중략) …

상담교사 : 오늘은 일상에서 시간을 어떻게 효율적으로 다룰 수 있는지에 대해서 이야기해 보도록 합시다.

지　현 : 선생님, 저는 주중에는 잘 하다가 주말만 되면 엉망이 되는 거 같아요. 지난 주말에는 우연히 TV에서 영화를 보기 시작했는데 너무 재밌는 거예요.

영　아 : 무슨 영화야?

지　현 : 응, 주인공이 누구냐면 예전에는 히어로 영화에서 잠깐 나왔던 사람인데 이번에는 주인공으로 나오는데, 그 사람 이름이 뭐더라…

상담교사 : ㉡ 지현이가 주말에 시간 관리가 잘 안 되어서 고민되는 걸 얘기하던 중이었으니까, 주중에 비해서 주말에는 어떤 점 때문에 시간 관리가 어려운지 그 점에 대해서 좀 더 얘기해 볼까요?

**33** 다음은 집단상담 축어록의 일부이다. (가), (나)에서 전문상담 교사가 활용한 집단상담 기법의 명칭을 순서대로 쓰고, 각 기법을 활용함으로써 얻을 수 있는 기대 효과를 서술하시오.

---

(가)

진  아 : 친구들이 그럴 때마다 저는 정말 기분이 나빠요.
상담교사 : 보미도 지난번에 그런 일이 있었다고 얘기했던 것 같은데, 보미야 어떠니?
보  미 : 저도 친구 때문에 짜증나서 괜히 속상했어요.
상담교사 : 두 사람 말을 다 들어 보니 친구들한테 내심 기대했지만 친구들이 몰라줘서 기분이 좋지 않았다는 공통점이 있구나.
진  아 : 선생님 말씀을 듣고 보니 정말 그런 것 같아요.
보  미 : (고개를 끄덕이며)맞아요. 나도 그것 때문에 그랬던 것 같아요.
성  민 : 선생님이 말씀해 주시니까 우리의 고민이 비슷하다는 것을 알 것 같아요.

(나)

현  영 : 제가 어떤 말을 하게 되면 다른 집단원들이 모두 저를 쳐다보면서 귀를 기울이니까 부담이 돼요. 또 제가 한 말을 친구들이 어떻게 생각할까 신경이 쓰이고 불편해요.
상담교사 : 나도 그런 경험이 있었어. 처음으로 집단상담에 참여했을 때 많은 사람들 앞에서 내 얘기를 꺼내는게 낯설고 힘들었던 기억이 나네.

**34** 다음은 전문상담교사가 중학생들을 대상으로 실시한 집단상담 축어록의 일부이다. 전문상담교사가 사용한 집단상담 고유의 기법 명칭을 쓰고, 이 기법의 효과를 3가지 서술하시오.

> 나  은 : (화가 난 표정으로) 우리 반 애들은 얼굴이 예쁜 애들끼리만 어울리고 나처럼 얼굴이 예쁘지 않은 애들과는 얘기도 안 하려고 해요. 그래서 저는 학교에 와도 늘 혼자예요.
> 채  연 : 맞아요. 지난 번에 친구들이 주말에 영화를 보러 간다고 해서 나도 같이 가고 싶다고 했는데 안 된다고 거절을 하더라고요. 그런데 옆에 있던 희수가 자기도 가고 싶다고 하니까 '그래, 너는 예쁘니까 같이 가자.'고 하지 뭐예요.
> 보  라 : (고개를 끄덕이며) 나한테도 그랬는데…….
> 상담교사 : 나은이, 채연이, 보라는 단지 얼굴이 예쁘지 않다는 이유로 친구들이 함께 어울려 주지 않아서 속상했나 보군요.

**35** 다음은 전문상담교사가 고등학교 상담 동아리 학생들을 대상으로 진행한 게슈탈트 집단상담의 일부이다. 〈작성 방법〉에 따라 서술하시오.

> 수　　진 : 저는 상담을 잘 하고 싶어서 상담 동아리에 들어 왔는데요. 다른 사람의 감정을 잘 이해하지 못할까 봐 염려가 돼요.
> 상담교사 : 혹시 우리 집단 안에서도 그런 염려가 되나요?
> 수　　진 : 글쎄요. 그런데 그런 생각을 해 봐야 되나요?
> 상담교사 : 아직 그런 생각을 해 보지는 않았나 보네요. 그러면 혹시 이전에 다른 사람의 감정을 이해하지 못했던 일이 있었나요?
> 수　　진 : 저번에 동생이 엄마 몰래 학원에 안 가고 친구들과 놀러간 적이 있었는데, 제가 엄마에게 이야기를 해서 동생이 혼난 일이 있었어요. 동생은 어떻게 엄마에게 고자질할 수가 있냐면서 저에게 엄청 화를 냈는데 저도 화가 났어요. 제가 말리면 말을 안 들을 것 같고, 저는 동생이 잘못될까 봐 걱정이 돼서 그런 거였는데 말이죠.
> 상담교사 : 그랬군요. 그래서 어떻게 했나요? 동생에게 그런 마음을 표현했나요?
> 수　　진 : 네, 했는데요. 제가 동생을 이길 수가 없어요. 동생은 너무 말을 잘해서 제가 말을 하려고 하면 말문을 막아 버리고, 결국은 제가 잘못했다고 할 때까지 화를 내거든요.
> 상담교사 : 그렇군요. 그럴 때는 어떤 심정이에요?
> 수　　진 : 제 잘못은 아닌 것 같은데 … 답답하죠.
> 상담교사 : 그러면 옆에 있는 미영이를 동생이라고 생각하고 그때 하고 싶었던 말을 한번 해 볼래요?
> 수　　진 : 선생님, 재미없는데 이제 제 얘기는 그만하면 안 될까요?
> 상담교사 : 그런가요? 그러면 다른 친구들도 이런 비슷한 경험이 있었는지 한번 이야기해 볼까요?

───〈작성방법〉───

- 접촉경계혼란 중 '편향'에 해당하는 수진이의 말을 상담 내용에서 2가지 찾아 쓸 것.
- '지금-여기(here & now)'에 초점을 둔 상담교사의 개입을 상담 내용에서 2가지 찾아 쓸 것.

## 집단 발달단계

**36** 다음은 집단상담 과정에서 나타나는 현상이다. 설명과 예시를 읽고 ①, ②에 해당하는 용어를 쓰시오.

〈①〉
집단원이 집단 안에 머물도록 하는 전체적인 힘이 되며 집단역동의 근원이다. 또한 집단원이 집단에 대해 느끼는 매력, 소속감 등을 의미한다.

집단원 A : 나는 여기에 오는 게 좋아요. 매일 기다려져요. 왜냐하면 매번 제 문제에 대한 새로운 통찰이 생기거든요.
집단원 B : 저도 마찬가지예요. 사실은 오늘 중요한 약속이 있었지만 여기에 왔어요.
집단원 C : 집단 구성원 모두 자신을 변화시키겠다는 의지가 강한 것 같고 그것이 저에게도 집단에 열심히 참여할 수 있도록 힘을 실어 주고 있어요.

〈②〉
집단 발달의 과정 중에 집단원에게 불확실감, 좌절, 실망, 저항, 갈등 등이 출현한다.

집단원 A : 이 집단에서는 제가 원했던 목적을 달성하기 어려울 것 같아요. 제가 고민했던 문제들이 더욱 더 실타래 얽히듯이 얽혀져 버린 느낌이에요.
집단원 B : 집단의 리더가 너무 방임적인 것 같아요. 집단 구성원에게 시간이 골고루 돌아가야 하는데 너무 한 사람에게만 집중되어서 실망이 많이 돼요.
집단원 C : 벌써 7회기나 진행되었는데 집단원끼리 신뢰하는 것 같지 않아요. 주로 험담과 불평만 잔뜩 늘어놓는데 그래가지고 집단이 끝까지 잘 갈 수 있을지 걱정돼요.

① _____

② _____

◀ 2014

**37** 다음은 코리(G. Corey)의 집단상담 발달단계 중 한 단계의 특성이다. 이에 해당하는 단계를 쓰시오.

- 다짐과 과제
- 행동 변화의 실습
- 피드백 주고받기
- 분리 감정 다루기

◀ 2010

**38** 집단 발달에 대한 터크만(B. Tuckman)의 연속적 단계 이론을 집단상담의 과정에 적용할 때, 다음 성장보고서에 나타나는 단계로 가장 적절한 것은?

오늘 만남은 정말 좋았다. 처음으로 우리가 남이 아니라는 느낌이 들었다. 한 명 한 명이 진정한 가족처럼 느껴졌다. 장미님이 신체적 비밀을 말하고 다른 친구들이 위로해 주는 것을 보고, 나도 모르게 엄마와 냉전중이라는 사실을 고백했다. 비밀을 고백해야 하는 분위기였다. 역시 우리는 친구들이었다. 나를 위로해 주고 눈물을 흘리기도 했다. 정말 행복했다. 모임을 마친 후에도 아쉬움이 남았는데, 나뿐만이 아니었다. 모든 친구들이 남아서 음료수를 마시며 웃음꽃을 피웠다. 집에 와서 생각해 보니 모임 중에 개나리님에게 약간 불만을 느꼈지만 그 자리에서 말할 수 없었다. 분위기를 해칠 것 같았기 때문이었다. 그래도 좋은 분위기였다. 이렇게 정을 나누는 분위기가 너무 좋다. 다음 모임이 정말 기다려진다. 더 자주 모이면 좋을 것 같다.

① 싸우기(Storming)
② 수행하기(Performing)
③ 형성하기(Forming)
④ 해산하기(Adjourning)
⑤ 규범형성(Norming)

**39** ◀ 2009

집단은 초기단계(시작과 탐색단계), 중간단계(작업단계 또는 생산단계), 종결단계(통합단계)의 순서로 발달과정을 거친다. 성공적 집단상담의 단계별 특징으로 적절하게 묶인 것은?

|   | 초기단계 | 중간단계 | 종결단계 |
|---|---|---|---|
| ① | 불안 | 절망 | 슬픔과 기쁨 |
| ② | 소극적 참여 | 갈등 | 적극적 참여 |
| ③ | 낮은 신뢰감 | 강한 응집력 | 강한 응집력 |
| ④ | '그때 거기' 초점 | '지금 여기' 초점 | '그때 거기' 초점 |
| ⑤ | 집단상담자 지향 | 집단과 집단원 지향 | 일상생활과 개인목표 지향 |

© 2016

**40**

다음은 전문상담교사가 중학교 2학년 학생들을 대상으로 실시한 집단상담에 대해 수퍼비전을 받은 축어록의 일부이다. 하위집단이 집단상담에 미치는 부정적 영향과 작업단계의 특징에 대해 〈작성 방법〉에 따라 서술하시오.

- 수퍼비전 1회기
  상 담 교 사 : 3회기에 '우리 가족 소개'라는 주제로 집단상담을 진행했습니다. 훈이가 주인공으로 선정되어 본인의 가족을 소개하면서 엄마와 말다툼한 이야기를 했습니다. 훈이의 이야기가 끝나자, 철수도 자신의 가족 갈등에 대하여 이야기했습니다. 그 이후 훈이와 철수가 더욱 가까워지는 것 같았습니다. 집단상담이 끝난 후 철수, 훈이, 그리고 몇몇 아이들이 같이 귀가하더군요.
  수퍼 바이저 : 음, 선생님은 훈이와 철수의 이러한 역동이 신경 쓰이시는 건가요?
  상 담 교 사 : 네, 조금 걱정이 됩니다.
  수퍼 바이저 : 네, 제가 생각하기에도 지금부터는 하위집단이 형성될 가능성에 주의를 기울여야 합니다. 하위 집단의 형성은 집단상담 운영에 긍정적인 영향을 미치기도 하지만, 반대로 부정적인 영향을 미치기도 하기 때문입니다.

- 수퍼비전 2회기
  상 담 교 사 : 6회기에서는 '친구 사귀는 데 방해가 되는 걸림돌 극복 방법'을 주제로 집단상담을 진행했습니다. 경아는 걸림돌을 극복하려다 좌절했던 경험을 이야기했고, 혜리는 그와 비슷한 상황에서 효과적으로 극복했던 경험을 이야기했습니다. 학생들은 이들의 이야기에 공감하며, 걸림돌을 극복할 수 있는 다양한 제안들을 내 놓았습니다.
  수퍼 바이저 : 선생님의 집단은 작업단계 과정에 있는 것으로 보여집니다.

〈작성방법〉

- 수퍼비전 1회기에서 언급된 하위집단이 집단상담에 미치는 부정적인 영향 2가지를 얄롬(I. Yalom)과 레스츠(M. Leszcz)의 주장에 근거하여 쓸 것.
- 수퍼비전 2회기에서 나타난 작업단계의 특징 2가지를 코리(G. Corey)의 이론에 근거하여 쓸 것.

**41** 다음은 집단상담 축어록의 일부이다. 〈작성 방법〉에 따라 서술하시오.

> 채　민 : 저는 집단 밖에서 사람들이 저에 대해 이야기할까 봐 걱정이 돼요.
> 상담교사 : ㉠ 여기서 나눈 이야기는 비밀보장이 되니까 그건 걱정하지 않아도 괜찮아요.
> 아　인 : 저는 더 이야기를 하다 보면 부모님에 대해 나쁘게 말을 하게 될까 봐 걱정이 돼요.
> 상담교사 : ㉡ 부모님에 대해 나쁘게 말을 하면 어떨 것 같아서 걱정이 되나요?
> [A] 아　인 : 부모님이 잘해 주신 것도 있는데 죄송하기도 하고, 다른 사람들이 저를 나쁜 사람이라고 생각할까 봐요.
> 상담교사 : 그렇군요. 또 다른 사람들은 어떤 생각을 하고 있나요?
> 지　원 : 저는 몇몇 사람들이 말을 안 하고 있으니까 저를 평가하는 것 같아 여기서 더 이야기하는 게 두려워요.
> 준　혁 : 저는 다른 사람들 얘기를 들으니까 제 문제는 별로 심각한 것 같지가 않아서 말하기가 꺼려져요.
> 상담교사 : ㉢ 여러 가지 이유로 '내가 더 이야기를 해도 괜찮을까' 걱정이 돼서 말을 하기가 주저되는군요. 충분히 그럴 수 있어요. (여전히 말을 하지 않고 있는 영웅을 보면서) 영웅이는 무슨 생각을 하고 있는지 말해줄 수 있을까요?
> 영　웅 : 이 집단은 저한테 아무런 도움이 안 되는 것 같아요.
> 상담교사 : 어떤 도움을 받길 기대했나요?
> 영　웅 : 몰라요. 담임 선생님이 가라고 해서 억지로 왔어요.
> 상담교사 : ㉣ 그런데 말을 안 하고 그렇게 앉아만 있으면 도움을 받을 수가 없어요. 좀 더 적극적으로 참여해야 해요.

─〈작성방법〉─

- 코리와 코리(M. Corey & G. Corey)의 견해를 근거로, 위 축어록에 해당하는 집단상담 발달단계의 명칭을 쓰고, [A]에 나타난 이 발달단계의 특징 1가지를 서술할 것.
- 밑줄 친 ㉠~㉣ 중 상담교사의 반응으로 적절하지 않은 2가지를 고르고, 그 이유를 각각 서술할 것.

**42** 집단상담의 진행과정을 네 단계로 나눌 때, (가)~(라)를 집단 발달단계에 따라 순서대로 바르게 연결한 것은?

(가)
- 집단원들은 존중, 공감, 수용 등 기본적인 태도를 배운다.
- 상담자는 신뢰로운 분위기를 형성하기 위해 적극적으로 노력한다.

(나)
- 집단원들은 집단에서 배운 것을 일상생활에서 일반화하기 위한 준비를 한다.
- 상담자는 집단원들 간의 건설적인 피드백을 통해 변화를 촉진하고 집단원들의 강점을 확인시켜 준다.

(다)
- 집단원들의 저항과 갈등을 직접적이고 효과적으로 다룬다.
- 신뢰와 응집력의 수준이 높아져서 집단원들은 자유롭고 직접적으로 상호작용한다.

(라)
- 집단원들은 개인적인 관심사를 완전히 드러내기를 꺼린다.
- 통제와 힘의 대결로 인해 다른 집단원들 혹은 상담자와의 갈등을 경험한다.

|   | 1단계 | 2단계 | 3단계 | 4단계 |
|---|---|---|---|---|
| ① | (가) | (다) | (라) | (나) |
| ② | (가) | (라) | (나) | (다) |
| ③ | (가) | (라) | (다) | (나) |
| ④ | (나) | (가) | (다) | (라) |
| ⑤ | (다) | (가) | (라) | (나) |

**43** 다음은 집단상담 진행과정에서 상담교사가 진술한 내용이다. 물음에 답하시오.

> ㉮ 이 집단상담이 끝났을 때, 자신이 어떻게 변했으면 하는지에 대해서 말해 주기 바랍니다. 가능한 한 구체적인 장면에서 자신의 변화된 모습을 이야기해 주기 바랍니다.
> ㉯ 이 집단상담이 잘 진행되기 위해서 우리가 지켜야 할 몇몇 사항들이 있습니다. 첫째, 가능한 한 자신의 생각이나 느낌을 솔직하게 말해주기 바랍니다. 둘째, 집단원이 말할 때 주목하고 경청해 주기 바랍니다. 셋째, 자신이나 지금 참여하고 있는 집단원들의 느낌이나 행동에 대해서 말하는 것이 유익합니다. 반면, 여기에 있지 않은 사람들에 대해서 너무 장황하게 이야기 하는 것은 도움이 되지 않습니다. 넷째, 집단원이 침묵하는 것을 존중해 주기 바랍니다. 집단원에게 말을 하도록 강요하는 것은 도움이 되지 않습니다.

- 위의 진술은 집단상담 초기, 중기, 종결의 3단계 중 어느 단계와 관련된 내용인지 쓰시오.
  _____단계

- ㉮, ㉯에서 상담교사가 수행하고 있는 과제를 쓰시오.
  ㉮ _____, ㉯ _____

**44** 다음은 전문상담교사가 진행한 집단상담 축어록의 일부이다. 코리(G. Corey)의 집단 발달단계에 근거할 때, 이 단계에서 집단 상담자의 역할로 옳은 것만을 〈보기〉에서 있는 대로 고른 것은?

> 상담교사 : 지금까지 자기소개 활동을 통해 서로에 대해 보다 잘 알게 되었으리라 생각합니다. 그러면 이제 여러분들이 집단에 대해 어떤 기대를 하고 있는지에 대해 이야기를 나누어 보기로 하겠습니다. 앞으로 이 집단상담 참여를 통해 얻고자 하는 점에 대해 약 2분정도 생각해 보세요.(2분이 지난 후) 자, 시간이 되었네요. 그러면 준비된 사람부터 말해 봅시다.
> 들 국 화 : 저는 초등학교 때부터 지금까지 절친하게 지냈던 친구와 작은 오해로 인해 최근 사이가 멀어졌어요. 상담 선생님을 비롯해서 경험이 많은 다른 친구들에게 이러한 문제를 해결하는 방법을 배우고 싶어요.

〈보기〉
ㄱ. 집단원들에게 필요한 지침과 집단 규칙을 소개하여 집단 과정을 촉진한다.
ㄴ. 집단원들이 직면하기와 같은 적절한 행동을 계속해서 모델링하도록 돕는다.
ㄷ. 집단원들이 자신을 이해하고 통합하며 집단에서 무엇을 배웠는지를 기억하도록 돕는다.
ㄹ. 집단원들이 기꺼이 위험을 감수하도록 지원하고 그들이 일상생활에서 이러한 행동을 실행하도록 돕는다.
ㅁ. 집단의 분위기를 보다 안전하고 신뢰롭게 조성하기 위해서, '지금-여기'에 초점을 맞추어 자기를 개방하는 법을 모방하도록 시범을 보인다.

① ㄱ, ㄹ   ② ㄱ, ㅁ   ③ ㄴ, ㄷ
④ ㄱ, ㄹ, ㅁ   ⑤ ㄴ, ㄷ, ㄹ, ㅁ

**45** 다음과 같은 집단원의 반응이 전형적으로 나타나는 발달단계 (가)~(다)에서 집단상담자가 해야 할 일을 〈보기〉에서 골라 바르게 연결한 것은?

단계 (가)
- "친구들이 해주는 말이 도움이 돼요."
- "집단상담을 하면서 친구들이 참 정겹게 느껴져요."

단계 (나)
- "집단상담에서 무엇을 얻어갈 수 있을지 잘 모르겠어요."
- "긴장되고 불안해요. 여기서 무엇을 해야 할지 모르겠어요."

단계 (다)
- "벌써 여러 번 만났는데 별로 진전이 없는 것 같아요."
- "무슨 말을 하면 비판 받을까봐 이젠 말하기가 부담스러워요."

〈보기〉
ㄱ. 집단원들이 집단 안에서 갈등을 경험하고 이해하도록 돕는다.
ㄴ. 집단원들이 서로의 고민과 경험을 공유하고 유사성을 발견하도록 돕는다.
ㄷ. 집단원들이 자신에 대해 통찰하고 새로운 대안 행동을 실행, 학습하도록 돕는다.

|   | (가) | (나) | (다) |   | (가) | (나) | (다) |
|---|---|---|---|---|---|---|---|
| ① | ㄱ | ㄴ | ㄷ | ② | ㄴ | ㄱ | ㄷ |
| ③ | ㄴ | ㄷ | ㄱ | ④ | ㄷ | ㄱ | ㄴ |
| ⑤ | ㄷ | ㄴ | ㄱ |   |   |   |   |

**46** 다음 (가)는 집단상담 축어록의 일부이고, (나)는 집단 리더인 최 교사와 공동 리더인 임 교사의 대화내용의 일부이다. 〈작성 방법〉에 따라 서술하시오.

(가)

> 최 교사 : 우선, 여기 모인 여러분들 지금 어떤 마음인지 이야기를 들어 볼까요? (대부분 고개를 숙이고 있고 몇몇은 서로를 쳐다보며 눈치를 보고 있다.)
> 진 희 : 선생님, 아무도 말을 안 하니까 제가 먼저 말할게요. 솔직히 혹시 이런 거 하면 대입에 도움이 되려나 해서 왔는데요, 앞으로 뭘 하는 건지 궁금하긴 해요.
> 민 주 : 저도요. 저는 사실 엄마가 꼭 들어가라고 해서 오긴 왔는데요, 언제까지 해야 되는 건지 그게 젤 걱정돼요.
> 현 빈 : 저는 이런 거 왜 하는지 잘 모르겠어요…
> 지 혜 : (여전히 말없이 앉아 있다.)

(나)

> 최 교사 : 지혜가 오늘도 아무 말을 하지 않고 있는 거 관찰하셨지요?
> 임 교사 : 그러게요, 저도 신경이 계속 쓰였는데요. ㉠ 지혜가 계속 말을 안 하고 소극적인 자세로 있으면 다른 집단원들에게 부정적인 영향을 미치게 될 텐데, 그것도 걱정이에요. 선생님은 지혜의 침묵에 대해 어떻게 생각하세요?
> 최 교사 : 글쎄요. 지혜가 워낙 내향적인 성격이어서 그럴 수도 있고 아니면 아직 집단에 대한 신뢰가 부족해서 그럴수도 있을 것 같아요.
> 임 교사 : 네, 그렇군요. 지혜가 말로 표현은 안 하더라도 다른 집단원들의 이야기를 들으면서 혼자 깊이 생각하고 깨닫고 있을 가능성도 있겠네요.
> 최 교사 : 그렇지요. 그럼 다음 회기에도 ㉡ 지혜가 말을 하지 않고 있으면 개입해 보는 것이 좋을 것 같습니다.

〈작성방법〉
- (가)의 집단상담 발달단계에서 성취해야 할 집단 발달과업 2가지를 쓸 것.
- 밑줄 친 ㉠에서 나타날 수 있는 부정적 영향과 밑줄 친 ㉡에 해당하는 상담자의 개입 시 주의점을 각각 1가지 서술할 것.

## 집단계획 및 과정

**2023**

**47.** 다음은 전문상담교사와 수퍼바이저의 대화 내용의 일부이다. 〈작성 방법〉에 따라 서술하시오.

> 상 담 교 사 : 중학교 1학년 학생들을 대상으로 '함께 성장하는 우리'라는 주제로 자아 성장 집단 상담을 준비하고 있습니다.
> 수퍼바이저 : 준비는 어떻게 되어 가고 있나요?
> 상 담 교 사 : 한 달 후에 집단 상담을 시작할 예정이에요. 저번 주에는 집단 상담에 신청한 학생들과 개별적으로 ㉠ 예비 면담을 실시했습니다.
> 수퍼바이저 : 수고하셨네요. 학생들은 어땠나요?
> 상 담 교 사 : 다양한 학생들이 있었는데요. 그중에 가장 기억에 남는 학생은 지희였어요. 아빠가 일찍 돌아가셨고, 엄마는 직장 때문에 다른 도시에 계셔서 초등학교 저학년 때부터 할머니와 단둘이 살았더라고요. 형제도 없고 혼자이다 보니 늘 자신이 없어서, 자신 있고 당당하게 변하고 싶은 마음에 신청했다고 하더라고요.
> 수퍼바이저 : 오, 정말 좋은 기회가 될 것 같네요.
> 상 담 교 사 : 또 철수라는 학생이 있는데요. 철수는 성격도 활발하고 자기표현도 잘하는 학생이에요. 아주 친한 친구 두 명이 이번 집단 상담을 신청해서 철수도 함께 신청하게 되었다고 해요.
> 수퍼바이저 : 성격도 좋고 표현력도 좋으면 집단에 힘을 불어넣어 줘서 친밀감을 빨리 형성할 수 있겠네요. 그런데, 친한 친구 두 명과 같이 참여함으로써 ( ㉡ )이/가 형성될 가능성도 염두에 두셔야 할 거예요. ( ㉡ )의 형성은 집단의 발달에 문제가 있다는 신호이기도 합니다.
>
> … (하략) …

─ 〈작성방법〉 ─
- 코리와 코리(M. Corey & G. Corey)가 제시한 집단 상담의 과정 중 위 대화 내용에 해당하는 집단 상담 발달 단계의 명칭을 쓰고, 밑줄 친 ㉠의 목적을 2가지 서술할 것.
- 괄호 안의 ㉡에 해당하는 개념의 명칭을 쓸 것

**48** 다음에 제시된 A중학교 2학년을 위한 집단상담 프로그램 계획을 보고 ①, ②에 답하시오.

> - 프로그램 이름 : 친구와 함께
> - 집단상담 기간 : 2006년 10월 13일~12월 1일(8주간)
> - 집단상담 시간 : 주 1회 금요일 오후 3:00~5:00(2시간)
> - 집단상담 장소 : 본관 1층 상담실
> - 집단상담 내용 : 친구 사귀는 기술 훈련
> - 집단상담 참가인원 : 10명 내외
> - 수료기준 : 1회부터 참석하여 결석 2회 이내인 학생
> - 홍보 계획 : 교내 게시판 및 인터넷 홈페이지 활용
> - 집단상담 참여 신청 : 9월 26일~29일, 상담실에서 신청서 작성, 제출
> - 집단상담 지도자 : 상담부 김선영 선생님

- 위와 같이 유사한 연령층, 또는 관심사가 같은 사람들로 구성된 집단을 ( ① )집단이라고 한다. 이와 같은 집단상담을 계획할 때 꼭 포함해야 하는 사항 중 위의 계획에서 빠진 것은 ( ② )이다.

① _____

② _____

**49** 다음은 집단상담 초기 단계에서 집단상담자가 하는 역할이다. (가)~(라)의 역할을 수행하기 위해 집단상담자가 해야 할 행동을 〈보기〉에서 골라 바르게 연결한 것은?

(가) 집단의 시작을 돕는다.
(나) 집단 규준의 발달을 돕는다.
(다) 집단의 분위기 조성을 돕는다.
(라) 집단의 의사소통과 상호작용을 촉진한다.

〈보기〉

ㄱ. 한 집단원의 반응을 다른 집단원에게 연결한다.
ㄴ. 집단원들의 느낌이나 생각을 이해하려는 일관된 태도를 보인다.
ㄷ. 집단원들이 해야 할 바람직한 행동을 알려주거나 모범을 보인다.
ㄹ. 집단상담자가 먼저 자신이 가진 불안과 희망, 두려움과 기대를 표현한다.

|   | (가) | (나) | (다) | (라) |
|---|---|---|---|---|
| ① | ㄱ | ㄴ | ㄷ | ㄹ |
| ② | ㄴ | ㄱ | ㄹ | ㄷ |
| ③ | ㄴ | ㄷ | ㄹ | ㄱ |
| ④ | ㄷ | ㄹ | ㄱ | ㄴ |
| ⑤ | ㄹ | ㄷ | ㄴ | ㄱ |

### 50  ⓒ 2016

다음은 전문상담교사가 중학교 3학년 학생들을 대상으로 실시한 집단상담 과정의 일부이다. 상담교사가 진행하고 있는 구조화 활동의 내용을 쓰시오.

> 상담교사 : 집단 활동을 원활하게 진행하려면 우리가 해야 할 것이 있어요. 먼저, 시간을 잘 지켜야 합니다. 집단상담 시작 5분 전까지 꼭 모여 주세요. 또 어떤 것이 있을까요?
> 지    아 : 열심히 참여하기요.
> 상담교사 : 네, 열심히 참여하는 것은 정말 중요하지요. 적극적으로 참여하는 것은 자기 자신의 성장에 도움이 됩니다. 우리 모두 자신의 생각과 느낌을 적극으로 표현하면 좋을 것 같아요. 또 다른 것은 어떤 것이 있나요?
> 소    정 : 비밀이 지켜졌으면 좋겠어요.
> 상담교사 : 네, 아주 중요한 점입니다. 이 집단에서 있었던 일을 다른 곳에서 이야기해서는 안 됩니다.

### 51  ⓒ 2009

집단상담의 운영방식으로 가장 적절한 것은?

① 집단규칙의 변경은 다수결로 결정한다.
② 집단상담자와 공동 집단상담자는 서로 대화하지 않는다.
③ 집단상담자는 집단원들의 상호 비밀보장의 준수여부를 책임질 수 없다고 집단원들에게 알린다.
④ 어린 시절의 성학대와 같은 이유로 이성으로 인한 외상이 있는 집단원들은 초기에 혼성집단으로 구성한다.
⑤ 연인관계인 집단원들을 동일한 집단으로 구성하지 않되, 상담 중에 발견하면 당사자들에게 비밀을 유지하라고 한다.

**52** 다음은 집단상담의 초기에 나타날 수 있는 문제에 대해 집단상담자가 취할 수 있는 방안을 제시한 것이다. 각각의 방안은 어떤 문제를 해결하기 위한 것인지 쓰시오.

| 문 제 | 방 안 |
| --- | --- |
| (1) | • 집단의 진행을 주도하고 지시하며 충고해 달라는 집단구성원들의 요구를 들어주지 않는다.<br>• 집단구성원들로 하여금 스스로 집단을 이끌어 가도록 도와준다. |
| (2) | • 불안을 방어하기 위한 한 방법으로 집단구성원들이 이것을 사용한다는 것을 이해한다.<br>• 집단구성원들이 이를 스스로 인정하고 처리하도록 격려한다. |
| (3) | • 이것을 건설적으로 다루는 것이 중요하다는 점을 집단구성원들에게 가르친다.<br>• 이것을 경험하고 있는 당사자들로 하여금 자신의 느낌을 직접 말로 표현하도록 격려한다. |

(1) _____ (2) _____ (3) _____

◀ 2011

**53** 학교 집단상담에서 집단원의 비자발적 참여를 다루는 방법으로 옳은 것만을 〈보기〉에서 모두 고른 것은?

─── 〈보기〉 ───
ㄱ. 집단 참여와 표현을 독려, 강화한다.
ㄴ. 집단원으로서 가질 수 있는 자유와 권리를 알려준다.
ㄷ. 사전에 만나 집단의 목표 등 상세한 정보를 제공한다.
ㄹ. 비자발적 참여에 대한 느낌과 생각을 표현할 기회를 준다.
ㅁ. 집단에서 나눈 이야기는 비밀보장이 된다는 것을 알려준다.

① ㄱ, ㄴ
② ㄷ, ㄹ
③ ㄱ, ㄴ, ㄷ
④ ㄱ, ㄴ, ㄷ, ㄹ
⑤ ㄱ, ㄴ, ㄷ, ㄹ, ㅁ

## 54 〈 2017

다음은 전문상담교사가 중학교 3학년 남학생들을 대상으로 실시한 학습능력향상 집단상담 축어록이다. 밑줄 친 민수의 행동에 대해 전문상담교사가 민수에게 해야 하는 개입을 3가지 서술하시오.

> 정 민 : 전 아무리 공부를 해도 성적이 오르지 않아요. 선생님, 기간 내에 성적을 올릴 수 있는 확실한 방법은 없나요?
> 민 수 : (못마땅한 듯이 집단원들을 째려본다.)
> 영 철 : 3학년이 되니까 과학이 너무 어려워요. 전 과포자라고요. 아버지께서는 저에게 꼭 공대에 들어가야 한다고 하시는데요. 중 2 때는 수포자, 중 3이 되니 과포자, 내 인생에 희망이 없네요.
> 민 수 : 여기는 우리 학교 꼴통들만 모여 있는 집합소 같아요. 저 애들과 같이 공부 못하는 아이 취급받는다는 게 짜증나요. 선생님, 저 이 집단상담 그만 할래요. 여기 온다고 성적이 오르는 것도 아니고요. (씩씩거리며) 차라리 이 시간에 공부하는 것이 저에게 더 도움이 될 거 같아요. <u>(일어나서 나가려고 한다.)</u>
> 경 인 : 선생님! 민수가 나가려고 해요. 민수야, 중간에 갑자기 너 혼자 그만두는 게 어딨어!

## 55 〈 2012

집단의 종결단계에서 혹은 집단의 회기를 종결할 때, 전문상담 교사가 취한 행동으로 가장 적절한 것은?

① 집단회기를 마칠 무렵에 한 집단원이 새로운 주제와 관심사를 끄집어내자 이를 다루었다.
② 집단의 종결단계에서 피드백 주고받기를 할 때, 집단원들로 하여금 긍정적 측면과 부정적 측면이 균형을 이룰 수 있도록 진행하였다.
③ 집단의 종결단계에서 집단원이 집단을 떠나게 된 데 따른 분리 감정을 표출하도록 하되 지나치게 아쉽거나 슬픈 감정을 조장하는 일은 삼갔다.
④ 집단의 종결단계에서 지금까지의 집단 경험을 통하여 학습한 것을 가정이나 학교에서 실행할 때 오해를 사거나 배척받을 가능성이 있더라도 포기하지 않도록 격려하였다.
⑤ 집단회기를 마칠 무렵에 한 집단원이 심리적 불편을 호소하자, 중대 사안이라고 판단하여 다른 집단원들에게 집단회기의 종결 시간을 늦추는 것에 동의를 받지 않고 이를 다루었다.

56. 다음은 동료 전문상담교사들이 중학교 집단상담 운영과 관련하여 나눈 대화 내용의 일부이다. 〈작성 방법〉에 따라 서술하시오.

> 하 교사 : 지난주에 제가 운영하고 있는 집단상담에서, ㉠ 회기를 마쳐야 하는 시간인데 한 집단원이 회기 동안 충분히 다루어지지 못한 문제를 다시 내놓았어요. 그 내용을 다루느라 마치는 시간을 훌쩍 넘겨 버렸지 뭐예요. 그래서 결국 그 주제도 제대로 마무리하지 못하고 회기 종결 시간도 한참 늦어져 버렸어요. 지나고 나서 생각하니 제가 다르게 대처했으면 좋았겠더라고요.
> 유 교사 : 그러셨군요. 제가 운영하는 집단은 이제 시작 단계인데요. 이번 주에는 집단에 대해 어떤 기대를 하고 있는지 나눠 보려고 합니다. 선생님 얘기를 듣고 보니 저도 집단상담을 잘 운영할 수 있을지 염려가 되는데, 집단상담 운영에 도움이 될 만한 조언을 부탁드립니다.
> 천 교사 : 저의 경우에는 집단상담을 운영하면서 가장 중요하게 고려하는 것이 학생들에게 다음과 같은 사항에 대해 사전동의를 받는 것인데요. ㉡ 집단원들에게 집단상담에서 다루어진 내용에 대해서 누설해서는 안 된다는 것에 대해 서약을 받습니다. 그리고 상담자는 사례를 발표할 때 집단원들의 익명성을 보장하고, 오직 내담자의 복지를 위해서만 다른 사람과 논의한다고 안내해 줍니다.
> 원 교사 : 네, 집단상담 운영에서 매우 중요하게 고려해야 할 사항이지요. 제가 맡고 있는 집단상담은 지난주에 종결하면서 참여했던 집단원들에게 소감문을 받아 보았습니다. 소감문을 분석해 보니 ㉢ 자신과 비슷한 문제를 가진 집단원을 보면서 '나만 그런 게 아니구나' 하는 생각을 했다는 내용이 많더라고요. 또 '나만 나쁜 생각을 하고 불안하는 게 아니구나', '다른 친구들도 나처럼 진로 때문에 걱정한다는 걸 알게 되었다'라는 내용이 많았어요.

〈작성 방법〉
- 밑줄 친 ㉠에서 하 교사가 적절하게 대처할 수 있는 방법 1가지를 서술할 것.
- 밑줄 친 ㉡에서 집단 상담자가 다루고 있는 윤리적 원칙을 쓰고, 이 원칙을 따를 수 없는 예외적 상황을 1가지 쓸 것.
- 밑줄 친 ㉢에 해당하는 집단상담의 치료적 요인의 명칭을 쓸 것.

## 집단 프로그램 및 평가

### 57. 2012

집단상담의 성과를 적절하게 평가하기 위해 유의해야 할 사항으로 옳은 것만을 〈보기〉에서 있는 대로 고른 것은?

― 〈보기〉 ―

ㄱ. 집단상담의 회기가 끝날 무렵의 평가는 집단상담자가 먼저 시작할 수도 있고 한 집단원을 지명하여 시작하게 할 수도 있다.
ㄴ. 녹음이나 녹화장치를 이용한 집단상담의 평가는 억양의 변화나 정서적인 측면까지도 파악할 수 있어서 효과적이고 객관성을 확보할 수 있다.
ㄷ. 집단상담의 회기가 끝날 무렵의 평가는 주로 집단과정에 강조점을 두고 할 수는 있으나 특정 집단원들의 행동에 대해서는 평가하지 말아야 한다.
ㄹ. 집단평가의 방법 중 공개토의 방식은 언제 어디서나 평가에 대한 별다른 준비 없이 실시할 수 있으나 평가해야 할 규준이 불분명하여 많은 시간이 소요될 가능성이 높다.
ㅁ. 어떤 집단원이 집단상담의 회기가 끝나고 집으로 돌아가는 길에 오늘 집단모임이 시간낭비였다고 혼자 중얼거리는 것과 같은 간접적 평가는 집단과정의 개선에 직접적인 도움이 되지 않는다.

① ㄱ, ㄴ   ② ㄴ, ㄹ   ③ ㄷ, ㄹ, ㅁ
④ ㄱ, ㄴ, ㄹ, ㅁ   ⑤ ㄱ, ㄴ, ㄷ, ㄹ

◁ 2011

58. 연간 학교 집단상담프로그램 편성 절차의 주요 단계에서 (가)~(다)에 들어갈 내용을 바르게 연결한 것은?

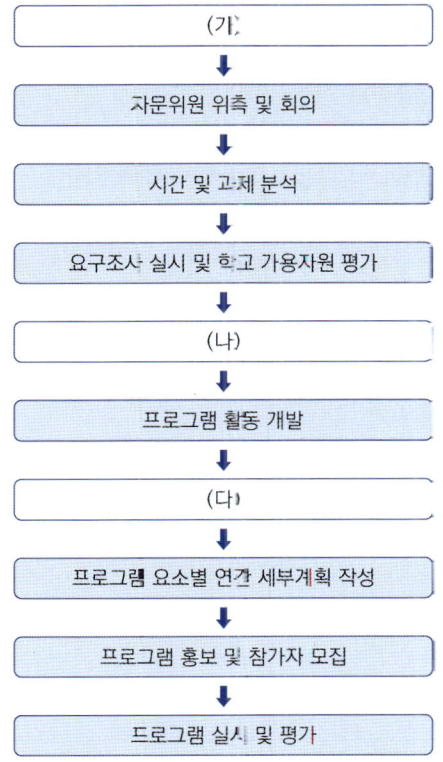

|   | (가) | (나) | (다) |
|---|---|---|---|
| ① | 교무회의 개최 | 프로그램 목표 설정 | 학년·담임교사 협의 |
| ② | 학교운영위원회 개최 | 학년·담임교사 협의 | 프로그램 목표 설정 |
| ③ | 학교운영위원회 개최 | 프로그램 목표 설정 | 학년·담임교사 협의 |
| ④ | 학년·담임교사 협의 | 프로그램 목표 설정 | 학교운영위원회 개최 |
| ⑤ | 프로그램 목표 설정 | 교무회의 개최 | 학년·담임교사 협의 |

© 2010

**59** 학생들의 가장 큰 고민이 학업 문제라는 설문 조사 결과를 보고, 학교장은 전문상담교사에게 학업증진 프로그램의 실시를 요청하였다. 전문상담교사가 실시하려는 요구조사(need assessment)의 내용으로 적절한 것을 〈보기〉에서 모두 고른 것은?

〈보기〉
ㄱ. 선정된 활동의 직접적 효과
ㄴ. 새 학업증진 프로그램에 대한 만족도
ㄷ. 기존 학업증진 프로그램들에 불참한 이유
ㄹ. 세분화된 영역별 학업에 대한 학생의 고민 수준
ㅁ. 구상 중인 학업증진 프로그램에 참여하려는 학생들의 의지 수준

① ㄹ, ㅁ
② ㄷ, ㄹ, ㅁ
③ ㄱ, ㄴ, ㄷ, ㄹ
④ ㄱ, ㄴ, ㄷ, ㅁ
⑤ ㄱ, ㄴ, ㄷ, ㄹ, ㅁ

© 2009

**60** 집단상담 프로그램 개발과정에서 평가 단계의 개선을 위한 학생용 질문지 문항으로 가장 적절한 것은?

① 회기별 시간배분은 적절하였습니까?
② 회기별 설명은 잘 이해가 되었습니까?
③ 집단상담자는 차별적 용어를 사용했습니까?
④ 프로그램의 목표가 분명하고 현실적이었습니까?
⑤ 당신의 실명을 여기에 적는다면 대답이 달라지겠습니까?

**61.** 다음은 고등학생용 '직업기초능력 향상 진로지도 프로그램' 개발절차 중 프로그램 구성 단계에서 나눈 전문상담교사들의 대화 내용이다. 〈작성 방법〉에 따라 서술하시오.

> 김 교사: 오늘은 프로그램의 세부 목표와 활동 요소를 선정하고 조직하는 과정을 진행하기로 하지요.
> 이 교사: 먼저 국가직무능력표준(National Competency Standards : NCS)에서 제시하고 있는 10가지 직업기초능력 영역의 의미와 하위 능력, 세부 요소를 확인해 보아야할 것 같아요.
> 박 교사: 저는 무엇보다 '( ㉠ )' 영역이 중요하다고 생각해요. 자기 능력과 특성을 객관적으로 이해하고, 스스로 목표를 세우고 관리하고 성취해나가는 능력은 어느 시대에나 필요한 능력이 아니겠어요?
> 최 교사: '( ㉡ )' 영역도 놓쳐서는 안 될 것 같아요. 4차 산업혁명 시대의 직업세계에서도 근면, 정직, 성실과 같은 태도와 올바른 직업관을 갖는 것이 필요하지요.
> … (중략) …
> 김 교사: 다음 회의에서는 목표 달성을 위한 프로그램 활동 요소의 선정을 위해 서스만(S. Sussman)이 제시한 4가지 선정 기준에 따라 수집한 자료들을 평가하면서 활동 요소들을 조직해 가기로 하지요.
> 정 교사: 무엇보다도 ㉢ 프로그램에 참여할 학생들이 잘 이해하고, 실제로 참여할 수 있는 활동 요소를 선정하는 것이 중요하겠지요.
> 이 교사: 그렇지요. ㉣ 수용성(acceptability)도 선정 기준으로 꼼꼼히 챙겨봐야겠어요.

〈작성방법〉

- 괄호 안의 ㉠, ㉡에 해당하는 국가직무능력표준의 직업기초 능력 영역의 명칭을 순서대로 쓸 것.
- 밑줄 친 ㉢에 해당하는 서스만이 제시한 활동요소 선정 기준의 명칭을 쓸 것.
- 밑줄 친 ㉣이 의미하는 내용을 2가지 서술할 것.

## 이론 및 윤리

  2010

**62** 정신역동적 치료 집단의 과정에 대한 다음의 설명에서 (가)~(다)에 들어갈 적절한 단어로 묶인 것은?

- 집단 내의 전이는 전치와 외재화 전이로 구분할 수 있다. 전치는 초기 아동기의 기억, 환상 또는 이미지가 현재의 중요한 타인과의 관계에서 ( 가 )되지만, 자아 기능들과 자기 표상들은 손상되지 않은 상태로 자기의 경계 안에 머무르는 것을 말한다. 반면 외재화 전이는 구조들과 자기대상 사이의 분화가 발달하기 이전 단계의 정신작용에서 유래하는데, 이때 집단구성원은 자신의 자기측면들을 치료자에게 투사하려고 시도할 수 있다.
- 집단 내 왜곡된 ( 나 )을 관찰하면, 첫째, 치료자는 자신의 역전이 반응을 검토하여 이 반응이 치료적 틀에 미친 영향을 인식하려고 시도한다. 그런 다음 이 인식을 집단의 문제와 관련하여 설명한다. 치료적 틀을 ( 다 )하는 것은 집단이 그 사건에 대한 자체의 무의식적 반응에 대해 작업을 가능하게 하는 요소이다. 둘째, 치료자와 집단은 ( 나 )의 세부 사항들에 초점을 맞추고, 이 투사적 동일시 과정에서 구성원 각자가 담당하는 역할을 ( 다 )하기 시작한다.

|   | (가) | (나) | (다) |
|---|------|------|------|
| ① | 억압 | 통찰 | 통합 |
| ② | 억압 | 상호 작용 | 명료화 |
| ③ | 재경험 | 통찰 | 통합 |
| ④ | 재경험 | 상호 작용 | 명료화 |
| ⑤ | 재경험 | 통찰 | 명료화 |

◀ 2011

**63** 교류분석(TA) 집단상담의 과정에 대한 설명으로 옳지 <u>않은</u> 것은?

① 계약을 중시하여 첫 회기에 계약을 맺는다.
② 집단원의 생활각본에 대한 인식과 재결단을 목적으로 한다.
③ 각본분석, 게임분석, 구조분석, 대화분석의 단계로 진행된다.
④ 집단 역동은 집단과정에서 교류되는 스트로크(strokes)의 관점에서 분석된다.
⑤ 집단원들이 교류분석의 개념을 모르는 경우, 초기 몇 회기는 개념을 가르치는 데 할애한다.

◀ 2016

**64** 다음은 전문상담교사가 모노(J. Mcreno)의 사이코드라마를 활용하여 진행한 집단상담 과정이다. 괄호 안의 ㉠, ㉡에 해당하는 역할을 모레노가 제시한 사이코드라마의 요소를 사용하여 순서로 쓰시오.

> 상담교사는 집단원들에게 여러 장의 종이를 나눠 주고, 종이 한 장마다 자신의 성격을 하나씩 적도록 했다. 순이(3, 여)가 주인공 역할을 지원했는데, 자신의 성격을 욱하는 성격과 소심한 성격으로 기술하였다. 순이는 욱하는 성격의 배역을 병서(3, 남)에게 맡겼고, 소심한 성격의 배역을 진희(3, 여)에게 맡겼다. 상담교사는 순이가 자신의 성격을 맡은 배역들과 함께 대화하도록 하였다. 그 외 집단원들은 이 과정을 지켜보았다.

| 참여자 | 역할 |
|---|---|
| 순 이 | 주인공 |
| 병 서 | ( ㉠ ) |
| 진 희 | |
| 그 외 집단원 | 관객 |
| 상담교사 | ( ㉡ ) |

**65.** 다음은 전문상담교사가 중학교 2학년 학생들을 대상으로 모레노(J. Moreno)의 사이코드라마를 실시하고 나서 작성한 축어록의 일부이다. 밑줄 친 부분은 역할연기에서 사용하는 상황기법 중 1가지를 적용한 것이다. 이 기법의 명칭을 쓰시오.

> 상담교사 : <u>수연이는 다른 학생들이 있는 무대 아래로 내려가고, 혜림이는 무대 위로 올라와 주세요.</u>
> … (중략) …
> 상담교사 : <u>자, 이제부터 혜림이가 수연이가 되어 보는 겁니다. 혜림이를 수연이라고 부를게요. 혜림이는 지금까지 보아온 수연이의 모습을 연기하면 됩니다. 나는 수연이의 친구 역할을 해 볼게요.</u> (혜림이를 바라 보며) 그럼 시작해 볼까요?
> 혜   림 : 네. (마치 수연이가 된 것처럼 서성이다가 구석으로 가서 웅크리고 앉는다.)
> 상담교사 : (다가가며) 수연아, 뭐하고 있니?
> 혜   림 : (눈을 마주치지 않고 조용한 목소리로) 그냥…….
> 상담교사 : 나 너랑 이야기 하면서 놀고 싶은데 괜찮아?
> 혜   림 : (고개를 떨구고 바닥을 바라본다.)
> … (중략) …
> 상담교사 : 네, 수고했어요. 이제 무대 아래에 있는 진짜 수연이는 올라와 주세요. (수연이가 무대 위로 올라 온다.) 지금까지 혜림이가 평소 보아온 수연이의 모습을 연기했는데, 혜림이가 연기한 자신의 모습을 보면서 어땠나요?
> 수   연 : 많이 답답해 보였어요. 다른 애들이 저를 싫어한다고 생각했어요. 그런데 알고 보니 제가 다른 애들과 친해지려 노력하고 있지 않은 것 같아요.

**66.** 다음은 집단상담자를 위한 윤리지침의 일부 조항이다. 물음에 답하시오.

> • 집단상담자는 집단원이 사전에 그 사용처에 대해 알고 동의한 경우에 한하여, 상담 장면을 녹음 또는 녹화할 수 있다.
> • 집단상담자는 집단상담 사례를 발표할 때, 집단원들의 익명성을 보장해야 한다.

• 위 조항은 집단상담자가 지켜야 할 윤리지침 중 무엇에 관한 내용인지 쓰시오.

• 위의 윤리지침을 따를 수 없는 예외적 상황을 1가지만 쓰시오.

**67** 〈보기〉는 집단상담자가 지켜야 할 윤리 지침의 하나이다. 어떤 윤리 지침인지 쓰시오.

―〈보기〉―

집단상담자는 집단상담이 진행되는 동안에는 집단구성원과 부적절한 개인적 관계를 피해야 한다. 왜냐하면 이러한 관계는 집단상담자의 객관성과 전문적 판단을 해칠 수 있고 또한 집단상담자가 자신의 이익을 위해 힘이나 역할을 오용할 수 있기 때문이다.

• 윤리 지침 : _____

◀ 2009

**68** 어느 고등학교에서 징계 받은 학생들을 집단상담에 의무적으로 참여하게 하였다. 전문상담교사의 적절한 구조화 반응과 가장 거리가 먼 것은?

① 참석한 다른 학생들의 신상정보나 상담내용에 대해 밖에 나가서 말하지 않겠다고 약속해야 합니다.
② 여러분이 이 집단에 자진해서 오지 않아서 기분이 좋지 않을 것이라고 생각해요. 솔직하게 감정을 말하는 시간을 갖고 싶어요.
③ 여러분이 적극적으로 참여하면 집단상담에서 도움을 얻을 수 있어요. 저도 이 기간 동안 여러분이 좋은 경험을 할 수 있도록 최선을 다하겠습니다.
④ 지금 참여하고 싶지 않은 분들은 조용히 앉아만 있어도 좋아요. 제가 말할 수 있는 것은 이러한 집단은 도움이 되고, 여러분이 참여하면 도움이 될 수 있지요.
⑤ 여러분은 몸만 여기에 있고 집단활동에 전혀 참여할 생각이 없네요. 그렇지만 내가 장담하는데, 이 집단상담이 끝나면 여러분은 모범학생이 되어 있을 것입니다.

**69** 다음은 전문상담교사가 중학생 대상의 집단상담을 계획·운영한 과정에 관한 내용이다. (가)~(라) 중 비윤리적 행동에 해당하는 사례 2가지를 찾아 기호를 쓰고, 그 이유를 각각 서술하시오.

(가) 프로그램 계획 회의에서 유사 집단상담 프로그램을 진행했던 동료 상담교사가 현실치료 상담 기법을 활용 하였는데 효과가 좋았다며 제안하였다. 하지만 이 기법과 관련하여 아직 미숙하고 수련을 받지 않기 때문에 포함시키지 않았다.

(나) 집단상담 참여자를 모집하기 위하여 담임교사들에게 홍보를 부탁하였고, 12명의 학생이 신청하였다. 그 중 10명은 자발적으로 신청하였고 2명은 담임교사가 의뢰하였다. 이에 비자발적으로 신청한 학생 2명의 부모님에게만 동의서를 받았다.

(다) 집단상담 시작 전에 집단 구성원의 사생활 보호와 비밀 보장의 중요성을 강조하고 이를 집단의 규준으로 삼았다. 하지만 비밀보장의 한계로 집단상담 과정에서 사생활 보호나 비밀보장이 완전하게 지켜지지 못할 수도 있음을 알렸다.

(라) 찬수는 2회기 참여 후, 집단상담에 참여하지 않았다. 그만두고 싶은 경우 사전에 알려야 한다는 안내를 하지 않았기 때문에 찬수의 결정을 존중하여 본인에게 직접 연락을 하지 않고 집단상담을 계속 진행하였다.

김진구

**전문상담 기출문제집**

김진구 전문상담 기 출 문 제 집

CHAPTER

# 07

# 특수아상담 및 이상심리 기출문제

- ✦ 특수아 상담 및 분류
- ✦ 지적장애
- ✦ 자폐 스펙트럼 장애
- ✦ 특정학습장애
- ✦ ADHD
- ✦ 품행장애
- ✦ 정서 및 행동장애
- ✦ 영재아 및 특수아동 관리

## 기출영역 특수아상담 및 이상심리

### 1. 특수아 상담

| | 14 | 15 (+추시) | 16 | 17 | 18 | 19 | 20 | 21 | 22 | 23 | 24 | 25 |
|---|---|---|---|---|---|---|---|---|---|---|---|---|
| 특수아 상담과 통합교육 | | | | | | | 범주 및 차원적 분류 (이상) | | | | | |
| 특수아동 진단 및 평가 | | | | | | | 정서행동장애 선별검사 | | | | | |
| 지적장애 | | | | | 지적장애 적응기능 | | | | | | | |
| 자폐스펙트럼 | | 진단기준 | | | | | | | | 진단기준 | | |
| ADHD | | 진단 및 개입방법 | | 진단 | | ADHD | | | 지속주의, CPT, 자기교시 | | 증상, 약물치료 | |
| 특정 학습장애 | | | 능력-성취 불일치 | | | | | | | | | |
| 파괴적, 충동조절 및 품행장애 | | | | 품행장애 진단 | 감별진단, 품행장애: 아동기 발병형 | | | | | | | |
| 기타 신경발달장애 | | | | | | | | | | | | |
| 정서 및 행동장애 | | PTSD | | | 학습된 무력감 | | | | | | | |
| 영재아 상담 | 개입방법 | | | 특징 | | | | | 렌줄리, 비동시성과 과흥분성 | | | |
| 행동수정 | | 기법 | | | 차별강화 | | | 변별 | 일반화 | 강화계획 | 토큰경제, 조형법 | |
| 특수아동 관리 | | | | | | | 전환교육 | | | | 미술치료: 빗속의 사람 | |

### 2. 이상심리학

| 구분 | 18 | 19 | 20 | 21 | 22 | 23 | 24 | 25 |
|---|---|---|---|---|---|---|---|---|
| 분류 | | | 범주적 분류와 차원적 분류 | | | | | DSM-5 특징(차원적 분류와 심각도) |
| DSM-5 | | | 비자살성 자해 | | | | | 비자살성 자해 진단기준 |
| 행동장애 | 반사회성 성격장애 진단(ADHD, CD 포함) | | | | | | | |
| 기분장애 | | | | | | 우울증: 인지삼제 | 우울유발 귀인 | 우울: 행동활성화 |
| 불안장애 | | | 범불안장애: 지속기간 | 공황장애: 클락 모형 진단기준 | 2요인 모형 | | | 사회불안장애, 범불안장애 |
| 급식 및 섭식장애 | | | 폭식장애 | | | | 폭식장애, 신경성 폭식증 | |
| 강박장애 | | | | 노출 및 반응방지법 | | 사고억제의 역설효과, 사고중지 기법 | | 노출 및 반응방지법 |
| 외상 및 스트레스 사건 관련 장애 | | | | | | | PTSD 진단기준 | |
| 해리장애 | 이인증 | | | | 비현실감, 통합, 국소적 기억상실 | | | |

# CHAPTER 07 특수아상담 및 이상심리 기출문제

 **특수아상담 및 분류**

**01** ◀ 2011

전문상담교사가 특수아 상담을 할 대 고려할 사항으로 옳지 <u>않은</u> 것은?

① 장애인 등에 대한 특수교육법은 영재아동을 포함하여 총 10개 장애 영역을 특수교육대상자 선정 범위로 규정한다.
② 특수교육대상자의 교육적 (재)배치를 위한 전문적 진단 및 평가는 각 교육지원청 산하 특수교육지원센터에서 실시한다.
③ 학생들의 장애 유무를 결정하기 위한 평가 과정에서는 해당 학생의 등일 연령 집단 내 수준뿐 아니라 개인 내 차이를 비교한다.
④ 장애인 등에 대한 특수교육법은 특수교육 대상자와 그 가족에 대하여 가족상담, 가족지원 프로그램 등 가족지원을 특수교육 관련서비스로 제공하도록 규정한다.
⑤ 경도 정신지체 학생이 보이는 문제행동의 본질을 이해하기 위해서는 해당 학생의 지적 능력이나 특이한 기질보다 문제 행동과 이를 유지시키는 강화인자를 우선 고려한다.

◀ 2013

**02** 특수아상담에 관한 설명 중 옳은 것만을 〈보기〉에서 있는 대로 고른 것은?

〈보기〉

ㄱ. 특수아상담은 장애의 정도와 심각성에 따라 개별적인 방법으로 접근해야 한다.
ㄴ. 효율적인 상담을 위해 특수아동의 특성과 욕구 및 교육적 지원방법을 알고 있어야 한다.
ㄷ. 특수교사와의 긴밀한 협조 하에 특수아동에게 필요한 교육적 지원이 함께 이루어져야 한다.
ㄹ. 특수아상담은 여러 영역의 전문가에 의한 종합적인 평가 결과에 기초해서 진행해야 한다.

① ㄱ, ㄴ
② ㄴ, ㄷ
③ ㄱ, ㄷ, ㄹ
④ ㄴ, ㄷ, ㄹ
⑤ ㄱ, ㄴ, ㄷ, ㄹ

◀ 2012

**03** 특수아 상담에 관한 설명으로 가장 적절하지 <u>않은</u> 것은?

① 특수아 상담은 개인의 문제 종류와 심각성에 따라 개별적인 방법으로 접근해야 한다.
② 특수아 상담은 상담의 목적에 따라 크게 치료적 상담과 발달적 상담으로 구분할 수 있다.
③ 특수아 상담은 특수아 개인의 문제와 학교생활을 전반적으로 자문해 주는 생활지도를 포함하고 있다.
④ 특수아 상담의 원리와 방법은 일반 상담과 다르지만 특수아의 사회·심리적 경험이나 요구는 일반 학생과 같다.
⑤ 특수아 상담은 교사나 부모들이 상담을 의뢰하는 경우가 많으므로, 특수아 부모의 심리 상태와 심리적 변화를 이해하는 것이 중요하다.

## 04 | 2020

다음은 전문상담교사가 교육실습생과 나눈 대화의 일부이다. 밑줄 친 ㉠, ㉡에 해당하는 분류체계의 명칭을 순서대로 쓰고, 밑줄 친 ㉠의 장점과 단점을 1가지씩 서술하시오.

> 상 담 교 사 : 진단은 심리 증상이나 행동을 분류체계에 따라 특정한 기준에 할당하는 분류작업이라고 할 수 있어요.
> 교육실습생 : 분류체계요?
> 상 담 교 사 : 다양하고 복잡한 심리 증상과 행동을 공통점이나 유사성에 근거해서 좀 더 이해하기 쉬운 형태로 체계화한 표준적인 틀이지요.
> 교육실습생 : 아하! 체계화한 표준적인 틀을 사용하면 심리 증상과 행동의 유형을 쉽게 파악할 수 있겠군요.
> 상 담 교 사 : 그렇지요. 이런 목적으로 만들어진 분류체계에는 개인의 ㉠ 증상이나 행동이 진단기준에 따라 나누어 놓은 특정 정신장애에 해당하는지 아닌지에 초점을 두는 접근방식과 ㉡ 증상이나 행동이 정신장애의 심각도의 연속선상에서 어느 범위에 있는지에 초점을 두는 접근방식이 있어요.

## 지적장애

**05** 2013

정신지체(mental retardation)에 관한 내용 중 옳지 <u>않은</u> 것은?

① 정신장애진단통계편람에 의하면, 만 18세 이전에 발생한다.
② 정신지체 진단을 위해서는 지능검사와 적응행동에 대한 평가를 실시해야 한다.
③ 경도(mild) 정신지체학생들은 수준에 맞게 변형된 일반교육과정을 학습할 수 있다.
④ 문제행동이 발생했을 때 학생의 입장에서 문제행동의 원인을 체계적으로 분석하여 대체행동을 가르칠 수 있다.
⑤ 정신장애진단통계편람에 의하면, '경도(mild)', '중등도(moderate)', '최중도(profound)', '심각도가 세분되지 않는(severity unspecified)' 정신지체로 분류된다.

**06** 정신지체(mental retardation)가 의심되는 학생을 판별할 때 사용하는 진단기준 2가지를 쓰시오.

(1) _____

(2) _____

© 2018

**07** 다음은 전문상담교사와 통합학급 담임교사가 민지(중 1, 여)에 대해 나눈 대화 내용이다. 『정신질환의 진단 및 통계편람 제5판』(DSM-5)에 근거하여 (    ) 안에 들어갈 장애의 명칭을 쓰시오. 그리고 이 장애의 진단기준이 되는 적응기능 영역 3가지를 쓰고, 각 영역을 밑줄 친 민지의 특성과 연결지어 서술하시오.

> 담임교사 : 선생님, 우리 반에 정신지체가 있는 민지라는 아이가 있어요. 오랜만에 특수반 아이를 맡게 되어 모르는 게 많네요.
> 상담교사 : 그 아이를 위해 미리 준비하시는 모습이 보기 좋네요. 그런데 정신지체는 (    )(이)라는 명칭으로 바뀌었어요.
> 담임교사 : 아, 그렇군요. 부정적인 어감이 사라져서 좋네요. 지능지수(IQ) 70 이하이면 이 장애로 진단받는 것으로 알고 있는데요. 제가 알고 있는 게 맞나요?
> 상담교사 : 이 장애는 지능지수만으로 진단하는 것이 아니라 지적기능과 적응기능, 발달시기를 모두 고려하여 진단을 내려요. 그래서 전문가의 종합적인 판단이 매우 중요해요.
> 담임교사 : 그런 변화가 있었군요. 민지 어머니의 말씀을 종합 해보면, "<u>민지는 읽기와 쓰기, 수학을 공부하는 데 어려움이 있어요. 또래에 비해서는 사회적 상호작용이 미숙하여 친구들과 의사소통이 안 될 때가 많고요. 자기 관리는 제법 하는 편인데, 복잡한 일상생활을 할 때는 도움이 필요해요.</u>"

## 자폐스펙트럼장애

**08** 다음의 증상을 보이는 아동에게 적합한 진단명을 쓰시오.

> - 제한적, 반복적, 판에 박힌 행동을 보인다. 비현실적인 의식(rituals)과 물체의 작은 부분에 지나치게 집착한다.
> - 의사소통에 장애가 있다. 말하는 능력이 부족하고 그 발달이 늦으며, 대화를 시작하고 유지하는 능력이 부족하다.
> - 사회적 상호작용에 장애가 있다. 또래와 관계형성을 못하며, 자신의 관심이나 능력을 다른 사람과 공유하지 못한다.

- 진단명 : _____

◁ 2015 추시

**09** 다음은 자폐스펙트럼 장애 진단을 받은 수희(중 1, 여)에 대한 사례 요약서의 일부이다. 사례 요약서에는 정신장애의 진단 및 통계편람(DSM-5)에 제시된 자폐스펙트럼 장애의 5가지 진단기준 중 4가지만 제시되어 있다. 추가해야 할 진단 기준 1가지를 쓰고, 그 기준에 부합되는 행동 증상 2가지를 서술하시오.

> 〈사례 요약서〉
> 수희는 어린 시절부터 부모나 또래와의 관계에서 의사소통과 상호작용의 문제를 지속적으로 보여 왔다. 초등학교 시절, 수희는 수업 시간에 담임교사가 이름을 불러도 못 들은 척하면서 눈을 마주치지 않았고, 공부에도 별다른 흥미를 보이지 않았다. 중학생이 되어서도 수희는 말이 없고 또래 관계에 관심을 보이지 않았으며, 친구들과의 의사소통이 거의 이루어지지 않았다. 어쩌다 친구들이 다가와도 무표정으로 대하면서 가끔은 상황에 어울리지 않는 엉뚱한 행동을 하여 친구들을 당황스럽게 만들기도 하였다. 수희는 수학을 제외한 대부분의 과목에서 친구들에 비해 성적이 매우 저조하였다. 그런데, 지능검사 및 관련 심리검사 결과상에는 지적 발달장애나 전반적인 발달지연은 관찰되지 않았다.

◀ 2013

**10** 정신장애진단통계편람(DSM-IV-TR)에 의해 기하(중 1, 남)에게 진단된 장애에 관한 설명으로 옳지 <u>않은</u> 것은?

> 기하는 통합교육을 받고 있는 장애학생이다. 기하는 모둠 활동이나 친구들과 함께 하는 활동을 싫어하고, 혼자만의 세계에 있기를 좋아하였다. 기하는 또박또박 단어를 끊어서 발음하는 등 독특한 말투로 말을 하였고, 자신이 읽은 책의 문구를 그대로 옮겨와 말을 하곤 하였는데, 맥락에 맞지 않을 때가 종종 있었다. 기하는 자신이 관심 있는 우주기술자에 대해서만 계속 이야기 하려고 하고, 다른 사람의 이야기에는 관심을 기울이지 않았다. 때론 기하의 이야기를 듣고 있던 친구가 시계를 자주 힐끔힐끔 보면서 급히 다른 데로 가보아야 할 일이 있음을 표현하는 것을 알아차리지 못하였다. 또한 흥분하거나 긴장될 때 의자를 앞뒤로 강하게 흔들거나 얼굴 앞에서 손가락을 흔들곤 하였다. 기하가 좋아하는 영어 성적은 괜찮은 편이지만, 수학과 과학 성적은 저조하였다.

① 상동증적이고 반복적인 신체 매너리즘이 나타난다.
② 특정 비기능적인 일과나 의식에 융통성 없이 집착하기도 한다.
③ 대화 주제를 공유하지 못하거나 다른 사람들의 이야기를 들으려 하지 않는다.
④ 언어발달은 임상적으로 유의한 지체를 보이지 않지만, 인지발달에서는 유의한 지체를 나타낸다.
⑤ 다른 사람들과 상호작용할 때 상대방의 비언어적 단서를 이해하지 못하는 경우가 많다.

**11** 다음은 자폐 스펙트럼 장애에 관하여 이 교사와 전문상담교사 간에 이루어진 대화 내용의 일부이다. 〈작성 방법〉에 따라 서술하시오.

> 이 교사 : 선생님, 저희 반에 조금 특이한 행동을 하는 학생이 있는데요. 이 학생은 자리 배치를 바꾸면 소리를 질러요. 그리고 암기력은 뛰어난데, 질문에 답은 하지 않아요. 다른 학생들과 적절한 눈 맞춤을 하지 못하고, 의자에 앉아서 몸을 계속 앞뒤로 흔들어요. 부모님 말로는 그 학생이 자폐 스펙트럼 장애 진단을 받았다고 하네요. 제가 그 학생을 이해하기 위해서라도 자폐 스펙트럼 장애에 대해서 조금은 알아야 할 것 같은데요. 설명을 좀 부탁드려도 될까요?
>
> 상담교사 : DSM-5라고 하는 진단 기준으로 설명 드려 볼게요. 자폐 스펙트럼 장애의 대표적 특성은 2가지입니다. 첫째는 다양한 분야에 걸쳐 나타나는 ( ㉠ ) 및 ( ㉡ )의 지속적인 결함이 현재 또는 과거력상 나타나는 것이고, 둘째는 제한적이고 반복적인 행동이나 흥미, 활동이 현재 또는 과거력상 나타나는 것입니다.
>
> 이 교사 : 첫 번째 특성으로 말씀하신 것은 무슨 의미인지 짐작이 좀 가는데요. 두 번째 특성으로 말씀하신 제한적이고 반복적인 행동이나 흥미, 활동에는 어떤 것들이 있나요?
>
> 상담교사 : 제한적이고 반복적인 행동이나 흥미, 활동에는 4가지의 하위 특징이 있어요. 첫째는 ㉢ <u>상동증적이거나 반복적인 운동성 동작, 물건 사용 또는 말하기</u>이고요. 둘째는 ㉣ <u>동일성에 대한 고집</u>, 일상적인 것에 대한 융통성 없는 집착, 또는 의례적인 언어 또는 비언어적인 행동 양상이에요.
>
> … (하략) …

―〈작성방법〉―

- 괄호 안의 ㉠, ㉡에 들어갈 내용을 각각 쓸 것.
- 밑줄 친 ㉢, ㉣의 예를 사례에서 찾아 순서대로 서술할 것.

### 특정학습장애

**◁ 2011**

**12** 학습부진, 학습장애, 정신지체를 비교한 내용으로 옳지 <u>않은</u> 것은?

① 학습부진은 정신지체와 달리 일반 지능(IQ)이 정상 범위에 있다.
② 학습장애는 학습부진과 달리 학업 성취의 어려움이 중추신경계의 기능장애에 기인한다.
③ 학습부진은 학습장애와 달리 학업 성취의 어려움이 개인의 정서적·환경적 요인에 기인한다.
④ 학습장애는 일반 지능(IQ)이 정상 범위에 있으나, 학습부진과 달리 적응행동에 결함을 보인다.
⑤ 정신지체는 학습장애와 달리 일반 지능(IQ)이 유의미하게 낮으며, 동시에 적응 행동에 결함을 보인다.

**◁ 2013**

**13** 학습장애에 관한 설명으로 옳은 것만을 〈보기〉에서 있는 대로 고른 것은?

――――〈보기〉――――
ㄱ. 지능지수가 70 이하인 경우 학습장애로 진단된다.
ㄴ. 학습장애 학생들은 인지전략 및 초인지전략의 활용에 있어서 현저한 결함을 보인다.
ㄷ. 학습장애 학생들은 누적된 실패경험을 통한 심리적 좌절로서 학습된 무기력을 경험한다.
ㄹ. 학습장애 학생들은 중요한 타인으로부터 소외되는 경우가 많기 때문에 이들이 경험하는 심리적 문제에 대한 도움을 필요로 한다.

① ㄱ, ㄴ  ② ㄱ, ㄷ  ③ ㄱ, ㄷ, ㄹ
④ ㄴ, ㄷ, ㄹ  ⑤ ㄱ, ㄴ, ㄷ, ㄹ

**14** 다음을 읽고 답하시오.

- 낮은 자존감 학습된 무기력 또는 사회기술의 결함을 보일 수 있다.
- 읽기, 산술, 쓰기를 개별적으로 평가하는 표준화된 학력검사 점수가 나이, 학업, 연한, 지능에 비해 기대되는 수준보다 현저하게 낮게 나올 때 진단된다.

- 어떤 장애에 대한 설명인지 쓰시오. _____

- '현저하게 낮게 나올 때'란 위의 표준화된 학력검사 점수와 지능지수 간에 어느 정도 차이가 날 때를 의미하는지 쓰시오. _____

**15** 다음은 담임교사와 전문상담교사가 성우(1, 남)에 대해 나눈 대화이다. 상담교사가 적용하고 있는 학습장애 선별 및 진단에 대한 접근방법이 무엇인지 쓰고, 대화에서 나타난 학습장애 선별 및 진단 절차 2가지를 상담교사의 질문내용에서 찾아 서술하시오.

ⓒ 2016

> 담임교사 : 저희 반에 성우라는 아이가 있는데, 아이의 상태를 파악할 수 없어요.
> 상담교사 : 성우에 대해 구체적으로 말해 주시겠어요?
> 담임교사 : 평소에 이해도 빠르고 성실한 아이인데, 제 수업 시간에 교과서를 읽어 보라고 했는데 제대로 못 읽는 거예요.
> 상담교사 : 성우의 성적은 어떤지요?
> 담임교사 : 이번에 교육청에서 실시한 성취도평가 결과가 내일 나온다고 했어요.
> 상담교사 : 지난 3월에 1학년 학생 전체를 대상으로 실시했던 지능검사에서 성우의 지능은 어땠나요?
> 담임교사 : 잘 기억이 나지는 않지만 그렇게 높거나 낮은 쪽은 아니었던 것 같아요.
> 상담교사 : 그럼, 지능검사 결과와 교육청 성취도평가 결과 두 가지를 저에게 주실 수 있으신가요?
> 담임교사 : 네, 그러겠습니다.
> 상담교사 : 그리고 성우가 다문화 학생은 아니지요?
> 담임교사 : 아닙니다. 별다른 어려움은 없어 보이는 아이요. 친구들이랑도 잘 지내고, 수업 시간에도 열심이고. 다만, 열심히 해도 안 된다는 얘기는 한 적이 있어요.
> 상담교사 : 지난 주에 나온 정신건강검사 결과에서도 성우는 위험군 명단에 들어 있지 않네요.
> 담임교사 : 그럼 뭐가 문제일까요?
> 상담교사 : 아직 확실하지는 않지만 학습장애를 의심해 볼 필요가 있습니다. 선생님께서 가지고 계신 자료를 확인해 보고, 성우도 직접 만나 보도록 하겠습니다. 학습장애 가능성이 확인되면 부모님께도 의논드리고 정확한 진단을 위한 단계로 넘어가도록 할게요.

## ADHD

**16** 다음 영수의 증상을 '정신장애의 진단 및 통계편람 제4판(DSM-Ⅳ)'에 근거하여 진단하고자 한다. 물음에 답하시오.

> 영수는 ㉮ 공부나 놀이를 할 때 지속적으로 주의를 집중할 수 없으며, 학습에 필요한 물건들을 자주 잃어버린다. 또 ㉯ 선생님께서 자리에 앉아 있으라고 해도 가만히 앉아 있지 못하고 교실 안을 이리저리 돌아다니고, 지나치게 수다스럽게 말을 한다. 그런가 하면 ㉰ 선생님의 질문이 채 끝나기도 전에 성급하게 대답하고, 친구들의 놀이와 공부를 방해하고 간섭한다. 영수에게 이러한 증상들이 처음 나타난 시기는 5세 전후였으며, 그 후 영수는 가정과 학교에서 여러 가지 사회적, 학업적 기능상의 문제를 겪고 있다.

- 영수에게 적합한 진단명을 쓰시오. _____

- ㉮, ㉯, ㉰는 이 장애의 주요 증상들이다. 각 증상을 대표하는 용어를 쓰시오.
  ㉮ _____, ㉯ _____, ㉰ _____

◀ 2019

**17** 다음은 전문상담교사가 민수(초 2, 남, 만 8세)의 담임교사와 부모로부터 수집한 정보를 바탕으로 작성한 민수의 행동양상에 관한 내용이다. DSM-5에 근거하여 민수의 사례에 부합하는 진단명을 쓰시오.

> 민수는 초등학교에 입학해 지금까지 학급에서 행동적·사회적 어려움을 지속적으로 겪고 있다. 학교에 잘 출석하고 공부도 비교적 잘하는 편이지만, 수업시간에 지속적으로 돌아다니며 수업을 방해한다. 의자에 앉아서도 몸을 꿈틀거리고 안절부절 못한다. 민수는 친구들이 없는 것이 아니지만, 다른 사람의 말을 가로채거나 자신의 차례를 지키지 않으며 끊임없이 참견하고 다른 사람의 물건을 허락 없이 사용해, 친구들이 짜증 내는 경우가 많다. 민수는 친구들과 함께 놀고 싶어 하나 친구들이 싫어하여 함께 놀기가 어렵고, 친구들은 민수가 쉴 새 없이 운동하자고 해서 민수를 귀찮아한다. 집에서도 식사시간에 의자에 거의 앉아 있지 못하고 부산하게 돌아다니곤 한다. 누군가 민수의 행동을 꾸짖으면 곧잘 후회하는 모습을 보이다가도 금방 화를 내면서 자신을 억제할 수 없는 것처럼 행동한다.

**18.** 다음의 (가)는 경수(중1, 남)의 사례 내용이고, (나)는 전문상담교사들이 나눈 대화 내용의 일부이다. 〈작성 방법〉에 따라 서술하시오.

---

(가)

경수(중1, 남)는 ADHD로 진단을 받아 약물을 복용하고 있다. 학교에서 수업에 집중하지 못하고 또래관계 문제가 있다. 예를 들면, 국어나 수학 시간에 집중하지 못하여 쉬운 맞춤법과 계산도 틀린다. 급식시간에 자신의 순서를 기다리지 않고 친구를 떠밀며 끼어들어 친구가 넘어지기도 하였다. 부모님은 경수가 일상적인 활동에서 잊어버리는 일이 많고 약속을 지키지 않아 야단을 치는 경우가 많다. 예를 들면, ㉠ 경수는 숙제를 반복적으로 잊어버리고 하지 않아 부모님이 지적해도 고쳐지지 않는다. 부모님은 경수의 이러한 행동을 반항하는 것으로 오해하고 있다.

---

(나)

김 교사 : 저는 ADHD로 진단을 받아 약물을 복용하고 있는 학생을 상담하고 있어요. 이 학생은 주의 집중력이 부족해서 과업에 몰두하지 못하고 쉽게 산만해져 교사들이 생활 지도를 하는 데 힘들다고 해요. 약물복용을 하면서 이전보다 증상이 많이 완화되었지만 ㉡ 약물치료의 한계가 있어서 부모님은 다른 치료도 함께 병행하기를 원하고, 가정에서 지도하는 데 필요한 정보도 알고 싶어 해요.

신 교사 : 부모님도 원하시고 학생의 적응을 돕기 위하여 대안을 고려해 보셔야겠군요.

김 교사 : 네, ADHD 학생의 증상 완화를 위해 일반적으로 약물치료와 행동수정 등이 사용돼요. 저는 학생의 순서지키기 행동을 강화하기 위해 토큰경제를 사용하려고 해요. 그래서 '순서지키기'를 ( ㉢ )(으)로 결정하고, 그 다음으로 ( ㉣ )을/를 설정하려고 해요. 이와 함께 부모교육이 필요한 거 같아요. 부모님은 학생이 어릴 때부터 끊임없이 문제 행동을 일으켜서 지치고 스트레스가 많아서 학생과의 관계가 좋지 않은 경향이 있어요. 그래서 가정에서 ADHD 학생을 지도하는 데 필요한 정보를 정리하고 있어요.

---

〈작성방법〉

- (가)의 밑줄 친 ㉠에 해당하는 부모의 오해를 수정하기 위해 제공해야 할 정보를 ADHD의 주요 증상을 바탕으로 1가지 서술할 것.
- (나)의 밑줄 친 ㉡의 약물치료의 한계를 행동수정의 측면에서 1가지 서술할 것.
- (나)의 괄호 안의 ㉢과 ㉣에 해당하는 용어를 순서대로 쓸 것.

## 19  ◀ 2015

다음은 전문상담교사인 심 교사가 단비(중 1, 여)에 대하여 단비 어머니와 면담한 축어록의 일부이다. 단비의 진단명을 쓰고, 진단명에 따른 증상을 감소시키기 위해 단비의 교실 내 자리 배치, 그리고 숙제를 명료하게 부여하는 것과 관련하여 심 교사가 단비의 담임교사에게 제안할 내용을 각각 2가지씩만 쓰시오.

> 어머니 : 최근에 단비 성적이 많이 떨어졌어요. 집에서 숙제하라고 계속 야단을 쳐도 숙제를 끝내지 못해요. 학교에서는 어떤지 궁금해서 찾아뵈었어요.
> 심교사 : 잘 오셨어요. 단비가 수업 시간에도 선생님들의 질문을 잘 이해하지 못하고 엉뚱한 대답을 한다고 하네요. 그리고 활동을 제대로 끝내지 못하는 경우도 많다고 하고요.
> 어머니 : 그런가요? 단비가 점점 참을성이 없어지는 것 같아요. 아무 생각도 없이 행동부터 하고 보는 것 같아요. 물건도 자주 잃어버리고……. 너무 답답해서 얼마 전에 단비를 병원에 데려가 검사를 받게 했는데 지능은 정상이라고 해서 한시름 놓았어요. 그때 병원에서 처방해 준 리탈린(Ritalin)을 지금도 먹고 있어요. 그랬더니 조금 나아지는 것 같긴 한데……. 단비가 학교 수업만큼은 잘 따라갈 수 있도록 선생님께서 도와주세요.
> 심교사 : 정말 걱정이 되시겠어요. 단비가 학교 수업에 잘 참여하고 숙제를 잘 끝낼 수 있도록 단비의 담임선생님과 상의해서 도움이 되는 조치를 취해 보겠습니다.

## 20  ◀ 2009

다음 특징을 보이는 중학교 1학년 민석에 대한 상담접근으로 옳은 것을 〈보기〉에서 모두 고른 것은?

> 민석은 수업시간에 집중하지 못하고 자주 자리를 이탈한다. 책을 읽을 때는 단어나 단어의 일부분을 빠뜨리고 읽는다. 전체 성적도 좋지 않은 편이다. 항상 들떠 있고 질문이 끝나기도 전에 성급하게 답을 한다. 급식시간에도 차례를 기다리지 못하고, 쉬는 시간에도 다른 학생들에게 참견하기를 좋아하고, 말도 너무 많아서 학생들이 싫어한다. 교사가 주의를 주어도 이런 행동은 반복된다. 이런 행동은 초등학교 때부터 계속된 것이고 가정에서도 나타나기 때문에 부모는 민석의 교육에 스트레스가 많다.

―― 〈보기〉 ――
ㄱ. 민석의 자기 통제력을 증진하기 위해 언어적 중재전략을 사용한다.
ㄴ. 민석의 장애 치료에는 약물치료와 행동치료를 병행하는 것이 효과적이지 않다.
ㄷ. 부모에게 의사소통기법, 보상과 처벌 방법, 감정표현 방법 등을 교육한다.
ㄹ. 민석의 학습문제를 해결해 주기 위해 문제해결기술, 또래관계개선, 동기화, 자기조절훈련 프로그램을 사용한다.

① ㄱ, ㄴ    ② ㄱ, ㄷ    ③ ㄷ, ㄹ
④ ㄴ, ㄷ, ㄹ    ⑤ ㄱ, ㄴ, ㄷ, ㄹ

## 21

다음은 종화(중1, 남)에 대한 박 교사와 전문상담교사가 나눈 대화의 일부이다. 〈작성 방법〉에 따라 서술하시오.

> 박 교사: 종화는 초등학생 때 ADHD로 진단받았다고 합니다. 수업 시간에 종화를 살펴보면 한 주제에서 다른 주제로 주의집중력을 이동하는 일은 잘 하는데 한두가지 과제에 초점을 맞추거나 오랫동안 한 과제에 끈기 있게 집중하는 것은 못하는 것 같아요.
> 
> 상담교사: 주의집중력 중에서도 종화는 선택적 주의집중력과 ( ㉠ )에 문제를 지닌 것 같네요.
> 
> 박 교사: 그것은 어떻게 확인할 수 있나요?
> 
> 상담교사: ㉡ 시각적 자극과 청각적 자극을 이용해 주의집중력을 측정하는 컴퓨터 프로그램 검사를 실시하면 부주의와 충동성의 정도를 객관적으로 평가할 수 있어 주의집중력의 문제를 확인할 수 있습니다.
> 
> … (중략) …
> 
> 박 교사: 종화에게 도움이 되는 훈련은 무엇이 있을까요?
> 
> 상담교사: ADHD 청소년의 경우 인지행동 훈련이 도움이 된다고 합니다. 대표적인 훈련 방법으로 마이켄바움(D. Meichenbaum)의 ( ㉢ )이/가 있습니다. 이것은 문제해결과정에서 사용하는 생각과 행동에 대하여 구체적인 언어로 소리 내어 밖으로 표현하게 하는 훈련 방법입니다

〈작성방법〉

- 괄호 안의 ㉠에 해당하는 개념의 명칭을 쓸 것.
- 밑줄 친 ㉡에 해당하는 검사 명칭 1가지를 쓸 것.
- 괄호 안의 ㉢에 해당하는 훈련 방법의 명칭을 쓰고, 그것의 상담 효과를 서술할 것

## 품행장애

◀ 2012

**22** 정신장애 진단 및 통계편람(DSM-Ⅳ)에 명시된 품행장애 진단 기준에 대한 설명으로 옳은 것만을 〈보기〉에서 있는 대로 고른 것은?

─〈보기〉─
ㄱ. 사람이나 동물에게 잔인한 행동을 한다.
ㄴ. 행동장애가 사회, 학업 또는 직업기능에 중대한 지장을 초래한다.
ㄷ. 잦은 무단외박, 무단결석 등 중대한 규칙위반은 13세 이후부터 시작되어야 한다.
ㄹ. 18세 이상이면 반사회성 성격장애의 진단기준에 맞아야 품행장애도 진단된다.
ㅁ. 사람과 동물에 대한 공격, 재산파괴, 사기 혹은 절도가 12개월 간 있으면서 이 중 최소 1가지 항목이 지난 6개월 동안 나타나면 진단된다.

① ㄱ, ㄷ   ② ㄴ, ㄹ   ③ ㄹ, ㅁ
④ ㄱ, ㄴ, ㅁ   ⑤ ㄷ, ㄹ, ㅁ

## 23

다음은 전문상담교사가 민규(고 3, 남)의 진단과 관련하여 민규 어머니와 나눈 대화 내용이다. 〈작성방법〉에 따라 서술하시오.

---

어 머 니 : 올해 민규가 ㉠ 만 18세인데 이번에 ADHD와 함께 품행장애, 반사회성 성격장애 이렇게 3가지 진단을 받았어요.

상담교사 : 아, 그래요? 민규가 그동안 어떤 진단을 받았는지 좀 더 자세히 말씀해 보시겠어요? 진단에 대한 정보가 민규를 상담하는 데 도움이 되거든요.

어 머 니 : 네, 말씀드리죠. 민규가 ㉡ 만 5세 때 처음 ADHD 라는 진단을 받았어요. 너무 놀랐고, 민규 때문에 눈물도 참 많이 흘렸죠.

상담교사 : 많이 힘드셨겠네요.

어 머 니 : 네. 민규는 ㉢ 만 9세 때 ADHD와 함께 품행장애 진단을 받았어요. ㉣ 만 15세 이전에 품행장애의 증상을 보이는 경우 아동기 발병형 품행장애라고 하더군요. 그리고 ㉤ 만 16세 때 처음 반사회성 성격장애 진단을 받았지요.

상담교사 : 네, 그런데 어머니께서 말씀하신 내용 중에 확인이 필요한 부분이 있어요. 좀 더 질문을 드려 볼게요.

---

〈작성방법〉

- 밑줄 친 ㉠~㉤ 중 『정신질환의 진단 및 통계편람 제5판』(DSM-5)의 연령 및 중복 진단 기준에 부합하지 않는 내용 3가지를 찾아 그 이유를 각각 설명할 것.
- 장애의 지속성 및 공격성 측면에서 아동기 발병형 품행 장애의 발달적 특징을 청소년기 발병형 품행장애와 비교하여 각각 서술할 것.

**24.** 다음은 전문상담교사가 민철(중 3, 15세, 남)을 상담한 내용이다. 정신질환의 진단 및 통계편람(DSM-5)에 근거할 때 민철에게 해당하는 진단명을 쓰고, 진단 기준을 충족하는 문제 행동을 3가지 서술하시오.

> 상담교사 : 가출한 적이 있다고 하던데, 좀 더 자세히 이야기 해 줄 수 있어요?
> 민　　철 : 처음 나간 건 1개월 전이고 지난주에도 1번 나갔어요. 집에 있는 것도 싫고, 부모님도 보기 싫고, 돈을 벌고 싶었어요. 나가서 이것저것 닥치는 대로 아르바이트를 해서 돈도 좀 벌었죠.
> 상담교사 : 친구들의 돈을 뺏었다고 하던데, 언제 처음 그랬는지 기억해 보겠어요?
> 민　　철 : 그러기 시작한 지 1년은 넘었죠. 1주일에 1~2번은 친구들 돈을 빼앗아 제 용돈으로 썼어요.
> 상담교사 : 수업 시간에 교실에서 돌아다닌다고 하던데 좀 더 자세히 말해 줄래요?
> 민　　철 : 수업이 너무 길고 지루하잖아요. 한자리에 앉아 있는 건 정말 힘들거든요. 앉아서 이것저것 딴 짓도 해보다가 필요한 물건이 있으면 사물함에 가서 찾아오기도 하고 화장실도 다녀오고……. 
> 상담교사 : 친구들을 때린 게 이번이 처음은 아니라고 하던데, 언제부터 그랬나요?
> 민　　철 : 중 1 때부터 마음에 들지 않는 아이가 있으면 두고 보다가 한 번씩 손봐 준 거죠. 거의 1달에 1번 몸 좀 푸는 거죠.
> 상담교사 : 지난주에 경찰서에는 무슨 일로 갔는지 말해 줄 수 있어요?
> 민　　철 : 골목에 있는 자동차 문을 부쉈거든요. 이번에 재수 없이 들키는 바람에 이전 사건들도 다 드러나게 된 거예요.
> 상담교사 : 이전이라면?
> 민　　철 : 작년 내 생일 다음날인가? 여하튼 1년 반 전부터 자동차를 부순 10건 정도의 사건들이 이번에 다 드러난 거죠.

## 25

◁ 2010

미국정신의학회진단기준(DSM-Ⅳ)에 의해 영수(중 2, 남)에게 진단된 장애에 관한 설명으로 옳은 것을 〈보기〉에서 고른 것은?

> 엄마의 말에 의하면 영수는 어릴 때부터 강아지나 고양이를 괴롭히는 일이 잦았고, 초등학교 5학년 때에는 짝꿍을 연필로 찔러 친구가 수술을 받기도 했지만 전혀 잘못을 인정하지 않았다고 한다. 중학교에 입학한 후에도 거짓말, 가출, 흡연, 약물 남용, 절도, 폭력 등의 문제가 지속되어 부모가 자주 학교에 불려갔고, 영수는 담임교사로부터 "학교에서는 도저히 감당할 수 없다"는 말을 들었다. 영수는 무단결석을 자주하고 무리지어 다니며 반복적으로 친구들에게 심한 폭력을 행사하고도 죄책감과 후회가 없어 학교에서 징계를 받을 상황에 놓여있다.

〈보기〉

ㄱ. 인지행동치료가 증상 감소에 효과적이다.
ㄴ. 동반된 질환에 따라 약물 치료를 고려해야 한다.
ㄷ. 18세 이후에는 반사회성 성격장애의 진단 기준에 맞지 않아야 한다.
ㄹ. 거부적이고 적대적이며 반항적인 행동 양상이 6개월간 지속적으로 나타날 때 진단된다.
ㅁ. 사람과 동물에 대한 공격, 재산파괴, 사기 또는 절도, 중대한 규칙 위반 항목 중에서 3개 이상이 지난 6개월간 지속되며 최소한 한 항목은 지난 3개월 동안에 나타난다.

① ㄱ, ㄴ, ㄷ  ② ㄱ, ㄴ, ㅁ  ③ ㄴ, ㄷ, ㄹ
④ ㄴ, ㄷ, ㅁ  ⑤ ㄷ, ㄹ, ㅁ

## 정서 및 행동장애

**2009**

**26.** 장애학생상담에 관한 설명 중 옳은 것을 〈보기〉에서 모두 고른 것은?

─〈보기〉─

ㄱ. 중도 정신지체학생에게는 생활훈련보다는 학업상담이 더 중요하다.
ㄴ. 자폐성장애학생 상담은 사회적 행동과 의사소통기술의 학습을 중심으로 이루어진다.
ㄷ. 지체장애학생에게는 장애 자체를 넘어서 소중한 전인격체로서 다양한 자질을 가지고 있음을 깨닫게 해 준다.
ㄹ. 품행장애학생에게는 공격적이고 파괴적으로 되게 하는 상황에 대한 자기조절능력을 높여 주기 위해 인지행동치료가 유용하다.
ㅁ. 자녀에게 특수한 장애가 있는 것을 알게 되면 부모는 여러 단계의 감정변화를 겪게 되는데, 상담교사는 부모가 수용단계에 도달하도록 도와준다.
ㅂ. 학습장애 학생에게는 사회·정서적 발달, 학업성취, 신체 및 운동기능의 발달, 행동조정에 관한 상담이 필요하며, 그중 사회·정서적 발달 문제가 개입의 중심이 된다.

① ㄱ, ㄴ, ㄷ  ② ㄱ, ㄷ, ㄹ  ③ ㄱ, ㅁ, ㅂ
④ ㄴ, ㄷ, ㄹ, ㅁ  ⑤ ㄴ, ㄹ, ㅁ, ㅂ

**2011**

**27.** '장애인 등에 대한 특수교육법 시행령'(2008.5.26 시행)에 명시된 특수교육대상자 선정 기준과 관련하여 정서·행동장애에 대한 진단·평가 영역을 〈보기〉에서 고른 것은?

─〈보기〉─

ㄱ. 지능검사   ㄴ. 성격진단검사   ㄷ. 적응행동검사
ㄹ. 운동발달검사  ㅁ. 학습준비도검사  ㅂ. 행동발달평가

① ㄱ, ㄴ, ㄷ, ㅂ  ② ㄱ, ㄴ, ㄹ, ㅁ  ③ ㄱ, ㄹ, ㅁ, ㅂ
④ ㄴ, ㄷ, ㄹ, ㅂ  ⑤ ㄴ, ㄷ, ㅁ, ㅂ

**28** 다음은 전문상담교사가 성주(중2, 남)의 담임교사와 나눈 대화 내용의 일부이다. 〈작성 방법〉에 따라 서술하시오.

상담교사: 선생님, 성주는 요즘 학교에 잘 나오나요? 저와 화요일에 상담하기로 약속했는데 안 와서요.

담임교사: 성주가 이번 주에도 계속 결석을 하고 있어요. 함께 어울리는 친구가 없어서 연락이 된다는 학생이 없네요. 제 전화도 받지 않습니다.

[A]
상담교사: 그랬군요. 안 그래도 지난번 상담에서 성주가 학교에 있는 공중화장실에 가는 것이 두렵고, 다른 친구들 앞에서 점심을 먹는 게 너무 힘들어서 학교 오기 싫다고 이야기했어요. 그리고 국어 시간과 영어 시간이 세상에서 제일 싫다고 하더라고요. 이유를 물어보니, 친구들 앞에서 책을 소리 내어 읽거나 함께 영어 회화 연습을 하는 게 너무 긴장된다고 합니다. 이렇게 친구들 앞에서 수행을 해야 하는 상황에서는 부정적인 평가를 받는 것이 두려워 더 위축되고, 얼굴이 붉어지며, 말을 하지 못하거나, 식은땀이 나면서 몸이 굳어 버린다고 해요. 그리고 친구들 사이에서 인지적 오류 중 하나인 ㉠'개인화'를 많이 보이고 있는 것 같아요. 제 생각에는 ( ㉡ )의 증상이 있는 것 같아요.

담임교사: 아, 그래요? 그건 몰랐네요. 어제는 성주 등교 문제로 어머님과 통화를 했는데, 어머님도 과거에 불안 문제가 있어서 학교에 가는 게 너무 힘들었다고 하시더라고요.

상담교사: 그랬군요. 성주가 어머님과 비슷한 특성을 갖고 있군요. 집에서의 생활은 어떻다고 하던가요?

[B]
담임교사: 성주가 예전보다 불안과 걱정이 더 심해지고 있다고 합니다. 일상생활에서 작은 일에도 걱정이 너무 심해서 자주 안절부절못하거나, 긴장하고 초조해하는 증상을 보인다고 해요. 최근에는 소화도 잘 안된다고 하고, 잠도 잘 못 자고, 근육통을 호소한다고 합니다. 한 달 전부터는 이런 증상과 함께 피로감이 심해졌다고 해요. 이렇게 생활 전반에서 불안이 다양하게 나타나고 성주 스스로 그것을 통제할 수 없는 것처럼 보인다고 합니다.

상담교사: 아, 그랬군요. 어머님도 성주도 많이 힘들겠네요. ( ㉢ )의 증상도 있는 것 같아 보여요.

담임교사: ( ㉢ )의 증상은 어떤 것이고, 기간과 빈도는 어느 정도여야 하나요?

[B]
상담교사: DSM-5-TR에서 제시한 6가지 증상은 안절부절 못하거나 긴장하거나 신경이 곤두선 느낌, 쉽게 피로해짐, 집중하기 어렵거나 머릿속이 하얗게 됨, 과민성, 근육 긴장, 수면 교란입니다. 불안과 걱정은 이와 같은 6가지 증상 중 최소 3가지 또는 그 이상의 증상과 관련이 있습니다. 지난 6개월 동안 최소한 몇 가지의 증상이 ( ㉣ ).

─── 〈작성방법〉 ───
- 인지적 오류에 해당하는 밑줄 친 ㉠의 개념을 서술할 것.
- 정신질환의 진단 및 통계 편람 제5판 수정판(DSM-5-TR)을 기준으로, [A]에 근거하여 괄호 안의 ㉡에 해당하는 진단명을 쓸 것.
- 정신질환의 진단 및 통계 편람 제5판 수정판(DSM-5-TR)을 기준으로 [B]에 근거하여 괄호 안의 ㉢에 공통으로 해당하는 진단명을 쓰고, [C]의 진단기준에서 빠져 있는 괄호 안의 ㉣에 해당하는 내용을 기술하여 완성할 것.

### 29  ◀ 2012

청소년기 우울증의 원인에 대한 설명으로 옳은 것만을 〈보기〉에서 있는 대로 고른 것은?

─── 〈보기〉 ───
ㄱ. 인지적 오류와 왜곡, 역기능적 인지도식과 신념에 의해 발생한다.
ㄴ. 내인성인 경우 환경요인과 무관하게 내적·생물학적 요인에 의해 발생한다.
ㄷ. 사회 환경으로부터 긍정적 강화의 결핍과 반복된 부정적 경험의 결과로 인한 학습된 무력감에 의해 발생한다.
ㄹ. 사랑하던 대상을 상실한 슬픔과 분노가 자신에게 내향화 되면서 자책과 죄책감을 느끼게 되고 이로 인해 자존감이 저하되면서 발생한다.

① ㄱ, ㄷ  ② ㄱ, ㄴ, ㄹ  ③ ㄱ, ㄷ, ㄹ
④ ㄴ, ㄷ, ㄹ  ⑤ ㄱ, ㄴ, ㄷ, ㄹ

### 30  ◀ 2017

다음은 전문상담교사가 우울감을 호소하는 서희(중 2, 여)에 대하여 파악한 내용이다. 셀리그만(M. Seligman)의 학습된 무기력 이론에 근거하여 우울감의 발생 원인을 제시하고, 그 원인에 해당하는 내용을 서희의 사례에서 찾아 3가지 서술하시오.

서희는 지난 6개월 동안 같은 반 친구들에게 학교 폭력을 당한 후 매우 무기력하고 우울한 상태이다. 서희와 가해 학생들은 원래 친하게 지내던 친구 사이였다. 하지만 서희가 했던 말이 와전되어 친구를 험담하는 아이로 오해를 받으면서 따돌림이 시작되었다. 처음에는 친구들의 오해를 풀기 위해 해명도 하였으나 친구들이 믿어 주지 않았고, 따돌림은 점점 심해졌다. 견디다 못해 담임교사에게 사정을 말했더니 담임교사가 가해학생들을 불러 따돌림이 학교 폭력에 해당된다고 주의를 주었다. 이후 가해 학생들이 서희를 단톡방에 초대하여 심한 욕설을 퍼부었다. 서희는 엄마에게 도움을 요청했지만, 엄마는 "아이들 문제에 어른이 나서면 더 복잡해지니 알아서 해결해"라고 하였다.

## 2024

**31** 다음은 전문상담교사가 영민(고2, 남)이를 상담한 내용의 일부이다. 영민이는 얼마 전 주요우울장애 진단을 받았다. 우울증에 대한 아브람슨(L. Abramson)의 귀인이론 관점에서 볼 때, 밑줄 친 ㉠에서 영민이가 사용한 '우울증 발생' 관련 귀인양식을 쓰고, 밑줄 친 ㉡에서 영민이가 사용한 '우울증 만성화' 관련 귀인양식을 쓰시오.

> 상담교사 : 요즘은 기분이 어떤가요?
> 영   민 : 선생님, 요즘 들어 우울감이 심해지는 것 같아요. 성적이 지난번보다 더 떨어졌어요. ㉠ <u>더 열심히 노력했어야 했는데, 제가 너무 안일하게 준비를 한 것 같아요.</u> 저는 정말 구제불능이에요.
> 상담교사 : 성적이 떨어져서 많이 실망한 모양이네요.
> 영   민 : 네, 정말 마음이 무너지는 것 같았어요. 저는 왜 같은 실수를 반복하는 걸까요? ㉡ <u>어쩌면 제 성격 자체에 큰 결함이 있는지도 모르겠어요.</u> 생각해보니 초등학교에 다닐 때에도 주어진 일을 대충 하는 경향이 있어서 부모님이나 선생님께 지적을 많이 받았어요. 저는 정말 왜 이러는 걸까요?

## 2020

**32** 다음은 전문상담교사를 대상으로 한 '생명존중교육' 내용의 일부이다. 괄호 안의 ㉠에 해당하는 진단명을 쓰시오.

> 요즘 학교에 자해하는 학생들이 많지요? 어떤 아이들은 신체에 고통스러운 상해를 반복적으로 가하면서 부정적 감정을 해소하기도 합니다. 자신에게 상해를 가하는 도중 혹은 후에 즉각적인 안도감을 느끼게 되지요. 실제로 이러한 행동은 정서 조절의 어려움과 밀접한 관련이 있어요. 특히 이런 학생들은 도움을 구하지 않는 특성이 있어서 필요한 도움을 받지 못하는 경우가 많지요. 여기서 유의할 점은 자해행동과 자살시도는 구분 되어야 한다는 것입니다. 이러한 이유로 DSM-5에는 '추가 연구가 필요한 진단적 상태'라는 영역에 ( ㉠ )(이)라는 진단을 '자살행동장애'라는 진단과는 별도로 수록하고 있어요. 그렇지만 자해행동을 했던 사람들이 이후 자살 완수 확률이 높다는 연구결과들도 있기에 주의가 필요합니다.

**33.** 다음은 민희(고 1, 여)가 상담게시판에 쓴 상담 신청 내용이다. 민희에게 나타나는 정신분석이론의 방어기제 2가지를 쓰시오.

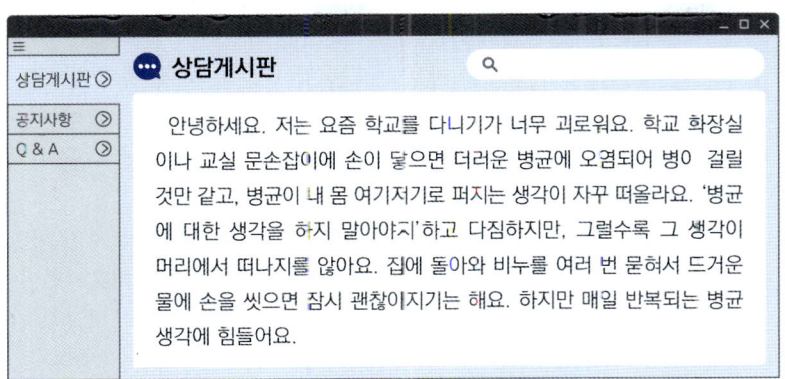

**34.** 다음은 전문상담교사들과 수퍼바이저가 나눈 대화 내용의 일부이다. 〈작성 방법〉에 따라 서술하시오.

채 교사 : 선생님, 제가 상담하고 있는 학생이 병원에서 우울 장애 진단을 받았어요. 학교는 겨우 나오는 것 같은데, 하루 종일 엎드려 있습니다. 친구들과 대화도 거의 하지 않고요. 이전에 재밌게 참여하던 활동에 하나도 참여하지 못하고 있는 것 같아요. 상담 시간에도 말이 너무 없어서 상담을 진행하는 것도 어려워요.

[A]
수퍼바이저 : 그럴 때는 ( ㉠ )(이)라는 기법을 사용해 보면 어떨까요? ( ㉠ )은/는 우울 치료에 사용되는 효과적인 행동치료기법이에요. 우울 장애의 근거 기반 치료 목록에 포함되어 있고, 비교적 간단한 개입이라 단기 치료로 진행할 때도 효과적으로 사용할 수 있어요.

채 교사 : 어떻게 하는 건가요?

수퍼바이저 : 우울한 사람들은 일상생활에서 정적 강화를 받기가 어렵습니다. 따라서 내담자에게 정적 강화를 줄 수 있는 행동의 빈도를 증가시키면 기분이 나아지게 되는 원리를 이용한 것이지요. 예를 들면, 기분이 조금이라도 나아지는 행동이나 성취감을 주는 활동 등을 많이 할 수 있도록 돕는 것이에요.

강 교사 : 제 내담자는 엘리베이터에 갇혔던 경험 이후로 엘리베이터를 전혀 타지 못하고 있어요.

수퍼바이저 : 증상을 들었을 때는 특정 공포증의 ( ㉡ )에 해당 되는 것 같군요. 그런 경우에는 노출 훈련이 크게 도움이 될 거예요. 자신이 두려워하는 공포 상황에 직면하는 것이지요. 학생과 함께 ㉢불안 위계표를 작성해 보는 것부터 시작하면 어떨까요?

서 교사 : 제가 상담하는 학생은 공부할 때 책을 읽어도 방금 읽은 내용을 제대로 읽은 것 같지 않다는 생각이 불쑥불쑥 들어서 너무 괴롭다고 해요. 그럴 때마다 방금 읽었던 부분으로 돌아가 다시 읽고는 하는데요, 처음에는 한두 번 더 읽으면 괜찮았는데 최근에는 다시 읽어야 하는 횟수가 계속 증가해서 30번 이상을 다시 읽어야 한다고 합니다. 공부를 할 때마다 다시 읽는 행동으로 보내는 시간이 지나치게 길어져 학업에 지장이 생긴다고 해요. 제가 어떻게 그 학생을 도울 수 있을까요?

수퍼바이저 : 서 선생님이 상담하는 그 학생은 강박 증상으로 힘들어 하고 있는 것 같습니다. 책을 제대로 읽은 것 같지 않다는 생각은 '강박 사고'에 해당하고, 이를 중화하기 위해 여러 번 다시 읽는 것은 '강박 행동'이라고 할 수 있습니다. 그 학생에게는 ㉣'노출 및 반응 방지'라는 행동치료기법을 시도해 보시면 좋겠습니다.

─〈작성방법〉─
- [A]에 있는 수퍼바이저의 말에 근거하여, 괄호 안의 ㉠에 공통으로 들어갈 행동치료기법의 명칭을 쓸 것.
- 정신질환의 진단 및 통계 편람 제5판 수정판(DSM-5-TR)에 근거하여, 괄호 안의 ㉡에 해당하는 특정 공포증의 하위 유형(명시자)을 쓰고, 밑줄 친 ㉢을 작성하는 과정을 서술할 것.
- 밑줄 친 ㉣ 기법의 적용 과정을 강박 사고와 강박 행동을 사용해서 서술할 것.

◀ 2018

**35** 다음은 전문상담교사가 수퍼비전에서 동하(가명, 고 2, 남)의 해리증상에 대해 설명한 내용이다. 『정신질환의 진단 및 통계 편람 제5판』(DSM-5)에 근거하여 동하에게 나타난 증상의 명칭을 쓰시오.

"동하는 자신의 몸과 마음이 분리된 것 같은 느낌, 마치 자신의 꿈 밖에서 자신이 스스로를 지켜보고 있는 것 같은 느낌이 든다고 합니다. 스스로가 매우 낯설게 느껴지고, 마치 자신이 없어진 것 같은, 죽은 것 같은 느낌, 손과 발이 마비된 것 같고, 기계가 된 느낌을 호소합니다. 잘은 모르겠지만, 일종의 자기지각 장해(disturbance)인가 의심해 보았습니다. 동하는 이러한 느낌을 경험할 때 그것이 단지 느낌이지, 자신이 기계가 아니라는 점을 잘 인식하고 있는 듯합니다. 이러한 경험을 할 때면 ㅇ-무엇도 집중할 수 없고 스스로를 주체할 수 없어서 너무 고통스럽다고 합니다. 이런 증상은 주로 혼자 있을 때 나타나지만, 학교에서 수업 중일 때도 나타난다고 합니다."

**36.** 다음은 채원(고2, 여)에 대한 변 교사와 전문상담교사가 대화한 내용의 일부이다. 〈작성방법〉에 따라 서술하시오.

> 변 교사 : 우리 반 채원이는 반에서 늘 1등을 하는 아이인데 며칠 전 시험 중 부정행위를 했다는 의심을 받았어요. 그날 채원이는 억울하고 수치스럽다며 심하게 울다가 현기증을 느껴 보건실에 잠시 있었죠. 다행히 오후에는 교실로 돌아왔지만 평소와 달리 멍한 표정으로 앉아 있다가 여기가 어디냐, 자기가 왜 교복을 입고 있냐, 지금이 몇 시냐는 둥 이상한 말들을 했어요. 결국 채원이는 조퇴를 했어요. 이제 이틀이 지났는데 채원이는 평소와 다름없이 지내고 있지만 그 사건에 대해서는 기억을 못하는 것 같습니다.
> 상담교사 : 아마도 채원이는 해리현상을 경험했던 것 같습니다. 일시적으로 자기 자신에 대해서 낯설게 느끼는 이인증과 주변 환경이 생소하게 느껴지고 사물들이 작게 보이거나 꿈속에 있는 듯한 ( ㉠ )을/를 경험한 것 같네요. 해리현상은 의식, 기억, 행동 및 자아정체감, 외부환경에 대한 인식의 ( ㉡ )에 갑작스러운 이상을 나타내는 현상입니다. 예를 들어 우리가 책에 몰두하며 주변을 완전히 잊는 것이나 잠을 못 자면 멍하면서 감각이 무뎌지는 것, 최면 등도 비슷한 것이지요.
> 변 교사 : 그런데 ㉢ 그날 일만 기억하지 못하는 것은 어떻게 이해할 수 있나요?
> 상담교사 : 인지심리학자들은 이것을 기억장애의 일종으로 설명하기도 합니다.

――― 〈작성방법〉 ―――
- 괄호 안의 ㉠과 ㉡에 해당하는 명칭을 순서대로 쓸 것.
- 밑줄 친 ㉢의 원인을 기억의 구조와 과정에 대한 개념을 사용하여 서술할 것.

37 다음 (가)는 클락(D. Clark)의 공황장애 인지 모델이고, (나)는 전문 상담교사가 재서(고2, 남)와 상담한 내용의 일부이다. 〈작성 방법〉에 따라 서술하시오.

(가)

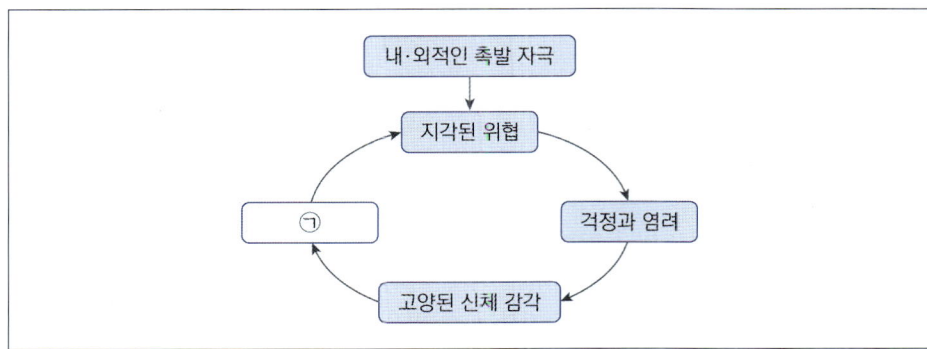

(나)

상담교사: 최근에 또 공황 발작이 일어난 적이 있었어요?
재　　서: 네, 한 달 전에 집에서요.
상담교사: 좀 더 자세하게 그때 상황을 설명해 줄 수 있겠어요? 정확히 어떤 상황이었나요?
재　　서: 평소처럼 밤에 제 방에서 공부하고 있었는데, 갑자기 심장이 너무 빨리 뛴다고 느껴졌어요.
상담교사: 심장이 빨리 뛴다고 느껴지고 나서는 어땠어요?
재　　서: '왜 이러지?' 하면서 갑자기 제 주변이 굉장히 낯설게 느껴졌어요.
상담교사: 그렇군요. 더 얘기해 볼래요?
재　　서: 걱정이 되면서 심장이 점점 더 빨리 뛰고 식은땀이 나기 시작하는 거예요.
상담교사: 그 다음은 어떻게 되었어요?
재　　서: 급속도로 숨이 막히고 너무 어지러웠어요.
상담교사: 정말 힘든 순간이었겠네요. 숨이 막히고 어지럽고 …
재　　서: 네, 너무 무섭고 '이러다 숨이 막혀서 죽겠구나!'라는 생각이 들었어요.
상담교사: 혹시 병원에는 가 보았나요?
재　　서: 그럼요. 혹시 정말 심장에 문제가 있는 건 아닐까 해서 엄마와 병원에 가 봤는데 아무 이상이 없다고 해요. 이런 증상을 일으킬 만한 어떤 물질이나 약물을 복용하고 있지도 않고요.

〈작성방법〉

• (가)의 ㉠에 들어갈 개념을 쓰고, ㉠에 해당하는 재서의 반응을 (나)에서 찾아 서술할 것.
• 재서의 증상이 『정신질환의 진단 및 통계 편람 제5판』(DSM-5)의 공황장애 진단 기준을 충족하는지 확인하고자 할 때, 상담교사가 추가적으로 할 수 있는 질문을 2가지 서술할 것.

**38** 다음은 전문상담교사가 수퍼바이저와 나눈 대화의 일부이다. DSM-5의 진단기준에 의거하여 〈작성 방법〉에 따라 서술하시오.

◀ 2020

> 상담교사 : 수진이는 스트레스를 받으면 피자 2판, 아이스크림 2통, 그리고 라면 5개를 앉은 자리에서 한꺼번에 먹는대요. 한번 먹기 시작하면 통제할 수 없을 만큼 음식에만 몰입하게 되고, 순식간에 엄청난 양을 먹어치운다고 해요. 정신을 차려보면 수많은 라면 봉지와 빈 피자 박스가 널브러져 있고, 그런 자신의 모습이 혐오스럽지만 반복할 수밖에 없다고 하네요.
> 수퍼바이저 : 일주일에 몇 번이나 그런 행동을 하나요?
> 상담교사 : 지난 학기부터 일주일에 한 번 정도 엄마가 외출한 사이에 그런 행동을 한다고 했어요. 배가 고픈 것과는 상관없이 주로 혼자 있을 때요. 수진이는 어떻게 진단될 수 있을까요?
> 수퍼바이저 : 일주일에 한 번 이상 3개월이 넘는 기간 동안 폭식 행동을 보이고 있기 때문에 신경성 폭식증과 ( ㉠ )(이)라는 진단을 고려할 수 있을 것 같아요. 이 두 가지는 DSM-5의 상위 분류범주 20가지 중 ( ㉡ )에 속하지요.

――〈작성방법〉――
- 괄호 안의 ㉠에 해당하는 진단명을 쓸 것.
- 괄호 안의 ㉡에 해당하는 분류범주의 명칭을 쓸 것.
- 신경성 폭식증과 구별되는 괄호 안의 ㉠의 진단적 특징을 2가지 서술할 것.

**39** 다음은 전문상담교사와 은수(중2, 여) 어머니의 대화 내용의 일부이다. 괄호 안의 ㉠과 밑줄 친 ㉡에 해당하는 섭식장애 하위 유형을 순서대로 쓰시오.

---

어 머 니 : 선생님, 우리 아이가 먹는 것에 너무 스트레스를 받고 있는 것 같아 걱정이에요.

상담교사 : 그러시군요. 은수가 어떤 유형의 섭식 문제를 가지고 있는지 알아보려면 우선 신체중량지수(body mass index)를 확인해 보는 것이 좋을 듯해요. 혹시 확인하신 적이 있나요?

어 머 니 : 네, 얼마 전에 병원에 간 적이 있었는데 19라는 말을 들었어요.

상담교사 : 그럼 심각한 저체중 상태는 아닌 것으로 보이는군요. 은수가 음식을 먹을 때 어떤 특징이 있는지 말씀해 주시겠어요?

어 머 니 : 평소에는 안 먹으려고 애쓰다가, 먹게 되면 너무 많은 양을 급하게 먹어요. 먹는 동안에는 스스로를 전혀 통제하지 못해서 배고픔을 느끼지 않는데도 두 시간 안에 평소의 세 배도 넘는 양을 먹는 것 같아요.

상담교사 : 혹시 먹고 난 다음에 구토를 하거나 이뇨제 같은 약물을 복용하나요?

어 머 니 : 그렇지는 않았던 것 같아요. 자책하면서 괴로워하기는 하는데, 특별히 토하지는 않았어요.

상담교사 : 급하게 너무 많이 먹는 행동을 얼마나 자주 보이나요?

어 머 니 : 1주일에 3번 정도는 그러는 것 같아요. 이런 증상이 반 년 정도 지속되었어요.

상담교사 : 섭식 문제의 유형이 어떤지에 따라 치료 방법이 달라질 수 있어서 유형을 정확하게 파악하는 것이 필요합니다. 말씀하신 내용을 종합해 보면, 은수는 ( ㉠ )의 가능성이 있는 것 같아요. 하지만 구토와 같은 보상 행동은 남들이 보지 못하는 곳에서 하는 경우가 많기 때문에 좀 더 주의 깊게 살펴볼 필요가 있을 것 같아요. 만일 보상 행동을 하고, 체중이나 체형이 자기 평가에 과도한 영향을 미치고 있다면 ㉡ 다른 섭식장애일 가능성도 있답니다.

## 40

다음은 전문상담교사가 강박장애로 진단된 현서(중 1, 여)에게 동적가족화검사(KFD)를 실시한 과정과 이후 상담한 내용의 일부이다. 〈작성 방법〉에 따라 서술하시오.

> 상담교사 : (종이를 가로 방향으로 제시하며)
> ( ㉠ )
> 현　　서 : 몇 분 동안 그려야 되는 거예요?
> 상담교사 : 시간 제한은 없어요.
> 현　　서 : (선뜻 시작하지 않고 가만히 있음)
> 상담교사 : 편하게 그리면 돼요.
> 현　　서 : (머리를 좌우로 4번 흔든 후 머뭇거리며) 그게 … 연필이 너무 뾰족해서요. 이런 생각을 안 하고 싶은 데도 잔인한 장면이 자꾸 떠올라요.
> 
> … (중략) …
> 
> 현　　서 : 제가 가족들에게 해를 끼치고 안 좋은 일이 생길 것 같아요. (다시 머리를 좌우로 4번 흔듦)
> 상담교사 : 방금 그 얘기를 하면서 머리를 양옆으로 흔드는 걸 봤는데 현서도 알고 있어요?
> 현　　서 : 네 ….
> 상담교사 : 그렇게 행동하는 이유가 있을 것 같네요.
> 현　　서 : 그렇게 안 하면 진짜 끔찍한 일이 생길 것 같아서 너무 불안해요.
> 상담교사 : 현서가 겪고 있는 어려움을 해결하는 데 효과적인 방법이 있어요. (구체적인 실시 절차를 설명한 후) 방금 설명한 것처럼 이 방법은 현서가 ㉡ 반복적으로 떠오르는 끔찍하고 잔인한 생각을 하는 동안 머리를 좌우로 흔드는 행동은 하지 않도록 하는 거예요.

〈작성방법〉

- 동적가족화검사를 실시할 때, 괄호 안의 ㉠에 들어갈 지시문을 서술할 것.
- 밑줄 친 ㉡에 해당하는 강박장애 치료 기법의 명칭을 쓰고, 그 기법의 치료 원리를 강박장애의 2가지 증상의 명칭을 사용하여 서술할 것.

**41** ◀ 2023

다음은 강박장애 진단을 받은 승보(고1, 남)와 전문상담교사의 상담내용의 일부이다. 밑줄 친 ㉠의 인지적 현상을 설명하는 용어와 괄호 안의 ㉡에 들어갈 개입 기법의 명칭을 순서대로 쓰시오.

> 승　　보 : 저는 공공장소에서 물건 만지는 게 꺼려져요. 누가 그 물건을 만졌는지 모르는데 병균에 감염되면 어떡해요? 물론 이런 저의 생각이 사실이 아닐 수도 있다는 것을 잘 알고 있지만 그 생각을 떨쳐버릴 수가 없어요. 근데 선생님, 이상한 게요, 사람들이 접촉했던 물건을 만지게 되면 병균에 감염될지도 모른다는 ㉠ 생각을 하지 않으려고 하면 할수록 감염될지 모른다는 생각이 자꾸 떠올라서 괴로워요. 이 고통에서 벗어날 수 있는 방법이 없을까요, 선생님?
>
> 상담교사 : 승보가 본인의 의지와는 상관없이 반복적으로 떠오르는 강박 사고로 인해 일상생활도 불편하고 고통이 크겠네요. 강박 사고를 줄이기 위한 다양한 기법이 있는데, 우리 한번 같이 해 보는 것은 어떨까요?
>
> 승　　보 : 네, 선생님. 알려 주세요.
>
> 상담교사 : ( ㉡ ) 기법은 강박 사고가 떠오를 때마다 "그만!"하고 속으로든 밖으로든 소리쳐 보는 거예요. 이때 "그만!"과 같은 말을 속삭여도 효과를 얻을 수 있어요. ( ㉡ ) 기법은 강박 사고에 집착하는 것을 완화시키는 방법이거든요. 이렇게 계속 훈련하면 승보를 괴롭히는 생각과 집착을 차단하고 승보의 주의를 보다 적응적인 생각에 기울일 수 있을 거예요.

**42** 다음은 '외상후 스트레스장애(PTSD)'로 진단 받은 현아(고 1, 여)에 대한 접수면접 개요와 심리검사 결과 자료의 일부이다. 이 장애에 대한 DSM-5 진단기준을 4개 범주의 핵심어를 사용하여 간략히 쓰고, 각 범주에 해당하는 현아의 증상 1가지씩을 〈접수면접 개요〉에서 찾아 쓰시오. 그리고 MMPI-A의 임상 척도에서 유의미하게 상승한 척도들을 해석하고, 상승척도와 연결하여 현아의 증상을 각각 1가지씩만 설명하시오.

---

〈접수면접 개요〉

- 의뢰 사유 : 3개월 전 현아는 교통사고를 당한 후, PTSD 진단을 받음. 사고 이후 자동차를 보거나 자동차 소리를 듣기만 해도 당시의 사고 장면이 떠오른다며 괴로워함. 부모가 직접 승용차로 등교시키려고 해도 차타기를 거부함. 최근 정밀검진 결과, 아무런 이상이 없는 것으로 나타났음에도 불구하고 지속적인 신체적 불편감과 통증을 호소함. 학교에서는 보건실을 자주 방문하여 누워있다고 함.

- 행동관찰 : 면담 중 눈을 마주치지 못하고 긴장된 상태로 안절부절 하지 못함. 면담 도중에도 밖에서 나는 조그마한 소리에도 소스라치게 놀라는 반응을 보임.
  … (중략) …

- 면담 내용 : 교통사고를 당하는 끔찍한 꿈을 반복적으로 꾼다고 함. 가슴이 두근거려서 밤에도 잠을 자기 어렵다고 함. 이러다가 대학도 못 가고 자신의 인생이 엉망이 될 것 같다고 호소함.
  … (중략) …

---

〈MMPI-A 결과표〉

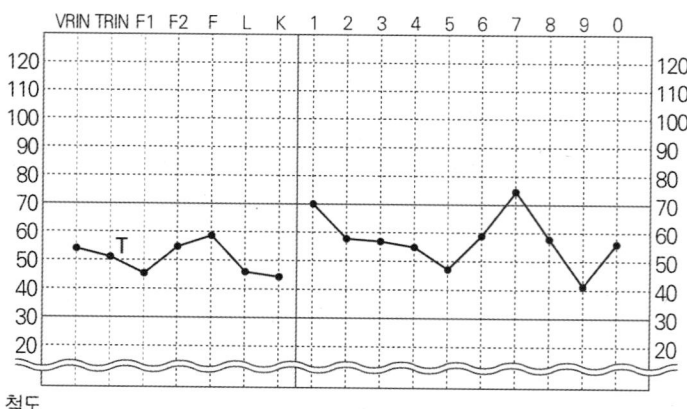

T점수 54 51T 46 55 59 46 43 70 58 57 55 47 59 75 58 41 56
무응답(원점수) : 1

**43** 다음은 전문상담교사가 민지(고1, 여)를 상담한 내용의 일부이다. 민지는 최근 무장한 강도에게 생명의 위협을 받았다가 다른 시민의 도움으로 위기를 모면했다. 현재 특별히 복용하고 있는 약물은 없으며, 뚜렷한 신체적 질병도 없다. 〈작성 방법〉에 따라 서술하시오.

---

상담교사 : 요즘은 어떻게 지내고 있나요?

민   지 : ㉠ 친구들이랑 멀어진 느낌이 들어요. '친구들은 뭐가 저렇게 즐거울까' 하는 생각이 종종 들고, 그럴 때면 제가 친구들과는 다른 세상에 사는 것 같아 평소처럼 어울리기 힘들어요. 그래서 요즘은 친구들도 안 만나게 되는 것 같아요. 전보다 짜증이 많이 늘어서 친구들과 자주 다툰 것도 영향을 준 것 같아요.

상담교사 : 전보다 예민해진 모양이네요.

민   지 : 네, 맞아요. ㉡ 작은 소리에도 깜짝 놀라고, 밤에는 잠도 잘 못 자요. 수면 시간이 많이 줄었어요.

상담교사 : 예민해져서 피곤할 텐데 잠도 못 잔다니 정말 힘들겠어요.

민   지 : 잠을 못 자서 그런지 낮 시간 동안 이상한 것들이 머릿속에 떠오르기도 해요.

상담교사 : 어떤 것들이 떠오르나요?

민   지 : 정확히 무엇인지는 잘 모르겠는데, ㉢ 갑자기 거친 숨소리가 들리거나 익숙하지 않은 냄새가 나고, 단편적인 이미지 같은 것들이 스쳐 지나가요. 그럴 때면 온몸에 소름이 돋고 식은땀이 나면서 괴로워져요.

상담교사 : 특별히 그런 것들이 잘 떠오르는 상황이 있나요?

민   지 : 네, 검은 옷을 입고 모자를 눌러 쓴 남자를 만나면 그런 것들이 잘 떠오르는 것 같아요. 그래서 요즘은 사람이 많은 곳에 거의 나가지 않아요. 친구들이 놀러 가자고 불러내기는 하지만, 무서워서 밖에 나갈 수가 없어요. 집에 있는 동안에도 갑자기 무슨 일이 일어날 것 같은 느낌이 들어서 편히 있을 수가 없어요.

---

〈작성방법〉

• 『정신질환의 진단 및 통계 편람 제5판』(DSM-5)에서 제시하는 외상 후 스트레스 장애의 진단기준 중 밑줄 친 ㉠, ㉡, ㉢에 나타난 증상들에 해당하는 상위기준을 각각 서술할 것.

• 민지가 DSM-5의 외상 후 스트레스 장애 진단기준을 모두 만족하는지를 확인하기 위해 상담교사가 추가적으로 해야하는 질문을 1가지 서술할 것.

## 영재아 및 특수아동 관리

**2009**

**44.** 영재학생에 대한 설명 중 옳은 것을 〈보기〉에서 모두 고른 것은?

〈보기〉
ㄱ. 영재학생은 다재다능하여 진로 및 직업선택에 어려움이 없다.
ㄴ. 영재학생의 지적, 정서적, 사회적 발달은 동시적으로 이루어진다.
ㄷ. 영재학생의 경우 교육적 지원뿐만 아니라 심리적 지원이 아울러 필요하다.
ㄹ. 장애 영재학생의 경우 장애로 인해 영재성이 부모나 교사에게 발견되지 않을 수 있다.
ㅁ. 일부 영재학생의 경우 특정한 영역에서의 성(性)차별로 미성취 영재학생이 되기도 한다.

① ㄱ, ㄴ  ② ㄷ, ㄹ  ③ ㄴ, ㄹ, ㅁ
④ ㄷ, ㄹ, ㅁ  ⑤ ㄱ, ㄴ, ㄷ, ㄹ

**2014**

**45.** 다음은 전문상담교사가 영재아 진호(중 2, 남)의 어머니와 면담한 축어록의 일부이다. 진호 어머니에게 실시할 수 있는 개입방법 3가지를 지문에 나타난 근거와 함께 제시하시오.

어 머 니 : 사실 저는 진호를 어떻게 키워야 할지 모르겠어요. 진호 동생은 평범하게 크는데, 진호는 어려서부터 너무 달랐어요. 진호에게는 어떻게 해야 할지 물어볼 만한 사람도 없고……. 부모 자격이 없는 것은 아닐까 걱정이 돼요. 주변 사람들에게는 말하기 힘들어서 혼자 삭힐 때가 많아요. 다른 부모들은 영재를 키우니 얼마나 좋을까 부러워하지만 제가 오히려 진호의 장래에 도움이 안 되는 것 같아 저 나름의 고민이 있어요.
상담교사 : 진호가 우수한 아이이다 보니 많이 힘드실 것 같아요.
그리고 주변에 비슷한 경험을 갖고 계시는 다른 부모님이 없어서 상의할 데도 없으니 막막하기도 하실 것 같고요.

**46** 다음은 영재학생인 채연(중 2, 여)에 관한 전문상담교사들 간의 동료수퍼비전 내용이다. 영재학생에 대한 잘못된 진술 2가지를 찾아 각각을 바르게 고쳐 서술하시오.

> 김 교사 : 랜줄리(J. Renzulli)는 IQ 145 이상의 지적 능력과 창의성, 그리고 과제집착력을 영재성의 주요 특성으로 정의하였는데, 채연이는 이 기준을 모두 충족했기 때문에 영재학생이라고 볼 수 있어요.
> 유 교사 : 채연이와 같은 영재학생은 월반이나 조기졸업과 같은 심화학습이 필요할 수 있어요.
> 최 교사 : 채연이에게는 학습적 지원뿐만 아니라 영재상담이라는 심리적 지원도 필요할 수 있어요.
> 홍 교사 : 영재학생의 특성이 부모에 의해 잘못 이해되거나 수용될 경우 영재들은 과도한 완벽주의, 과흥분성, 지나친 민감성 등의 문제를 겪을 수도 있어서 영재학생의 부모상담도 필요합니다.

47 다음 (가)는 전문상담교사 연구회에서 영재아에 관하여 상담교사들이 나눈 대화 내용의 일부이고, (나)는 영재아의 어머니가 온라인 게시판에 올린 상담 요청 내용이다. 〈작성방법〉에 따라 서술하시오.

(가)

> 김 교사 : 저는 영재아라고 하면 머리가 똑똑한 아이들이라고만 생각했었는데요. 흥미롭게도 탄넨바움(A. Tannenbaum)은 영재성 안에 비인지적인 요소와 환경적인 요소가 포함 된다고 했어요.
> 이 교사 : 사실, 렌줄리(J. Renzulli)도 교육 현장에서 지능검사 위주로 영재성을 판별하는 것의 문제점을 지적하면서, 세 고리 모형(three-ring model)을 주장했어요. 이 모형에 따르면, ( ㉠ ), 창의성, 과제 집착력이라는 세 가지 요인이 영재성을 구성하는 것으로 표현되고 있어요.
> 최 교사 : 영재아를 판별하는 것도 쉽지 않은 일이겠지만, 그들을 상담할 때 그들의 독특한 특성을 이해하는 것이 우리 상담교사들에게 요구된다고 생각해요. 특히, 영재아의 ㉡ 비동시성과 ㉢ 과흥분성은 때로 그들을 정서적으로 취약하게 만드는 원인으로 작용하기도 해요. 다음 사례를 보면서 같이 한번 의견을 나누어 볼까요?

(나)

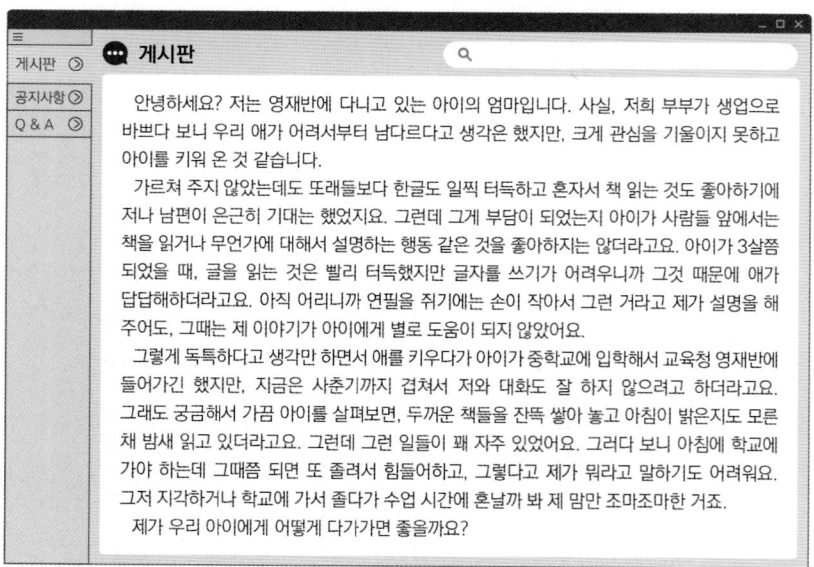

──〈작성방법〉──

• 괄호 안의 ㉠에 해당하는 요인의 명칭을 쓰고, 그것에 해당하는 내용을 (나)에서 찾아 쓸 것.
• 밑줄 친 ㉡과 ㉢의 특성이 드러난 내용을 (나)에서 찾아 순서대로 1가지씩 서술할 것.

**48** 전문상담교사가 자녀의 장애 발생 또는 진단 결과로 위기에 처한 부모를 상담한 내용으로 적절한 것을 〈보기〉에서 모두 고른 것은?

―〈보기〉―
ㄱ. 자녀의 장애를 빨리 수용할 수 있도록 도왔다.
ㄴ. 자녀가 장애아라는 사실에 충격을 받고 그 사실을 부인하는 부모를 적극적으로 경청하고 공감적으로 이해하였다.
ㄷ. 장애의 원인이 자신 때문이라고 생각하여 죄책감을 가진 부모에게 자녀의 장애 원인에 대한 객관적인 시각을 갖도록 도왔다.
ㄹ. 자녀를 위해 최선을 다했지만 자녀의 장애가 크게 나아지지 않아 좌절하고 실망하는 부모에게 그들의 열의를 칭찬해 주고, 자녀의 긍정적인 측면을 볼 수 있도록 도왔다.
ㅁ. 최선을 다하면 자녀의 장애가 없어진다고 생각하여 자녀에게 다양한 치료를 받게 하며 큰 기대를 하고 있는 부모에게 그 치료 결과에 대해 현실적인 기대를 하도록 도왔다.

① ㄱ, ㄴ, ㄷ  ② ㄱ, ㄴ, ㄹ  ③ ㄱ, ㄷ, ㄹ, ㅁ
④ ㄴ, ㄷ, ㄹ, ㅁ  ⑤ ㄱ, ㄴ, ㄷ, ㄹ, ㅁ

◀ 2010

**49** 다음은 지적장애 학생인 정수(15세, 남)의 놀이치료 장면이다. 상담자가 적용한 놀이치료 기법이 옳게 연결된 것은?

> 정 수 : (바닥에 블록을 밀며) 붕붕, 붕붕.
> 상담자 : ㉠ 자동차를 가지고 재미있게 놀고 있구나.
> 정 수 : (공룡 손인형을 손에 끼웠다.)
> 상담자 : ㉠ 이제 너는 공룡이구나.
> …〈중략〉…
> 정 수 : (선반에서 장난감을 집으면서) 이게 뭐예요?
> 상담자 : ㉡ 네가 원하기만 하면 어떤 것이라도 될 수 있어.
> 정 수 : (그림을 그리면서) 내가 무엇을 그리는지 알아요?
> 상담자 : ㉡ 그것은 네가 더 잘 알지 않을까?
> …〈중략〉…
> 정 수 : 나는 선생님이 싫어요. 그리고 나는 이 화살 총으로 선생님을 쏠 거예요.
> 상담자 : ㉢ 총으로 사람을 쏘는 것은 놀이실의 규칙을 어기는 거야.

| | ㉠ | ㉡ | ㉢ |
|---|---|---|---|
| ① | 추적하기 | 책임감 돌리기 | 무비판적 방법으로 제한하기 |
| ② | 책임감 돌리기 | 내용 재진술하기 | 무비판적 방법으로 제한하기 |
| ③ | 내용 재진술하기 | 추적하기 | 논리적 결과로 제한하기 |
| ④ | 추적하기 | 책임감 돌리기 | 논리적 결과로 제한하기 |
| ⑤ | 책임감 돌리기 | 추적하기 | 논리적 결과로 제한하기 |

**50** 다음 (가)는 전문상담교사가 동주(중3, 여)사례에 대해 작성한 성찰 일지의 일부이고, (나)는 동주의 그림검사 결과이다. 랙(H. Lack)의 채점 체계에 근거하여, 밑줄 친 ㉠, ㉡을 평가하는 척도의 명칭을 순서대로 쓰시오.

(가)

> 동주는 학기 초에 실시한 정서행동검사에서 위험군에 포함되어 병원에서 약물을 처방받아 복용하고 있다. 아침부터 학교에 갈 생각을 하면 너무 긴장되고 초조했으며, 친구들과 함께 있을 때도 손에 땀이 나고 가슴이 쿵쾅거릴 때도 있었다고 하였다. 약물을 복용한 후 증상은 나아졌지만, 이런저런 걱정과 고민이 많아 수업시간에도 집중하기 어렵고 하루 종일 피곤하다고 호소하여 상담을 진행하였다. 하지만 상담이 생각대로 잘 진행되지 않아 수퍼비전을 받았다. 수퍼바이저는 동주처럼 불안 수준이 높은 내담자를 상담하는 경우, 점토나 그리기 같은 미술 매체를 활용하여 상담하면 내담자가 긴장을 이완하고 자신의 불안함을 작품을 통해 객관적으로 바라보는 데 도움이 된다고 조언하였다. 수퍼비전을 받은 이후에 동주의 심리적 특성을 살펴보기 위하여 '빗속의 사람 그림검사'를 실시하였다. 동주는 세차게 내리는 ㉠ 비를 맞으며 ㉡ 우산을 쓰지 않은 채 들고 걸어가는 여학생의 모습을 그렸다.

(나)

〈빗속의 사람 그림검사 결과〉

**◀ 2020**

**51** 다음은 통합학급 담임교사와 전문상담교사가 나눈 대화 내용의 일부이다. 밑줄 친 ㉠과 괄호 안의 ㉡에 해당하는 명칭을 쓰시오.

> 담임교사 : 장애 학생의 학교졸업 이후 적응을 위해서는 어떤 교육이 이루어지고 있나요?
> 상담교사 : 미국의 경우, 미국장애인교육법(IDEA)에 근거해서 특수교육이 필요한 학생을 위해 ㉠ <u>학교로부터 학교 졸업 이후 활동으로의 이동을 촉진하는 종합적인 교육활동</u>을 개별화교육계획(IEP)에 포함해서 교육활동을 하고 있어요.
> 담임교사 : 그렇군요. 주로 어떤 내용들이 포함되어 있나요?
> 상담교사 : 몇 가지 모델이 있는데, 할펀(A. Halpern)의 모델은 직업적응 뿐만 아니라 지역사회 적응까지 돕도록 하는 포괄적인 내용을 담고 있어요. 지역사회 적응을 위한 성인생활 영역에는 주거환경, 적절한 사회·대인관계 기술과 ( ㉡ )의 3가지가 포함되어 있고요.
> 담임교사 : 그러면 우리나라는 어떤가요?
> 상담교사 : 우리나라는 『장애인 등에 대한 특수교육법』에 장애학생이 학교졸업 이후에 학교에서 사회 등으로 원활하게 이동할 수 있도록 관련 기관과 협력해서 훈련을 실시하도록 명시하고 있어요.

김진구

**전문상담 기출문제집**

김진구 전문상담 기출문제집

CHAPTER

# 08

# 심리학개론 및 교육심리 기출문제

- 발달
- 학습
- 개론
- 교육심리

# 기출영역 심리학개론 및 교육심리

## 1. 아동 및 청소년 (발달)심리

| 구분 | 18 | 19 | 20 | 21 | 22 | 23 | 24 | 25 |
|---|---|---|---|---|---|---|---|---|
| 아동발달 | | | | 비고츠키 발달개념, 피아제 발달개념 | 에인스워스의 애착 유형, 토마스 등의 기질 유형 | | 시냅스 상실, 가소성 | 피아제 : 전조작기 (자기중심, 보존개념), 형식적 조작기, 내적 작동모델, 토마스 등의 기질 유형, 로스바트의 기질 모형, 길리건 도덕성 발달 |
| 청소년발달 | 개인적 우화, 상상적 청중 | 셀만의 조망수용 이론, 콜버그 도덕성 발단계 특징 | 생태체계 이론 | 에릭슨 주요 개념, 자살, 인터넷 중독 | 자기중심적 사고, 자기개념 | 조직화 전략, 이스트의 또래 유형 | 마르샤 정체감 유형 | 설리번 성격발달 단계, 청소년기 인지발달 특성 |

## 2. 심리학 개론 및 교육심리(학습심리 포함)

| 구분 | 18 | 19 | 20 | 21 | 22 | 23 | 24 | 25 |
|---|---|---|---|---|---|---|---|---|
| 동기와 정서 | 동기 : 성취목표 유형 | 위그필드 등의 기대가치 이론, 드웩의 암묵적 이론 | 자기충족적 예언, 낙인, 기대지속효과 | 자기결정성 이론, 과정당화 이론 | 드웩의 숙달목표와 수행목표, 자기장애전략 | 엘리어트 등 목표지향성 이론 | | 기본심리욕구, 플로우 모형 |
| 감각과 지각 | | | | | 선택적 주의, 선택적 부주의 | | | |
| 신경과학 | | | | | 교감신경과 부교감신경 | | | |
| 사회심리 | 인지부조화 | | | 동조 | | | | |
| 기억 | | 간섭현상 | 정보처리모형 | | | 조직화 전략 | | 단기기억 특징, 작업기억 모형 |
| 스트레스 | | 라자러스의 스트레스 대처방식 | | | 점진적 이완훈련 | | | |
| 지능과 창의성 | | | | | | 확산사고와 창의성 요인, 가드너의 다중지능, 스턴버그의 지능삼원론 | | 정서지능이론 |
| 학습심리 및 행동수정 | 차별강화 | | | 조작적 조건화 (변별) | 고전적 조건형성 : 일반화, 학습된 무력감 : 조작적 조건형성 | 강화계획 | 조형법, 토큰경제 | 도피와 회피학습, 조형법의 요소 |

# CHAPTER 08 심리학개론 및 교육심리 기출문제

## 📝 발달

**01** ◀ 2017

다음은 전문상담교사들이 현주(고 1, 여)의 상담 사례를 보울비(J. Bowlby)의 애착이론 관점에서 토의한 내용이다. (    ) 안에 들어갈 용어를 쓰시오.

> 김 교사 : 현주는 누군가 호감을 보이며 다가올 때 마음을 쉽게 열지 못하고, 너무 가까워지는 것을 불편해해요. 현주가 적극적으로 호응하지 않으니 호감을 보였던 친구도 멀어지곤 하네요. 현주는 상처를 받았으면서도 서운한 마음을 드러내지 않고 아무렇지 않은 것처럼 행동하고 있어요.
> 유 교사 : 현주의 발달력을 보니, 엄마가 어릴 때 잘 안아 주지도 않았고 무척 차가운 분이었다고 써 있군요. 현주는 엄마가 가까이 다가갈 수 있는 대상이라는 기대나 믿음을 갖기 어려웠던 것 같아요.
> 김 교사 : 자기 자신에 대해서도 사랑받을 만한 존재라고 여기지 못하는 것 같네요. 현주의 초기 애착 관계가 현재 대인 관계에도 영향을 주고 있는 것으로 보여요.
> 유 교사 : 보울비는 어린 아이가 생애 초기의 애착 경험을 통해서 자기와 타인에 대한 상징적인 정신적 표상을 만든다고 가정했어요. 이를 (    )(이)라고 지칭하였는데, 이것이 평생 지속되면서 이후 대인 관계의 기초가 된다고 하였지요.

**02** 다음은 신경계 발달에 대하여 전문상담교사들이 정보와 지식을 나눈 대화 내용의 일부이다. 밑줄 친 ⊙과 ⓒ에 해당하는 용어를 순서대로 쓰시오.

> 이 교사 : 얼마 전에 참여한 세미나에서 상담이 뇌의 발달에 긍정적인 영향을 미친다는 최신 연구 결과들을 소개 받았어요. 저도 알고는 있었지만 연구 결과를 구체적으로 접하니 좀 더 넓은 시각을 갖는 데 도움이 되었어요.
> 
> 김 교사 : 그렇군요. 저도 다음에 참여하고 싶네요. 청소년기에 해당하는 학생들의 뇌 발달을 이해하는 것은 중요해요. 시냅스의 밀도는 생애 전반기에 증가했다가 청소년기에는 감소해요. 영아기에 수초화가 가장 많이 일어났다가 성장하면서 전두엽 피질의 자주 사용하는 신경세포와 시냅스는 남게 되고 그렇지 못한 것은 ⊙ 다른 경로로 대체되거나 소멸하지요. 이를 통해 더욱 효율적인 신경계가 만들어지고 행동조절 능력이 강화돼요.
> 
> 박 교사 : 뇌 발달은 전적으로 생물학적 프로그램에 의한 것이 아니고 환경 자극의 양과 종류에 의해서도 영향을 받아요. ⓒ 인간의 뇌는 후천적 경험이나 환경에 따라 구조와 기능이 변화해요. 뇌는 새로운 경험에 적응하기 위하여 새로운 신경 경로를 만들어 내지요. 상담교사는 긍정적인 사회적 자극을 전달함으로써 학생의 뇌 발달에 영향을 미칠 수 있으므로 새로운 지식과 정보에 대해 공부할 필요가 있어요.

**03** 다음은 전문상담교사와 민호(고 2, 남)가 나눈 대화 내용의 일부이다. 괄호 안의 ㉠과 ㉡에 들어갈 개념의 명칭을 순서대로 쓰시오.

민　　호 : 선생님, 지난주에 이모가 집에 왔었는데요. 제가 3살쯤인가 어린이집에 들어간 지 얼마 안 됐을 때의 이야기를 해 주셨어요. 이모가 긴 머리를 묶고 원피스를 입고 올 때면 어린이집 선생님인 줄 알고 제가 공손하게 배꼽 인사를 하는 것은 기본이고, '선생님'이라고 부르면서 쫓아다녔다는 거예요. 그러다가 나중에는 선생님과 이모를 그렇게 헷갈리지는 않았다고 하더라고요.

상담교사 : 민호 말을 들으니 피아제(J. Piaget)라는 인지발달 이론가가 제시한 개념이 생각나는데, 그 개념을 적용해서 설명해 볼게요. 민호가 어린이집에 막 들어갔을 때, 긴 머리에 원피스를 입은 여성은 어린이집 선생님이라는 ( ㉠ )이/가 만들어졌었나 봐요. 시간이 지나면서 이모와 어린이집 선생님의 목소리, 행동, 상황 등을 통해서 이모와 어린이집 선생님을 구별하게 된 거지요. 그러니까 인지적 적응 과정으로서 기존의 ( ㉠ )을/를 변경하는 ( ㉡ )이/가 발생하게 되는 거예요. ( ㉡ )(으)로 인해서 이모와 어린이집 선생님이 목소리, 행동, 있는 곳이 다르다는 사실을 기초로 기존에 가지고 있던 ( ㉠ )을/를 변화시키고 적응하게 되는 거예요.

## 04

다음은 전문상담교사들이 교육 연수 내용에 대해 나눈 대화 내용의 일부이다. 〈작성 방법〉에 따라 서술하시오.

> 윤 교사: 오늘 받은 교육 연수의 내용은 유익하고 학생들을 이해하는 데 도움이 되었어요.
>
> 김 교사: 저도 그랬어요. 특히 같은 양의 피자를 6조각으로 자른 경우와 12조각으로 자른 경우에 대한 예시가 재미있었어요. 어린 아동은 피자를 더 많이 먹으려고 6조각으로 자른 피자 1조각보다 12조각으로 자른 피자 2조각을 선택하지요.
>
> 윤 교사: 피아제(J.Piaget)의 인지발달이론에 의하면, ( ㉠ )단계에 있는 거지요.
>
> 김 교사: 그렇죠. ( ㉠ )단계의 아동은 ㉡ 세상을 자신의 관점에서만 바라보고, 타인의 관점을 조망하지 못하는 인지적 경향성을 보이지요. 또한 ㉢ 보존(conservation)개념을 잘 이해하지 못해요.
>
> …(중략)…
>
> 윤 교사: 피아제(J. Piaget)의 이론을 포함하여 청소년기의 인지적 변화 특징에 대해 설명하는 여러 견해들이 있어요. 예를 들면, ㉣ 구체적인 사물에 한정되어 있던 조작 능력이 추상적인 상황으로 확대되고, ㉤ 가상적인 상황을 가정하고 그 결과를 예상하여 설명할 수 있게 되죠.
>
> 김 교사: 맞아요. 또한 청소년들은 다양한 가능성의 세계로 사고를 확장시킬 수 있기 때문에 ㉥ 논리적으로 맞으면 현실에서 그렇게 되어야 한다고 생각하는 상징적 사고가 나타나기 시작하는 점도 흥미로웠어요. 그래서 부모나 교사와의 관계에서 논리적으로는 가능한데 실제 상황들이 그렇지 않은 것에 대해 비판하면서 기성세대와 갈등을 겪는 어려움에 처할 수도 있죠.

─〈작성방법〉─

- 피아제(J.Piaget)의 인지발달이론에 근거하여 괄호 안의 ㉠에 공통으로 해당하는 개념의 명칭을 쓸 것.
- 피아제(J. Piaget)의 인지발달이론에 근거하여 밑줄 친 ㉡에 해당하는 개념의 명칭을 쓰고, 밑줄 친 ㉢의 정의를 서술할 것.
- 밑줄 친 ㉣~㉥ 중에서 청소년기의 인지특징에 대해 잘못된 설명 1가지를 찾아 바르게 고쳐 쓸 것.

## 05

다음 (가)는 현수(중 3, 남)와 재호(중 3, 남)의 수행 능력 수준의 개인차를 보여 주는 그래프이고, (나)는 현수와 재호의 수행 능력에 대해 장 교사와 전문상담교사가 나눈 대화 내용의 일부이다. 〈작성 방법〉에 따라 서술하시오.

(가)

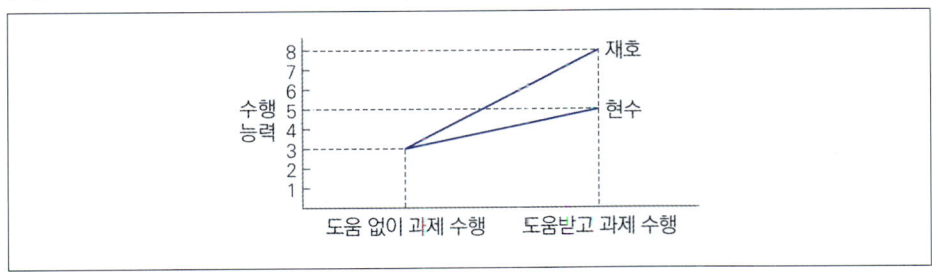

(나)

장 교 사 : 지난 수학 성취도 검사 결과를 보니, 현수와 재호의 수행 능력 수준이 같은 것으로 나왔어요. 그런데 제가 그 둘에게 약간 어려운 문제를 풀도록 하고서, 도움이 되는 질문이나 설명을 조금씩 해 주었더니 재호의 수행 능력 수준이 현수보다 훨씬 높아지더라고요. 이걸 어떻게 이해하면 좋을까요?

상담교사 : 선생님께서 하신 경험과 관련해서 비고츠키(L. Vygotsky)의 인지발달 이론을 생각해 볼 수 있어요. 비고츠키는 ㉠ 발달이 수업을 이끌어가는 것이 바람직하다고 보았어요. 또한 학생들과 언어적 상호작용을 통하여 ㉡ 교사는 학생이 실제적 발달 수준에서 잠재적 발달 수준에 도달하도록 도와줄 필요가 있다고 했어요. 비고츠키는 이러한 실제적 발달 수준과 잠재적 발달 수준 사이의 간극을 ( ⓐ )(이)라고 하였는데, 여기에서 주의할 점은 교사의 도움은 학생의 ( ⓐ ) 안에서 주어져야 한다는 것이에요.

장 교 사 : 그럼, 교사가 학생의 실제적 발달 수준과 잠재적 발달 수준을 잘 파악하고 거기에 맞는 도움을 주는 것이 필요하겠네요.

상담교사 : 네, 그렇지요. 비고츠키의 관점에서 보면 ㉢ 일반적인 성취도 검사는 학생의 실제적 발달 수준만을 측정하기 때문에 학생의 잠재적 발달 수준을 이해하는 데 한계가 있다고 할 수 있어요. 그래서 교사는 다양한 평가를 고려할 필요가 있어요. 또 중요한 것은 학생들 간의 언어적 상호작용과 학생의 혼잣말을 고려하는 것이에요. 비고츠키는 아이들이 ㉣ 어려운 문제를 해결할 때는 혼잣말 사용 빈도가 감소한다고 했어요.

—— 〈작성방법〉 ——

- 밑줄 친 ㉠~㉣의 전문상담교사의 언급 중에서 비고츠키의 인지발달 이론의 관점으로 잘못된 것 2가지를 찾아 바르게 서술할 것.
- (가)에서 장 교사의 도움을 받은 후 현수와 재호의 수행 능력의 향상 정도가 다른 이유를 (나)의 괄호 안 ⓐ에 들어갈 개념의 명칭을 사용하여 서술할 것.

**06** 다음은 전문상담교사가 남자 고등학교 2학년 한 학급의 학생들과 집단상담을 하는 내용이다. 콜버그(L. Kohlberg)의 도덕성발달이론에 근거하여 〈작성 방법〉에 따라 서술하시오.

> 상담교사: 최근 여러분의 학급에서 학교폭력 문제가 있었다고 들었어요. 그런 일이 일어나면 마음이 많이 힘들고 어렵지요. 무거운 주제이긴 하지만 그 문제와 관련하여 자유롭게 얘기해 봅시다.
> 철 우: (주저하며) ㉠ 그 사건 전에 사실 저는 준호와 제일 친했었는데 그때 준호를 도와주지 못했어요. 제가 도와주지 않아서 준호가 상처 받았을 거예요. 준호는 저를 친한 친구로 생각해 믿고 의지했는데 필요할 때 도움을 주지 못해 미안해요. 준호뿐 아니라 다른 친구들과의 관계도 깨질 것 같아 힘들어요.
> 상 호: (한숨을 쉬며) 전……. 우리 반에서 이런 일이 일어난 것이 무척 싫었어요. 사실 ㉡ 담임 선생님께서 학기 초에 학교폭력은 법에서 금지하고 있는 만큼 절대 일어나서는 안 된다고 하셨어요. 법은 중요하니까 우리가 꼭 지켜야 한다고 생각해요.
> 민 수: 학교폭력 토론 시간에 피해학생을 보면 바로 신고해야 한다는 얘기를 한 사람은 저였어요. 그런데 막상 그 일이 일어나니 제가 피해를 당할까봐 너무 두려워서 아무것도 못했어요.
> 상담교사: 그랬군요. 많이 두려웠을 것 같아요.

〈작성방법〉
- 밑줄 친 ㉠에 해당하는 도덕성발달 단계의 명칭을 쓰고, 그 단계의 특징을 1가지 서술할 것.
- 밑줄 친 ㉡에 해당하는 도덕성발달 수준의 명칭을 쓰고, 그 수준의 특징을 1가지 서술할 것.
- 콜버그의 도덕성발달이론의 한계점 1가지를 민수의 진술과 연결지어 서술할 것.

**07** 다음은 전문상담교사가 영지(중1,여)의 어머니와 나눈 대화내용의 일부이다. 〈작성 방법〉에 따라 서술하시오.

---

어 머 니: 영지를 잘 키우려고 직장도 그만두고 노력했는데 중학교에 들어가더니 저와 갈등이 심해졌어요. 혹시 제가 영지를 키운 방식에 문제가 있었을까요?

상담교사: 영지를 어떻게 키우셨는데요?

어 머 니: 딸이라 친구처럼 좋은 엄마가 돼 주고 싶어서 아이가 요구하는 것을 다 들어주려고 노력했어요. ㉠ <u>영지는 어렸을 때, 자는 시간도 일정하지 않고, 새로운 상황이나 낯선 사람에 적응하는 것을 어려워해서 키우는 데 힘들었어요.</u>

상담교사: 그러셨군요. 기질은 유전적으로 타고난 개인의 특성인데요. 르스바트(M. Rothbart)는 기질을 반응성과 ( ㉡ )차원에서 나타나는 안정적인 개인차라고 설명했어요. 반응성은 정서적 속성, 주의, 운동 반응에서의 민첩성과 강도를 의미해요.

…(중략)…

어 머 니: 영지와 오빠인 영수는 참 달라요.

상담교사: 어떻게 다른가요?

어 머 니: 영지의 같은 반 친한 친구가 지각을 해서 담임 선생님한테 혼났다며 영지가 너무 속상해 하더라고요. 친구는 엄마가 편찮으셔서 대신 동생을 챙기다가 지각을 했는데, 담임 선생님은 그 상황을 알고도 어쨌든 지각이라며 벌을 주셨대요. 영지는 담임 선생님의 지각에 대한 벌이 심했다고 생각하나 봐요. 그런데 옆에 있던 오빠는 어이없어 하며, ㉢ <u>"선생님이 맞는 판단을 하신거지."</u>라고 말하더라고요.

상담교사: 그렇군요. 길리건(C.Gilligan)은 남성과 여성이 사회화 경험의 차이로 인해 서로 다른 도덕성을 발달시킨다고 설명했어요. 여성인 영지는 ( ㉣ )의 도덕성을 보이고 있는 반면에, 남성인 영수는 ( ㉤ )의 도덕성을 나타내고 있군요.

---

〈작성방법〉

- 토마스와 체스(A.Thomas & S.Chess)의 3가지 기질 분류에 근거하여 밑줄 친 ㉠에 해당하는 기질의 유형을 쓸 것.
- 르스바트(M. Rothbart)의 기질모형에 근거하여 괄호 안의 ㉡에 해당하는 용어의 명칭을 쓰고, 그 특징을 1가지 서술할 것.
- 길리건(C. Gilligan)의 도덕성 발달이론에 근거하여, 영수가 밑줄 친 ㉢과 같이 말한 도덕적 판단의 이유를 1가지 서술하고, 괄호 안의 ㉣과 괄호 안의 ㉤에 해당하는 용어의 명칭을 쓸 것.

**08** 다음은 전문상담교사가 현구(중1, 남)의 어머니를 대상으로 학부모 상담을 진행한 내용의 일부이다. 〈작성 방법〉에 따라 서술하시오.

> 상담교사: 현구가 친구를 사귀지 못해 학급에서 늘 혼자 다닙니다. 친구들에게 별로 관심이 없는 것 같아요.
> 어 머 니: 네, 현구가 어렸을 때부터 지금껏 친구를 소개하거나 데려온 적이 한 번도 없습니다. 친한 친구가 없나 봐요.
> 상담교사: 네, 물어봤는데 친구가 없다고 하더라고요. 혹시 현구와 어머님의 관계가 어떤가요?
> 어 머 니: 데면데면합니다. 부모 자식 간의 정이 안 느껴져요. 현구는 저에게 관심이 없습니다.
> 상담교사: 그러시군요. 현구 동생이 있는 것으로 알고 있는데…현구와 동생과의 관계는 어떤가요?
> 어 머 니: 네, 현구는 동생에게도 관심이 없습니다. 동생이 자기 방에 들어오는 것을 싫어하고 대화가 거의 없습니다.
> 상담교사: 그러면 현구 동생과 어머님과의 관계는 어떤가요?
> 어 머 니: 현구 동생은 현구와 나이 터울이 많이 져서 아직 어린데, 도통 비위를 맞추기가 쉽지 않습니다. 어쩔 때는 저에게 관심을 가지고 매달렸다가도 제가 친밀하게 다가가면 저를 밀쳐 내고 떨어지려고 합니다.
> 상담교사: 그렇군요. 어려우시겠어요. 아이들 키울 때 어떠셨나요?
> 어 머 니: (한숨) 첫째 현구를 낳고는 산후우울증이 심하게 왔어요. 현구가 또 예민하고 까다로운 편이라서 양육스트레스가 너무 심했고요. 그래서 엄마로서 현구를 따뜻하게 돌보지 못했어요. 둘째 때도 산후우울증이 왔어요. 나이 터울이 있는데도 현구 양육만으로도 버거운 상황이라 현구 동생에게도 좋은 엄마가 되지 못했던 것 같아요.
> 상담교사: 그러셨군요. 제가 어머님과 아이들과의 관계를 여쭤본 것은 애착 관계를 살펴보기 위해서였습니다. 어린 시절 부모와 자녀의 유대 관계는 이후 대인 관계에도 지속적인 영향을 미치게 되거든요. 어머님이 말씀해 주신 내용으로 보건대, 현구는 ( ㉠ ) 애착이고 현구 동생은 ( ㉡ ) 애착인 것 같습니다. 두 애착 유형 모두 불안정 애착에 해당합니다.
> 어 머 니: 제가 키웠는데, 형제가 어떻게 애착 유형마저 이렇게 다를까요?
> 상담교사: 네, 아이들의 기질이 애착 유형에 영향을 미칠 수 있어요.
> 어 머 니: 기질이요? 기질에 대해 알려 주세요. 궁금합니다.
> 상담교사: 기질에는 크게 세 가지 유형이 있습니다. 순한 기질은 새로운 상황에 잘 적응하고 사람들에게 쉽게 접근하며 긍정적인 반면, 까다로운 기질은 새로운 상황이나 낯선 사람에 대해 적응이 쉽지 않아 자주 울고 부정적인 반응을 보입니다. 마지막 기질은 ( ㉢ )입니다.
> … (하략) …

─ 〈작성방법〉 ─
- 에인즈워스(M. Ainsworth)의 세 가지 애착 유형에 근거하여 괄호 안의 ㉠과 ㉡에 해당하는 현구와 현구 동생의 애착 유형을 순서대로 쓰고, 두 애착 유형의 차이점을 비교하여 설명할 것.
- 토마스(A. Thomas)와 체스(S. Chess)의 세 가지 기질 유형에 근거하여 괄호 안의 ㉢에 해당하는 기질의 유형을 쓰고, 그 기질의 특징을 1가지 서술할 것

**◁ 2020**

**09** 다음은 은미(중 3, 여)의 통합학급 담임교사와 전문상담교사가 나눈 대화의 일부이다. 〈작성 방법〉에 따라 서술하시오.

> 상담교사 : 국립특수교육원의 '특수교육대상아동 선별 검사' 결과가 나왔어요. 은미는 그중에서 '정서·행동장애 선별 검사' 결과, '대인관계 형성' 영역과 '부적절한 행동이나 감정' 영역은 괜찮은데, '불행감이나 우울감' 영역과 '( ㉠ )' 영역에서 모두 4점 이상이 나왔네요.
> 담임교사 : 제가 보기에도 은미는 늘 기운이 없어 보이고, 수업시간에도 통 집중을 못하고 있어요. 자꾸 배가 아프고 머리도 아프다고 조퇴를 하기도 하고요.
> 상담교사 : 얼마나 자주 그런가요?
> 담임교사 : 거의 매일 그러다시피 해서 보건실에 안 가는 날보다 가는 날이 더 많은 것 같아요. 얼마 전 어머니를 면담했더니 은미가 병원에서 '범불안장애'라는 진단을 받았다고 하더라고요.
> 상담교사 : 그랬군요. 그럼 최소 ( ㉡ ) 이상은 그런 행동을 보였겠네요. 그런데 은미의 가정환경은 어떤가요?
> 담임교사 : 은미 이야기로는 아버지 회사가 문을 닫는 바람에 부모님이 서로 다투시는 일이 많아서 힘들다고 하더라고요. 그래서 앞으로 부모님이 헤어지시게 되는 건 아닌지, 이런 걸 알면 친구들도 자기를 멀리하게 되는건 아닌지, 늘 초조해하고 걱정하는 것 같아요.

─ 〈작성방법〉 ─
- 괄호 안의 ㉠에 해당하는 '정서·행동장애 선별 검사'의 영역 명칭을 쓸 것.
- DSM-5의 진단기준에 따라 괄호 안의 ㉡에 해당하는 기간을 쓸 것.
- 브론펜브레너(U. Bronfenbrenner)의 생태체계이론(ecosystemic theory)의 관점에서, 은미의 현재 행동에 영향을 주는 환경 체계 2가지의 명칭을 쓰고, 각각의 환경체계에 해당하는 내용을 은미의 가정환경에 관한 담임교사의 진술에서 찾아 서술할 것.

**10** 다음은 전문상담교사가 영호(중1, 남)의 어머니와 나눈 대화 내용의 일부이다. 밑줄 친 ㉠과 괄호 안의 ㉡에 해당하는 용어를 순서대로 쓰시오.

> 어 머 니 : 선생님, 영호가 최근에 부쩍 옷차림에 신경을 씁니다. 학교에 가기 전 한 시간은 거울 앞에 서 있는 것 같습니다.
> 상담교사 : 그렇군요. 어머니가 걱정하시는 영호의 최근 행동은 영호 나이에 나타나는 자연스러운 행동입니다. 청소년기에는 자신에 대한 관심이 집중되면서 다른 사람들도 자기의 외모나 행동에 관심이 있다고 생각하게 됩니다. 그래서 부쩍 외모를 의식하게 되는 것이지요. 영호와 같이 ㉠ 자신의 외모나 행동을 강하게 의식하는 것은 '상상 속 청중'과 '개인적 우화'라는 방식으로 나타나는 청소년기 특징 중 하나입니다. 즉, 자신이 무대에 서있는 것처럼 느낀다거나 자신이 많은 사람들에게 매우 중요한 존재라고 생각하는 것입니다.
> 어 머 니 : 네, 선생님의 말씀을 듣고 보니 이제 영호의 최근 행동이 조금 이해가 됩니다. 영호가 다른 사람들이 자신을 어떻게 보는지 신경을 써서 그런지, 저나 아빠에게 "내 머리 어때?" 혹은 "나한테 파란색 옷이 어울려?" 등등의 질문을 부쩍 많이 합니다. 다른 사람들이 자신을 어떻게 보는지 알고 싶어 하는 것 같아요. 친구들하고 비교도 자주 하고요.
> 상담교사 : 네, 영호는 아마도 ( ㉡ )을/를 형성해 나가는 중인 것 같습니다. 그 하나의 방법으로 타인들을 통해 자신에 대해 더 이해해 보려고 하는 것이지요. 자신을 이해하기 위해 또래들과 비교도 하면서 자신을 정확하게 평가하고 있다고 보시면 됩니다. 그런 과정을 통해 영호는 자신에 대한 인지적인 지각을 형성하게 됩니다.

**11** 다음은 전문상담교사가 영수(중 3, 남)를 상담하고 나서 작성한 축어록의 일부이다. 〈작성 방법〉에 따라 서술하시오.

〈가〉
상담교사 : 영수야, 안녕. 담임 선생님께서 널 도와주라고 하시던데 무슨 일 있었니?
영    수 : 네, 엊그제 화장실에서 담배를 피우다가 학생부장 선생님한테 걸렸어요. 아마 그것 때문이겠죠. 제가 좋아서 피우는데 왜들 그러는지 모르겠어요.
상담교사 : 담배를 못 피우게 하는 것이 영수 입장에서는 못마땅한가 보구나. 그런데 담배는 어떻게 피우게 되었는지 궁금하네.
영    수 : 저도 어렸을 때는 아빠가 담배 피우시는 것을 무척 싫어했어요. 냄새도 역겨웠고. 그래서, 친구들이 담배를 피워보라고 해도 전 안 피웠거든요.
상담교사 : 담배에 대해 좋지 않은 생각을 하고 있었는데도 결국은 담배를 피우게 되었단 말이지?
영    수 : 네. 실은 중학교 1학년 때 처음으로 친구들이 담배를 피워보라고 해서 한 번 피워 봤어요. 그 때는 호기심에 그랬는데 계속 피우다 보니 이런 생각이 드는 거에요. '담배를 피워야 친구 모임에 낄 수 있고, 짜증날 때 피우면 스트레스도 풀리는 걸!' 그래서 담배를 계속 피우는 것 같아요.

〈나〉
영    수 : 담배를 피우고 있으면 다른 아이들이 저를 영화 속 주인공처럼 부러워하면서 쳐다봐요. 멋있어 보여서 그러겠죠.
상담교사 : 넌 담배를 피우는 것이 멋있다고 생각하는구나. 그런데 담배는 얼마 정도 피우니?
영    수 : 하루에 1갑 이상은 피워요.
상담교사 : 그래? 너무 많이 피우는 거 같아서 네 건강이 걱정이 되네.
영    수 : 괜찮아요. 전 담배를 피워도 몸은 안 나빠져요.
상담교사 : 담배 갑에 보면 폐암 경고 문구도 있던데, 네가 그렇게 될 수도 있지 않을까?
영    수 : (미소를 지으며) 선생님, 너무 염려 마세요. 아무리 많이 피워도 전 폐암 같은 건 안 걸려요. 전 특별하거든요.

〈작성방법〉

- (가)에 나타난 영수의 태도 변화와 관련하여 사회심리학자인 페스팅거(L. Festinger)가 제시한 개념을 쓸 것.
- 엘킨드(D. Elkind)의 자아중심성(egocentrism) 개념을 근거로 (나)에 나타난 영수의 심리상태를 지칭하는 하위 개념 2가지를 쓰고, 사례와 연결지어 각각 서술할 것.

**12** 다음은 조망수용 수준(단계)이 서로 다른 학생들이 이야기한 내용의 일부이다. 셀만(R. Selman)의 사회조망수용이론에 근거하여 지수(중 2, 여)와 소희(중 2, 여)에게 해당하는 조망수용 수준(단계)의 특징 1가지를 각각 쓰고, 그 근거를 사례에서 찾아 각각 서술하시오.

> 경호 : 얘들아, 오늘 선생님이 출장 가신 사이에 철수가 지각한 거 다들 알고 있지? 내일 선생님이 돌아오셔서 철수가 지각했다는 사실을 아시면 언짢아하실 텐데……. 큰일이네. 선생님은 우리들이 지각하는 걸 엄청 싫어하시잖아.
> 선아 : 그래 싫어하시지. 선생님이 철수를 꾸중하실까?
> 지수 : 글쎄……. 철수는 가게 일을 하시는 엄마 대신에 장애가 있는 동생을 매일 챙겨주고 등교하기 때문에 가끔 어쩔 수 없이 지각해. 하지만 철수도 자신이 지각하면 안 된다는 것을 알고 있을 거야. 선생님은 철수한테 지각하지 말라고 이전에도 여러 차례 말씀하셨지만, 철수 동생이 장애가 있다는 사실을 알고 계셔서 철수를 이해하실 거야. 그렇지만 철수만 봐주면 철수만 편애한다고 다른 학생들이 생각할까 봐 선생님도 고민이 되실 거야.
> 소희 : 난 선생님이 철수를 이해하실 것 같아. 장애가 있는 동생을 보살피는 것은 철수한테 중요한 일이야. 우리 사회가 장애인에게 필요한 지원을 해야 한다고 생각해. 장애인에 대한 인식이 부족한 사람들을 비난하기 보다는 우리 사회에 장애인을 존중하고 배려하는 사회적 인식이 확산되면 좋겠어. 선생님도 철수를 야단치기보다 철수와 철수 동생을 도울 방법을 찾으려고 하실 거야.

## 13

◀ 2025

다음은 전문상담교사가 종호(중2, 남)의 담임교사와 나눈 대화 내용의 일부이다. 괄호 안의 ㉠, ㉡에 해당하는 용어를 순서대로 쓰시오.

> 담임교사 : 종호가 요즘 친구 문제로 고민을 많이 하고 있어요.
> 상담교사 : 선생님이 보시기에 종호의 친구 관계에 어떤 변화가 있나요?
> 담임교사 : 중학교 1학년 때까지만 해도 자신의 비밀을 털어놓고 이야기할 수 있는 동성 친구와 자주 어울렸는데, 지금은 이성에 대한 관심이 커지고 있는 것 같아요.
> 상담교사 : 자연스러운 현상이지요. 설리번(H. Sullivan)의 대인관계이론에 따르면 연령의 변화에 따라 대인 관계의 형태와 욕구에 변화가 생기게 되죠. 그 단계는 유아기, 아동기, 소년기, 청소년 전기, 청소년 중기, 청소년 후기, 성인기로 나뉘어요. 네 번째 단계인 청소년 전기에는 주로 동성의 친구와 친밀한 관계를 형성하는데, 이 관계는 아주 가까워서 친밀감의 욕구를 만족시켜 주지요. 이러한 친구를 ( ㉠ )(이)라고 하죠. ( ㉠ )은/는 자신의 비밀 이야기를 할 수 있고 관심을 공유하게 돼요.
> 담임교사 : 그렇군요. 종호도 비슷한 것 같아요. 지금은 이성에 대한 관심이 커지면서 공부도 해야 하고, 이성 친구도 사귀고 싶어서 고민이 커지는 것 같아요.
> 상담교사 : 다섯 번째 단계인 청소년 중기가 되면 생리적 욕구인 ( ㉡ )욕구가 생겨요. ( ㉡ ) 욕구로 인해 스트레스와 불안정 등의 심리적 갈등과 혼란을 경험하게 되는데요, 동시에 동성의 친구와 친밀감을 유지하려는 욕구도 존재하죠.

## 14

◀ 2021

다음은 에릭슨(E. Erikson)의 심리사회적 발달 이론에 관한 설명이다. 괄호 안의 ㉠과 ㉡에 들어갈 용어를 순서대로 쓰시오.

> 에릭슨은 원초아를 강조한 프로이트(S. Freud)와는 달리 ( ㉠ )(으)로 관심의 초점을 돌렸으며, ( ㉠ )이/가 인간 행동과 기능의 핵심이 된다고 보았다. 그의 이론에서 ( ㉠ )의 발달은 사회와 밀접하게 관련되어 있으며, 개인의 전 생애, 즉 유아기에서부터 청소년기를 거쳐 노년기까지 이루어진다.
> 에릭슨은 전 생애에 걸친 심리사회적 발달 단계의 성격을 설명하고 있으며, 각 심리사회적 발달 단계마다 ( ㉡ )이/가 발생한다고 보았다. 이러한 ( ㉡ )은/는 해당 단계의 생리적 성숙과 개인에게 부과된 사회적 요구에서 비롯된 것으로, 한 개인의 특징적인 행동 패턴은 각 발달 단계에서 ( ㉡ )이/가 어떻게 해결되는가에 크게 영향을 받는다.

⊙ 2009

**15.** 〈보기〉의 (가)는 에릭슨의 발달단계 과제이고, (나)는 각 단계에 대한 설명들이다. (가)와 (나)를 옳게 짝지은 것은?

〈보기〉

| (가) | (나) |
|---|---|
| ㄱ. 기본적 신뢰 대 불신 | a. 다른 사람에 대한 사랑과 보살핌을 넓혀간다. |
| ㄴ. 자율성 대 수치심 | b. 자기를 알기 위해 이성간의 상호작용이 활발하다. |
| ㄷ. 정체감 대 역할 혼미 | c. 프로이드의 심리성적 발달단계 중 항문기에 해당한다. |
| | d. 이 단계에서 성공적인 사람은 자신의 삶은 필연적인 것으로 받아들인다. |
| | e. 돌보는 이의 행동에서 일관성과 예언성을 발견하게 되면 과제를 성공적으로 성취한다. |

| | (가) | (나) | | (가) | (나) |
|---|---|---|---|---|---|
| ① | ㄱ | c | ② | ㄱ | d |
| ③ | ㄴ | a | ④ | ㄷ | b |
| ⑤ | ㄷ | e | | | |

**16** 다음은 전문상담교사가 영호(고 2, 남)와 민수(고 1, 남)를 상담한 내용의 일부이다. 마르샤(J. Marcia)의 이론을 바탕으로, 영호와 민수의 정체성 상태(identity status)의 명칭을 순서대로 쓰고, 각 학생의 정체성 상태를 위기(crisis)와 전념(commitment)의 유무에 따라 설명하시오.

〈영호와 상담한 내용〉

영　　호 : 저는 부모님의 뜻대로 의대에 진학할 계획이에요.
상담교사 : 부모님은 영호가 의사가 되기를 원하시는구나. 영호도 의사가 되고 싶니?
영　　호 : 제가 어렸을 때부터 부모님은 제게 의사가 되어야 한다고 말씀하셨어요. 그래서 의사가 되어야 한다는 생각을 하며 열심히 공부하고 있어요.
상담교사 : 그럼, 영호는 의사가 되어야 한다고 생각해 왔고, 다른 진로에 대해 고민해 본 적이 없구나.
영　　호 : 네.

〈민수와 상담한 내용〉

상담교사 : 민수는 수업 시간에 주로 잠을 잔다고 하더구나.
민　　수 : 네.
상담교사 : 선생님은 민수가 방과 후에 무엇을 하는지 궁금한데 선생님한테 말해 줄 수 있을까?
민　　수 : 친구들하고 놀기도 하고 아르바이트도 종종 해요.
상담교사 : 그렇구나. 어떤 아르바이트를 하니?
민　　수 : 그냥, 이것저것이요. 친구들하고 놀다가 돈 떨어지면 잠깐 하는 거예요.
상담교사 : 친구들과 놀거나 아르바이트를 하느라 피곤해서 수업 시간에 잠을 잔다니 선생님은 걱정이 되네. 그리고 선생님은 민수가 졸업 후에 어떤 일을 하고 싶은지 궁금하구나.
민　　수 : 잘 모르겠어요. 무엇을 하고 싶다는 생각을 해 본 적이 없어요. 저는 지금처럼 친구들과 어울려 노는 것이 그냥 좋아요.

**17** 다음은 전문상담교사가 현수(중3, 남)를 상담한 후 수퍼바이저와 나눈 대화 내용의 일부이다. 괄호 안의 ㉠과 ㉡에 해당하는 명칭을 순서대로 쓰시오.

> 상담 교사 : 현수는 학교생활에 집중하지 못하고 수업시간에도 멍하게 앉아 있어서 담임교사가 상담을 의뢰하였어요. 현수를 상담하다 보니 현수의 심리적 특성을 이해하기가 어렵더라고요.
> 수퍼바이저 : 현수가 어떤 특성을 보이고 있나요?
> 상담 교사 : 현수는 아무 생각 없이 학교와 집을 오고 가는 생활을 하고 있어요. 자신이 무엇을 하고 싶은지, 나는 어떤 가치가 중요한지를 생각해 본 적이 없고 그런 얘기들에 관심이 없어요. 미래에 대해서도 별 생각이 없고 어떻게 되든 상관없다는 태도로 살고 있어요. 동아리도 친구가 하자고 해서 따라 들어갔는데 그냥 앉아 있다가 온다고 해요.
> 수퍼바이저 : 그렇군요. 청소년기의 중요한 발달과업인 자아정체감 형성을 바탕으로 현수를 이해해 보면 어떨까요. 마르샤(J. Marcia)는 에릭슨(E. Erikson)의 자아정체감 형성이론에 영향을 받아서 자아정체감의 유형을 나누었어요. 두 가지 차원인 위기와 ( ㉠ )이/가 중요한 구성요소이고, 이 두 차원의 조합을 통해 4가지 유형으로 나누었어요. 현수는 ( ㉡ ) 유형에 속한다고 할 수 있을 것 같아요.

**18** 마르시아(J. Marcia)의 이론적 관점에서 볼 때, 〈보기〉에 제시된 특성을 보이는 청소년은 어떤 정체감 상태인지 쓰시오.

> (1) 자신의 인생에 대하여 많은 고민을 하고 다양한 역할을 시도해 보며, 때로는 좌충우돌하기도 한다.
> (2) 어머니의 요구에 순응하여 별다른 고민 없이 진로를 결정한다.

(1) _____
(2) _____

19. 다음은 전문상담교사가 '또래 관계 증진 프로그램'을 운영하고 최 교사와 나눈 대화의 일부이다. 〈작성 방법〉에 따라 서술하시오.

> 최 교사: 선생님께서 우리 반 학생들에게 '나, 너 그리고 우리' 또래 관계 증진 프로그램을 운영해 주셔서 감사합니다.
>
> 상담교사: 네, 학생들이 프로그램에 참여하여 많은 것을 배울 수 있는 시간이었던 것 같아요. 저도 프로그램을 운영하면서 학생들의 성장을 볼 수 있었던 기회였고요.
>
> … (중략) …
>
> 최 교사: 저는 이 프로그램을 통해서 몇몇 학생들에게 눈에 띄는 변화가 보여 기분이 좋습니다. 이것은 제가 학기 초에 우리 반 아이들을 대상으로 한 소시오그램(sociogram) 결과입니다. 이 중 반장인 소연이의 교우 관계를 분석해 보면, 인기도가 가장 높았던 반면 싫어하는 친구들도 많았어요. 평소 소연이는 밝고 외향적이며 리더십도 있지만, 자기주장이 강해서 그런 결과가 나왔나 봐요. 하지만 이번 프로그램을 통해서 소연이가 친구들의 의견을 경청하는 연습을 많이 한 것 같아요. 어제 종례 후 우리 반 학생들이 학급 벼룩시장 운영에 대해 회의를 했었는데, 소연이가 친구들의 의견을 잘 수용하더라고요. 그래서 제가 소연이를 엄청 칭찬해 주었어요.
>
> 상담교사: 현민이의 소시오그램 결과는 어땠나요?
>
> 최 교사: 현민이는 친한 친구로 지명되지도, 싫어하는 친구로 지명되지도 않았어요.
>
> 상담교사: 학기 초에 현민이가 프로그램 참여한 것을 떠올려보면, 차분하지만 수줍음을 잘 타며 위축되어 있는 모습이었어요. 하지만 프로그램 중반부에 '종이컵으로 신기한 물건 만들기'를 했었는데, ㉠ <u>현민이가 가장 많은 아이디어를 제안</u>해서 현민이네 모둠이 그날 최고 팀으로 뽑혔어요. 그때부터 현민이가 점점 자기 의견을 제안하기 시작하더라구요.
>
> 최 교사: 맞아요. 현민이도 학기 초에 비하면 많이 활발해졌어요. 처음엔 주로 혼자 있었는데, 지금은 규민이와 상훈이하고 친하게 지내더라고요.
>
> … (하략) …

〈작성방법〉

- 학기 초에 실시한 소시오그램 결과, 이스트(L. East)의 또래집단 인기 유형에서 소연이와 현민이에게 해당하는 유형의 명칭을 순서대로 쓸 것.
- 위에서 급한 소연이와 현민에게 해당하는 유형의 특징 1가지를 사례와 연결하여 순서대로 서술할 것.
- 길포드(J. Guilford)가 제시한 확산적 사고의 요인 중 밑줄 친 ㉠에 해당하는 요인의 명칭을 쓸 것.

**20** 다음은 워너(I. Weiner)가 제시한 청소년 비행의 유형에 대한 설명이다. (가)~(다)에 해당하는 유형을 〈보기〉에서 골라 바르게 연결한 것은?

(가) 일탈적인 또래의 영향이 크며, 비행청소년의 입장에서 볼 때 비행 하위문화의 구성원으로 인정받고 자존감을 높이기 위한 단기적인 적응행동 양식이다.
(나) 공격적이고 쾌락추구적인 충동을 즉각 행동으로 표출하거나 혹은 타인의 권리나 감정을 무시하는 행동을 한 후에도 죄의식을 전혀 느끼지 못하는 경향성과 관련된다.
(다) 욕구 표현과 충족을 위해 단독으로, 급작스럽게, 우발적으로 저지르는 상황 결정적 비행인 경우가 많으며, 내면의 긴장감, 분노, 낙담 등과 같은 심리적 갈등이나 좌절이 표출된 것이다.

〈보기〉
ㄱ. 성격적 비행
ㄴ. 사회적 비행
ㄷ. 정신병적 비행
ㄹ. 신경증적 비행

|  | (가) | (나) | (다) |  | (가) | (나) | (다) |
|---|---|---|---|---|---|---|---|
| ① | ㄱ | ㄴ | ㄷ | ② | ㄴ | ㄱ | ㄷ |
| ③ | ㄴ | ㄱ | ㄹ | ④ | ㄴ | ㄷ | ㄹ |
| ⑤ | ㄹ | ㄱ | ㄷ | | | | |

## 학습

**2022**

**21** 다음은 전문상담교사가 예림(중3, 여)의 어머니와 나눈 대화 내용의 일부이다. 〈작성 방법〉에 따라 서술하시오.

> 상담교사 : 예림이가 수학여행은 가고 싶은데 버스를 못 탄다며 상담실을 찾아왔어요.
> 어 머 니 : 네, 맞아요. 중학교 1학년 등굣길에 버스 사고가 났었지요. 그 후로 버스만 보면 소스라치게 놀라고 공포스러워하며 피했어요. 시간이 지나면 괜찮아지겠지 했는데 벌써 2년이 지났네요. ㉠ 처음에는 버스만 공포스러워하더니 이제는 자동차, 기차, 자전거까지도 무서워해서 멀리 가지를 못해요.
> 상담교사 : 그럼 지금껏 학교는 어떻게 다녔나요?
> 어 머 니 : ㉡ 버스나 차는 공포스러워서 못 타니까 40분이나 걸어서 등교를 하고 있지요. 가방도 무거운데 매일 그렇게 다니고 있어서 고등학교는 가까운 곳으로 보내려고 해요.

─〈작성방법〉─

- 고전적 조건형성이론에 근거하여 밑줄 친 ㉠을 설명하는 개념의 명칭을 쓰고, 그 형성 과정을 서술할 것.
- 밑줄 친 ㉡의 형성과 유지 과정을 모우러(O. Mowrer)의 2요인모형에 근거하여 서술할 것.

**22** ◀ 2015 추시

다음은 특수학급에 있는 민우(중1, 남)에게 전문상담교사가 적용한 응용행동분석(Applied Behavior Analysis)절차의 일부이다. 밑줄 친 ㉠에 해당하는 절차와 ㉡에 해당하는 기법의 명칭을 순서대로 쓰고, 각각에 포함되어야 할 기본 요소를 모두 서술하시오.

> 민우는 친구들에게 싸움을 걸고 신체적 폭력을 행사하여 상담교사에게 의뢰되었다. 상담교사는 민우를 면담한 후 응용행동분석 절차를 적용하여 민우의 문제행동을 수정하기로 하고 다음과 같은 과정으로 진행하였다.
>
> - 상담교사는 민우의 표적행동을 공격행동으로 정하고, 주 관찰행동은 친구들에게 사사건건 싸움을 걸고 신체적 폭력을 행사하는 것으로 정하였다.
> - ㉠ 상담교사는 1주일 동안 매일 점심시간에 민우의 공격행동(싸움 걸기, 신체적 폭력)을 관찰하여 발생 횟수를 표에 기록하였다. 그 결과 민우의 공격행동은 평균 4.5회로 나타났다.
> - 상담교사는 향후 2주일 안에 민우의 공격행동을 평균 1회로 감소시키는 것을 목표로 정하였다. ㉡ 상담교사는 민우가 공격행동을 하는 대신에 자신의 요구를 말로 표현하면 스티커를 주기로 약속하였다. 첫 1주일 동안 민우의 공격행동이 매일 2회 이하 발생하면 스티커를 2장씩 주고, 1주일 동안 10장을 모으면 도서교환권을 주기로 계약서를 작성하고 서명하였다.

## 23  ◀ 2013

다음은 통합교육을 실시하고 있는 중학교 1학년의 세 학급에서 상담활동 중 발생한 문제행동에 대해 행동수정 기법을 적용한 사례이다. (가)~(다)에 나타난 행동수정 기법을 바르게 연결한 것은?

(가) A반 민아는 박 교사가 내준 활동지를 마치자마자 일어서서 손을 들며 큰소리로 "선생님, 선생님!"하고 부르는 경우가 자주 있었다. 처음 몇 번 박 교사는 민아의 행동에 관심을 보여주었지만, 민아의 이러한 행동이 계속 나타나자 상담활동에 방해가 된다고 생각하였다. 이후 박 교사는 활동지를 마친 민아가 큰소리로 부르는 것을 못 본 체 하고, 조용히 손을 든 다른 학생들에게 반응을 보여 주었다. 이후 민아의 문제행동이 점차 줄어들었다.

(나) B반 준호는 상담활동에 집중하지 않고, 주변의 이물질 조각을 씹는 행동을 하였다. 박 교사는 상담활동을 잠시 보조교사에게 맡기고, 준호에게 개별중재를 실시하였다. 박 교사는 준호에게 먹을 수 있는 것과 먹으면 안 되는 것을 구분해 주고, 준호가 이물질을 먹는 행동이 나타날 때마다 세균이 침투해 병에 걸린 그림을 보여주면서 이를 설명하였다. 이후 준호는 이물질을 먹지 않게 되었다.

(다) C반 윤아는 상담활동 중 돌아다니며 다른 학생들을 건드리는 등 상담활동을 방해하는 행동을 자주 하였다. 이에 박 교사는 윤아에게 1부터 10까지 번호를 매긴 카드 10장을 주며 다음과 같이 말했다. "윤아야, 활동이 끝날 무렵 선생님이 윤아에게 10분의 특별 휴식시간을 줄 거야. 그런데 윤아가 활동 중 돌아다니거나 다른 친구들을 방해할 때마다 선생님이 카드를 한 장씩 가져가고 휴식시간을 1분씩 줄일 거야." 이후 윤아의 문제행동이 크게 줄어들었다.

|   | (가) | (나) | (다) |
|---|---|---|---|
| ① | 소거 | 용암법 | 자극변별 |
| ② | 소거 | 혐오치료 | 반응대가 |
| ③ | 소거 | 혐오치료 | 자극변별 |
| ④ | 행동형성 | 용암법 | 반응대가 |
| ⑤ | 행동형성 | 혐오치료 | 반응대가 |

**24** 〈보기〉와 같은 태식이의 공격 행동을 A – B – C(선행사건 – 행동 – 결과) 원리에 따라 분석하시오.

〈보기〉

태식이는 친구들을 놀리고 때리는 등 공격적인 행동을 일삼곤 한다. 이러한 태식이의 행동은 다른 학생들에게 피해를 줄 뿐만 아니라 학급의 우호적인 분위기 조성에도 큰 방해가 되고 있다. 오늘도 태식이는 수업 중에 짝의 학용품을 허락없이 가져갔다. 짝이 내놓으라고 하자, 태식이는 계속 놀리다가 귀찮게 한다며 짝을 밀치고 때렸다. 태식이의 이러한 행동은 담임 선생님께 즉각 발견되었고, 결국 태식이는 교무실에 불려가 꾸중을 듣게 되었다.

A : _____
B : _____
C : _____

◀ 2018

**25** 다음은 최 교사가 전문상담교사에게 민수(중 2, 남)의 문제 행동에 대해 자문을 요청하는 대화 내용이다. 밑줄 친 부분에 해당하는 강화 기법의 명칭을 쓰시오.

최  교사 : 선생님, 민수가 수업시간에 돌아다니면서 수업 방해를 많이 하네요.
상담교사 : 수업 진행이 어려우시겠어요. 민수가 돌아다닐 때 선생님은 어떻게 하시나요?
최  교사 : 저는 자리에 앉으라고 주의를 주고, 심하면 따로 불러서 달래보거나 반성문을 쓰게 해요. 제가 알고 있는 여러 방법을 다 써 봐도 민수의 행동이 좀처럼 변하지 않네요. 좋은 방법이 없을까요?
상담교사 : 선생님은 많은 노력을 했는데도 민수가 전혀 변하지 않아서 속상하시겠어요. 민수에게 바라는 행동이 구체적으로 무엇인지요?
최  교사 : 우선, 수업 중에 설명을 할 때만이라도 민수가 돌아다니지 않고 자리에 앉아 있으면 좋겠어요.
상담교사 : 민수가 돌아다닐 때 주의를 주거나 달래는 것이 민수가 오히려 관심을 받게 되는 결과를 가져올 수도 있어요. 반복되면 문제 행동이 바뀌지 않고 더 심해질 수 있지요. 그래서 다른 방법을 권하고 싶은데요. <u>민수의 여러 행동 중 하나만을 골라 선택적으로 관심을 주는 방법이에요.</u>
최  교사 : 그런 방법도 있군요. 한번 시도해 보고 싶은데 좀더 자세히 설명해 주시겠어요?
상담교사 : <u>네, 민수가 선생님이 바라는 행동을 할 때만 관심을 주고, 그 외의 행동에는 관심을 주지 않는 거에요. 자리에 앉아있는 행동에만 관심을 주어 그 행동의 빈도수를 증가시키는 거죠.</u>

# 26

다음은 전문상담교사가 준호(중1, 남) 어머니와 나눈 대화 내용의 일부이다. 〈작성 방법〉에 따라 서술하시오.

---

어 머 니 : 선생님, 우리 준호가 컴퓨터 게임을 이전보다 점점 더 많이 해서 걱정입니다.

상담교사 : 걱정이 많으시겠어요, 어머님. 준호가 게임을 예전보다 어느 정도로 더 많이 하나요?

어 머 니 : 내일 당장 제출해야 하는 숙제가 있는데도 신경 쓰지 않고 게임에만 빠져 있어요. 예전에는 제가 잔소리를 하면 게임을 그만두거나, 제 인기척만 들어도 게임을 중지했었거든요. 그런데 요즘은 아무런 효과가 없더라고요.

상담교사 : 어머님 잔소리로 인해서 준호에게 ⓐ'혐오조건화'가 일어났던 것 같네요. 혐오조건화는 ( ⓑ )학습과 ( ⓒ )학습을 모두 포함해요. ( ⓑ )학습은 어머님의 잔소리를 종료시키기 위해서 게임을 중지해야 한다는 것을 학습한 것이고요, ( ⓒ )학습은 어머님의 잔소리가 시작되는 것 자체를 차단하기 위해서 게임을 중지해야 한다는 것을 학습한 것이지요. 그런데 ⓓ 효과가 오래가지는 않았네요.

어 머 니 : 맞아요. 저도 그렇게 생각해요. 며칠 전에는 컴퓨터 전원을 뽑아버렸더니, 저한테 말도 안 해요. 게임을 완전히 못 하게 할 수는 없을 것 같고, 스스로 숙제라도 했으면 좋겠어요.

상담교사 : 그럼 이렇게 해 보시면 어떨까요? 준호가 '스스로 숙제를 하는 행동'을 최종 목표로 설정하고, 작은단위의 하위 행동을 나누어 단계적으로 강화하면서 최종 목표에 도달하도록 하는 것이죠. 이것을 조성(shaping)이라고 하는데요, 조성은 두 가지 요소를 가지고 있습니다. 연속적 접근과 ( ⓔ )입니다.

[A] ┌ 이 두 가지 요소를 포함하여 행동기법들을 적용해 볼 수 있습니다. 먼저, 준호와 게임을 매일 1시간만 하는 것으로 약속을 합니다. 그리고 책상에 앉거나, 책상에 앉아 숙제 준비를 하는 행동과 같이 목표 행동에 가까운 행동들을 점진적으로 강화합니다. 책상에 앉아서 숙제 하나를 끝내면 게임하는 시간을 30분 늘려 주고, 책상에 앉아서 다른 행동을 하고 있으면 게임하는 시간을 늘려 주지 않는 것입니다. 그리고 그날 해야 하는 숙제를 하지 않으면 게임하는 시간을 30분 줄이는 것└ 도 하나의 방법입니다.

---

〈작성방법〉

- 밑줄 친 ⓐ의 의미를 사례와 연결 지어 서술하고, 괄호 안의 ⓑ과 괄호 안의 ⓒ에 해당하는 용어의 명칭을 순서대로 쓸 것.
- 괄호 안의 ⓔ에 해당하는 용어의 명칭을 쓰고, 그것을 설명하는 내용을 [A]에서 찾아 1가지 쓸 것.

**27** 다음 그래프는 정신지체 학생의 수업방해 행동을 감소시키기 위해 실시한 중재 프로그램의 결과를 나타낸 것이다. 이 그래프에 대한 설명으로 옳지 <u>않은</u> 것은?

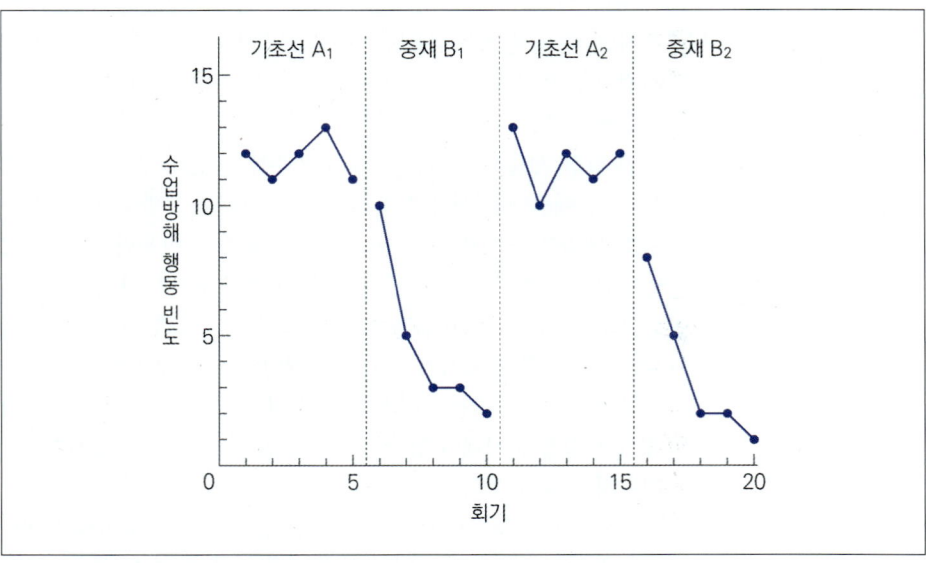

① 중다기초선 설계가 사용되었다.
② 기초선이 안정된 경향을 보이자 중재를 실시하였다.
③ 수업방해 행동과 중재 프로그램 간의 기능적 관계가 입증되었다.
④ 기초선 $A_2$의 자료가 기초선 $A_1$ 자료의 평균에 근접한 수준으로 반전하였다.
⑤ 중재 구간에서는 표적행동(수업방해 행동)의 발생빈도가 목표 수준에 도달할 때까지 중재를 실시하였다.

# 개론

◀ 2022

**28** 다음은 명재(고1, 남), 환희(고1, 남), 유미(고1, 여)가 학교 앞 패스트푸드 음식점에서 나눈 대화 내용의 일부이다. 밑줄 친 ㉠과 ㉡을 설명할 수 있는 지각 심리학 용어를 순서대로 쓰시오.

> 명재 : 여기 오늘 음악 소리가 크지 않니?
> 환희 : 응. 오늘 사람도 많아 웅성웅성 소리도 크고, 음악 소리도 크고… 귀가 멍멍할 지경이네. 햄버거 주문하면서 음악 소리를 좀 낮춰 달라고 요청해야겠어. 일단 메뉴를 정하자. 명재야, 오늘 뭐 먹을 거니?
> 명재 : 글쎄… 늘 먹던 것 말고 새로운 메뉴에 도전해 보면 어떨까 해.
> 환희 : 그럴까? 그럼 메뉴를 꼼꼼히 살펴보자. 최근에 신메뉴가 많이 나왔더라. 와, 저거 맛있어 보이지 않니? 네가 좋아하는 계란이랑 베이컨이 들어가 있고 매운 맛이래.
> 명재 : 정말 맛있겠는걸. 우리 저거 먹어 보자.
> 환희 : 좋아. 잠깐, 어디서 유미 목소리가 들리지 않니? (매장 안을 둘러보며) 유미가 저기서 동주와 얘기를 하고 있네. ㉠ 이렇게 시끄러운데 유미 목소리를 알아채다니 신기하다. 메뉴를 주문하기 전에 유미와 동주에게 먼저 가 보자. (유미와 동주에게 가서) 너희 언제 왔어?
> 유미 : 내가 햄버거 받으러 가면서 너희들이 메뉴판 앞에 서서 보고 있길래 바로 그 앞에서 손을 한참 흔들었거든. 그런데 너희들 날 못 보는 것 같더라고… 그래서 그냥 와서 동주랑 먹기 시작했어.
> 환희 : 어, 그랬어? ㉡ 메뉴 보느라 못 본 것 같아. 신메뉴에 정신이 팔려 있었거든.

29. 다음은 기억 체계에 관하여 전문상담교사들이 나눈 대화 내용의 일부이다. 〈작성 방법〉에 따라 서술하시오.

> 장 교사 : 우리의 기억 체계를 설명하는 정보처리이론을 이해하면 학생 상담에 큰 도움이 되는 것 같아요.
> 김 교사 : 그렇지요. 저도 예전에 참여했던 세미나에서 듣고 도움이 되었어요.
> 장 교사 : 제가 요즘 상담하고 있는 창수가 시험 공부를 하면 금방 잊어버린다고 효율적인 공부법을 배우고 싶다고 했는데요, 정보처리이론이 도움이 되더라고요. 정보처리 이론에서는 인간의 기억을 3가지 기억체계로 설명하고 있어요.
> 김 교사 : 맞아요. 감각기억은 기억의 첫 단계로서 매우 중요한 기능을 담당하고 있죠. 감각기억은 감각기관을 통해 들어오는 정보를 최초로 저장하는 곳이고, 그 중 주의 집중된 정보만 ㉠ 단기기억으로 전이된다고 해요.
> 장 교사 : 단기기억에 저장된 정보는 반복해서 되뇌이는 ( ㉡ )을/를 통해 마지막 기억 체계인 장기기억으로 전이돼요.
> 김 교사 : 창수는 공부할 때 반복적으로 ( ㉡ )하는 것이 도움이 되겠네요. 혹시 작업기억에 대해서도 들어보셨나요?
> 장 교사 : 네. 지금 이 순간에 의식적으로 활성화되어 있는 기억이지요.
> 김 교사 : 맞아요. 작업기억의 모형은 ( ㉢ ), 시공간 잡기장, 중앙집행기의 3가지 요소로 구성되어 있어요. 이 중 시공간 잡기장은 시각적 심상과 공간 정보를 유지하고 조정하는 기능을 해요.

〈작성방법〉

- 애킨슨과 쉬프린(R. Atkinson & R. Shiffrin)의 중다기억모델에 근거하여, 밑줄 친 ㉠의 특징 1가지를 저장 용량과 정보의 지속시간 측면에서 서술할 것.
- 애킨슨과 쉬프린(R. Atkinson & R .Shiffrin)의 중다기억모델에 근거하여, 괄호 안의 ㉡에 공통으로 해당하는 용어의 명칭을 쓸 것.
- 괄호 안의 ㉢에 해당하는 용어의 명칭을 쓰고, ㉢의 기능 1가지를 서술할 것.

## 30

다음 (가)는 인간의 자율신경계 구조를 나타낸 그림이고, (나)는 전문상담교사가 지수(중3, 여)와 미나(중3, 여)에 대해 파악한 내용이다. 〈작성 방법〉에 따라 서술하시오.

(가)

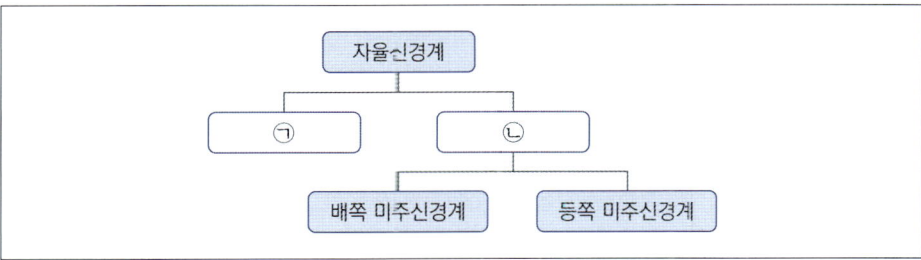

(나)

같은 반 친구 사이인 지수와 미나는 2주 전에 버스를 타고 등교하는 길에 교통사고를 당하였다. 빗길에 코너를 돌다가 버스가 전복되면서 차 안은 순식간에 아수라장이 되었다. 여기저기서 비명 소리가 들렸고 넘어지고 부딪히면서 피를 흘리는 사람들이 보였다. 지수와 미나는 둘 다 크게 놀랐는데, ⓒ 지수는 어떻게든 버스 밖으로 나가려고 안간힘을 썼고, 버스 문을 열 수 없자 비상 망치로 창문을 깨뜨리려고 시도하였다. 한편, 미나는 그 자리에 꼼짝하지 않고 얼어붙은 것처럼 쓰러져 있었는데, 지수가 미나에게 도와 달라고 외쳤지만 미나는 넋이 나간 표정으로 대답하지 않았다. 다행히 지수와 미나는 응급 구조 요원의 도움을 받아 무사히 버스에서 빠져나왔으나, 사고 후 충격이 심해 다음 날 부모와 함께 Wee센터를 방문하였다. 상담교사는 위기개입을 하였고, ⓔ 점진적 근육이완 훈련을 통해 스트레스 증상 완화에 도움을 주었다

─〈작성방법〉─

- ㉠과 ㉡의 명칭을 쓰고 ㉠의 기능과 관련 있는 반응을 밑줄 친 ⓒ에서 찾아 1가지 서술할 것.
- 밑줄 친 ⓔ이 스트레스 증상 완화에 도움이 되는 이유를 ㉠과 ㉡의 기제와 관련지어 설명할 것.

◁ 2019

**31** 다음은 학업문제에 대하여 유미(고 1, 여)와 명수(고 1, 남)가 대화하고 있는 내용이다. 밑줄 친 ㉠, ㉡에 나타난 망각의 원인을 설명하는 서로 다른 개념을 각각 순서대로 쓰시오.

> 유미 : 중학교 공부보다 고등학교 공부가 더 어려운 것 같아.
> 명수 : 맞아. 특히 새로 배우는 프랑스어가 어려워.
> 유미 : 정말? 나도 그런데. 넌 어떤 점이 어려워?
> 명수 : 새로 배우는 프랑스어 단어가 기억이 잘 안 나. ㉠ 우리는 수업 시간마다 단어 시험을 보는데 분명 시험 전날 정확하게 외웠거든. 그런데 막상 시험을 보면 틀려. 알고 있는 영어 단어랑 유사한 프랑스어 단어일수록 더 잘 틀리더라.
> 유미 : 그래? ㉡ 난 새로 외운 프랑스어 때문에 그 전에 배웠던 영어 단어가 잘 기억이 안 나는데…….

◁ 2019

**32** 다음은 전문상담교사와 선규(중 3, 남)가 시험 스트레스에 관해 대화하는 내용이다. 라자러스와 포크먼(R. Lazarus & S. Folkman)이 제시한 스트레스 대처방식에 근거하여 밑줄 친 ㉠, ㉡에 해당하는 스트레스 대처방식을 순서대로 쓰시오.

> 상담교사 : 선규 학생, 시험공부 잘 되나요?
> 선　　규 : 아니요. 시험공부가 잘 안 돼요. 당장 이틀 뒤면 시험인데, 걱정만 하고 있어요. 외울 것이 너무 많아요. 잘 안 외워지니까 안 하게 돼요. ㉠ 스트레스를 받으니까 불안해져서 자꾸 잠만 자거나 게임을 하게 돼요.
> 　　　　　　　… (중략) …
> 상담교사 : 시험 스트레스 때문에 많은 학생들이 힘들어하지요. 선규는 스트레스 상황을 벗어나고 싶을 때 잠을 자거나 게임을 하나 봐요. 하지만 시험을 걱정하는 것을 보니 공부를 잘 하고 싶은 마음이 있는 것 같은데……. 그럼 ㉡ 힘들더라도 좀 더 집중해서 외워 보거나 암기법을 사용해서 암기해 보면 어떨까요?

**33** 다음은 전문상담교사가 나희(중 2, 여)와 나눈 대화 내용의 일부이다. 밑줄 친 ㉠의 나희 행동을 설명하는 조건형성 원리의 명칭과 밑줄 친 ㉡에 해당하는 사회심리적 현상의 명칭을 순서대로 쓰시오.

> 상담교사 : 오늘 많은 이야기를 들려줘서 고마워요. 나희가 이야기를 참 재미있게 잘 하네요.
> 나　　희 : 정말요? 수업 시간에도 그럴 수 있으면 좋겠는데요.
> 상담교사 : 수업 시간에는 이야기를 잘 안 하나요?
> 나　　희 : 네.
> 상담교사 : 그래요? 왜 그런 것 같아요?
> 나　　희 : 상담 시간에는 제가 좀 엉뚱한 말을 해도 선생님이 잘 들어 주시니까 말을 많이 하게 되는 것 같아요. 하지만 수업 시간에 그러면 친구들이 핀잔을 주거나 무시하기 일쑤거든요.
> 상담교사 : 아, 그래서 ㉠ 나희가 상담실에서는 이야기를 잘 하는데 수업 시간에는 조용하고 말이 없군요. 그러면 쉬는 시간에 친구들과 있을 때는 어떻게 하나요?
> 나　　희 : 그건 상황에 따라 다른데요. ㉡ 친구들이 모두 재미있다고 크게 웃고 떠들 때는 저도 큰 소리로 같이 웃으면서 이야기를 해요. 하지만 친구들이 모두 조용할 때는 저도 같이 조용히 있어요. 일부러 그러는 건 아닌데 그렇게 하게 되거든요.

**34** 다음은 전문상담교사가 중학생들을 대상으로 온라인 집단상담을 진행한 과정의 일부이다. 〈작성 방법〉에 따라 서술하시오.

 김 교사: 오늘은 우리가 온라인 집단상담으로 모였어요. 코로나 19로 인해 집에서 공부하는 시간이 많아졌을 텐데 어떻게 지내고 있나요?

 건호: 부모님이 늘 공부하라고 하시고, 친구들도 하니까 저도 하기는 하는데요. 요즘은 제가 제대로 공부하고 있는지 잘 모르겠어요. 그래서 다른 친구들은 어떤 방법으로 공부하고 있는지 물어보게 돼요.

 선우: 저는 제 진도에 맞춰서 공부할 수 있어서 좋아요. 친구들과 함께 수업을 들을 때는 제가 아는 것도 계속 같이 들어야 될 때도 있고, 잘 모르는데 넘어가는 경우도 있었거든요. 지금은 제가 알고 싶은 걸 찾으면서 공부하는 시간이 많아졌어요.

 지연: 부모님이나 선생님이 그렇게 말씀하셔서가 아니라 저도 미래를 위해서 공부하는 건 꼭 필요하다고 생각해요. 솔직히 공부 자체가 그렇게 재미있지는 않지만 그래도 열심히 하고 있어요. 하지만 혼자 집에서 공부하니까 더 재미가 없고, 자료를 찾느라 시간도 많이 걸리고 지루하게 느껴져요.

 효진: 집에 있는 시간이 많으니까 부모님께 공부하라는 이야기를 너무 자주 들어서 정말 스트레스를 받고 있어요. 저희 부모님은 매일 공부한 내용을 가져와 보라고 하세요. 제가 공부를 많이 하면 용돈을 주겠다고 하시면서요.

 선우: 저는 부모님이 용돈을 주신다고 하면 용돈을 더 많이 받기 위해서 공부를 더 많이 하려고 노력하게 돼요. 그러다 보니까 공부하는 재미는 줄어드는 것 같아요.

― 〈작성방법〉 ―

- 데시와 라이언(E. Deci & R. Ryan)의 자기결정성 이론에 근거하여 '내사된 조절동기'와 '확인된 조절동기'를 보이는 학생의 이름과 판단 근거를 찾아 순서대로 각각 1가지씩 쓸 것.
- 과잉정당화 이론에서 제시한 보상과 동기의 관계를 선우와 관련지어 서술할 것.

## 35  ⓒ 2023

다음 (가)는 예술 고등학교에서 첼로를 전공하고 있는 민수(고1, 남)의 어머니와 전문상담교사가 나눈 대화 내용의 일부이고, (나)는 민수의 홀랜드(J. Holland) 진로 탐색 검사(중고생용) 결과를 요약한 그림이다. 〈작성 방법〉에 따라 서술하시오.

(가)

> 어 머 니 : 민수가 최근에 인문계 고등학교로 전학을 가고 싶다고 자꾸 얘기 하고 있어요. 초등학교 3학년 때부터 레슨 받고, 악기 사고, 대회 나가느라 들어간 돈과 시간이 얼마인데 첼로가 적성에 맞지 않는다고 이야기하는 건 수긍할 수가 없어요. 아무리 사회 복지사를 하고 싶고 그게 자기 성격에 잘 맞을 것 같은 생각이 들더라도 지금까지 투자한 것을 생각하면 이제 와서 민수가 진로를 바꾸는 것은 제가 받아들이기 힘들 것 같아요.
>
> 상담교사 : 어머니께서는 민수가 첼로를 계속하기를 바라시는데 민수가 진로를 바꾸고 싶다고 해서 요즘 참 고민이 많으실 것 같아요. 어머니께서는 이미 투자한 비용 등을 고려해서 현재 상황에 대한 결정을 내리시려는 것 같은데요. 얼마 전에 실시한 민수의 홀랜드 검사 결과를 보시고 민수의 진로에 대해 생각해 보시면 더 좋을 것 같아요. 일단 민수의 검사 결과 ㉠ 성격 유형 간 계측성(calculus)이 높은 편이어서, 민수의 흥미 성향은 잘 파악될 수 있을 것 같네요. 검사에서 확인되는 ㉡ 민수의 진로 코드는 SC예요. 이를 통해서 보면, ㉢ 민수의 성격 특성은 타인의 복지에 관심이 많으면서 꼼꼼하고 체계적일 가능성이 높지요. 민수가 되고 싶다는 사회 복지사하고 잘 어울리는 특성이라고 볼 수 있겠네요. ㉣ 민수의 성격 유형과 환경의 일치성(congruence)은 높은 편이어서, 현재 학교생활에 어려움은 없을 것으로 추정되네요.

(나)

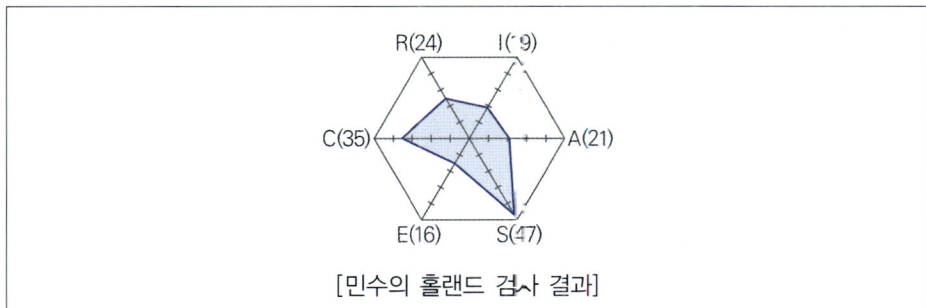

[민수의 홀랜드 검사 결과]

─── 〈작성방법〉 ───

• 민수 어머니가 민수의 진로 변경을 수용하기 어렵다고 말하는 이유를 설명할 수 있는 틀 효과(frame effect)의 명칭을 쓰고, 그 개념의 의미를 상담교사의 말에 근거하여 서술할 것.

• 민수의 홀랜드 검사 결과에 대한 밑줄 친 ㉠~㉣의 해석 중에서 잘못된 것 2가지를 찾아 바르게 고쳐서 서술할 것.

## 교육심리

**2023**

**36.** 다음은 중학생 학부모 대상 연수에 참여한 학부모가 학교 홈페이지의 상담 신청 게시판에 올린 글의 일부이다. 〈작성 방법〉에 따라 서술하시오.

(가)

---
학교소개 – 학급게시판 – ▶ 상담신청 ◀

 안녕하세요? 선생님, 특강 너무 잘 들었습니다. 저는 2학년 2반 규민이 엄마입니다. 오늘 선생님께서 모든 아이들에게는 강점 지능과 약점 지능이 있으니, 아이의 강점 지능은 더욱 키워 주고 약점 지능은 보완해 주라고 하셨습니다. 규민이는 초등학교 때부터 수학 경시대회에 나가서 상을 받을 만큼 수학을 잘 하고 있어 수학이 강점 지능인 것 같아요. 규민이가 초등학교 때 영재반을 다녔고, 따로 지능 검사를 받아 보아 수리 능력이 높다는 것은 알고 있습니다.
 하지만 ㉠ 규민이는 친구들의 기분이나 의도를 이해하고 대응하는 데 어려움을 느끼고 있습니다. 제가 규민이에게 학교생활은 어떻냐고 물어보면, 잘 지낸다고 대답은 하는데 막상 담임 선생님과 상담해 보면 그렇지 않습니다. 제가 규민이에게 어떤 도움을 줄 수 있을까요?

---

(나)

---
학교소개 – 학급게시판 – ▶ 상담신청 ◀

 안녕하세요? 제 아이는 1학년 3반 지후입니다. 선생님의 이번 특강을 통해 제가 아이에게 어떤 도움을 주어야 할지 조금이나마 알 수 있었습니다. 저는 그동안 지능이 학교 교육을 통해서만 향상되는 것으로 생각해 왔습니다. 그런데 지능에는 ㉡ 일상에서 적응하고 사회적 기술을 활용하는 능력과 ㉢ 통찰력과 익숙한 상황을 효과적으로 다루는 신기성, 새로운 해결책을 신속하게 일상적인 과정으로 바꾸어 적용할 수 있는 유연성으로 구성된 경험적 지능도 포함이 되더라고요. 지후는 지난 3월 중학교에 입학한 뒤, 초등학교와 달라진 새로운 환경에 낯설어 하고 친구 사귀는 것도 힘들어 했습니다. 그때, 저는 중학생이 되면 다 겪는 일이라고 지후의 어려움을 무시해 버렸습니다. 살짝 후회가 되네요. 지금이라도 지후가 중학교 생활을 잘할 수 있도록 제가 무엇을 도와주면 좋을까요

---

〈작성방법〉

- 가드너(H. Gardner)의 다중 지능 이론 중 밑줄 친 ㉠에 해당되는 지능의 명칭을 쓸 것.
- 스턴버그(R. Sternberg)가 제시한 삼위일체 지능 이론에 근거하여 밑줄 친 ㉡에 해당하는 지능의 명칭을 쓸 것.
- 밑줄 친 ㉢의 진술 중 잘못된 것 2가지를 찾아 바르게 고쳐서 서술할 것.

**37** 다음은 전문상담교사와 김 교사의 대화 내용이다. 엘리어트 (A. Elliot)와 하락키위즈(J. Harackiewicz)가 제시한 성취목표에 근거하여, 지수(중 1, 여)와 주호(중 1, 남)의 성취목표지향성 유형의 명칭을 순서대로 쓰고, 각 유형의 특성 1가지를 사례와 연결지어 서술하시오.

◁ 2018

김 교사 : 선생님, 최근 저희 반 학생들에게 '20년 후의 나의 모습'과 관련하여 동영상을 제작하자고 했어요. 학생들의 반응이 각각 다르더라고요.

상담교사 : 어떻게 다르던가요?

김 교사 : 동영상 제작에 긍정적으로 반응했던 학생은 지수였어요. 지수는 평소에도 본인이 하고 싶은 것이 있으면 적극적으로 인터넷이나 관련 자료를 살펴보고, 적극적으로 질문을 하는 학생이에요. 이번 여름방학 동안 동영상을 만드는 카페에 가입해서 동영상 몇 편을 찍어 봤는데, 너무 재미있었대요. 그래서 조금 더 배우면서 잘 만들어 보고 싶다며, 반 학생들에게 각자 역할 분담을 해서 동영상을 만들어 보자고 제안하더라고요.

상담교사 : 정말 열심히 하는 학생인 것 같네요.

김 교사 : 네, 맞아요. 그리고 주호라는 학생이 있는데요, 평소 수업 태도도 좋고 성적도 좋은 학생이에요. 그런데 이번 동영상 제작과 관련해서는 자신의 의사를 거의 표현하지 않더라고요. 그래서 그냥 동영상 제작에 동의하는 줄 알았어요. 그런데 쉬는 시간에 교무실로 찾아와서는 동영상 제작을 안 하면 안 되냐는 거에요.

상담교사 : 주호에게 무엇 때문에 그런지 물어보셨어요?

김 교사 : 네, 주호는 동영상을 만드는 것이 처음이어서 두려운데, 다른 친구들은 다 잘 하는 것 같다는 거에요. 자기 혼자 못하는 것이 자존심이 상한다는 거죠. 그리고 주호의 아버지는 뭐든지 시작하면 최고가 되기를 기대하시는데, 이번에 감독처럼 중요한 역할을 맡지 못해서 아버지를 실망시켜 드릴까봐 걱정이 된다는 거에요.

## 38. 2022

다음은 전문상담교사와 담임교사의 대화 내용의 일부이다. 〈작성 방법〉에 따라 서술하시오.

> 담임교사 : 선생님, 우리 반 규호 아시는지요? 규호가 담임 수업 시간에도 자신은 '수포자'라며 수학 수업을 듣지 않아 걱정입니다.
> 상담교사 : 약 한 달 전에 진로 문제로 상담을 해서 규호를 알고 있습니다. 진로 상담을 하며 학업 성적을 같이 보았는데, 규호가 전반적으로 성적이 매우 우수한 데 비해 수학 성적이 매우 낮더군요.
> 담임교사 : 네, 수학을 제외하고는 성적이 매우 좋은 편입니다. 공부를 하지 않아서 그렇지 공부를 한다면 수학도 잘할 수 있을 텐데 참 안타깝습니다.
> 상담교사 : 담임 선생님께서 안타까워하시는 마음 이해합니다. 그런데 규호는 자신은 어차피 인문계니까 수학을 공부하는 것이 굳이 필요 없다는 식으로 말하더라고요.
> 담임교사 : 네, 규호가 저한테도 그렇게 말했습니다. 그런데 학부모 상담 때 규호 어머님이 해 주신 말씀은 다릅니다. 어머니 말씀은 규호가 중학교 때는 수학 공부를 했는데 계속 수학 점수가 안 나오니까 수학은 아무리해도 안 된다고… 다시는 공부를 하지 않겠다고 울먹이며 말했다고 하더라고요. 그 이후 수학을 공부하지 않는다고요.
> 상담교사 : 그래요? 어머님 말씀대로라면 규호는 ㉠ 학습된 무기력을 보이고 있네요. ㉡ 수학 공부를 해도 잘 해내지 못할 것이라 예상하여 포기하고는 저희한테는 수학 공부가 자신한테 중요하지 않다는 식으로 변명을 한 것입니다.
> 담임교사 : 그렇군요. 안타깝긴 하지만 규호의 행동이 이해가 되지 않는 것은 아닙니다. 아시다시피 수학은 어렵기도 하고 단기간에 성적이 잘 오르지 않는 특성도 있어서 그럴 수 있습니다.
> 상담교사 : 그렇다고 공부를 해도 성적이 잘 오르지 않는 실패의 상황에서 모든 학생들이 학습된 무기력이 되는 것은 아니고 목표지향성에 따라 다르게 나타날 수 있습니다. 즉, ( ㉢ ) 목표지향성을 가진 학생들은 연속된 실패에도 학습된 무기력으로 진행되지는 않는 반면, ( ㉣ ) 목표지향성을 가진 학생들은 학습된 무기력에 빠지기 쉽습니다.
> … (하략) …

〈작성방법〉

- 밑줄 친 ㉠의 형성 원리를 조작적 조건화의 개념에 근거하여 설명할 것.
- 밑줄 친 ㉡에 해당하는 개념을 얼단(T. Urdan)과 미드글리(C. Midgley)가 제시한 용어로 쓸 것.
- 드웩(C. Dweck)의 목표지향성 이론에 근거하여, 괄호 안의 ㉢과 ㉣에 들어갈 목표지향성 유형의 명칭을 순서대로 쓰고, ㉣의 목표지향성이 학습된 무기력과 어떻게 연관되는지 설명할 것.

**39** 다음은 전문상담교사가 재호(중3, 남)를 상담한 내용의 일부이다. 〈작성 방법〉에 따라 서술하시오.

> 상담교사: 재호는 이번 중간고사 시험 어땠어요?
> 재　　호: 완전 망쳤어요. 선생님. ㉠ <u>왜 꼭 시험 기간만 되면 할 일이 쏟아질까요? 지난 학기에도 중간고사 때는 봉사 점수를 채우느라 박물관에 가서 주말 내내 봉사 활동을 해야 했어요. 기말고사 때는 갑자기 외국에서 친척 동생이 와서 제가 그 아이를 데리고 경복궁과 덕수궁을 다녀오느라 또 공부를 못했어요. 시간만 있었으면 열심히 공부하여 평균 10점은 더 올릴 수 있었는데, 꼭 시험 기간에 일이 생겨 공부를 제대로 할 수가 없었어요.</u>
> 상담교사: 할 일은 많고 공부할 시간이 부족해서 정말 속상했을 것 같아요. 시험 기간 안에 갑작스럽게 해야 할 일이 생기면 당황스럽고 시험공부에 집중을 할 수가 없죠.
> 재　　호: 네, 맞아요. 그렇다면, 제가 시간 관리를 잘할 수 있는 방법이 있을까요?
> 상담교사: 그럼요. 시간 관리를 잘할 수 있도록 도와주는 도구가 있어요. 이것은 시간 관리 매트릭스라고 하는데, 시간관리를 잘하는 친구들은 이것을 활용하여 중요도와 긴급도를 기준으로 해야 할 일들의 우선순위를 정하고 그 순서에 따라 일을 처리하고 있어요. 선생님이 시간 관리 매트릭스를 활용하는 방법을 구체적으로 알려줄게요.
> … (중략) …
> 재　　호: 저도 이 도구를 활용해 보고 싶네요. 그런데 제가 며칠 작성하고 실천해 보다가 그만 둘까봐 걱정이 돼요.
> 상담교사: ㉡ <u>그럼, 이렇게 해 보면 어떨까요? 재호가 시간 관리 매트릭스를 작성하여 우선순위에 따라 할 일을 실천했을 때를 성공이라고 할게요. 이렇게 5번 성공할 때마다 선생님이 재호가 좋아하는 음료 기프티콘을 선물로 줄게요.</u>
> 재　　호: 와, 너무 좋아요. 저 당장 내일부터 해 볼게요. 이렇게 선생님께서 추천해 주신 방법들은 저에게 도움이 많이 되는 것 같아요. 지난 학기에 선생님께서 알려주신 노트 작성법도 사회 수업 시간에 적용해 보았는데 엄청 좋더라구요. ㉢ <u>노트에 수업 내용들을 개념도로 그려 가며 관계를 나타내니까 쉽게 이해할 수 있었어요.</u> 덕분에 1학기 사회 기말시험 점수가 10점이나 올랐어요.
> 상담교사: 정말 잘 했어요. 이번에도 시간 관리 매트릭스를 잘 활용해 재호에게 도움이 되었으면 좋겠어요.

─── 〈작성방법〉 ───

- 엘리어트와 맥그리거(A. Elliot & H. McGregor)의 목표 지향성 이론에 근거하여 밑줄 친 ㉠에서 나타난 목표 유형의 명칭을 쓰고, 그 특징 1가지를 사례와 연결하여 서술할 것.
- 스키너(B. Skinner)가 제시한 강화 계획 중 밑줄 친 ㉡에 해당하는 계획의 명칭을 쓸 것.
- 맥키치, 핀트리치와 린(W. McKeachie., P. Pintrich, & Y. Lin)이 제시한 학습 전략 방법 중 밑줄 친 ㉢에 해당하는 방법의 명칭을 쓸 것.

**40** 다음은 담임교사들 간의 대화 내용의 일부이다. 〈작성 방법〉에 따라 서술하시오.

> 박 교사 : 선생님 반 아이들은 수업 태도가 참 좋아요.
> 정 교사 : 사실, 학기 초에는 우리 반 아이들의 수업 태도가 안 좋았습니다. 그래서 신청한 교사 연수에서 ㉠ 학생들에게 기대를 많이 하면 아이들이 달라진다고 하더라고요. 설마 했지만 아이들을 믿어보려고 노력했습니다. 그랬더니 아이들이 정말 달라지더라고요. 수업 태도도 좋아지고 성적도 조금씩 오르고요.
> 박 교사 : ㉡ 우리 반에 작년에 학교폭력으로 징계 받았던 아이들이 있는 거 아시지요? 학기 첫날 이 아이들이 우리 반인 것을 알고, 혹시라도 문제를 일으킬까봐 조·종례 시간에 수시로 주의를 주었거든요. 그런데 좋아지기는커녕 더 나빠지는 것 같아요. 요즘은 무단 지각에 무단결석까지 하지 뭐예요.
> 이 교사 : 최 선생님 반 수업이 오늘 있었는데 수업시간 태도가 안 좋고 수업 내내 엎드려 있는 아이들이 있더라구요. 그런데 이 아이들이 학기 초에는 수업 태도가 나쁘지 않았어요. 집중도 잘하고 수행평가 결과도 제법 좋았고요. 그런데 지금은 학기 초랑 많이 달라진 것 같아요.
> 최 교사 : ㉢ 저는 학기 초에 아이들이 좋은 태도를 보일 때도 별로 기대하지 않았습니다. 대부분의 학생들이 잠깐 태도가 좋아지다가 다시 원상태로 돌아가는 것을 한두 번 겪은 일도 아니니까요.

───〈작성방법〉───

- 밑줄 친 ㉠, ㉡에 각각 해당하는 현상을 설명하는 개념의 명칭을 순서대로 쓸 것.
- 밑줄 친 ㉢에 해당하는 현상을 설명하기 위하여 울포크(A. Woolfolk)가 제시한 개념의 명칭을 쓰고, 그 의미를 서술 할 것.

**41** (가), (나)는 전문상담교사가 시험의 어려움을 호소하는 중1 학생들을 상담하는 내용이고, (다)는 위그필드와 에클스(A. Wigfield & J. Eccles)의 기대가치이론에 근거하여 제시한 그림이다. 〈작성 방법〉에 따라 서술하시오.

〈가〉

상담교사 : 진희 학생이 수학 시험을 앞두고 많이 힘들어 하는 것 같다고 담임 선생님께서 말씀하시던데, 어떤 점이 힘든가요?
진　　희 : 제가 수학 시간에 공부하지 않고 계속 엎드려 있었더니 선생님께서 그걸 보신 것 같아요.
상담교사 : 그랬군요. 중학교에 들어와서 수학 시간에 무슨 일이 있었나요?
진　　희 : 아니요, 별일은 없었고요……. 사실 저는 수학부진아예요. 초등학교 때부터 늘 그랬어요. 그런데 중학교에 올라오니까 더 모르겠어요. 수학 수업 시간에는 선생님이 무슨 말씀을 하시는지 도저히 모르겠어요.

〈나〉

상담교사 : 내일 국어와 과학 시험을 보는 것으로 알고 있는데, 공부는 잘 되나요?
찬　　수 : 국어 공부는 다 했는데 과학은 아직 안 했어요.
상담교사 : 벌써 국어 공부를 다 했어요? 기특하네요. 그런데 과학 공부를 아직 안 한 이유가 있나요?
찬　　수 : 과학 공부는 저에게 의미가 없어요. 졸업하면 어차피 쓸 일도 없는데요. 사실, 학교에서 배운 과학 내용을 실생활에서 별로 사용하지도 않잖아요.

〈다〉

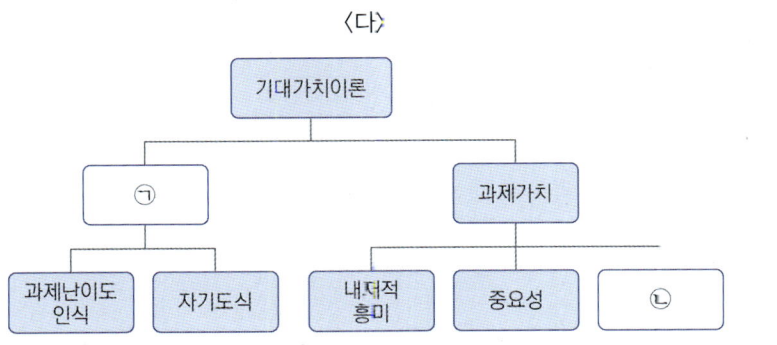

―〈작성방법〉―
- (다)의 ㉠에 해당하는 요소의 명칭을 쓰고, 그 요소가 동기에 미치는 영향을 (가)의 진희의 사례와 연결 지어 1가지 서술할 것.
- (다)의 ㉡에 해당하는 하위요소의 명칭을 쓰고, 그 요소가 과제가치에 미치는 영향을 (나)의 찬수의 사례와 연결 지어 1가지 서술할 것.

**42** 다음 (가)는 전문상담교사가 혜지(고 1, 여)를 상담한 후 작성한 축어록의 일부이고, (나)는 정보처리모형이다. 〈작성 방법〉에 따라 서술하시오.

〈가〉

상담교사 : 혜지야, 안녕. 담임선생님께서 혜지와 상담을 해 달라고 부탁하셨어. 혜지가 평소 공부를 어떻게 하는지 말해줄 수 있을까?
혜　　지 : 그냥 교과서나 학습지에 있는 내용을 여러 번 써요.
상담교사 : 중요한 내용을 외우기 위해 쓰는 거니?
혜　　지 : 아니요. 쓰기는 하는데 외워지지는 않아요.
상담교사 : 교과서나 학습지 내용을 쓰는 것이 도움이 되는 것 같니?
혜　　지 : 글쎄요. 잘 모르겠어요. 그냥 공부 노트가 제 글씨로 다 채워지면 왠지 뿌듯하더라고요.
상담교사 : 그렇구나. 그런데 기억해야 할 내용을 단순히 반복해서 써보는 것보다 좋은 방법이 있어. 혜지가 중요한 내용을 잘 기억할 수 있는지는 ( ㉠ )와/과 ( ㉡ )을/를 얼마나 잘 하는가에 달려 있어. 그리고 초인지를 사용하는 것도 공부에 도움이 돼.
… (중략) …
혜　　지 : 전 지금까지 선생님께서 방금 말씀하신 초인지를 전혀 사용하지 않았던 거네요. ㉢지금까지 제가 사용했던 공부 방법이 왜 좋은 방법이 아닌지 알 것 같아요. 선생님이 말씀하신 방법이 저에게도 잘 맞을 것 같아요.

〈나〉

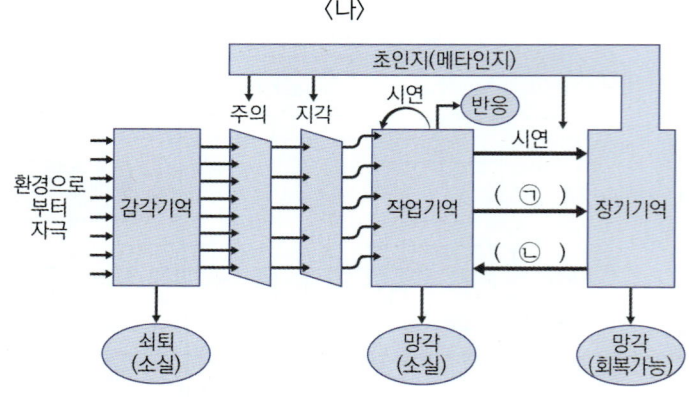

〈작성방법〉

- (가)와 (나)의 괄호 안의 ㉠, ㉡에 해당하는 용어를 순서대로 쓸 것.
- 초인지(메타인지)의 의미를 서술할 것.
- 밑줄 친 ㉢에서 혜지가 사용하고 있는 초인지(메타인지) 전략의 구성요소의 명칭을 쓸 것.

김진구
전문상담 기출문제집

김진구 전문상담 기 출 문 제 집

# 정답 및 해설

제1장 상담 심리학 기출문제

제2장 성격 심리학 기출문제

제3장 심리검사 기출문제

제4장 진로상담 기출문제

제5장 가족상담 기출문제

제6장 집단상담 기출문제

제7장 특수아 상담 및 이상심리 기출문제

제8장 심리학 개론 및 교육심리 기출문제

# CHAPTER 01 상담 심리학 기출문제 정답 및 해설

 ⑤

 ㉠ 연구자 효과(실험자 효과, 실험자 기대효과), ㉡ 과학자 실무자 모델

### 상담자 훈련 모델과 상담연구

(1) 과학자 실무자 모델
   ① 실제를 모른 채 상담을 연구하는 상담학자가 배출되어서는 안 되고, 상담에 대한 과학적인 연구를 모르는 상담실무자를 배출해서는 안 된다는 것을 의미함.
   ② 이 모델의 방향은 상담 실제에서 과학적으로 사고하고, 상담 연구에서도 실제를 고려하는 것.

(2) 실험자 효과
   ① 연구자(실험자) 효과 : 연구자 효과는 연구자가 연구결과에 영향을 미치는 말이나 행동을 함으로써 연구대상이 평상시와 다르게 행동하는 것을 의미함. 연구자 효과를 줄이기 위해서는 실험을 담당하는 사람이나 실험 대상자 모두에게 연구의 목적에 대하여 알리지 않고 연구를 진행시키기도 함.
   ② 실험자 기대 효과(experimenter expectancy effect) : 실험자가 누가 어떤 집단에 할당되어 있는지를 아는 것이 참여자의 행동에 영향을 미치는 현상. 즉, 이러한 효과를 연구에 실험자와 참여자 간의 직접적 상호작용이 개입되면, 실험자의 연령, 성별, 인종, 성격이 참여자의 행동에 영향을 준다는 것을 의미함.

 ㉮ 전이
㉯ 동준아, 선생님을 보면 생각나는 사람이 있니?
㉰ 동준아, 과거에 지금과 비슷한 감정을 느꼈던 적이 있니?

 ①

## 05 역전이

**프로이트(Freud)의 정신분석 상담이론 : 전이와 역전이**

① 전이 : 전이는 내담자가 과거에 부모나 다른 사람들에게 느꼈던 감정을 현재의 상담자에게 동일하게 느끼는 것
② 역전이 : 상담자가 자신의 과거로부터 유래된 감정을 내담자에게 느끼는 것
- 상담자의 역전이는 내담자의 반응을 왜곡하여 받아들이게 하므로 최소화해야 함.
- 해결방법 : 첫째, 상담자가 자신의 역전이 문제를 파악하고 해결하기 위해 수퍼비전을 받음. 둘째, 수퍼비전을 통해 역전이 문제를 해결할 수 없는 경우 다른 상담자에게 의뢰함. 셋째, 상담자는 상담장면에서 언제나 역전이를 인식하고 그것을 상담에 활용하려는 자세를 갖춤.

## 06 ⑤

## 07 ②

## 08 ㉠ 격려, ㉡ 단추 누르기

**아들러(Adler) 개인심리학 상담기법 : 격려와 단추 누르기**

(1) 격려
① 내담자의 강점과 장점을 인식하게 하여 삶의 문제에 용기있게 다가가게 해 주는 것 → 상담자의 격려를 통해 내담자는 용기를 얻게 되고 자신감을 회복하여 심리적 강인성을 촉진시키게 됨
② 격려에서 가장 중요한 요인은 용기의 방향성 문제로, 용기를 갖고 삶에 직면하며 그 용기가 개인의 이익을 위해서가 아니라 공공의 유익을 위해서 나아갈 수 있도록 하는 것이 중요함

(2) 단추 누르기
① 의미 : 유쾌한 경험과 불쾌한 경험을 차례로 떠올리게 하여 각 경험에 수반되는 감정에 주의를 기울이는 기법.
② 이 기법은 단추를 누르는 것처럼 사고의 결정에 따라 감정이 창출된다는 사실을 깨달음으로써 부정적 감정에 지배되지 않고 통제할 수 있기 위해 사용됨.
③ 단계
- 내담자의 눈을 감게 하고 성공하거나 사랑받거나 행복했던 때를 기억해 보고, 내담자가 그런 이미지를 떠올리게 되었을 때 그 표시를 손가락으로 올리라고 함.
- 상담자가 내담자에게 그 이미지를 지운 후 그들이 상처받고 슬프며 불행했던 기억을 떠올리고 그러한 새로운 이미지를 분명하고 구체적으로 떠올리게 되었을 때 손가락을 올리라고 함.
- 내담자에게 행복하고 성공적이며 사랑받던 때를 다시 떠올리라고 함.
- 상담자는 뭔가 발견한 것이 없는지 질문하여 특정한 심상이 특정 감정을 유발할 수 있음을 알려줌.
④ 목적 : 내담자에게 그들이 무엇을 생각할지 결정하여 자신이 원하는 감정은 무엇이든지 만들어 낼 수 있다는 사실을 가르치려는 것.

**09** 밑줄 친 부분에 해당하는 개념은 '우월추구'다. 준수의 생활양식 유형은 '지배형'으로, 특성은 타인을 배려하지 않고 공격적이며 적대적으로 행동하는 경향이 있다는 것이다. 사례에서도 준수는 학급회의 때 다른 학생들의 말을 듣지 않고 고집을 부릴 때가 있으며 집에서도 틈만 나면 형에게 시비를 걸고 다툰다고 보고하고 있다.

### 아들러(Adler)의 개인심리학 성격개념 : 우월추구와 생활양식 유형

(1) 우월추구
　① 내담자가 지각한 '마이너스 위치'에서 '플러스 위치'로 끊임없이 나아가려는 인식된 동기.
　② 우월추구 : 모든 인간이 문제에 직면했을 때, 부족한 것은 보충하고, 낮은 것은 높이고, 미완성의 것은 완성하며, 무능한 것은 유능하게 만드는 선천적인 경향성.

(2) 생활양식 유형

| 영역 | 사회적 관심 | 활동 수준 | 내용 |
|---|---|---|---|
| 지배형 | ↓ | ↑ | • 사회적 관심이 거의 없으면서 활동수준은 높은 유형으로, 주장적이고, 공격적이며 적대적인 태도를 보임<br>• 부모가 힘을 통해 자녀를 지배하고 통제할 때 형성됨 |
| 획득<br>(기생)형 | ↓ | ↓ | • 사회적 관심도 적고 활동수준도 낮은 유형으로, 자신의 욕구충족을 위해 다른 사람에게 의존함<br>• 부모가 자녀를 지나치게 과잉보호할 때 형성됨 |
| 회피형 | ↓ | ↓ | • 사회적 관심도 적고 활동수준도 낮은 유형으로 인생의 모든 문제를 회피함으로써 모든 실패 가능성도 모면함<br>• 부모가 자녀의 기를 꺾어버리는 경우에 형성됨 |
| 사회적<br>유용형 | ↑ | ↑ | • 사회적 관심과 활동수준이 모두 높은 유형으로 자신과 타인의 욕구충족은 물론 인생의 과제를 완수하기 위해 기꺼이 다른 사람에게 협력하려는 의지를 갖고 있음<br>• 부모가 이타적인 모습을 보이는 경우에 형성됨 |

　① 사회적 관심 : 개인의 이익보다 사회 발전을 위해 다른 사람과 협력하는 것.
　② 활동수준 : 개인이 보여주는 에너지의 양이며, 활동수준이 건설적인지 파괴적인지는 사회적 관심과 결합될 때 알 수 있음.

**10** ㉠의 개념은 '우월추구', ㉡의 개념은 '가상적 (최종)목표(허구적 목적)'다. 수진이의 생활양식 유형은 '사회적 유용형'으로 특징은 (사회적 관심과 활동 수준이 둘 다 높기 때문에) 인생의 과제를 완수하기 위해 다른 사람에게 협력하려는 의지가 있다는 것이다.

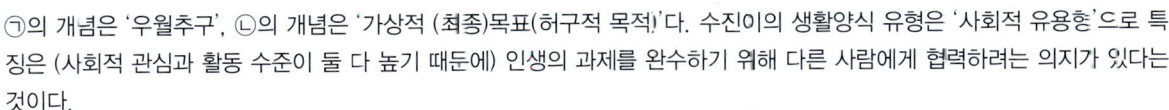

1. 생활양식 유형
   ☞ 상담심리학 9번 해설 참조
2. 우월추구와 가상적 목표

| | |
|---|---|
| 우월추구 | • 내담자가 지각한 '마이너스 위치'에서 '플러스 위치'로 끊임없이 나아가려는 인식된 동기<br>• 모든 인간이 문제에 직면했을 때, 부족한 것은 보충하고, 낮은 것은 높이고, 미완성의 것은 완성하며, 무능한 것은 유능하게 만드는 선천적인 경향성 |
| 가상적 최종목표<br>(허구적 목적) | • 인간은 누구나 자신의 인생에서 실현하고자 하는 궁극적인 목표를 가짐<br>• 한 사람의 가상적 목표를 알게 되면, 그 행동이 지니는 의미와 그의 생활양식이 지니는 의미를 알게 됨 |

**11** 전이는 내담자가 과거에 부모나 다른 사람들에게 느꼈던 감정을 현재의 상담자에게 동일하게 느끼는 것이다. 민호는 4살 때 새어머니에게 가혹하게 처벌을 받은 적이 있는데, 최근에 재혼한 상담교사에게 이러한 감정이 재현되고 있다. 즉, 상담교사에 대한 태도는 새어머니에 대한 감정을 현재의 상담교사에게 동일하게 느끼고 있다는 것이다. 전이의 발달단계에서 상담교사가 해야 할 과제는 중립적이고 익명적인 태도를 유지하면서 내담자의 전이감정을 유발시키고, 유발된 전이를 내담자의 상황과 관련해서 해석해 주는 것이다. 상담교사는 민호가 상담교사에게 느끼는 감정을 표현하게 하고, 상담교사는 민호의 감정이 새어머니에게 반응했던 방식이라고 해석해 주어야 한다. 이러한 과제수행으로 인해 얻어질 수 있는 상담의 효과는 민호는 무의식적으로 억압된 감정을 정화하고 행동으로 표현하게 되면서 과거로부터 자유로워질 수 있다는 것이다. 또한 자신의 감정에 대한 무의식적 갈등과 의미를 통찰할 수 있게 된다.

한편, 아들러의 개인심리적 관점에서 민호의 생활양식은 지배형이다. 지배형은 사회적 관심이 낮고, 활동수준이 높은 유형으로, 타인을 배려하지 않고 공격적이고 적대적으로 행동하는 경향이 있다. 사례에서도 민호는 공격적이고 사나울 뿐만 아니라 끊임없이 사고를 치고, 약한 학생에게 행패를 부리고 있다. 생활양식 탐색 단계에서 상담교사가 해야 할 과제는 가족 구도, 초기기억, 꿈분석, 우선순위 등을 통해 민호의 역동성 즉, 생활양식을 탐색하는 것이다. 이러한 과제수행으로 인해 민호는 새어머니의 지배적이고 통제적인 양육방식으로 인해 지배형이라는 생활양식을 형성했음을 이해하고, 이러한 생활양식이 삶의 과업에 영향을 미치는 방식을 이해할 수 있게 된다.

### 프로이트(Freud)의 정신분석 상담이론과 아들러(Adler)의 개인심리치료의 상담과정

(1) 프로이트 : 전이의 발달단계와 전이분석
① 전이 : 내담자가 과거에 부모나 다른 사람들에게 느꼈던 감정을 현재의 상담자에게 동일하게 느끼는 것.
② 상담자는 분석과정 동안 중립적이고 익명적인 태도를 유지하면서 상담자에 대한 내담자의 전이를 유발시키고, 유발된 전이를 내담자가 지닌 문제 상황에 관련하여 해석해 주어야 함.
③ 전이 분석 : 내담자가 상담과정에 상담자에게 나타내는 전이 현상을 분석하는 것.
④ 전이분석을 통해 내담자는 무의식적으로 파묻혀 성장을 방해하던 억압된 감정을 정화하고, 행동으로 표현하게 되면서 과거로부터 자유로워질 수 있음.
⑤ 상담자는 전이를 분석하고 해석함으로써 내담자가 무의식적 갈등과 문제의 의미를 통찰하도록 도와야 함.

(2) 아들러 : 생활양식 탐색단계
① 이 단계에서는 내담자의 생활양식을 이해하는 것과 생활양식이 삶의 과업에 어떤 영향을 미치는지 이해하는 것이 중요한 목표가 됨.
② 상담자는 내담자의 생활양식을 탐색하여 생활양식을 결정한 동기나 목표, 신념과 감정 등의 개인 역동성을 평가가는데, 이를 위해 가족구도, 초기기억, 꿈, 우선순위, 통합과 요약, 격려의 상담기법을 사용함.

 ④

 해석

### 정신분석 상담 : 해석

(1) 프로이트
① 해석 : 상담자가 내담자에게 자유연상, 꿈, 저항, 전이와 치료와의 관계 및 그것이 명시하는 행동의 의미를 지적하고 설명하는 것.
② 저항이 나타나면 : 상담자는 내담자의 저항을 분석하고 해석함. 즉 저항의 이유를 지적하여 내담자로 하여금 직면하게 함.

(2) 아들러의 상담과정 : 통찰(해석)단계
① 내담자의 자기이해와 통찰을 촉진하는 과정으로 구성됨.
② 과업 : 상담자는 해석을 통해 내담자의 기본실수를 깨닫게 하고 내담자의 삶에 어떤 영향을 주고 있는지의 통찰을 도와야 함. 혹은 내담자가 자신의 생활양식 속에서 기본적 오류를 이해하고 이 오류가 자신의 부적응적 사고, 감정, 행동 등에 어떻게 드러나는지 통찰하도록 유도함

(3) 융의 상담과정 : 명료화 단계
① 목표 : 내담자가 정서적 또는 지적으로 자신의 문제에 대한 통찰을 얻는 것
② 내담자가 갖는 증상의 의미, 아니마와 아니무스, 그림자, 현재 생활 상황과 고통 등이 명료화되며, 현재 겪는 정서적 어려움이나 비현실적 생각과 환상이 아동기에 어떻게 시작되었는가에 대한 해석이 이루어짐.
③ 전이와 역전이 탐색 : 전이를 이해하는 과정에서 내담자는 상담자가 명료화하는 무의식적인 내용을 표면으로 이끌어 낼 수 있게 됨
④ 내담자는 명료화 과정을 통해 문제의 기원에 대해 알 수 있음
※ 전이와 역전이 분석 : 개인의 무의식을 타인에게 투사하여 내보내는 것에 대한 의미를 명료하게 설명해 주는 작업 → 내담자와 상담자의 개인무의식뿐 아니라 집단무의식에서 발현된 원형의 주제가 포함되어 있는데, 이러한 전이분석을 통해 어떤 원형이 내담자에게 영향을 주었는지 이해할 수 있음

**14** A에 해당하는 상담교사의 심리학적 유형은 '내향성'이다. ㉠에 해당하는 꿈의 기능은 '의식에 대한 보상기능'으로 평소에는 내향이지만 꿈에서는 외향으로 나타나고 있는 것으로 보아 이는 정신구조의 지나친 발달을 보상함으로써, 상반되는 정신과의 균형을 유지하도록 돕는 것이다. 혹은 의식에서 부족한 부분을 보충하고 의식이 일방적으로 흐르는 것을 막음으로써 마음의 평정을 유지하는 것이다. ㉡에 해당하는 상담기법은 '능동적 심상(적극적 상상)'이다. 이 기법을 사용할 때 고려해야 하는 점은 무의식에 휩쓸리지 않을 만큼 자아기능이 강하거나 성숙되어 있는 내담자에게만 적용할 수 있다는 것이다.

### 융(Jung)의 성격 및 상담이론

(1) 꿈의 기능
  ① (의식에 대한) 보상기능 : 의식에서 부족한 부분을 보충하고 의식이 일방적으로 흐르는 것을 막음으로써 마음의 평정을 유지하는 것. 혹은 어떤 정신구조의 지나친 발달을 보상함으로써, 상반되는 정신과의 균형을 유지하도록 돕는 것
  ② (미래를 조망하는) 예시기능 : 꿈은 개인이 가까운 미래에 예상하고 기대하는 경험, 사건을 준비하게 돕는 것. 두 사건이 논리적으로 인과관계 없이 동시 혹은 근접한 시간에 독립적으로 일어나지만 서로 밀접하게 관련된 의미를 가지는 현상인 동시성의 개념은 꿈의 예견성을 뒷받침함

(2) 적극적 상상(능동적 심상, 적극적 심상)
  ① 새로운 무의식적 주제들이 의식으로 떠오르도록 자극하는 다양한 방법 → 내면적 심상이 활성화되도록 마음에 강하게 집중하고, 어떤 움직임이 일어나면 그러한 마음속의 장면으로 자연스럽게 들어가 그 일부가 되어서 심상이 멈추면 글, 그림, 춤 등으로 표현함
  ② 적용 : 무의식에 휩쓸리지 않을 만큼 자아기능이 강하거나 성숙한 내담자에게만 적용할 수 있음

**15** ②

**16** 태도적 가치

### 프랭클(Frankl)의 3가지 가치(삶의 의미를 가져다 줄 수 있는 3가지 방법)

① 창조적 가치 : 개인이 자신의 사명과 구체적인 과업을 자각할 때 생기는 것으로, 창조적이고 생산적인 활동에서 인식되는 것.
② 경험적 가치 : 자신이 직접 창조해 내지는 않지만 타인이 창조해 놓은 것을 경험함으로써 가치를 느끼는 것. 즉, 세상의 경험이 개인에게 가르쳐준 가치를 의미함.
③ 태도적 가치 : 개인이 처한 상황이나 환경에서 마음을 어떻게 갖는가의 문제. 즉, 우리가 변화시키거나 피할 수 없는 상황을 수용하는 데에서 생기는 것으로, 운명을 받아들이는 방법, 고통을 견디는 용기, 불행 앞에서 내보이는 의연함을 말함.

## 17 탈숙고(비반영, 반성제거)

**실존치료 기법 : 탈숙고(비반영, 반성제거)**

① 어떤 문제에 지나치게 걱정하는 나머지 그 문제에 사로잡혀 헤어나오지 못하는 내담자에게 그 문제에 자꾸 빠져드는 생각(refelction)을 제거하는 기법. 즉, 자신의 문제 외에 다른 것으로 관심의 초점을 옮기는 것
② 자신의 문제를 분석하고 신경을 쓸수록 과도한 자기관찰로 인해 자발성과 활동성에 방해가 되는데, 역설적 의도가 예기불안을 없애는 것인 반면, 탈숙고는 자기관찰을 없애는 것
③ 지나친 주의나 지나친 숙고, 자기관찰이 오히려 장애나 증상의 원인이 될 수 있으므로 지나친 주의나 숙고를 내담자 자신의 밖으로 돌려 문제를 무시하게 함으로써 내담자의 의식을 긍정적이고 생산적인 쪽으로 전환하게 돕는 방법
④ 과잉의도와 과잉반성
- 과잉의도(hyper-intention) : 자신에 대해 지나치게 집착하는 경우이다.
- 과잉반성(hyper-refelction) : 지나치게 자신이나 문제에 대해 주의하는 것이다.
- 목표 : 내담자로 하여금 자신에 대한 주의집중을 다른 관심사로 돌리게 함으로써 건강하지 못한 자기반성(자기관찰)으로부터 자유롭게 함
⑤ 역설적 의도와 탈숙고 비교
- 역설적 의도 : 그릇된 수동성에서 올바른 수동성(역설적 의도에 의해 내담자가 공포증으로부터 도피하려 하거나 강박관념과 싸우려 하기 보다는 오히려 자기의 증상을 비웃는 경우)으로 대치시키는 것.
- 탈숙고 : 그릇된 능동성에서 올바른 능동성(탈숙고를 통해 내담자가 자기의 주의를 자신으로부터 돌림으로써 자기의 증상을 무시하는 경우)으로 대치하는 것.

## 18 ㉠ 실존적 공허, ㉡ 실존적 신경증

**실존치료 : 무의미**

① 무의미는 허무감과 공허감을 유발하며 다양한 부적응 행동을 초래할 수 있음.
② 프랭클 : 실존적 무의미와 관련된 2가지 증상 단계
- 실존적 공허 : 자신의 삶에 대한 의미와 가치를 발견하지 못하고 막연한 불만족감과 더불어 허무감과 권태감을 느끼는 상태
- 실존적 신경증 : 무의미함에 대한 정서적 반응과 더불어 명백한 부적응 증상(우울증, 알코올 중독, 강박증, 무모한 행동 등)을 나타내는 경우
③ 강박적 활동 : 무의미함과 허무함을 회피하거나 보상하기 위해서 다른 활동에 강박적으로 집착하는 것.

## 19 ① 아들러 개인심리치료 ② 게슈탈트 상담이론

## 20 ④

**21** (1) **상담기법**: 빈의자 기법
(2) **진행과정**: 돌아가신 어머니가 빈 의자에 앉에 계신다고 상상하고 어머니께 하고 싶은 말을 하도록 한다.

**22** (가) 자의식, (나) 편향

### 게슈탈트 상담이론: 접촉경계혼란 증류

① 내사: 개체가 환경의 요구를 무비판적으로 받아들이는 것 혹은 타인의 관점이나 주장 또는 가치관을 깊이 생각해 보지 않고 자신의 것으로 무비판적으로 받아들이는 것
② 투사: 자신의 생각이나 욕구, 감정을 타인의 것으로 지각하는 것 혹은 자신의 받아들일 수 없는 부정적인 생각, 느낌, 태도 등을 타인에게 전가하는 것
③ 반전: 개인이 타인이나 환경에 하고 싶은 행동을 자기 자신에게 하는 것, 또는 타인이 자기자신에게 해주기를 바라는 행동을 자기 자신에게 하는 것
④ 편향: 환경과의 접촉을 피해버리거나 자신의 감각을 둔화시킴으로써 환경과의 접촉을 약화시키는 것 혹은 감당하기 힘든 내적 갈등이나 외부 환경적 자극에 노출될 때 이러한 위험으로부터 자신을 보호하기 위해 자신이나 타인에 대한 직접적인 접촉을 피하는 것
⑤ 융합(합류): 밀접한 관계에 있는 두 사람이 서로의 독자성을 무시하고 동일한 가치와 태도를 지닌 것처럼 여기는 것 혹은 자신과 타인의 경계가 분명하지 않고 흐려진 경계 지점에서 타인의 의견이나 감정에 동의하는 것
⑥ 자의식: 개체가 자신에 대해 지나치게 의식하고 자신의 행동 하나하나를 지나치게 관찰하는 현상 혹은 자신의 행동에 대한 타인의 반응을 지나치게 의식하는 것

**23** 편향에 해당하는 말은 첫째, '그런 생각을 해봐야 되나요?'이고, 둘째, '(재미없는데) 이제 제 얘기는 그만하면 안 될까요?'이다. 지금-여기에 초점을 둔 상담교사의 개입 내용은 첫째, '혹시 우리 집단 안에서도 그런 염려가 되나요?'이다. 둘째, '옆에 있는 미영이를 동생이라고 생각하고 그때 하고 싶었던 말을 한번 해 볼래요?'이다.

### 게슈탈트 상담이론의 편향과 집단상담의 지금-여기 상호작용 촉진

(1) 편향
  ① 개인이 환경과의 접촉으로 인해 감당하기 힘든 심리적 결과가 초래될 것이라고 예상할 때 이러한 경험에 압도당하지 않기 위해서 환경과의 접촉을 피해버리거나 자신의 감각을 둔화시킴으로써 환경과의 접촉을 약화시키는 것.
  ② 특징적인 행동은 말을 장황하게 하거나 초점을 흩트리는 것, 말하면서 상대편을 쳐다보지 않거나 웃어버리는 것, 구체적으로 말하지 않고 추상적인 차원에서 맴도는 것, 자신의 감각을 차단하는 것 등이 있음.

(2) 지금-여기 상호작용 촉진
  ① 거기 그때 일어났던 사건보다는 현재 집단원이 위치한 공간에서 경험을 의식할 수 있도록 돕는 기술.
  ② 지금 여기 상호작용한다는 것은 집단원들의 과거사나 부적응 행동의 원인 규명보다는 단순히 지금의 경험에 집중하는 것을 의미함.

**24** ㉠의 용어는 '관계'이고, ㉢에 해당하는 접촉경계 혼란은 '반전'이다. ㉡의 신경증 층은 '공포층(연기층)'이고, 이후로 나타나는 마지막 층은 '폭발층'이다. 마지막 신경증 층의 특징은 자신의 욕구와 감정을 분명하게 알아차리고 강한 게슈탈트를 형성하여 전경으로 떠올려 환경과의 접촉을 통해 미해결 과제를 완결한다는 것이다. 혹은 자신의 감정과 욕구를 억압하거나 차단하지 않고, 직접 외부대상에 표현하여 환경과의 접촉을 통해 완결 짓는 것이다.

## 게슈탈트 상담이론

(1) 대화적 접근
① 어떤 문제나 증상을 지닌 치료대상이 아니라 현재의 고통과 어려움에도 불구하고 인간으로서의 존엄성을 지닌 온전한 존재이며 대화를 통하여 치료자와 인격적 교류를 하는 존재
② 대화 : 대화 쌍방이 서로의 존재에 대해 영향 받고 변화할 수 있는 수평적이고 열린 관계를 의미하는데, 이는 부버가 주장하는 '나와 너의 만남'
③ 부버가 주장한 '나와 너의 만남' : 실존적 대화에서 두 사람은 인격체로서 서로 만나며, 연결된 나-너로서 상대방에게 영향 받고, 상대방에게 반응하는 것

(2) 접촉경계혼란 종류
① 내사 : 타인의 관점이나 주장 또는 가치관을 깊이 생각해 보지 않고 자신의 것으로 무비판적으로 받아들이는 것
② 투사 : 자신의 받아들일 수 없는 부정적인 생각, 느낌, 태도 등을 타인에게 전가하는 것
③ 반전 : 타인이나 환경에 하고 싶은 행동을 자기 자신에게 하는 것, 또는 타인이 자기자신에게 해주기를 바라는 행동을 자기 자신에게 하는 것
④ 편향 : 감당하기 힘든 내적 갈등이나 외부 환경적 자극에 노출될 때 이러한 위험으로부터 자신을 보호하기 위해 자신이나 타인에 대한 직접적인 접촉을 피하는 것
⑤ 융합(합류) : 밀접한 관계에 있는 두 사람이 서로의 독자성을 무시하고 동일한 가치와 태도를 지닌 것처럼 여기는 것
⑥ 자의식 : 자신에 대해 지나치게 의식하고 자신의 행동 하나하나를 지나치게 관찰하는 것

(3) 성격변화 5단계(신경증의 층들을 연속적으로 제거하는 것)

| 단계 | 내용 |
|---|---|
| 1단계 : 피상층 | • 사회적 규범에 따라 위선적인 상투적 행동을 나타내며 다른 사람들을 피상적으로 대하는 상태<br>• 표면적으로 세련되고 적응적인 행동을 보이면서 깊은 자기개방을 하지 않음 |
| 2단계 : 공포층<br>(연기층) | • 진정한 자기모습을 내보이는 것에 공포를 느끼며, 이를 회피하기 위해서 부모나 주변 사람들의 기대에 따라 살아가는 상태<br>• 자신의 욕구와 감정을 억압하고 환경에서 기대하는 역할을 연기하며 살아가지만, 그것이 진정한 자신의 모습이라고 착각하며 살아감 |
| 3단계 : 교착층<br>(막다른 골목) | • 자신이 이제껏 해왔던 역할연기를 그만두려 하지만 변화에 대한 두려움 때문에 이러지도 저러지도 못하는 상태에 있는 것<br>• 이 단계에 도달한 내담자는 "모든 것이 혼란스럽다.", "앞으로 어떻게 해야 할지 모르겠다." 등의 표현을 하는데, 상담자는 내담자가 이 상태를 피하지 않고 직면하여 견뎌내도록 격려해야 함 |
| 4단계 : 내파층 | • 자신의 내면적 욕구와 감정을 알아차리고 진정한 자기를 인식하지만 외부적 표현을 억제하는 상태<br>• 그동안 억압되었던 욕구와 감정을 그대로 발산하면 타인과의 관계를 악화시킬 수 있는 파괴력을 지니기 때문에 표현되지 못한 채 긴장 상태를 초래함 |
| 5단계 : 폭발층 | • 자신의 욕구와 감정을 분명하게 알아차리고 강한 게슈탈트를 형성하여 전경으로 떠올려 환경과의 접촉을 통해 미해결 과제를 완결함<br>• 진정한 자신의 모습으로 타자와 접촉하며 실존적으로 진실한 삶을 살게 됨 |

㉮ 수업시간에 집중하고 싶은데 네가 물어보는 바람에 집중하기가 힘들구나. 수업시간이 다 끝나고 물어보면 알려줄게
㉮ 구성요소 : 자신존중(자기권리), 타인존중(타인권리)

① 불안 위계, ② 이완
- **행동치료 기법** : 체계적 둔감법

㉠ 행동형성(조형법), ㉡ 자기관찰

### 자기관리 전략과 조형법

(1) 자기관리 전략
① 내담자가 자신의 행동을 조절할 수 있도록 돕기 위해 인지적, 행동적 방법을 통합하여 활용하는 것
② 단계
- (목표설정)
- 자기관찰 : 문제행동이 어떻게 어느 정도 진행되었는지에 관한 기본적인 정보를 수집하는 단계
- 자기평가 : 자신이 목표로 결정한 기준과 실제 수행정도를 비교, 행동변화의 진행과정을 체계적인 수치로 표시함, 평가의 기준은 현실적이고 구체적으로 설정함 → 자기관찰을 통해 실제로 행동하는 정도와 초기에 설정한 행동목표와의 차이점을 알아보는 것이 목적임
- 자기강화 : 자기평가를 토대로 그 결과에 대한 반응을 자신에게 제공하는 과정 → 목적은 동기화
③ 기법
- 자기관찰 : 문제행동 또는 문제행동과 관련된 자기 자신의 감정, 행동, 그 행동이 일어나는 전후 상황에 대해 체계적인 방법으로 관찰하고 기록하는 과정
- 자극통제 : 문제행동과 관련된 환경적 요인들을 미리 재조정하여 행동의 변화를 촉진하는 기법으로 목적은 부적절한 행동을 일으키는 환경자극의 빈도를 줄이고 바람직한 행동을 일으키는 환경자극을 증가시키는 것
  → 기본원리 : 첫째, 물리적 환경을 변화시킴으로써 문제행동을 실행하기 어렵도록 함. 둘째, 문제행동을 제한된 상황에서만 하도록 통제함. 셋째, 물리적 환경뿐만 아니라 사회적 환경도 통제함. 넷째, 개인의 신체적 · 생리적 조건을 변화시켜서 문제행동을 약화시킬 수 있음
- 자기강화 : 바람직한 행동을 강화하여 그 행동을 증가시키는 것
④ 기본적 가정 : 첫째, 문제 상황에서 문제에 대처하는 기술을 사용하도록 가르칠 수 있음. 둘째, 행동수정 결과를 일반화하고 유지하는 것은 일상생활에 자기관리 및 자기조절 방략을 실행하기 위한 책임능력을 내담자가 받아들이도록 하는 데 있음
⑤ 자기관리 프로그램 구성요소
- 자기감시(Self-monitorign) : 자기관찰(자신의 양상을 주목하거나 식별하게 됨), 자기기록(매우 구체적인 절차를 사용하여 자신이 무엇을 하고 있는지 계속 기록하는 방법)으로 구성됨. 결국 자기감시는 내담자가 목표행동을 가늠해 보거나 조절하도록 함
- 자기보상 : 바람직한 행동이 일어난 후에 의도적으로 자신에게 보상해 주는 것
- 자기계약 : 언제, 어디에서 어떻게 목표한 행동들을 할 것인가 하는 행동조건들을 내담자가 작성하고 승인하는 것

(2) 행동형성(조형법)
① 연속적 접근법(계기적 근사법, successive approximation)을 사용함으로써 연구자가 원하는 새로운 반응을 이끌어 내는 것
② 조형은 학습할 최종의 목표행동을 작은 단위의 하위행동으로 나누어 단계적으로 강화함으로써 결국 최종 목표행동을 강화하는 방법
③ 요소
- **차별적 강화** : 강화해야 할 행동과 강화하지 않을 행동을 정확하게 구분하여 강화하는 것
- **연속적 접근** : 목표행동에 근접한 행동을 점진적으로 강화하는 것

 ⓐ 역조건형성, ⓑ 불안위계

### 행동주의 상담 이론 : 체계적 둔감법

① 이완된 상태에서 불안을 발생시키는 상황들을 위계적으로 상상하게 하여 불안과 양립할 수 없는 이완을 연합시켜 불안을 감소 혹은 소거시키는 방법으로, Wolpe의 상호억제이론에 근거를 두고 있음
② 상호억제이론 : 병존할 수 없는 새로운 반응(신체적 이완)을 통해 부적응적 반응(공포반응)을 억제하는 방법
③ 절차 및 구성요소
- **근육이완** : 내담자에게 불안을 대치할 이완반응을 가르침
- **불안 위계설정** : 불안을 일으키는 사건들을 평가하고 불안의 정도에 따라서 위계를 정함 → 불안을 가장 적게 야기하는 사건에서 가장 심하게 일으키는 사건 순으로 '주관적 불편단위척도'를 작성하는데, 완전한 이완상태인 0점에서 극도로 불안한 상태인 100점까지 점수를 할당함
- **둔감화** : 이완상태에서 낮은 수준의 불안유발 자극에 노출시키는 것. 이 때 이완반응을 불안유발 자극과 짝지음으로써 자극에 대한 둔감화가 점진적으로 일어남
④ 구성요소
- **이완훈련** : 내담자의 근육긴장 이완을 푸는 이완훈련을 집중적으로 실시함
- **위계설정** : 내담자가 갖고 있는 두려움과 공포증에 관한 구체적인 정보를 수집하여 불안을 생성하는 상황들을 위계적인 구조로 표현하게 함
- **역조건 형성** : 새로운 조건반응이 조건자극에 조건형성 되는 과정으로 이 기법을 통해 불안반응을 이완 반응으로 대치시키는 역조건 형성을 하게 함. 즉 불안 생성 상태들의 감정적인 심상을 통하여 불안요소를 내담자의 이완된 상태와 점진적으로 짝짓게 만드는 것
⑤ 방법 : 실제적인 불안 자극에 직접 노출시키는 방법, 불안자극의 상상을 통해 노출시키는 방법

 ①

## 30  ⓒ, 결과(C)

### 합리·정서행동치료(REBT)의 상담과정

(1) 상담과정
① 부적절한 정서와 행동결과를 탐색함(C) : 심리적 문제의 탐색.
② 상담목표를 설정함.
- 결과적 목표-건강한 정서와 행동의 획득
- 과정적 목표-비합리적 신념을 합리적 신념으로 변화시키기
③ 선행사건이 무엇인지 탐색하고 명료화 하기(A).
④ 정서·행동적 결과와 사고 간의 관계를 교육함(B-C).
⑤ 결과를 일으킨 근본적인 원인인 사고를 탐색함(B) : 생각의 탐색과 과정적 목표 설정.
⑥ 탐색된 사고를 논박을 통해 바꾸기(D).
⑦ 생각이 바뀜에 따라 나타나는 정서적·행동적 효과를 알게 함(E).
⑧ 숙제를 통한 꾸준한 실천적 노력이 요구됨을 알게 함.
⑨ 종결하기

(2) ABCDE 모델
① A(선행사건) : 개인에게 정서적 혼란을 야기하는 어떤 사건이나 행위
② B(신념) : 어떤 사건, 행위 등의 환경적 자극에 대해 개인이 갖는 태도나 사고방식
- 종류 : 합리적 신념(rB)과 비합리적 신념(iB)
- 비합리적 신념(iB) : 과장되고 절대적인 특성이 있어 혼란스러운 감정으로 이어지며, 내담자의 목표 달성에 도움이 되지 않음
③ C(결과) : 선행사건을 접했을 때 비합리적 태도나 사고방식으로 그 사건을 해석함으로써 느끼게 되는 정서적 결과
④ D(논박) : 내담자 자신이 가진 비합리적 신념, 사고에 도전하고 과연 그 사상이 사리에 맞는지 다시 한번 검토해 보도록 상담자가 촉구하는 것
⑤ E(효과적인 철학) : 내담자가 가진 비합리적 신념을 철저하게 논박하고 합리적인 신념을 발견하는 연습을 계속함으로써 자기수용적인 태도와 긍정적인 삶의 태도, 즉 효과적인 철학을 형성하게 됨
⑥ F(새로운 감정과 행동) : 내담자가 합리적 신념을 발견하고 삶에 대한 효과적인 철학을 갖게 되면 새로운 감정과 행동이 나타나게 됨

## 31
- **비합리적인 신념** : 성적도 계속 상위권을 유지해야 하고, 친구들과도 좋은 관계를 유지해야하며, 취미 생활도 잘해야 한다.
- **질문(1줄 이내)** : 상민이가 뭐든지 잘 해야 한다고 생각하는 것이 너에게(문제를 해결하는데) 도움이 되니?

## 32
㉠에 해당하는 비합리적인 사고의 명칭은 '좌절에 대한 낮은 인내성(좌절에 대한 불포용)'이다. ㉡에 들어갈 영희의 대답은 '어머니의 기대에 반드시 부응할 필요는 없다' 혹은 '어머니의 기대에 부응하고 싶지만 꼭 그렇게 해야 하는 것은 아니다'이다. (나)의 정서적 논박 기법의 명칭은 '합리정서심상법'이고, 건강한 부정적 정서는 '속이 좀 상하고 마음도 조금 아프다'는 것이다.

## 합리정서행동치료(REBT) 이론 : 비합리적 사고의 구성요소와 합리정서심상법

(1) 비합리적 사고의 구성요소
① 당위적 사고 : "must", "should"로 표현되며 이러한 절대적이고 당위적인 사고가 인간 문제의 근원.
  → 자신에 대한 당위적 요구, 타인에 대한 당위적 요구, 세상에 대한 당위적 요구
② 과장적 사고 : 현실을 있는 그대로 직시하기보다 훨씬 더 과장해서 생각하는 것으로 이러한 사고는 파국화의 형태로 나타남.
③ 인간비하적 사고(인간가치의 총체적 비하) : 인간의 가치에 대한 총체적 평가. 당위적 요구를 충족시키지 못한 자신과 타인은 무가치할 뿐만 아니라 비난받거나 질책당해야 한다는 비합리적 사고를 의미함. → 자기비하, 타인비하
④ 좌절에 대한 낮은 인내성 : LFT(Low Frustration Tolerance; 좌절에 대한 불포용) : 욕구가 좌절된 상황을 충분히 참지 못하는 경우. 즉 당위적 요구가 좌절된 상황을 참을 수 없다고 생각하는 비합리적 사고를 의미함.

(2) 합리정서심상법
① 내담자에게 일어날 수 있는 최악의 상황 중 하나를 상상하게 하여 상황과 맞지 않는 부적절한 감정이 적절한 감정으로 변화될 수 있도록 하는 것
② 절차
  • 가장 최악의 상태를 상상하게 함
  • 그 상황에서의 느낌을 탐색함
  • 부정적 느낌을 건강한 정서로 바꾸어 봄
  • 건강한 정서로 바꾸기 위해 어떤 노력을 했는지 탐색함
  • 합리적 사고 유지를 위해 어떤 노력을 할 것인지 탐색함
  • 좋아하는 것과 싫어하는 것을 탐색함
  • 결론을 제시함
③ 부정적인 합리적 정서 심상법
  • 내담자로 하여금 눈을 감고 자신들이 문제 상황(A)에 있는 모습을 상상해보라고 함. 그리고 대체로 겪을 수 있는 정서적 격동(C)을 경험하도록 함
  • 내담자가 경험한 C를 보고할 때까지 기다렸다가 이러한 정서적 결과와 관련되는 것으로 보이는 내재된 자기언어에 더 집중하라고 요구함. 그러고 나서 내담자가 부적절한 정서에서 더욱 건강한 정서(불안에서 관심으로)로 바꿔보라고 지시함
  • 내담자가 이 과정을 다 수행했는지 확인함. 이 과정을 모두 마치는 대로 눈을 뜨게 함
  • "당신은 어떻게 그 과정을 할 수 있었느냐?"라고 물어보면 대부분이 인지적 변화가 일어났다고 보고함
④ 긍정적인 합리적 정서 심상법 : 내담자가 문제 상황에 있는 자신을 상상해 봄. 그리고 행동과 느낌을 다르게 하는 자신의 모습을 상상해 보라고 함. 내담자가 그렇게 상상했다고 대답하면, "그렇게 하기 위해 당신은 어떤 이야기를 자신에게 던졌습니까?"와 같이 질문함
⑤ 목적 : 내담자가 문제 상황에서 느낄 수 있는 적절하고 건강한 정서를 찾을 수 있도록 돕는 것. 아울러 그러한 정서를 느끼기 위한 자기 속말과 대처방법을 연습하여 숙달하게 하는 것
⑥ 효과 : 내담자는 건강한 감정과 그렇지 못한 감정을 구별하게 되고, 실제 스트레스 상황에서도 적응적인 생각을 통해 건강한 감정을 느낄 수 있게 됨

**33** (1) **자동적 사고의 내용**: 학교의 모든 선생님들이 자신을 혼낼 것 같다는 생각이 들었다는 것이다.
(2) **인지적 오류의 유형**: 과잉 일반화

**34** 인지삼제의 주제는 ㉠은 '자기', ㉡은 '미래'다. ㉢에 해당하는 인지적 오류는 '임의적 추론'이고, 의미는 어떠한 결론을 내릴 충분한 근거가 없음에도 최종적인 결론을 성급히 내려버리는 오류다.

### 벡(Beck)의 인지적 오류와 우울증의 인지적 입장

(1) 인지적 오류
① 이분법적 사고(흑백논리적 사고) : 사건의 의미를 이분법적 범주 중의 하나로 해석하려는 오류로, 사건을 흑백논리로 사고하고 해석하거나 경험을 극단적으로 범주화하는 것
② 과잉일반화 : 특수한 상황의 경험으로부터 일반적인 결론을 내리고 무관한 상황에도 그 결론을 적용시키는 오류
③ 정신적 여과(선택적 추상화) : 특정한 사건과 관련된 일부의 정보만 선택적으로 받아들여 그것이 마치 전체를 의미하는 것으로 잘못 해석하는 오류
④ 의미확대와 의미축소 : 어떤 사건의 의미나 중요성을 실제보다 확대하거나 또는 축소하는 오류
⑤ 개인화 : 자신과 무관한 사건을 자신과 관련 있는 것으로 잘못 해석하는 오류
⑥ 잘못된 명명 : 사람의 특성이나 행위를 기술할 때 과장되거나 부적절한 명칭을 사용하여 기술하는 오류
⑦ 임의적 추론 : 어떠한 결론을 내릴 충분한 근거가 없음에도 최종적인 결론을 성급히 내려버리는 오류
→ 임의적 추론은 독심술(다른 사람이 나에 대해서 어떻게 생각하는지 안다는 생각)과 부정적 예언(이렇다 할 증거나 근거 없이 나쁜 일이 일어날 것이라고 믿는 것)으로 구분
⑧ 파국화 : 관심 있는 한 사건을 과장한 나머지 비극적 결말을 예상하여 두려워하게 되는 오류
⑨ 정서적 추론 : 객관적인 증거가 아니라 직관 또는 개인적인 느낌을 토대로 결론을 내리거나 주장하는 오류

(2) 우울증의 인지적 입장
① 우울증을 유발하는 일차적인 요인은 부정적이고 비관적인 생각 : 우울한 사람의 내면세계를 자세히 조사해보면 부정적이고 비관적인 생각이 만연한데, 이러한 부정적인 생각이 기분을 우울하게 만들고, 나아가 부조응적 행동을 초래함.
② 우울한 사람이 지닌 부정적인 자동적 사고를 분석해보면 내용이 크게 3가지 주제로 나뉨 : 우울한 사람은 자기 자신, 자신의 미래, 주변 환경(세상)을 부정적으로 평가하는 독특한 사고방식을 지니며, 이러한 3가지 주제에 대한 독특한 사고패턴을 인지삼제(認知三題, cognitive triad)라고 함.

**35** ②

## 36 자동(적) 사고

### 벡(Beck)의 인지치료 : 자동적 사고

① 의미 : 스트레스 사건을 경험했을 때 선택 또는 노력과 상관없이 자동적으로 떠오르는 부정적인 생각들.
② 자동적 사고는 매우 빠르게 의식 속을 지나가기 때문에 개인에게 명료하게 인식되지 않으며 단지 그 결과를 뒤따르는 감정만이 인식됨.
③ 형태 기출 : 언어적 형태나 시각적 형태 또는 두 가지가 혼합된 형태로 나타날 수 있음.
④ 주요 특징 : 구체적이고 축약되어 있으며 자발적 경험으로 당위적이면서도 극단적으로 보는 경향성을 내포함.
⑤ 주의를 기울이면 쉽게 자각할 수 있고 변화시키기도 수월하여 인지치료 초기에는 자동적 사고를 포착하고 수정하는 데 초점을 맞춤

## 37

과정적 목표는 부모의 이혼이 자신 때문이라는 생각과 자신은 존재가치가 없는 한심한 아이라고 여기는 역기능적 신념을 수정하는 것이다. ㉠의 기법은 '노출법'이다. (나)의 개입방법은 '인지모델 교육'이고, ㉡의 내용은 사람들은 사건 자체가 아니라 사건에 대한 생각에 의해 고통받는다는 것이다.

### 벡의 인지치료 : 철학적 배경과 상담과정

(1) 인지치료의 철학적 배경
  ① Epictetus(에픽테투스) : 사람들은 사건 자체가 아니라 사건에 대한 생각에 의해서 고통받는다. 혹은 인간은 객관적 현실에 의해서 고통 받는 것이 아니라 그것에 대한 견해에 의해서 고통 받는다.
  ② 소크라테스의 문답법 : 내담자의 비합리적 신념을 변화.
  ③ 협동적 관계 중시 : 내담자의 적극적인 개입과 참여 없이는 그의 주관적인 경험의 실체를 파악할 수 없기 때문.
  ④ 자가치료 : 배고픈 사람에게 고기를 주기보다는 고기 잡는 법을 습득시킴으로써 스스로 고기를 잡아 배고픔을 해결하도록 돕는 것이 배고픈 자를 효과적으로 돕는 방법.
  ⑤ 협동적 경험주의 : 상담자와 내담자가 마치 공동연구자처럼 같은 목표를 위해서 협동적으로 작업하는 과정.

(2) 노출법
  ① 내담자가 두려워하는 자극이나 상황에 반복적으로 노출시켜 직면하게 함으로써 특정 자극 상황에 대한 불안을 감소시키는 방법.
  ② 종류 : 실제상황 노출법, 심상적 노출법(상상을 통해 불안자극에 노출), 점진적 노출법(낮은 불안을 유발하는 자극부터 점점 강도를 높여가는 방법), 급진적 노출법(처음부터 강한 불안을 유발하는 자극에 노출).
  ③ 홍수법 : 급진적 노출법의 예로, 내담자에게 강한 불안을 유발하는 자극이나 심상을 노출시키고 불안이 감소될 때까지 노출을 계속하는 방법.
    • 체계적 둔감화 : 점진적 자극에 노출시켜 불안을 줄이는 방법
    • 홍수법 : 방대한 자극을 바로 한꺼번에 노출시켜 불안을 다루는 방법

(3) 상담과정

| 단계 | 주요내용 |
|---|---|
| 초기 | ① 내담자와 신뢰롭고 상호존중적인 관계를 형성함<br>② 내담자의 호소문제 명료화<br>③ 내담자에게 인지치료의 기본개념과 원리에 대해서 설명(인지모델 교육)<br>④ 상담에 대한 내담자의 기대를 탐색하고 구조화를 통해 구체적인 상담목표를 내담자와 합의함 : 내담자가 자신의 문제나 치료에 대해서 지니고 있는 부정적인 사고내용을 탐색하여 다루어주는 것을 강조함 |
| 중기-전반 | ① 자동적 사고 확인 및 교정<br>② 대안적 사고 학습<br>③ 대안적 행동 학습 |
| 중기-후반 | ① 인지도식 확인 및 교정<br>② 대안적 인지도식 학습<br>③ 대안적 행동 학습<br>☞ 역기능적 신념을 찾기 위한 3단계 과정<br>• 1단계 : 내담자로 하여금 자신의 자동적 사고를 인식하고 보고하게 함.<br>• 2단계 : 자동적 사고로부터 공통되는 일반적 주제를 찾아냄.<br>• 3단계 : 이를 바탕으로 내담자가 지니고 있는 자신의 삶에 대한 원칙 혹은 기본가정을 찾아내게 함 |
| 종결기 | ① 상담 효과 평가<br>② 재발 방지를 위한 계획 수립<br>③ 추수상담 계획 |

**38** ㉠의 용어는 '언어', ㉡의 용어는 '시각'이다. ㉢의 적용방법은 실제로 행동을 해 보고, 어떤 결과가 나타나는지 확인하는 것으로, 현석이가 거절할 경우, 실제로(정말로) 자신을 싫어해서 그런지 이유를 물어보게 한다. ㉣의 내용은 '그 사실이 어떤 의미를 지니는가?' 혹은 '이러한 생각들은 당신에게 무엇을 의미하는가?'이다.

### 벡(Beck)의 인지치료 : 자동적 사고와 기법

(1) 자동적 사고
① 의미 : 스트레스 사건을 경험했을 때 선택 또는 노력과 상관없이 자동적으로 떠오르는 부정적인 생각들.
② 자동적 사고는 매우 빠르게 의식 속을 지나가기 때문에 개인에게 명료하게 인식되지 않으며 단지 그 결과를 뒤따르는 감정만이 인식됨.
③ 형태 기술 : 언어적 형태나 시각적 형태 또는 두 가지가 혼합된 형태로 나타날 수 있음.
④ 주요 특징 : 구체적이고 축약되어 있으며 지찰적 경험으로 당위적이면서도 극단적으로 보는 경향성을 내포함.
⑤ 주의를 기울이면 쉽게 자각할 수 있고 변화시키기도 수월하여 인지치료 초기에는 자동적 사고를 포착하고 수정하는 데 초점을 맞춤.

(2) 행동실험
① 내담자가 지닌 사고의 타당성을 직접적으로 검증하는 기법.
② 내담자는 자신의 행동에 대한 다른 사람의 반응이나 생각을 왜곡할 수 있는데, 이 경우 내담자로 하여금 실제로 그러한 행동을 해보고 어떤 결과가 나타나는지 확인하는 일종의 실험을 해보게 함.

③ 이를 통해 특정한 행동이 부정적인 결과를 초래할 것이라는 내담자의 과도한 걱정과 예상들이 행동실험을 통해 잘못된 것임을 밝힐 수 있음.

(3) 하향화살표 기법
① 자동적 사고의 기저에 존재하는 역기능적 신념을 탐색하는 기법.
② 특정한 사건의 자동적 사고로부터 그 사고의 기저에 있는 신념을 계속 추적해 들어가는 방법.
③ 질문: "과연 이러한 생각이 당신에게 무엇을 의미하는 것인가?", "당신의 생각이 사실이라면, 그 사실이 어떤 의미를 지니는가?", "당신은 왜 이러한 생각 때문에 괴로워하는가?"

## 39
(1) 사랑 욕구
(2) 자유 욕구
(3) 힘(권력)의 욕구

## 40
(가) 기본욕구, (나) 좋은세계(질적세계)

### 현실치료 : 탐색영역

① 기본욕구 : 사랑, 힘, 자유, 즐거움, 생존.
② 좋은세계 : 개인의 욕구와 소망이 충족되는 세계. 좋은세계는 인간의 기본욕구를 반영하여 구성되며 인식된 현실세계와 비교되어 어떻게 행동할 것인지를 선택하는 바탕이 됨.
  ☞ 사진첩 – 기본욕구 – 비교장소.
③ 전행동 : 활동하기, 생각하기, 느끼기, 생리기능.
④ 감각체계
⑤ 지각체계 : 지식여과기, 가치여과기.
⑥ 행동체계 : 좌절신호 → 조직화된 행동 → 조직화된 행동 부재시, 새로운 행동을 창조하여 조직화 혹은 조직화된 행동을 재조직화.
⑦ 정체감 : 성공적 정체감, 패배적 정체감.
⑧ 3R(성공적 정체감의 3가지 특성) : 책임, 현실, 옳고 그름.

**41** ㉠에 공통적으로 해당하는 개념은 '질적세계(좋은세계)'다. ㉡에 해당하는 태도는 2가지 태도는 '외향성과 내향성'이고, ㉢에 해당하는 4가지 기능은 '사고, 감각, 감정, 직관'이다. ㉣의 근거는 '저는 어릴 적부터 너무 당연하게 엄마가 하라는 대로만 하고 살아왔고, 그게 제일 좋다고 생각했다'는 것이다.

## 현실치료와 융(Jung)의 성격이론 및 게슈탈트 상담

(1) 현실치료: 좋은세계(질적세계)
  ① 개인의 욕구와 소망이 충족되는 세계. 좋은세계는 인간의 기본욕구를 반영하여 구성되며 인식된 현실세계와 비교되어 어떻게 행동할 것인지를 선택하는 바탕이 됨
  ② 세 부류의 내용으로 구성: 사람과 관련된 좋은 사진, 사물과 관련된 좋은 사진, 생각이나 신념과 관련된 좋은 사진으로 구성됨
  ③ 비교장소: 자율통제 기능을 지니고 있는 통제 체계는 비교장소를 가지고 있어 이곳에서 원하는 것과 지각하는 것을 비교한 후, 이들 내용이 같으면 원하는 것을 얻기 위해 행동을 멈추게 됨. 그러나 그렇지 못하면 순간 좌절 경험을 하게 되며, 그 즉시 좌절신호를 행동 체계로 보내 특정 행동을 생산하게 함

(2) 융의 성격이론: 의식
  ① 의식: 개인이 지각·경험하는 모든 것으로, 자아가 중추 역할을 함
  ② 자아: 현실에서 느끼고 생각하고 판단하는 의식의 주체로 의식의 문지기, 성격의 집행자

| 태도 | 에너지의 방향 | • 외향: 의식을 외적 세계 및 타인에게 향하게 하는 성격태도<br>• 내향: 의식을 자신의 내적 주관 세계로 향하게 하는 성격태도 |
|---|---|---|
| 기능 | 세상을 이해하는 방식 | • 합리적 기능: 사고와 감정으로 구성되며 이성적 판단을 요구함<br>• 비합리적 기능: 감각과 직관으로 구성되며 이성적 판단이나 의도가 들어 있지 않고 '그냥' 일어남 |

  ③ 태도유형: 자아가 갖는 에너지의 방향을 말하며, 외향적 태도와 내향적 태도로 나눔
    • 외향적 태도: 자아가 자신 밖의 외부 대상으로 향하는 것
    • 내향적 태도: 자아가 자신의 내적인 주관적 세계로 향하는 것
  ④ 기능유형: 주관적 세계와 외부적 세계를 지각하고 이해하는 서로 다른 방식을 의미함
    • 합리적 기능: 의사결정을 위한 판단기준을 어디에 두고 있느냐에 대한 것. 사고형은 객관적인 기준으로 판단을 하는 반면에 감정형은 개인적이고 주관적인 기준으로 판단함
    • 비합리적 기능: 정보를 수집할 때 어떤 것에 주의를 기울이는가와 관련. 감각형은 정보를 수집할 때 오감을 통해 직접적으로 인식되는 정보에 주의를 기울이며, 실제로 존재하는 것에 관심. 직관형은 육감을 통하여 느끼는 것과 가능성이 있는 것에 주의를 기울임

(3) 게슈탈트 상담이론: 접촉경계혼란
  ① 개체와 환경 간의 경계에 문제가 생겨 개체와 환경의 유기적인 접촉을 방해하는 것으로, 개체는 이로 인해 미해결 과제를 쌓게 되고 마침내 환경에 창조적으로 적응하는 데 실패함
  ② 종류
    • 내사: 개체가 환경의 요구를 무비판적으로 받아들이는 것 혹은 타인의 관점이나 주장 또는 가치관을 깊이 생각해 보지 않고 자신의 것으로 무비판적으로 받아들이는 것
    • 투사: 자신의 생각이나 욕구, 감정을 타인의 것으로 지각하는 것 혹은 자신의 받아들일 수 없는 부정적인 생각, 느낌, 태도 등을 타인에게 전가하는 것

- 반전 : 개인이 타인이나 환경에 하고 싶은 행동을 자기 자신에게 하는 것, 또는 타인이 자기자신에게 해주기를 바라는 행동을 자기 자신에게 하는 것
- 편향 : 환경과의 접촉을 피해버리거나 자신의 감각을 둔화시킴으로써 환경과의 접촉을 약화시키는 것 혹은 감당하기 힘든 내적 갈등이나 외부 환경적 자극에 노출될 때 이러한 위험으로부터 자신을 보호하기 위해 자신이나 타인에 대한 직접적인 접촉을 피하는 것
- 융합(합류) : 밀접한 관계에 있는 두 사람이 서로의 독자성을 무시하고 동일한 가치와 태도를 지닌 것처럼 여기는 것 혹은 자신과 타인의 경계가 분명하지 않고 흐려진 경계 지점에서 타인의 의견이나 감정에 동의하는 것
- 자의식 : 개체가 자신에 대해 지나치게 의식하고 자신의 행동 하나하나를 지나치게 관찰하는 현상 혹은 자신의 행동에 대한 타인의 반응을 지나치게 의식하는 것

민서가 경험하고 있는 우울과 무력감 등의 증상의 원인을 파악하기 위해 절충적인 상담접근으로 사례개념화를 실시하고자 한다. 민서의 호소문제는 한 이론만으로 설명하기에는 한계가 있는데, 이러한 상담의 효과성을 높이기 위해 게슈탈트 상담의 접촉경계 혼란, 글래서의 기본욕구이론, 벡의 인지적 개념을 이용하여 민서의 문제를 분석하면 다음과 같다.

먼저, 민서가 경험하고 있는 접촉경계 혼란의 종류는 '자의식'다. 이는 자신에 대해 지나치게 의식하고 자신의 행동 하나하나를 지나치게 관찰하는 것으로, 사례에서는 다른 아이들이 자신을 쳐다만 보아도 마음이 불편하고 악의없는 가벼운 농담에도 상처를 받을 정도로 예민하다고 보고하고 있다.

또한 민서는 글래서의 5가지 기본욕구 중에서 사랑욕구(사랑과 소속 욕구)가 좌절된 상황이다. 사례에서도 친구들과 친하게 지내고 싶은 마음이 컸지만 잘 안돼서 속상했는데, 수학시간 이후로 마음이 힘들어졌다고 보고하고 있다.

마지막으로, 민서는 벡의 인지왜곡 중 개인화의 오류를 범하고 있다. 개인화는 자신과 무관한 사건을 자신과 관련 있는 것으로 잘못 해석하는 오류로, 사례에서는 요즘, 반 아이들이 병결이 잦아진 것이 수학문제를 풀지 못한 자기 잘못 때문이라고 자책하고 있다는 것이다. 이러한 사건은 자기와 관련없는 사건을 자기와 관련있게 해석하는 것으로, 실제 반 아이들의 결석이 늘어난 것은 요즘 유형 중인 독감 때문이다.

따라서, 민서의 우울과 무력감은 자의식이라는 접촉경계 혼란과 사랑 욕구의 좌절, 개인화라는 인지적 왜곡으로 발생하였을 가능성이 높다.

### 게슈탈트 상담, 현실치료, 인지적 오류

(1) 게슈탈트 상담의 접촉경계 혼란 종류
① 내사 : 타인의 관점이나 주장 또는 가치관을 깊이 생각해 보지 않고 자신의 것으로 무비판적으로 받아들이는 것.
② 투사 : 자신의 받아들일 수 없는 부정적인 생각, 느낌, 태도 등을 타인에게 전가하는 것.
③ 반전 : 타인이나 환경에 하고 싶은 행동을 자기 자신에게 하는 것, 또는 타인이 자기자신에게 해주기를 바라는 행동을 자기 자신에게 하는 것.
④ 편향 : 감당하기 힘든 내적 갈등이나 외부 환경적 자극에 노출될 때 이러한 위험으로부터 자신을 보호하기 위해 자신이나 타인에 대한 직접적인 접촉을 피하는 것.
⑤ 융합(합류) : 밀접한 관계에 있는 두 사람이 서로의 독자성을 무시하고 동일한 가치와 태도를 지닌 것처럼 여기는 것.
⑥ 자의식 : 자신에 대해 지나치게 의식하고 자신의 행동 하나하나를 지나치게 관찰하는 것.

(2) 현실치료의 기본욕구
① 생존(survival) 욕구 : 의식주를 비롯하여 개인의 생존과 안전을 위한 신체적 욕구.
② 사랑(love)의 욕구 : 다른 사람들과 연대감을 느끼며 사랑을 주고받고 집단에 소속되고자 하는 욕구.
③ 힘(power : 권력)의 욕구 : 성취를 통해 자신에 대한 자신감과 가치감을 느끼며 타인으로부터 복종과 존중을 받고 싶은 욕구.
④ 자유(freedom)의 욕구 : 자율적인 존재로서 자유롭게 선택하고 행동하고자 하는 욕구.
⑤ 재미(fun : 즐거움)의 욕구 : 즐겁고 재미있는 것을 추구하며 새로운 것을 배우고자 하는 욕구.

(3) 개인화의 오류
자신과 무관한 사건을 자신과 관련있는 것으로 잘못 해석하는 오류.

㉮ 집중을 잘 하기 위해서 지섭이는 지금 무엇을 하고 있니?
㉯ 암시를 주면서 공부하는 것이 집중을 하는데 도움이 되니?
㉰ 집중을 하는데 도움이 될 만한 다른 행동을 계획해 세워 보는 것이 어떨까?

㉠에 들어갈 명칭은 '선택'이고, ㉠ 이론에서 인간이 통제할 수 있다고 보는 내용은 '활동(행동)하기'와 '생각하기'다. E 단계는 현재 행동이 자신의 소망이나 욕구를 충족시키는 게 효과적인지 평가하는 것으로(혹은 행동평가, 현재 행동평가), 웹툰 보면서 시간을 보내는 것이 공부를 잘 하는데 도움이 되는지 평가하는 것이다. P 단계는 자신의 욕구를 충족시켜 줄 수 있는 새로운 행동을 계획하는 것(혹은 효과적인 행동실천 계획)으로, 웹툰 대신에 공부를 잘 하기 위한 다른 계획을 세우는 것이다.

## 현실치료 : WDEP 절차와 선택이론

(1) 욕구 탐색하기(W)
① 내담자가 원하는 것이 무엇인지 인식하도록 돕는 것을 의미하며, 원하는 것을 얻기 위해 무엇을 어떻게 해왔었는지를 탐색함
② 목적 : 자신이 정말 이루고 싶은 삶의 모습을 구체화 하도록 하는 것
③ 핵심질문 : "당신은 무엇을 원합니까?" '진정으로 원하는 것이 무엇인가?"
④ 효과 : 내담자는 자신의 좋은 세계를 탐색하고, 이제까지 희미하게 알고 있던 자신의 바람을 명확하게 인식할 수 있음

(2) 현재 행동 탐색하기(D : 전행동 탐색)
① 내담자가 현재 무슨 행동을 하면서 시간을 보내고 있는지, 무엇을 추구하며 살아가고 있는지를 명확하게 인식하도록 알아봄
② 핵심질문 : "당신은 지금 무엇을 하고 있는가?"
  • 당신은 : 내담자가 자신의 원인을 환경적 여건이나 다른 사람의 탓으로 돌리거나 변명하려는 것을 중지시키는 효과가 있음
  • 무엇을 : 내담자의 내면세계를 탐색해 들어갈 수 있음
  • 하고 : 내담자의 전행동 중에 특히 활동하기 요소를 탐색하는 데 초점을 둔 것
  • 있는가? : 내담자가 현재 행동에 초점을 맞출 수 있도록 도와줌
    → 이러한 질문은 내담자의 그림 혹은 내담자가 활동하기에 대한 지각을 명료화하는데 도움이 됨

(3) 현재의 행동을 평가함(E : 행동평가)
    ① 내담자의 현재 행동이 자신의 소망과 욕구를 충족시키는 데 효과적인지를 평가하도록 함
    ② 핵심질문 : "현재 하고 있는 행동이 당신이 원하는 것을 얻게 하는데 도움이 됩니까?"
    ③ 효과 : 내담자의 구체적인 행동을 살펴보고 내담자가 지금 하고 있는 행동들이 자신의 욕구 충족에 도움이 되는지 혹은 방해가 되는지를 판단할 수 있도록 도와줌
    ④ 상담자의 역할 : 내담자가 자신이 선택한 행동의 결과를 직면하도록 돕고, 그로 하여금 행동의 효율성과 효과성을 판단하도록 하는 것

(4) 행동을 계획하고 실천하기(P : 계획하기)
    ① 욕구충족과 관련된 내담자의 현재 행동 중에서 비효과적이고 부정적인 것들을 찾아 이를 효과적이고 긍정적인 것으로 고치기 위해 계획을 세우는 것
    ② 핵심질문 : "더 나은 삶을 살기 위해 지금 세울 수 있는 계획은 무엇입니까?", "생활을 변화시키기 위해 오늘은 무엇을 할 것입니까?"
    ③ 우볼딩(SAMI2C3) : 계획은 단순하고, 실현 가능하며, 측정 가능하고, 즉각적으로 실행할 수 있으며, 일관성 있고, 내담자에 의해 통제될 수 있으며 몰입 혹은 실천할 수 있는 계획이 되어야 함(SAMI2C3).

※ 선택이론의 기본적 내용
    ① 행동을 내적으로 동기화된 것으로 간주한다는 점에서 외부 자극에서 동기화된다는 외부통제이론과 대조를 이룸
    ② 선택 : 인간의 행동은 외부의 힘에 의해 결정되는 것이 아니라 자신의 선택에 의해 결정됨
    ③ 명제 : 우리가 통제할 수 있는 유일한 행동은 우리 자신의 행동
    ④ 행동 : 개인에게 생리적으로 부여된 다섯 가지 욕구 중 한 가지 또는 그 이상을 충족시키기 위해 주어진 상황에서 선택한 최상의 시도
    ⑤ 모든 전행동은 선택될 수 있지만, 우리가 직접적으로 통제할 수 있는 부분은 단지 행동하기와 생각하기

**〈가족상담과 연결된 문제 : 나머지 답안은 가족상담에서 제시함〉**
전행동의 4가지 구성요소는 다음과 같다. 첫째, '활동하기(행동하기)'로 게임을 하다보면 새벽까지 졸지 않고 집중한다는 것이다. 둘째, '생각하기'로 자신이 게임을 잘 한다는 생각이 든다는 것이다. 셋째, '느끼기'로 게임을 하면 기분이 좋아진다는 것이다. 넷째, '생리적 반응(생리기능)'으로 게임에 레벨이 올라갈 때마다 가슴이 두근거린다는 것이다.

**46** ②

## 47 게임분석(게임 및 라켓분석)

### 교류분석 상담과정

(1) 1단계 계약
① 상담자와 내담자의 사이의 라포 형성과 상담 구조화, 상담목표를 세우고 달성하기 위한 상담계약이 이루어짐
② 상담계약 : 상담과정 후 내담자 자신의 변화를 위한 재결단이 이루어지는 데 도움이 됨

(2) 2단계 구조분석
① 내담자로 하여금 자신의 자아 상태가 균형 있게 기능하지 못하는 원인을 찾아 그것을 수정하기 위해 이루어지는 단계
② 과업 : 구조분석의 의미와 3가지 자아 상태와 기능을 이해시키고, 내담자의 행동 특징, 자아기능 그래프 등을 근거로 내담자의 자아 상태의 오염이나 배타 현상을 확인함
③ 목적 : 자아상태에 대한 이해와 과거의 경험 때문에 어른 자아가 기능하지 못하는 원인을 찾아 이를 해제하기 위함

(3) 3단계 교류분석
① 내담자가 어떤 유형의 상호교류를 하고 있는지를 알아보고, 그런 의사교류가 인간관계의 과정에서 발생시키는 문제가 무엇인지 확인하여 내담자의 문제해결을 돕는 단계
② 과업 : 내담자에게 의사교류의 의미와 유형을 이해시키고, 내담자와 관계있는 사람들과의 의사교류를 분석해 보게 함
③ 목적 : 내담자가 다른 사람과 어떤 유형의 교류를 하고 있는지를 알아보려는 것

(4) 4단계 게임 (및 라켓)분석
① 과업 : 상담자가 내담자에게 게임의 의미와 유형을 이해시키고 내담자의 암시적 의사교류가 어떻게 형성·유지되는지를 내담자와 찾아봄. 또한 내담자가 사용하는 게임의 유형을 확인하고 그것의 스탬프는 무엇인지와 어떤 경로로 형성되는지를 게임의 공식에 대입하여 알아봄
② 목적 : 교류분석 중 암시적 교류를 구체적인 게임의 종류 및 라켓감정 유형과 관련지어 분석하는 것

(5) 5단계 각본분석
① 과업 : 내담자에게 각본의 의미와 종류에 대해 이해시키고 내담자가 가진 각본을 찾아보고, 특히 내담자의 문제행동과 관련된 각본을 확인시키며 이 각본이 어떻게 형성되었는지를 분석함
② 목적 : 문제행동과 관련된 각본을 찾아 정확한 정보와 활력을 불어 넣어 재결단을 하게 하여 자율적인 삶을 살아가도록 하는 것

(6) 6단계 재결단
① 내담자가 지금까지 문제 있는 각본이나 의사교류, 게임, 배타와 혼합(오염) 등으로부터 탈피하여 자율적이고 정상적인 자아상태를 회복하고 긍정적인 생활자세로 돌아오기 위한 과정

**48** 교류패턴 유형은 '이면(암시)교류'로, 특징은 다음과 같다. 첫째, 의사교류가 두 가지 수준을 가지는데, 하나는 사회적 수준의 메시지로, 사례에서는 아버지가 '지금 몇 시야?'라고 하자, 진수가 '11시 47분 52초'라고 한 부분이다. 둘째, 다른 하나는 심리적 수준의 메시지로, 사례에서 진수는 아빠가 노크도 없이 들어와서 기분 나쁘다는 메시지를, 아버지는 공부하지 않고 게임을 해서 화가 난다는 메시지를 전달하고 있다. 셋째, 서로의 주된 욕구나 의도가 숨겨져 있는 것으로, 사례에서 진수는 기분이 나쁘다는 메시지를, 아버지는 화가 난다는 메시지를 숨긴 채 대화를 진행하고 있다.

| 교류분석 상담이론 : 의사교류의 종류 | | |
|---|---|---|
| 종류 | 도형 | 특징 |
| 상보 | 수평선 | 두 사람 간의 무갈등 |
| 교차 | 교차선 | 두 사람 간의 갈등 |
| 암시(이면) | • 사회적 수준은 실선<br>• 심리적 수준은 점선 | 의사교류는 두 가지 수준을 가짐<br>• 사회적 수준 : 표현의 메시지<br>• 심리적 수준 : 심리적 메시지 |

① **상보교류** : 두 사람이 동일한 자아 상태에서 또는 상호 보완적인 자아 상태에서 자극과 반응을 주고받는 것으로, 언어적 메시지와 비언어적 메시지가 일치되어 나타남
② **교차교류** : 상대편에게 기대한 반응과는 다른 자아 상태의 반응이 활성화되어 되돌아오는 경우로, 이 교류는 의사소통이 제대로 이루어지지 않는 느낌을 들게하여 대화의 단절을 가져옴으로써 인간관계에 부정적인 영향을 미침
③ **이면교류** : 두 가지 자아 상태가 동시에 활성화되어 한 가지 메시지가 다른 메시지를 위장하는 복합적 상호작용을 함 → 이면교류에는 상보적이며 사회적 차원에서 메시지를 보내고 있는 것처럼 보이지만 주된 욕구나 의도가 숨겨져 있는 것이 특징임

**49** ㉠에 해당하는 아버지의 자아상태는 '비판적 어버이 자아'로, 특징은 다른 사람을 가르치고 통제하며 비판하는 기능을 한다는 것이다. A에 나타난 생활각본은 '평범한(순응자) 각본'으로, 특징은 근면하고 성실한 태도로 살아가지만, 자신의 잠재력을 충분히 발휘하지 못한다는 것이다.

| 교류분석 상담이론 : 자아상태와 각본종류 | |
|---|---|

(1) 자아상태

| 자아상태 | 기능 |
|---|---|
| 비판적 어버이 자아<br>(CP) | • 주장적, 처벌적, 권위적<br>• 다른 사람을 가르치고 통제하며 비판하는 기능<br>• 지나치게 높을 경우 : 지배적 태도, 명령적 말투, 칭찬보다 질책 |
| 양육적 어버이 자아<br>(NP) | • 배려, 격려, 관용<br>• 도움, 긍정적 인정 자극<br>• 지나치게 높을 경우 : 과보호 경향 |

| 구분 | 내용 |
|---|---|
| 어른 자아 (A) | • 합리적, 적응적<br>• 자아상태 간의 갈등 중재<br>• 지나치게 높을 경우 : 무미건조한 컴퓨터 같은 느낌 |
| 자유로운 어린이 자아 (FC) | • 타인배제, 자유로운 감정 표현<br>• 본능적, 자기중심적, 쾌락추구<br>• 지나치게 높을 경우 : 질서나 규범 무시 |
| 순응적 어린이 자아 (AC) | • 타인수용, 순응적, 모범적 규범 준수<br>• 지나치게 높을 경우 : 죄책감, 열등감 |

(2) 각본종류

| 구분 | 내용 |
|---|---|
| 파괴적(패배자) 각본 | • 목표달성을 할 수 없거나 마음먹은 대로 되지 않으면 그 책임을 타인에게 전가하거나 과거의 실패에 연연하는 자세를 말함<br>• 패자각본이라고도 함 |
| 평범한 각본 | • 특별히 눈에 띌 만한 일 없이 삶을 영위하는 각본을 말함<br>• 이 각본을 연출하는 사람은 근면·성실한 태도로 살아가기는 하나, 자신의 우수한 잠재력을 충분히 발휘하지 못하는 경우가 많음 |
| 성공자 각본 | • 인생의 목표를 스스로 결정하고, 목표를 향해 전력을 다해 나아가는 자기실현의 각본<br>• 승자각본이라고도 함 |

## 50 마음챙김

### 마음챙김에 근거한 상담

① 마음챙김에 근거한 스트레스 감소 프로그램(MBSR)
② 변증법적 행동치료(DBT)
③ 마음챙김에 근거한 인지치료(MBCT)
④ 수용전념치료(ACT)

**51** ㉠에 해당하는 과정은 '인지적 탈융합', ㉡에 해당하는 과정은 '전념적 행동'이다. ㉠의 개입활동은 상담교사가 영미에게 '나는 내 자신이 쓸모없다는 생각을 하고 있다'라고 반복해서 천천히 말하게 한 것이다. ㉡의 개입활동은 '공부에 대한 자신감을 회복하기 위해서 구체적인 목표를 세워 보면 도움이 될 것 같다. 공부와 관련해서 지금 당장 어떤 것들을 할 수 있을까?'라고 질문한 것이다.

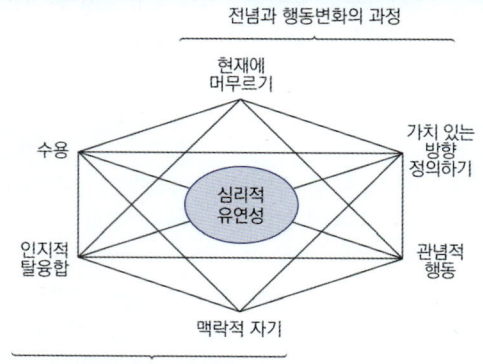

① 수용 : 비판단적인 태도를 지니고 자신의 생각, 감정, 신체적 감각 등의 경험을 능동적으로 껴안는 것
② 인지적 탈융합 : 생각, 감정, 기억을 언어적 개념으로 추상화하지 말고 있는 그대로 체험하도록 하는 것
③ 맥락으로서의 자기 : 지금-여기의 경험을 조망하는 자기 혹은 관찰하는 자기를 의미함
④ 현재에 존재하기 : 언어로 인해서 과거와 미래에 집착하는 것으로부터 벗어나 지금-여기의 체험을 알아차리며 현재에 존재하도록 하는 것
⑤ 가치 : 개인이 실현하기를 원하는 삶의 중요한 가치나 목표를 의미함
⑥ 전념적 행동 : 소중한 가치와 목표를 실현하기 위한 구체적인 행동에 전념하는 것

**52** ④

**53** ④

**54** ①

**55** ①

**56** ③

## 57 ①

## 58 ⑤

## 59 ④

## 60 ③

## 61 ①

## 62 ㉠ 임상 공식화, ㉡ 유지

### 사례개념화

① 의미 : 내담자의 주 호소 문제와 관련 있는 정보를 파악하여 내담자 문제가 유지되는 원인과 경로를 가설적으로 검토한 후 내담자의 주 호소 문제를 해결하기 위한 상담 전략을 수립하는 일련의 과정
② 목적 : 내담자 문제의 성격과 원인을 정확하게 이해하고 효과적인 개입 전략의 모색을 돕는 데 있음
③ 임상 공식화 : 내담자의 호소 문제의 발생 원인에 대한 진단과 이론적 설명 → 촉발 요인과 유지 요인
④ 문제원인 추론
  • 주 요인 : 문제에 관련된 여러 요인 중 문제와 가장 밀접한 핵심 요인
  • 부수 요인 : 주 요인을 제외한 나머지 요인
  • 촉발 요인 : 문제 발생과 관련된 조건이 되는 요소
  • 유지 요인 : 촉발된 문제 유지와 관련된 조건이 되는 요소
⑤ 구성요소
  • 주 호소 문제 : 우선순위를 두고 선택해야 함
  • 문제 촉발 요인 : 주 호소문제를 직접적으로 일으킨 요인
  • 문제 유지 요인 : 촉발요인에 취약해져 문제를 경험하도록 하는 내담자의 과거에 일어난 사건
  • 내담자의 문제에 대한 상담자의 관점 : 주 호소문제, 촉발요인, 유지요인 등에 근거하여 상담자의 이론적 관점에서 내담자 문제의 근원적 원인에 대해 가설을 세워 보는 것
  • 상담목표 : 장기목표, 단기목표
  • 상담계획 : 상담전략, 상담기간, 사례 운영방식 등이 포함됨

## 63 ③

**64** 상담 성과 정리

**65** 이별감정 다루기(종결과 관련된 감정 다루기), 추수상담 계획하기

| 종결단계 과업 |
|---|

① **종결과업** : 종결시점 정하기, 상담성과 및 내담자의 준비도 파악하기, 종결에 대해 논의하기, 이별 감정 다루기, 종결 이후 미래 과제 다루기, 추수상담 등이 있음
② **상담성과 정리** : 상담을 통해 나타난 다양한 변화를 통합하고 그것에 의미를 부여하는 과정임(내담자가 성취한 성과, 긍정변화에 초점). 주된 목적은 상담 성과가 일시적인 것이 아니라 상담 종결 후에도 오랫동안 지속되도록 하는 데 있음
  • 내담자의 삶에 일어난 여러 긍정적인 변화를 탐색함
  • 내담자의 어떤 생각이나 행동이 내담자의 삶에 긍정적인 변화를 일으켰는지 탐색함
③ **종결 이후의 목표 및 계획** : 목표 달성 정도에 대한 종합 평가, 종결 후의 목표 설정, 앞으로의 계획 탐색 등.
④ **종결과 관련된 감정 다루기(이별 감정 다루기)** : 내담자는 큰 상실감과 슬픔을 경험하기도 하고, 종결 후에 증상이 재발하기도 하는데, 문제의 발생을 막기 위해 상담이 끝나는 것에 대한 감정을 표현할 기회를 제공하고, 필요할 때 다시 상담자를 찾아올 수 있음을 알림
⑤ **추수상담 계획하기** : 상담이 종결된 후 일정한 시간이 흐른 뒤 내담자를 다시 만나서 변화가 얼마나 잘 유지되고 있는지 점검하고 경과를 파악하는 활동

**66** ①

**67** ④

**68** ②

**69** 갑자기 상담을 그만 두고 싶다는 말을 들으니까 당황스럽군요.

**70** ① 명료화  ② 직면  ③ 적극적 경청

**71** ㉠ 명료화, ㉡ 질문

## 상담면접 기술 : 질문과 명료화

(1) 질문
① 의미 : 내담자에 관한 정보와 자료를 수집하고, 내담자의 생각이나 감정을 탐색하기 위한 상담기술
② 개방형 질문 : 내담자가 자유로운 대답을 통해 내담자의 상황과 심리에 대해 구체적으로 탐색하고 더 상세한 답변을 하게 하는 질문
  - 내담자에게 더 많은 이야기를 할 수 있는 기회를 줌
  - 내담자가 특정한 문제를 구체적으로 탐색하는 데 도움을 줌
  - 내담자가 말하는 것을 상담자가 보다 잘 이해할 수 있음
  - 내담자 스스로의 생각과 느낌에 주의를 기울이도록 함
③ 폐쇄형 질문 : 예, 아니요 혹은 짧은 사실적 답변을 하게 하는 것으로, 상담자가 원하는 정보의 자료를 얻기 위해 사용됨. 폐쇄형 질문이 다음과 같은 상황에서 유용함
  - 상담자가 원하는 특정한 정보나 자료를 얻고자 할 때
  - 상담자가 내담자의 말을 이해했는지 확인하고 동의를 구할 때
  - 위기 상황에 처했을 때
④ 직접 및 간접질문
  - 직접질문 : 궁금한 것을 직접 질문하는 형태로 '물음표(?)'로 끝나는 질문 → 모든 질문이 직접질문으로 끝나게 되면 내담자는 취조 받거나 질문 공세를 하는 느낌이 들어 부담을 느낄 수 있음
  - 간접질문 : 질문의 느낌보다는 상대의 이야기를 듣고 싶다는 느낌을 전달하는 질문 예 고 '~을 알고 싶네요.', '~에 대해 더 이야기 해 주세요.'
    → 간접질문은 내담자가 더 잘 받아들이고, 대답하기 쉬우며, 개방적 분위기를 조성하는데 도움이 됨. 또한 방어적인 느낌이 들지 않게 해서 자기탐색을 돕는 효과가 있음
⑤ 왜 질문 : 개방질문의 형태를 띠고 있으면서 특정 행동이나 선택을 한 이유에 대해 탐색할 기회를 제공한 질문 → 내담자의 잘못을 지적하거나 비난하려는 의도로 받아들일 수 있어서 방어적 태도를 유발할 수 있으며 이유에 대한 근거를 대는 과정에서 감정보다는 사고에 초점을 맞추게 함
⑥ 질문공세 : 이미 질문을 던진 상황에서 내담자가 질문에 대한 답을 마치기도 전에 또 다른 질문을 연속적으로 던지는 것

(2) 명료화
① 의미 : 내담자의 말 중에서 모호한 점이 있거나 불확실한 점이 있을 때 내담자가 확실히 알도록 해 주는 것
② 목적
  - 내담자가 보다 명확하게 진술할 수 있도록 도울 수 있음
  - 내담자가 자신의 이야기를 명확히 하는 과정을 통해 자신에 대해 통찰하도록 도울 수 있음
  - 내담자가 통찰한 후 변화에 대해 준비하도록 도울 수 있음
③ 사용시기
  - 내담자가 좀 더 구체적으로 말하도록 돕고자 할 때
  - 내담자의 진술 내용을 정확하게 들었는지 확인하고자 할 때
  - 모호하거나 혼동되는 진술 내용을 명확하게 할 때
  - 상담자가 이해한 의미를 내담자에게 투사하는 것을 막고자 할 때
④ 효과 : 내담자가 이해 받고 있으며 상담이 잘 진행된다고 느끼게 함, 내담자가 미처 생각하지 못한 측면을 다시 생각하게 하는 자극제가 됨

**72** ㉠의 상담기술은 '직면'이고, ㉡의 상담기술은 '해석'이다. ㉠의 의미는 내담자의 사고, 감정, 행동의 불일치나 모순에 도전하는 상담자의 반응이고, ㉡의 의미는 내담자의 특정 행동 또는 사건의 의미와 원인을 상담자가 설명해 주는 것이다. 공통점은 내담자의 언어적 흐름을 따라가기 보다는 상담자의 의견을 전달하는 지시적 면담법이다. 혹은 상담관계 형성이 이루어진 중기나 종결 단계에서 주로 사용한다.

### 상담면접 기술 : 직면과 해석

(1) 지시적 면담법과 비지시적 면담법
　① 지시적 면담법 : 내담자의 언어적 흐름을 따라가기 보다는 상담자의 의견을 전달하는 면담법. 예 직면, 해석 등
　② 비지시적 면담법 : 내담자의 언어적 흐름을 방해하지 않고 따라가는 면담법. 예 경청, 요약, 재진술, 반영 등

(2) 직면과 해석의 의미
　① 직면 : 내담자의 사고, 감정, 행동의 불일치나 모순에 도전하는 상담자의 반응
　② 해석 : 내담자의 특정 행동 또는 사건의 의미와 원인을 상담자가 설명해 주는 것

---

**73** ㉠에 해당하는 경우는 상담자가 원하는 특정 자료나 정보를 얻고자 할 때이다. 혹은 상담자가 내담자의 말을 이해했는지 확인하고 동의를 구할 때. 혹은 내담자가 위기상황에 처했을 때다. ㉡에 공통으로 해당하는 상담면접 기법은 '즉시성'이다. 기대 효과는 첫째, 사례에서 상담자는 대화가 제자리를 맴도는 같아서 답답하다는 느낌을 솔직하게 표현하고 있는데, 이는 상담자가 직접적인 표현을 통해 의사소통을 명확히 하여 불필요한 오해를 줄일 수 있다. 혹은 자신이 상담에서 느끼고 경험하는 것을 있는 그대로 표현함으로써 상담관계를 더욱 깊어지게 할 수 있다. 둘째, 사례에서 상담자는 "영수는 어떤지 궁금하다"는 질문을 하고 있는데, 이는 영수에게 즉각적인 순간의 감정을 파악하게 하여 관계적 갈등을 해결하는 데 도움을 줄 수 있다. 혹은 영수가 상담관계에서 발생하는 갈등을 해결할 수 있는 기회를 제공받을 수 있게 된다.

### 상담면접 기술 : 폐쇄형 질문과 즉시성

(1) 질문
　① 의미 : 내담자에 관한 정보와 자료를 수집하고, 내담자의 생각이나 감정을 탐색하기 위한 상담기술
　② 개방형 질문 : 내담자가 자유로운 대답을 통해 내담자의 상황과 심리에 대해 구체적으로 탐색하고 더 상세한 답변을 하게 하는 질문
　　• 내담자에게 더 많은 이야기를 할 수 있는 기회를 줌
　　• 내담자가 특정한 문제를 구체적으로 탐색하는 데 도움을 줌
　　• 내담자가 말하는 것을 상담자가 보다 잘 이해할 수 있음
　　• 내담자 스스로의 생각과 느낌에 주의를 기울이도록 함
　③ 폐쇄형 질문 : 예, 아니요 혹은 짧은 사실적 답변을 하게 하는 것으로, 상담자가 원하는 정보의 자료를 얻기 위해 사용됨. 폐쇄형 질문이 다음과 같은 상황에서 유용함
　　• 상담자가 원하는 특정한 정보나 자료를 얻고자 할 때
　　• 상담자가 내담자의 말을 이해했는지 확인하고 동의를 구할 때
　　• 위기 상황에 처했을 때

(2) 즉시성
① 의미 : 지금-여기에서 내담자의 행동에 대한 상담자의 개인적 감정과 반응을 전달하는 기술
② 내담자의 행동이 상담자에게 어떻게 비추어지고 있는지를 말해 주는 것으로, "당신이 나에게 혹은 지금 어떻게 하고 있나 보세요."의 메시지로 일종의 피드백
③ 유형
  • 관계 즉시성 : 상담관계가 긴장되었는지, 지루한지, 혹은 생산적인지에 관해 내담자와 논의하는 것
  • 지금-여기 즉시성 : 상담 장면에서 발생한 현상 자체에 관해 논의하는 것이다. 즉, 내담자가 지금 이 순간 어떤 것을 경험하며, 어떤 생각과 감정을 갖고 있는지 탐색하고 함께 나누는 것
④ 목적
  • 상담자가 상담자 자신이나 내담자 또는 상담자와 내담자의 관계에 대해 직접적으로 표현된 적이 없는 느낌이나 경험을 표현하기 위함
  • 상담과정에서 생기는 의미 있는 시간에 대해 논의거리를 창출하거나 상호작용에 관한 피드백을 제공하기 위함
  • 내담자의 자기탐색을 촉진하고 내담자 또는 상담관계에 초점을 유지하기 위함
⑤ 사용시기(필요한 상황) : 상담 중 대화가 방향을 잃고 진전되지 않을 때, 상담자와 내담자 사이에 묘한 긴장이 형성될 때, 내담자가 상담자에 대해 신뢰감을 보이지 않을 때, 내담자가 상담에 대한 흥미와 관심이 줄어들 때, 상담자와 내담자 사이에 심리적 거리감이 느껴질 때, 내담자가 상담자에게 지나치게 의존할 때, 전이 또는 역전이 현상이 나타날 때
⑥ 효과
  • 의사소통을 명확하게 하고 치료관계의 질을 높일 수 있음. 즉, 즉시성은 직접적인 표현을 통해 명확하게 드러내고 불필요한 오해를 줄일 수 있음
  • 상담과정에서 발생하는 대인관계 측면의 갈등을 해결할 수 있는 기회를 제공한다. 혹은 내담자가 즉각적인 순간의 감정을 파악하게 하여 관계적 갈등을 해결하는 데 도움을 줄 수 있음
  • 즉시성을 통해 내담자는 자신의 대인관계 방식에 대한 이해를 높일 수 있음

| 74 | ㉠에 들어갈 수 있는 재진술 반응은 '디저트로 빵을 먹으려는데 남자친구가 또 먹냐고 해서 화가 났었구나.'이다. ㉡의 타당화 수준은 내담자의 현재 맥락에 근거하여 내담자의 행동이 타당하다는 것을 전달하는 것이다. 혹은 현재 맥락으로 지금 상황과 맥락 안에서 내담자의 강점과 행동이 이해간다는 것을 전달하는 것이다. ㉢의 타당화 수준은 내담자의 역사(과거)와 생물학적 맥락에 근거하여 내담자의 행동이 이해된다는 것을 전달하는 것이다. A에서 상담교사가 적용한 기법은 '역할연습(역할연기)'이다.

## 상담의 재진술과 변증법적 행동치료 및 역할연기

(1) 재진술
  ① 의미 : 내담자의 진술 중 내담자가 한 말의 내용을 정확하게 알아듣기 위해 내담자의 말을 상담자가 반복해서 말하거나 상담자 자신의 말로 바꾸어 말하는 것
  ② 특징 : 내담자가 사용한 단어를 포함하지만 내담자의 말보다 길이가 짧고, 내용이 더 구체적이며 분명함
  ③ 목적 : 상대방을 이해하고 있음을 전달하고, 좀 더 간결한 방식으로 상대방의 대화 내용을 요약하며, 상대방의 말을 상담자가 올바로 이해하고 있는지 확인해 보기 위한 목적으로 사용됨
  ④ 방법 : 반복, 환원, 명료화, 요약
  ⑤ 효과
    • 상담자와 내담자 간 신뢰관계 형성에 도움을 줄 수 있음
    • 내담자가 이야기를 잘 이해했는지를 점검해 볼 수 있음
    • 내담자의 이야기를 경청하고 이해하기 위해 노력하고 있음을 보여줄 수 있음

(2) 역할연습(역할연기)
  ① 의미 : 내담자와 상담자가 역할을 맡아 연습하는 것
  ② 내담자가 회기 중에 목표행동에 맞는 역할을 시도해 보거나, 다른 사람의 역할을 연기하면서 그 사람의 입장과 내면에 대해 간접적인 경험을 해 보는 기회를 갖기 위한 것
  ③ 행동연습(behavior rehearsal) : 상담자의 시연, 코칭, 피드백을 받으며 내담자가 행동개선을 해 나가는 과정
  ④ 주의점
    • 내담자의 준비도 : 내담자가 상대에게 표현할 마음의 준비가 되어 있어야 함
    • 즉시성이 중요함 : 상담자는 내담자의 호소 내용을 들으면서 내담자가 대인관계에서 구체적으로 자기표현을 할 필요성이 느껴지는 순간 즉시성에 입각하여 역할연습을 진행함
  ⑤ 역할 바꾸기 : 역할연습이 충분히 진행된 후 역할 바꾸기를 실시하는데, 역할 바꾸기는 상담자가 내담자 역할을 하고 내담자는 상대방 입장을 이야기하는 것

(3) 변증법적 행동치료 : 타당화의 6가지 수준
  ① 1수준 : 상담자가 '완전히 깨어 있고, 완전히 존재하며, 모든 주의를 기울여 경청하는' 상태
  ② 2수준 : 내담자가 명시적으로 전달한 것을 재진술하여 확인하는 것
  ③ 3수준 : 내담자의 표정과 몸짓 등을 통해 내담자가 암묵적으로 전달한 내용을 반영하는 것
  ④ 4수준 : 내담자의 역사와 생물학적 맥락에 근거하여 내담자의 행동이 이해된다는 것을 전달하는 것
  ⑤ 5수준 : 내담자의 현재 맥락에 근거하여 내담자의 행동이 타당하다는 것을 전달하는 것
  ⑥ 6수준 : 급진적 진정성이라고 불리며, 내담자에게 진정한 반응을 보여주고 그 진정성이 대화의 일부가 되도록 허용하는 것

**75** 자기노출(자기개방)

**76** 중다양식의 평가영역은 '행동, 정서, 감각, 심상, 인지, 대인관계, 약물 및 생리학'이다. ㉠의 평가영역은 '감각'이고, 사용할 수 있는 기법은 (긴장)이완훈련이다. ㉡의 평가영역은 '행동'이고, 사용할 수 있는 기법은 자기주장 기술이다.

### 라자러스(Lazarus)의 중다양식 범주와 조력기법

① 행동(B-Behavior) : 관찰 및 측정 가능한 습관, 행동, 반응이 포함됨(섭식, 음주, 흡연, 울음, 자기통제와 관련된 문제 등)
   → 조력기법 : 행동시연, 빈 의자 기법, 자기노출, 고정역할치료, 모델링, 역설적 의도, 심리극, 정적 및 부적강화, 반응 방지, 자극 통제, 수치심 공격하기, 소거, 역조건 형성, 처벌 등
② 정서/정동(A-Affection) : 우울, 분노, 기쁨, 긴장, 외로움 등의 다양한 정서와 감정이 포함됨
   → 조력기법 : 감정의 발산, 분노 표현, 불안·분노 조절 훈련, 감정 확인하기, 감정의 수용 등
③ 감각(S-Sensation) : 기본 감각인 시각, 청각, 후각, 미각, 촉각이 포함됨(두통, 현기증, 마비, 환각, 성적 장애를 포함하는 부정적인 감각)
   → 조력기법 : 바이오피드백, 최면, 명상, 긴장이완 훈련, 감각확인 훈련, 감각적 쾌감 유도 등
④ 심상(I-Imagery) : 환상, 마음속의 그림, 상상, 꿈 등이 포함됨(신체상, 자기상 등)
   → 조력기법 : 반미래 충격심상, 연합심상, 혐오심상, 대처심상, 내파와 상상적 노출, 긍정적 심상, 합리적 정서적 심상, 시간투사 심상, 자기상의 변화, 대안적 심상 유도 등
⑤ 인지(C-Cognition) : 사고, 아이디어, 가치, 의견 등이 포함됨
   → 조력기법 : 왜곡된 추론 도전하기, 인지적 리허설, 대처방법 서술하기, 비합리적 신념 논박하기, 초점 맞추기, 긍정적 자기진술, 문제해결 훈련, 자기수용 훈련, 사고 중지법, 인지 재구성 등
⑥ 대인관계(I-Interpersonal) : 가족, 친구들, 동료들, 선생님 또는 타인들과의 관계가 어떠한지를 말함
   → 조력기법 : 자기주장 훈련, 의사소통 훈련, 계약하기, 고정역할 치료, 교우관계 훈련, 역설적 의도, 역할놀이, 사회기술 훈련, 모델링 등
⑦ 약물/생리학(D-Drugs) : 건강과 건강 문제 전 영역이 이 범주에 포함됨
   → 조력기법 : 물질 남용 중단 프로그램, 생활패턴 변화(운동, 영양 등), 의사나 다른 전문가에게 의뢰하기, 금연 프로그램, 체중 조절 프로그램, 운동, 영양 섭취, 향정신성 약물의 사용 등

**77** ㉠의 이론은 '(로저스의) 인간중심 이론'이고, ㉡의 개념은 '교정반사'다. ㉢의 특징은 첫째 내담자 자신에게 문제가 있다고 인식은 하지만, 둘째 변화해야 할지 여부를 고민한다는 것이다. 혹은 변화에 대한 구체적인 계획은 없다.

## 동기강화 상담

(1) 동기강화 상담
  ① 윌리엄밀러(William Miller)와 스티븐롤닉(Stephen Rollnick)이 습관적 음주 같은 행동의 변화를 위한 단기개입 방법 : 내담자가 경험하는 변화의 양가감정을 탐색·해결해 가는 과정을 통해 개인에게 내재된 변화동기를 강화하는 방법
  ② 접근방법 : 내담자 중심 접근방식 → 로저스(Rogers)의 이론을 근간으로 사용하지만 비지시적이라기보다 상담 대화 내용을 적극적으로 경청하고 변화 대화가 나타나면 이 변화 대화에 초점을 맞추고 내담자를 변화 방향으로 안내하는 다소 적극적인 내담자 중심 상담
  ③ 변화 준비도 : 프로체스카(Prochaska) 등에 의해 개발된 초이론적 모델로 내담자를 이해함
  ④ 교정반사 : 상담자가 내담자의 삶에서 문제를 적극적으로 해결하려고 시도하는 경향을 말하며, 그렇게 함으로써 오히려 내담자의 변화 가능성을 줄이는 것을 말함

(2) 프로체스카의 내담자 변화과정 모델

| 단계 | 내용 |
| --- | --- |
| 숙고 전 단계 | • 내담자 스스로 문제가 없다고 생각하거나 문제를 모르는 단계<br>• 자신이 변화할 필요성을 인식하지 못함<br>• 상담자는 내담자가 무엇을 문제로 생각하는지 탐색하면서 문제의 인식을 도와야 함 |
| 숙고 단계 | • 내담자 자신에게 문제가 있다고 인식은 하지만 변화해야 할지 여부를 고민하는 단계<br>• 내담자는 변화가 필요하지만 어렵다는 것을 알고, 자신이 어떤 변화를 시도할 수 있는지 모름 |
| 준비 단계 | • 변화가 필요하고 이를 위해 계획의 실행이 필요함을 이해하는 단계<br>• 자신이 선택할 수 있는 방법과 각 방법의 실행가능성, 장단점, 생활에 주는 이익 등을 평가하여 어떤 방법을 선택할지 고민함 |
| 행동 단계 | • 내담자가 자신이 시도할 수 있는 행동을 구체적으로 알고 실행할 준비가 된 단계<br>• 상담자는 내담자가 시도할 행동을 격려하고 좀 더 쉽게 수행하도록 도움 |
| 유지 단계 | • 내담자에게 행동 변화가 나타난 후 행동이 습관화되고 유지되도록 돕는 단계<br>• 새로운 행동의 시도로 긍정적 효과가 나타났더라도, 후퇴하여 기존의 익숙한 행동으로 돌아갈 수 있음<br>• 새로운 행동의 유지에 방해되는 요인을 탐색하여 조절하게 하고, 새로운 행동이 습관화되도록 도움 |
| 종결 단계 | 유혹에 흔들리지 않고 문제행동으로 다시 돌아가지 않는 단계 |

**78** ④

**79** ㉠의 개념은 '내적 타당도', ㉡의 개념은 '외적 타당도'다. ㉢의 의미는 연구기간 동안 천재지변이나 예상치 않았던 행사와 같이 특정사건이 일어나는 것이다. ㉣의 의미는 사전검사 경험자체가 사후에 실시되는 검사 결과에 영향을 미치는 것이다. ㉤의 명칭은 '무선할당(무선배정)'이다.

## 실험연구 : 내적 타당도와 외적 타당도

(1) 실험연구
　① 한 변인을 체계적으로 조작하는 것이 다른 변인의 변화를 가져오는지를 확인함으로써 두 변인 간의 인과관계를 확인하는 연구
　② 기준 : 행동의 원인이라고 여겨지는 요인들을 변화시키고, 원인이 될 가능성이 있는 다른 요인들을 동일하게 유지함.
　③ 변인과 집단
　　• 독립변인 : 실험자가 조작하는 변인. 원인으로 검증
　　• 종속변인 : 실험의 결과로 측정되는 변인. 결과로 검증
　　• 실험집단 : 독립변인의 처치를 받으며 실험자의 조작이 이루어짐.
　　• 통제집단 : 독립변인의 처치를 받지 않으며 실험자 조작이 가해지지 않음.
　④ 실험통제 : 실제 조작하는 것을 제외하고 모든 절차와 조건들을 동일하게 만드는 것. 그래야 내적으로 타당한 실험이 되기 때문.
　⑤ 무선할당 : 참여자를 서로 다른 조건에 할당하여 개인이 특정 집단에 속할 기회를 다른 집단에 속할 기회와 동일하게 하는 것.
　⑥ 절차의 표준화 : 독립변인의 차이를 제외하고 모든 조건을 동등하게 취급하는 것.

(2) 내적 타당도
　① 의미 : 종속변수, 즉 연구결과에서 나타나는 변화가 독립변수의 변화에 의한 것임을 확신할 수 있는 정도를 의미하는 것으로 인과관계에 대한 추론이 어느 정도 가능한지를 나타냄
　② 내적 타당도를 저해하는 요인(가외변인, Campbell & Stanley)
　　• 특정사건의 영향(역사; history effect) : 연구기간 동안 천지지변이나 예상치 않았던 행사와 같이 특정사건이 일어나는 경우, 환경이 바뀌고 이에 따라 연구결과가 다르게 나타날 수 있음
　　• 성숙효과(maturation effect) : 시간에 따라 자연적으로 연구참여자의 특성이 변화하여 결과에 영향을 미치는 효과
　　• 시험효과(검사, 학습; testing effect) : 두 번 이상의 검사를 실시하는 연구들에서 나타나는 현상으로 사전검사의 경험 자체가 사후에 실시되는 검사결과에 영향을 미치는 것
　　• 검사도구 효과(측정도구; instrument effect) : 사전과 사후의 검사를 다른 검사도구로 실시하였을 때 발생하는 문제. 혹은 연구가 진행되는 과정에서 측정도구나 측정기준이 변하여 측정값이 다르게 나타나는 경우
　　• 통계적 회귀(statistical regression) : 매우 높은 점수나 매우 낮은 점수를 갖는 사람들이 평균으로 되돌아가고자 하는 회귀경향을 가지는 것
　　• 편향된 표본선정(selection effect) : 표본을 잘못 선택하여 변수간에 엉뚱한 결과가 나타나거나, 두 집단의 비교연구에서 실험집단과 대조집단 사이에 이미 차이가 존재하는 경우
　　• 연구대상의 손실(연구참여자의 탈락; mortality effect) : 실험 대상자들이 어떤 이유에서든 실험 도중에 실험에 참여하지 않는 것.
　　• 확산 혹은 모방효과(diffusion effect or imitation effect of treatment) : 실험집단과 통제집단 간의 상호작용이나 모방으로 인해 의도했던 집단 간의 차이가 분명해지지 않게 되는 것

(3) 외적 타당도
　① 의미 : 표본에서 얻어진 연구결과를 다른 집단 혹은 다른 환경에 확대 해석 또는 일반화할 수 있는 정도를 의미함
　② 모집단에 대한 타당도 : 연구에 사용되고 있는 표본이 모집단의 특성을 충분히 반영하고 있는지를 평가하는 것. 이는 표집과 관련된 것으로 적절한 표집방법을 선택하면 연구결과를 모집단에 일반화할 수 있음

③ 생태학적 타당도(환경에 의한 타당성) : 표본자료에서 발견된 사실들이 다른 일반적인 환경들에게도 적용될 수 있는지의 여부를 검토하는 것
- 호손효과(Hawthorne effect) : 연구대상이 연구의 목적을 알고 있거나 알게 될 때 평상시와는 다르게 행동함으로써 연구결과에 영향을 미치는 것
- 존헨리효과(John Henry effect) : 통제집단에 있는 연구대상들이 실험집단에 있는 연구대상들보다 더 나은 결과가 나타나도록 노력하는 현상
- 연구자(실험자) 효과 : 연구자가 연구결과에 영향을 미치는 말이나 행동을 함으로써 연구대상이 평상시와 다르게 행동하는 것을 의미함. 연구자 효과를 줄이기 위해서는 실험을 담당하는 사람이나 실험 대상자 모두에게 연구의 목적에 대하여 알지 않고 연구를 진행시키기도 함
  → 실험자 기대 효과 : 실험자가 누가 어떤 집단에 할당되어 있는지 아는 것이 참여자의 행동에 영향을 주는 현상

**80** A에 해당하는 준실험 설계는 '단일집단 사전·사후 검사설계'다. ⑤의 설계방법은 자해행동을 한 중학생 집단에게 아무런 처치를 가하지 않는다는 것이다. ⓒ의 윤리적 문제는 연구라는 목적으로 인해 처치를 해 주지 않는다는 문제가 있다. ⓒ의 설계방법은 피험자 일부를 무선표집하여 대기자 명단에 넣은 후 실험이 끝날 때까지 측정만 받을 뿐 처치를 받지 않고, 실험이 끝나면 처치를 받는다.

### 실험설계 유형과 통제집단

(1) 실험설계 유형

| 진실험 설계 | 준실험 설계 |
| --- | --- |
| • 통제집단 사후검사 설계<br>• 통제집단 사전·사후검사 설계<br>• 솔로몬 4집단 설계<br>• 요인설계<br>• 반복측정 설계 | • 단일집단 사후검사 설계<br>• 단일집단 사전·사후검사 설계<br>• 이질-통제집단 사후검사 설계<br>• 이질-통제집단 사전·사후검사 설계<br>• 시계열 설계 |

① 진실험 설계 : 집단을 무선으로 배정하여 조건통제가 완벽한 상태에서 처치변수의 조절이 수월하고 매개변수가 철저하게 통제된 실험설계.
② 준실험 설계 : 준실험설계는 무선할당이 안 된 상태로 조건 통제가 느슨하고 처치변수의 조절이 철저하지 않은 실험연구로 자연적 상태에서의 실험이나 실험조건을 충분히 통제하지 못한 연구 설계.

(2) 무처치 통제집단
① 실험집단은 처치를 받고, 통제집단은 전혀 처치를 받지 않음.
② 피험자의 반은 무선표집하여 처치집단에 배정하고, 나머지 반은 아무 처치도 받지 않는 무처치 집단에 배정.
③ 상담실제의 연구에서 보면 무처치 집단에 할당된 피험자가 자기 나름대로 다른 곳에서 '처치'를 받는 경우가 많음.
④ 윤리적인 문제에서 볼 때 일부의 내담자에게 연구라는 목적으로 처치를 해 주지 않았다는 문제점도 있음.

(3) 대기자 통제집단
① 무처치 집단의 설정이 가지는 윤리적인 문제를 보완하기 위한 방법으로, 실험집단은 처치를 받고, 통제집단은 처치를 받지 않음. 그런 다음 두 집단의 차이를 측정한 뒤, 통제집단은 처치를 받음.
② 절차 : 피험자의 일부를 무선표집하여 대기자 명단에 넣은 후, 실험이 끝날 때까지 측정만 받을 뿐 처치를 받지 않고, 실험이 끝나면 처치를 받음.

**81** ③

**82** ⑤

**83** ③

**84** ㉠에 들어갈 모델은 '종합적학교상담모델'이다. ㉡에서 잘못된 설명은 신체적 영역이 아닌 사회적 영역이다. ㉢에 해당하는 원스톱 서비스 내용은 학생에게 지역사회 내 인적·물적 자원 연계망을 활용한 심리평가(진단)-상담-치유를 위한 서비스를 제공하는 것이다. 또한 밑줄 친 ㉣~㉥ 중에서 잘못된 설명은 ㉤으로, 가정형 Wee 센터는 장기가 아닌 중장기 위탁기관이다.

### 종합적 학교상담 모델과 상담정책

(1) 종합적 학교상담 모델
  ① 내용영역 : 학업발달, 진로발달, 개인·사회성 발달.
  ② 구조적 요소 : 정의, 당위성, 기본가정.
  ③ 프로그램 요소 : 학교상담 교육과정, 개별계획, 반응적 서비스, 체제지원.
  ④ 소요자원 : 인적, 재정적, 정치적 자원.

(2) Wee 클래스(1차 안전망)
  ① 대상 : 소속 학교 학생
  ② 설치 : 단위학교 내 상담실
  ③ 역할
    • 학생이 재학하고 있는 소속 학교의 상담실을 통해 상담·교육 프로그램 운영
    • 학교 부적응 학생을 조기에 발견하거나 예방하며, 학생들이 학교에 잘 적응하고 문제를 해결할 수 있도록 도움

(3) Wee 센터(2차 안전망)
  ① 대상 : 관내 위클래스가 없는 학교 학생, 위클래스에서 상담받기 어려운 학생, 위클래스에서 연계한 학생
  ② 설치 : 시·도 교육청 및 교육지원청
  ③ 역할
    • 지역 내 인적·물적 자원 연계망을 활용하여 진단(심리평가)-상담-치유를 위한 one-stop 서비스 제공
    • 위클래스에서 의뢰된 학생을 대상으로 면밀한 심리검사 및 상담을 수행하고 필요한 지원을 제공함
    • 정서·행동특성검사 결과 고위험군으로 분류된 학생의 부적응 행동이나 정서 특성을 심층 평가함
    • 학교폭력가해학생을 특별교육 프로그램에 연계함
    • 학업을 중단할 위험이 있는 학생에게 학업중단 숙려·상담을 실시함

(4) 가정형 Wee 센터(3차 안전망)
  ① 대상
    • 학교적 위기학생 : 장기결석, 등교거부, 학교폭력 가·피해 학생 등
    • 개인·사회적 위기학생 : 정서행동 문제, 은둔형, 범죄, 가출 등 기숙형 보호가 필요한 학생
    • 가정적 위기학생 : 가정폭력, 학대·방임, 빈곤, 가정해체 등

② 설치 : 교육(지원)청이 위탁·연계한 기숙 형태의 기관
③ 역할 : 보호·상담·교육을 통해 학생의 적응 환경을 개선하여 가정 및 학교 복귀를 지원하는 중·장기 위탁기관

(5) 병원형 Wee 센터(3차 안전망)
① 대상 : 심리적·정서적 어려움으로 학교적응에 어려움이 있고 치료가 필요한 학생
② 설치 : 교육(지원)청이 위탁·연계한 병원
③ 역할 : 심리적·정서적 어려움을 겪고 있는 위기 학생들에게 상담·교육·치료와 의료자문 뿐만 아니라, 필요한 경우 전문의 병원 치료까지 지원하는 위탁 치료형 대안교육 위탁기관

(6) Wee 스쿨(3차 안전망)
① 대상 : 중·장기 위탁 교육, 상담, 치유가 필요한 고위기 학생
② 설치 : 시·도 교육청 차원에서 설치한 기숙형 장기 위탁교육기관 내
③ 역할 : 상담을 비롯한 인성·직업교육 및 사회적응 프로그램 등을 제공하는 대안교육기관 겸 중·장기 위탁기관
④ 위탁기간 : 협의 기간에 따른 단기 대안교육
• 1개월 이상 3개월 미만 중기 위탁형
• 3개월 이상의 장기 위탁형
• 최소1주에서 최장2년까지 위탁가능

**85** ②

**86** ①

**87** ②

**88** ③

**89** 잘못된 부분은 첫째, ⓒ으로 언어와 행동 암시 모두 자살의 공통적인 위험요인이다. 둘째, ⓒ으로 자살에 대해 직접적으로 물어보는 것이 내담자가 더 안도감을 느낄 수 있다. ⓜ에서 자살 위험정도를 높게 예측한 이유는 첫째, 공격성과 충동조절의 어려움으로 인해 자신의 충동을 행동화 하는 과정 속에서 자살시도를 할 수 있다. 둘째, 공격성이나 적개심을 내재화하여 자살과 같은 자기파괴적 행동이 나타날 수 있다.

## 자살

(1) 자살에 관한 오해와 정확한 이해
① 자살한다고 위협하거나 자살과 관련된 이야기를 하는 사람은 자살하지 않는다. → 실제 자살한 사람은 표현을 한 사람이 훨씬 많다.
② 자살은 예고 없이 발생한다 → 자살과 관련된 경고신호를 나타내고, 언어적, 비언어적, 행동적 방법으로 나타낸다.
③ 자살과 자살미수는 같다 → 자살을 시도했지만 사망하지 않은 경우에는 실제 자살보다는 자살과 관련된 행동을 통해 전달하거나 얻으려는 것이 있을 수 있다.
④ 자살은 특정사회나 특정 계층에서만 일어난다 → 자살은 특정계층, 인종, 지역, 문화에서만 발생하는 것이 아니라 모든 사람들에게서 나타난다.
⑤ 자살의 원인은 사회문화적인 이유 때문이다 → 사회문화적 원인에 의해서만 자살하는 것이 아니라 개인적인, 심리적인 원인 등 다양한 요인에 의해 발생한다.
⑥ 자살은 간단하고 단순한 원인에 의해 발생한다 → 자살의 원인을 파악하기 위해서는 그 사람의 전체적인 모습을 파악할 수 있어야 하며 자살은 여러 가지 원인이 복합적으로 작용하여 발생한다.
⑦ 자살할 가능성이 있는 사람에게 자살에 대해 직접 이야기하는 것은 자살을 부추기는 것이다 → 자살을 생각하고 있는 사람에게 자살과 관련된 이야기를 하는 것은 그 사람에게 도움을 제공하는 것이고, 많은 사람들은 다른 사람이 자살에 대해 물어봐 주는 것에 안도감을 느낀다.
⑧ 한번 자살을 시도했던 사람은 영원히 위험하다 → 한 번 자살을 시도했던 사람이 다시 자살을 시도할 가능성은 높지만, 적절한 개입을 통해 자살이 아닌 다른 대안적인 방법을 찾게 된다면 자살의 위험성이 제거될 수 있다.
⑨ 정신병원에 입원해 있는 환자는 자살할 위험이 낮다 → 자살의 위험성이 있어 정신병원에 입원치료를 하는 경우에도 자살할 가능성은 항상 상존하므로, 병원에 있는 모든 사람들의 주의깊은 보호과 관찰이 필요하다.
⑩ 자살은 심각한 심리장애를 가진 사람들이 시도한다 → 자살은 정신병리를 가진 사람들이 시도하기는 하지만, 그렇지 않고 정상적으로 기능하는 사람들이 충동적으로 시도하는 경우도 많다.
⑪ 자살을 시도하는 사람은 정말 죽으려는 의도를 가진 사람이다 → 정말 죽기위해, 다른 사람에게 보복하기 위해, 다른 사람에게 짐이 되는 것이 부담스러워, 원하는 것을 얻기 위해 등 여러 가지 의도로 자살을 시도한다.
⑫ 한번 자살을 시도했던 사람은 다시 시도하지 않는다 → 그 동안의 문제해결 방식이 자살이라고 생각하기 때문에 이에 적절한 개입을 하지 않으면 언제든 자살을 시도할 가능성이 있다.
⑬ 자살하는 사람은 반드시 유서를 남긴다 → 유서를 남기는 경우도 있지만 그렇지 않고 자살을 하는 사람도 많다.
⑭ 자살은 사람들이 없는 밤이나 새벽에 많이 발생한다 → 특정시간에 관계없이 발생한다.

(2) 자살관련 질문하기
① 자살과 관련된 질문을 받은 사람은 안도감을 느낌.
② 자살 생각과 감정을 부정하거나 최소화·축소하는 것은 도움이 되지 않음.

**90** ㉠을 판단하는 기준은 첫째, 인터넷을 반복 사용하였을 때 그 효과가 점점 감소하는 것이다. 혹은 점점 더 많은 시간을 사용한다는 것이다. 둘째, 더 많이 인터넷을 사용해야 같은 효과를 얻는 경우를 말한다. 혹은 점점 더 자극이 강한 것을 추구하게 된다는 것이다. ㉡의 용어는 '양가감정'으로 해당하는 내용은 인터넷 사용을 조절하고 싶기도 하지만 실컷하고 싶은 마음도 있다는 것이다.

### 내성과 동기강화 상담

(1) 내성
① 인터넷을 반복 사용하였을 때 그 효과가 점점 감소되거나, 또는 점점 더 많이 인터넷을 사용해야 같은 효과를 얻는 경우. 따라서 이전과 똑같은 만족을 얻기 위해서 인터넷에 몰두하는 시간이 점차 늘어나고 내용도 더욱 자극적인 것을 찾아 나서게 됨.
② 인터넷 중독 척도 : 점점 더 많은 시간을 사용하고, 점점 더 자극이 강한 것을 추구하게된다는 의미.

(2) 동기강화 상담
① 윌리엄밀러(William Miller)와 스티븐롤닉(Stephen Rollnick)이 습관적 음주 같은 행동의 변화를 위한 단기개입 방법 : 내담자가 경험하는 변화의 양가감정을 탐색·해결해 가는 과정을 통해 개인에게 내재된 변화동기를 강화하는 방법
② 접근방법 : 내담자 중심 접근방식 → 로저스(Rogers)의 이론을 근간으로 사용하지만 비지시적이라기보다 상담 대화 내용을 적극적으로 경청하고 변화 대화가 나타나면 이 변화 대화에 초점을 맞추고 내담자를 변화 방향으로 안내하는 다소 적극적인 내담자 중심 상담
③ 변화 준비도 : 프로체스카(Prochaska) 등에 의해 개발된 초이론적 모델로 내담자를 이해함
④ 교정반사 : 상담자가 내담자의 삶에서 문제를 적극적으로 해결하려고 시도하는 경향을 말하며, 그렇게 함으로써 오히려 내담자의 변화 가능성을 줄이는 것을 말함
⑤ 양가감정(ambivalence) : 지금까지 살아온 대로 사는 것과 뭔가 새롭게 시도하는 것 사이에서 논쟁하도록 양쪽에서 끌어당기는 상황.

**91** ㉠에 들어갈 자해행동을 하는 이유는 첫째, 부정적인 느낌 또는 인지 상태로부터 안도감을 얻기 위해서다. 둘째, 대인관계의 어려움을 해결하기 위함이다. 셋째, 긍정적인 기분 상태를 유도하기 위함이다. ㉡에 해당하는 이유는 자해행동을 통해 정서 조절과 불쾌감 감소, 또는 자살사고를 포함하는 고통스러운 생각를 회피함으로써 부적강화가 발생하기 때문이다. 혹은 개인이 벌을 받아 마땅하다고 여기는 방식으로 자신을 처벌하는 행위를 통해 쾌감 또는 이완상태를 유도하거나, 중요한 타인으로부터 주의나 도움을 끌어내거나, 분노를 표출할 수 있게 되어 정적 강화가 일어나기 때문이다.

### 비자살성 자해

(1) 비자살성 자해의 진단기준(DSM-5-TR)

> A. 지난 1년간 5일 또는 그 이상 신체 표면에 고의적으로 출혈, 상처, 고통을 유발하는 행동(예: 칼로 긋기, 불로 지지기, 찌르기, 과도하게 문지르기)을 자신에게 스스로 가하며, 이는 단지 경도 또는 중등도의 신체적 손상을 유발할 수 있는 자해 행동을 하려는 의도에 의한 것이다(즉 자살 의도가 없음).
> ※ 주의점 : 자살 의도가 없다는 것이 개인에 의해 보고된 적이 있거나, 반복적인 자해 행동이 죽음에 이르게 하지는 않을 것이라는 점을 개인이 이미 알고 있었거나 도중에 알게 된다고 추정됨

B. 개인은 다음 중 하나 이상의 기대하에 자해 행동을 시도함
   1. 부정적 느낌 또는 인지 상태로부터 안도감을 얻기 위함
   2. 대인관계의 어려움을 해결하기 위함
   3. 긍정적인 기분 상태를 유도하기 위함
   ※ 주의점 : 개인은 원했던 반응이나 안도감을 자해 행동 도중 또는 직후에 경험하고, 반복적인 자해 행동에 대한 의존성을 시사하는 행동 양상을 보일 수 있음
C. 다음 중 최소 한 가지와 연관된 고의적인 자해 행동을 시도함
   1. 우울, 불안, 긴장, 분노, 일반화된 고통, 자기 비하와 같은 대인관계 어려움이나 부정적 느낌 또는 생각이 자해 행위 바로 직전에 일어남
   2. 자해 행위에 앞서 의도한 행동에 돌두하는 기간이 있고 이를 통제하기 어려움
   3. 자해 행위를 하지 않을 때도 자해에 대한 생각이 빈번하게 일어남
D. 행동은 사회적으로 제재되는 것이 아니며(예 바디 피어싱, 문신, 종교적 또는 문화적 의례의 일부), 딱지를 뜯거나 손톱을 물어뜯는 것에 제한되지 않음
E. 행동이나 그 결과는 대인관계, 학업 또는 다른 중요한 기능 영역에서 임상적으로 현저한 고통이나 방해를 초래함
F. 행동은 정신병적 삽화, 섬망, 물질 중독 또는 물질 금단 기간에만 일어나는 것이 아님. 신경발달장애가 있는 개인에서는 반복적인 상동증의 일부로 나타나는 것이 아님. 또한 자해 행동이 다른 정신질환이나 의학적 상태로 더 잘 설명되지 않음

(2) 자해의 원인적 관점
   ① 첫째, 정적 및 부적 강화가 행동을 조성하는 것으로 보는 관점
   • 정적 강화 : 개인이 벌을 받아 마땅하다고 여기는 방식으로 자신을 처벌하는 행위를 통해 쾌감 또는 이완 상태를 유도하거나, 중요한 타인으로부터 주의나 도움을 끌어내거나, 분노를 표출할 수 있게 되어 정적 강화가 일어난다.
   • 부적강화 : 자해행동을 통해 정서 조절과 불쾌감 감소, 또는 자살사고를 포함하는 고통스러운 생각을 회피함으로써 발생한다.
   ② 둘째, 자기처벌의 한 형태로 보는 관점 : 타인에게 고통 또는 위해를 유발한 행동을 만회하기 위해 자기처벌적 행동을 한다는 것

(3) 4가지 기능모델(Nock와 Prinstein)

|  | 정적강화 | 부적강화 |
| --- | --- | --- |
| 개인내적 | 개인이 원하는 자극추구 | 부정적인 정서상태의 완화 및 제거 |
| 사회적 | 타인의 관심을 얻거나 원하는 것을 얻음 | 원하지 않는 대인관계 및 사회적 상황 및 책임회피 |

① 개인 내적 부적 강화 : 부정적인 감정이나 엄습하는 불편한 기억이나 생각을 제거하거나 줄이기 위해 자해를 시도함
② 개인 내적 정적 강화 : 자해를 통해 바람직한 상태, 즉 평정심과 통제감을 느끼거나, 감정을 고양하거나 아무것도 느껴지지 않을 때 뭔가를 느끼기 위한 수단으로 자해를 시도함
③ 사회적 부적 강화 : 대인관계나 사회적 상황에서 요구되는 부담이나 충돌을 피하거나 벗어나기 위해 자해를 시도함
④ 사회적 정적 강화 : 다른 사람의 관심을 얻으려 하거나 필요한 것을 얻기 위해 도와달라는 신호로 자해를 시도함

**92** ③

**93** ④

**94** ④

**95** ㉠ 자문, ㉡ 윤리강령 및 관련법률 참조

| 윤리적 의사결정 모형 |
|---|

(1) 윤리적 의사결정 모형(단계)
① 1단계 : 상담의 윤리적 측면에 대한 민감한 반응
② 2단계 : 사례와 관련된 사실과 이해 당사자를 구체화
③ 3단계 : 갈등 상황에서 핵심 문제와 가능한 대안 정의
④ 4단계 : 전문가 윤리강령과 관련 법률·규정 참조
⑤ 5단계 : 관련 윤리학 문헌 탐색
⑥ 6단계 : 기본적인 윤리원칙과 이론의 상황 적용
⑦ 7단계 : 수련감독자, 동료의 자문
⑧ 8단계 : 심사숙고 이후 결정
⑨ 9단계 : 관련자에게 알린 후 결정한 내용의 실행
⑩ 10단계 : 실행 내용의 반성

(2) 웰펠과 슈타들러 모델의 특징
① 상담현장에서 활용될 수 있는 실제적인 지침의 필요성에서 나온 것이기 때문에 현장 경험을 기초로 개발됨
② 단계들을 검토해 보면 윤리적 갈등 상황에서 전문가 기준(즉, 윤리강령), 관련 법률 등을 참조하거나 수퍼바이저에게 자문을 구하라는 것이 핵심임
③ 평범한 가치의 문제가 개입된 사안에 대해서는 전문가 윤리강령을 비롯한 관련 법규를 참조하거나 동료 및 수퍼바이저의 자문이 도움이 될 수 있지만, 상담자가 윤리적 갈등 상황에 직면할 때에는 한계가 있음

**96** ②

**97** ㉠ 선의, ㉡ 충실성

### 키처너(Kitchener)의 윤리원칙

(1) 키치너의 윤리원칙

| 주제 | 내용 |
|---|---|
| 자율성 존중<br>(Response for Autonomy) | • 내담자는 자신의 행동을 스스로 결정·처리할 수 있는 자율적 존재임<br>• 내담자가 행동에 책임을 질 것을 기대하고 존중해야 함 |
| 비유해성<br>(Nonmaleficence) | • 상담자는 타인에게 손해를 주거나 해를 입히거나 위험에 빠뜨리지 않아야 하고, 이러한 행동을 적극적으로 피해야 함 |
| 선의<br>(Beneficience) | • 상담자는 다른 사람에게 선행을 베풀겠다는 의도를 가지고 행동해야 함<br>• 무능하거나 부정직한 사람은 내담자의 성장이나 복지에 아무런 도움을 줄 수 없음 |
| 공정성<br>(Justice) | • 상담자는 인종, 성별, 종교의 이유로 내담자를 차별하지 말아야 함<br>• 시민은 모든 서비스를 동등하게 받을 권리가 있음 |
| 충실성<br>(Fidelity) | • 상담자는 내담자를 돕는 일에 열정을 가지고 충실하게 임하고 약속을 잘 지켜야 함<br>• 상담자는 상담시간을 사전 통보 없이 취소하거나 비밀 엄수를 위반하는 등 계약 위반 행위나 신뢰를 저버리는 행위를 해서는 안 됨 |

(2) 선의
① 내담자의 안녕, 복지, 이익을 추구하고 증진시키는 것을 강조하는 것으로서, 심리상담이 내담자에게 이익이 되도록 해야 하며 또한 치료목표, 기법, 결과도 내담자에게 유익해야 함.
② 상담중재법이 어떤 내담자에게는 유익하지만 또 어떤 내담자에게는 유익하지 않을 수 있으므로, 각 내담자에게 맞는 치료목표와 기법을 사용해야 함.
③ 미국상담학회(ACA, 2005) : "상담자의 일차적 책임은 내담자의 존엄성을 인정하고 복지를 증진시키는 것."

(3) 충실성
① 상담자는 전문가로서 지킬 수 있는 정직한 약속을 하고 신뢰관계를 형성하여 자신의 책임을 다해야 함.
② 한국상담심리학회 윤리강령
• 상담심리사는 자신의 신념체계, 가치, 제한점 등이 상담에 미칠 영향력을 자각하고, 내담자에게 상담의 목표, 기법, 한계점, 위험성, 상담의 이점, 자신의 강점과 제한점, 심리검사와 보고서의 목적과 용도, 상담료, 상담료 지불방법 등을 명확히 알린다.
• 상담심리사는 개인의 이익을 위해 상담전문직의 가치와 권위를 훼손하는 행동을 해서는 안 된다.
• 상담심리사는 능력의 한계나 개인적인 문제로 내담자를 적절하게 도와줄 수 없을 때에는 상담을 시작해서는 안 되며, 다른 상담심리사나 정신건강전문가에게 의뢰하는 등 내담자를 도와줄 수 있는 방법을 강구한다.
• 상담심리사는 자신의 질병, 죽음, 이동, 또는 내담자의 이동이나 재정적 한계와 같은 요인에 의해 상담이 중단될 경우, 이에 대한 적절한 조치를 취해야 한다.
• 상담을 종결하는 데 어떤 이유보다도 우선적으로 내담자의 관점과 요구에 대해 논의해야 하며, 내담자가 다른 전문가를 필요로 할 경우에는 적절한 과정을 거쳐서 의뢰한다.
• 상담심리사는 내담자나 학생, 연구 참여자, 동료들이 피해를 입지 않도록 적절한 조치를 취한다.
• 상담심리사는 자신의 기술이나 자료가 다른 사람들에 의해 오용될 가능성이 있거나 개선의 여지가 없는 활동에 참여해서는 안 되며, 이런 일이 일어난 경우에는 이를 바로잡거나 최소화하는 조치를 취한다.

**98** ㉠에 공통으로 해당하는 용어는 '사전동의서(집단동의서)'이고, 집단원이 미성년자일 경우 고려해야 할 사항은 부모 혹은 보호자의 대리동의(사전동의)가 있어야 한다는 것이다. ㉡에 해당하는 용어는 '다중관계'이고, ㉡으로부터 파생될 수 있는 문제점은 모든 내담자에게 차별없이 동등한 수준의 서비스를 제공해야 하는 공정성 원칙에 어긋날 수 있다는 것이다.

## 집단상담 윤리

(1) 사전동의에 관한 윤리
① 사전동의 : 집단상담과 관련된 필요한 정보를 집단원에게 전달하는 과정. 집단상담 상황에서 발생하는 다양한 사항을 충분히 잘 아는 상태에서 이루어진 자발적이고 합리적인 선택으로 집단에 참여하는 것은 집단원의 권리임
② 사전동의에 포함되는 내용 : 집단의 목적, 상담자의 자격, 집단원에게 기대되는 행동, 지도자와 집단원의 역할, 집단 참가와 탈퇴에 관한 규칙, 집단원과 집단 지도자 사이에 자문을 구하는 과정, 비용과 시간, 집단에 참가함으로써 얻을 수 있는 이득 등이 있음
③ 충분한 정보 제공은 집단원이 집단 참여 수준을 결정하는 힘을 강화하고, 집단 참여를 체계적으로 준비하는 데 도움을 줌
④ 미성년자의 경우 : 미성년자와 부모 모두의 사전동의를 받아야 하며, 집단의 목표나 방향은 최소한 부모가 알아야 함. 상담료, 종결, 기록에 대한 부분도 사전동의 때 충분히 설명함.
⑤ 미국상담학회 : 집단상담자는 서면과 구두로 집단원에게 상담자와 집단원의 권리와 책임을 알려줄 의무가 있다고 명시하고 있음.

(2) 상담관계에 대한 윤리
① 다중관계
  • 집단상담자와 집단원 간에 상담관계 외의 집단 참여 목적과는 다른 형태로 형성되는 관계.
  • 집단원이 집단에 전적으로 참여하는 데 방해되거나 상담자의 객관성 유지와 전문적 판단에 손상을 줄 수 있는 관계.
② 다중관계를 지양해야 하는 이유 : 비전문적인 관계 형성이 전문가의 전문적인 판단과 상담 효과를 훼손할 수 있음.

**99** 상담교사는 첫째, 자율성의 원칙을 위반하고 있다. (상담교사는 지희에게 집단상담 시간에 맞춰서 나오라고 통보하고 있는데, 이는 지희에게 선택을 강요하고 있는 상황이기 때문이다.) 상담교사는 지희가 집단상담 참여 여부를 스스로 결정 할 수 있도록 해야 한다. 둘째, 공정성의 원칙을 위반하고 있다. (상담교사는 집단상담 시간에 반항적인 동수의 이야기는 자제시키고 잘 따르는 예리에게 이야기를 많이 하게 하였는데, 이는 반항적인 행동으로 인해 동수를 차별하고 있는 것이다.) 상담교사는 차별없이 고르게 발언할 기회를 주어야 한다.

**100** ③

**101** ④

## 102 사전동의

### 상담윤리 : 사전동의 내용

① **상담의 성격** : 상담의 성격에 대해서는 내담자로 하여금 자신이 받게 될 상담이 무엇에 목표를 두고 어떤 이론적 관점을 가지고 어떤 과정을 거치게 될지, 어떤 방식으로 이루어질지, 어떤 기법이 사용될지, 그리고 총 몇 회기를 하며 얼마나 자주 할 것인지에 대한 정보를 자세하게 설명해 주어야 하고, 내담자가 이해할 수 있는 언어로 기술해야 함.
② **상담자의 경력** : 상담자는 자신이 갖고 있는 상담자격증, 학위, 훈련, 전문영역 및 기술, 이론적 지향, 효과적으로 도움을 줄 수 있는 문제 또는 내담자 유형, 그리고 효과적으로 도움을 줄 수 없는 문제 또는 내담자 유형에 대해 기술해야 함.
③ 비밀보장과 비밀보장 예외 상황.
④ 상담을 거부하고 종결할 권리.
⑤ 상담참여에 따르는 잠재적 이익과 위험.
⑥ **상담에 대한 대안** : 아무것도 하지 않는 것, 약물치료가 필요한지에 대한 평가를 받는 것, 다른 이론적 지향을 갖고 상담을 하는 상담자에게 상담을 받는 것, 신뢰할 만한 가족이나 친구와 대화를 나누는 것, 자조집단, 식이요법이나 운동요법 등 내담자에게 도움이 될 만한 방법들을 제시할 수 있음.
⑦ 필요시 연락 방법.
⑧ **검사결과, 진단 및 상담기록에 대해 알 권리** : 상담자는 상담계획을 세우고 상담을 실시하는 과정에서 검사를 실시하고 진단을 내릴 수 있음. 이런 경우 상담자는 검사결과와 진단을 상담기록부에 보관한다는 것을 내담자에게 알려 주어야 하며 진단의 영향과 검사 및 보고서의 활용목적에 대해서도 설명해 주어야 함.
⑨ 상담료와 지불 방법.

## 103

비윤리적 행동에 해당하는 기호는 ⓒ로, 사전동의 없이 집단상담을 실시하였다. 그 이유는 첫째 시기로, 전문상담교사는 집단상담 시작 전에 사전동의를 받아야 하는데, 이러한 사전동의 절차 없이 일주일 전에 일정과 장소만 안내하고 집단상담을 시작하였다. 둘째 내용으로, 집단의 성격, 목적, 비밀보장, 잠재적 이익과 위험 등을 충분히 설명하고 동의를 받아야 한다. 셋째 연령으로, 학생들이 미성년자이기 때문에 학부모와 학생 모두 사전동의를 받아야 한다.

### 집단상담 사전동의

① **사전동의** : 집단상담과 관련된 필요한 정보를 집단원에게 전달하는 과정. 이는 집단상담 상황에서 발생하는 다양한 사항을 충분히 잘 아는 상태에서 이루어진 자발적이고 합리적인 선택으로 집단에 참여하는 것은 집단원의 권리임.
② **포함되는 내용** : 집단의 목적, 상담자의 자격, 집단원들에게 기대되는 행동, 지도자와 집단원들의 역할, 집단 참가와 탈퇴에 관한 규칙, 집단원과 집단 지도자 사이에 자문을 구하는 과정, 비용과 시간, 집단에 참가함으로써 얻을 수 있는 이득 등.
③ 충분한 정보제공은 집단원들이 집단참여 수준을 결정하는 힘을 강화해 주며, 집단참여를 체계적으로 준비시키는 데 도움을 줄 수 있음.
③ **미성년자** : 미성년자와 부모 모두에게 사전동의를 받아야 하며, 최소한 부모가 집단의 목표나 방향에 대해 알고 있어야 함. 또한 상담료, 종결, 기록에 대한 부분도 사전동의 때 충분히 설명해야 함.
④ 집단상담자는 서면과 구두로 집단원에게 상담자와 집단원의 권리와 책임에 대해 알려 줄 책임이 있음. (미국상담학회)

**104** ㉠에 해당하는 상담기술은 '재진술'이고, A에 해당하는 작업의 명칭은 '구조화'다. 문제가 되는 교사의 진술내용은 '네가 아직 미성년자여서 선생님은 너와 상담한 내용을 부모님과 모두 공유한다'는 것이다. 비밀보장의 경우, 사적인 정보를 학생의 허락 없이는 공개하지 않아야 하기 때문에 학생에게 허락을 받은 후 최소한의 정보만 제공해야 한다.

### 재진술과 구조화 및 비밀보장

(1) 재진술
  ① 의미 : 내담자의 진술 중 내담자가 한 말의 내용을 정확하게 알아듣기 위해 내담자의 말을 상담자가 반복해서 말하거나 상담자 자신의 말로 바꾸어 말하는 것.
  ② 특징 : 내담자가 사용한 단어를 포함하지만 내담자의 말보다 길이가 짧고, 내용이 더 구체적이며 분명함.
  ③ 목적 : 상대방을 이해하고 있음을 전달하고, 좀 더 간결한 방식으로 상대방의 대화 내용을 요약하며, 상대방의 말을 상담자가 올바로 이해하고 있는지 확인해 보기 위한 목적으로 사용됨.
  ④ 방법 : 반복, 환원, 명료화, 요약.

(2) 구조화
  ① 의미 : 상담자가 내담자에게 상담에 필요한 기본규칙과 한계 등에 대해 설명하는 것.
  ② 구조화의 원칙
    • 상담자와 내담자가 서로 편안하게 느낄 수 있게 구조화를 최소화함.
    • 적절한 시점에서 이루어지되 내담자를 처벌하는 식이 되어서는 안 됨.
    • 면담시간 약속과 내담자의 행동규범은 구체적으로 정함.
    • 필요에 따라서 상담의 전 과정에서 반복해서 이루어질 수 있음.
  ③ 효과 : 내담자의 불안감이나 애매모호함을 경감시킬 수 있고, 상담에 대해 내담자가 가지고 있던 잘못된 기대를 교정해 줄 수 있음. 이로인해 내담자는 상담과정에 어떻게 참여해야 하는지 알게 됨.
  ④ 구조화 영역
    • 상담에 대한(상담여건) 구조화 : 상담시간, 상담횟수, 상담장소, 상담 시간에 늦거나 약속을 지키지 못한 일이 발생했을 때 연락하는 방법 등에 대한 구조화.
    • 상담관계에 대한 구조화 : 상담과정이 어떻게 진행되며, 상담자와 내담자가 어떤 역할을 하는가를 알려주는 구조화. 흔히 상담자의 역할, 내담자의 역할, 상담관계의 성격을 설명함.
    • 비밀보장에 대한 구조화 : 상담자는 내담자에 대한 비밀보장을 유지하고 지켜주어야 할 의무가 있음. 그리고 비밀보장이 특수한 경우에는 한계가 있음을 알려줌.

(3) 비밀보장
  ① 비밀보장 : 상담관계에서 알게된 내담자에 관한 정보를 내담자의 동의 없이 제 3자에게 누설하지 않고 보호해 줄 것이라는 약속을 의미함.
  ② 비밀보장 원칙이 중요한 이유 : 학생이 상담과정에서 말한 내용이 제3자에게 노출되지 않을 것이라는 확신이 있을 때, 상담교사를 신뢰하고 진정성 있는 대화를 할 수 있기 때문.
  ③ 상담초기에 상담교사는 학생에게 학생의 사적인 정보는 학생의 허락없이는 공개하지 않을 것임을 말해주어야 함. 그러나 필요할 경우 학부모나 교사가 학생을 이해할 수 있도록 도울 것이라는 점을 밝혀야 함.
  ④ 사생활에 대한 권리 제한 : 학생들 대부분이 미성년자이기 때문에 사생활에 대한 권리가 제한됨. 하지만 윤리기준에는 비밀보장에 연령을 제한한다는 조항은 없음. 따라서 비밀보장에 대한 학생의 권리는 학부모의 알 권리보다 더 존중되어야 함.
  ⑤ 학부모나 학교장이 학생 상담내용의 알 권리를 주장할 경우 : 학부모나 학교장에게 상담이 비밀보장을 전제로 한 것임을 알리고 학생에게 직접 물어보도록 제안함. 그럼에도 계속 요구를 한다면, 학생에게 허락을 받은 후 최소한의 정보만을 제공함. 그리고 상담교사는 학교상담위원회를 통해 비밀보장에 관한 세부규정을 제정함.

- 학부모는 보호자로, 학교장은 학교의 최고책임자로서 학생의 상담내용에 대해 알 권리가 있음.
- 미성년자인 학생의 부모가 자녀지도를 이유로 상담내용의 공개를 요구한다면, 상담내용의 비밀보장 원칙을 구실로 이 요구를 거절할 수 없음.

⑥ 비밀보장 예외상황 : 자해 및 자살의도, 사회의 안전 위협, 전염성이 있는 치명적 질병, 법원 명령, 아동 학대 및 방치 등이 있음.

 민수에게 해당하는 비밀보장의 예외상황 3가지는 다음과 같다. 첫째, 학교장의 요청으로, 학교장은 학교운영 책임자로서 상담결과를 요구할 권리가 있다. 둘째, 법원의 명령으로, 법원은 사건판결을 위해 내담자의 정보공개 명령이 가능하다. 셋째, 학부모의 요청으로, 학부모는 보호자로서 자녀에 대한 상담결과를 알 권리가 있다. ㉠의 경우, 정보를 공개하기 전에 그 사실을 민수와 보호자에게 알리고 꼭 필요한 최소한의 정보만 공개하며, 요구하는 질문과 관련하여 확실히 알고 있는 내용에 대해서만 말해야 한다. ㉡의 경우, 상담교사는 보호자에게 상담내용이 비밀보장을 전제로 한 것임을 알리고 민수에게 직접 물어볼 것을 제안하거나, 그래도 상담교사에게 요청하는 경우 민수의 허락을 받은 후 필요한 최소한의 정보만을 제공해야 한다.

### 상담윤리 : 비밀보장

① 내담자가 자신을 해칠 위험이 있을 때 : 내담자가 스스로를 해치려는 생각과 구체적인 계획을 가지고 자신을 해칠 가능성이 높은 경우
② 사회의 안전 위협 : 상담자는 위험에 처한 사람을 보호하기 위해 비밀 보장의 원칙을 파기하고 당사자에게 위협에 대한 정보를 알리는 '경고할 의무'를 가짐
③ 내담자의 전염성이 있는 치명적인 질병 : 상담자는 병에 전염될 위험이 큰 제3자에게 알려 보호할 책임을 가짐
④ 법원 명령 : 법원의 명령이 있을 경우 상담자는 요구되는 정보를 관련자에게 제공함
- 정보 공개 전 내담자에게 그 사실을 알리고,
- 상담자는 최소한의 정보만 공개하고,
- 요구하는 질문에 대해 확실히 아는 내용만을 말해야 함

⑤ 아동학대·방치 : 18세 미만의 아동의 학대나 방치 발견하면 아동보호 전문기관 또는 수사기관에 신고하여 아동이 적절한 보호를 받도록 조치를 취할 의무가 있음
⑥ 상담자의 연구·교육·출판 : 내담자의 신상이 드러나지 않게 조치하고, 정보를 공개하기 전 내담자에게 동의를 구해야 함
⑦ 기록관리의 보안 : 상담자는 구두나 서면으로 취득한 내담자에 관한 비밀을 보장하고, 보안을 철저히 해야하며, 내담자의 허락 없이 타인과 공유해서는 안됨
→ 예외 : 교육을 목적으로 슈퍼바이저와 정보를 공유하거나 법원에 증인으로 소환되는 경우, 또는 부모가 미성년자 자녀에 관한 정보를 요구하는 경우
⑧ 미성년자 대상과 학교 장면에서의 상담 : 보호자가 내담자 정보 요구하는 경우, 상담이 비밀보장을 전제로 함을 알리고, 내담자에게 직접 물어보도록 제안함. 그래도 요청하는 경우, 내담자에게 허락을 받은 후 필요한 최소한의 정보만 제공함
⑨ 미성년자 대상과 학교 장면에서의 상담 : 교직원이 내담자 정보 요구하는 경우, 상담이 비밀보장을 전제로 함을 알리고, 내담자에게 직접 물어보도록 제안함. 그래도 요청하는 경우, 내담자에게 허락을 받은 후 누구에게도 정보를 공개하지 않을 것을 당부한 다음 최소한의 정보만 제공함

**106** ㉠ 학교의 장, ㉡ 15

# CHAPTER 02 성격 심리학 기출문제 정답 및 해설

**01** ①

**02** ⑤

**03**
- ㉮ 사례연구, ㉯ 상관연구
- ㉮ 한계점은 변인 통제가 어렵고, 일반화에 제약이 있다.
- ㉯ 한계점은 변인 간의 인과관계 확립이 불가능하다.

**04** ①

**05** ④

**06** ㉠에 해당하는 내용은 '각자 자신이 어떤 유형에 속하는지 확인하기 바랍니다.' 이다. ㉡에 해당하는 내용은 '내가 얼마나 내향적이고 얼마나 외향적인지(결과 프로파일을 통해서 확인해 볼 수 있다는 것이지요)'다. ㉢은 '근원(원천)특질'로, 의미는 (성격을 구성하는 핵심이 되는 특질로) 비교적 안정적이고 영속적인 특징을 가지고 있는 특질이다. 혹은 안정적이고 영속적인 단일 성격요인이다.

### 특질과 유형 : 범주 및 차원적 분류와 근원특질

(1) 범주와 차원적 분류
  ① 범주적 분류(질적 접근, 유형) : 성격의 개인차를 질적인 것으로 간주하며 동질적 속성을 공유하는 여러 개의 성격유형으로 분류 → 성격유형 간의 흑백논리적인 분류의 특성을 지니기 때문에 연구자의 입장에서 과단순화의 위험을 안고 있음
  ② 차원적 분류(양적 접근, 특질) : 성격의 개인차가 양적인 것으로서 정도의 문제일 뿐 질적인 차이는 없다는 가정에 근거 → 몇 가지 성격차원의 특정한 지점에 위치하는 것으로 평가함

(2) 카텔 : 근원(원천)특질과 표면특질(기준 : 안정성과 영속성)
  ① 표면특질 : 제 3자에 의해 관찰될 수 있는 외현적 또는 행동적 반응들의 군집을 뜻하며, 안정성과 영속성이 크지 않음. 예 조급함, 부지런함, 변덕스러움 등
  ② 근원(원천)특질 : 성격을 구성하는 핵심이 되는 특질로서 비교적 안정적이며 영속적인 특징을 가지고 있음.
    • 여러 개의 표면특질로부터 하나의 근원특질이 도출됨. → 16개로 구성(16PF 개발)
    • 구분 : 체질특질(생물학적 특질에 기원을 두고 있지만 반드시 타고나는 것은 아님), 환경조형특질(사회제도나 객관적 현실의 영향을 받아 형성된 것으로, 성격에 어떤 패턴을 부여하는 학습된 특성과 행동).

㉠에 해당하는 용어는 유형으로 의미는 공통되는 특징을 묶어서 범주화(유목화)한 것이다. ㉡에 해당하는 용어는 성격 5요인 모델로, 한계점은 5요인은 성격을 기술할 뿐 성격의 구조나 역동에 대한 설명을 제시하지 못한다. 혹은 5가지 요인은 성격을 기술하는 단어나 문장에 대한 요인분석을 통해 도출된 것이기 때문에 이론적 기반이 취약하다는 것이다.

### 유형과 특질 및 성격 5요인 모델의 한계점

(1) 유형과 특질
  ① 유형(type) : 공통되는 특징을 묶어서 범주화(유목화)한 것을 말하며, 서로 다른 유형은 관련성이 전혀 없기 때문에 비연속적인 특징이 있음. → 범주적/질적
  ② 특질(trait) : 기질이나 특성에 대해 하나의 연속선상에서 정도의 차이로 이해되기 때문에 연속적인 특징이 있음. → 차원적/양적

(2) 성격 5요인의 한계점
  ① 성격의 5요인 모델에 모든 학자가 동의하는 건 아님 : 즉, 요인분석에서 도출되는 요인의 수는 어떤 절대적인 기준에 의해 결정되는 것이 아니라 해석 가능성에 의해 결정됨.
  ② 이론적 기반이 취약함 : 5요인은 심리학적 또는 생물학적 이론 기반 위에서 도출된 것이 아니라 성격을 기술하는 단어나 문장에 대한 요인분석을 통해 도출된 것.
  ③ 개인을 이해하는 데 중요한 성격특질들(정직성, 남성성 또는 여성성, 보수성향, 종교성, 성적매력, 유머감각 등)을 포함하지 못함.
  ④ 성격의 내면적 구조나 역동 과정에 대한 설명을 제시하지 못함.
  ⑤ 성격특질이 특정한 상황에서 특정한 행동을 하도록 만든다는 심리적 과정에 대한 설명이 부족함.

**08** ㉠ 신경증(신경 과민성, 정서적 불안정성), ㉡ D

### 성격 5요인과 성격유형 및 신체건강

(1) 성격 5요인
① 신경증(N) : 불안, 우울, 분노와 같은 부정정서를 잘 느끼는 성격특성을 뜻하며 부정 정서성, 정서적 불안정성이라고도 함
② 외향성(E) : 다른 사람과 함께 교류하는 인간관계적 자극을 추구하는 성향
③ 개방성(O) : 호기심이 많고 새로운 체험을 좋아하며 다양한 경험과 가치에 대해서 열린 자세를 지닌 개방적인 성향
④ 우호성(A) : 다른 사람에 대해서 우호적이고 협동적인 성향을 뜻하며, '친화성'이라고도 함
⑤ 성실성(C) : 자기조절을 잘 하고 책임감이 강한 성취지향적인 성향

(2) 성격유형과 신체건강

| 성격 | 내용 |
| --- | --- |
| A유형의 성격<br>(Type A) | • 핵심적 특징은 사소한 일에도 쉽게 촉발되는 분노, 조급함과 분노를 유발하는 시간 압박감과 인내심 부족, 스트레스와 성취지향적 태도를 유발하는 경쟁적인 욕구임<br>• 이 패턴을 보이는 사람은 심장혈관 질환에 걸릴 가능성이 높음 |
| B유형의 성격<br>(Type B) | • A유형과 반대되는 성격을 지칭하며 침착하고 유연하며 여유로움을 좋아하는 성격특성<br>• 이 유형에 속하는 사람은 스트레스를 잘 받지 않고 일을 즐기며 여유로운 삶을 영위하는 패턴을 보임 |
| C유형의 성격<br>(Type C) | • 사소한 것에 과도하게 신경 쓰고 자기주장을 잘 못하는 성격<br>• 자신보다 다른 사람의 욕구를 우선시하고 정서적 억압이 심한 성격으로 '암 취약 성격'이라고도 함<br>• 이 성격의 사람은 갈등을 회피하고 분노를 억제하며 사회적으로 선호하는 반응을 과도하게 보이는 병적인 친절성을 보이는 것으로 알려짐 |
| D유형의 성격<br>(Type D) | • 부정정서성과 억제를 특징적으로 나타내는 성격을 뜻함<br>• 이 성격 소유자는 걱정이 많고 우울하며 만성적으로 부정 정서를 경험할 뿐만 아니라 자신감이 부족하고 대인관계를 회피하는 경향을 나타냄<br>• 이 유형은 심장혈관 장애와 밀접하게 관련되는 것으로 알려짐 |

## 09 신경증(신경 과민성, 정서적 불안정성), 성실성

### 성격 5요인

① 신경증(N) : 불안, 우울, 분노와 같은 부정정서를 잘 느끼는 성격특성을 뜻하며 부정 정서성, 정서적 불안정성이라고 불림.
- 높은 경우 : 정서적으로 예민하고 불안정하며 사소한 일에도 상처를 잘 받는 경향이 있음.
- 낮은 경우 : 침착하고 편안하며 기분의 변화가 적고 스트레스에 대한 정서적 반응의 강도가 낮음.

② 외향성(E) : 다른 사람과 함께 교류하는 인간관계적 자극을 추구하는 성향.
- 높은 경우 : 심리적 에너지의 방향이 외부로 향해 있으며 활동수준이 높아서 사교적이고 자기주장적이며 긍정적인 정서를 잘 느낌.
- 낮은 경우 : 혼자서 하는 일을 더 좋아하는 경향이 있음.

③ 개방성(O) : 호기심이 많고 새로운 체험을 좋아하며 다양한 경험과 가치에 대해서 열린 자세를 지닌 개방적인 성향.
- 높은 경우 : 모험적이고 미적 감수성이 뛰어남. 상상력이 풍부하며 지적 탐구심이 강함.
- 낮은 경우 : 인습적이고 현실적이며 권위와 전통에 대해 수용적인 태도를 지님. 전통, 권위, 안정, 질서를 좋아하고 전통적 권위에 순응적이며 의견통일을 중시하는 경향이 있음.

④ 우호성(A) : 다른 사람에 대해서 우호적이고 협동적인 성향을 뜻하며, '친화성'이라고 불리기도 함.
- 높은 경우 : 따뜻하고 부드러우며 공감적이고 이타적인 행동을 나타냄.
- 낮은 경우 : 적대적이고 호전적일 뿐만 아니라 다른 사람의 감정을 이해하는 공감능력이 부족. 자신의 욕구충족을 위해서 다른 사람의 감정을 무시하며 타인의 고통에 둔감함.

⑤ 성실성(C) : 자기조절을 잘 하고 책임감이 강한 성취지향적인 성향.
- 높은 경우 : 주어진 일을 유능하게 잘 처리하며 계획적이고 신중하며 질서정연한 것을 좋아함. 자신의 원칙과 목표에 따라 삶을 계획적으로 영위하고 약속시간을 잘 지키며 과제에 체계적으로 접근하고 이를 논리적으로 분석함.
- 낮은 경우 : 산만하고 일관성이 없으며 분명한 목표와 계획 없이 나태한 삶을 영위하는 경향. 책임감이 부족하여 신뢰로운 인간관계를 유지하기 어려움.

## 10
(1) 외향성, (2) 우호성, (3) 성실성

## 11
- 외향성
- 보람 : 신경생리학적 각성 수준이 낮다.
- 보영 : 신경생리학적 각성 수준이 높다.

## 12
②

## 13
⑤

## 14
- 개인적 구성개념
- 재석

## 15
이 검사의 명칭은 '역할구성개념목록검사'다. 핵심실시 절차는 먼저, 피험자에게 중요하다고 가정되는 20~30명의 사람을 규정하는 역할명칭목록(역할명칭일람)을 제시한다. 그리고 각 역할에 해당하는 인물이 결정되면, 피검자가 기록한 인물 가운데 세 명의 인물을 제시하고, 그 중 두 명의 인물이 어떤 중요한 점에서 비슷하며 나머지 한 명은 어떤 점에서 다른가를 말하도록 한다.

### Rep Test(역할구성개념 목록검사)

① Rep Test : 내담자의 개인적 구성개념 체계를 이해하는 것을 돕기 위해서 개발됨.
② 목적 : 한 개인의 인생에서 유의미한 사람들의 유사점과 차이점을 비교함으로써 구성개념을 나타내 줄 수 있으며, 한 개인의 구성개념 체계의 복잡성과 일생에 걸친 구성개념의 변화를 탐색하기 위해 사용됨.
③ 절차
- 20~30명의 사람을 규정하는 역할명칭일람(역할목록)을 제시(작성)함.
- 각 역할에 해당되는 인물이 결정되면 피검자가 기록한 인물 중에서 세 명의 인물을 제시하고,
- 그 중 두 명의 인물이 어떤 중요한 점에서 비슷하며 나머지 한 명의 인물과 어떤 점에서 다른가를 말하도록 함.
④ 형태
- 일람형 : 구성개념의 내용적 측면을 측정.
- 격자형 : 내용적 측면과 더불어 구조적 측면까지 측정.
⑤ 제한점 : 사람들의 구성개념들을 항상 말로 표현할 수는 없음.
⑥ 두 가지 주제
- 대인관계 특성 : 인간이 기본적으로 부드럽고 다정하며 호의적인지 반대로 이기적이고 냉랭하며 거친 태도를 지니는지 등에 대한 내용을 포함. → 이 주제는 구성개념 내에서 서로 대립되는 사랑을 베푸는 - 자기중심적인, 민감한 - 둔감한, 타인과 교류 - 무관심 등으로 표현됨.
- 안정성 : 의존적 - 건강한, 불안정한 - 자기확신적인, 삶에 만족 - 불만족 등으로 표현됨.

## 16
- 상희 : 내부통제소재
- 영수 : 외부통제소재
- 영수에게 열심히 공부하면 좋은 성적을 받을 수 있을 것이라는 기대를 높이게 하고, 시험에서 좋은 성적을 얻는 것이 중요하고 가치있다고 생각 할 수 있도록 강화가치를 높여 주면 다음 시험에서 열심히 공부하게 될 가능성이 높아진다.

**17** ㉠에 나타난 강화가치는 '사람들의 주목을 받는 것'이다. ㉡에 해당하는 유형의 명칭은 '강화순서에 대한 기대'로, 의미는 단계적으로 예견을 하는 것이다. ㉢에 들어갈 개념의 명칭은 '행동잠재력'이다.

### 로터(Rotter)의 성격이론 : 기대 – 강화가치 모델

$$B(\text{Behavior Potential}) = f(\text{Expectancy, Reinforcement Value})$$
$$\text{행동잠재력(BP)} = f(\text{기대} : E, \text{강화가치} : RV)$$

어떤 상황에서 특정 행동이 나타날 잠재력은 그 행동이 특정결과를 가져올 확률인 기대(E)와 그 결과와 연합된 부적 혹은 정적 값, 즉 강화값(RV)의 함수

① 행동잠재력 : 한 상황에서 개인이 특정한 행동을 할 가능성(확률).
② 기대 : 주어진 행동이 특정한 성과 혹은 강화물을 산출하게 하는 주관적 가능성.
  • 단순한 인지 혹은 자극의 명명 : "나는 이 그림이 피카소가 그린 그림이라고 생각한다"라고 말하는 것처럼 단순한 인식을 말함
  • 행동 강화 결과에 대한 기대 : "내가 동생의 옷을 입으면, 동생이 화를 낼 것이다"라고 예견하는 것
  • 강화순서에 대한 기대 : "내가 서울대학교 합격해서 졸업하면, 좋은 직장에 취업하게 될 것이고, 경제적으로 어려움이 없을 것이다"라고 단계적으로 예견을 하는 것
③ 강화가치 : 강화들 중에서 특별한 강화에 대한 중요성 혹은 선호도를 부여하는 것.
④ 심리적 상황 : 개인이 반응하는 심리적 맥락 → 각 개인들이 같은 상황을 각기 다르게 해석하는 것이 중요함.

 **18** ④

 **19** ㉠ 자기 효능감(효능기대), ㉡ 결과기대

### 반두라(Bandura)의 자기효능감과 결과기대

(1) 성격심리 : 자기효능감과 결과기대
  ① 자기효능감 : 자신이 특정한 목표를 달성해 낼 수 있다는 능력에 대한 신념.
  ② 효능기대와 결과기대 : 개인과 행동 간의 관계에 대해 형성되는 것이 자기효능감 즉 효능기대라면, 행동과 결과 간 관계에 대해 형성되는 믿음이 결과기대
    • 효능기대 : 자신이 어떠한 행동을 해낼 수 있다는 기대로, 상황에 필요한 행동을 자신이 성공적으로 수행할 수 있다는 기대.
    • 결과기대 : 어떤 상황에서 자신이 한 행동이 특정한 결과를 유발할 것이라는 기대.

(2) 진로상담 : 사회인지진로이론의 자기효능감과 결과기대
  ① 자기효능감 : 목표한 과업을 성취하기 위해 필요한 행동을 계획하고 수행할 수 있는 자신의 능력에 대한 신념.
  ② 결과기대 : 특정한 과업을 수행했을 때 자신과 주변에 일어날 일에 대한 평가를 의미함. 즉, 행동의 결과로 얻게 될 어떤 것에 대한 기대.
  ③ 자기효능감은 '내가 이 일을 할 수 있을까?'에 대한 믿음이지만, 결과기대는 능력과 상관없이 단순히 자신이 어떤 과업을 수행했을 때 자신과 타인에게 일어날 일에 대한 믿음.

**20** ③

**21** 영희와 수미는 특정한 상황에서 나타나는 개인의 행동능력에 대한 믿음인 자기효능감에 차이가 있다. 혹은 영희는 자기효능감이 높은 반면, 수미는 자기효능감이 낮기 때문에 두 사람의 행동이 다르게 나타난 것이다.

**22** ㉠ 대리강화, ㉡ 자기효능감

| 반두라(Bandura)의 관찰학습 ||
|---|---|
| 주의집중 과정 | • 관찰대상이 되는 모델의 행동 및 행동결과에 주의를 집중하는 과정<br>• 주의집중에 영향을 미치는 요인 : 관찰자의 특징, 모델의 특징, 행동의 기능적 가치(모델의 행동이 관찰자에게 이득이 된다고 판단되는 정도), 인간관계의 구조적 성질(자주 접촉하는 모델에 더 집중)<br>• 모델의 특성 : 유사성이 높은 모델, 모델이 유능한 사람일 때, 호감도가 높은 사람 |
| 기억(파지) 과정 | • 관찰한 것을 기억하기 위해 심상을 형성하거나 말로 저장함<br>• 기억(파지) 과정이 중요한 이유 : 모델을 관찰하여 학습한 내용을 학습 직후에 바로 행동으로 옮기는 것이 아니라, 나중에 그러한 행동이 필요할 때에 행동에 옮기기 때문<br>• 심상과 언어적 부호화 : 모델의 행동이 기억되어 나중에 행동으로 전환되도록 하는 수단 |
| 재생과정 | • 모델을 모방하기 위해, 심상 및 언어로 저장된 상징표상을 적절한 행동으로 전환하는 과정<br>• 반복적인 연습(재현과정) : 인지조직화 - 반응시작 - 반응조정 - 반응 정교화<br>• 모델의 행동에 대한 기억과 자신의 행동 사이에 불일치가 지각되면 교정이 시도되는데, 반복과 피드백에 기초하여 운동이 비슷하게 재생됨. |
| 동기(유인) 과정 | • 강화를 통해 행동의 동기를 높여주는 단계 즉, 관찰을 통해 학습한 행동을 실제 수행으로 옮기고자 하는 동기가 발생하는 과정<br>• 행동의 수행 여부는 강화에 의해 동기화가 이루어졌는지에 따라 좌우될 수 있음<br>• 직접강화, 대리강화, 자기강화 등과 같은 다양한 형태의 강화가 동기화를 이룸.<br>※ 직접강화 : 과거에 자신이 직접 다른 사람으로부터 어떤 강화를 받았느냐에 따라 수행 여부를 판단하는 것<br>※ 대리강화 : 관찰자가 모델이 하는 행동이 강화를 받는 것을 보는 것만으로도 강화로 작용하는 것<br>※ 자기강화 : 어떤 행동에 대해 자기 스스로 자신에게 내적 강화를 주는 것. |

**23** 영호가 겪었던 심리적 문제는 낮은 '자기 효능감'이다. 이 문제를 극복하는 데 도움을 준 요인은 첫째, '실제 성취경험'이다. 사례에서 영호는 다른 학교들과의 시범경기에서 골도 많이 넣고, 한 경기에서는 MVP가 되었다고 보고하고 있다. 둘째, '대리경험'이다. 사례에서 민호는 실력이 비슷한 친구들이 연습 경기에서 잘 하는 것을 보니 자신이 잘 할 수 있겠다는 자신감이 생겼다고 보고하고 있다.

### 반두라(Bandura)의 자기효능감

(1) 의미
①  의미 : 어떤 일(과제)을 잘 해내는데 필요한 행동을 자신이 성공적으로 실행할 수 있다는 개인적 신념이나 기대 → 자신이 특정한 목표를 달성해 낼 수 있다는 능력에 대한 신념.
②  관찰학습과 연관 : 관찰학습은 관찰자가 타인의 행동을 관찰하고, 관찰한 행동의 실행여부를 인지적으로 결정함. 즉, 인지적 의사결정 과정에 해당하는 개인의 자기효능감이 관찰한 행동의 실행여부를 결정함.
③  자신에 대한 전반적 효능감도 존재하지만 특수한 영역에서의 효능감도 존재함.
  - 일반적 자기효능감 : 자신이 일반적인 상황 대부분에서 적절하게 행동하고 바람직한 결과를 얻을 수 있다고 기대하고 믿는 것.
  - 특수적 자기효능감 : 특정영역이나 과제에 국한되는 것으로 사회적, 학업적 자기효능감 등이 있음.

(2) 원천
①  실제 성취경험 : 목표를 달성하기 위한 시도에서 비롯된 성공/실패에 대한 과거 경험 → 자기효능감의 가장 중요한 결정요인
②  대리경험 : 타인의 성공/실패를 목격하는 것은 유사한 상황에서 개인의 유능감을 평가하기 위한 비교 근거를 제공함 → 개인의 관찰경험이 자기효능감의 중요한 결정인이 된다는 것
③  언어적 설득 : 타인으로부터 과제 숙달이 가능한지/불가능한지에 대해 듣는 것
④  정서적 각성 : 주어진 상황에서 개인이 느끼는 정서적 각성의 정도와 질

**24** ⊙의 4단계는 순서대로 '주의집중, 기억(파지), 재생, 동기화'이다. 반두라의 사회학습 이론이 갖는 고유한 특징은 첫째, 직접적인 강화가 없더라도 다른 사람이 강화를 받는 행동을 관찰하는 모델링을 통해서 학습이 가능하다는 것이다. 둘째, 학습에서 인지과정을 인정했다는 것이다. 혹은 고전과 조작을 포함한 전통적인 학습이론에서는 학습이 기계적이고 수동적인 반응으로 이루어진 것으로 보았으나 반두라는 학습을 자극에 대해 개인이 내적 인지 과정을 거쳐 일어나는 반응으로 보았다.

### 반두라(Bandura)의 사회인지적 성격이론

(1) 관찰학습 과정
☞ 성격심리학 22번 해설 참조

(2) 가정
①  행동주의자들은 전통적으로 학습을 행동변화라고 정의해 왔고, 행동변화가 없이는 학습이 이루어지지 않는다고 보았음. 그러나 사회학습이론에서는 단순히 타인의 행동을 관찰하는 것만으로도 학습이 가능하다고 보았고, 학습이 반드시 행동으로 나타날 필요가 없다고 보았음
②  행동주의자들은 인간의 행동을 외부 자극에 대한 단순한 반응이라고 믿지만, 사회학습이론에서는 자극과 반응 관계에서 인지가 중요한 역할을 한다고 주장함

(3) 공헌점
①  강화가 학습의 주된 요인이라고 주장했던 전통적인 행동주의이론과는 다르게 반두라는 직접적인 강화가 없이도 다른 사람이 강화를 받는 행동을 관찰하는 모델링을 통해서 학습이 가능하다는 것을 실험을 통해 밝혀 주었음

② 전통적인 행동주의이론에서는 실험실 안에서 동물을 대상으로 하는 연구가 주로 이루어졌지만 반두라는 인간의 행동이 사회적 맥락에서 습득되고 변화되는 것에 초점을 두고, 사회 환경 속에서의 인간에게 관심을 기울였음. 그는 인간의 생활 속에서 발생할 수 있는 학습의 원리를 구체화하고 모델링을 통한 관찰학습, 자기효능감 등의 중요성을 강조하였음

③ 반두라는 학습에서 인지과정을 인정함. 전통적 행동주의자들과는 다르게 인간의 학습은 자극에 대한 기계적이고 수동적인 반응으로 이루어지는 것이 아니라 행동에 앞서 자극에 대해 선택적으로 주의를 기울이고 기억하며 동기를 부여하는 등의 인지과정이 작용하여 학습이 이루어진다는 점을 밝혔음

④ 행동주의이론과 인지이론의 가교역할을 함 : 기존의 행동주의이론을 인간의 내적인 인지과정까지 확장하여 설명한 이론임. 즉, 인간의 행동은 인지과정의 영향을 받는다는 관점을 제시하였음

## 25 ㉠ 합리화, ㉡ 전치(대치, 치환)

### 방어기제 종류

① 부인(denial) : 의식화되면 감당 못할 정도의 생각, 욕구, 충동, 위협적 현실을 지각하지 않는 현상.
② 억제(repression) : 의식적 노력 과정이 포함된 기제로, 의식적/반의식적으로 잊기 위해 노력하는 현상.
③ 억압(depression) : 수용하기 힘든 원초적 욕구나 불쾌한 경험이 의식에 떠오르지 못하도록 무의식 속에 눌러두는 것.
④ 투사(projection) : 용납할 수 없는 자신의 감정이나 욕구를 다른 사람의 것으로 돌리는 것.
⑤ 전치/전위/대치(displacement) : 자신의 본능적 충동을 위협적인 대상이 아닌 보다 안전한 대상에게로 이동시켜서 발산하는 것.
⑥ 반동형성(reaction formation) : 받아들일 수 없는 충동이나 욕구로부터 벗어나기 위해 그와는 정반대되는 행동을 하는 것.
⑦ 합리화(rationalization) : 빈약한 성과나 실패와 같이 불쾌한 상황을 그럴듯한 이유로 정당화함으로써 불안을 회피하는 것.
⑧ 승화(sublimation) : 성적 욕구나 공격적 욕구를 사회적으로 수용될 수 있는 건설적인 행동으로 변환하는 것.
⑨ 고착(fixation) :
⑩ 퇴행(regression) : 이전의 발달단계로 되돌아감으로써 현재의 불안이나 책임감을 회피하는 것.
⑪ 동일시(identification) : 다른 사람의 특징을 자신의 것으로 여기면서 불안과 같은 부정적인 감정을 감소시키는 것.
⑫ 보상(compensation) : 자신의 부족한 부분을 감추려 약점을 지각하지 않거나 어떤 긍정적인 특성을 발전시키는 것.
⑬ 주지화(intellectualization) : 정서적인 주제를 이성적인 주제로 전환하여 추상적으로 다룸으로써 불안을 회피하는 것.
⑭ 취소(undoing) : 허용될 수 없는 상상이나 행동을 반증하거나 물리는 것.
⑮ 상환(restitution) : 무의식의 죄책감을 씻기 위해 사서 고생하는 것.
⑯ 대체형성/대치(substitution) : 목적한 것을 갖지 못해 생기는 좌절감을 줄이고자 원래 것과 비슷한 것을 취해 만족을 얻는 것.

초자아, 남근기

### 도덕성 발달 : 정신분석 관점

① 초자아의 발달을 도덕성 발달로 보고, 초자아의 강도가 양심의 강도를 결정한다고 주장함.
② 초자아는 부모의 기대나 사회적 규준 등 가치의 내면화된 표상인데, 2가지 체계로 구성됨.
③ **구성** : 자신의 내면화된 도덕적 가치에 위배될 때 죄책감을 느낌으로써 도덕적 위반에 반응하는 '양심'과 자신의 행동이 내면화된 기준과 일치될 때 자부심을 느끼고 만족을 하게 하는 '자아이상'으로 구성됨 → 양심은 주로 처벌을 통해서 생기는 반면, 자아이상은 긍정적인 보상이나 칭찬으로부터 발생함.
④ 초자아는 남근기 동안 발달하는데, 이 시기에 아동은 이성 부모에 대한 근친상간적 욕망이 생기고 동성 부모와의 정서적 갈등을 경험함. 이러한 오이디푸스 콤플렉스를 해결하기 위해 남아는 아버지를 동일시하고 아버지의 행동유형을 본받게 됨.

  ㉠의 개념은 '우월추구'이고, ㉡의 개념은 '가상적 최종)목표(허구적 목적)'다. 수진이의 생활양식 유형은 '사회적 유용형'으로 특징은 (사회적 관심과 활동 수준이 둘 다 높기 때문에) 인생의 과제를 완수하기 위해 다른 사람에게 협력하려는 의지가 있다는 것이다.

### 아들러(Adler)의 개인심리학 성격개념 : 생활양식 유형과 우월추구 및 가상적 최종목표

(1) 생활양식 유형
☞ 상담심리학 9번 해설 참조

(2) 우월추구와 가상적 목표

| 우월추구 | • 내담자가 지각한 '마이너스 위치'에서 '플러스 위치'로 끊임없이 나아가려는 인식된 동기<br>• 모든 인간이 문제에 직면했을 때, 부족한 것은 보충하고, 낮은 것은 높이고, 미완성의 것은 완성하며, 무능한 것은 유능하게 만드는 선천적인 경향성 |
|---|---|
| 가상적 최종목표<br>(허구적 목적) | • 인간은 누구나 자신의 인생에서 실현하고자 하는 궁극적인 목표를 가짐<br>• 한 사람의 가상적 목표를 알게 되면, 그 행동이 지니는 의미와 그의 생활양식이 지니는 의미를 알게 됨 |

- 집단무의식
- 건강한 성격발달은 개인의 양성적인 특성인 아니마와 아니무스를 인식하고 통합하는 것이다. 혹은 개인의 의식적인 성 정체성과는 반대되는 성적 요소인 아니마와 아니무스의 통합을 이루도록 한다.

**29** ④

**30** 투사

 **31** ㉠ 자기, ㉡ 개성화(개성화 과정)

### 융(Jung)의 성격개념 : 자기와 개성화 과정

(1) 자기(self)
① 의식과 무의식을 포함한 정신 전체의 중심으로, 성격의 상반된 측면을 통합하여 조화와 균형을 이루는 조정자라고 볼 수 있음.
② 자기는 진정한 '대극의 복합체'이며 모순적이고 양면적인 성질을 지니고 있음.
③ 융 심리학의 목표는 자기가 의식화되어 정신의 모든 측면이 통일성, 통합성, 전체성을 이루는 것.

(2) 개성화 과정
① 자아가 무의식을 의식화하는 과정, 즉 정신의 대극적인 요소들을 통합하는 과정이며, 이러한 과정은 인간이면 누구나 추구하게 되는 원초적 욕구. → 다른 사람과 구별되는 자기만의 독특한 개별적 존재가 되는 것.
② 분화와 통합 : 자기를 실현하기 위해서는 인생 전반기에는 자기의 방향이 외부로 지향되어 분화된 자아를 통해 현실 속에서 자기를 찾으려고 노력함. 하지만 대략 40세인 중년기를 기점으로 인생 후반기에는 자기의 방향이 내부로 지향되어 자아는 다시 자기로 통합되면서 성격발달이 이루어짐.
③ 과정 : (페르소나 인식) → 그림자 만남 → 아니마와 아니무스의 인식 → 집단 무의식의 원형을 인식.

**32** 공통적인 성격 특질은 '외향'이다. 융의 이론에서 의식은 자아에 의해 지배되며, 자아는 현실에서 느끼고 생각하고 판단하는 의식의 주체로, 의식의 문지기, 성격의 집행자의 역할을 한다. 태도는 정신에너지의 방향으로, 외향은 외적세계 및 타인을 향하게 하는 성격태도다.

### 융(Jung)의 성격개념 : 의식

① 의식 : 개인이 지각·경험하는 모든 것으로, 자아가 중추 역할을 함.
② 자아 : 현실에서 느끼고 생각하고 판단하는 의식의 주체로 의식의 문지기이기도 하고, 성격의 집행자 → 인간은 자아를 통하여 자신을 외부로 표현하고 외부 현실을 인식함.
③ 태도와 기능

| 태도 | 에너지의 방향 | • 외향 : 의식을 외적 세계 및 타인에게 향하게 하는 성격태도 |
| --- | --- | --- |
| | | • 내향 : 의식을 자신의 내적 주관 세계로 향하게 하는 성격태도 |
| 기능 | 세상을 이해하는 방식 | 합리적 기능 | 사고와 감정 : 이성적 판단을 요구 |
| | | 비합리적 기능 | 감각과 직관 : 이성적 판단이나 의도가 들어 있지 않고 '그냥' 일어남 |

 **33** ④

## 34 불안

### 그레이(Gray)의 대안 : 아이젱크(Eysenck)와 비교

① 아이젱크의 외향성(E)과 신경성(N) 대신 충동성과 불안이 더 의미를 가짐.
- **충동성** : 높은 E와 낮은 N
- **불안** : 낮은 E와 높은 N

② 아이젱크의 E : 높은 충동성과 낮은 불안
③ 아이젱크의 N : 낮은 충동성과 높은 불안
④ 생리적 토대
- **행동접근체계(BAS)** : 도파민과 관련
- **행동억제체계(BIS)** : 편도핵과 관련

## 35

잘못된 부분은 첫째, '한 번 형성된 성격은 변하지 않는다'는 부분이다. 설리번에 따르면, 대인관계 양상이 성장과정에서 달라지기 때문에 성격이 수정된다고 보고 있다. 둘째, 방어양식을 원형적 왜곡이라고 한 것이다. 초기 어머니와의 관계가 다른 어른이나 선생님과의 관계를 왜곡시키는 현상은 '병렬적 왜곡'이라고 한다.

### 설리번(Sullivan)의 성격이론

**(1) 성격발달**
① 성격은 개인의 대인관계, 특히 친밀한 사람들과의 관계에 의해 일생에 걸쳐 형성됨.
② 대인관계 양상이 성장 과정에서 달라지기 때문에 성격도 수정되지만, 유아기에서 청소년 초기까지의 성격이 광범위하고 보편적인 틀을 제공함.

**(2) 성격의 방어**
① 해리 : 프로이드의 부정 및 억압과 유사한 개념으로 자기 역동성과 부합하지 않는 행동, 태도, 욕망을 의식적 자각으로부터 배제시키는 것.
② 병렬적 왜곡 : 타인에 대한 개인의 반응이 자신이 경험해 왔던 나쁜 관계에 의해 편향되거나 왜곡되는 것.
③ 승화 : 프로이드의 승화와 유사함. 승화를 통해 개인은 자신에게 혼란을 주고 위협적인 충동을 사회적으로 수용되고 자기-향상적인 충동으로 변화시킴.

## 36 ①

## 37

㉠의 용어는 '압력', ㉡의 용어는 '동기(동기화)'다. 현서의 공격행동이 형성되는 과정은 다음과 같다. 첫째, 압력으로 현서는 어렸을 때부터 아버지로부터 야단과 처벌을 받아왔다. 둘째, 욕구로 현서는 공격적 욕구를 가지게 되었다. 셋째, 동기(동기화)로 자신은 강하고 위엄이 있어야 한다는 목표로 인해 친구들이 자신의 지시를 따르지 않으면 욕설을 하거나 다른 사람을 무시하는 등의 행동을 나타내고 있다.

## 머레이(Murray)의 성격이론 : 성격개념

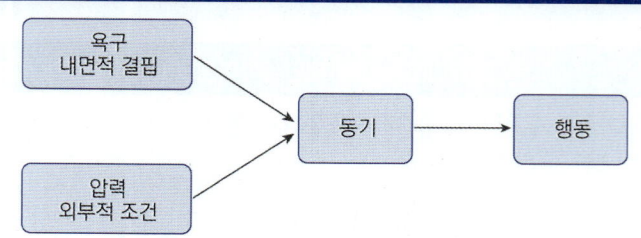

① 욕구 : 사람들로 하여금 환경에 대해서 어떤 것을 추구하며 행동의 방향을 결정하는 내면적인 힘
  - 접근과 회피라는 두 가지 측면을 나타냄
  - 행동의 강도에 영향 : 욕구가 강렬할수록 특정한 행동을 하려는 강도가 커짐
② 압력 : 욕구들이 충족되는 것을 돕거나 방해하는 외부 세계의 힘
③ 동기 : 욕구와 행동 사이를 매개하는 심리적인 상태. 즉, 동기는 내재해 있는 욕구가 특정한 행동에 한 단계 더 가깝게 다가가 구체화된 심리적 상태
  → 기능 : 목표지향적 행동을 유발함, 행동을 지속하는 에너지를 제공함, 행동을 조절하는 기능을 함
④ 동기화 : 욕구가 구체적인 목표를 추구하는 동기로 진전되어 특정한 행동으로 발현되는 심리적 과정

### 38 콤플렉스

## 머레이(Murray)의 성격이론 : 발달단계

☞ 모든 사람이 5단계 콤플렉스를 경험하며 각 단계의 특징은 사회적 요구에 의해 필연적으로 경험되는 즐거움의 종류. 각 단계는 이후의 발달을 지배할 무의식적 콤플렉스의 형태로 우리의 성격에 남아 있으며 콤플렉스가 문제가 되는 경우는 개인이 어떤 단계에 고착되어 있는 상태가 명백한 경우임.

① 폐소단계(자궁/출생전 경험) : 자궁 안에서와 같이 안전한 상태. 자궁 안은 안전하고 의존적인 공간이어서 우리는 가끔 다시 자궁 안으로 되돌아가기를 소망함.
② 구강단계(초기 수유경험) : 어머니의 젖이나 우유병에서 영양분을 흡수하는 감각적 즐거움을 느끼는 단계.
③ 항문단계(배설과 배변훈련) : 배변하는 즐거움을 느끼는 단계.
④ 요도단계(이카루스 콤플렉스) : 배뇨하는 즐거움을 느끼는 단계이다. 이 단계는 지나친 야망, 왜곡된 자부심, 과시벽, 야뇨증, 성적 갈망, 이기주의와 관련된다. 이 콤플렉스를 가진 사람은 지나치게 높은 목적을 추구하나 꿈을 이루지는 못함.
⑤ 성기 또는 거세단계 : 생식기에서 오는 즐거움을 느끼는 단계로, 성기가 거세될지도 모른다는 공상에 의해 야기되는 단순한 불안. 이는 아동기 때의 자위행위와 그에 대한 부모의 처벌에서 생겨남.

## 39 대상관계

**대상관계 이론**

① 대상관계 : 초기 주요타자들과의 관계에서 경험한 것이 어떤 정신적 표상과 자기-타자 상호작용의 틀로 내면화된 것.
② 내면화 : 외부 환경이나 대상의 특성과 관계 경험을 자기 내부로 받아들여 자기의 특성으로 변형시키는 심리적인 기제를 의미하는데, 흔히 내사, 동일시, 통합을 통해서 형성됨.
③ 분리(분열) : 자기와 다른 사람 안에 좋음과 나쁨이 동시에 공존할 수 있음을 인식·구분하지 못하는 것. 이러한 분열을 통하여 자기가 원하지 않는 자신 안의 부정적인 감정은 다른 사람에게로 투사시키고 자신은 부정적 감정을 갖고 있지 않다고 생각함으로써 자아를 유지함.
④ 투사 : 자신에게 있는 부정적 감정을 좋음과 나쁨의 분열을 통해 외부로 내보내는 것.
⑤ 투사적 동일시 : 자기의 부정적인 감정이 다른 사람에게 실재한다고 믿고, 그 사람에게 그러한 사실을 확인시키며 행동하게 만드는 현상.

## 40 ②

## 41
- 철수의 문제는 (가치조건화된) 자기개념과 유기체 경험의 불일치로 어려움을 겪고 있는 것이다.
- 진실성, 무조건적인 긍정적 수용, 공감적 이해

## 42
- 건강한 상태 : 〈B〉
- 이유 : 〈B〉가 〈A〉보다 유기체적 경험과 자기개념이 더 많이 일치하고 있기 때문이다.

## 43
(1) 성격이론 : 로저스(Rogers)의 인간중심 이론
(2) 무조건적 긍정적 존중, 자기실현경향성

## 44
- 결핍욕구 : 욕구위계 중 우선적으로 충족해야 하는 아래 4단계의 욕구(생리적욕구, 안전욕구, 소속감과 사랑욕구, 자기존중 욕구)다. 혹은 무언가 부족하다는 결핍감에 의해서 생겨나는 욕구로서, 아래 4단계의 욕구들이다.
- 성장욕구 : 결핍욕구가 충족되어야 비로소 발현되는 것으로 욕구의 위계 중 위 3단계에 해당하는 욕구(인지적욕구, 심미적 욕구, 자기실현 욕구)이다. 혹은 부족한 것을 채우기 위한 것이 아니라 가치 있는 것을 추구하는 것으로 위 3단계 욕구다.
- ① 매슬로우(Maslow)의 인본주의 성격이론 ② 프로이트(Frued)의 정신분석이론

**45** ㉠에 해당하는 용어는 '가치조건'이다. ㉠을 희수에 사례에 적용하면, 어머니는 희수가 성적을 잘 받아 올 때에는 다정하게 대하지만, 시험을 못 보게 되면 화를 내고 차갑게 대하고 있는데, 이는 어머니가 제시하는 가치조건에 부합하게 행동할 때만 긍정적 존중을 받게 된다는 것이다. ㉡을 희수의 사례에 적용하면, 희수의 유기체 경험은 가수가 되는 것이고, 자기개념은 엄마가 원하는 의사가 되는 것으로, 이러한 자기개념과 유기체 경험의 불일치 때문에 불안과 두통 등의 심리적 부적응을 나타내고 있다.

### 로저스(Rogers)의 성격개념

① **자기실현 경향성** : 자신을 성장시키고 발전시키기 위해서 자신의 모든 잠재력을 발휘하는 인간의 선천적 경향성.
② **유기체의 평가과정** : 자신의 잠재력을 유지시키거나 향상시키는 경험은 긍정적으로 평가하여 더욱 더 추구하려고 하는 반면에, 방해가 되는 경험은 부정적으로 평가하여 회피하게 되는 것.
③ **긍정적 존중 욕구** : 중요한 사람들로부터 사랑과 인정받고 싶은 욕구. 이 욕구는 유기체의 평가과정 보다 강력하게 작용하기 때문에 긍정적 존중 욕구를 받기 위해서라면 유기체의 평가과정도 무시할 수도 있음.
④ **가치조건** : 아동은 부모나 중요한 타인이 제시하는 가치조건에 부합하게 행동할 때 긍정적 존중 욕구를 받게 되는 것.
⑤ **자기와 유기체 경험의 불일치**
  • 적응 : 자신의 유기체 경험을 자기개념과 일치하는 것으로 받아들여 통합하는 경우
  • 개인이 유기체로 소망하며 경험하는 것들과 자기존중을 느끼기 위해 추구하는 것들 사이에 불일치가 생겨나면 자기와 유기체 경험의 불일치를 경험함 → 자기개념과 유기체 경험의 불일치 상태가 심해지면 부적응이 발생함
  • 자기개념과 유기체 경험이 불일치하게 되면 인간은 불안을 느끼며, 신경증이 나타남. 또한 이와 같은 불일치가 심해지면 왜곡과 부인 등과 같은 방어기제조차도 사용할 수 없게 되어 성격장애와 정신병리가 나타나는데, 로저스는 이를 정신병이라고 함
⑥ **현실자기와 이상자기 불일치**
  • 현재의 자신의 대한 지각은 '현실적 자기'이고, 앞으로 되고 싶은 자신의 모습에 대한 지각은 '이상적 자기'
  • 현실적 자기와 이상적 자기의 불일치 정도가 심해지면 부적응이 발생함.

**46** ㉠의 개념은 '유기체 평가과정'이다. A의 개념은 '가치조건화'이고, ㉡을 고쳐쓰면 '엄마는 지수가 동생을 미워해도 지수를 사랑한다.' 혹은 '엄마는 너도, 동생도 다 예쁜데, 동생을 미워한다면 속상할 것 같다'는 것이다. 지수가 (가)에서 (나)로 변화될 경우 나타나는 특징은 경험에 대한 개방성(새로운 경험에 대해 개방적이게 된다)을 보인다는 것이다. 사례에서 지수는 자기 감정을 수용하기 어려워하고 또래 아이들이 느낄만한 것들도 잘 느끼지 못하지만, (나)상태로 변화되면 경험을 있는 그대로 지각할 수 있고, 모든 경험을 선입견 없이 받아들일 수 있게 된다.

## 로저스(Rogers)의 성격개념

(1) 성격개념
① 유기체 : 육체와 정신을 모두 포함하는 전체로서의 개별적 생명체. 유기체인 인간은 매 순간 고정되어 있지 않고 끊임없이 변화한다는 특징이 있음
② 현상학적 장 : 유기체가 하는 주관적으로 경험으로, 매 순간 개인의 의식에 지각되고 경험되는 모든 것. 즉, 유기체는 끊임없이 변화하는 세계 속에서 살아가며, 현상학적 장은 개인이 변화하는 세계를 지각하고 경험하는 심리적 공간으로서 개인의 사적이고 주관적인 경험세계를 의미함
③ 자기 또는 자기개념 : 개인이 자신에 대하여 지니고 있는 지속적인 체계적 인식을 의미함
④ 자기실현 경향성 : 자신을 성장시키고 발전시키기 위해서 자신의 모든 잠재력을 발휘하는 인간의 선천적 경향성으로, 이는 다음과 같은 2가지 방향성을 지님
  • 개인이 선천적으로 타고난 신체적·심리적 기질을 그대로 유지하고 나타내려는 경향성
  • 개인이 지닌 모든 잠재능력을 최대한 발휘하려는 성향
⑤ 유기체의 평가과정 : 자신의 잠재력을 유지시키거나 향상시키는 경험은 긍정적으로 평가하여 더욱 더 추구하려고 하는 반면에, 방해가 되는 경험은 부정적으로 평가하여 회피하게 되는 것 → 유기체를 유지·고양하는 것으로 지각되는 체험에는 긍정적 가치가 부여되고, 역행하는 것으로 지각되는 체험에는 부정적 가치가 부여됨
⑥ 긍정적 존중 욕구 : 중요한 사람들로부터 사랑과 인정받고 싶은 욕구. 이 욕구는 유기체의 평가과정 보다 강력하게 작용하기 때문에 긍정적 존중 욕구를 받기 위해서라면 유기체의 평가과정도 무시할 수도 있음
⑦ 가치조건 : 아동은 부모나 중요한 타인이 제시하는 가치조건에 부합하게 행동할 때 긍정적 존중 욕구를 받게 되는 것
⑧ 자기와 유기체 경험의 불일치
  • 적응 : 자신의 유기체 경험을 자기개념과 일치하는 것으로 받아들여 통합하는 경우
  • 개인이 유기체로 소망하며 경험하는 것들과 자기존중을 느끼기 위해 추구하는 것들 사이에 불일치가 생겨나면 자기와 유기체 경험의 불일치를 경험함 → 자기개념과 유기체 경험의 불일치 상태가 심해지면 부적응이 발생함
  • 자기개념과 유기체 경험이 불일치하게 되면 인간은 불안을 느끼며, 신경증이 나타남. 또한 이와 같은 불일치가 심해지면 왜곡과 부인 등과 같은 방어기제조차도 사용할 수 없게 되어 성격장애와 정신병리가 나타나는데, 로저스는 이를 정신병이라고 함

(2) 충분히 기능하는 사람
① 자신의 잠재력을 인식하고 능력과 체질을 발휘하여 자신에 대한 완벽한 이해와 경험을 풍부하게 하는 방향으로 이동해 나가는 개인을 지칭하기 위해 사용한 용어
② 성격특성
  • 경험에 대한 개방성 : 자신이 경험하고 있는 것들을 왜곡하거나 부정하지 않고 있는 그대로 받아들이는 개방성을 보임
  • 실존적인 삶 : 실존의 삶에 가치를 두며 매 순간에 충실한 삶을 영위함
  • 자신의 유기체를 신뢰함 : 어떤 상황에서든 자신을 신뢰함
  • 창조적 : 자신의 결정과 행동에 융통성이 있어서 새로운 삶을 창출해나갈 수 있는 창조성이 있음
  • 제약 혹은 억제 없이 선택의 자유를 가짐 : 자신이 선택한 인생을 제약 없이 자유롭게 살아감

㉠의 개념은 '결핍욕구'다. ㉡과의 차이점은 결핍욕구는 긴장의 이완이 최종목표이며 완전충족이 가능하지만(혹은 만족의 대상이 외부로부터 오는 타율적 충족을 요구한다), 성장욕구는 긴장을 일으키는 것, 즉, 긴장자체를 즐기는 것이 목표이기 때문에 완전충족이 불가능하다(혹은 만족의 대상이 자기 자신으로부터 오는 자율적 충족을 요구한다). ㉢에 해당하는 개념은 '조건적 긍정적 존중(무조건적 수용)'이고, ㉣에 해당하는 개념은 '충분히 기능하는 사람'이다.

## 매슬로우(Maslow)와 로저스(Rogers)의 성격개념

(1) 매슬로우(Maslow)의 결핍욕구
  ① 의미 : 욕구의 위계 중 우선적으로 충족해야 하는 아래 4단계에 해당하는 욕구.
  ② 하위단계에 속하는 욕구는 그 상위 단계에 해당하는 욕구보다 빈번하게 일어나며, 하위단계의 욕구가 충분히 실현되어야 비로소 상위단계의 욕구가 발현됨.
  ③ 특징 : 긴장이완이 최종목표이며 완전충족이 가능함. 또한 만족의 대상이 외부로부터 오는 타율적 충족을 요구함.

(2) 매슬로우(Maslow)의 성장욕구
  ① 의미 : 결핍욕구가 충족되어야 비로소 발현되는 것으로서 욕구의 위계 중 위 3단계에 해당하는 욕구.
  ② 특징 : 긴장을 일으키는 것, 즉 긴장자체를 즐기는 것이 목표이며, 그에 따라 완전충족이 불가능하고 끝이 보이지 않는 욕구. 또한 만족의 대상이 자기자신으로부터 오는 자율적 충족을 요구함.

(3) 로저스(Rogers)의 충분히 기능하는 사람
  ① 충분히 기능하는 사람이란, 자신의 잠재력을 인식하고 능력과 체질을 발휘하여 자신에 대한 완벽한 이해와 경험을 풍부히 하는 방향으로 이동해 나가는 개인을 지칭하기 위해 사용한 용어.
  ② 충분히 기능하는 사람의 성격 특질
    • 경험에 대한 개방성 : 자신이 경험하고 있는 것들을 왜곡하거나 부정하지 않고 있는 그대로 받아들이는 개방성을 보임
    • 실존적인 삶 : 실존의 삶에 가치를 두며 매 순간에 충실한 삶을 영위함
    • 자신의 유기체를 신뢰함 : 어떤 상황에서든 자신을 신뢰함
    • 창조적 : 자신의 결정과 행동에 융통성이 있어서 새로운 삶을 창출해나갈 수 있는 창조성이 있음
    • 제약 혹은 억제 없이 선택의 자유를 가짐 : 자신이 선택한 인생을 제약 없이 자유롭게 살아감

(4) 로저스(Rogers)의 상담기법
  ① 진실성 : 상담자가 내담자를 대할 때 가식, 왜곡, 겉치레 없이 속마음과 일치하는 말과 행동을 나타내는 것. 즉, 진실하고 솔직하다는 뜻으로 진솔성 또는 일치성이라고도 함.
  ② 무조건적 긍정적 존중 : 내담자를 가치조건에 비추어 판단하거나 평가하지 않고, 내담자가 갖고 있는 그대로의 모습을 존중하겠다는 상담자의 태도.
  ③ 공감적 이해 : 상담자가 내담자의 감정에 빠져들지 않으면서 내담자의 감정을 자신의 감정인 것처럼 느끼는 것.

## 48 Q 분류기법

### Q-sort(Q 분류기법)

① 스티븐슨(Stephenson)에 의해 개발된 것으로, 질문지로 된 많은 카드로 구성되고, 카드에는 "나는 호감을 주는 사람이다" "나는 충동적인 사람이다"라는 진술문이 적혀있음
② 자기기술, 즉 어떤 사람이 되고 싶은지 혹은 그 관계가 어떤지에 대해 기술하는 것에 사용될 수 있음
③ 자기 분류
  - 자신과 가장 유사하지 않은 속성들에서부터 가장 유사한 속성에 이르기까지, 자신이 현재의 자신을 있는 그대로 기술하기 위해 카드를 분류하도록 지시받음
  - 개인이 가장 되고 싶은 사람을 기술하기 위해 카드를 사용하도록 지시받을 수 있음
    → 자신의 이상적인 모습을 기술하기 위하여, 그 이상적인 특성과 가장 가까운 것에서부터 가장 먼 것에 이르기까지 파일에 카드를 분류. 내담자는 자신의 가장 먼 특징으로부터 자신과 가장 가까운 특징에 이르기까지 연속선상에서 정상분포에 따라 카드를 분류하게 됨
④ Q 분류의 문항들을 사용하여 특정 과제에서 성공적인 수행과 연합된 특징을 기술할 수도 있음

## 49 ⑤

## 50 ②

## 51 ④

## 52 ③

## 53 ③

## 54 동기

접근회피 갈등

### 돌라드(Dollard)와 밀러(Miller)의 갈등유형

① 갈등 : 서로 배타적인 두 가지 이상의 목표를 추구하기 원할 때 경험함
② 유형
- 접근 – 회피 갈등 : 동일한 대상이나 상황에 대해 접근과 회피 성향을 동시에 지니고 있을 때 발생
- 접근 – 접근 갈등 : 두 개 중에서 하나를 선택해야 하는 상황에서 두 개 모두에 대한 선호를 지니고 있을 뿐만 아니라 접근 성향의 강도가 비슷할 때 발생
- 회피 – 회피 갈등 : 두 개 중에서 하나를 선택해야 하는 상황에서 두 개 모두에 대한 혐오를 지니고 있을 뿐만 아니라 회피 성향의 강도가 비슷할 때 발생
- 이중 접근 – 회피 갈등 : 두 가지 선택이 각각 바람직한 측면과 혐오적인 측면을 모두 가지고 있을 경우 이러한 상황에 처한 사람은 이러지도 저러지도 못한 채 결정을 미루는 우유부단한 행동을 나타낼 수 있음

③ 신경증 갈등의 핵심 : 접근-회피 갈등 즉, 어느 한 가지를 원하기도 하고 두려워하기도 함

 ④

**57** ㉠은 '자기안내(자기 길잡이)'이고, ㉡은 '이상자기'이다. ㉢은 '당위자기'이고, 실제자기와 ㉢자기가 불일치 할 때 불안이나 초조함을 느끼는 이유는 의무와 책임의 표준에 맞게 살지 못하고, 해야 할 것을 하지 않아 벌을 받고 있다고 느끼기 때문이다.

### 히긴스(Higgins)의 자기 안내

(1) 자기괴리 이론
① 실제자기와 이상적 자기 간 괴리, 실제자기와 당위적 자기 간 괴리를 감소하려는 동기를 가짐
② 불안이나 우울과 같은 구체적인 정서경험 : 인지적 요소들 간의 관계에 의해 결정됨
- 우울 : '현실적인 자기'와 '이상적인 자기'의 불일치에 의해 유발되는 감정
- 불안 : '현실적인 자기'와 '의무적인 자기'의 불일치에 의해 유발되는 감정
- '현실적인 자기'가 '타인의 관점에서 의무적인 자기'와 불일치 : 타인으로부터의 징벌과 처벌을 예상하게 되며 불안을 경험함
- '현실적인 자기'가 '나의 관점에서의 의무적 자기'와 불일치 : 죄책감, 자기경멸, 불쾌감 등의 형태로 불안을 경험함

(2) 자기 불일치

| 불일치 유형 | 유발된 정서 | 예 |
| --- | --- | --- |
| 실제적/자신 – 이상적/자신 | 실망, 불만, 우울 | 나는 되기를 원하는 만큼 매력적이지 않기 때문에 실망스럽다. |
| 실제적/자신 – 이상적/타인 | 수치, 당황, 의기소침 | 내 부모님이 내가 되기를 원하시는 만큼 친절한 사람이 되지 못해서 부끄럽다. |
| 실제적/자신 – 당위적/자신 | 죄책감, 경멸, 자기비하 | 내가 더 많은 결단력을 가지고 있어야 하기 때문에 나 자신이 밉다. |
| 실제적/자신 – 당위적/타인 | 두려움, 위협, 공포 | 나는 아버지가 내가 해야 한다고 믿는 만큼 공부하지 않았기 때문에 아버지가 화를 낼까봐 두렵다. |

① 실제자기 : 내가 실제로 소유한다고 믿는 것
② 이상적 자기 : 이상적으로 우리가 보유하고 싶어 하는 속성 → 정적 결과와 연합되어 있음
③ 당위적 자기 : 보유해야 한다고 느끼는 속성(의무, 책임) → 부적 결과와 연합되어 있음
④ 실제자기와 이상자기 괴리(불일치) : 슬픔, 실망과 같은 감정들을 경험. 나 자신이나 중요한 타인이 나에게 품은 꿈, 희망을 이룰 수 없었다고 내가 믿기 때문 ← 우울원인
⑤ 실제자기와 당위자기 괴리(불일치) : 공포, 불안, 죄책감과 같은 감정들을 경험. 의무와 책임의 표준들에 맞게 살지 못했으며 해야 할 바를 하지 않고 벌 받고 있다고 느끼기 때문 ← 불안원인

(3) 자기안내(자기 길잡이)
① 이상적 자기와 당위적 자기는 한 사람이 바라는 '나', 현재 생활상황을 비교하는 표준·목표를 제공한다는 점에서 자기안내(자기길잡이)
② 이상적 자기길잡이 : 가능한 성취, 긍정적 결과들에 초점을 맞춤
③ 당위적 자기길잡이 : 안전, 책임, 피해 회피에 초점을 맞춤

**58** 정서체험과 관련된 평가기준은 ㉠은 목표 관련성, ㉡은 목표 합치성, ㉢은 자아 관여성이다. ㉠과 같이 친구들이 큰 소리로 웃는 것에 강한 감정 반응을 보이는 이유는 이 사건이 현재 추구하는 목표인 대학진학과 관련성이 있는 사건이라고 여기기 때문이다.

**정서기론 : 라자러스(Lazarus)의 인지적 평가이론**

목표관련성 — 사건 — 예 → 정서 / 아니오 → 비정서
목표합치성 — 정서 — 예 → 정적 정서 / 아니오 → 부적 정서
자아관여성 — 정적 정서 — 관련 없는 → 기쁨 / 자기존중감 상승 → 자부심 / 상호 호감 → 사랑
자아관여성 — 부적 정서 — 자기존중감 손상 → 분노 / 자기에 대한 위협 → 공포/불안 / 자기에 대한 상실 → 슬픔

(1) 개관
① 정서가 사건에 대한 인지적 평가에 의해 유발된다는 가정하에, 그러한 평가과정을 일차와 이차로 구분하였음
② 일차적 평가 : 개인이 추구하는 목표와 관련지어 사건의 의미를 평가하는 과정
③ 0차적 평가 : 사건 상황에 효과적으로 대응하기 위한 대처방법을 평가하는 과정

(2) 일차적 평가과정
① 일차적 평가과정에서 개인은 직면한 사건을 '목표 관련성', '목표 합치성', '자아 관여성'의 측면에서 평가함
② 목표 관련성(goal relevance) : 특정 사건이 현재 추구하는 목표와 관련성이 있는 정도를 말함
- 자신의 목표와 무관한 사건 : 관심을 가지지 않게 되며 정서를 유발하지 않음
- 자신의 목표와 관련된 사건 : 강한 관심을 가지게 됨
③ 목표 합치성(goal congruence) : 사건이 목표 추구에 도움이 되는 정도를 말함
- 목표 추구에 도움이 된다고 평가하는 사건 : 긍정감정을 느낌
- 목표 추구에 방해가 된다고 평가되는 사건 : 부정적인 감정을 느낌
④ 자아 관련성(ego-involvement) : 좀 더 세부적인 감정은 사건이 개인의 안녕과 자존감에 어떤 영향을 미치는지에 대한 평가 즉, 자아 관련성의 평가에 의해 결정됨
- 핵심관계 주제(core relational theme) : 개인과 상황 간의 특수한 관계를 반영하는 인지적 평가내용
- 핵심관계 주제에 따르면 분노는 자신과 자신의 속성을 모욕하는 공격의 주제와 관련되고, 불안은 자신과 상황의 위협적 관계에 대한 정서적 반응이며, 슬픔은 자신과 소중한 것의 분리 또는 상실의 주제와 관련됨

(3) 이차적 평가과정
① 대처자원 평가과정 : 자신이 동원할 수 있는 대처자원을 평가하는 과정이다. 대처자원은 자신이 상황에 대처하기 위해 동원할 수 있는 신체적, 물질적, 심리적, 사회적 자원을 의미한다.
② 대처방식 선택과정 : 대처자원에 대한 평가가 이루어진 후에 동원가능한 대처자원을 사용하여 상황에 대처하기 위한 구체적인 방법을 선택하는 과정이다. 이러한 선택과정에서는 상황에 대처하기 위해 다양한 대처선택안의 장단점과 그 결과를 평가한다.
③ 부정정서 대처하는 방식 : 문제초점적 대처, 정서초점적 대처

④

자율성, 유능성

### 자기 결정성 이론 : 3가지 기본심리 욕구

① 유능성 욕구 : 자신의 능력에 맞게 최적의 도전을 추구하고, 이러한 행위를 통해서 기술과 역량을 유지, 향상시키려는 것
② 관계성 욕구 : 타인과 관계를 맺음으로써 서로 연결되고, 상호 관심과 배려를 느끼고, 자신이 속한 집단에서 소속감을 느끼고 싶은 욕구
③ 자율성 욕구 : 개인이 자신의 흥미와 가치에 기반을 두어 행동을 선택, 결정함으로써 행동에 대한 주도권을 갖는 것

**61** 지능에 관한 암묵적 관점은 현우는 '증진이론', 민기는 '실체이론'에 해당된다. 귀인이론에서 현우는 영어과제 발표를 망친 이유를 자신이 과제 준비를 하지 않았다고 이야기한 것으로 보아 자신의 실패 원인을 '노력'에 귀인하고 있다. 민기의 경우, 사회 중간 고사를 망친 이유를 암기를 못하는 유전자를 물려받아 머리가 나쁘다고 이야기한 것으로 보아 자신의 실패 원인을 '능력'에 귀인하고 있다.

### 드웩(Dreck)의 암묵적 이론

① 암묵적 이론 : 아동이 능력의 속성에 대해 가지고 있는 암묵적인 믿음이 그들이 학습상황에서 어떠한 목표를 선호하느냐를 결정한다고 보는 이론
② 구분
  - 실체 이론 : 능력이란 대부분 태어날 때부터 결정된 고정된 것이어서, 노력해도 크게 변하지 않는다고 믿음.
    → 실패를 자신의 능력 부족으로 귀인하고 무기력에 빠지기 쉬운 경향을 보임.
  - 증진 이론 : 능력이란 유동적이고 변화하는 속성을 지니고 있으며, 노력과 새로운 학습에 의해 얼마든지 향상될 수 있다고 믿음. → 실패 내성이 높을 뿐 아니라 실패에 대해 훨씬 생산적으로 반응함.

**62** 와이너가 제시한 3가지 귀인 차원은 '원인 소재, 안정성, 통제가능성'이다. 성적에 대한 은지의 귀인은 '운'으로 3가지 차원으로 분류하면 '외부, 불안정, 통제불가능 차원'이다. (따라서 은지는 이러한 귀인차원 때문에 차후에 시험공부를 하지 않거나 시험에서 운이 좋기만을 바랄 수 있다.)

### 와이너(Weiner)의 귀인차원

(1) 귀인차원
  ① 원인의 소재 : 귀인을 할 때 성공과 실패의 원인이 자기 자신에게 있느냐, 외부에 있느냐에 관한 것.
    - 내부 : 어떤 일의 성공이나 실패에 대한 책임을 내적(능력, 노력)요인에 둠.
    - 외부 : 어떤 일의 성공이나 실패에 대한 책임을 외적(운, 과제난이도)요인에 둠.
  ② 안정성 : 성공과 실패의 원인이 시간과 장소에 상관없이 동일한 것이냐, 시간과 장소에 따라 변하기 쉬운 것이냐에 관한 것.
    - 어떠한 일의 원인이 시간의 경과나 특정한 과제에 따라 변화하는가의 여부에 따라 안정과 불안정으로 분류.
    - 안정성의 차원 : 성공 또는 실패를 안정적 요인에 귀인하면, 미래에 비슷한 과제에서 비슷한 결과를 기대함.
    - 불안정 차원 : 성공 또는 실패를 불안정 차원으로 귀인하면 미래의 결과는 예측이 어려움.
  ③ 통제가능성 : 성공과 실패의 원인을 자신의 의지로 통제할 수 있느냐의 여부에 관한 것.
    - 자신감과 미래에 대한 기대와 관련됨. 자신의 성공이나 실패를 통제 가능한 요인으로 귀인하면 다음에도 비슷한 결과를 기대할 수 있음.

(2) 분류

|  | 원인의 소재 | 안정성 | 통제 가능성 |
| --- | --- | --- | --- |
| 능력 | 내부 | 안정적 | 통제 불가능 |
| 노력 | 내부 | 불안정적 | 통제 가능 |
| 운 | 외부 | 불안정적 | 통제 불가능 |
| 과제의 난이도 | 외부 | 안정적 | 통제 불가능 |

## 63 ㉠ 지배, ㉡ 복종

### 대인관계 원형모형

① 지배-복종(순종)과 사랑(친애)-미움(증오)의 두 축으로 이루어진 대인행동의 원형 모형을 제안함
② 원형모형

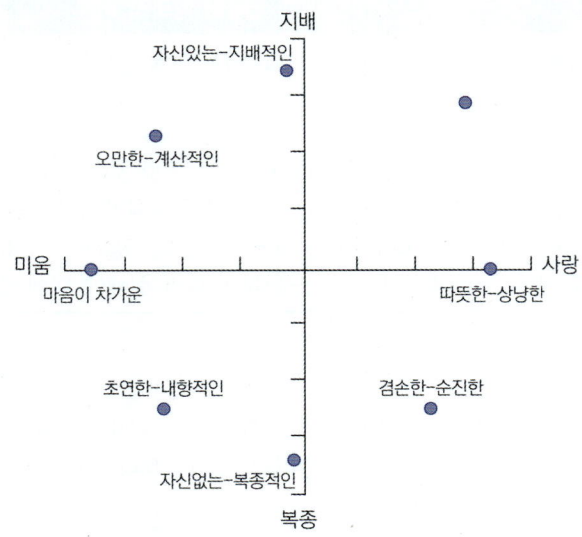

- **지배성(dominance)** : 타인의 행동을 자신의 뜻대로 통제하려는 정도로, 대인관계 패턴은 지배성-순종성의 연속선상에서 평가될 수 있음.
- **친애성(affiliation)** : 타인을 호의적으로 대하는 정도를 의미하며, 대인관계 패턴은 친애성(사랑)-적대성(미움)의 연속선상에서 평가될 수 있음.

## 64
㉠에 해당하는 용어는 '정서 지각(인식)하기'이다. ㉡에 해당하는 용어는 '자율성'이고, 의미는 자신의 행동을 스스로 결정하려는 욕구로(자신의 흥미와 가치에 기반을 두어 행동을 선택, 결정함으로써 행동에 대한 주도권을 갖는 것), 사례에서 혜수는 부모님 결정에만 따르지 않고 자신의 삶의 중요한 문제에 대해 독립적으로 결정할 수 있는 기회를 갖게 되었다. ㉢의 이유는 도전수준에 비해 기술수준이 너무 낮기 때문이고, ㉣의 이유는 기술수준에 비해 도전수준이 너무 낮기 때문이다.

## 정서지능과 기본심리욕구 및 플로우

(1) 정서지능의 4가지 영역(Salovey&Mayer)
① 정서 지각하기 : 자신이나 타인의 정서를 지각하는 능력. 정서 지각은 정서적인 메시지가 표정, 목소리 톤, 문화적 장치로 표현될 때 그에 대한 인상을 형성하고, 주의를 기울이며, 번역하는 것을 포함하고 있음
② (사고 촉진에) 정서 활용하기 : 사고에 정서를 통합하고 인지적 활동을 촉진하는 방향으로 정서를 사용하는 능력. 이는 정서가 인지 체계에 어떻게 영향을 주는지에 초점을 두고, 더 효과적인 문제 해결 추론, 의사결정, 창조적 노력이 이루어지게 함
③ 정서 이해하기 : 정서적 개념과 의미, 정서와 그것이 나타나는 관계들 간의 연결, 시간에 따라 정서가 어떻게 혼합되고 진행되는지를 이해하는 능력. 이 하위능력에서 가장 기본적인 것은 정서에 이름을 붙이고, 정서 어휘목록의 예들 간의 관계성을 인식하는 능력에 관한 것.
④ 정서 관리하기(정서조절) : 개인의 성장과 사회적 관계를 향상시키기 위해서 정서를 관찰하고 규제하는 능력. 정서지능이 높은 사람은 자신의 상황에 맞게 부정적인 기분과 정서를 수정하고, 긍정적인 기분과 정서를 유지할 수 있음.

(2) 기본심리 욕구
① 유능성 욕구 : 자신의 능력에 맞게 최적의 도전을 추구하고, 이러한 행위를 통해서 기술과 역량을 유지, 향상시키려는 것
② 관계성 욕구 : 타인과 관계를 맺음으로써 서로 연결되고, 상호 관심과 배려를 느끼고, 자신이 속한 집단에서 소속감을 느끼고 싶은 욕구
③ 자율성 욕구 : 개인이 자신의 흥미와 가치에 기반을 두어 행동을 선택, 결정함으로써 행동에 대한 주도권을 갖는 것

(3) 플로우 : 기술수준과 도전수준에 따른 심리변화

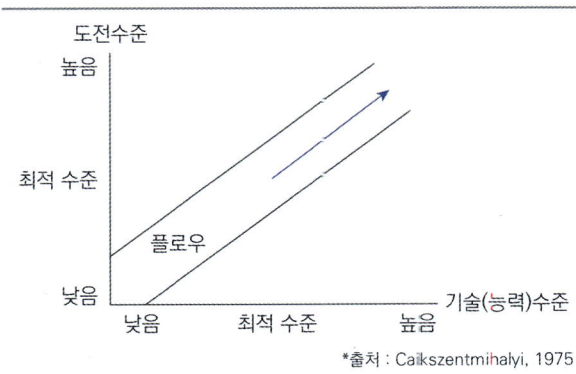

- 자신의 능력이나 기술과 도전수준의 적절한 조화 : 플로우 경험
- 도전수준이 너무 높고 기술수준이 너무 낮은 경우 : 불안
- 도전수준이 기술수준에 비해 너무 낮은 경우 : 지루함

**65** ①

**66** ①

# CHAPTER 03 심리검사 기출문제 정답 및 해설

**01**
- 검사의 종류 : 인지(지능)검사
- 검사의 종류 : 투사검사
- 검사의 예 : ㉢ ㉧
- 검사의 예 : ㉣ ㉨

**02**
(1) **인지적 영역** : 지능검사, 성취도 검사, 학력검사 등
(2) **정서적 영역** : 성격검사, 불안검사, 가치관검사, 자아개념검사 등

**03**
(1) 최대능력 검사 혹은 인지검사
(2) 지능검사, 적성검사, 성취검사, 학력검사 등

**04** ③

**05** ⑤

**06** ②

**07** ①

**08** ④

**09**
- 이 집단의 표준편차(SD) : 3
- 사례번호 3인 학생의 표준점수(z-score) : 1

**10** ㉠ T점수, ㉡ 백분위

## 점수의 유형

(1) 원점수
획득한 점수로, 피검자의 수행에 대해 의미 있는 해석을 할 수 있는 정보를 제공해 주지 못함

(2) 변환점수
① 백분율 점수(percentage score) : '총점에 대한 획득점수의 백분율'. 백분율은 다른 점수와 상대적으로 비교할 수 없음.
② 유도점수(derived score) : 점수들 간의 상대적 비교가 가능하도록 원점수를 변환한 점수.
- 발달점수(developmental score) : 평가 대상 학생의 발달정도를 나타내는 점수.

| 종류 | 내용 |
|---|---|
| 등가점수 (equivalent score) | • 연령 등가점수와 학년 등가점수로 나눌 수 있음<br>• 특정한 대상 학생이 얻은 원점수가 어떤 연령 또는 학년의 평균적인 수행에 해당하는지를 나타내는 점수(예 사회연령, 정신연령, 발달연령 등). |
| 지수점수 (quotient score) | • 대상 학생의 연령 등가점수를 생활연령으로 나누고 100을 곱해 산출한 값<br>• '생활연령에 대한 연령 등가점수의 비율(%)'이므로 비율점수(ratio score)라고도 함 |

- 상대적 위치 점수 : 대상 학생의 수행 수준을 그가 속한 집단 또는 또래집단 내에서의 상대적 위치로 표현한 점수.

| 종류 | 내용 |
|---|---|
| 백분위 점수 (percentile score) | 어떤 점수가 서열순위 내에 위치할 때 그 밑에 위치하는 비교집단의 사람비율 |
| 표준점수 (standard score) | • 사전에 결정된 평균과 표준편차를 가지고 정규분포를 이루도록 변환한 점수를 총칭함<br>• 정규분포에서 특정 원점수가 평균에서 얼마나 떨어져 있는지를 표준편차 단위로 환산한 점수<br>예 z 점수(평균 0, 표준편차 1), T 점수(평균 50, 표준편차 10), 능력점수(평균 100, 표준편차 15 또는 16) 등이 있음 |
| 스테나인 점수 (stanine) | • 정규분포를 9개의 점수구간(범주)으로 분할한 것<br>• 특정 점수가 아닌 수행수준의 범위를 나타내며 9개 범주 간에 등간성도 없음 |

**11**
(1) 서열척도
(2) 등간척도
(3) 명명척도

④

 공인타당도

| 준거관련 타당도 |
| --- |

① 의미 : 검사점수와 어떤 준거점수와의 상관에 의해서 검사의 타당도를 검증하는 방법. 준거의 시간적 속성에 따라 공인 타당도와 예언 타당도로 구분됨
② 공인타당도 : 이미 타당성을 인정받은 기존의 심리검사를 통해 타당성을 입증하는 방법
  • 장점 : 계량화되어 있어 타당도에 대한 객관적인 정보를 제공하고, 타당도의 정도를 나타냄
  • 단점 : 기존에 타당성을 입증 받고 있는 검사가 없을 경우에는 공인 타당도를 추정할 수 없음. 즉, 기존 검사의 타당도에 의존하게 되는 약점을 지니고 있음
  • 절차 : 피험자 집단에게 새로 제작된 검사를 실시함 → 동일 집단에게 동일한 시험 상황에서 타당성을 인정받고 있는 검사를 실시함 → 두 검사 점수 간의 상관계수를 추정함
③ 예언타당도 : 특정 검사의 결과가 응답자의 미래 행동을 어느 정도 예측하는지를 의미하며, 검사를 통해 점수와 미래의 어떤 행위, 예를 들어 적응, 성취도, 성공 여부 등과의 관계로 추정되는 타당도
  • 장점 : 검사도구가 미래 행위를 예언해주므로, 예언 타당도가 높으면 선발, 채용, 배치 등의 목적을 위해 검사를 실시할 수 있음
  • 단점 : 동시 측정이 불가능하므로 검사의 타당성을 검증하는 데 시간적 여유가 필요함. 또한 자료의 절단으로 인해 추정된 상관계수가 실제 타당도 계수보다 과소추정되는 문제가 발생할 수 있음
  • 절차 : 피험자 집단에게 새로 제작한 검사를 실시함 → 일정 기간 후 검사한 내용과 관계가 있는 피험자들의 행위를 측정함 → 검사 점수와 미래 행위의 측정치와 상관 정도를 추정함

**14** ①

**15** ㉠ 신뢰도, ㉡ 표준화(표준화 검사)

| 표준화 검사 |
| --- |

(1) 표준화 검사
  ① 의미 : 검사의 실시, 채점, 해석에 동일한 절차와 조건을 갖추고 규준이 있어, 동일한 조건인 사람 간의 상대적인 비교가 가능한 측정도구. 예 지능검사, 적성검사, 성취검사, 흥미검사 등
  ② 기능
    • 피검자와 참조집단 또는 규준집단 점수를 비교하게 하는 기능.
    • 감별 기능 : 반응이 특정 집단의 사람 및 일반인과 얼마나 비슷한지와 차이가 나는지를 알 수 있음.
    • 예측 가능한 기능.
(2) 표준화 검사의 기본 요소
  ① 척도와 점수 체계 : 척도, 점수체계(표준점수나 백분위 등), 표준 정규분포, 표집이론(검사문항 선택과 규준이나 참조집단 설정), 기초 기술통계.
  ② 타당도와 신뢰도.
  ③ 실용도.
  ④ 객관도.

**16** 수렴타당도는 새롭게 개발한 검사를 동일하거나 유사한 특성을 측정하는 기존의 검사와 비교하여 이들 간의 상관관계를 살펴보는 방법이다. 한편 변별타당도는 새로운 검사가 측정하는 구성개념과 다른영역을 측정하는 기존의 검사를 비교하여 이들 간의 상관관계를 구하는 방법이다. 수렴타당도 근거는 A와 C검사는 같은구인에 다른측정방법을 적용하여 상관이 .54로 유의미하기 때문에 수렴타당도가 높다고 볼 수 있다. 변별타당도 근거는 A와 D검사는 다른구인에 같은측정방법을 적용하여 상관이 .07로 낮기 때문에 변별타당도가 높다고 볼 수 있다.

## 구성 타당도

(1) 수렴 및 변별 타당도
  ① 수렴타당도(convergent validity) : 새롭게 개발한 검사를 동일하거나 유사한 특성을 측정하는 기존의 검사와 비교하여 이들 간의 상관관계를 살펴보는 방법
    → 동일한 구인은 다른 방법으로 측정하더라도 측정치 간의 상관관계가 높게 나타남
  ② 변별타당도(discriminant) : 새로운 검사가 측정하는 구성개념과 다른 영역을 측정하는 기존의 검사를 비교하여 이들 간의 상관관계를 구하는 방법 → 서로 다른 구인은 동일한 방법으로 측정하더라도 측정치 간의 상호상관은 높지 않게 나타남
  ③ 중다특성-중다방법
    • 수렴타당도 : 같은 구인에 대해 다른 측정방법을 적용한 경우의 상관계수
    • 변별타당도 : 다른 구인에 대해 같은 측정방법을 적용한 경우의 상관계수

(2) 중다-특성-중다방법 행렬에서 상관계수들에 대한 해석법

|  |  | 첫 번째 측정 결과 | | | | | |
|---|---|---|---|---|---|---|---|
|  |  | As | Ae | Ds | De | Ss | Se |
| 두 번째 측정 결과 | As | 신뢰도 | T | M |  | M |  |
|  | Ae | T | 신뢰도 |  | M |  | M |
|  | Ds | M |  | 신뢰도 | T | M |  |
|  | De |  | M | T | 신뢰도 |  | M |
|  | Ss | M |  | M |  | 신뢰도 | T |
|  | Se |  | M |  | M | T | 신뢰도 |

  ① 상관계수 행렬
    • '불안(A)', '우울(D)', '스트레스(S)'에 대해서 리커트 5점 척도를 이용하여 '자기보고'와 '전문가 면담 후 판단'이라는 두 가지 방법(각각 s, e)으로 각 개인에 대해서 측정하였음.
    • 이러한 6개 변수(= 3가지 구인×2가지 측정방법)에 대한 측정을 일정한 시간 간격을 두고 두 번 실시한 후 총 12개 변수들 간의 상관계수를 그리면 위의 그림과 같이 표현할 수 있음.
  ② 결과
    • 대각선에 존재하는 상관계수 값 : 검사-재검사 신뢰도를 나타내는 값.
    • T로 표시된 부분 : 수렴타당도
      - 같은 구인에 대해서 다른 측정방법을 적용한 경우의 상관계수를 의미함.
      - 같은 구인을 다른 방법으로 측정했을 때 해당 상관계수들이 크게 나타난다면 이는 이론적 구인이 실제로 존재한다는 간접적 증거가 됨. 달리 말하면 '무엇'을 측정하는가라는 사실이 '어떻게' 측정하는가보다 상관계수를 설명하는데 더 큰 영향을 주고 있다는 뜻.
    • M으로 표시된 부분 : 변별타당도 - 다른 구인에 대해서 같은 측정방법을 적용한 경우의 상관계수들.

**17** ㉠의 개념은 특정집단에 유리하거나 불리하게 제작된 문항이고, ㉡의 개념은 평정자의 전반적인 인상이나 선입견이 평정결과에 무의식적으로 영향을 주는 현상이다. ㉢에서 신뢰도를 높일 수 있는 방법은 문항 수는 늘리고, 난이도를 중간(적정)수준으로 유지하고, 검사가 측정하는 내용의 범위를 좁혀야 한다.

### 문항분석과 신뢰도

(1) 문항의 차별적 기능(편파성 문항)
  ① 편파성 문항 : 특정 집단에 유리하거나 불리하게 제작된 문항으로, 같은 능력 수준의 피검자가 성별, 인종 등 다양한 집단 특성 때문에 답을 맞힐 확률이 다른 경우를 말함.
  ② 차별기능 문항을 측정하는 방법 : 고전검사이론과 문항반응이론에 기초한 방법으로 분류할 수 있음.

(2) 평정자에서 기인하는 오차 : 후광효과
  평정자가 비평정자에 대해 가지고 있는 전반적인 인상, 선입견이 평정결과에 무의식적으로 영향을 주는 현상으로, '인상의 오차'라고도 함.

(3) 신뢰도의 영향 요인
  ① 문항 수가 많을수록(검사의 길이가 길수록) 신뢰도가 높아지지만, 비례적으로 증가하지는 않음.
  ② 문항 난이도가 중간 정도이고 변별도가 높으면 신뢰도는 증가함.
  ③ 문항의 범위가 좁을수록, 문항표본이 적절할수록, 문항이 동질적일수록 신뢰도는 증가함.
  ④ 검사대상이 되는 집단의 개인차가 클수록 검사점수의 변량이 커지고, 신뢰도 계수도 커짐.
  ⑤ 시간제한이 없는 검사의 경우, 검사시간에 기인한 검사수행의 일관성 때문에 신뢰도 추정치가 부당하게 증가됨.
  ⑥ 신뢰도는 검사 길이가 길어짐에 따라 증가하며, 증가의 폭은 검사의 길이가 길어짐에 따라 감소함.

**18** 2-7/7-2

### MMPI-2, A 임상척도 : 2-7/7-2

① 주요 특징 : 우울하고 긴장되어 있으며, 불안과 걱정이 많고 예민하다. 어떤 문제가 생기기도 전에 걱정하고, 실제적이거나 상상적인 위협에 취약하여 사소한 자극에도 과민반응을 보이며 쉽게 불안해짐.
② 피로감, 불면증, 식욕부진, 흉통 등의 신체증상을 호소하고 체중 감소, 동작의 느림, 사고의 지연과 같은 우울 증양상을 보임.
③ 세상과 자기에 대해 비관적이고 어떤 문제에 대해 오래 생각하는 습관이 있으며 자신의 성취에 대해 높은 기대를 가지고 있기 때문에 목표에 미달했거나 어떤 결점이 발견되면 강박적으로 집착하고 죄책감을 느낌.
④ 대인관계에서 수동-의존적이어서 자기주장을 못하고 공격적으로 싸우는 것을 싫어하며, 정서적 관계를 형성할 수 있는 능력은 있지만 타인의 기대에 지나치게 맞추려고 하는 경향을 보임.
⑤ 임상적으로 대개 신경증(우울, 불안, 강박성) 진단을 받는 경우가 많으며, 때로는 양극성 장애와 같은 심한 우울증의 진단을 받기도 함.
⑥ 2-7-3(7-2-3) 프로파일 : 수동-의존적인 대인관계를 가장 편하게 생각하며 특히 다른 사람들이 세상으로부터 이들을 보호하도록 하는 데 비상한 재주를 가졌음. 진단으로는 불안증에 속하는 신경증적 장애가 많으며 우울증이 주된 진단이 되기도 함.

⑦ 2-7-4(7-2-4, 4-7-2) 프로파일 : 만성적 우울과 불안을 가지고 있으며 수동-공격적인 패턴을 보임. 분노 감정을 가지고 있으나 적절히 표현하지 못하고 부적절감과 죄책감을 가짐.
⑧ 2-7-8(7-2-8) 프로파일 : 주요 증상은 우울, 불안, 강박적 사고, 긴장고- 같은 만성적인 신경증적 증상. 생각과 걱정이 많고, 우유부단하고 위축되어 있으며 자기반추적인 사고를 많이 하여 자살에 집착함.
⑨ 심한 고통으로 인해 치료 동기가 높고 자기성찰이나 내성 능력을 갖추고 있어 심리치료에 적합한 조건을 가짐.

**19** ④

**20** ③

**21** ⑤

**22**
- 척도 : Hs, D, Hy
- z점수 : 2

**23**
- 26
- 진단명 : 신체화장애
- 근거 : 1, 3번 척도가 70점 이상으로 유의미하게 높으며, 2번 척도가 상대적으로 낮기 때문이다.
- 나머지 척도는 Si로, T점수는 32점이다. 의미를 해석하면 이 학생은 외향적이고 사교적이며 다양한 사람들과 잘 어울린다는 것이다.

**24**
- 증상 : 우울감
- 근거 : 척도 D가 73점으로 유의미하게 높고, 척도 Ma가 29점으로 유의미하게 낮기 때문이다.

**25** 임상적 특징은 다음과 같다. 첫째, 신체적 고통감이 주된 증상으로, 소화기 계통의 장애나 피로감, 신체적 허약을 주로 호소한다. 둘째, 신체적 증상으로 이차이득을 얻는 경우가 많다. 셋째. 우울하고 불안하며 흥미의 상실, 무감동을 경험한다. 넷째, 수동의존적이고 짜증을 잘 내며 삶에 적극적성이 결여되어 있다.

> **MMPI : 123/321/231**

① 일반적으로 신체형 장애, 불안장애, 우울증 진단을 받는 경우가 많음.
② 신체적 불편감, 소화기계통과 관련된 불편감을 호소하며, 증상으로 인해 명백한 이차이득을 얻는 경우가 많음.
③ 우울증상을 드러내며, 수면곤란, 당혹감, 낙심, 무망감, 비관주의 등의 징후를 보임.
④ 의존성과 자기주장 사이에서 갈등을 겪고 있는 것처럼 보이며, 다른 사람들과 정서적으로 거리를 두며 지냄.
⑤ 피로감을 느끼며, 활력 수준이 낮고, 성적인 욕구도 적은 편임.

**26** 잘못된 부분은 첫째, ⓒ으로 언어와 행동 암시 모두 자살의 공통적인 위험요인이다. 둘째, ⓒ으로 자살에 대해 직접적으로 물어보는 것이 내담자가 더 안도감을 느낄 수 있다. ⓜ에서 자살 위험정도를 높게 예측한 이유는 첫째, 공격성과 충동조절의 어려움으로 인해 자신의 충동을 행동화 하는 과정 속에서 자살시도를 할 수 있다. 둘째, 공격성이나 적개심을 내재화하여 자살과 같은 자기파괴적 행동이 나타날 수 있다.

> **MMPI-2, A 임상척도 : 2-4코드**

① 주요 특징 : 충동 조절의 어려움. 사회적으로 받아들여지지 않는 형태로 자신의 충동을 행동화한 후 행동 결과에 대한 죄책감과 불안을 경험함
② 적대심을 수동공격적인 방법으로 표현하며, 미성숙·의존적·자기중심적이어서 자기연민에 빠지거나 타인에 대한 원망을 반복함
③ 특히 두 척도가 모두 높을 때 자살생각이나 자살시도가 있을 수 있는데, 이는 주변 사람에게 죄의식을 느끼게 하려는 동기에서 비롯될 수 있음
④ 적개심을 내재화하여 자해, 자살 등의 자기 파괴적 행동이 나타날 수 있음
⑤ 치료과정에서 오는 압력을 견디지 못해 탈락하는 경우가 많으며, 동기도 낮고 통찰력도 결여되어 있어서 심리치료의 예후가 좋지 않음

**27** D 척도에 해당하는 내용은 첫째 잦은 두통으로 내과에서 처방해준 약을 복용한다는 것과, 둘째 고양이를 괴롭힌 행동에 대해 죄책감을 느낀다는 것이다. Pd척도에 해당하는 내용은 첫째 게임 도중 상대방에게 욕설을 하여 강제로 퇴장을 당한 적이 있다는 것이고, 둘째 고양이에게 물건을 던져 다치게 하는 일이 많다는 것이다. 두 검사를 통해 추정할 수 있는 지우의 위기문제는 자살 가능성이 높다는 것이다.

### MMPI - 2, A : 임상척도

① HS 척도 : 신체적 증상과 기능이상에 대한 과도한 집착과 불안을 측정.
② D 척도 : 검사 시행 당시에 느끼는 기분상태를 반영하는데, 비관 및 슬픔의 정도를 측정.
- 주된 증상은 우울감, 의기소침, 흥미 범위 축소, 주의집중 곤란, 불면, 신체적 기능 이상
- 신경증적 혹은 내인성 우울보다는 반응성 혹은 외인성 우울을 측정
③ Hy 척도 : 현실적 어려움이나 갈등을 부인하는 양과 형태를 측정.
- 신체적 증상을 나타내는 문항
- 심리적 또는 정서적 문제를 가지고 있지 않고 사회적으로 잘 적응하는 것을 나타내는 문항
④ Pd 척도 : 충동적인 행동, 반항성, 권위적 대상과의 갈등을 측정. 특히 좌절 인내력이 낮고 분노를 통제하기 어려우며 공격성을 표출할 수 있음.
⑤ Mf 척도 : 남성은 여성적인 특성을 여성은 남성적인 특성을 많이 나타낼수록 높은 점수를 얻게 됨. 이 척도는 역할 유연성을 측정하고 있는데, 낮은 점수는 전통적인 성역할을 과도하게 동일시함.
⑥ Pa 척도 : 대인관계에서 예민하고 경계적이며 의심이 많고 타인을 불신하는 등의 편집증적 경향을 보임.
- 이 척도가 조금 높을 때(60~70) : 대인관계 민감성 측정
- 70 이상 : 예민성에 의심성이 첨가되어 다른 사람이 악의를 가지고 있다고 판단
- 자기 정당성으로 타인이 자신을 정당하게 대우하지 않는다는 확신을 가지고 분노를 나타냄
⑦ Pt 척도 : 불안하고 긴장되어 있으며 걱정이 많아 우유부단한 특성을 지님.
⑧ Sc 척도 : 다양한 사고, 감정, 행동 등의 장애로 특히 외부 현실에 대한 해석의 오류, 망상, 환각 등을 지님. 감정반응의 위축이 보편적으로 나타나며 현실도피적, 공격적, 기태적 행동 등을 나타냄.
⑨ Ma 척도 : 정신적 에너지를 측정하며, 높은 활동성과 충동성이 특징임
⑩ Si 척도 : 대인관계를 불편하게 느끼는 사람들로, 사회적 고립, 일반적 부적응 및 자기비하 등이 나타남.

**28** MMPI-A에서 유의미하게 상승하고 있는 척도는 M- 74로 성호는 성적 자아정체감에 대한 갈등을 나타내고 있다. 배경정보에서는 첫째 여학생들과 어울리는 것이 편하고, 둘째 여자가 되고 싶은 마음이 생긴다고 보고하고 있다. SSCT에서는 첫째 언젠가 여자로 태어나고 싶다. 둘째 가족이 나에게 남자다워야 한다고 말하는 게 싫다고 보고하고 있다.

### MMPI-2, A : MF 척도

① 병리적인 특성을 재는 척도가 아니므로 다른 척도들을 해석한 다음 척도 5의 특성과 통합하는 것이 좋음.
② 척도 5가 높은 남자는 수동-의존적이며 비주장적이고 유약하며 특히 척도 4가 낮을 경우 더욱 그러함. 특히 높은 점수는 성 정체감의 갈등을 경험하고 있음을 반영함.
③ 척도 5가 높은 여자의 경우, 전통적인 여성적 역할에 비순응적이며 자유분방한 태도를 보임. 이들은 공격적이고 경쟁심이 강하며 지배적인 성격을 지니고, 특히 척도 4가 높을수록 이러한 특성이 두드러짐.
④ 남자와 여자 모두 교육수준이 높을수록 척도 5가 상승하는 경향이 있음.

**29** 〈이상심리와 중복. 심리검사 부분만 작성함〉: 첫째, 1번 척도가 70점으로 유의미하게 상승하고 있기 때문에 신체증상과 기능 이상에 대한 과도한 집착과 불안을 보일 수 있다. 의뢰사유에서도 정밀검사 결과 아무런 이상이 없는 것으로 나타났음에도 불구하고 신체적 불편감과 통증을 호소하고 있다. 둘째, 7번 척도가 75점으로 유의미하게 상승하고 있기 때문에 만성적 불안과 우유부단을 보일 수 있다. 행동관찰에서도 면담 도중 눈을 마주치지 못하고 긴장된 상태로 안절부절 하지 못하고 있다.

**30** F1과 F2에 해당하는 행동은 첫째, 검사지를 건네주자 관심을 보이고 집중하여 답을 하기 시작했다는 것이다. 둘째, 검사 후반부로 갈수록 지루한 듯 한숨을 한 번씩 쉬는 모습을 보였다는 것이다. 456 형태에서 정민에게 현저한 정서는 분노 및 적대감이고, 행동특성은 원하는 것을 얻기 위해 타인을 조정하려고 하는 수동공격적인 양상을 보일 가능성이 높다.

### MMPI-2, A : V 모양의 456 형태(수동-공격형 V)

① 척도 4와 6이 상승되고 척도 5가 이들 척도보다 10 이상 낮거나, T 점수가 50 이하로 하락된 형태로, '수동-공격형 V', '스칼렛 오하라 V'라고도 하고 여자에게서 많이 나타남.
② 매우 수동적·의존적이며 전통적인 여성적 역할에 과도하게 동일시하는 경향이 있음.
③ 표면적으로 사교적이고 자신만만해 보이지만, 내면에는 분노감과 적대감이 가득 차있으며 애정에 대한 강한 욕구가 숨어 있음.
④ 수동-공격적인 양상 : 원하는 것을 얻기 위해 타인을 조종하려 함
⑤ 척도 6의 상승은 편집적 경향을 나타내는 것이 아니라 자신의 결점이나 실패를 외부 환경으로 돌리려는 경향성 또는 만성적인 분노감을 반영함. 타인을 화나게 하는 데 능숙하나 그것에 기여한 자신의 책임을 인정하지 않으려 하기 때문에 치료적 개입이 매우 어려움.

**31** ㉠에 해당하는 임상척도 쌍은 '2-3(3-2)'이다. ㉡의 결과는 부주의나 일시적인 집중력 저하 등으로 인해 비일관적 반응경향이 있을 수 있다는 것이다. ㉢에 해당하는 방어기제는 '억압'이다.

### MMPI-2, A : 2-3 코드와 타당도 척도

(1) 2-3/3-2 코드
① 주요 특징 : 만성적 피로감과 무력감, 소화기 계통의 증상을 호소하며, 현저한 우울과 불안을 경험하고 이것이 모두 신체 증상 때문이라고 생각함.
② 정서적으로 과도하게 억제되어 있어 자신의 감정을 적절히 표현하는 것을 어려워하며 미성숙하고 부적절하며 의존적.
③ 사회적 상황에서 자신의 정서가 수용되지 않을 때 쉽게 불안해하고 마음의 상처를 받지만, 만성적인 문제에 익숙해 있고 비효율적인 상태에서 오랫동안 기능을 유지하고 있음.
④ 성격 특징은 수동적·순응적·의존적이기 때문에 타인으로부터 관심과 수용·보호를 받기도 함.
⑤ 일과 관련하여 성공·성취에 대한 욕구를 강하게 느끼지만 경쟁 상황에 대한 부담감과 실패에 대한 두려움으로 인해 이러한 상황에 직면하는 것을 회피하게 됨.

(2) 타당도 척도 : VRIN

| T 점수 | 프로파일 타당성 | 가능한 해석 |
|---|---|---|
| 80 이상 | 무효<br>(타당하지 않은) | • 무선반응으로 인해 프로파일 해석 불가능함<br>• 독해능력이 부족하거나 혼란스러운 상태에 있거나 의도적으로 무선반응을 했을 가능성이 있음 |
| 65~79 | 유효(타당)하지만 일부의 비일관적인 반응이 포함됨 | • 해석이 가능하긴 하지만, 일부 비일관적 반응이 포함되었을 가능성이 있으므로 해석에 주의할 필요가 있음<br>• VRIN 점수가 79점에 가깝다면 보다 강한 주의가 필요함<br>• 많은 무선반응은 부주의하거나 일시적인 주의 집중력 상실이 이유가 될 수 있음 |
| 40~64 | 유효함 | 피검사자는 검사문항을 일관성 있게 이해하고 반응함 |
| 39 이하 | 유효함 | 피검사자는 매우 주의 깊고 신중하게 문항에 응답함 |

① 수검자의 무선반응을 탐지하려는 척도 : 내용이 서로 비슷하거나 또는 상반되는 문항으로 구성
② 비전형(F) 척도와 함께 해석
  • 비전형 상승 + VRIN 상승 : 무작위 반응으로 인해 프로파일 해석이 불가능
  • 비전형 상승 + V, TRIN 정상 : 정신병리적 문제나 나쁘게 보이려는 의도가 있었는지 파악해야 함

㉠이 반영되어 있는 임상척도는 'D척도'다. 은아의 상태와 부합하는 임상 척도쌍은 '2-3척도'다. 해석불가능한 척도는 내용척도와 보충척도인데, 그 이유는 F척도에 비해 F2척도가 유의미하게 상승했기 때문에 검사 후반부에 배치된 문항들을 중심으로 채점되는 내용과 보충척도는 해석할 수 없기 때문이다.

### MMPI-2, A : F(B)척도와 2-3척도

(1) F(B) 척도(비전형-후반부 척도)
  ① 검사 후반부의 비전형 반응을 탐지하는 척도 : 검사과정에 수검자의 태도변화를 알려줌
  ② F척도가 정상범위에 있고 F(B)척도가 상승(유의미 : 30점 이상)
    • 수검자의 검사태도가 후반에 달라졌음을 반영
    • 검사지의 후반부에 배치된 문항들을 중심으로 채점되는 보충척도, 내용척도 등은 해석불가
  ③ F < F(B) 30점 이상 차이 : 검사후반부에 피검자의 태도에 유의미한 변화가 있었음을 의미하며, 후반부 문항을 통해 산출되는 척도는 해석하지 않음

(2) 2-3/3-2
  ① 주요 특징 : 만성적 피로감과 무력감, 소화기 계통의 증상을 호소하며, 현저한 우울과 불안을 경험하고 이것이 모두 신체 증상 때문이라고 생각함
  ② 정서적으로 과도하게 억제되어 있어 자신의 감정을 적절히 표현하는 것을 어려워하며 미성숙하고 부적절하며 의존적임
  ③ 성격 특징은 수동적·순응적·의존적이기 때문에 타인으로부터 관심과 수용·보호를 받기도 함
  ④ 주요 방어기제 : 부인, 억압이며, 통찰력이 부족하고 갈등이 생길 때 불편감을 신체증상으로 설명함

**33** ㉠ 우울(A-dep), ㉡ 소외(A-aln)

| MMPI-2, A : 내용척도 |
|---|
| ① 불안
② 강박성
③ 우울
④ 건강염려
⑤ 소외
⑥ 기태적 정신상태
⑦ 분노
⑧ 냉소적 태도
⑨ 품행문제
⑩ 낮은 자존감
⑪ 낮은 포부
⑫ 사회적 불편감
⑬ 가정문제
⑭ 학교문제
⑮ 부정적 치료 지표
☞ ③, ⑨, ⑪, ⑭는 MMPI-A에는 있는 내용척도이며, 나머지는 MMPI-2와 동일함 |

**34** ㉠ 명칭은 '속도검사', ㉡ 명칭은 '역량(최대 능력검사)검사'다. ㉢의 지능지수 개념은 '편차지능'으로, 의미는 개인이 속한 해당연령 집단 내에서 상대적인 위치를 IQ로 환산한 것이다. 혹은 동일 연령 집단의 수행에 관한 정규분포 상에서 각 개인의 이탈된 정도를 표준점수로 수치화한 것이다.

| 속도와 역량검사 및 편차지능지수 |
|---|
| (1) 속도검사와 역량검사
 ① 속도검사 : 피험자들이 빠른 시간 내에 완성해야 하는 많은 문제로 구성되어 있는 검사.
 ② 역량검사 : 난이도가 다양한 문제들로 구성되고 주어진 시간 내에 응답해야 하는 검사.

(2) 편차지능지수
 ① 편차지능 : 동일 연령 집단의 수행에 관한 정규분포상에서 각 개인의 이탈 정도를 표준점수(z score)로 수치화한 것.
 ② 편차지능지수 : 동일한 연령집단에서의 상대적인 위치로 피험자의 지능을 표현하는 방법. 해당 연령집단을 모집단으로 한 검사점수의 정규분포를 평균이 100, 표준편차 15 혹은 16이 되는 표준점수로 환산한 척도에서 개인의 지능지수를 계산함.
 ③ 장점 : 자신의 연령집단 내에서 차지하는 상대적 위치를 알려줌. |

**35** ③

**36** ④

**37** ②

**38**
- **전체 지능지수** : 85
- **백분위** : 16(15.87)
- **시사점** : 주의집중력이 부족하다.

**39**
- **주의집중 지표** : 숫자 11 + 산수 8 = 19
  - **사회적 판단력** : 이해 14 + 차례 10 = 24
  - **보충 소검사 명칭** : 동형찾기

**40** ⑤

**41** ②

**42** ㉠ 단어추리, ㉡ 행렬추리, ㉢ 선택

## K-WISC-Ⅳ 특징

① 주요변경사항과 특징을 요약하면 다음과 같다.
- 언어성 IQ와 동작성 IQ 산출 폐기
- 전체 IQ 및 언어이해지표, 지각추론지표, 작업기억지표, 처리속도지표의 4가지 지표점수 산출
- 처리점수 산출
- 10개 주요 소검사와 5개의 보충 소검사로 구성
- K-WISC-Ⅲ의 기본 소검사였던 상식, 산수, 빠진곳찾기는 보충 소검사로 수정, 보충 소검사였던 숫자, 동형찾기는 주요 소검사로 수정
- 아동에 대한 지시, 시행규칙, 채점기준, 검사도구를 수정해서 발달적 적합성 증가
- 단어추리, 공통그림찾기, 행렬추리, 순차연결, 선택의 5가지 소검사가 새롭게 추가
- K-WISC-Ⅲ의 미로, 차례맞추기, 모양맞추기는 K-WISC-Ⅳ에서 삭제

② 삭제된 소검사 : 새로운 소검사가 추가됨으로써 검사 내에 포함되는 전체 소검사 수를 줄일 필요성이 있었음. K-WISC-Ⅲ에 있던 세 가지 소검사(차례맞추기, 모양맞추기, 미로)가 삭제되었음. 이러한 소검사를 없앤 것은 시간 제약 하에서의 수행에 대한 강조를 줄이기 위한 목적임.
③ 유지된 소검사 : K-WISC-Ⅲ에서 유지된 10개의 소검사는 토막짜기, 공통성, 숫자, 기호쓰기, 어휘, 이해, 동형찾기, 빠진곳찾기, 상식, 산수이며 이들 검사의 문항 내용, 실시 및 채점 절차는 개정되었음.
④ 새로운 소검사 : 5개의 새로운 소검사가 개정되어 추가되었는데 공통그림찾기, 순차연결, 행렬추리, 단어추리는 학령기 아동에게 사용되는 다른 웩슬러지능검사에서 가져와 적용한 것..

---

상우의 언어이해지표 점수는 120으로 '우수수준', 지각추론지표 점수는 105로 '평균수준'에 해당된다. 상우의 언어이해 지표와 지각추론 지표의 점수차이는 15점으로 절대값 15이다. 절대값 15점은 임계치인 12.71보다 크기 때문에 두 점수 간의 차이는 통계적으로 유의미하다. 따라서 상우의 인지적 특성은 언어이해 및 추론이 지각추론 능력보다 더 발달(혹은 언어적 처리 – 시공간 처리, 청각음성 처리 – 시지각 변별처리 등)되어 있다고 볼 수 있다.

### K-WISC-Ⅳ 지표점수

(1) 점수 차이의 유의미성 결정
① 1단계 : 비교 점수 간 차이 산출 → 예 VCI와 WMI간 점수 차이는 22점이다.
② 2단계 : 차이와 임계치를 비교. 차이가 임계치보다 크면 통계적으로 유의미한 차이
→ 예 10세 규준집단에서 유의수준 0.05에서 VCI와 WMI간 임계치는 12.66이다. 22점 차이는 임계치 보다 크므로 이 아동의 언어이해와 작업기억의 점수 차이는 통계적으로 유의미하다.
③ 3단계 : 누적비율을 확인한다. 표본의 15%이하에 해당된다면 그 점수 차이는 드문 현상으로 간주함
→ 예 22점 차이는 전체 IQ가 90~109인 집단에서 10.3% 정도로 드물게 발생한다.

(2) 기술적 분류
① 동일 연령대 아동과 비교했을 때 아동의 수행수준에 대한 범주를 의미함.
② 합산점수에 대한 기술적 분류와 백분위를 참조하여, 아동의 합산점수를 분류하여 기술할 수 있음.

| IQ | 분류 | 백분율 | |
|---|---|---|---|
| | | 이론적 정상분포 | 표본분포 |
| 130이상 | 최우수(very superior) | 2.2 | 2.3 |
| 120~129 | 우수(superior) | 6.7 | 6.7 |
| 110~119 | 평균상(high average) | 16.1 | 18.0 |
| 90~109 | 평균(average) | 50.0 | 48.6 |
| 80~89 | 평균하(low average) | 16.1 | 15.3 |
| 70~79 | 경계선(borderline) | 6.7 | 7.3 |
| 69이하 | 매우 낮음 | 2.2 | 1.8 |
| | | | 100.0 |

(3) 지표점수

| 언어이해 [VCI] | 언어적 추론, 이해, 개념화, 단어 지식 등을 이용하는 언어 능력을 측정함 |
|---|---|
| 지각추론 [PRI] | 시각적 자극을 통합하거나 비언어적으로 추론하는 능력, 학습을 통해 배울 수 없는 문제를 해결하기 위해 시공간적인 시각-운동 기술을 적용하는 능력을 측정함 |
| 작업기억 [WMI] | 주의력, 집중력, 작업 기억(제시되는 정보를 효율적으로 처리하기 위해 아주 짧은 시간 동안 머릿속에 정보를 유지하는 능력)을 측정함 |
| 처리속도 [PSI] | 간단한 시각적 정보를 빠르고 정확하게 색하고 변별하는 능력, 정신 속도와 소근육 처리 속도를 측정함 |

**44** 공통적으로 나타난 정호의 임상적 특징은 우울(혹은 위축 및 무기력)이다. 그 근거로, 문장완성 검사에서는 '아무 것도 하고 싶은 것이 없다'고 작성하였고, 1회기 상담내용에서는 '할머니와 할아버지가 돌아가신게 믿어지지 않고 눈물이 날 때가 많으며 어디를 가도 혼자라는 느낌이 든다'고 보고하고 있다. 한편 지능검사에서는 VCI-PSI의 점수차가 절대값 27점으로 임계치인 13.46점보다 크기 때문에 통계적으로 유의미하다.

**45** 밑줄 친 부분에 해당하는 소검사 명칭은 '순차연결'이다. 희라의 인지적 특성은 수업 중 쉽게 산만해지고 주의집중이 어렵다는 것이다. 근거로는 첫째, 규준집단과 비교한 결과는 다음과 같다. 희라의 WMI는 80으로 85보다 작기 때문에 규준적 약점에 해당된다. 또한 백분위 점수가 9%ile로 이는 100명 중 상위 91등에 위치하는 점수다. 둘째, 지표점수 간 차이를 비교한 결과는 다음과 같다. VCI-WMI간의 차이와 PRI-WMI간의 차이가 유의수준 .05 수준에서 통계적으로 유의미 하기 때문에 언어이해 및 지각추론 능력에 비해 작업기억 능력에서 어려움을 나타내고 있다.

### K-WISC-IV : 지표수준에서 강점과 약점

(1) 지표점수 해석원칙
 ① 해당 지표점수 내의 소검사 수행이 개념적으로 단일한 인지능력을 반영하는 경우에만 의미가 있음
 ② 동일한 지표에 속한 소검사 중 최고 점수와 최저 점수의 차이가 1.5SD 미만(환산점수 5점 미만)인 경우 : 해당 지표 점수가 단일한 인지능력을 반영한다고 간주할 수 있음.
 ③ 동일한 지표 내 소검사 중 최고 점수와 최저 점수의 차이가 1.5SD 이상(환산점수 5점 이상)인 경우 : 해당 지표점수에 대해 단일 인지기능으로 가정하여 해석할 수 없기 때문에 다른 요인 구조에 기초한 군집분석이 의미가 있는지를 검토해야 함.

(2) 지표-수준의 차이비교 평가(지표점수간 차이)
 ① 점수 차이의 절대치가 통계적으로 유의미한지의 여부를 검토 : 두 점수 간 차이의 절대치가 임계치보다 같거나 크면 이 차이는 측정오차나 무작위적 변동이 아닌 진정한 차이로 간주됨.
 ② 두 점수 간 차이가 없는 경우 : 아동의 능력이 상당히 고르게 발달되었음을 의미함.
 ③ 점수 간 비교에서 유의미한 차이를 보이는 경우 : 이 차이가 전체 인구에서 얼마나 드문지를 판단함.
 ☞ 작성예시 : 아동의 지표점수 간 차이는 VCI와 PRI 점수에서 유의미하게 나타났다. VC는 120, PR은 104로 VC-PR 간 점수 차이는 16점이고, 절대값은 16점이다. 이때 점수 차이의 절대값 16점은 임계치인 13.1보다 크기 때문에 두 점수 간의 차이는 통계적으로 유의미하다. 또한 이러한 점수 차이는 전체 IQ가 115~128인 집단에서 15.9% 정도로 발생한다. 따라서 아동은 언어적 이해와 개념 형성능력에 비해 시공간적 자극을 분석하고 종합하는 능력에 어려움을 보이고 있다.

(3) 규준적 강점과 약점
  ① 지표점수가 115보다 크면(>115) 규준적 강점.
  ② 지표점수가 85보다 작으면(<85) 규준적 약점.
  ③ 지표점수가 85~115이면(85~115) 정상범위.

(4) 개인적 강점과 개인적 약점
  ① 지표점수의 평균을 구함 : 4개 지표점수의 총합을 4로 나눔.
  ② 평균과의 차이를 구함 : 각 지표점수에서 지표점수 평균을 뺄 것.
  ③ 평균과의 차이를 임계치와 비교함 : 차이가 임계치보다 크면 개인적 강점 또는 약점.

(5) 핵심강점과 핵심약점
  ① 개인적 강점과 개인적 약점이 기저율 10% 미만에 해당될 때 : '드문' 것으로 평가함.
  ② 개인적 강점과 개인적 약점이 기저율 10% 이상에 해당될 때 : '드물지 않은 것'으로 평가함.
  ③ 핵심강점 : 규준적 강점이면서 드물게 발생하는 개인적 강점.
  ④ 핵심약점 : 규준적 약점이면서 드물게 발생하는 개인적 약점.

 ㉠에 들어갈 소검사의 명칭은 '퍼즐'이다. 지적능력에 대한 타당한 추정치는 GAI로 지수점수는 86이다. 이유는 첫째, 4개 지표의 가장 높은 지표점수와 가장 낮은 지표점수 차이가 45점으로 23점보다 크기 때문이다. 둘째, GAI를 구성하는 VCI와 PRI의 점수 차이가 2점으로 23점보다 작기 때문이다.

### K-WAIS-Ⅳ : 전체지능

(1) 구성

| 구분 | 언어이해지표(VCI) | 지각추론지표(PRI) | 작업기억지표(WMI) | 처리속도지표(PSI) |
|---|---|---|---|---|
| 핵심소검사 | 공통성, 어휘, 상식 | 토막짜기, 행렬추론, 퍼즐 | 숫자, 산수 | 동형 찾기, 기호쓰기 |
| 보충소검사 | 이해 | 빠진 곳 찾기<br>무게 비교 | 순서화 | 지우기 |

  ① GAI(일반적인 능력 지표) : 언어이해 지표 점수와 지각적 추론 지표의 표준 소검사 점수를 합산하여 산출되는 부가 지표로, 지능의 보다 안정적인 요인들로 구성됨.
  ② CPI(인지효능 지표) : 작업기억 지표와 처리속도 지표의 점수의 표준 소검사 점수를 합산하여 산출되는 부가 지표로, 어떤 유형의 정보를 능숙하게 처리하는 능력을 반영함.

(2) FSIQ와 GAI 해석 절차
  ① 4개 지표 중 가장 높은 지표점수와 가장 낮은 점수 지표점수의 차이가 표준점수 단위로 1.5SD보다 작은가? (즉, 23점 미만인가?)
    • YES : FSIQ를 개인의 총체적인 지적능력에 대해 신뢰할 수 있고 타당한 추정치로 해석가능
    • NO : 개인의 총체적인 지적능력에 대해 신뢰할 수 있고 타당한 추정치로 GAI 채택 가능성 검토 → ②로 이동
  ② VCI와 PRI의 차이가 표준점수 단위로 1.5SD보다 작은가?(즉, 23점 미만인가?)
    • YES : GAI를 개인의 총체적인 지적능력에 대해 신뢰할 수 있고 타당한 추정치로 해석 가능
    • NO : FSIQ와 GAI 모두 단일 지표로 총체적인 지적능력을 의미 있게 설명하지 못하므로 개별 지표점수 및 군집분석 등을 검토

**47** ㉠ 소검사는 '숫자'이고, ㉡ 소검사는 '빠진곳 찾기'다. '이해' 소검사 점수를 반영하는 내용은 '상황에 맞지 않는 부적절한 말이나 행동을 하기도 해요'이다. 기현이의 증상이 나타나기 이전의 지능수준을 평가하기 적합한 소검사의 명칭은 어휘, 상식인데, 그 이유는 환경의 영향을 적게 받는 가장 안정적인 소검사이기 때문이다. 혹은 정신병리나 뇌손상 등의 영향을 적게 받고 점수가 가장 안정적인 소검사이기 때문이다.

### K-WAIS-Ⅳ : 병전지능과 소검사

**(1) 소검사 : 이해, 빠진 곳 찾기, 이해**

① 이해(Comprehension : CO) : 수검자에게 일반적인 원리와 사회적 상황에 대한 이해에 근거하여 질문에 답할 것을 요구하는데, 여기에는 일상 경험의 응용능력이나 도덕적·윤리적 판단능력에 대한 측정이 포함되고 각 문항은 2, 1, 0점 가운데 하나로 채점된다.
- 낮은 점수 : 빈약한 사회적 판단력이나 초자아의 약화, 사회적 둔감성을 시사한다.
- 속담 문제가 포함되어 있는데, 이는 사회적 판단력보다는 추상적 사고능력을 평가하며, 속담문제에서 인지적 왜곡이나 연상이완의 가능성이 표현되기도 한다.
- 이해 소검사와 관련된 능력 : 실제적 지식의 표명, 사회 성숙도, 관습적인 행동 규준에 관한 지식, 과거 경험을 평가하는 능력, 즉 적절한 선택, 조직화 그리고 사실과 관계에 대한 강조, 추상적 사고와 일반화, 사회적 판단력과 일반 상식 및 실제 사회적 상황에서의 판단력, 사회적 환경에 대한 이해력(도덕적 행동 양식, 사회적 규칙 및 규제에 대한 정보와 지식), 일상 세계에 대한 경계, 이해력 및 현실 인식

② 빠진 곳 찾기(Picture Completion : PC) : 중요한 부분이 빠져 있는 그림을 보고 빠진 부분을 제한시간 내에 찾아야 한다.
- 사물의 본질적인 부분과 비본질적인 부분을 구별하는 능력과 시각적 예민성을 측정한다.
- 빠진 곳 찾기 소검사와 관련된 능력 : 시각적 주의, 시각적 재인 및 확인(시각적 장기기억), 환경적 세부사항에 대한 인식; 현실 접촉, 부분에 대한 전체의 지각; 시각적 개념화 능력, 본질과 비본질을 구별하는 능력, 시각적 조직화 능력과 결합된 시각적 집중력

③ 숫자(Digit Span : DS) : 서로 다른 세 개의 검사, 즉 바로 따라하기와 거꾸로 따라하기, 그리고 숫자 순서대로 따라하기로 구성되어 있다.
- 숫자 바로 따라하기 : 점차로 자릿수가 증가되는 일련의 숫자를 듣고 동일한 순서로 따라하는 즉각적인 회상 과제이다.
- 숫자 거꾸로 따라하기 : 역순으로 반복하여 집중력의 범위를 측정하는 과제이다.
- 숫자 순서대로 따라하기 : 작업기억과 정신적 조작을 측정하며, 수검자는 검사자가 읽어준 일련의 숫자를 작은 숫자부터 차례로 기억해야 한다.
- 숫자 소검사는 불안이나 긴장의 증가로 인해 저하될 수 있는데, 숫자 바로 따라하기는 비교적 안정적인 데 반해, 숫자 거꾸로 따라하기와 순서대로 따라하기는 뇌손상과 같은 병리에 민감하다.
- 숫자 소검사와 관련된 능력 : 즉각적인 기계적 회상, 가역성(reversibility : 바로 따라 외우기에서 거꾸로 따라 외우기로 사고 패턴을 전환할 수 있는 능력), 집중력과 주의력, 청각적 연속능력(sequencing) 기계적 학습

**(2) 병전 지능의 추정**

① 검사목적에 따라 현재 측정된 지능수준이 수검자가 원래 보유하고 있던 지능 수준과 유사한지 혹은 차이가 있는지 밝혀야 하는 경우가 있다.
② 방법 : 현재 실시한 지능검사 소검사 가운데 정신병리 또는 뇌손상에 비교적 영향을 받지 않고 점수가 가장 안정적인 소검사를 토대로 추정하는 것이다.
③ 병전지능 소검사 : 어휘, 상식, 토막짜기 소검사의 환산점수로 병전지능을 추정한 다음, 현재 지능과 비교하여 현재 지능이 15점 이상 저하되어 있다면 수검자에게 유의미한 지능 저하가 있는 것으로 가설을 세울 수 있다.

**48** 잘못된 내용은 첫째, ㉠으로 검사체계는 전체척도, 기본지표척도, 추가지표척도로 구성되어 있다. 혹은 보충지표척도는 포함되지 않는다. 둘째, ㉣로 기존의 지각추론지표는 시공간 지표와 유동추론 지표로 세분화되었다. ⓐ의 지표명은 '인지효율'이고, ⓑ~ⓒ에 해당하는 소검사명은 순서대로 '숫자, 기호쓰기'다.

## K-WISC-V

(1) 전체구조

### A. 전체척도(Full Scales)

| 언어이해(VCI) | 시공간(VSI) | 유동추론(FRI) | 작업기억(WMI) | 처리속도(PSI) |
|---|---|---|---|---|
| 공통성(SI) | 토막짜기(BD) | 행렬추리(MR) | 숫자(DS) | 기호쓰기(CD) |
| 어휘(VC) |  | 무게비교(FW) |  |  |
| 상식(IN) | 퍼즐(VP) | 공통그림 찾기(PC) | 그림기억(PS) | 동형찾기(SS) |
| 이해(CO) |  | 산수(AR) | 순차연결(LN) | 선택(CA) |

### B. 기본지표척도(Primary Index Scales)

| 언어이해(VCI) | 시공간(VSI) | 유동추론(FRI) | 작업기억(WMI) | 처리속도(PSI) |
|---|---|---|---|---|
| 공통성(SI) | 토막짜기(BD) | 행렬추리(MR) | 숫자(DS) | 기호쓰기(CD) |
| 어휘(VC) | 퍼즐(VP) | 무게비교(FW) | 그림기억(PS) | 동형찾기(SS) |

### C. 추가지표척도(Ancillary Index Scales)

| 양적추론(QR) | 청각작업기억(AWMI) | 비언어(NVI) | 일반능력(GAI) | 인지효율(CPI) |
|---|---|---|---|---|
| 무게비교(FW) | 숫자(DS) | 토막짜기(BD) | 공통성(SI) | 숫자(DS) |
| 산수(AR) | 순차연결(LN) | 퍼즐(VP) | 어휘(VC) | 그림기억(PS) |
|  |  | 행렬추리(MR) | 토막짜기(BD) | 기호쓰기(CD) |
|  |  | 무게비교(FW) | 행렬추리(MR) | 동형찾기(SS) |
|  |  | 그림기억(PS) | 무게비교(FW) |  |
|  |  | 기호쓰기(CD) |  |  |

(2) WISC-IV와의 소검사 비교

| 구분 | WISC-IV | WISC-V |
|---|---|---|
| 소검사 수 | 15개의 소검사 | 21개의 소검사(한국판: 16개) |
| 구성 | 핵심 소검사와 보충 소검사 | 기본 소검사와 추가 소검사 |
| 대체 가능 여부 | • FSIQ 수준에서는 2개 소검사까지 대체 가능<br>• 지표 수준에서는 1개 소검사만 대체 가능 | • FSIQ 산출 시, 7개 중 1개 소검사만 대체 가능<br>• 지표 수준에서는 대체 불가능 |

① 전체 IQ : 5판의 전체 IQ는 5가지 지표로 구성되어 있기 때문에 4판에 비해 전반적인 인지능력을 더 폭넓게 측정함 : 즉, 4판의 지각추론 지표가 5판에서는 시공간 지표와 유동추론 지표로 나뉘면서 시각처리 능력과 유동추론 능력을 더 구체적으로 해석할 수 있음.
  • 5판에서는 새롭게 개발된 3개의 소검사(무게비교, 퍼즐, 그림기억)가 추가되었음.

- 숫자 소검사 중 숫자 순서대로 따라하기 과제가 새롭게 추가되면서 작업기억을 더 세부적으로 측정할 수 있게 되었음.
② 검사 해석 : 임계값 유의 수준(.01, .05, .10, .15)의 선택지가 늘어났다. 임계값 유의 수준은 통계적 유의미성을 나타내는 것으로, 검사자가 얼마나 더 엄격하게 결과를 측정할 것인지 결정할 수 있는 선택지가 늘어남.
③ 5판에서는 4판에 비해 처리점수가 늘어나면서 처리점수의 차이 비교를 더 세부적으로 할 수 있음.
④ 5판에서는 추가 지표 척도가 추가되어 전체 척도와 기본 지표 척도 분석 후 아동의 인지능력에 대한 추가적인 정보를 파악할 수 있음.
⑤ 아동의 발달 수준에 더 적합하도록 검사를 수정하였음.

(3) 전체척도
① 구성 : 5가지 기본지표 영역, 총 16개 소검사로 구성됨.
② FSIQ 산출 : 전반부에 배치된 7개의 핵심 소검사(토막짜기, 공통성, 행렬추리, 숫자, 기호쓰기, 어휘, 무게비교)
③ 일반능력지표(GAI)와 인지효율지표(CPI)
- 일반능력지표 : 언어이해(VCI), 시공간(VSI), 유동추론(FRI) → 논리적 사고, 문제해결 관련 능력
- 인지효율지표 : 작업기억(WMI), 처리속도(PSI) → 정보처리 효율성 관련 능력

(4) 기본지표척도
① 언어이해지표(VCI) : 언어적 추론, 개념화, 단어 지식 등의 언어능력을 측정.
② 시공간지표(VSI) : 시공간 조직화 능력, 전체-부분 관계성의 통합 및 종합 능력, 시각적 세부사항에 대한 주의력, 시각-운동 협응능력 등을 측정.
③ 유동추론지표(FRI; Fluid Reasoning Index) : 귀납적 추론과 양적 추론능력, 전반적인 시각 지능, 동시처리, 개념적 사고, 추상적 사고능력 등을 측정.
④ 작업기억지표(WMI) : 주의력, 집중력, 작업기억(제시되는 정보를 효율적으로 처리하기 위해 아주 짧은 시간 동안 머릿속에 정보를 유지하는 능력) 등을 측정.
⑤ 처리속도지표(PSI) : 간단한 시각적 정보를 빠르고 정확하게 탐색·변별하는 능력으로 정신 속도, 소근육 처리 등을 측정.

(5) 추가지표척도(Ancillary Index Scale)
① 양적추론지표(QRI) : 일차적으로는 비언어적 시각 정보이든 언어적 정보이든 제시된 정보의 양적 관계를 이해하여 추론하는 능력을 측정.
② 청각작업기억지표(AWMI) : 기억력, 암기, 주의집중, 청각 단기기억, 작업기억, 수리능력, 청각적 순차처리, 계획능력, 정신적 조작능력을 측정.
③ 비언어지표(NVI) : 시공간지표(토막짜기, 퍼즐), 유동추론지표(행렬추리, 무게비교), 처리속도지표(기호쓰기)의 핵심 소검사들과 작업기억지표의 그림기억 소검사가 포함됨 → 언어적 요구를 최소화한 상태에서의 전반적인 지적 능력을 반영.
④ 일반능력지표(GAI) : FSIQ 산출에 적용되는 전체척도의 핵심 소검사 중 VCI(공통성, 어휘), VSI(토막짜기), FRI(행렬추리, 무게비교)에 포함되는 5개의 핵심 소검사로 구성.
⑤ 인지효율지표(CPI) : 학습, 문제해결, 추론과정에서 이루어지는 정보처리 효율성을 측정하는 지표로, WMI(숫자, 그림기억)와 PSI(기호쓰기, 동형찾기)에 포함되는 4개의 소검사로 구성.

(6) 소검사 실시순서
토막짜기 → 공통성 → 행렬추리 → 숫자 → 기호쓰기 → 어휘 → 무게비교 → 퍼즐 → 그림기억 → 동형찾기 → 상식 → 공통그림찾기 → 순차연결 → 선택 → 이해 → 산수

㉠의 신경전달물질은 '도파민'이고, ㉡의 신경전달물질은 '세로토닌'이다. ㉢ 척도는 '자율성'이다. (다)에서 확인할 수 있는 아란이의 강박적인 수검태도는 지우개를 많이 사용한다는 것이다. 그 이유는 그림을 완벽하게 그리기 위해서 자주 수정을 하기 때문이다.

### 클로닝거(Cloninger)의 기질 및 성격검사와 HTP의 지우기

(1) 기질

| 구분 | 특징 |
|---|---|
| 자극추구(새로움 추구)<br>(novelty seeking; NS) | • 새로운 자극에 의해 행동이 활성화되는 성향<br>• 구성 : 흥분성, 충동성, 무절제성, 무질서성<br>• 외향성 및 충동성과 관련, 두뇌의 행동 활성화 시스템(BAS; 행동접근체계), 도파민 |
| 위험회피<br>(harm avoidance; HA) | • 위험한 자극에 의해 행동이 억제되는 경향성<br>• 구성 : 예기적 걱정, 불확실성에 대한 공포, 수줍음, 피로 민감성<br>• 불안성향과 관련, 두뇌의 행동억제 시스템(BIS; 행동억제체계), 세로토닌 |
| 사회적 민감성(보상의존성)<br>(reward dependence; RD) | • 사회적 보상 신호와 타인의 감정에 대한 민감성에서의 개인차<br>• 구성 : 감수성, 따뜻한 의사소통, 애착, 의존성<br>• 인정 및 승인추구 성향을 반영, 두뇌의 행동유지 시스템(BMS), 노르에피네프린 |
| 인내력(끈기)<br>(persistence; P) | • 지속적인 보상 없이도 행동을 지속하는 경향성<br>• 구성 : 인내심, 노력의 적극성, 완고한 작업, 야망성, 완벽주의<br>• 두뇌의 행동유지 시스템(BMS) |

(2) 성격

| 구분 | 특징 |
|---|---|
| 자율성 | • 개인이 자신을 얼마나 자율적인 자아로서 이해하는가와 관련된 척도<br>• 자기결정력, 의지력의 두 가지 기본 개념에 기초하는 특성 |
| 연대감 | • 개인이 자신을 얼마나 사회의 한 일부로서 이해하는가와 관련된 성격척도<br>• 타인에 대한 수용능력 및 타인과의 동일시 능력에서의 개인차를 측정함 |
| 자기초월 | • 개인이 자신을 얼마나 우주의 한 일부로서 이해하는가와 관련된 성격척도<br>• 우주만물과 자연을 수용하고 동일시하며 이들과 일체감을 느끼는 능력에서의 개인차 측정 |

☞ 그림을 그리다가 자주 지우거나, 특히 그림의 어떤 부분을 지웠을 경우는 그 피검자에게 독특한 내적 갈등이 있음을 추론해 볼 수 있다.

(3) HTP : 지우기
① 지나치게 여러 번 지우는 경우 : 내면의 불확실감, 내적 갈등으로 인한 우유부단함, 내면의 불안감, 자기 불만족 등과 관련됨. 지운 다음에 다시 그렸는데도 그림이 향상되지 못했다면 내적인 불안감을 좀 더 강하게 지지해 주는 징후가 됨
② 지우고 나서 다시 그린 그림의 향상 여부 : 지우고 나서 그린 그림이 나아지면 이는 적응적인 상태이나, 오히려 나빠졌다면 이는 그림을 그린 대상과 관련하여 강한 정서적 갈등을 느끼고 있음을 시사함

**50**
- 검사의 명칭 : 주제통각검사
- 3가지 : 로르샤흐 검사(Rorschach), 집-나무-사람 검사(HTP), 문장완성검사(SCT), 벤더 게슈탈트 검사(BGT)

**51** ③

**52** ②

**53** 질문단계, 결정인

### 로샤(Rorshach) 검사 : 채점영역

① 반응의 위치 : 피검자가 반점의 어느 부분에서 반응하였는가? → W, D, Dd, S
② 반응위치의 발달질 : 그 위치 반응은 어떤 발달수준을 나타내는가? → +, o, v/+, v
③ 결정인 : 반응을 결정하는 데 영향을 준 반점의 특징은 무엇인가? → F, M, C, C', T, V, Y, FD, 반사반응
④ 형태질 : 반응의 내용이 자극의 특징에 적절한가? → +, o, u, -
⑤ 반응내용 : 반응의 내용은 어떤 내용 범주에 드는가? → H, Hd, A, Ad 등
⑥ 평범반응 : 일반적으로 흔히 하는 반응인가? → P
⑦ 조직화 활동 : 자극을 어느 정도 조직화하여 응답했는가? → Z
⑧ 특수 점수 : 특이한 언어반응을 하고 있는가? → 특이한 언어반응, 반복반응, 통합실패, 특수내용 등
⑨ 쌍반응 : 사물을 대칭적으로 지각하였는가? → (2)

**54** ①

**55** 잘못된 진술문은 첫째, ⓒ으로 K-CAT에 등장하는 인물은 모두 동물로 그려져 있다. 둘째, ⓔ로 시간제한은 없지만 너무 오래 생각하지 말고 빨리 쓰도록 해야 한다.

### CAT와 SCT 실시

(1) 아동용주제통각검사(CAT)
① 벨락이 TAT의 적용연령을 보다 어린 아동들로 확대하여 제작한 아동용 투사검사(만 3~10세) : 도판의 그림 장면들을 아동에게 맞는 그림으로 바꾸고, 도판에 등장하는 주인공도 동물로 변경함.
② 동물을 자극으로 사용한 이유
- 검사목적을 위장하기가 편함.
- 사회적으로 용납되지 않는 욕구나 부정적인 감정을 드러내기가 쉬움.
- 문화적 영향을 덜 받음.

- 성과 연령이 분명하지 않아 등장인물의 성, 연령 특징에 덜 영향을 받음.
③ **구성** : 표준그림 10장 + 보충그림 10장 → **한국판 CAT** : 문화요인을 고려하여 9번의 캥거루 그림을 고양이로 변경 (벨락판 중 표준그림 9장 + 보충그림 9장).
④ **실시방법**
- 초기 지시문 : "지금부터 그림을 가지고 이야기하는 놀이를 할 거야. 그림을 보여줄 테니, 그림을 보고 거기에서 어떤 일이 일어나고 있는지 말해봐. 자, 그림을 봐. 여기 나온 동물들은 지금 무엇을 하고 있지? 여기서 지금 어떤 일이 일어나고 있는지 말해봐. (어느 정도 이야기한 다음) 그럼 이 일이 있기 전에 어떤 일이 일어났을까? 그 다음에는 어떻게 될까?"
- 중기 지시문 : "그럼 그 전에 무슨 일이 있었을까? (이에 대한 대답을 하면) 그럼 그 다음에는 어떻게 될까?"
- 심층 질문 : 한 그림에 대한 이야기를 다 마친 다음 이야기의 특수한 사항에 대해 보다 상세히 물어본다.
  **예** "어느 동물이 그런 이름을 갖게 되었니?", "동물들은 몇 살이지?", "그 중에 넌 누가 되고 싶니?"
- 아동의 질문에 대한 적절한 반응
  - "이건 뭐예요? 남자예요, 여자예요?" **예** "너는 어떻게 생각하니? 네 생각대로 말해봐."
  - "앞의 그림에 이어지는 이야기로 만들어야 해요?" **예** "그렇게 해도 되고, 다른 이야기를 만들어도 돼."

(2) **특징**
① **미완성된 문장 제공** : 자신이 갈등이나 정서적으로 관련된 문장의 일부를 완성하는 과제로 구성
② 로르샤흐검사에 비해 자극이 분명한 편이며, 비교적 의식적인 수준의 심리적 현상이 반영되는 경향이 있음
③ **장점** : 피검자는 '예/아니요/모릅니다' 식의 단정적인 대답이 아니라 자기가 원하는 대로 답변할 수 있음, 검사목적을 피검자가 의식하기 어려워서 비교적 솔직한 답을 얻을 수 있음, 다른 투사검사에 비해 검사의 실시와 해석에 있어 특별한 훈련을 필요로 하지 않음, 검사의 집단적 실시가 가능하여 시간과 비용 면에서 경제적임
④ **단점** : 표준화 검사에 비해 객관적으로 채점할 수 없음, 피검자가 언어 표현력이 부족하거나 검사에 비협조적인 경우 검사 결과가 사실과 다르게 왜곡될 수 있음

(3) **지시사항**
① 답에는 정답, 오답이 없으며 생각나는 것을 쓰도록 할 것
② 글씨나 글짓기 시험이 아니므로 글씨나 문장의 좋고 나쁨을 걱정하지 말 것
③ 주어진 어구를 보고 제일 먼저 생각나는 것을 쓸 것
④ 주어진 어구를 보고도 생각이 안 나는 경우에는 번호를 표시해 두고 다음 문장으로 넘어가고 마지막에 완성함
⑤ 시간제한은 없으나 너무 오래 생각하지 말고 빨리 쓰도록 할 것
⑥ 볼펜이나 연필로 쓰되, 지울 때는 두 줄을 긋고 다음 빈 공간에 써야 함

---

**56** 잘못된 반응은 첫째, ㉠으로, 올바른 반응은 "그냥 손으로만 그려라"라고 지시한다. 둘째, ㉣로, 올바른 반응은 "편한대로 하십시오. 혹은 마음대로 할 수 있습니다."라고 지시한다.

## HTP와 로샤(Rorschach) 검사 실시

(1) HTP 그리기 단계 유의사항
① 얼굴만 그리는 피검자 : "전신 그림을 그리도록" 지시함.
② 그려진 그림이 만화적이거나 막대형의 그림 : "온전한 사람"을 다시 한 번 그리도록 함.
③ 사람을 다 그리면 : 그림의 성별을 묻고 피검자가 응답한 성별과 함께 첫 번째 사람 그림이라는 것을 완성된 종이에 표시해 둠. 다음에는 4번째 종이를 제시하면서 방금 전 그린 그림의 반대 성을 그리도록 지시하고 시간을 측정함.
④ 검사 수행 시, 수검자의 말과 행동을 관찰·기록 : 이는 모호한 상황에서 수검자가 어떻게 대처하는지에 대한 단서를 제공함.
⑤ 피검자의 여러 가지 질문 : 단지 "당신이 생각한대로 그리십시오."라고만 대답해주며 피검자의 질문은 기록함.
⑥ 수검자가 "나는 그림을 잘 그리지 못합니다"라고 할 경우 : "이 검사에서는 당신의 그림 솜씨를 보려고 하는 것이 아니라 당신이 어떻게 그리는지에 관심이 있으니 편안하게 그려 보세요"라고 말함.
⑦ 도구를 이용하여 그림을 그리고 싶어 하는 경우 : "그냥 손으로만 그려야 합니다."라고 말함.

(2) Rorschach 질문에 응답하기 단계
① 응답원칙 : 비지시적으로 짧게 대답함.
② 질문에 따른 응답 예시

| 구분 | 피검자의 질문 | 검사자의 응답 |
|---|---|---|
| 예시 | • "이 카드를 돌려 볼 수 있나요?"<br>• "전체를 봐야 합니까?" | • "마음대로 할 수 있습니다."<br>• "편한 대로 하십시오." |
| | "다른 사람은 몇 개나 반응합니까?" | "대부분 한 개 이상의 대답을 합니다." |
| | "사람들은 이 카드에 무엇이라고 반응합니까?" | • "여러 종류의 반응을 합니다."<br>• "사람에 따라 다릅니다." |
| | "검사를 받는 목적은 무엇입니까?" | "당신의 문제를 보다 잘 이해할 수 있도록 하는 하나의 방법입니다." |

**57** 개인적 특성은, SCT에서 나는 걱정이 많다고 보고하고 있고, HTP의 나무그림에서 뿌리가 드러나 있고, 나중에 씨가 달라서 죽을 것 같다고 보고하고 있는 것으로 보아, 성지는 낮은 자존감과 위축 및 비관 그리고 자신에 대한 부적절감을 경험하고 있는 것으로 보인다. 관계적 특성은 SCT에서 다른 사람들은 날 싫어하고 있다고 보고하고 있으며 HTP의 나무그림에서 가지가 없고, 인물화 그림에서는 시선을 다른 곳으로 향하고 있는 것으로 보아, 사회적 회피와 철수를 경험하고 있는 것으로 보인다. (추가 : SCT에서 아버지에 대한 언급이 없고, 태호가 아빠 자랑을 해서 싫어한다고 보고하고 있으며 HTP에서 아버지에 대한 언급이 없는 것으로 볼 때, 성지는 아버지 부재에 대한 상실감을 경험하고 있는 것으로 여겨진다).

**58** ㉠에 들어갈 지시문은 "당신을 포함해서 가족 모두가 무엇을 하고 있는 그림을 그려 보세요"다. ㉡의 치료기법은 '노출 및 반응방지법'으로, 치료원리는 현서에게 끔찍하고 잔인한 생각인 강박사고는 하도록 허용하지만, 머리를 좌우로 흔드는 강박행동은 하지 못하도록 하는 것이다.

## KFD와 노출 및 반응방지법

(1) KFD 실시
  ① 준비물 : A4정도 크기의 백지 한 장과 2B 또는 HB연필, 지우개가 필요함.
  ② 시간제한은 없지만 검사자는 초시계를 가지고 시간을 기록해야 함.
  ③ 지시문 : 가로로 종이를 제시한 후 한 장의 종이에 "당신을 포함해서 가족 모두가 무엇을 하고 있는 그림을 그려 보세요. 만화나 막대기 모양 사람이 아니고 온전한 사람을 그려 주세요."라고 지시함.
  ④ 주의 : 검사시행 과정에서 검사자는 내담자에게 자신이 그리고 싶은 대로 자유롭게 그리도록 해야 하며, 그림의 모양이나 크기, 위치, 방법 등에 대해 어떠한 단서도 제공하지 않도록 주의해야 함.
  ⑤ 사후질문의 예
    ㉠ 이 사람은 누구인가? 누구를 먼저 그렸나요?
    ㉡ 지금 이 가족은 무엇을 하고 있나요?
    ㉢ 이 사람은 지금 무엇을 하고 있나요?
    ㉣ 이곳은 어디인가요?
    ㉤ 가족들은 기분이 어떤가요? 기분이 좋은(나쁜) 이유는 무엇인가요?
    ㉥ 이 그림을 보면 무슨 생각이 드나요?
    ㉦ 앞으로 이 가족은 어떻게 될 것 같나요?

(2) 노출 및 반응방지법(ERP)
  ① 학습이론에 근거한 행동치료적 기법으로, 강박장애 환자를 그가 두려워하는 자극(더러운 물질)이나 사고(손에 병균이 묻었다는 생각)에 노출시키되 강박행동(손 씻는 행동)을 하지 못하도록 하는 방법
  ② 이러한 시행을 통해서 두려워하는 자극과 사고를 강박행동 없이 견디어 내는 둔감화 효과가 나타날 뿐만 아니라 강박행동을 하지 않아도 그들이 두려워하는 결과(병에 전염)가 일어나지 않는다는 것을 학습하게 됨.
  ③ 노출 : 약한 불안을 느끼는 자극부터 점차 강한 불안을 느끼는 자극으로 진행되는데, 실제적 노출과 심상적 노출이 있음

**59** ⑤

**60** ③

**61** ③

**62** 내재화 척도는 첫째, 불안/우울 척도가 68점으로 준임상 범위에 해당된다. 이로 인해 정서적으로 우울하고 지나친 걱정과 불안을 경험할 가능성이 높다. 둘째, 위축/우울 척도가 72점으로 임상 범위에 해당된다. 이로 인해 수줍음이나 심리적 위축 등의 증상이 유의미하게 높게 나타날 수 있다. 셋째, 신체증상 척도가 58점으로 정상 범위에 해당되기 때문에 신체증상을 호소하는 정도는 정상수준이다.

## 아동청소년행동평가척도(CBCL 6-18) 해석기준

(1) 해석기준

| 척도 | | 척도명 | 준임상 범위 | 임상 범위 |
|---|---|---|---|---|
| 적응 척도 | | 적응척도 총점 | 37~40 | 36이하 |
| | | 사회성, 학업수행 | 31~35 | 30이하 |
| 문제 행동 척도 | 문제행동 증후군 척도 | 외현화, 내재화, 총문제 행동 | 60~63 | 64이상 |
| | | 문제행동 소척도 | 65~69 | 70이상 |
| | DSM 진단척도 | 6개 소척도 | 65~69 | 70이상 |
| | 문제행동특수척도 | 3개 소척도 | 65~69 | 70이상 |

(2) 문제행동 증후군 척도 내용

| 하위 척도 | | 평가내용 |
|---|---|---|
| 내재화 | 불안/우울 | 정서적으로 우울하고 지나치게 걱정이 많거나 불안해하는 것과 관련된 문항 |
| | 위축/우울 | 위축되고 소극적인 태도, 주변에 대한 흥미를 보이지 않는 것 등과 관련된 문항 |
| | 신체증상 | 의학적으로 확인된 질병이 없음에도 불구하고 여러 신체적 증상을 호소하는 것과 관련된 문항 |
| 외현화 | 규칙위반 | 규칙을 잘 지키지 못하거나 사회적 규범에 어긋나는 문제행동을 충동적으로 하는 것과 관련된 문항 |
| | 공격행동 | 언어적·신체적으로 파괴적이고 공격적인 행동이나 적대적인 태도와 관련된 문항 |
| 사회적 미성숙 | | 나이에 비해 어리고 미성숙한 면, 비사교적인 측면 등 사회적 발달과 관련된 문항 |
| 사고문제 | | 어떤 특정한 행동이나 생각을 지나치게 반복하거나 실제로는 존재하지 않는 현상을 보거나 소리를 듣는 등의 비현실적이고 기이한 사고, 행동과 관련된 문항 |
| 주의집중문제 | | 주의력 부족, 과다한 행동 양상, 계획 수립에 곤란을 겪는 것 등과 관련된 문항 |
| 기타 문제 | | 8가지 증후군에 포함되지 않지만 유의미한 수준의 빈도로 나타나는 문제행동과 관련된 문항 |

(3) 척도구성

| | |
|---|---|
| 문제행동척도 | 1) 문제행동 증후군 척도<br>　① 내재화 : 불안/우울, 위축/우울, 신체증상<br>　② 외현화 : 규칙위반, 공격행동<br>　③ 사회적 미성숙　　　　　　④ 사고문제<br>　⑤ 주의집중 문제　　　　　　⑥ 기타문제<br>2) DSM 진단척도 : DSM 정서문제, DSM 불안문제, DSM 신체화문제, DSM ADHD, DSM 반항성 행동문제, DSM 품행문제<br>3) 문제행동특수척도 : 강박증상, 외상후스트레스문제, 인지속도부진 |
| 적응척도 | 1) 사회성 : 속해 있는 모임, 단체의 개수, 참가활동의 활발한 정도, 친구의 수, 친구와 어울리는 정도, 형제자매, 부모, 또래 등 사회적 관계의 질을 평가하는 문항으로 구성<br>2) 학업수행 : 국어, 영어, 사회, 과학, 영어 등 5개 과목별 학업수행 정도, 특수학급에 있었는지 유무, 휴학 여부<br>3) 적응척도 총점 |

**63** 준수의 임상적 특징은 첫째, 우울이다. CBCL에서는 위축/우울 척도가 79점으로 임상범위를 나타내고 있으며 의뢰사유에서도 친구들과 어울리지 못하고 혼자 있는 시간이 많다고 보고하고 있다. 또한 SCT에서도 잊고 싶은 두려움은 나는 항상 혼자라는 것이라고 작성하였다. 둘째, 주의집중의 문제를 보이고 있다. CBCL에서는 주의집중 척도가 72점으로 임상범위를 나타내고 있으며 의뢰사유에서도 수업시간에 산만해서 선생님에게 지적을 당하고, 책상 앞에 있으면 다른 생각 때문에 공부를 할 수 없다고 보고하고 있다. 또한 SCT에서도 집에서 가만히 있지 못하고, 시작한 일을 끝내지 못한다고 작성하였다.

**64** ㉠에 들어갈 MMPI-A-RF의 상위 차원의 척도는 '사고문제'이고, 이 척도는 편집증적 망상 등 사고 상의 문제와 관련된 다양한 증상들을 측정한다. 혹은 편집증적 사고, 망상, 환청 및 환시 등의 사고 문제를 포괄적으로 측정한다. ㉡이 반영된 내용은 진단기준에 심각도를 측정하였다는 것이다. 또한 ~스펙트럼장애, ~관련 장애 방식으로 명칭 자체가 개정되었다. ㉢의 특성을 고려할 때 예상되는 척도명은 'DSM 반항행동문제 척도'이다.

### MMPI-2, A의 상위차원 척도와 K-CBCL-6-18 및 DSM-5 특징

(1) MMPI-A-RF : 상위 차원 척도(Higher-Order Scales, H-O)
- ☞ 상위 차원 척도는 임상적으로 중요한 정서, 사고, 행동 측면에서의 개인차를 반영하는 정서적/내재화 문제, 사고문제, 행동적/외현화 문제로 구성됨
  ① 정서적/내재화 문제(Emotional/Ineternalizing Dysfucntion, EID) : EID 척도는 정서적 고통과 역기능에 대한 포괄적인 지표로, 의기소침, 낮은 긍정적 정서, 의욕 저하, 불안, 우울 등 부정적 정서 경험과 관련이 있음
  ② 사고문제(Thought Dysfucntion, THD) : THD 척도는 편집증적 사고, 망상, 환청 및 환시 등 사고 관련 문제에 대한 포괄적인 지표로, 편집증적 망상 등 사고상의 문제와 관련된 증상들과 심리적 어려움과 관련이 있음
  ③ 행동적/외현화 문제(Behavioral/Externalizing Dysfucntion, BXD) : BXD 척도는 행동의 표출 경향성에 대한 포괄적인 지표로, 위험하고 자극적인 상황 추구, 알코올 및 약물 남용, 충동 조절력 부족, 정학, 가출, 품행장애 관련 행동 등 통제되지 않은 행동과 관련된 증상들과 심리적 어려움과 관련이 있음

(2) CBCL 6-18 : DSM 진단 척도
① DSM 정서문제 : 정서문제와 관련된 문항으로 구성됨
② DSM 불안문제 : 불안 증상과 유사한 행동을 평가하거나 구체적인 상황에서의 불안을 측정하는 문항으로 구성됨
③ DSM ADHD : 행동에 일관성이 없고 부산하거나 한 가지 일에 주의집중하는 데 어려움을 겪고 즉각적인 욕구 충족을 바라는 것과 관련된 문항으로 구성됨
④ DSM 반항행동문제 : 행동적으로 나타나는 폭력성, 비협조적 행동 등과 관련된 문항으로 구성됨
⑤ DSM 품행문제 : 사회적으로 용납되지 않는 행동을 하는 것과 관련된 문항으로 구성됨

(3) DSM-5의 특징
① 다축 체계가 폐지됨 : 축을 구분할 목적으로 진단을 내리는 것이 의미가 없다는 연구결과를 반영한 것
② 범주적 모델의 한계점을 극복하기 위해 혼합모델(hybrid model)을 적용함
  • '~스펙트럼 장애', '~관련 장애' 방식으로 명칭 자체가 개정됨
  • 진단기준에 심각도를 측정한 것들도 있으며, 장애별로 심각도의 구분이 다수 포함됨
③ DSM-Ⅳ-TR까지 숫자를 로마자로 표기했지만 DSM-5에서는 아라비아 숫자로 표기

④ 새로운 진단명이 9개 추가, 다음 개정판에 새롭게 추가될 예정인 진단명을 8개 제시하고 추후 연구 진단기준이라고 이름 붙임
⑤ 문화적 차이도 크게 고려 : 증상이 문화권에 따라 다르게 받아들여지고 표현방식도 다르게 나타날 수 있기 때문에 반드시 환자의 문화와 인종, 종교, 지리적 기원 등의 맥락 정보를 파악해야 함
⑥ DSM-5-TR : DSM-5와 기본 구조는 동일하지만 70개 이상의 정신장애에 대한 수정과 보완이 이루어졌으며, '지속성 애도(비탄)장애'가 새롭게 추가되었음. 또한 인종 및 성 차별적 요소들이 개선되는 등 많은 변화가 있었음

## 65 ③

## 66

강점인 학습전략은 '자아효능감'이고 약점인 학습전략은 '인지·초인지 전략'이다. 약점을 보완하기 위한 방법은 시연, 정교화, 조직화 등의 인지전략과 계획, 점검, 조정 등의 초인지 학습전략을 사용한다.

### 청소년학습전략검사(ALSA)

(1) 구성

| 학습동기 척도 | 자아효능감 척도 | 인지-초인지전략 척도 | 자원관리 전략 척도 |
|---|---|---|---|
| 학습에 대한 선택, 잠재성, 강도, 지속성을 측정한다. | 학업적 과제 수행에 필요한 행위를 얼마나 잘 조직할 수 있는지를 측정한다. | 학습과 관련된 인지적 전략, 정교화 전략, 조직화 전략의 사용여부를 측정한다. | 시간, 환경, 노력, 타인의 조력을 관리하는 능력에 대해 측정한다. |

(2) 전략
① 인지전략
- 시연 전략 : 암송, 따라읽기, 베끼기, 자구적 노트정리, 밑줄치기
- 정교화 전략 : 매개단어법, 심상, 장소법, 의역, 요약, 유추생성, 생성적 노트정리, 질문-대답
- 조직화 전략 : 결집, 기억조성법, 핵심아이디어 선택, 개요화, 망상화, 다이어그램화
② 초인지 전략
- 계획 전략 : 목표 설정, 대충 훑어보기, 질문 생성
- 점검 전략 : 자기검사, 시험 전략
- 조정 전략 : 독서 속도 조절, 재독서, 복습, 수검 전략
③ 자원관리 전략 : 자신에게 주어진 주변환경을 효율적으로 활용하여 새로운 정보를 효과적으로 학습하는 방법
- 시간관리 : 시간표 작성, 목표 설정
- 공부환경관리 : 장소 정리, 조용한 장소, 조직적인 장소
- 노력관리 : 노력에 대한 귀인, 기분조절, 스스로에게 이야기하기, 끈기 가지기, 자기강화
- 타인의 조력 : 교사로부터 조력 추구, 동료로부터의 조력 추구, 동료/집단학습, 개인지도 획득

## 67 ④

 ②

 ③

 ③

 ③

 ①

 ②

 ②

75  첫째, 자신이 잘 모르는 검사를 실시하였다는 것이다. 상담교사는 자신이 훈련받은 검사를 사용해야 한다(자신이 전문성 있게 실시할 수 있는 검사를 사용해야 한다). 둘째, 해석내용이 기록되어 있어서 담임교사에게 검사결과지를 학생들에게 나눠줄 것을 부탁하였다는 것이다. 상담교사는 학생들을 대상으로 (개별적으로) 검사결과를 해석해 주어야 한다.

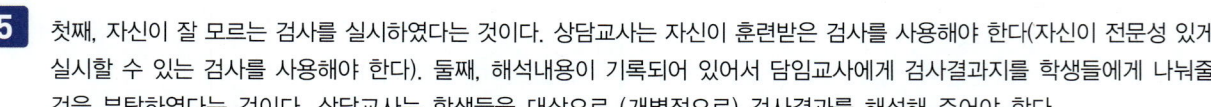

### 심리검사 윤리

(1) 심리검사 선택
① 상담자는 자신에게 익숙하고 전문성있게 실시할 수 있는 심리검사 도구만을 사용한다.
② 새로운 심리검사 기법을 배우도록 노력하며 심리검사 실시를 통해 워크샵과 슈퍼비전으로 새로운 심리검사 도구에 익숙해지도록 노력해야 한다.
③ 여러 가지 검사 중에 타당도와 신뢰도가 검증된 평가도구를 사용해야 한다. 또한 표준화 검사라면 검사규준이 시대에 맞게 개정되었는지 등을 확인해서 좋은 심리검사를 선택해야 한다. 그렇지 못한 경우에는 심리검사 결과 및 해석의 장점과 제한점을 기술한다.
④ 상담자는 심리검사의 목적을 분명히 하고 검사대상자에게 적합한 심리검사를 선택해서 실시할 필요가 있다.

(2) 충분한 설명
① 일반인들에게 검사에 대한 전문적인 용어는 될 수 있는 대로 피하고 피검자가 충분히 이해할 수 있는 단어로 설명할 의무가 있다.
② 심리검사는 내담자를 위한 상담과정에 도움이 되어야 한다. 심리검사에 대하여 내담자에게 설명할 때 심리검사가 마치 마술적인 힘이 있는 것처럼 소개되어서는 안되고 심리검사에 대한 제한점을 설명해 주어야 한다.

③ 사전동의 의무
- 평가 전에 동의를 미리 얻지 않았다면, 상담자는 그 평가의 특성과 목적 그리고 결과의 구체적인 사용에 대해 내담자가 이해할 수 있는 말로 설명되어야 한다. 채점이나 해석이 상담자나 보조원에 의해서 되든, 아니면 컴퓨터나 기타 외부 서비스 기관에 이루어지든, 상담자는 내담자에게 적절한 설명을 하도록 조치를 취해야 한다.
- 내담자의 복지, 이해능력 그리고 사전동의에 따라 검사 결과의 수령인을 결정짓는다. 상담자는 어떤 개인 혹은 집단 심리검사 결과를 제공할 때 정확하고 적절한 해석을 함께 제공하여야 한다.

(3) 검사의 실시
① 표준화 심리검사는 실시방법과 해석이 표준화된 절차에 따라 이루어져야 하며, 개인이 개별적으로 실시하고 컴퓨터로 결과를 받아 볼 수 있도록 개발된 검사가 아니라면 주어진 검사의 실시와 해석은 교육받은 사람에 의해 이루어져야 한다.
② 검사 판매 기관 : 검사를 실시하고 해석할 수 있는 훈련을 받은 사람에게만 검사의 구매를 허락하는 방식으로 검사의 윤리적 실시를 간접적으로 도울 수 있다.
③ 검사를 실시하는 이유와 실시하는데 소요되는 시간 등에 더하여 검사 전에 자세히 설명을 해 주고 검사를 받을 수 있도록 하며 검사장의 분위기를 최대한 편안하고 방해받지 않도록 한다.
④ 검사를 실시하는 데 있어 내담자의 검사를 강요하지 말아야 하며 내담자 선택의 권리를 존중하며 실시한다.

(4) 검사의 해석
① 심리검사를 해석할 때에는 검사점수(원점수, 백분위, 표준점수 등)의 의미를 분명히 알고, 검사가 측정하려고 하는 원래 의미의 범위 내에서만 해석한다. 즉, 검사결과를 해석할 때에는 점수의 의미를 분명히 하고, 검사 타당화가 이루어진 범위 내에서 해석을 해 주어야 한다.
② 상담자는 선입견을 가지고 차별적으로 해석을 하지 말고 다문화적 요소를 고려하여 해석한다.
③ 상담에서 심리검사를 해석할 때 내담자에게 검사결과에 대한 해석과 피드백을 비판적이고 않고 수용적인 분위기에서 전달한다. 내담자가 원하지 않으면 내담자의 권리를 존중하여 사용하지 말아야 한다.
④ 집단상담에서 심리검사 내용을 다른 사람이 알게 되어 내담자에게 불이익이나 선입견을 주게 될 경우, 심리검사 결과를 언급하지 말아야 하며 개인상담으로 해석해 주어야 한다. 간혹, 심리검사를 집단으로 모여서 해석해 주는 경우가 많은데 피검자에게 심각할 정도로 정신적이고 심리적인 문제가 드러나는 경우 개인적으로 해석해 주어서 피검자를 보호해야 한다.

(5) 검사보고 및 결과 전달
① 심리검사 결과는 보통 검사대상자에게만 해석을 제공하고 결과에 대한 비밀보장이 이루어져야 한다.
② 학교나 기업과 같이 심리검사를 단체로 실시하는 경우 : 상담자가 학생 대상으로 집단으로 검사 결과지를 이해하는 방법을 알려주고 의미를 설명해 주도록 한다. 상담자가 없는 경우에는 교사 대상의 교육이 이루어져서 교사가 검사의 목적 및 검사 결과의 해석과 관련해 최소한의 설명이라도 제공해야 한다.
③ 학교나 기관에서 단체검사를 실시해서 정서적 어려움의 정도가 높게 나타난 경우(예, 우울 혹은 자살척도 상승)에는 학생의 보호를 위해 학생에게 개별적인 상담을 실시하고 그 정보를 담임교사나 학부모 등과 공유해서 지지체계를 형성하는 것이 바람직하다. 이 때 이러한 사실을 알려야 하는 사람이 누구인지, 어떤 정보를 제공할 것인지, 관련인이 내담자에게 도움을 줄 수 있는 역할이 무엇인지 판단해서 정보를 전달하는 것이 바람직하다.
④ 심리검사를 문서로 작성하는 경우 정확하고 명확하게 일반인도 이해할 수 있는 단어를 선택해서 문서화한다.
⑤ 심리검사 결과를 법원이나 관계 당국에서 요구할 경우 내담자가 동의하거나 법적 대리인이 동의한 경우에만 다른 전문가에게 공개한다. 공개할 경우 내담자의 안전과 복지에 대한 고려를 하고, 검사가 오용되지 않도록 최대한 주의를 기울이면서 보고한다.

76 ③

# CHAPTER 04 진로상담 기출문제 정답 및 해설

**01** ④

**02** (1) 일에 대한 적극적이고 긍정적인 태도 함양
(2) 의사결정 능력의 함양
(3) 원만한 인간관계와 기술 습득

**03** • 우유부단한 사람
• 예측(처방)단계

**04** 진로선택에 따르는 불안(선택에서의 불안)

**05** ③

**06** A 동기화, B 재조정

### 특성요인 진로상담 : 직업정보 기능

(1) 브레이필드의 직업정보 기능
    ① 정보제공 기능 : 내담자가 직업 선택에 확신을 가질 수 있도록 지식을 증가시키는 것.
    ② 재조정 기능 : 내담자가 자신의 직업 선택이 적절한지 검토하고 변경하게 하는 기능.
    ③ 동기화 기능 : 동기를 자극하여 내담자를 의사결정 과정에 적극적으로 참여하게 함.

(2) 베어와 로버의 직업정보 기능
    ① 탐색 : 일의 세계에 대한 탐색을 할 수 있게 함
    ② 확신 : 내담자의 진로선택이 적합하다는 것을 확신시켜 줌
    ③ 평가 : 직업군과 직업에 대한 자신의 지식과 이해가 적절하였는지를 알려 줌
    ④ 놀람 : 특정 직업을 선택한 후, 그 직업을 수용할 것인지에 대해 결정을 내릴 수 있게 해 줌

# 07 정체성

### 홀랜드(Holland) 성격이론 : 정체성

① 정체성 : 개인의 정체성과 환경에 대한 정체성이 얼마나 분명하고 안정되어 있는가를 의미함
② 개인의 정체성 : 분명하고 안정된 인생의 목표, 흥미, 재능을 가짐으로써 얻어짐
③ 환경적인 정체성 : 환경이나 조직이 분명하고 통합된 목표, 일, 보상이 일관되게 주어질 때 생김

# 08 ⑤

# 09
- **진로코드** : ES
- **직무내용** : 타인을 설득하고 관리하는 활동과 타인을 도와주고 가르치며 봉사하는 활동을 선호한다.

# 10
(1) **유형** : 예술형
(2) **직업** : 음악가, 화가, 디자이너, 소설가, 시인, 영화/연극배우 등

# 11
㉠의 개념은 '변별성(변별도)'이고, ㉡의 개념은 '계측성'이다. 주호의 검사결과는 다음과 같다. 첫째, ㉠의 변별성은 코드 간의 점수차이가 크고(10점 이상) 프로파일 상 높고 낮음의 구분이 뚜렷하면 변별도가 높은데, 주호의 경우 R과 S유형이 다른 유형보다 월등하게 높기 때문에 변별도가 높다. 둘째, ㉡의 일관성은 육각형 모형에서 자리 잡고 있는 위치에 따라 결정되는데, 주호는 RS형으로 두 자리 유형코드가 서로 마주보고 있기 때문에(대각선에 위치에 있기 때문에) 일관성이 낮다.

### 홀랜드(Holland) 진로이론과 검사해석

(1) 부가적 가정
① 일관성 : 개인의 성격 유형들 또는 환경 유형들 사이의 관련 정도를 의미하는 것으로, 육각형 모형상의 두 유형 사이의 근접성에 따라 설명됨. 높은 일관성 수준은 경력이나 진로결정의 방향 면에서 안정성을 가짐
② 변별성 : 사람이나 환경이 얼마나 잘 구별되는지를 의미함. 직업적 흥미 특성이 얼마나 뚜렷하게 나타나는가를 보여주는데, 변별성이 높은 사람은 일에서 경쟁력과 만족도가 높고 사회적·교육적 행동에 적절히 개입함
③ 일치성 : 개인과 직업 환경 간 적합성 정도에 대한 것으로, 사람의 직업적 흥미가 직업환경과 얼마나 조합한지를 의미함
④ 정체성 : 개인의 정체성과 환경에 대한 정체성이 얼마나 분명하고 안정되어 있는가를 의미함
   - 개인의 정체성 : 분명하고 안정된 인생의 목표, 흥미, 재능을 가짐으로써 얻어짐
   - 환경적 정체성 : 환경이나 조직이 분명하고 통합된 목표, 일, 보상이 일관되게 주어질 때 생김
⑤ 계측성 : 서로 관련성이 높은 2가지 코드는 거리가 가깝고, 관련성이 먼 2가지 코드는 거리가 있는데, 이를 다르게 표현하면 육각형 모형에서 각 유형 간의 거리는 이론적 관계에 반비례한다고 설명할 수 있음 → 계측성을 통해 육각형은 개인 흥미에 대한 일관성의 정도를 나타내는 모형으로 활용될 수 있음

(2) 검사해석
① **일관도** : 육각형 모형에서 자리잡고 있는 위치(1~3점)에 따라 결정됨. 높은 일관도는 보다 안정된 직업경력과 관련되고, 직업적 성취와 자신의 목표를 장기적으로 추구한 사람들에게서 나타남.
② **변별도** : 내담자의 RIASEC 프로파일이 어느 정도 분화되어 있는가의 정도를 의미함. 흔히 첫 번째 코드와 두 번째, 세 번째 코드 등 여러 코드 간의 점수 차이가 10점 이상이 되어 프로파일상 높고 낮음의 구분이 뚜렷하다면 변별도가 높고, 평평한 분포를 보이면 변별도가 낮다고 봄. 다음은 평평한 프로파일의 특징임.
 • 진로발달 경험이 부족하거나 미성숙한 경우
 • 여러 가지 재능과 흥미를 가진 잘 통합된 내담자일 가능성도 있으나, 일관도가 낮으면서 평평한 모양의 프로파일은 혼란스러운 상태의 지표
 • **높게 평평한 프로파일** : 활기가 넘치고 다양하고 광범위한 흥미와 재능을 가진 경우
 • **낮게 평평한 프로파일** : 문화적 경험의 부족·자기거부·정체감의 혼란인 경우
③ **긍정응답률** : 검사 전체 문항에 대한 내담자의 긍정 반응의 백분율을 의미함
 • **긍정응답률이 낮은 경우(24% 이하)** : 내담자가 진로나 직업 선택에 있어서 진로를 일생 동안 이루어 가는 과정이라고 생각하지 않을 수 있음. 또한 특정 직업을 선정하여 다른 가능성을 배제하고 있거나, 자아개념이 너무 낮아서 우울하거나, 매사에 무력감을 나타내고 흥미를 보이지 않거나, 성격적으로 너무 편협한 사람일 가능성이 있음
 • **긍정응답률이 높은 경우(65% 이상)** : 내담자가 너무 다양한 흥미나 성격 내지는 능력을 보이고 있어서 무엇이라고 자신의 성격, 흥미, 능력을 특징지을 수 없거나, 특정한 분야에서 흥미나 진로를 선택적으로 받아들이지 못하거나, 진로성숙도가 너무 비현실적 또는 환상적 수준에 있어서 모든 것에 대해 긍정적으로 응답한 경우일 수 있음.
④ **진로 정체감** : 내담자가 지금까지 살아오면서 어떤 진로유형을 선택하고 개발시켜 왔는지에 대한 안정성의 정도로, 일관도, 변별도, 긍정응답률을 종합하여 진로정체감을 가늠해 볼 수 있음. 진로정체감이 잘 발달된 내담자는 일관도와 변별도가 높고 긍정응답률이 적정 수준에 있음.
⑤ **최종 진로코드** : 검사결과 해석지에 성격, 활동, 직업, 가치, 유능감, 자기평정 등의 순서로 각 척도 채점문항 수에 대한 긍정응답수의 백분율인 P 점수가 RIASEC 각 척도별로 제시. 더불어 RIASEC 각 척도에 대한 전체 요약 점수가 긍정응답 백분율인 P 점수로 제시되며 그 분포도 제시됨.
 • **1차 진로코드** : 전체 요약 점수 분포에서 가장 높은 것의 척도코드와 두 번째 높은 것의 척도코드를 순서대로 기록한 것. IR이 가장 높고 그다음이 I라면 RI가 진로 코드가 됨. 1순위와 2순위의 코드 점수가 동점일 경우에는 두 가지 코드를 모두 1순위에 적고 그 다음으로 점수가 높은 코드를 적음.
 • **2차 진로코드** : 1차 진로 코드의 1순위와 2순위 코드 간의 점수 차가 10점 미만인 경우 1순위와 2순위의 위치를 바꿈. 1차 진로 코드의 1순위와 2순위 코드 간의 점수 차가 10점 이상인 경우, 1순위와 3순위가 2차 진로 코드가 됨.

---

**12** 일관성이 가장 높은 학생은 '효주'다. 일관성은 (흥미유형간 내적 일관성으로), 흥미유형이 육각형에서 가까이 위치할수록 높은데, 효주의 흥미유형은 SE로 두 자리 유형코드가 서로 인접해 있기 때문이다. 일치성이 가장 높은 학생은 '동우'다. 일치성은 성격유형과 환경유형간의 적합성을 의미한다. 동우의 성격유형은 SC이고, 환경유형 또한 교사로 SC유형과 적합하기 때문에 일치성이 높다고 볼 수 있다.

**13** 틀효과의 명칭은 '매몰비용의 오류'로, 의미는 사람들이 이미 투자한 비용을 고려해서 현재 상황에 대한 결정을 내리는 것이다. 사례에서 어머니는 첼로에 들어간 시간과 비용 때문에 민수가 첼로에 적성에 맞지 않음에도 불구하고 진로변경을 하지 못하고 있다. 해석 중 잘못된 부분은 첫째, ㉠으로 계측성이 아니라 변별성(변별도)이 높은 편이어서 흥미 성향을 잘 파악할 수 있다. 둘째, ㉣로 성격유형은 SC, 환경유형은 A로 일치성이 낮기 때문에, 학교생활에 어려움이 있을 수 있다.

### 틀(프레이밍) 효과

① 의미 : 한 문제가 어떤 식으로 표현되는지(틀 속에 들어가는지)에 따라 동일한 문제에 서로 다른 대답들이 나타나는 것.
② 틀 효과는 문제를 제시하는 방식에 따라 결정과 판단에 영향을 주는 것으로 어떤 문제, 질문 혹은 사건을 둘러싸고 있는 맥락을 어떻게 정의하느냐에 따라 그 맥락에 대한 지각이나 평가가 달라짐.
③ 매몰비용의 오류(suck-cost fallacy) : 사람들이 이미 투자한 비용을 고려해서 현재 상황에 대한 결정을 내리는 것.
  • 매몰비용 : 경제적 관점으로 이미 발생하여 회수할 수 없는 비용.
  • 매몰비용의 오류 : 매몰비용 때문에 이미 실패한 또는 실패할 것으로 예상되는 일에 시간, 노력, 돈을 투자하는 것.
④ 전망이론(prospect theory, Tversky & Kaneman) : 위험, 불확실성, 손실 및 이득에 대한 사람들의 태도가 그들의 의사결정에 미치는 영향을 설명함. → 사람들은 확률을 정확하게 계산할 수 있는 능력이 없고 대부분의 경우에는 앞으로 얻을 수 있는 이득보다는 손실에 대한 두려움이 사람들의 의사결정에 더 큰 영향을 미침

**14** 성격양식의 4가지 요소는 '민첩성, 속도, 리듬(규칙성), 지속성'이다. 현서의 부조화 내용은 충족의 문제로, 직업에서 요구하는 과업을 수행할 수 있는 기술(능력)이 부족한 상황이다. 회사의 경우, 직원 80%가 대졸이고 업무능력이 뛰어나지만, 현서는 전문지식이 부족하고 업무절차의 이해부족으로 실수가 많기 때문이다.

### 직업적응이론 : 만족과 충족 및 구조와 양식

(1) 만족과 충족

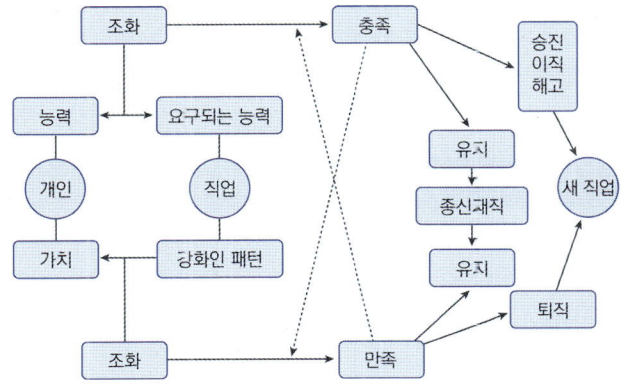

① 만족 : 조화의 내적 지표로, 직업환경이 개인의 욕구를 얼마나 채워주고 있는지에 대한 개인의 평가.
  → 개인의 욕구에 대한 직업의 강화가 적절히 이루어질 때 높아짐.
② 충족 : 조화의 외적 지표로, 직업에서 요구하는 과제와 이를 수행할 수 있는 개인의 능력과 관련된 개념.
  → 직업 환경이 요구하는 과업을 수행할 수 있는 기술(능력)을 개인이 가지고 있을 때 충족됨.

① 만족 : 조화의 내적 지표로, 직업환경이 개인의 욕구를 얼마나 채워주고 있는지에 대한 개인의 평가.
   → 개인의 욕구에 대한 직업의 강화가 적절히 이루어질 때 높아짐.
② 충족 : 조화의 외적 지표로, 직업에서 요구하는 과제와 이를 수행할 수 있는 개인의 능력과 관련된 개념.
   → 직업 환경이 요구하는 과업을 수행할 수 있는 기술(능력)을 개인이 가지고 있을 때 충족됨.

(2) 구조와 양식
① 성격구조 : 개인이 추구하는 가치와 개인이 가지고 있는 능력의 목록을 통해 파악할 수 있음
   - 가치 : 욕구의 기저가 되는 일반적인 차원
   - 능력 : 특정 기술의 기저가 되는 일반적인 차원
   - 욕구와 가치 = 기술과 능력 : 가치가 욕구를 통해 드러난다면 능력은 기술을 통해 드러남
② 성격양식 : 성격구조가 작동되는 방식으로 민첩성, 속도, 리듬, 지속성으로 구분됨
③ 직업환경구조 : 주어진 직업에서 요구하는 능력과 강화인 패턴(요구능력과 강화인 패턴=능력패턴과 가치패턴)
④ 직업환경양식 : 직업환경이 반응하는 데 관련되는 것으로 민첩성, 속도, 리듬, 지속성으로 구분됨
   - 민첩성(신속성) : 종업원이 작업행동을 얼마나 빨리 시작하는지의 속도
   - 속도 : 과제 작업에 쏟는 에너지의 수준으로 빠르게 움직이는 것과 작업활동에 계속 개입하는 것
   - 리듬 : 작업에 투여한 노력의 특징적인 패턴(꾸준하고 규칙적인지, 불규칙적인지)
   - 지속성 : 습관적으로 작업과제 또는 환경과의 상호작용에 투여하는 시간의 양

주아에게 해당하는 수퍼의 진로발달 단계는 '탐색기'다. 이 시기에 수행해야 할 과업은 '구체화'로, 진로선택과 관련된 의사결정 능력의 습득이다. 사례에서 주아는 진로를 빨리 결정해야 하는데 의대와 사회복지 사이에서 갈등하고 있는 상황이기 때문이다. 한편, Roe 이론에 근거한 주아 부모님의 상호작용 유형은 '과요구형'이다. 이러한 유형의 특징은 자녀에게 완벽성을 요구하여 엄격하게 훈련시키고 무리한 요구를 한다는 것이다. 사례에서 부모님은 주아에게 완벽한 딸이 되기를 기대하고, 항상 전교 1등을 해야 한다고 말하며, 성적이 조금이라도 떨어지면 냉랭하게 대하고 있다. 마지막으로 직업적응이론에서 제시한 3가지 가치는 다음과 같다. 첫째, '지위'로 사회복지사는 의사에 비해 사회적으로 인정 받거나 높은 수준의 능력을 요구하지 않는다는 것이다. 둘째, '이타주의'로 의사와 사회복지사 모두 남을 위해 일하는 직업이지만, 분쟁지역에서 난민을 돕는 것이 병원에서 일하는 것보다 더 의미있다고 생각한다. 셋째, '편안함(안락함)'으로 사회복지사는 의사에 비해 보수도 적고, 난민 구조 활동이 위험할 뿐만 아니라 자신의 생명과 건강 역시 중요하기 때문에 의대와 사회복지학과 사이에서 고민하고 있는 상황이다.

> 수퍼(Super) : 탐색기, 로(Roe) : 부모-자녀 상호작용 유형, MIQ

(1) Super의 탐색기
발달과업은 진로에 대한 구체적인 탐색을 통해 상급학교나 구직을 위한 의사결정을 하는 것.

| | |
|---|---|
| 결정화 | • 성장기 호기심에서 출발하여 쌓인 지식과 직업에 대한 정보가 축적되면서 진로에 대한 선호가 분명하게 드러나는 시기 |
| 구체화 | • 결정화 단계에서 나타난 몇 가지 직업 선호 중에서 특정한 직업 선호로 구체화되는 시기<br>• 이 시기의 중요한 발달과업은 진로선택과 관련된 의사결정 능력의 습득 |
| 실행기 | • 선택한 특정 직업을 성취하기 위해 필요한 능력, 기술을 습득하고자 노력을 기울이는 시기 |

(2) Roe 양육유형

| 구분 | | 특징 | 자녀의 직업 선택 |
|---|---|---|---|
| 정서 집중형 | 과보호형 | 자녀의 호기심을 제한하고 지나치게 보호함으로써 의존성을 키워 줌 | • 서비스   • 예술<br>• 연예활동 관련 직업 |
| | 과요구형 | 자녀에게 완벽성을 요구하여 엄격하게 훈련시키고 무리한 요구를 함 | 일반문화, 법조인, 교사, 학자, 도서관 사서나 예술과 연예 관련 직업 |
| 회피형 | 방임형 | 자녀와 별로 접촉하려고 하지 않고, 부모로서의 책임을 회피하려고 함 | 과학과 옥외에서 활동하는 직업 |
| | 거부형 | 자녀에게 냉담하여 자녀가 선호하는 것이나 의견을 무시하고, 부족한 면이나 부적합한 면을 지적하며 자녀의 욕구를 충족시켜 주려고 하지 않음 | 과학 관련 직업 |
| 수용형 | 무관심(태평한)형 | 자녀를 수용적으로 대하지만 자녀의 욕구나 필요에 대해 민감하지 않고, 자녀에게 어떤 것을 잘하도록 강요하지 않음 | • 기술직(엔지니어, 항공사, 응용과학자)<br>• 단체에 속하는 직업(은행원, 회계사, 점원) |
| | 애정형 | 온정적이고 관심을 기울이며, 자녀의 요구에 응하고 독립심을 길러주고, 벌을 주기 보다 자녀가 안정감을 느낄 수 있는 환경을 제공함 | 서비스나 비즈니스와 관련된 직업 |

① **정서 집중형** : 자녀의 호기심을 제한하거나 자녀에게 완벽성을 요구하는 경향이 있음.
② **회피형** : 자녀를 정서적으로 거부하거나 벌주고 비난을 하는 등 애정을 보이지 않음.
③ **수용형** : 자녀가 안정감을 느낄 수 있는 환경을 만들고 부모의 애정을 느끼게 함.

(3) 직업적응이론 : MIQ

| 가치 | 욕구척도 |
|---|---|
| 성취 | 능력의 활용, 성취 |
| 편안함 | 활동성, 독립성, 다양성, 보상, 안정성, 근무환경 |
| 지위 | 승진, 인정, 권위, 사회적 지위 |
| 이타주의 | 동료, 도덕적 가치, 사회봉사 |
| 안전 | 회사정책과 관행, 감독-인간관계, 감독-기술 |
| 자율성 | 창의성, 책임감 |

① **성취** : 능력을 발휘하고 성취감을 얻는 일을 하려는 욕구. 하위개념은 능력(능력 발휘 가능한 일), 성취감(성취감을 줄 수 있는 일)이 있음
② **편안함(안락함)** : 직무 스트레스가 적고 평안한 근무상태를 바라는 욕구. 하위개념은 활동성, 독립성, 다양성, 보상, 안정성, 근무환경이 있음
③ **지위** : 자신의 일에 대한 사회적 명성, 즉 타인에 대한 평가나 타인의 자각정도를 말함. 하위개념은 발전가능성, 인정, 지휘권, 지위(권한)이 있음
④ **이타주의(이타심)** : 타인을 돕고 타인과 함께 일을 도모하고자 하는 가치를 말함. 하위개념은 동료(친밀감), 사회봉사, 도덕성(도덕적 가치)이 있음
⑤ **안전감(안정)** : 안전하지 못한 상태(환경)를 거부하고 안전하고 예측가능한 상태(환경)에서 일하고 싶은 욕구. 하위개념은 공정성(조직의 공정한 대우), 업무지원, 직무교육이 있음
⑥ **자율성(자주성)** : 자유롭게 일하고자 하는 욕구. 하위개념은 자율성(의사선택권, 창의성, 의사실행권), 책임감(의사결정권, 재량권)이 있음

**16** ②

**17** 발달단계의 순서는 '영희, 태희, 민규'다. 민규의 특징은 첫째, 자신이 추구하는 개인적인 가치, 삶의 우선순위를 고려하면서 미래의 진로에 대해 생각하게 된다. 둘째, 각 직업세계에 종사하는 사람들의 생활양식을 고려하게 된다. 셋째, 직업인들의 생활양식과 가치관이 자신의 것과 잘 맞는지에 대해서도 숙고하게 된다(혹은 첫째 개인의 가치관 형성, 둘째 사회적으로 직업의 여러 특성 이해, 셋째 각 직업이 가진 보상 등을 이해하고 가치관과 생활양식 확립).

### 긴즈버그(Ginzberg) : 잠정기

① 잠정기(11~16세) : 3가지 하위 단계(흥미, 능력, 가치)를 거치면서 수집하는 정보에 근거하여 잠정적인 진로 선택 행위를 함 → 현실적 요인을 고려하지 않았기 때문에 잠정기
② 하위단계
 • 흥미 : 자신이 싫어하는 것과 좋아하는 것, 흥미 등에 대해 보다 구체적인 결정을 함
 • 능력 : 자신이 미래에 하고 싶은 직업 분야가 구체적으로 어떤 능력이 요구되는지, 자신이 그러한 능력을 가지고 있는지를 보다 잘 이해함
 • 가치 : 자신이 추구하는 개인적인 가치, 삶의 우선순위를 고려하면서 미래의 진로를 생각함. 특히 각 직업 세계에 종사하는 사람들의 생활양식을 고려하고, 그 직업인의 생활양식과 가치관이 자신의 것과 잘 맞는지를 숙고함

**18** 평가라는 개념이 진단보다 포괄적이고 긍정적이기 때문이다.

**19** ㉠의 개념은 '진로성숙도'로, 의미는 특정 단계에서 개인이 당면한 진로 발달과업에 성공적으로 대처하기 위해 개인이 보유하고 있는 심리적 자원이다. 사례에서 진주는 진로계획, 진로탐색, 직업정보, 의사결정에 대한 방법을 발달단계에 맞게 잘 준비하고 있다. ㉡의 개념은 '진로적응'으로, 의미는 끊임없이 변하는 일의 세계와 자신을 둘러싼 환경의 요구에 대처하는 준비도이다. 사례에서 진주 아버지는 디지털 가전 기술이 발전하기 때문에 거기에 맞춰서 공부하고 있는 것으로 보아 변하는 환경적 요구에 잘 대처하고 있는 상황이다. 은호의 의사결정 유형은 직관적 유형으로, 스쿠버다이버가 멋져 보이고 그 일을 하면 즐거울 것 같다고 보고한 것으로 보아 내적 감정상태에 의존하여 의사결정을 한 것으로 볼 수 있다.

### 수퍼(Super) : 진로성숙도 및 적응, 하렌(Haren)의 의사결정 유형

(I) 수퍼 : 진로성숙도
① 의미 : 특정 단계에서 당면한 진로 발달과업에 성공적으로 대처하기 위해 개인이 보유하고 있는 심리적 자원.
② 진로성숙도 차원(진로발달검사 요인)
 • 진로계획 : 개인이 여러 정보탐색 활동과 일의 다양한 측면에 대해 얼마나 알고 있는지를 의미함.
 • 진로탐색 : 주로 정보를 탐색하거나 찾아보려는 의지를 말함.
 • 진로 의사결정 : 진로계획을 수립하기 위해 지식과 사고를 이용하는 능력을 의미함.
 • 직업세계 정보 : 개인의 진로 발달과업에 대한 이해 정도와 선호 직업의 직무에 관한 지식을 의미함.
 • 선호 직업군에 대한 지식 : 자신이 선호하는 직업군을 선택하고 이와 관련된 자신의 능력을 평가하는 것.

- 현실성 : 정서적·인지적 측면이 혼합된 실체로, 자신의 적성을 특정 직업 종사자의 전형적인 적성과 비교하여 자기보고와 객관적인 자료의 통합으로 종합적인 평가를 하는 것.

(2) 수퍼 : 진로적응

진로적응은 끊임없이 변하는 일의 세계와 자신을 둘러싼 환경의 요구에 대처하는 준비도.

(3) 하렌 : 직관적 유형
① 의미 : 의사결정에 있어서 개인 내적인 감정적 상태에 의존하는 유형.
② 특징 : 의사결정의 기초로 상상을 활용하고 현재의 감정에 주의를 기울이며, 정서적 자각을 사용함. 선택에 대한 확신을 비교적 빨리 내리지만 결정의 적절성을 내적으로만 느끼고 말로는 잘 설명하지 못하는 경우가 많음. 선택의 책임을 자신이 지려고 함.
③ 장점 : 빠른 의사결정을 하고, 스스로의 선택에 책임을 지며 돌발상황에 적용하기가 유리함.
④ 단점 : 잘못하거나 실패할 확률이 상대적으로 높으며 일관성을 요구하는 일, 장기적인 일에 부적합함.

 **20** ㉠에 해당하는 진로 문제유형은 '정보부족'이다. ㉡과 ㉢의 역할은 순서대로 직업인과 자녀다. ㉡과 ㉢ 역할을 탐색하려는 이유는 내담자의 생애구조와 직업역할을 평가하기 위함이다. (혹은 개인이 현재 당면한 여러 가지 생애역할 중에서 중요하게 부각되는 역할을 파악하기 위해서다.)

### 보딘(Bordin) : 진단체계, 수퍼(Super) : 생애공간과 C-DAC 모델

(1) 보딘의 진단체계

| 구분 | 내용 |
| --- | --- |
| 의존성 | • 자신의 진로 문제를 해결하기 어렵다고 느껴 과도하게 다른 사람에게 의존하는 것<br>• 개인이 겪고 있는 문제를 책임지고 해결하지 못해 생애 발달과업을 완성하는 데 어려움을 겪음 |
| 정보의 부족 | 진로 결정을 할 때 진로 의사결정과 관련된 적절한 정보를 얻지 못함으로써 어려움을 겪는 것 |
| 자아갈등(내적갈등) | 내담자의 자아개념과 다른 심리적 요소 간의 갈등으로 인해 진로결정에 어려움을 겪는 경우 |
| 진로 선택에 따르는 불안<br>(선택에의 불안) | • 내담자가 진로 선택과 관련된 불안을 경험하는 경우로, 여러 대안 중 선택하지 못하고 불안을 느낌<br>• 자신이 바라는 선택이 중요한 타인이 기대하는 선택과 다를 때 불안을 경험함 |
| 문제가 없음<br>(불확신 유형) | 자신이 선택한 진로에 대해 확신이 부족한 경우로, 현실적으로 적합한 진로를 선택했지만 선택에 대한 확신이 부족하여 상담을 통해 확인받고자 하는 것 |

(2) 생애 공간
① 생애 공간 : 일생을 통해 수행하게 되는 여러 가지 역할을 의미함
② 생애 주기 : 연령에 따른 발달단계를 의미함
③ 생애 역할 : 자녀역할, 학생역할, 여가인 역할, 시민 역할, 직업인 역할, 가사 담당자, 부모로서의 역할 등
  → 6가지 역할 외에도 개인에 따라 또 다른 새로운 역할(예 종교인)이 부각될 수 있음
  • 부모 혹은 가사자 : 성별과 관계없이 가정에서 가사에 종사하는 역할
  • 직업인 : 보수를 받고 일하는 역할
  • 시민 : 내가 속한 공동체를 위해서 시간과 에너지를 사용하는 역할 예 무료봉사활동
  • 여가인 : 여가활동에 시간을 보내는 역할을 기술. 성장기와 쇠퇴기에 여가인으로서 많은 시간을 보내는 경향이 있음

④ 역할 간 갈등 : 전 생애 발달과정에서 어떤 시기에 몇 가지 생애역할이 중요하게 부각되면서 개인은 역할 간의 갈등을 겪게 되고 이로 인해 진로문제가 발생할 수 있음
⑤ 생애역할 : 한 개인을 둘러싼 주요한 사회적 환경과 관련됨
- 역할 : 한 개인이 처한 사회 환경 속에서 어떠한 행위를 하도록 요구함
- 생애역할과 관련된 환경 : 가정, 학교, 지역사회, 직장 → 개인극장

(3) C-DAC 모형 : 사정/평가
① 내담자의 생애구조와 직업역할에 대한 평가 : 자녀, 학생, 배우자, 시민, 여가인 역할 등 개인의 삶에서 정의되는 핵심적인 역할과 주변적인 역할의 유형을 평가함 → 역할명확성(현저성) 검사
② 진로발달 수준과 자원 평가 : 상담자는 어떤 발달과업이 내담자와 연관되어 있는지를 알아야 하는데, 내담자가 당면한 문제와 내담자가 가진 극복자원에 대한 평가로써 내담자의 문제에 보다 명확히 접근할 수 있음. 이때 극복자원은 내담자가 직면한 특정 발달과업들을 다루는 태도나 역량을 말함 → 진로관심검사, 진로발달검사, 진로완성검사 등
③ 흥미, 적성, 가치를 포함하는 직업적 정체성에 대한 평가 : 전통적인 특성 요인 진로상담에서 중요시하는 가치, 흥미, 능력의 평가를 포함함. 이 단계의 목표는 내담자의 특성을 평가하고 진로 정체성의 내용을 탐색하며, 이 정체성이 내담자 생애의 다양한 역할에서 어떻게 나타나는지 탐색함 → 홀랜드 검사, 적성판별검사, 가치검사, 직업가치 도구 등
④ 직업적 자아개념과 생애주제에 대한 평가 : 이전 단계까지 주로 '객관적인 평가'에 초점을 두었다면 이 단계에는 내담자의 주관적인 자아개념에 대한 평가가 추가됨. 다음 2가지 방식이 추천됨 → 형용사 체크리스트, 카드 분류검사 등
- 내담자의 자아개념을 평가하기 위해 내담자의 현재에 나타나는 자기상에 초점을 두는 횡단적인 방법
- 내담자의 생애 전체에 걸쳐 발달되어온 주제에 초점을 두는 종단적인 방법

슬기의 생애주기는 탐색기이고, 생애공간은 여가인과 학생 역할이다. 교차지점에서 발생한 슬기의 갈등은 슬기는 여가인의 역할을, 부모님은 학생의 역할을 서로 중요하게 생각하고 있기 때문에 역할갈등을 경험하고 있다. 혹은 슬기가 생각하는 생애역할과 부모님이 생각하는 생애역할의 우선권이 다르기 때문에 역할갈등을 경험하고 있다.

### 수퍼(Super) : 생애무지개 모형

① 생애 진로 무지개모형을 통해 전 생애 동안 이어지는 진로 발달의 종단적 과정뿐만 아니라 특정 시기의 횡단에 발생할 수 있는 여러 생애 역할을 제시함.
② 생애공간은 일생을 통해 수행하게 되는 생애역할을 의미하고, 생애주기는 연령에 따른 발달단계를 의미함.
③ 생애진로무지개 활동
- 내담자가 어떤 역할을 수행하고 어떤 가치관을 추구하며 현재 자신의 생활에서 어떤 측면을 중요하게 생각하는지 등을 효과적으로 탐색할 수 있음.
- 내담자의 현재 또는 미래의 역할갈등을 확인해 볼 수 있음.
- 생애역할의 우선권을 알아볼 수 있음.
④ 생애주기 : 성장기 - 탐색기 - 확립기 - 유지기 - 쇠퇴기
⑤ 생애공간 : 자녀역할, 학생역할, 여가인 역할(여가활동에 시간을 보내는 역할) 시민 역할(자신이 속한 공동체를 위해서 시간과 에너지를 사용하는 역할), 직업인 역할(보수를 받고 일하는 역할), 주부/배우자/부모로서의 역할 등이 있음.
→ 6가지 역할 외에도 개인에 따라 또 다른 새로운 역할(예 종교인)이 중요하게 지각될 수 있음.

**22** ②

**23** ⑤

**24** ㉠에 들어갈 개념의 명칭은 '목표의 선택'이고, (가)에서 이와 관련된 내용은 '건축학과 보다 전통건축학과에 진학하기로 마음 먹었다'는 것이다. 미소의 타협과정은 세계적인 명성을 얻을 수 있는 건축학과의 '사회적 지위'를 포기하고, 나무를 만지고 가공하는 것이 더 즐거워서 '흥미'를 우선적으로 고려하여 전통 건축학과를 선택한 것이다.

> **사회인지진로이론(SCCT) : 선택모형, 제한-타협 이론 : 타협 예측 변인**

(1) 선택모형

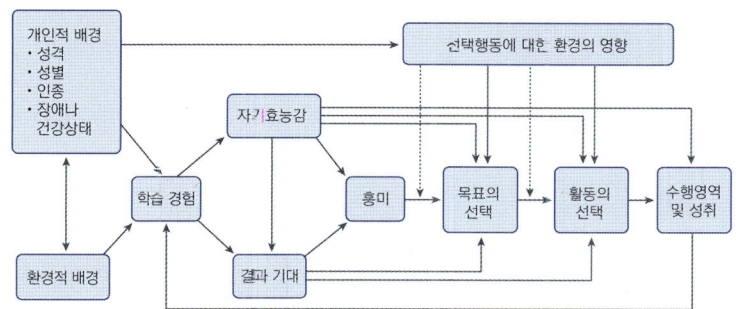

(2) 타협 변인
① 제한이론에서 제시한 진로 발달 단계에서 나타났던 성 유형, 사회적 지위, 흥미가 타협의 중요한 측면임.
② 일반적으로 사람들은 대체로 '흥미 → 사회적 지위 → 성 역할(성 유형)'의 순서로 자신에게 적합한 진로 대안을 포기해 나가는 경향을 보임.
③ 성 유형을 타협하여 개인이 자신의 성 유형과 배치되는 직업을 선택하는 경우, 적응을 하는 데 있어 가장 큰 어려움을 겪게 됨.
④ 이후 이론 : 초기 이론을 정교화하여 타협의 정도에 따라 포기 순서가 달라짐.
  • 타협을 많이 해야 하는 상황 : '성역할 - 사회적 지위 - 흥미' 순서로 중요하게 여겨짐
  • 중간 정도의 타협 상황 : '사회적 지위 - 흥미 - 성역할' 순서로 중요하게 여겨짐
  • 타협이 적은 상황 : '흥미 - 사회적 지위 - 성역할' 순서로 중요도가 달라짐

**25** ①

**26** • ㉮ : 진로포부
• ㉯ : 사회적 가치

**27** 4번째 단계의 명칭은 '내적 고유자아 지향(내적자아 확립단계)'이다. 이 단계의 특징은 첫째, 자신을 보다 잘 이해하게 되고 내적인 반성 능력이 향상된다. 둘째, 인지발달 측면에서 형식적 사고능력이 향상되며, 내적으로 형성된 삶의 목표와 자기개념을 잘 호응하는 직업을 탐색하게 된다. 셋째, 현재 자신이 지각하고 있는 자기개념과 잘 호응하는 직업을 탐색하게 된다.
 진로대안을 제거하는 데 필요한 요소는 첫째, '흥미'다. 현수는 발레를 접하고, 그것에 재미를 느껴 계속 하고 싶어했다는 것이다. 둘째, '성역할'이다. 현수는 발레는 여자들이 주로 갖는 직업이라는 생각을 하고 있다. 셋째, '사회적 지위'다. 현수의 아버지는 남들이 우러러 보는 법관같은 직업을 가져야 한다고 하셨다는 것이다. (결국 현수는 발레를 우선순위로 두었는데, 이는 자신의 흥미를 살리는 일에 최우선 순위를 둔 것이다. 이는 타협이 상대적으로 낮은 즉, 모든 대안이 사회적 위치 내에 존재한다고 볼 수 있다.)

### 갓프레드슨(Gottfredson) : 제한과 타협이론

(1) 내적자아 확립단계(내적 고유자아 지향)
 ① 자신을 보다 잘 이해하고 내적인 반성 능력이 향상됨.
 ② 인지 발달적 측면에서 형식적 사고능력이 향상되고, 내적으로 형성된 삶의 목표와 자기개념을 잘 호응하는 직업을 탐색함.
 ③ 현재 자신이 지각하는 자기개념과 잘 호응하는 직업을 탐색함.
  → 이전 단계에서 수용 불가능한 직업 대안을 제거해나갔다면, 이 단계에서는 가장 수용 가능한 직업 선택지를 구체화함

(2) 우선순위 정하기
 ① 성, 사회적 지위, 흥미의 상대적 중요성은 타협을 어느 정도로 해야 하는가에 따라 달라짐.
  • 타협을 많이 해야 하는 상황 : '성역할 – 사회적 지위 – 흥미' 순서로 중요하게 여겨짐
  • 중간 정도의 타협 상황 : '사회적 지위 – 흥미 – 성역할' 순서로 중요하게 여겨짐
  • 타협이 적은 상황 : '흥미 – 사회적 지위 – 성역할' 순서로 중요도가 달라짐
 ② 사회적 지위나 성역할은 어느 정도까지는 포기가 되고 그 이상을 포기해야 하면 그것을 수용할 수 없는 역치 같은 지점이 존재하지만, 흥미는 포기할 수 있는 정도가 비슷하면서 어떤 상황에서도 중요하게 여겨지는 정도가 비슷하다는 걸 보여줌.

  ③

 학습경험

### 크롬볼츠(Krumboltz) : 진로결정 요인

① 유전적 요인과 특별한 능력(유전적 재능)
② 환경적 조건과 사건
③ 학습경험
④ 과제접근 기술

**30** 이론의 명칭은 '우연학습이론'이다. 3가지 기술은 첫째, '인내'로 몇 번을 얘기해 줘도 연재가 이해를 못했지만 그래도 포기하지 않았다는 것이다. 둘째, '융통성'으로 친구 성향에 맞게 다양한 방법으로 설명해 줄 수 있다는 것이다. 셋째, '낙관성'으로 상담교사의 제안에 초등학생도 잘 가르칠 수 있다고 말한 것이다.

### 크롬볼츠(Krumboltz) : 우연학습 이론

(1) 우연학습 이론
 ① 우연(happenstance)이라는 개념을 진로에 추가하여 내담자가 가진 학습의 결과만이 아니라 적극적으로 학습해 나가는 과정을 조력하는 상담자의 역할을 강조하고 있음.
 ② 초기에는 '계획된 우연이론'이라고 명명하였다가, 현재는 '우연학습이론'이라고 표현을 바꾸었음.

(2) 우연학습 이론의 상담과정
 ① 1단계 : 내담자의 기대에 대해 안내하기(상담에 대한 올바른 기대를 갖도록 준비시키기).
 ② 2단계 : 내담자의 관심을 출발점으로 확인하기(내담자의 관심 명료화하기).
 ③ 3단계 : 계획되지 않은 일이 현재의 기반이 된 내담자의 성공 경험 활용하기(과거 성공적으로 다루었던 우연한 경험을 현재 일에 활용하기).
 ④ 4단계 : 잠재적인 기회를 알아차릴 수 있는 내담자의 감수성 키우기(잠재적 기회를 알아차리는 데 민감하도록 만들기).
 ⑤ 5단계 : 장애 요인 극복하기(실천에 방해가 되는 장애물 극복하기).

(3) 계획된 우연 기술
 ① 호기심 : 새로운 학습기회를 탐색하는 것.
 ② 인내심 : 좌절에도 노력을 지속하는 것.
 ③ 융통성 : 태도와 상황을 변화시키는 것.
 ④ 낙관성 : 새로운 기회가 올 때 그것을 긍정적으로 보는 것.
 ⑤ 위험감수 : 불확실한 결과 앞에서도 행동화하는 것.

**31** 민기의 의사결정에 영향을 준 요인은 첫째, '환경적 조건과 사건'으로 TV에서 성공한 기업인에 대한 방송을 보고 나서부터 대기업의 CEO가 된 미래의 모습을 상상하였다는 것이다. 둘째, 과제접근기술로 사업 아이템을 인터넷에서 찾아보기도 하였고, Wee 센터에서 실시한 여름방학 체험 프로그램에 참여해 보기도 했다는 것이다. 셋째, 학습경험으로 가게에 손님이 들어와서 제 설명을 듣고 물건을 사면 '할 수 있어'라는 생각이 드니까 뿌듯했다는 것이다.

### 크롬볼츠(Krumboltz) : 진로결정 요인

① 유전적 요인과 특별한 능력 : 개인의 진로를 제한하는 타고난 특질 | 성별, 인종, 신체, 예술재능 등
② 환경적 조건과 사건 : 가정, 학교, 학교에서 만난 친구와 선생님, 그 외에도 내가 직접 경험한 다양한 활동상황과 사람뿐만 아니라 나에게 간접적으로 영향을 주는 광범위한 상황도 모두 포함하는 개념
③ 학습경험 : 다양한 삶의 장면을 통해 배우고 형성하게 되는 믿음, 정서, 관심과 흥미 등을 도괄하는 넓은 개념
  → 한 개인은 어떤 진로에 대해 '좋다', '싫다'의 경향을 가지는데, 이는 이전 학습 경험의 결과에 의한 것
  • 도구적 학습경험 : 어떤 행동이나 인지적 활동에 대해 정적 강화나 부적 강화를 받을 때 나타나는데, '선행사건 → 행동 → 결과' 순서로 작용함
  • 연상적 학습경험 : 이전에 경험한 감정 중립적인(neutral) 사건·자극을 정서적으로 비중립적인 사건·자극과 연결할 때 일어남
④ 과제접근기술(당면한 문제를 다루는 기술) : 위 3가지 요인의 상호작용 결과로 생기는 것으로 개인이 어떤 과제를 성취하는 데 동원되는 기술 → 목표를 정하는 것, 자신에게 중요한 것이 무엇인지를 명료화하는 것, 대안을 찾아보는 것, 직업정보를 찾아보는 것, 미래 일어날 일을 예측해 보는 것 등이 포함됨

**32** ③

**33** 진로장벽 지각에 대한 분석

### 사회인지진로이론(SCCT)의 상담전략

① 제외된 진로대안의 확인 : 내담자가 고려 대상에서 제외한 진로를 탐색하고 고려할 가능성을 확장하는 데 초점을 맞춤 → 자기효능감과 확인된 능력 사이의 차이와 결과기대와 직업정보 사이의 차이를 평가 : 표준화 검사와 변형된 직업카드 분류법을 활용하여 자기효능감과 능력 사이의 편차와 잘못된 결과기대를 발견하고 제외되었던 진로대안을 다시 포함시켜 가능한 진로대안을 확장시킴

② 진로장벽 지각에 대한 분석
- 진로 장벽을 확인하고 진로 장벽에 대한 지각이 얼마나 현실성이 있는지, 이러한 장벽을 만나게 될 가능성은 얼마인지를 평가하도록 함
- 진로에 대한 의사결정 대조표를 작성 : 표 내용 중 부정적인 예상 결과에 초점을 두는데, 바로 그 내용이 내담자가 지각한 진로 장벽이 될 수 있음

③ 자기효능감 변화 촉진
- 새로운 성공 경험을 하게 하거나 과거의 경험을 재해석하거나 재귀인에 도움이 되는 구체적 자료를 수집하고 제시함
- 수행결과를 성공 경험으로 재해석하고, 성공 경험을 스스로의 능력과 노력으로 이루어냈다고 내면화하게 도와야 함

**34** ㉠ 결과기대, ㉡ 목표의 선택

### 사회인지진로이론(SCCT)의 선택모형

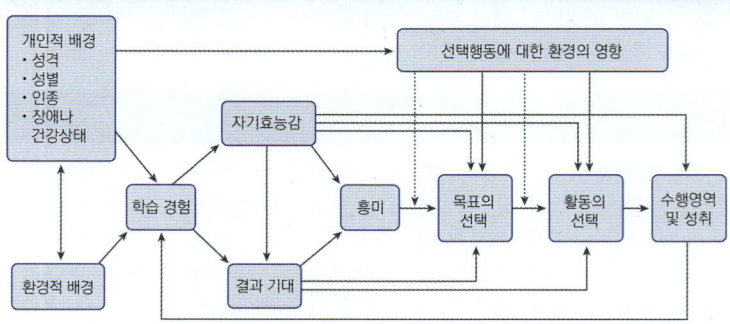

## 35 자기효능감, 수행목표

**사회인지진로이론(SCCT)의 수행모형**

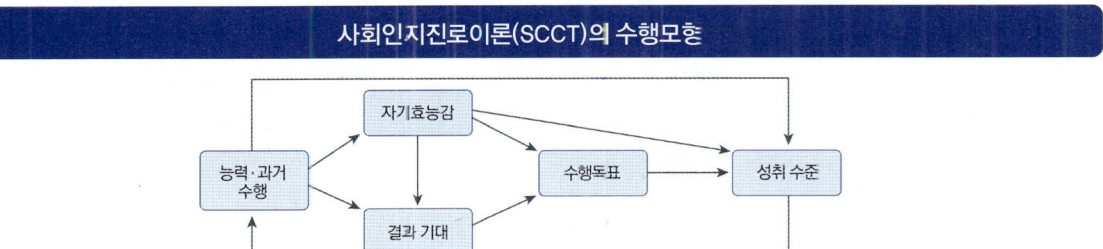

## 36

㉠에 공통으로 해당하는 개념은 '자기효능감'이다. ㉡에 해당하는 개념은 '활동의 의도와 목표'이다. 결과기대가 ㉡에 미치는 영향은 수학성적이 오르면 부모님이 휴대폰을 새로 사 줄 것이라는 결과기대를 가지고 있기 때문에 수지는 수학을 잘하기 위한 활동 목표를 세운다는 것이다. A에서 잘못된 부분은 수학에 흥미를 가지고 있으면, 수학을 잘할 수 있다는 믿음도 생긴다는 것이다. 흥미발달모형에 근거하면 수지가 수학을 잘할 수 있다는 믿음을 갖고 있으면, 수학에 흥미를 갖게 된다는 것이다.

**사회인지진로이론(SCCT)의 흥미모형**

① 직업적 흥미가 자기효능감과 결과 기대에 의해 예측 : 흥미 모형에서는 자기효능감과 결과 기대가 함께 직업적 흥미를 예언하고 목표는 활동의 선택·실행을 가져오며 나아가 수행 결과로 이어짐
② 흥미 모형과 관련된 SCCT에서의 예측
  • 가정 1 : 어느 시점의 개인의 직업적 흥미나 학업적 흥미는 그 시점의 자기효능감과 결과기대를 반영함
  • 가정 2 : 개인의 직업적 흥미는 그 직업과 관련된 능력을 얼마나 가지고 있는가의 영향을 받으며, 자기효능감이 이 둘의 관계를 매개함

**37** 괄호 안에 해당하는 명칭은 '배경맥락'이다. ㉠에 해당하는 예시 2가지는 첫째, 초등학교 때부터 정부지원금으로 생활하는 등 현재까지 경제적으로 어려운 상황이다. 둘째, 지원금이 나올 때면 기분이 좋아 보이는 할머니의 모습을 보고 가난하고 어렵게 사는 사람들도 희망을 가질 수 있다는 것을 알게 되어서 사회복지학을 선택했다는 것이다.

### 사회인지진로이론(SCCT)의 환경(맥락)변인

① 개인변인: 민족, 인종, 신체적 건강, 장애, 유전적 재능 등을 포함함 → 진로 흥미, 선택에 독립적으로 영향을 미치기보다 사회문화적 환경과의 상호작용하에 개인의 경험을 형성함
② 환경(맥락)변인
- 배경맥락변인: 진로 발달과정에서 자신이 속한 가족, 사회, 문화로부터 사회적 기능을 익히고 역할을 내면화할 때 스며들어 자기 효능감, 결과 기대 등에 미침 → 거시적이고 역사적인 변인
- 근접맥락변인: 비교적 진로 선택의 시점에 직접적으로 상호작용하는 환경적 요인(내담자가 직접 상호작용하는 요인)으로 특정 진로를 추구할 수 있는 가족의 정서·재정적 지원, 당시의 경제상황, 사회문화적 진로 장벽 등이 해당함. → 좀 더 내담자에게 가까운 곳에서 내담자와 직접 상호작용하는 요인
③ 진로장벽: 진로를 선택·실행하는 과정에서 개인의 진로목표 실현을 방해하거나 가로막는 내적·외적 요인

**38** ③

**39** 회피형, 수용형

### 로(Roe)의 양육태도 유형

① 정서 집중형(과보호형과 과요구형): 자녀에게 정서적으로 집중하는 유형의 부모는 자녀의 호기심을 제한하거나 자녀에게 완벽성을 요구하는 경향이 있음.
② 회피형(거부형과 방임형): 자녀에 대해 회피하는 유형의 부모는 자녀를 정서적으로 거부하거나 벌주고 비난을 하는 등 애정을 보이지 않음.
③ 수용형(무관심한 수용형과 애정적 수용형): 자녀를 수용하는 유형의 부모는 자녀가 안정감을 느낄 수 있는 환경을 만들고 부모의 애정을 느끼게 함.

**40** ㉠과 같은 부모자녀 관계에서 성장한 사람이 가지는 욕구총족 방식은 사람들과의 접촉을 통해 욕구를 충족하고자 한다는 것이다. ㉡에 속하는 직업의 특성은 인간지향적인 직업특성을 가지고 있다는 것이다. ㉢의 프로그램이 강조하는 점은 자녀의 진로탐색에서 부모의 역할을 강조한다는 것이다. 이 프로그램이 효과적이기 위해서는 부모와 자녀 모두 진로 탐색에 관심과 동기를 가질 때다. 혹은 부모와 자녀 모두 진로탐색에 흥미를 보이고 동기화되어 있어야 한다.

## 로(Roe)의 욕구이론과 PICE

(1) Roe의 욕구이론 : 직업선택
  ① 부모와의 상호작용 → 자녀의 심리적 욕구 발달 → 직업 선택
   - 수용형 부모 : 자녀는 타인과의 관계 속에서 자신의 욕구를 해결하는 경험으로 사람 지향적인 성격을 형성하여 사람 지향적인 직업군을 선택할 가능성이 높음
   - 회피형의 부모 : 자녀는 회피적인 성격을 갖게 되어 사람보다는 사물이나 데이터를 다루는 직업을 선택할 가능성이 높음
  ② 양육유형 : 다정한 부모와 차가운 부모
   - 다정한 부모 : 과보호·무관심·애정적 방식으로 자녀를 양육함
   - 차가운 부모 : 과요구적·방임적·거부적 방식으로 자녀를 양육함
  ③ 부모자녀 관계 척도 요인 : '사랑-거부', '변덕-요구', '과도한 집중'
  ④ 따뜻한 부모-자녀관계 : 어떤 요구나 욕구가 있을 때 사람들과의 접촉을 통해 그를 만족시키는 독특한 욕구 충족방식을 배우게 되며, 이는 결국 인간지향적인 성격을 형성하게 하고 인간 지향적 직업(서비스직, 비즈니스직, 행정직, 문화직, 예능직)을 선택함
  ⑤ 차가운 부모-자녀관계 : 부모의 자상한 배려나 관심을 받지 못하고 자랐기 때문에, 자신에게 어떤 문제가 있을 때 부모나 주위 사람에게 도움을 청하지 않고 사람과의 접촉이 아닌 다른 수단으로 해결하는 방법을 터득하는데, 그 결과, 인간 회피적 직업(기술직, 옥외활동직, 과학직)을 선택함

(2) PICE의 이론적 배경
  ① 부모-자녀 상호작용이론은 진로선택 및 발달에서 가족 구성원의 상호작용이 중요한 요인이 된다고 보고, 부모를 포함하는 진로상담을 제안함
  ② 영, 밸라츠와 콜린(Young, Valach, & Collin, 2002)은 부모와 자녀의 대화를 분석하여 진로 의사결정에 대한 동의/불일치와 합의에 이르는 과정을 분석함
  ③ 애먼슨(Admundson)과 페너(Penner) : 부모와 자녀가 함께 참여하는 5단계 '부모 관여 진로탐색(Parent Involved Career Exploration : PICE)' 방법을 제안함.
  ④ 기존의 관계적 이론과 달리 부모-자녀 간 진로관련 대화를 실제로 분석함으로써 부모를 포함하는 진로상담 기법을 개발하였다는 데 의의가 있음

(3) PICE에 기반한 진로상담
  ① 부모와 자녀가 함께 진로탐색을 하고자 할 경우 진로상담 과정에 부모를 관여시키는 구체적 상담 방법으로서 5단계를 제시함
  ② 한 회기 상담(60~90분)에서 모두 진행되는 것으로, 한 회기만으로 완결되는 진로상담이나 진로탐색 과정의 한 단계로 활용됨
  ③ 14~18세 청소년을 대상으로 최소 한 명의 학생과 학부모, 혹은 그 이상의 학생과 학부모가 한 팀으로 구성되어 상담에 참여함
  ④ 학생과 부모 모두 진로탐색에 관심과 동기를 가지고 있을 때 가장 효과적인 상담접근이며, 이러한 혁신적인 접근은 자녀의 진로탐색에 부모의 역할을 강조함

대안을 (이전단계에서 설정한) 기준에 따라 평가하고 판단하기

### 합리적 의사결정 절차

① 1단계 문제 상황을 명확히 하는 단계 : 개인이나 집단이 부딪힌 문제상황을 분명하게 이해하는 단계.
② 2단계 대안을 탐색하는 단계 : 문제 해결, 즉 원하는 결과를 성취할 수 있는 다양한 방안과 대안을 찾아보는 단계.
③ 3단계 기준을 확인하는 단계 : 앞서 탐색한 대안을 평가할 기준을 마련하는 것이 이 단계의 과업.
④ 4단계 대안을 평가하고 결정을 내리는 단계 : 다양하게 탐색된 대안을 이전 단계에서 설정한 기준을 가지고 하나씩 평가하고 판단하는 과정.
⑤ 5단계 계획을 수립하고 실행하는 단계 : 선택한 대안을 수행할 계획을 수립하고 실천하는 단계.

 ⑤

 ⑤

(가) 기술은 의사소통으로, 활동은 의사결정의 필요성을 인식한다. 혹은 진로의사결정 또는 진로 준비에 대한 필요를 느낀다.
(나) 기술은 평가로, 활동은 실행 가능한 행동대안을 각각 평가하여 우선순위를 정한다. 혹은 직업대안의 우선순위를 정한다.

### 인지적정보처리이론(CIP) : 인지적 정보처리 과정

① 의사소통(C) : 진로결정을 해야 함을 인식하는 단계. 즉, 진로의사결정 또는 진로준비에 대한 필요를 느끼는 단계
  • 정보를 수집할 필요가 있는지, 어떤 선택을 해야 할지를 생각함
  • 무엇이 필요한지, 왜 필요한지 등과 같은 생각을 하면서 진로 의사결정을 시도하려고 함
  • 단서 : 외적단서(사람 혹은 사건 등), 내적단서(부정인식, 회피행동, 생리적 변화 등)
② 분석(A) : 진로를 결정하기 위해 자신과 직업에 대한 이해를 해나가며 그 이해의 폭을 넓혀가는 단계
  • 자기정보와 직업정보를 검토하고, 자신의 문제가 발생한 원인을 찾아 이를 문제해결에 반영함
③ 종합(S) : 자기와 직업에 대한 이해를 바탕으로 자신에게 적합할 수 있는 직업대안을 선택하는 단계
  • 직업대안의 수를 늘리고 여러 대안 중 자신에게 더 적합하다고 판단되는 직업을 선정함
  • 정교화와 구체화 과정을 통해 가능한 행동 대안을 구성함
④ 평가(V) : 종합단계에서 선택한 3~4개의 직업을 조금 더 구체적으로 평가해 보는 단계
  • 평가를 통해 직업대안의 우선순위 정함
  • 각 대안의 장단점을 정리하거나 자신의 직업 가치관과 비교하면서 우선순위를 결정함
  • 자신에게 가장 적합하다고 생각되는 대안의 우선순위를 정해보는 것이 중요함
⑤ 실행(E) : 평가단계에서 결정한 우선순위에 따라서 취업을 준비하는 것
  → 희망 직업을 변경하거나 전면적 재검토가 필요할 때 : 다시 의사소통 단계로 돌아가서 CASVE 과정을 다시 거침

**45** 정보처리 영역의 명칭은 ㉠은 '지식영역', ㉡은 '실천과정영역'이다. 자기자각에 대한 내용은 '저에 대해서 모르고 있었던 것들이 많았다'는 것이다. 자기대화에 대한 내용은 '저 스스로가 대견하다는 생각이 들었다'는 것이다.

### 인지적정보처리이론(CIP) : 초인지

(1) 진로정보처리 영역 피라미드

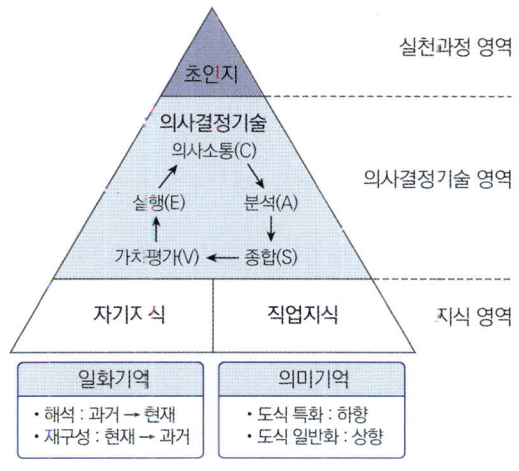

(2) 실천과정 영역
① '초인지(meta-cognition)'가 포함되어 있는데, 이는 진로 문제 해결에 사용될 인지적 전략의 선택 및 지속을 조절하는 기능을 함.
② 자기독백 : 자기독백은 진로선택과 다른 문제에 대해 자기 스스로가 주는 내적메시지로, 진로문제해결과 진로의사결정 같은 주어진 과업을 얼마나 잘 완성하고 있는지 자신과 빠르고 조용하게 하는 대화하는 것
  • 긍정적 자기독백 : 다양한 진로문제를 해결하고 진로의사결정을 하도록 동기화를 부여하면서 개인이 적절한 진로선택을 하도록 도움.
  • 부정적 자기독백 : 의사결정상의 어려움과 관련되는데, 진로문제해결과 진로의사결정 과정을 방해함.
③ 자기자각(자기인식) : 효과적인 문제해결 능력을 갖기 위해서 무엇을 원하는지, 왜 하는지를 인식하는 것
④ 모니터링과 통제 : 의사결정기술을 익히는 과정이 이루어지는 방식을 모니터링하고, 각 단계에서 필요로 하는 시간을 공급할지의 여부를 통제하는 것
  • 모니터링 : 문제해결과 의사결정에서 자신의 진행방향을 계속 알고 있는 능력
  • 통제 : 개인이 적절한 문제해결과 의사결정 과제를 의도적으로 하려는 것

**46** ②

**47** ㉮ 의존적 유형, ㉯ 합리적 유형, ㉰ 직관적 유형

**48** ④

**49** 의사결정 유형은 '직관형'이다. 특징은 첫째, 의사결정의 기초로 상상을 사용하고, 현재의 감정에 주의를 기울이며, 정서적 자각을 사용한다. 둘째, 선택에 대한 확신은 비교적 빨리 내리지만 그 결정의 적절성은 내적으로만 느낄 뿐 말로 설명하지 못하는 경우가 많다. 셋째, 결정에 대한 책암은 자신이 지고자 한다.

### 하렌(Haren) : 의사결정 유형

① 합리적 유형 : 의사결정 과업에 논리적이고 체계적으로 접근하는 것.
  - 특징 : 자신과 자신의 상황에 대한 정확한 정보를 수집하고, 신중하고 논리적으로 의사결정을 수행하며 자신의 의사결정에 책임을 가짐.
  - 장점 : 의사결정이 신중히 이루어지고 심리적 독립과 성장에 도움을 주며. 잘못하거나 실패할 확률이 상대적으로 낮음.
  - 단점 : 의사결정에 많은 시간이 소요되고, 경우에 따라 지나친 신중성 때문에 기회를 놓치기도 하며 돌발상황에서는 적용할 수 없음.
② 직관적 유형 : 의사결정 시 개인의 내적인 감정 상태에 의존하는 유형.
  - 특징 : 의사결정의 기초로 상상을 활용하고 현재의 감정에 주의를 기울이며, 정서적 자각을 사용함. 선택에 대한 확신을 비교적 빨리 내리지만 결정의 적절성을 내적으로만 느끼고 말로는 잘 설명하지 못하는 경우가 많음. 선택의 책임을 자신이 지려고 함.
  - 장점 : 빠른 의사결정을 하고, 스스로의 선택에 책임을 지며 돌발상황에 적용하기가 유리함.
  - 단점 : 잘못하거나 실패할 확률이 상대적으로 높으며 일관성을 요구하는 일, 장기적인 일에 부적합함.
③ 의존적 유형 : 의사결정에 대한 자신의 책임은 거부하고 가족, 친구, 동료에게 책임을 전가하는 유형.
  - 특징 : 의사결정에 대한 개인적 책임을 부정하고 그 책임을 외부로 돌리는 경향이 있음. 의사결정 과정에서 타인의 영향을 많이 받고, 수동적이고 순종적이며 사회적 인정 욕구가 높음.
  - 장점 : 의존자가 유능한 사람일 경우 성공 가능성이 높으며, 사소한 의사결정에 적합함.
  - 단점 : 의사결정을 내려야 할 때 정서적으로 불안을 느끼고 남의 눈치를 보므로 소신 있게 일처리하지 못하며 개인적인 독립이나 성숙에 장애가 되고, 실패했을 때 남탓을 하기도 쉬움.

**50** 의사결정 모형은 '주관적 기대효용 모델'이다. ⊙은 '효용'이고, ⓒ은 '획득하게 될 가능성', ⓒ은 '주관적 기대효용'이다.

### 라이트(Wright) : 주관적 기대 효용 모델

| 효용(1~10) | 획득하게 될 가능성(0~1) | |
| --- | --- | --- |
| | 수학교사 | 엔지니어 |
| 직업적 안정성(9) | 1.0 | 0.8 |
| 높은 보수(10) | 0.1 | 1.0 |
| 지위(6) | 0.2 | 0.6 |
| 지리적 유동성(6) | 1.0 | 0.9 |
| 도전성(7) | 0.4 | 0.8 |
| 여가시간(4) | 1.0 | 0.4 |
| 가족과 지낼 수 있는 시간(7) | 1.0 | 0.4 |

- 수학교사의 SEU(주관적 기대효용) = 9 + 1 + 1.2 + 6 + 2.8 + 4 + 7 = 31.0
- 엔지니어의 SEU(주관적 기대효용) = 7.2 + 10 + 3.6 + 5.4 + 5.6 + 1.6 + 2.8 = 36.2

**51** ㉠ 생애진로 사정, ㉡ 주관적 기대효용

### 생애진로 사정과 미첼(Mitchell)과 비치(Brach)의 주관적 기대효용 모델

(1) 생애진로사정
  ① 질적인 평가 과정으로, 내담자의 정보를 수집할 수 있는 구조화된 면접방법
  ② 아들러(Adler)의 개인심리학에 기초 : 내담자에 대한 다양한 정보수집 과정을 통하여 내담자가 자신의 이야기를 체계적으로 해 나가면서 본인의 경험에 대하여 정리할 수 있고, 이를 통해 삶의 방식을 이해할 수 있음
  ③ 효과
    • 개인의 역할을 포함한 다양한 생활 영역에서 내담자의 기능 수준뿐만 아니라 그들이 환경을 어떻게 극복할 것인가에 대한 정보까지 산출할 수 있음
    • 상담자와 내담자의 긍정적인 라포 형성에 도움을 줌
  ④ 생애주제 : 자신과 타인, 세상에 대한 생각, 신념, 태도, 가치관 등을 말함. 이러한 개개인이 사용하는 주제들이 삶의 방식을 구성함
  ⑤ 구조 : 진로사정(진로평가), 일상적인 하루, 강점과 장애(강점과 약점), 요약

(2) 미첼과 비치의 주관적 기대효용 모델
  ① 의사결정의 처방적 모델 : 사람이 어떻게 의사결정해야 하는지 보여주기 위해 개발되었음 → 대표적인 모델 : 미첼과 비치의 주관적 기대효용(SEU; Subjective Expected Utility)
  ② 의사결정의 주관적 기대효용 모델 : 의사결정자가 바람직한 결과를 얻을 가능성의 극대화를 도와줌
  ③ 가능성의 극대화(maximization of expectancies) : 의사결정자가 여러 결과에 직면했을 때 각 결과의 가치, 효용과 결과 발생의 가능성에 따라 추하게 될 행동을 예상할 수 있다는 원리
  ④ 특정 대안적 진로에 대한 주관적 기대효용

    SEU(주관적 기대 효용) = (Pk × Uk) + (1 − Pk)(−Uk)
    • Pk = 특정한 진로 의사결정이 이루어지면 생길 수 있는 결과인 K가 발생할 가능성(0~1)
    • Uk = 결과 K를 받아들이는 것에 더한 효용(1~10)
    • 1−Pk = 동일한 진로 의사결정이 이루어져도 결과 K가 발생하지 않을 가능성
    • −Uk = K를 받아들이지 않은 것에 대한 비효용(1~10)

  • 해당 진로와 관련된 주관적 가치(Uk)와 그 진로가 선택되었을 때 바람직한 결과가 얻어질 가능성(PK)의 곱에 의해 산출됨
  • 이렇게 얻은 수치에 만약 그 선택이 결정되더라도 희망하는 결과가 나타나지 않을 가능성과 그 결과를 받아들이지 않음으로써 일어나는 비효용의 곱에 의해 산출된 숫자가 더해짐 → (1−Pk)(−Uk)

**52** ㉠ 진로관심(걱정), ㉡ 진로통제

### 구성주의 진로상담 : 진로적응도 차원

① **진로관심(걱정)** : 미래에 대한 지향성과 미래를 위해 계획하는 것 → 미래의 직업인으로서 자신에 대해 관심을 보임
② **진로통제** : 개인이 진로를 구성해나가는데 있어서의 가능성과 유능감 → 목표로 하는 미래 직업을 이루기 위해 필요한 일들을 수행해 나감
③ **진로 호기심** : 자신의 정체성과 직업세계를 어떻게 맞출지를 이해하고 있는가를 포함하는 탐색적인 태도와 호기심 → 다양한 가능한 자기나 미래의 시나리오를 탐색하는 데 호기심을 보임
④ **진로 자신감(확신)** : 개인의 의도적인 노력의 결과가 성공적으로 이어지는지에 대한 결과기대 → 자신의 미래 포부를 추구하는 것에 대한 자신감
　☞ 진로 적응도가 높은 사람은 자신의 미래에 관심을 가지고, 자신의 직업적 미래에 대해 통제력을 갖고, 가능한 자신의 모습과 일에 대해 호기심을 갖고, 자신의 포부를 추구하는 데 있어 자신감을 키워나감

**53** 진로적응 차원의 2가지는 진로관심과 진로호기심이다. 진로관심의 역량요소는 '계획하기'로, 사례에서는 '관련학과의 입학정보, 졸업 후 진로방향, 향후 직업전망 등의 정보를 모으고 진로계획을 세우려고 한다'는 것이다. 진로 호기심의 역량요소는 '탐색하기'로, 사례에서는 '관련학과 진학을 알아보고 방학 동안 학원에서 코딩 기초 지식을 수강하고 있다'는 것이다. 동호의 자기관찰 일반화 내용은 '제 자신에 대해서도 제가 스스로 무능하다고 평가한다'는 것이다. 세계관 일반화 내용은 '가족 뿐만 아니라 친구들까지 저를 쉽게 포기하는 아이로 비웃는 것 같다'는 것이다.

### 구성주의 및 사회학습 진로이론

(1) 구성주의 진로상담 : 진로 적응도
　① 의미 : 특정한 일이 자신에게 맞도록 자신을 일에 맞춰가는 과정에 동원되는 개인의 태도, 능력, 행동
　② 진로적응도 차원

| 질문 | 진로문제 | 적응차원 | 태도와 신념 | 역량 | 대처행동 | 관계측면 | 개입 |
|---|---|---|---|---|---|---|---|
| 미래가 있는가? | 무관심 | 관심 | 계획적인 | 계획하기 | 알아차리는 관여하는 준비하는 | 의존적 | 방향성을 잡는 활동 |
| 누가 내 미래의 주인인가? | 미결정 | 통제 | 결정적인 | 결정하기 | 주장적인 훈육된 의도적인 | 독립적 | 의사결정 연습 |
| 미래에 대해 원하는 것이 무엇인가? | 비현실성 | 호기심 | 궁금해 하는 | 탐색하기 | 실험적인 위험을 감수하는 질문하는 | 의존적 | 정보 탐색 활동 |
| 할 수 있을까? | 억제 | 자신감 | 효과 있는 | 문제해결 | 지속하는 노력하는 근면한 | 동등한 | 자기존중감 향상 |

- 진로관심(걱정) : 미래에 대한 지향성과 미래를 위해 계획하는 것.
- 진로통제 : 개인이 진로를 구성해나가는데 있어서의 가능성과 유능감.
- 진로 호기심 : 자신의 정체성과 직업세계를 어떻게 맞출지를 이해하고 있는지를 포함하는 탐색적인 태도와 호기심.
- 진로 자신감(확신) : 개인의 의도적인 노력의 결과가 성공적으로 이어지는지에 대한 결과기대.

③ 진로적응도 구성요소
- 태도 : 대처행동을 할 때 느끼는 감정적(정서적) 측면.
- 신념 : 행동을 이끌어 가는 능동성 측면.
- 역량 : 이해력과 문제해결력을 포함하는 인지적 능력으로 진로 관련 선택과 그 수행에 필요한 자원.

(2) 사회학습 : 진로결정 요인의 결과
① 자기 관찰 일반화 : 자기 자신을 관찰한 결과로 얻는 자신의 태도, 업무 습관, 가치관, 흥미, 능력 수준에 대한 일반화
② 세계관 일반화 : 자신의 환경에 대한 일반화로, 이를 통해 세상을 이해하고 환경에서 나타날 결과를 예측함
③ 과제접근 기술 : 환경에 대처하기 위한 인지적인 수행 능력과 정서적인 기질로, 자기관찰 일반화에 기초하여 환경을 해석하고 미래 사건을 예측하도록 함 → 의사결정, 직업을 변화하는 것, 목표를 설정하고 정보를 수집하는 것 등이 포함됨
④ 행위(행위의 산출) : 학습경험은 결국 개인이 행동을 하게 만드는데, 적절한 훈련 프로그램에 등록하는 것, 직업을 찾고자 적극적으로 지원하는 것 등의 활동이 포함됨

 ①

 ㉠ 요소의 명칭은 '흥미'다. 가치가 ㉠보다 진로의사결정에 결정적 영향을 미치는 이유는 흥미는 가치가 명시화되는 한 형태이며 가치처럼 행동기준의 준거로 작용하는 것은 아니기 때문이다. 혹은 흥미는 가치에서 생겨나는 좋고 싫음을 보여주는 중요 척도일 뿐이기 때문이다. ㉡에 해당하는 가치유형은 '자율성'으로 수아는 언제든지 아이디어가 떠오르면 바로 그림으로 그려 조형물로 만들어내는 창의성과 원하는 시간, 장소, 소재로 그림을 만들고 작품을 망쳐도 제 책임이라는 책임감이 있기 때문이다. 혹은 자율성은 자유롭게 일하고자 하는 욕구를 반영하는데, 수아는 원하는 시간, 장소, 소재로 그림을 만들고, 작품을 망쳐도 제 책임이라고 보고하고 있기 때문이다. ㉢에 해당하는 발달단계는 '사회적 가치지향(사회적 가치획득)'이다.

### 브라운(Brown)의 가치중심 접근, MIQ, 제한-타협이론

(1) 브라운(Brown) : 가치 중심적 접근 모델
① 인간행동이 개인의 가치에 의해 상당 부분 영향을 받는다는 가정에서 출발함 : 인간은 개인의 가치지향성에 의해 흥미와 적성 등이 영향받음.
② 어떤 확립된 행동기준이 발달과정이나 결정과정에서 중요하게 작용하는데, 이 행동기준은 '가치 지향적'인 것이며, 사회적 행위를 판단하는 원칙으로 보고 있음.
③ 흥미는 진로결정에 큰 영향을 주지 않으며, 가치가 행동역할을 합리화하는 데 강력한 결정 요인 : 흥미는 가치에서 생겨나는 좋고 싫음을 보여주는 중요 척도일 뿐이기 때문. 즉, 흥미란 가치가 명시화되는 한 형태이며 가치처럼 행동기준의 준거로 작용하는 것은 아니기 때문임.

(2) 직업적응이론 : 개인의 욕구와 가치 평가(MIQ)
① 성취 : 능력을 발휘하고 성취감을 얻는 일을 하려는 욕구. 하위개념은 능력(능력 발휘 가능한 일), 성취감(성취감을 줄 수 있는 일)이 있음
② 편안함(안락함) : 직무 스트레스가 적고 평안한 근무상태를 바라는 욕구. 하위개념은 활동성, 독립성, 다양성, 보상, 안정성, 근무환경이 있음
③ 지위 : 자신의 일에 대한 사회적 명성, 즉 타인에 대한 평가나 타인의 자각정도를 말함. 하위개념은 발전가능성, 인정, 지휘권, 지위(권한)이 있음
④ 이타주의(이타심) : 타인을 돕고 타인과 함께 일을 도모하고자 하는 가치를 말함. 하위개념은 동료(친밀감), 사회봉사, 도덕성(도덕적 가치)이 있음
⑤ 안전감(안정) : 안전하지 못한 상태(환경)를 거부하고 안전하고 예측가능한 상태(환경)에서 일하고 싶은 욕구. 하위개념은 공정성(조직의 공정한 대우), 업무지원, 직무교육이 있음
⑥ 자율성(자주성) : 자유롭게 일하고자 하는 욕구. 하위개념은 자율성(의사선택권, 창의성, 의사실행권), 책임감(의사결정권, 재량권)이 있음

(3) 제한-타협이론 : 진로포부 발달단계

| 단계 | 연령 | 특징 |
| --- | --- | --- |
| 서열획득 단계<br>(크기와 힘의 지향) | 3~5세 | • 인지 발달적 측면에서 대상영속성을 습득함<br>  - 크다, 작다와 같이 개인을 단순한 용어로 분류함<br>  - 자신과 성인의 차이를 크기로 규정하여 인식함<br>• 성인의 역할을 통해 직업을 인식함 |
| 성역할 획득 단계<br>(성 역할 지향) | 6~8세 | • 이분법으로 생각하는 경향이 있음<br>• 관찰 가능하고 구체적인 특징에 근거하여 사람, 직업을 단순한 수준으로 구분함<br>• 남자와 여자의 성 역할이 매우 다르다는 사실을 분명히 인식하고, 성별에 적합한 옷을 입고 행동을 하면서 성역할 고정관념을 형성함<br>• 성별과 관련하여 자기개념과 불일치하는 것으로 보이는 직업을 배제하기 시작하면서, '수용 가능한 성 유형 경계선'을 형성함 |
| 사회적 가치 획득 단계<br>(사회적 가치 지향) | 9~13세 | • 이 시기에는 사회적 지위에 대한 개념을 형성함 : 자신의 능력 수준을 벗어나는 직업을 배제하고, 사회적 준거집단에서 수용되지 않는 직업도 배제하기 시작함<br>• 사회적 계급, 능력의 요소를 기준으로 '수용 가능한 수준의 경계선'을 규정함 : 직업의 하한선 수준<br>• 노력 가능한 수준의 경계선 : 직업을 얻고자 기꺼이 헌신하고 위험을 감수하는 노력의 상한선 수준<br>• 상한선과 하한선 수준 내에 존재하는 직업은 수용 가능하다고 여기는 직업영역을 나타냄 |
| 내적자아<br>확립 단계<br>(내적 고유자아 지향) | 14세 이후 | • 자신을 보다 잘 이해하고 내적인 반성 능력이 향상됨<br>• 인지 발달적 측면에서 형식적 사고능력이 향상되고, 내적으로 형성된 삶의 목표와 자기개념을 잘 호응하는 직업을 탐색함<br>• 현재 자신이 지각하는 자기개념과 잘 호응하는 직업을 탐색함<br>  → 이전 단계에서 수용 불가능한 직업 대안을 제거해나갔다면, 이 단계에서는 가장 수용 가능한 직업 선택지를 구체화함 |

**56** ㉠의 명칭은 '성역할 경계선'으로, 의미는 성별과 관련하여 자기개념과 불일치하는 것으로 판단되는 직업을 배제하기 시작한다는 것이다. 혹은 남자와 여자의 성역할이 다르다는 것을 인식하는 것이다. ㉡의 의미는 상담의 출발점을 제시한다는 것이다. ㉢의 의미는 생애사의 제목을 제공한다.

### 제한-타협이론의 진로포부 발달단계와 구성주의 진로상담의 진로유형 면접

(1) 진로 포부 제한 그래프와 성 역할 지향 단계의 특징

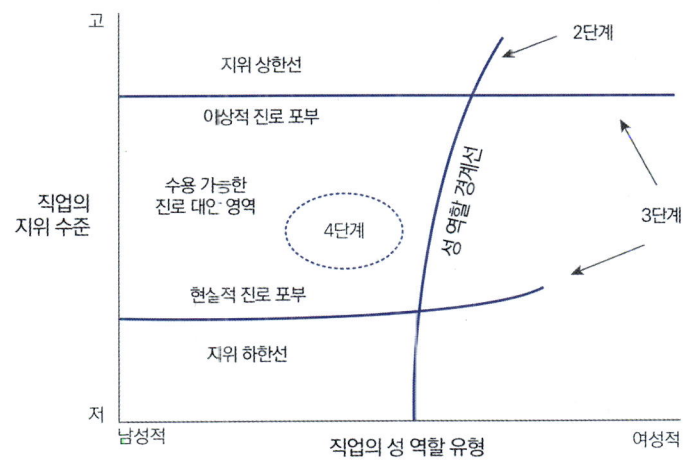

① 가로축: 직업의 성 역할 유형을 나타내는 축으로, 오른쪽으로 이동할수록 여성적, 왼쪽으로 이동할수록 남성적임을 나타냄.
② 세로축: 직업의 사회적 지위를 나타내는 축으로, 위로 올라갈수록 직업의 지위 수준이 높고, 아래로 내려갈수록 지위 수준이 낮음을 나타냄.
③ 수용 가능한 진로 대안 영역: 성 역할 경계선, 지위 상한선, 지위 하한선으로 둘러싸인 부분.
④ 성역할 지향 단계 특징
  • 이분법으로 생각하는 경향이 있음.
  • 관찰 가능하고 구체적인 특징에 근거하여 사람, 직업을 단순한 수준으로 구분함.
  • 남자와 여자의 성 역할이 매우 다르다는 사실을 분명히 인식하고, 성별에 적합한 옷을 입고 행동을 하면서 성역할 고정관념을 형성함.
  • 성별과 관련하여 자기개념과 불일치하는 것으로 보이는 직업을 배제하기 시작하면서, '수용 가능한 성 유형 경계선'을 형성함.

(2) 사비카스의 진로유형 면접

| 구분 | 질문 | 의미 |
| --- | --- | --- |
| 준비도 | "○○씨의 진로를 만들어 나가는 데 있어 저와 만나는 시간을 어떻게 활용할 수 있을까요?" | 상담의 출발점을 제시함 |
| 역할 모델 | • "자라면서 가장 존경했던 사람은 누구인가요?"<br>• "어떤 사람의 삶을 따라서 살고 싶은가요?"<br>• "역할 모델 세 사람을 얘기해보세요."<br>  - "이 사람들의 어떤 면을 특히 존경하나요?"<br>  - "이 사람들을 각각 얼마나 좋아하나요?"<br>  - "○○씨는 이 사람들과 어떻게 다른가요?" | • 이상적 자아를 나타냄<br>• 질문의 초점은 '누구를 존경했는가'가 아니라 '어떤 점을 존경했는가'임 |

| | | |
|---|---|---|
| 잡지 또는 TV 프로그램 | • "정기적으로 구독하는 잡지가 있나요? 해당 잡지의 어떤 점이 좋은가요?"<br>• "정말 좋아하는 TV 프로그램은 무엇인가요? 그 이유는요?" | 개인의 생활양식에 맞는 환경에 대한 선호를 나타냄 |
| 책 또는 영화 | "좋아하는 책이나 영화에 대해 얘기해주세요." | 동일한 문제에 당면한 주인공을 드러내고, 이 주인공이 어떻게 문제를 다루어 나가는지를 보여줌 |
| 여가 또는 취미 | • "여가시간을 어떻게 보내고 싶은가요?"<br>• "취미는 무엇인가요?"<br>• "취미생활의 어떤 점이 좋은가요?" | 자기표현(self-expression)을 다루고 겉으로 드러난 흥미가 무엇인지 나타냄 |
| 명언 | "좋아하는 명언이나 좌우명이 있나요? 기억하는 명언이 있으면 얘기해주세요." | 생애사(life story)의 제목을 제공함 |
| 교과목 | • "중학교, 고등학교 때 좋아한 과목이 무엇이었나요? 그 이유는요?"<br>• "싫어한 과목과 그 이유는요?" | 선호하는 직무와 근로환경을 나타냄 |
| 생애 초기 기억 | "가장 어릴 적 기억은 어떤 것인가요? 3~6세 시기에 ○○씨에게 일어난 일 중 기억에 남는 일 세 가지가 궁금해요." | 무엇에 몰두하여 노력을 기울이고 있는지를 드러냄 |

**57** ㉠에 나타난 구성주의 진로상담 단계는 '해체단계'다. 해체단계의 목적은 내담자의 관점을 폭넓게 열어주는 것이고, 재구성 단계의 목적은 해체단계에서 찾은 새로운 관점으로 문제를 재조명해 보는 것이다. (가)~(다)와 구별되는 (라)의 특징은 실연과 적극적인 태도에 초점을 두는 것이다. 혹은 능동적인 활동을 하거나 다양한 행동을 시도하는 것이다. 승우의 강화인은 안정적이어서 오래 할 수 있는 직업을 가지고 싶다고 말한 것으로 보아 '안정성'이다.

### 구성주의 및 내러티브 진로상담과 직업적응이론

(1) 구성주의 상담과정

| 국면 | 내용 |
|---|---|
| 구성 단계 | • 개인이 자기 자신과 진로를 어떻게 구성하고 있는지를 일상의 작은 이야기들을 통해 내담자와 상담자가 함께 파악해 가는 단계<br>• 기대, 활동, 상호작용, 다른 사람과의 관계, 미래에 대한 전망 등을 통해 이야기를 구성해 간다. 전 생애에 걸친 자전적 이야기와 사소한 일상을 모두 다루면서 진로와 관련된 이야기들을 수집하고, 이를 연결하는 작업을 주로 함 |
| 해체 단계 | • 내담자의 관점을 폭넓게 열어주는 것을 목적으로 하는 단계<br>• 구성 단계의 이야기에 암시된 의미를 명료화하거나 더 현실적이고 객관적인 관점을 갖게 도와야 함<br>• 어떤 지배적인 기대나 습관화되어 버린 생각으로 인해 더 나은 대안이 배제되고 있다면, 자신을 한정 짓는 생각, 틀에 박힌 역할, 문화적 장벽 등에 대한 점검이 필요함<br>• 성 역할, 인종, 사회경제적 지위 등에 대한 잘못된 고정관념을 가지고 있을 수도 있는데, 내담자가 가진 이야기가 이미 가정하고 있는 것, 못 보고 있는 것, 빠뜨린 것 등을 다루어야 함<br>• 무조건 잘못되었다고 비난하는 것이 아니라, 더 나은 가능성을 찾기 위한 새로운 의미부여의 과정으로 다루어 나가는 것이 중요함 |

| | |
|---|---|
| 자구성 단계 | • 앞 단계에서 찾은 새로운 관점으로 문제를 재조명해 보는 단계<br>• 작은 이야기들을 연결해 긍정적인 결과를 얻을 수 있는 이야기를 새롭게 만들어야 함<br>• 중요한 사건, 반복되는 에피소드, 중요한 타인, 개인적 의미가 컸던 순간, 변화를 가져온 경험 등에 대한 미시 내러티브(micronarrative)를 통해 정체성 구성을 해나가는 과정에서 상담자는 이야기를 엮어 통일된 개인을 지각할 수 있도록 도와야 함.<br>• 내담자의 과거, 현재, 미래로 이어지는 정체성에 대한 거시 내러티브(macronarrative)를 구성해 가야 하는데, 이야기의 연결고리 속에서 직업적 줄거리와 진로 주제를 찾아내야 함 |
| 협력구성 단계 | • 재구성한 새로운 이야기 속에서 문제를 바라보면서 해결책을 찾고 행동의 변화를 촉진하는 단계<br>• 내담자는 자신에 대한 새로운 상(life portrait)을 갖게 되고, 이에 따른 행동을 계획하고 실천하게 됨 |

(2) 코크런(Cochran)의 내러티브 진로상담(7개의 에피소드 상담기법)

| | | |
|---|---|---|
| • 진로 문제 정교화하기 | • 생애사 구성하기 | • 미래 내러티브 이끌어내기 |
| • 실재 구성 | • 삶의 구조 바꾸기 | • 역할 실연하기 |
| • 결정 구체화(확고화)하기 | | |

① 7개의 '에피소드' 또는 국면을 설명함
② 1~3번째 에피소드(진로문제 정교화하기, 생애사 구성하기, 미래 내러티브 이끌어내기) : 진로 내러티브에서 의미를 추출하는 것을 강조함
③ 4~6번째 에피소드(실재 구성, 삶의 구조 바꾸기, 역할 실연하기 : 실연과 적극적인 태도에 초점을 두고 있음.

(3) 가치, 직업적 욕구, 일과 관련된 강화물 목록(MIQ와 MJDQ)

| 가치 | 욕구(강화인) | MIQ의 진술문에 반영된 일과 관련된 강화물 |
|---|---|---|
| 성취 | 능력의 활용 | 자기가 인식한 기술과 재능 발휘 |
| | 성취감 | 성취에 대한 자부심이 생기는 일 |
| 편안함<br>(안락함) | 활동성 | 상대적으로 일정하고 지속적인 수준의 에너지 투자를 요구하는 직업 |
| | 독립성 | 개인이 독립적으로(혼자) 일할 수 있는 근무 환경 |
| | 다양성 | 가능한 한 활동범위가 넓은 것 |
| | 보상 | 일의 양과 질에 기초한 보상을 제공하며 유사한 업무를 수행하는 경우, 다른 사람과 비교할 수 있는 작업 |
| | 안정성 | 고용의 지속성과 보상을 약속할 수 있는 근무 환경 |
| | 근무 환경(근무 조건) | 좋은 물리적 조건을 특징으로 하는 업무 환경 |
| 지위 | 승진(발전가능성) | 업무와 관련된 우수성/탁월성에 대한 공정한 평가 기회가 제공되며 발전이 가능한 환경 |
| | 인정 | 칭찬할 만한 개인의 성과에 대한 (적절한) 보상이 주어지는 근무 환경 |
| | 권위(지휘권) | 업무 수행방법을 결정하고 동료들에 대해 그러한 결정을 부과하는 것을 포함하는 힘 |
| | 사회적 지위(권한) | 근로자에 대한 존중과 사회적 지위를 가져오는 업무 |

| | | |
|---|---|---|
| 이타주의 (이타심) | 동료(친밀감) | 직원들이 친절한 대인관계 제스처와 관계에 관심이 있으며, 이에 반응하는 근무환경 |
| | 도덕적 가치 | 근로자가 자신이 잘못된 것이라고 정의한 행동에 참여하지 않으려는 것과 (조직의 의견이) 충돌하지 않는 업무 |
| | 사회봉사 | 다른 사람의 복지 증진을 위한 것으로 인식되는 업무 |
| 안전감 (안정) | 회사 정책과 관행 | 명확하게 설명되는 작업 환경과 안정적으로 전달 및 실행되는 가이드라인 |
| | 감독(수퍼비전) – 인간관계 | 상사가 부하 직원과 상사 간의 상호 존중과 격려 분위기를 조성·유지하는 근무 환경 |
| | 감독(수퍼비전) – 기술 | 유능하고 효과적인 지도감독이 특징적인 근무 환경 |
| 자율성 (자주성) | 창의성 | 근로자에 의해 독립적으로 고안되고 수행되는 혁신을 인정(순응)하는 작업 |
| | 책임감 | 자율성과 책임의 발휘를 촉진하는 작업 |

**58** ㉠에 들어갈 용어는 '인내심'이고, 그 근거는 윤하가 '처음에는 글자가 많은 책을 읽는 것이 지루하고 힘들었지만, 포기하지 않고 계속 읽었다'는 것이다. ㉡에 들어갈 용어의 명칭은 '적응결과'이고, 근거는 윤하가 이제 ○○대학교 ○○학과에 진학하려고 한다는 것이다.

### 크롬볼츠(Krumboltz)의 계획된 우연기술과 구성주의 상담의 진로적응 과정

(1) 계획된 우연 기술
  ① 호기심 : 새로운 학습기회를 탐색하는 것
  ② 인내심 : 좌절에도 노력을 지속하는 것
  ③ 융통성 : 태도와 상황을 변화시키는 것
  ④ 낙관성 : 새로운 기회가 올 때 그것을 긍정적으로 보는 것
  ⑤ 위험감수 : 불확실한 결과 앞에서도 행동화하는 것

(2) 진로적응 과정(Tokar, Savicks & Kaut 2020)
  ① 진로 적응도 : 진로발달 과업, 직업적 전환, 진로문제 등과 관련해서 적극적으로 문제해결에 임하며, 변화하고 노력하고자 하는 의지, 준비도 등과 관련된 심리적 특성
  ② 적응 자원 : 낯설고, 복잡하며, 불분명한 진로문제를 해결하기 위해 필요한 심리적 역량을 뜻하는데, 대표적으로 진로적응력(career adaptability : 진로적응성, 진로적응도)이 있음
    • 진로적응력 : 적응적 결과를 얻고자 하는 목적을 성취하는 적응 전략, 실행능력
    • 진로적응도가 높은 사람 : 진로문제를 해결하기 위해 적응자원을 잘 활용할 수 있음
    • 구성요소 : 관심, 통제, 호기심, 자신감이 있음
  ③ 적응 반응 : 탐색, 계획, 결정, 실행 등 적응을 이끌어 내는 실질적인 수행
  ④ 적응 결과 : 적응 준비, 적응 자원 활용, 적응 반응 수행의 연속적인 과정의 결과로 적응(adaptation)이 나타나 문제해결을 이룬 상태. 예 대학 전공 선택 문제로 고민하던 학생이 특정 전공으로 진학을 준비하기로 결정한 상태.

㉠의 이론은 '진로무질서 이론'이고, ㉡의 유인은 '목표'이다. ㉢ 유인의 명칭은 '우연'이고, 진로발달과정에서의 역할은 우연의 가능성과 미래의 불확실성을 받아들이고, 지속적인 개선, 피드백, 새로운 아이디어 등을 열린 자세로 받아들이면서 변화를 다룰 수 있도록 한다는 것이다.

### 진로 무질서 이론

① 비예측성과 비선형성 : 체제 내의 모든 요소가 상호작용하고 복잡하게 엉켜 있어 단순하기 설명못함
② 확산적 관점 고려 : 우연과 변화가 우리 삶을 특징짓는다는 전제 위에서 확산적인 관점을 고려해야 함
- 기존 진로상담 : 수렴적 의사결정
- 무질서 이론 : 확산적 의사결정
- 확산적 의사결정 과정 : 가능성을 중시함 → 책임감 수용하기, 선택지 구성하기, 긍정적인 행동 유지하기 등이 있음

③ 체제의 기능 : 유인(attractors)으로 묘사함
④ 유인 : 체제의 피드백 메커니즘, 목표 상태, 경계, 평형과 불평형 간의 조화와 같이 체제를 특징짓는 일종의 궤적
⑤ 유인의 종류와 특징

| 구분 | 내용 |
| --- | --- |
| 목표유인 | • 체제가 특정 지점을 향해서 움직여가는 것을 의미하며, 목표지향형으로 이해됨<br>• 어느 한 시점에 초점을 맞추고 복잡성과 변화에 대한 다른 모든 정보들을 무시하기 때문에 융통성이 없어지고 기회를 인식하지 못할 수 있음 |
| 진동유인 | • 두 개의 지점, 장소 또는 성과 사이를 규칙적으로 이동하는 것을 의미하며, 역할지향형으로 이해됨<br>• 이편 아니면 저편, 이것 아니면 저것, 즉 둘 중 하나라는 경직된 사고를 보이기 때문에 중요한 정보나 가능성 있는 대안들을 과소평가 할 수 있음 |
| 대턴유인 | • 복잡하지만 예측 가능한 방식으로 움직여가는 것을 의미하며, 시간의 흐름에 따라 일종의 대턴이나 규칙, 원칙, 절차를 만들어가면서 변화에 대응하는 규칙지향형으로 이해됨<br>• 예외가 발생하는 상황에 즉각 대응하지 못하며, 이를 위협으로 받아들임 |
| 우연유인 | • 예측 불가능한 방식으로 복잡하게 움직여가지만 나름의 질서를 조직해 가기도 하는 변화지향형으로 이해됨<br>• 우연의 가능성, 미래의 불확실성을 받아들이고, 지속적인 개선, 피드백, 새로운 아이디어 등을 열린 자세로 받아들이면서 변화를 다룸 |

**60** ㉠ 프로티언 커리어(프로티언 진로), ㉡ 생애역할

## 프로티언 커리어와 수퍼(Super)의 생애역할

(1) 프로티언 커리어(protean career)
① 조직보다는 개인에 의해 주도되는 경력을 지칭하기 위해 홀(Hall)이 1976년부터 사용한 용어로, 자신이 지향하는 가치와 주관적인 성공 기준에 따라 개인이 자신의 진로를 주도해 나가고 관리해 가는 방식을 의미함
② 승진과 같은 객관적인 성공보다는 자부심, 만족, 성취감과 같은 주관적인 성공 기준 등을 중요시하며, 일에 두는 가치에 따라 자신이 주도적으로 움직여가는 행동과 태도를 포괄적으로 지칭함 → 지속적인 학습, 전 생애에 걸친 관점, 적응을 위한 자아정체성의 변화 등으로 특정지어지는 진로관리 행동
③ 측정 도구 : 가치지향성(value-driven), 자기주도성(self-directed) 차원

| 차원 | 의미 | 요인 |
|---|---|---|
| 가치지향성 | 진로를 개발할 때 자신의 고유한 가치에 기반을 두고자 하는 정도 | • 자아정체감 : 자신의 욕구, 동기, 능력, 가치, 흥미에 대한 명확성<br>• 가치지향성 : 개인의 진로를 안내하고 성공을 가늠하는 개인적 가치 소유 |
| 자기주도성 | 진로를 개발할 때 주도적인 역할을 담당하고자 하는 정도 | • 적응성 : 유능해짐과 동시에 변화하는 환경을 배우고 그에 적응하려 동기화되는 경향<br>• 자기주도성 : 독립성을 갖고 자신의 진로에 책임을 지려는 경향 |

(2) 생애 공간
① 생애 공간 : 일생을 통해 수행하게 되는 여러 가지 역할을 의미함
② 생애 주기 : 연령에 따른 발달단계를 의미함
③ 생애 역할 : 자녀역할, 학생역할, 여가인 역할, 시민 역할, 직업인 역할, 부모(가사담당자)로서의 역할 등 → 6가지 역할 외에도 개인에 따라 또 다른 새로운 역할(예 종교인)이 부각될 수 있음
  • 부모 혹은 가사자 : 성별과 관계없이 가정에서 가사에 종사하는 역할
  • 직업인 : 보수를 받고 일하는 역할
  • 시민 : 내가 속한 공동체를 위해서 시간과 에너지를 사용하는 역할 예 무료봉사활동
  • 여가인 : 여가활동에 시간을 보내는 역할을 기술. 성장기와 쇠퇴기에 여가인으로서 많은 시간을 보내는 경향이 있음
④ 역할 간 갈등 : 전 생애 발달과정에서 어떤 시기에 몇 가지 생애역할이 중요하게 부각되면서 개인은 역할 간의 갈등을 겪게 되고 이로 인해 진로문제가 발생할 수 있음
⑤ 생애역할 : 한 개인을 둘러싼 주요한 사회적 환경과 관련됨
  • 역할 : 한 개인이 처한 사회 환경 속에서 어떠한 행위를 하도록 요구함
  • 생애역할과 관련된 환경 : 가정, 학교, 지역사회, 직장 → 개인극장

㉠을 위한 상담자의 반응은 '한국에서 대학진학을 생각하고 있군요. 그런데 이와 관련해서 염려하는 문제가 있는지 얘기해 볼래요?'라는 부분이다. ㉡은 '문화적 변인들의 영향 평가'다. 근접맥락 변인은 첫째, 부모님은 경제적으로 힘든 상황이기 때문에 대학 진학을 지원해 주기 어렵다는 것이다. 둘째, 부모님 비자가 만료되어서 한국에 있는 것이 언제까지 가능할지 모른다는 것이다.

### 소수민 여성을 위한 다문화 진로상담

① 라포를 형성하고 문화에 맞는 관계를 형성함
② 진로문제 규정(진로이슈 확인) : 진로의사결정을 가로막는 장벽에 대해 이해함 → 진로호소 문제 확인
③ 문화적 변인들의 영향 평가 : 진로 선택에 가장 제약을 가하는 문화적 변인(성역할, 가족, 인종 및 민족 배경, 지배적 배경 등)을 확인함
④ 상담목표 설정 : 소수민족에게는 실용적인 목표가 자기실현을 토대로 한 목표보다 더 적합함
⑤ 문화에 맞는 개입 : 소수 민족에게는 개입전략을 개발하고 이행하는 데 가족의 승인과 참여가 추천됨
⑥ 의사결정을 내림
⑦ 수행과 추수지도 : 내담자들은 설정한 상담목표를 수행하기 위해 정보를 찾고 있거나, 개인적 접촉을 하고 있거나 또는 의뢰된 기관에서 과제를 수행하게 됨

 ⑤

 ③

 ① : 수퍼(Super)　　　　　　　　　　② : 긴즈버그(Ginzberg)
③ : 타이드만과 오하라(Tiedeman O'Hara)　　④ : 갓프레드슨(Gottfredson)

 ②

 (1) 수퍼(Super)의 진로발달이론
(2) 블러(Blau)의 사회학적 이론
(3) 크롬볼츠(Krumboltz)의 사회학습이론
(4) 로(Roe)의 욕구이론

**67** 동주의 유형은 진로 '진로 미결정자'이다. 특징은 첫째, 자신의 모습, 직업 혹은 의사결정을 위한 지식이 부족하다. 둘째, 다양한 능력으로 지나치게 많은 기회를 갖게 되어 진로를 결정하기 어렵다. 셋째, 진로 결정을 하지 못하지만 성격적인 문제는 없다.

### 진로의사결정 정도에 따른 내담자 분류 : 특징

(1) 진로 결정자
- 자신의 선택이 잘 된 것인지 명료화하기를 원하는 내담자
- 자신의 선택을 이행하기 위해 도움이 필요한 내담자
- 진로의사가 결정된 것처럼 보이나 실제로는 결정을 못하는 내담자

(2) 진로 미결정자
- 자신의 모습, 직업 혹은 의사결정을 위한 지식이 부족한 내담자
- 다양한 능력으로 지나치게 많은 기회를 갖게 되어 진로 결정하기 어려운 내담자
- 진로 결정을 하지 못하지만 성격적인 문제는 없는 내담자

(3) 우유부단(진로 무결정자)
- 생활에 전반적인 장애를 주는 불안을 동반한 내담자
- 일반적으로 문제해결 과정에서 부적응적인 성격을 지니고 있는 내담자

**68** ④

**69** ③

**70** ③

**71** ㉠에 필요한 진로정보는 '직업정보'이고, ㉡에 필요한 진로정보는 '심리사회적 정보'이다. 진로 무결정에 해당하는 학생은 '나무늘보'이며, 이러한 학생에게 필요한 개입은 진로 문제와 관련된 심리적 장애를 다루는 심리상담을 실시하는 것이다. 혹은 진로계획을 수립하는 일을 조력한다. 혹은 내담자의 의사결정 과정과 방법에 초점을 맞춘다.

### 우유부단(진로 무결정자)과 진로정보

(1) 우유부단(진로 무결정자)
  ① 특징(종류)
    • 생활 전반에 걸쳐 불안을 동반하는 내담자
    • 일반적으로 문제 해결과정에서 부적응적인 성격을 지닌 내담자
  ② 목표
    • 불안, 우울의 감소
    • 불확실감의 감소
    • 동기의 개발
    • 기본적 생활습관의 변화
    • 긍정적 자아개념의 확립
    • 자아정체감 형성
    • 타인의 평가에 대한 지나친 민감성의 극복
    • 자존감의 회복
    • 열등감 수준의 저하
    • 가족의 기대와 내담자 능력 간의 차이 인정
    • 가족갈등의 해소
    • 부모나 사회에 대한 수동-공격성의 극복
  ③ 개입방법
    • 문제와 관련된 심리적 장애(예 우울감, 부정적인 자아개념 등)를 다루는 심리상담을 실시함
    • 진로계획을 수립하는 일을 조력함
    • 내담자의 의사결정 과정과 방법에 초점을 맞춤

(2) 진로정보 개념
  ① 의미 : 어떤 선택·결정을 할 때나 직업 적응, 직업 발달을 꾀할 때 필요로 하는 모든 자료를 총칭하는 개념으로, 일과 관련된 교육적·직업적·심리사회적인 정보
  ② 진로정보 구분(Norris 등)

| 구분 | 내용 |
| --- | --- |
| 교육정보 | • 단순히 진학자료만을 의미하는 것이 아니라 학교교육을 통한 교육활동 모두를 직업세계와 폭넓게 관련시킨 내용을 말함<br>• 학교의 교육과정 및 교과활동에 관한 자료, 학교 안의 동아리와 사회적 활동, 학교에서 추구하는 교육관, 진학비용 및 경제적 조건과 관련된 자료 등이 포함됨 |
| 직업정보 | • 직업세계에 대한 다양한 정보로 직업, 직무, 직위에 대한 자료를 의미함<br>• 노동력에 관한 것, 직업구조와 취업경로, 직업의 분류, 직종별 자격요건, 근무조건과 의무사항, 교육정도, 보수와 승진체계, 인간관계, 일의 형태 등이 포함됨 |
| 심리사회적 정보 | • 개인과 인간관계에 영향을 미치는 자료<br>• 자기이해와 통찰에 대한 것, 인간관계 형성, 인성 발달, 개인의 행동과 특성 이해, 가정의 조건과 부모의 기대, 정신적·신체적 건강, 여가생활 등이 포함됨 |

**72** ⑤

**73** ④

**74** ①

**75** 3가지 목표는 첫째, 내담자의 흥미를 탐색한다. 둘째, 내담자의 직업세계에 대한 이해를 높이고 직업선택의 폭을 넓힐 수 있다. 셋째, 내담자에게 진로 및 직업정보를 찾는 방법을 제시한다. 혹은 3가지 목표는 첫째, 현지는 적성검사에서 왜 그런 결과가 나왔는지 궁금하다고 보고한 것으로 보아 자신의 특성(흥미, 가치관 등)을 질적으로 탐색할 수 있다. 둘째, 학과 졸업 후 구체적이고 어떤 직업을 갖게 될지 모르겠고, 학과에 관련된 직업 외에 더 적합한 직업이 있는지 알고 싶다고 보고한 것으로 보아 직업의 다양성과 종류를 이해할 수 있다. 셋째, 학과들에 대한 정보를 더 많이 얻고 싶다고 보고한 것으로 보아 직업 정보를 구체적으로 탐색할 수 있다.

| 직업카드분류 : 활동목적 |
|---|
| ① 진로 탐색에 있어 중요한 자신의 특성(예 흥미, 가치관, 등)을 질적으로 탐색할 수 있음<br>② 직업의 다양성과 종류를 이해할 수 있음<br>③ 직업세계를 이해하기 위한 중요한 요소를 파악할 수 있음<br>④ 직업정보를 구체적으로 탐색할 수 있음<br>⑤ 진로에 흥미를 가지고 진로 탐색과정에 즐겁게 참여할 수 있음 |

☞ 3가지 목표 : (1) 내담자의 흥미를 탐색함. (2) 내담자의 직업세계에 대한 이해를 높이고 직업선택의 폭을 넓힘.
　　　　　　 (3) 내담자에게 진로 및 직업정보를 찾는 방법을 제시함

**76** 생애진로사정, 진로가계도

| 생애진로사정과 진로가계도 |
|---|
| (1) 생애진로사정<br>　① 질적인 평가 과정으로, 내담자의 정보를 수집할 수 있는 구조화된 면접방법.<br>　② Adler의 개인심리학에 기초 : 내담자에 대한 다양한 정보수집 과정을 통하여 내담자가 자신의 이야기를 체계적으로 해 나가면서 본인의 경험에 대하여 정리할 수 있고, 이를 통해 삶의 방식을 이해할 수 있음.<br>　③ 효과<br>　　• 개인의 역할을 포함한 다양한 생활 영역에서 내담자의 기능 수준뿐만 아니라 그들이 환경을 어떻게 극복할 것인가에 대한 정보까지 산출할 수 있음.<br>　　• 상담자와 내담자의 긍정적인 라포 형성에 도움을 줌. |

④ 생애주제 : 자신과 타인, 세상에 대한 생각, 신념, 태도, 가치관 등을 말함. 이러한 개개인이 사용하는 주제들이 삶의 방식을 구성함.
⑤ 구조 : 진로사정(진로평가), 일상적인 하루, 강점과 장애(강점과 약점), 요약

(2) 진로가계도
① 내담자의 정보를 수집하는 질적 평가방법 중 하나로, 3대에 걸친 내담자 가족이 어떤 진로를 선택해왔는지, 그것이 내담자에게 어떠한 영향을 주었는지 등을 살펴봄으로써 진로 선택과 관련하여 내담자를 더욱 깊게 이해하는 통로가 됨.
② 보웬(Bowen)의 가계도를 응용한 개념으로 진로상담의 정보수집 단계에서 사용될 수 있음.

**77** ③

**78** ④

**79** ①

**80** ③

**81** ㉠의 명칭은 '자기개발'이고, ㉡의 명칭은 '직업윤리'다. ㉢에 해당하는 선정기준은 '접근성'이다. ㉣의 의미는 목표집단에 의해 그 프로그램 혹은 프로그램의 활동요소가 참신하고, 재미있고, 유용하며, 효과가 있다고 표적집단이 느끼는지 여부다.

### NCS(국가직무능력표준)와 프로그램 활동요소 선정기준

(1) NCS 직업기초 능력

| 프로그램명 | 정의 | 하위능력 |
|---|---|---|
| 의사소통 능력 | 글과 말을 읽고 들음으로써 다른 사람이 뜻한 바를 파악하고, 자기가 뜻한 바를 글과 말을 통해 정확하게 쓰거나 말하는 능력 | 의사소통능력, 문서이해능력, 문서작성능력, 경청능력, 의사표현능력 |
| 수리 능력 | 사칙연산, 통계, 확률의 의미를 정확하게 이해하고 이를 업무에 적용하는 능력 | 기초연산능력, 기초통계능력, 도표분석능력, 도표작성능력 |
| 문제해결 능력 | 문제상황이 발생하였을 경우, 창조적이고 논리적인 사고를 통하여 이를 올바르게 인식하고 적절히 해결하는 능력 | 문제해결능력, 사고력, 문제처리능력 |
| 자기개발 능력 | 업무를 추진하는 데 스스로를 관리하고 개발하는 능력 | 자기개발능력, 자아인식능력, 자기관리능력, 경력개발능력 |

| 자원관리 능력 | 업무를 수행하는 데 시간, 자본, 재료 및 시설, 인적자원 등의 자원 가운데 무엇이 얼마나 필요한지를 확인하고, 이용 가능한 자원을 최대한 수집하여 실제 업무에 어떻게 활용할 것인지를 계획하고, 계획대로 업무 수행에 이를 할당하는 능력 | 자원관리능력, 시간관리능력, 물적자원관리능력, 예산관리능력, 인적자원관리능력 |
|---|---|---|
| 대인관계 능력 | 업무를 수행함에 있어 접촉하게 되는 사람들과 문제를 일으키지 않고 원만하게 지내는 능력 | 대인관계능력, 팀워크능력, 리더쉽능력, 갈등관리능력, 협상능력, 고객서비스능력 |
| 정보 능력 | 업무와 관련된 정보를 수집하고, 이를 분석하여 의미있는 정보를 찾아내며, 의미있는 정보를 업무수행에 적절하도록 조직하고, 조직된 정보를 관리하며, 업무수행에 이러한 정보를 활용하고, 이러한 제 과정에 컴퓨터를 사용하는 능력 | 정보능력, 컴퓨터활용능력, 인터넷활용능력, 정보처리능력향상 |
| 기술 능력 | 업무를 수행함에 있어 도구, 장치 등을 포함하여 필요한 기술에는 어떠한 것들이 있는지 이해하고, 실제로 업무를 수행함에 있어 적절한 기술을 선택하여 적용하는 능력 | 기술능력, 기술이해능력, 기술선택능력, 기술적용능력, 미래사회에서의 기술능력 |
| 조직이해 능력 | 업무를 원활하게 수행하기 위해 국제적인 추세를 포함하여 조직의 체제와 경영에 대해 이해하는 능력 | 조직이해능력, 경영이해능력, 체제이해능력, 업무이해능력, 국제감각능력 |
| 직업윤리 | 업무를 수행함에 있어 원만한 직업생활을 위해 필요한 태도, 매너, 올바른 직업관 | 직업윤리의 의미와 행동, 근로윤리, 공동체윤리 |

(2) 프로그램 활동요소 선정 기준(Sussman)
  ① 수용성(acceptability) : 활동요소가 참신하고 재미있고 유용하며 효과가 있다고 표적집단이 느끼는지 여부.
  ② 접근성(accessibility) : 표적집단이 활동요소를 잘 이해하고 참여할 수 있는 정도.
  ③ 목표달성에 도움이 되는 정도 : 활동요소가 프로그램의 목표와 관련성이 높고 구체적이고 즉각적인 효과를 나타낼 수 있는 정도.
  ④ 목표집단에 미치는 영향력 : 프로그램 대상자들에게 의도했던 효과가 나타날 수 있는지 여부.

# CHAPTER 05 가족상담 기출문제 정답 및 해설

 ③

 • 개념 : 이중구속

 ㉠에 해당하는 인과론의 명칭은 '직선적 인과관계', ㉡에 해당하는 인과론의 명칭은 '순환적 인과관계'다. ㉠에서는 부모님의 갈등이 원인이 되어 소미의 문제행동 즉 가출이 나타났다는 것이다. ㉡에서는 부모님의 갈등(싸움)이 원인이 되어 소미의 문제행동(가출)을 강화하고, 다시 소미의 문제행동(가출)이 원인이 되어 부모님의 갈등(싸움)을 강호한다는 것이다.

### 직선적 인과관계와 순환적 인과관계

① 개인상담 : 문제에 대한 직선적 인과관계를 가정함 → 문제의 원인과 결과의 구분이 분명하며 직선적
② 가족상담 : 구성원 간에 서로 영향을 주고받는 순환적 인과관계를 가정함 → 가족관계의 맥락에서 문제가 발생하고, 구성원 간 상호작용을 통해 계속 영향을 주고받음으로써 문제가 지속됨
③ 인과관계
  • 직선적 인과관계 : 어떤 결과에 선행하는 사건이 있고 결과가 문제라면, 선행사건(원인)을 찾아 교정하면 된다고 가정함
  • 순환적 인과관계 : 체계에서 일어난 행동은 순환적으로 영향을 미침으로써 순환적인 결과를 일으키므로 원인과 결과를 정확하게 찾거나 구분 지을 수 없으며, 따라서 증상이나 문제도 특정한 원인에 의해 일어나는 것이 아니라 행동과 반응의 연속선상에 존재함

 (1) 이 같은 아내의 비난은 : 부부싸움을 유발한다.
(2) 이러한 부부 간의 문제는 : 아내가 아들에게 더욱 집착을 하도록 한다.
(3) 아들은 또한 : 어머니가 걱정이 되어 친구들고 어울리지 못한다.
(4) 이러한 어머니와 아들 관계는 : 딸이 소외감을 느끼게 하여 학교에서 문제행동을 일으킨다.

**05** 구두점 원리

| 의사소통의 원리 |
|---|

① 인간의 모든 행동은 의사소통(의사소통을 하지 않는 것은 불가능함)
② 내용과 관계의 원리.
③ 구두점의 원리.
④ 디지털과 아날로직의 원리.
⑤ 대칭과 상보의 원리.

**06** ㉠ 이중구속 메시지, ㉡ 비난형

| 베이슨(Bateson)의 이중구속 |
|---|

① 의미 : 어떤 개인이 상반된 메시지 두 개를 동시에 받아 적절하게 반응하는 것도 어렵고 상황을 벗어나는 것도 불가능한 딜레마의 상황과 관련되는데, 이 딜레마를 반복하여 겪으면서 혼란, 심리적 문제가 일어남
② 성립조건(2개의 구속)
 • 상대방이 보내는 불일치한 메시지를 받은 사람이 메시지에 반응하는 것이 옳은 것인가를 파악하기 위해 상대방에게 질문하는 것이 어렵고 두려움을 느끼는 상황에 처해 있어야 함
 • 언어와 비언어 메시지가 불일치하고 모순되기 때문에 어떤 메시지가 진짜인지 분간하지 못함. 이 때문에 어떤 메시지에 반응해도 적절한 반응이 될 수 없음
③ 성립상황
 • 중요한 관계에 있는 둘 또는 그 이상의 사람들 사이의 관계
 • 지속적이고 반복적인 경험
 • 1차 부정금지 – 언어적 명령(명령과 벌)
 • 2차 부정금지 – 1차 부정금지와 모순되는 추상적 수준의 비언어적 명령
 • 3차 부정금지 – 모순된 상황을 인식하든 인식하지 못하든 빠져나오지 못함
④ 만일 어떤 메시지인가를 질문할 수 있고, 부모가 적절히 대답하여 결국 아이가 적절한 반응을 할 수 있다면 이중구속 상황은 성립되지 않음
⑤ 4가지 기본요소 : 제 1차 부정명령, 처음과 모순되는 다른 제 2차 부정명령, 메시지를 받는 사람이 어떤 의견을 말하거나 그 장면을 벗어나는 것이 금지, 메시지를 받는 사람에게 메시지를 구별하는 것이 중요한 의미를 가지는 상황이 발생함

 **07** ②

 **08** ②

**09** ⑤

**10** ③

**11** 괄호 안의 용어는 순서대로 ㉠은 '응집성', ㉡은 '적응성', ㉢은 '밀착-경직'이다. 경호 아버지와 어머니의 특성을 자기분화 관점에서 평가하면 다음과 같다. 아버지는 개인내적 분화로 사고와 감정을 분리하는 능력에 어려움이 있다. 사례에서도 아버지는 어머니에게 큰 소리로 화를 내며 폭력을 휘두른다고 보고하고 있는데, 이는 아버지의 감정반사 행동으로 인한 것이다. 어머니는 대인관계적 분화로 자기와 타인의 분화로 개별성과 연합성의 문제를 보이고 있다. 사례에서도 어머니는 부부싸움 후 경미에게 신세한탄을 하면서 운다고 보고하고 있는데, 이는 자신과 타인을 잘 분리하지 못해서 나타나는 현상이다.

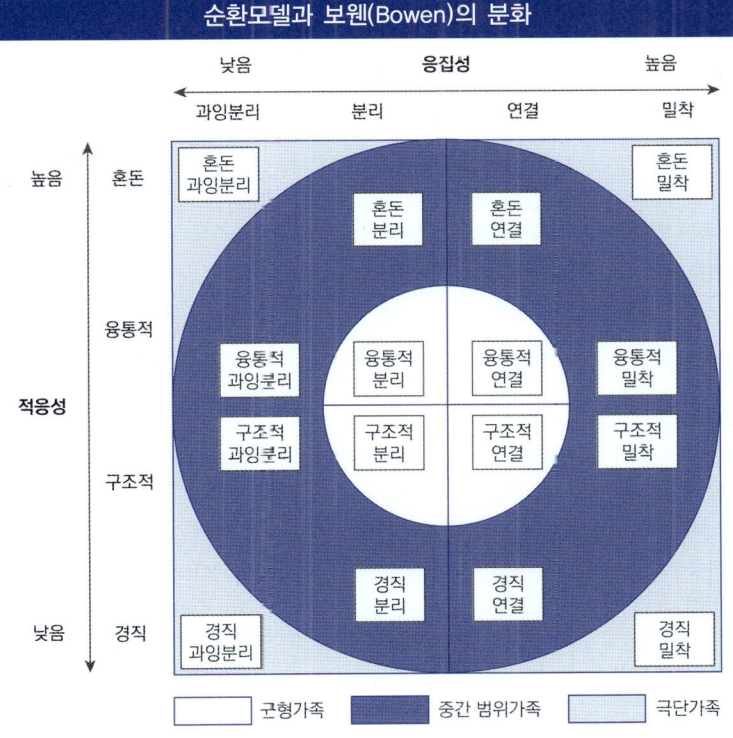

(1) 응집성
① 응집성 : 가족 간의 정서적 친밀감과 결속을 반영하는 개념.
② 응집성 수준

| 구분 | 내용 |
|---|---|
| 유리(격리/과잉분리)된 가족 | • 낮은 응집력을 보이며, 가족은 최대한 자율성을 즐기고, 가족 안에서 자신을 동일시하는 노력은 전혀 하지 않음<br>• 지나친 개인주의와 제한적인 가족참여로, 개인에게 필요한 가족의 지원이 부족할 수 있음 |
| 분리된 가족 | 개인의 자율성에 가치를 두지만, 가족의 통합과 정체성의 감각도 함께 지님 |
| 연결된 가족 | 친밀함에 가치를 두며 각 구성원의 자율성 발달을 인정하고 돕는 경향이 있음 |
| 융해(속박/밀착)된 가족 | • 가족의 친밀성을 가장 가치 있게 생각하므로 가족 결합을 위해 희생을 요구하거나 구성원의 자립을 방해하기도 함<br>• 과도한 가족 동일시로 인한 지나친 충성심 요구와 소속감으로 인한 개인의 자율성이 제한되는 부작용이 있을 수 있음 |

(2) 적응성
① 안정과 변화 간의 구조적 수준을 의미하는 개념으로, 안정지향 대 변화지향의 맥락에서 가족체계가 구조를 변화시키는 능력을 살펴보는 것.
② 적응성의 수준

| 구분 | 내용 |
|---|---|
| 혼돈된 가족 | 가족생활의 문제와 관련된 어떤 구조도 가지고 있지 않음 |
| 유연한(융통적) 가족 | 규칙이나 역할의 변화를 인정함으로써 문제를 해결하는 능력을 지님 |
| 구조화된 가족 | 유연한 가족에 비해 역할이나 규칙을 수용하는 능력이 부족함 |
| 경직된 가족 | 규칙이나 역할의 변화를 소극적으로 받아들이며 현상유지를 위해 많은 노력을 함 |

(3) 보웬의 분화
① 개인내적 : 지적기능이 정서적 기능에서 얼마나 분화되어 있는가를 의미하는 것으로 감정과 사고를 분리하는 능력.
② 대인관계적 : 자기와 타인사이의 분화를 의미(개별성과 연합성). 타인과의 관계에서 자신과 타인을 분리시켜 상대방의 영향에 좌우되지 않으면서 자신의 신념에 따라 자신의 입장을 취하면서 관계를 유지할 수 있는 능력.

**12** ㉠에서 민지 오빠가 나타내고 있는 문제는 '정서적 단절'이다. 발생원인은 부모의 낮은 분화수준으로 인해 가족 투사과정에 개입된 자녀가 불안을 줄이기 위해 원가족과의 접촉을 회피하기 때문이다. ㉡의 용어는 '밀착-경직형'이며, 민지의 상담목표는 자아분화수준을 높여 민지가 어머니, 아버지의 부부싸움에 휘말리지 않도록 탈삼각화시키는 것이다.

## 다세대 가족상담과 순환모델

(1) 정서적 단절
① 투사과정에 많이 개입된 자녀에게 일어나는 현상으로, 원가족과 접촉함으로써 발생하는 불안을 줄이기 위해 원가족과의 접촉을 회피하는 현상.
② 세대 간의 융해가 심할수록 정서적 단절의 가능성이 높아짐.
③ 방법 : 부모와 함께 살면서 부모를 멀리하고 회피하며, 대화를 단절하는 등 정서적인 유대관계를 갖지 않는 것, 물리적으로 멀리 떨어져 지내면서 정서적으로 단절하는 것.
④ 원가족에서 벗어나더라도 진정한 독립은 아님 : 융해가 심한 사람은 결혼을 해도 새로운 가족과 다시 융해하면서 원가족의 미해결 문제를 재연하기 때문.
⑤ 해결방법 : 원가족과 접촉하고 분화를 촉진함.

(2) 목표 및 상담자의 역할
① 목표 : 자아분화 수준을 높여 탈삼각화시키고 가족체계를 변화시키는 것.
② 상담자의 역할 : 상담자의 객관성과 정서적 중립성을 강조 → 치료자의 역할 = 코치
- 코치(coach) : 가족원을 조용히 보조하는 능동적인 전문가로서 가족원의 말을 경청하고 그들의 정서적 반응성을 통제하는 역할.
- 중립성 유지 : 가족에게서 탈삼각관계로 남아 중립성을 유지해야 하며, 이를 위해 차분하고 객관적인 태도를 지키려고 노력해야 함.

(3) 순환모델
☞ 가족상담 11번 해설 참조

**13** (가)와 (나)에서 공통적으로 드러난 개념의 명칭은 '정서적 단절'로, 의미는 원가족과 접촉함으로써 생기는 불안을 줄이기 위해 원가족과의 접촉을 회피하는 현상이다. (가)에서 근거는 대학 진학 후 어머니와 왕래하지 않고 있다는 것이고, (나)에서 근거는 결혼 후에는 친정 가족과 교류하지 않고 있다는 것이다.

**14** 철수와 어머니의 관계 특성은 자아분화 수준이 낮다는 것이다. (대인관계적 분화의 문제로, 개별성과 연합성의 문제를 보이고 있으며 서로 융해되어 있는 상황이다.) 핵가족 정서체계의 결과로 철수 가족은 자녀 역기능 현상을 보이고 있는데, 이는 부부갈등으로 인한 불안을 철수에게 투사하고 있기 때문이다. 사례에서도 철수는 학교에 가지 않으려고 하고, 친구들과 어울리는 데 어려움을 보이고 있다.(이는 가족불안이 철수의 손상된 기능으로 흡수된 것이다).

### 보웬(Bowen)의 핵가족 정서체계

① 개인이 원가족으로부터 학습한 방식으로 타인과 관계를 맺고 결혼 선택을 통해 가족의 정서적인 긴장을 다세대에 걸쳐 반복함을 의미함.
② 핵가족 융합의 결과(분화되지 않은 가족자아집합체) : 배우자의 신체 또는 정서적 역기능, 만성적인 결혼갈등, 자녀의 역기능이 발생함.

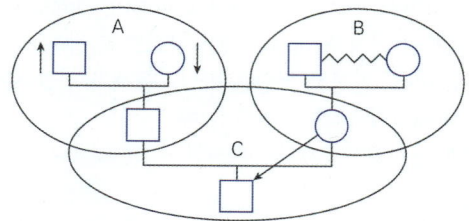

- 배우자의 역기능 : 불안이 한쪽 배우자에 지나치게 치중되어 흡수될 때 그 배우자에게 우울증이나 두통 등의 만성적인 신체적 또는 정서적 역기능이 초래될 수 있음.
- 만성적 결혼갈등 : 가족의 불안이 남편과 아내에 의해 흡수되는 경우에 부부간의 정서적 거리와 과잉애착이 반복적으로 일어나는 역기능 유형.
- 자녀 역기능 : 가족불안이 특정 자녀의 손상된 기능으로 흡수되어 발생하는 유형. 자녀에게 나타날 수 있는 역기능으로 가출 및 비행, 학습문제, 왕따, 정서장애 등 매우 다양한 증상이 있음.

**15** ④

**16** ③

**17** ⑤

**18**
- **상담기법** : 가족조각기법
- **아버지의 의사소통 유형** : 비난형

**19** 진수에게 해당하는 유형은 '비난형'으로, 내적자원은 '강한주장'이다. 내적경험은 첫째 소외됨이다. 둘째 "나는 외로운 실패자"이다.

| 경험적 가족상담의 의사소통 유형 : 비난형 |

자신을 보호하기 위해 다른 사람을 무시하고 결점을 지적하고 독재자처럼 남을 통제하려 하며 명령을 하는 유형으로 비난하기 위해 다른 사람의 가치를 격하하면서 자신과 상황에만 가치를 두는 경향이 있음. 다른 사람에게 자신을 힘이 있고 강한 사람으로 인식시키고자 노력함.

| | |
|---|---|
| 말 | 반대하는 단어 사용, "너는 아무것도 제대로 하지 못한다.", "문제가 무엇이냐?", "모든 것은 네 잘못이다." |
| 정서 | 비난적임, "나는 여기서 우두머리다.", 힘이 있어 보이는 입장, 융통성이 없다. |
| 행동 | 공격적, 심판, 명령, 약점 발견 |
| 내적 경험 | 소외됨, '나는 외로운 실패자다.' |
| 심리적 영향 | 과대망상, 일탈행동, 살인할 수 있는 성향 |
| 신체적 영향 | 고혈압, 근육 긴장, 등 통증, 혈액순환의 문제, 관절염, 변비, 천식 |
| 자원 | 강한 주장 |

**20** ㉠에 들어갈 용어는 '자아존중감'이다. 의사소통 유형을 기능적으로 변화시키기 위한 방법은 다음과 같다. 첫째, 아버지는 '회유형'으로, 자아존중감 3대 요소 중 '자기'를 무시하기 때문에 '자기'를 존중하도록 한다. 둘째, 어머니는 '비난형'으로, 자아존중감 3대 요소 중 '타인'을 무시하기 때문에 '타인'을 존중하도록 한다. ㉡의 과정은 행동, 대처방식, 감정, 감정에 대한 감정, 지각, 기대, 열망, 자기(자아)다.

| 경험적 가족상담 : 빙산탐색과정과 자아존중감, 의사소통 유형 |

(1) 빙산탐색 과정
- 행동 : 빙산 위에 나타난 개인이나 가족의 어떤 사건에 대해 보이는 행동양식과 활동, 객관적인 삶의 이야기와 의미 등을 살핌
- 대처방식 : 수면 위에 나타난 사건에 대처하는 방식과 의사소통 유형, 방어기제 활용, 생존 유형을 검토
- 감정 : 발생한 사건에 대한 내담자의 감정(기쁨, 흥분, 분노, 상처, 외로움, 슬픔 등)과 함께 발생한 사건의 감정에 대한 감정도 탐색
- 지각 : 가족의 규칙, 논란, 신념, 사고, 가정에 대해 자신이 가지는 주관적인 해석을 탐색
- 기대 : 자신이 갖는 기대, 타인에게 갖는 기대, 타인이 나에게 갖는 기대가 무엇이었는지를 탐색
- 열망 : 내담자가 이루고자 하는 소망과 충족하지 않은 건전한 기대를 열망으로 전환하도록 함
- 자아(자기) : 내담자를 지탱하는 생명력, 정신력, 영혼 깊숙한 곳에서 솟아나는 에너지의 근원을 탐색

(2) 자아존중감
① 개인이 자신에 대해 가지는 태도 속에 표현되는 개인적인 가치판단으로 자신의 소중함에 대한 심리적 태도를 의미함
② 3대 요소 : 자기, 타인, 상황
- 자기 : 자신에 대한 애착, 사랑, 신뢰, 존중을 통해 갖게 되는 자신의 가치와 유일성
- 타인 : 다른 사람과의 관계에서 형성되어 다른 사람에 대해 느끼는 것으로 다른 사람과의 동질성과 이질성, 상호작용에 대한 것
- 상황 : 주어진 맥락과 여건을 의미하며, 주로 부모나 원가족 삼인군에서의 상황

(3) 의사소통 유형

| 유형 | 자아존중감 요소 | 자원(강점) | 개인 빙산 | 특징 |
|---|---|---|---|---|
| 회유형 | 자기무시 | 돌봄, 양육, 예민성 | 감정 | • 자신의 가치나 감정을 무시한 채 다른 사람에게 자신의 힘을 넘겨주고 모두가 동의하는 말만 함<br>• 다른 사람과 상호작용하는 상황을 중시하지만 자신의 진정한 감정은 존중하지 않음 |
| 비난형 | 타인무시 | 강한 주장, 지도력, 에너지 | 기대 | • 독선적이고 지배적이며 다른 사람들을 무시하는 태도로 주로 자기만을 생각하는 사람<br>• 외적인 행동은 매우 공격적이고 통제적으로 보이며, 실제로 상대방에게 쉽게 분노하고 다혈적인 특성을 드러냄 |
| 초이성형 | 자기, 타인 무시 | 지식, 세부 사항에 주의집중, 문제해결 능력 | 지각 | • 자신이나 다른 사람을 과소평가하는 것으로, 지나치게 상황만 중시하며 기능적인 것에 대해 합리적으로 언급하고 자료와 논리를 중시함<br>• 실수 없이 말하고 생각하려고 하기 때문에 때로는 의미를 이해할 수 없는 말을 상당히 구체적으로 설명하는 경향이 있음 |
| 산만형 | 자기, 타인, 상황 무시 | 즐거움(유머), 자발성, 창의성 | 수면위 | • 지나치게 즐거워하거나 익살맞은 행동을 하기 때문에 오히려 의사소통이 혼란스러운 유형<br>• 위협에 직면하면 위협을 무시하고 그것이 존재하지 않는 것처럼 행동하므로 주의를 혼란시킴 |
| 일치형 | 무시되는 부분 없음 | 높은 자아존중감, 관계성, 접촉 | — | 기능적인 의사소통 유형으로 개인의 내면적 감정과 생각이 표출하는 내용과 일치하는 유형 |

① 일종의 생존 유형으로, 자아존중감이 낮으며 불균형 상태에 있을 때 주로 나타남 : 일치형 제외
② 역기능적 의사소통 유형은 자아존중감에 문제가 있음을 의미함
③ 역기능적 의사소통 유형에서 나타나는 공통적인 현상 : 언어적 메시지와 비언어적 메시지가 불일치하는 형태, 즉, 불일치한 이중 메시지를 전달하는 것

**21** A에서 보이는 역기능 체계는 폐쇄체계,로 특징은 첫째, 가족이 외부세계와 단절되어 변화를 허용하지 않는다는 것이다. 둘째, 의사소통은 비난형과 회유형 그리고 간접적이며 불명료한 특징이 있다. (추가 : 가족 구성원들 간에 서로 경계하고 적대적이다, 가족 구성원 간에 힘의 불균형으로 인해 힘이 약한 개인은 통제감을 느끼며 수동적이다.) C의 가족조각 활동을 통해 얻을 수 있는 효과는 가족 구성원이 생각하는 이상적으로 바라는 가족체계를 인식하는 것이다. 혹은 이상적으로 바라는 관계를 알아보는 것이다.

## 경험적 가족상담 : 가족체계와 가족조각 기법

(1) 가족체계
① 폐쇄체계(closed system) : 가족의 역기능을 유발하는 폐쇄체계는 가족이 외부세계와 단절되어 변화를 허용하지 않는다는 특징이 있음. 따라서 폐쇄체계의 가족은 외부세계의 상황과 무관하게 동떨어진 가족체계를 형성하고, 더 나아가 가족 구성원간에도 상호작용이 막혀 있음.
- 억압과 복종, 신경증적인 의존, 권력 그리고 죄책감이 지배된다.
- 의사소통은 비난과 회유 그리고 간접적이며 불명료하다.
- 가족체계에 변화가 올 때 지탱하기 어려울 정도로 균형이 깨진다.
- 가족 구성원들 간에 서로 경계하고 적대적이다. 즉, 거리감이 있고 분화감이 없다.
- 가족 구성원 간에 힘의 불균형으로 인해 힘이 약한 개인은 통제감을 느끼며 수동적이다.
- 이중적 메시지를 전달하여 가족 구성원들 간의 불신감, 좌절감, 거절로 인한 자존감 저하, 자기가치에 대한 의심 등을 경험한다.

② 개방체계(open system) : 상호작용 및 반응이 상황의 변화에 적절하게 적응하며 융통성이 있음.
- 가족의 요구에 적응하는 신축성 있는 규칙이 있고, 현실적이며 가족 구성원의 자기 존중감이 대체로 높다.
- 의사소통은 직접적이고 명료하며 수평적이다.
- 가족 구성원 간의 문제를 건설적으로 해결하고, 융통성이 있으며, 서로에게 도움을 주고자 한다.
- 가족 구성원 간에는 감정이입적이며, 신뢰감을 가지고 있다.
- 대화는 솔직하고 개방적이며, 이 가운데 유머와 즐거움이 있다.
- 의사소통에 있어 즐거움과 성취뿐 아니라 슬픔, 상처, 분노 등 모든 감정을 이야기할 수 있다.
- 가족 구성원 각자의 개별성도 인정한다.

(2) 가족조각의 실시과정

| 구분 | 내용 |
| --- | --- |
| 가족의 동의를 얻는 단계 | • 상담자는 가족과의 면담 중이 가족을 보다 잘 이해하고자 색다른 것을 시도해도 좋을지를 먼저 묻고 동의를 구한 후 가족 전원이 일어나게 함<br>• 일반적으로 가족은 지금까지 경험하지 않은 새로운 것을 한다는 부담이 많아 이 접근에 대한 많은 설명을 들을수록 부담을 가질 수 있음<br>• 새로운 경험이라는 점 때문에 주저하는 경우가 많으므로 이 기법이 가족을 이해하는 데 유용한 방법이라는 사실을 부각할 필요가 있음 |
| 조각가를 선정하는 단계 | • 가족 중 한 사람을 조각가로 정함<br>• 대개 문제가 있는 가족원이 조각을 하지만, 이 제안을 기쁘게 받아들인 가족원부터 시작해도 좋음 |
| 조각을 만드는 단계 | • 만들 사람을 정하면 그가 다른 가족 앞에 서도록 한 후, "지금부터 가족은 진흙 덩어리입니다. 가족의 몸이나 얼굴을 마음대로 움직여서 당신이 생각하는 가족의 이미지를 나타내 주세요."라는 설명을 하고 조각을 만들게 함<br>• 특별한 규칙은 없지만 상담자는 가족에게 조각가의 지시를 따르도록 강조하는 것이 좋음<br>• 모든 가족의 배치를 끝내면, 조각가도 이 작품의 어딘가에 들어가 자신의 모습을 만들도록 지시함 |
| 자신들의 감정을 나누는 단계 | • 조각으로서의 가족 배치가 끝나면 상담자는 가족에게 그 자세를 그대로 유지하면서 1분 정도 정지하도록 요구하는데, 이는 가족에게 내면 감정과 접할 기회를 주기 위한 시도임<br>• 이후 가족 개개인에게 조각하는 동안 어떤 느낌이 들었는지를 물음<br>• 상담자는 가족이 최대한 감정적 차원에서 피드백하도록 도와줌 |

→ 흔히 조각을 통한 감정적 피드백이 끝난 후, 가족에게 이상적으로 바라는 관계를 나타내는 조각을 다시 한 번 하도록 권함.

**22** (가)에서 탐색하고 있는 것은 '감정에 대한 감정(감정에 대한 판단)'이고, (나)에서 탐색하고 있는 것은 '열망'이다. 개인적 측면의 목표는 내면의 감정을 진정으로 느끼고 표현하며 자신이 품었던 기대를 저버리게 한다. 관계적 측면의 목표는 자신과 상대방에 대한 감정, 지각, 기대 그리고 열망을 알아차리고 공감한다.

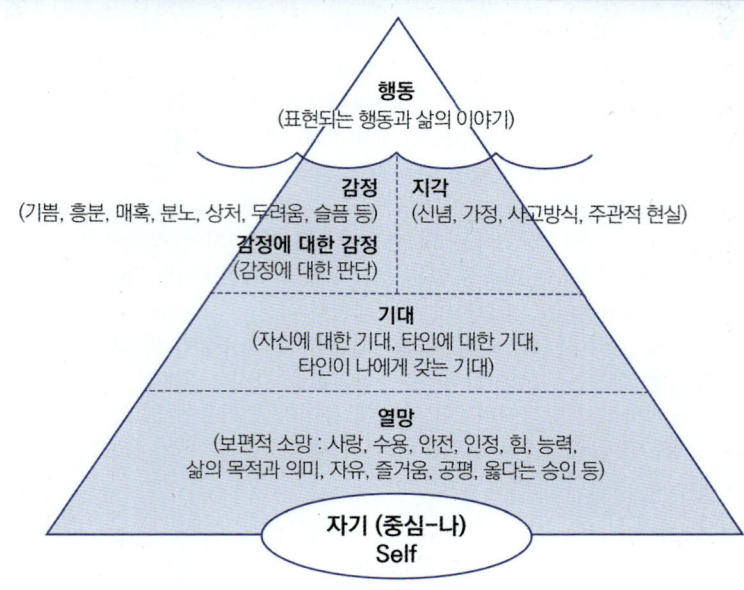

① 개인빙산 : 개인 및 가족의 심리 내적 경험을 이해할 수 있는 지도
② 하부로 내려갈수록 인간에게 중요한 것 : 수면위에 있는 것이 사람의 행동과 대처유형이고, 수면 밑에는 감정, 지각, 기대, 열망의 경험수준이 가정되고 가장 바닥에 내적 경험의 근원인 자기가 존재
③ 우리 경험의 대부분은 수면 아래에서의 경험
④ 내담자가 내면의 감정을 진정으로 느끼고 표현하며 자신이 품었던 기대를 저버리게 하는 것이 중요한 치료 과정 : 기대를 표면화시키고 기대를 저버리는 단계를 통해 부모로부터 충족되지 않았던 아동기의 열망을 다른 방법으로 실행할 수 있도록 도움
⑤ 개인에게만 사용되는 것이 아니라 부부나 가족이 함께하는 치료 상황에서 자신과 상대방에 대한 감정, 지각, 기대 그리고 열망을 알아차리고 공감하는데 유용함
⑥ 가족구성원의 생존유형을 일치형으로 변화시키기 위해서는 생존 유형 이면에 숨겨져 있는 충족되지 못한 기대나 욕구에 많은 관심을 두고, 각 생존 유형이 이미 변화의 씨가 될 수 있다는 강점을 가지고 있다고 믿어야 함

**23** ㉠ 영역은 '행동'이다. (가)에서는 아버지의 행동 변화로, 즉 준수가 잠이 들 무렵 조용히 들어와서 이불을 덮어 주었다는 것이다. ㉡에 해당하는 개념은 '심리내적 경험'이다. ㉢이 충족되었을 때의 효과는 높은 자아존중감을 유지할 수 있는데, 사례에서는 자신이 참 괜찮은 사람인 것 같다고 보고하고 있다.

### 경험적 가족상담 : 개인빙산 기법의 탐색과정

| 구분 | 질문 |
|---|---|
| 행동과 대처방식 | • 행동 : 빙산 위에 나타난 개인이나 가족의 어떤 사건에 대해 보이는 행동양식과 활동, 객관적인 삶의 이야기와 의미 등을 살핌<br>• 대처방식 : 수면 위에 나타난 사건에 대처하는 방식과 의사소통 유형, 방어기제 활용, 생존유형을 검토함<br>• 빙산 위에 나타난 어떤 사건에 대하여 내담자가 보고 들은 것은 무엇이고, 보고 들은 것에 대해 어떤 의미를 부여하는지 알아봄<br>• 내담자의 과거 또는 현재의 행동에 대한 대처방식(회유형, 비난형, 초이성형, 산만형 중 어떤 대처양식을 활용했는가?)을 알아봄<br>• 질문 : "무엇을 해보셨나요?", "어떻게 하시나요?", "그럴 때는 어떤 행동을 하시나요?" |
| 감정과 감정에 대한 감정 | • 발생한 사건에 대한 내담자의 감정(기쁨, 흥분, 분노, 상처, 외로움, 슬픔 등)과 함께 발생한 사건의 감정에 대한 감정도 탐색함<br>• 행동 이면에 있는 감정이 어떤 것인지, 그 사건에 대해 느끼는 감정은 무엇인지 탐색함<br>• 질문 : "어떻게 느끼세요?", "그런 감정에 대해 어떻게 느끼시죠?", "지금 기분이 어떠신가요?", "어떻게 하면 편안한 마음으로 상담을 진행할 수 있을 것 같은가요?" |
| 지각에 대한 탐색 | • 가족의 규칙, 논란, 신념, 사고, 가정에 대해 자신이 가지는 주관적인 해석을 탐색함<br>• 지각에 대한 탐색을 통해 내담자의 왜곡된 생각이나 신념, 그 사건의 대처방식에 대한 자신의 감정과 내담자의 해석을 재해석하는 경험을 하게 하여 새로운 정보를 제공하거나 보완하는 역할을 함<br>• 질문 : "어떻게 보시나요?", "어떻게 생각하세요?", "어떤 그림이 그려지세요?", "아직까지 해결되지 않은 과거의 일이 생각나는 것이 있나요?", "걸림돌이 무엇이라고 생각하세요?" |
| 기대에 대한 탐색 | • 자신이 갖는 기대, 타인에게 갖는 기대, 타인이 나에게 갖는 기대가 무엇이었는지를 탐색함<br>• 상담자는 내담자의 충족되지 않은 특정한 기대와 보편적인 열망, 즉 친밀감, 인정받기, 수용받기, 사랑 등을 확인하며 과거에 충족되지 못했거나 이루지 못한 기대를 채울 수 있는 방법 등을 탐색하여 개발하는 것이 중요함<br>• 기대의 충족은 자기의 기대 특히 외적으로 표현되는 기대들을 충족시키는 것 이상을 포함하여 자기의 능력과 소중함을 경험하는 자기가치감과 연계됨<br>• 질문 : "원하는 것이 무엇인가요?", "기대하는 것이 무엇인가요?", "무엇을 희망하나요?", "다른 사람에 대해 바라는 것이 있나요?", "딸과의 관계가 어떻게 변화하기를 원하나요?" |
| 열망에 대한 탐색 | • 내담자가 이루고자 하는 소망과 충족하지 않은 건전한 기대를 열망으로 전환하도록 함<br>• 열망이 충족되면 높은 자아존중감과 일치적인 존재방식과 스트레스 상황에서도 건강하게 대처하는 자기와 타인을 존중하는 삶의 자원을 갖추게 됨<br>• 열망을 잘 충족시키면서 살 때 높은 자존감을 유지하고 관계에서도 일치적이 될 수 있음<br>• 질문 : "그런 욕구에 대해 어떻게 생각하시죠?", "당신의 삶에 간절히 바라는 소망은 무엇인가요?" |
| 자기에 대한 탐색 | • 내담자를 지탱하는 생명력, 정신력, 영혼 깊숙한 곳에서 솟아나는 에너지의 근원을 탐색함<br>• 자기에 대한 긍정적인 자아상을 가지고 자신을 존중할 만하다고 여기는지 탐색함<br>• 질문 : "당신은 그럴 만한 가치가 있나요?", "자신을 어떻게 경험하세요?", "자기와 만나기 위해 무엇을 어떻게 하였나요?", "자기를 인정할 수 있나요?", "자기를 있는 그대로 받아들일 수 있나요?" |

**24** 승희의 의사소통 유형은 회유형으로, 무시되는 요소는 '자기'이며, 내적자원은 '돌봄(예민성, 양육)'이다. ㉠에서 잘못된 부분은 '그렇게 얘기해서는 안 된다고 생각해'라는 것이다. 나-전달법에서는 상대행동에 대한 비판이나 비난 없는 묘사를 해야 한다. 또한 빠진 요소 한 가지는 감정으로 너무 서운했다거나 너무 속상했다 등의 기분이나 감정이 표현되어야 한다.

## 경험적 가족상의 의사소통 유형과 나-전달법

(1) 의사소통 유형

| 유형 | 자아존중감 요소 | 자원(강점) | 개인 빙산 | 특징 |
|---|---|---|---|---|
| 회유형 | 자기무시 | 돌봄, 양육, 예민성 | 감정 | • 자신의 가치나 감정을 무시한 채 다른 사람에게 자신의 힘을 넘겨주고 모두가 동의하는 말만 함<br>• 다른 사람과 상호작용하는 상황을 중시하지만 자신의 진정한 감정은 존중하지 않음 |
| 비난형 | 타인무시 | 강한 주장, 지도력, 에너지 | 기대 | • 독선적이고 지배적이며 다른 사람들을 무시하는 태도로 주로 자기만을 생각하는 사람<br>• 외적인 행동은 매우 공격적이고 통제적으로 보이며, 실제로 상대방에게 쉽게 분노하고 다혈적인 특성을 드러냄 |
| 초이성형 | 자기, 타인 무시 | 지식, 세부 사항에 주의집중, 문제해결 능력 | 지각 | • 자신이나 다른 사람을 과소평가하는 것으로, 지나치게 상황만 중시하며 기능적인 것에 대해 합리적으로 언급하고 자료와 논리를 중시함<br>• 실수 없이 말하고 생각하려고 하기 때문에 때로는 의미를 이해할 수 없는 말을 상당히 구체적으로 설명하는 경향이 있음 |
| 산만형 | 자기, 타인, 상황 무시 | 즐거움(유머), 자발성, 창의성 | 수면위 | • 지나치게 즐거워하거나 익살맞은 행동을 하기 때문에 오히려 의사소통이 혼란스러운 유형<br>• 위협에 직면하면 위협을 무시하고 그것이 존재하지 않는 것처럼 행동하므로 주의를 혼란시킴 |
| 일치형 | 무시되는 부분 없음 | 높은 자아존중감, 관계성, 접촉 | — | 기능적인 의사소통 유형으로 개인의 내면적 감정과 생각이 표출하는 내용과 일치하는 유형 |

(2) 자기표현법
① 자신을 주어로 하여 집단원의 행동으로 인한 집단상담자 자신의 의사와 감정을 전달하는 기법.
② 구성요소
   • 상황(행동) : 문제가 되는 상황(행동)에 대한 비판이나 비난 없는 서술
   • 영향 : 그 행동이 나에게 미치는 구체적인 영향
   • 느낌 : 상대방의 행동이나 구체적인 영향에 대한 나의 감정이나 느낌
   • (요청)
③ 나-전달법 절차

> ☞ 예시
> ▷ **표현방식** : "(상대방의 구체적인 행동)이 ~ 할 때, (행동의 영향·결과) ~같아서(자신의 감정) ~한 느낌이 듭니다.", "나는 당신이 ~하는 게 좋습니다."
> → 태영이가 학교 늦게 올 때마다(사실) 선생님과 아이들이 함께 이야기할 시간을 짧아져서 당황스럽구나(감정). 그러니까 태영이가 집단상담에 좀 더 일찍 와 주었으면 좋겠구나(요청).

(3) '나 전달법'
① 구성요소
- 첫째, 상대방의 행동에 대한 간관적이고 비판적이지 않은 묘사
- 둘째, 그 행동이 나에게 미치는 눈에 보이는 확실한 영향
- 셋째, 내가 그것에 대해서 느끼는 기분
- 넷째, 그래서 상대방이 그 점에 대해 어떻게 해주기를 바라는가 하는 것

② 예시

| 상대방 행동에 대한 비판적이 아닌 묘사 | 나에게 미치는 영향 | 나의 기분 | 상대가 해주기를 바라는 사항 |
|---|---|---|---|
| 네가 맡은 집안일을 언제나 미루기만 하면 | 너를 얼마나 믿어야 할지 알 수 없고 | 그리고 나는 화가 난다. | 네가 맡은 일을 언제까지 할 것인지 확실하게 정하고 그리고 그것을 지켰으면 좋겠다. |
| 친구들과 쓸데없이 다닌다고 화를 내면 | 무시한다는 생각이 들고 | 잔소리가 듣기 싫어 밖으로만 맴돌게 된다. | 나를 하나의 독립적 인격체로 생각해주고, 나의 생활을 존중해줬으면 좋겠다. |

**25** ②

**26** ①

**27** 기호생략

**28**
- 가족 규칙 1가지 : 자녀는 가족 일에 개입하지 않는다.
- 2가지 하위체계 : 부부하위체계, 부모-자녀하위체계

**29** 모방하기

| 구조적 가족상담 : 합류기술 | |
|---|---|
| 유지 | • 가족상담자가 가족의 구조를 분석할 때 의도적으로 현재의 구조를 지지하는 것<br>• 가족의 하위체계에 대한 승인, 적극적 지지와 함께 구성원 개개인의 강점과 잠재능력을 확인하여 지지함<br>• 필요한 경우 구성원의 가족 내 지위를 강화하기도 함 |
| 추적 | • 가족이 하는 이야기를 명확하게 이해하기 위해 질문하고, 가족이 말한 내용을 추적하여 핵심을 파악하는 작업<br>• 상담자는 추적을 하는 동안 가족의 이야기에 도전하거나 직면하지 않고, 그들의 이야기에 관심이 많다는 것을 언어적·비언어적 방법으로 전달하면서 가족이 이야기를 지속하도록 유도함<br>• 추적을 통해 상담자는 보다 많은 정보를 찾고 가족 구성원에 대한 이해를 높일 수 있음 |
| 모방 | • 가족의 의사소통 방식과 내용을 모방하고 공통된 경험을 이야기함으로써 가족에 합류하는 방법<br>예 가족이 사용하는 언어, 몸짓, 대화 따라하기<br>• 모방을 통해 상담자는 가족 구성원과 동질감을 형성하고 가족의 친밀감을 확보할 수 있음 |

**30** 3가지 목표는 다음과 같다. 첫째, 경직되고 애매한 역기능적 경계선을 분명한 경계선으로 만든다. 둘째, 부부 및 부모 하위체계 강화를 통해 가족 하위체계를 재구조화 한다. 셋째, 부모가 권위와 책임을 갖는 가족 위계구조를 확립한다.

### 구조적 가족상담 목표

① 목표 : 문제나 증상의 제거가 아닌 역기능적 가족구조의 재구조화
- 역기능적 경계선을 기능적 경계선으로 만드는 것 : 애매하거나 경직된 경계선을 분명한 경계선으로 만드는 일
- 하위체계들 간의 위계질서를 바로잡는 것 : 부모체계는 자녀체계보다 우위에 있도록 여러 가지 연합들을 해결하도록 노력함

② 가족 재구조화를 위해 공통적으로 적용할 수 있는 상담목표
- 가족 위계구조를 적절히 확립. 적절한 위계구조는 부모가 권위와 책임을 맡고 부모의 권위를 바탕으로 부모-자녀가 세대 간 차이를 인정하는 구조가 되어야 함
- 부모가 서로 연합함. 부모는 서로 지원하고 적응함으로써 자녀에게 통일된 모습을 보여야 함. 부모 간 연합이 제대로 이루어지지 않을 때 자녀가 힘을 갖게 되거나 부모 중 한쪽이 자녀와 연합하므로 부모가 제 기능을 할 수 없고, 가족 상호작용은 역기능적이 됨
- 부모가 연합된 모습을 보일 때, 자녀는 동년배의 형제자매체계로 기능할 수 있음. 부모는 자녀끼리 협상, 지원하고 갈등이나 차이를 해결하며 서로를 존중하도록 지원해야 함
- 부부 하위체계는 부모 하위체계와 분리되어 존재해야 함. 부부 하위체계는 사랑과 친밀감, 서로의 자아실현을 돕기 위해 형성되지만 부모 하위체계는 자녀의 성장과 발달을 지원하기 위해 형성됨. 따라서 부모 하위체계와 별도로 부부만의 독립되는 영역과 시간을 가지고 부부만의 친밀감과 사랑을 증진해야 함
- 경계선이 경직되거나 분리된 가족을 대상으로 치료할 경우 : 가족 구성원 간의 상호작용 빈도를 높임으로써 분명한 경계선을 갖도록 함. 가족원이 각기 독립적이고 자율적으로 존재하면서, 서로에 대한 보살핌과 지원을 제공하도록 함
- 경계선이 밀착된 가족을 대상으로 치료하는 경우 : 개인이나 하위체계가 서로 분화되게 해야 함. 특히 자녀의 발달단계에 따른 차이를 존중하고 자녀의 연령에 맞는 활동을 독자적으로 시도하도록 함

**31** ⑤

**32** 가족 재구조화 목표는 첫째, 가족 하위체계에서 진수와 아버지는 경직된 경계선을 형성하고 있고, 엄마와 딸들은 애매한 경계선을 형성하고 있기 때문에 이러한 역기능적 경계선을 분명한 경계선으로 변화시킨다. 둘째, 세대분리를 통한 위계구조를 확립한다. 이를 위해 부모 하위체계가 자녀 하위체계보다 상위에 위치하도록 한다. 혹은 부모가 권위와 책임을 갖고 부모의 권위를 바탕으로 부모-자녀가 세대 간 차이를 인정하는 구조를 만든다. ⓒ 가족지도는 '생략'.

**33** ㉠에 해당하는 기법은 '실연화'이다. 구조적 지도에 나타난 특징은 다음과 같다. 첫째, 해수 아버지와 어머니는 갈등관계다. 둘째, 어머니는 해수와 협력관계다. 셋째, 어머니는 해수와 정서적으로 연합하고 있다.

## 구조적 가족상담 : 실연과 구조적 지도

(1) 실연화
  ① 역기능적 가족 구성원 간의 교류를 실제로 행동해 보이도록 하는 것.
  ② 실연화의 치료적 효과
   - 상담자와 가족 간의 치료 동맹을 촉진하는 효과가 있음.
   - 상담자는 실연화를 통해 가족의 믿음에 도전할 수 있음.
   - 가족은 새로운 상호작용과 구조를 실험할 수 있는 기회를 가짐.
   - 상담자를 가족의 삼각관계나 안정된 연합으로부터 피할 수 있도록 함.

(2) 구조적 지도

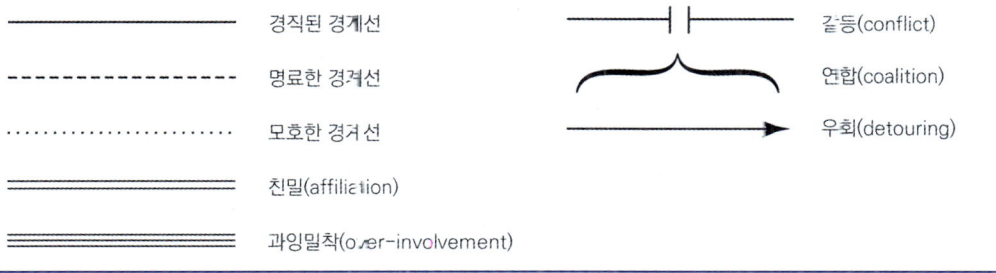

**34** 윤아는 평소 지각과 결석을 자주하고, 수행평가 과제도 하지 않는 문제로 담임교사에 의해 상담실에 의뢰되었다. 이러한 윤아의 문제를 알아보기 위해 다세대 가족상담의 삼각관계와 구조적 가족상담의 경계선의 개념을 이용하여 윤아의 가족을 분석하고자 한다.

먼저, 윤아의 가족은 삼각관계를 형성하고 있는데 이러한 삼각관계 형성에 영향을 미친 요인은 다음과 같다. 첫째, 윤아의 엄마와 아빠 모두 분화수준이 낮다는 것이다. 아버지는 언어적 폭력이 심하고 신경쇠약적인 특성을 보이는데, 사고와 감정을 분리할 수 있는 능력인 개인내적 분화가 낮기 때문에 나타나는 현상이다. 또한 윤아 어머니는 윤아가 항상 옆에 있어 주기를 요구하고 있는데, 이는 자신과 타인 사이의 분화인 대인관계적 분화가 낮기 때문에 나타나는 현상이다. 둘째, 부부간의 만성적인 갈등과 긴장이다. 윤아 어머니는 남편의 폭력에 심한 불안감을 보이며 남편과 대화가 거의 없는 상황이다. 셋째, 분화수준이 낮은 윤아 부모의 불안이 윤아에게 투사되고 있다. 윤아 부모님은 부부 간의 긴장 상황에 윤아를 끌어들이고 있는데, 이로 인해 윤아는 아빠에게는 적대감과 공포감을 엄마에게는 측은한 마음을 느끼고 있다.

이러한 3가지 요인으로 발생한 가족삼각관계로 인해, 윤아는 부모보다 더 낮은 자아분화 수준을 가지게 되었다. 사례에서도 부모님에 대해 화가 치밀어 오르고, 분노감을 경험할 뿐만 아니라 학교 생활에 부적응을 나타내고 있다.

한편, 윤아 가족의 경계선 유형은 모호한 경계선이다. 첫째, '모든 일이 나의 일'이라는 태도를 가진다. 윤아는 또래와 달리 집안 살림을 하고 발달장애가 있는 동생을 돌보고 있는 등의 부모역할을 같고 있다. 둘째, 강한 소속감 때문에 정체감형성에 방해를 받는다. 아버지는 자녀들에게 가정이 우선이어야 한다는 것을 강요하고 있으며 윤아의 경우 친구들과 교류도 없고, 수업에도 집중하지 못한다. 셋째, 개인의 독립심을 허용하지 않고 있기 때문에 심한 혼란감을 경험하고 있다. 윤아는 엄마가 자해를 할까봐 수시로 전화를 걸어 엄마의 안부를 확인하고 있으며, 뭘 해도 성공하지 못할 것이라는 심한 혼란감을 겪고 있다.

따라서, 윤아의 문제행동은 부모의 낮은 분화 수준과 부부간의 만성적인 갈등과 긴장, 그리고 부모의 불안이 윤아에게 투사되는 현상으로 인해 발생한 것으로 여겨진다. 특히 이러한 가족 삼각관계로 인해 윤아는 부모 보다 더 낮은 자아분화 수준을 경험하게 되었고, 모호한 경계선을 통해 가족 항상성이 유지되고 있는 것으로 여겨진다.

## 다세대 가족상담의 삼각관계와 구조적 가족상담의 경계선

(1) 삼각관계
① 삼각관계 : 두 사람이 자신들의 정서적 문제에 또 다른 한 사람을 끌어들이는 형태를 설명한 개념
② 삼각관계가 일어나는 주된 요인 : 자기 분화 수준과 경험하는 긴장 정도로, 자기분화 수준이 낮아 긴장이 심할수록 삼각관계가 형성되기 쉬움
③ 일반적으로 가족의 융합 정도가 높을수록, 즉 가족원의 분화 정도가 낮을수록 삼각관계를 만들기 위한 노력이 강해짐

(2) 경계선

| 구분 | 내용 |
| --- | --- |
| 명료한(명확한) 경계선 | • 가족 구성원은 자율적이고 독립적이면서도, 필요한 때 서로의 안녕과 행복을 위해 협동하고 지지하며 서로의 삶에 관여함<br>• 자율성과 응집력을 동시에 보유한 가족 구성원들은 '우리'라는 집단의식과 함께 '나'의 정체감을 잃지 않는 건강한 개인임 |
| 모호한 (애매한/산만한) 경계선 (밀착된 가족) | • '너의 일은 모두 나의 일'이라는 태도로 인해 가족 구성원 개인의 정체성 구분이 모호하며 거리감이 없고, 강한 소속감 때문에 자율성이 방해를 받음<br>• 가족원이 서로 지지하고 협동하며 상대방의 생활에 늘 관여하기 때문에 문제를 자율적으로 탐색하고 해결할 능력을 발달시킬 기회가 부족함<br>• 소속감과 친밀감을 중시하여 개인의 독립성과 자율성 욕구는 허용하지 않음<br>• 때로 가족 구성원이 분화하고자 하는 행동을 가족을 배신하는 행위로 간주함 |
| 경직된 경계선 (유리된/ 격리된 가족) | • '나는 나, 너는 너' 식의 지나치게 독립적인 태도로 서로를 대함<br>• 가족 구성원이 서로 거리감과 소외감을 가지고 가족원은 각자 자율적이고 독립적으로 기능함<br>• 가족에 대한 소속감과 충성심이 부족하고, 도움이 필요할 때 원조를 주고받을 능력이 부족하며, 반응이 필요할 때 반응을 하지 않는 경향이 있음<br>• 가족 간 의사소통이 원활하지 못하고, 가족이 보호기능을 수행하기가 힘듦 |

**35** ㉠ 가족규칙, ㉡ (가족)항상성

## 경험적 가족상담의 가족규칙과 전략적 가족상담의 가족 항상성

(1) 가족규칙
① 원가족에서 가족 구성원 사이에 경험한 행동 및 태도, 관계적 반응이 내면화된 것으로서 가족 구성원의 행동을 지배함 → 감정규칙에 초점
② 비합리적 가족규칙을 따름으로써 낮은 자아존중감이 발생 : 이러한 가족규칙을 따르려면 그 사람의 어떤 부분이 무시되어야 하기 때문
③ 상담자 역할 : 가족규칙을 살펴보면서 가족이나 가족 구성원 각자에게 미치는 영향을 점검함 → 개인의 성장과 가족의 기능에 방해가 되는 가족규칙을 수정함
④ 진단 및 치료에 활용 : 누가 무엇을 근거로 가족규칙을 만들었으며, 그 규칙들이 어떠한 영향력을 행사하며, 규칙을 어길 때 어떻게 반응하는가가 중요함

(2) 항상성
　① 항상성 : 체계가 환경의 영향을 통제하고 일관성을 유지하려는 경향.
　② 가족 항상성 : 가족체계가 어떤 파괴 상황에 직면할 때 변화에 저항하고 이전의 균형 상태로 돌아가려는 가족의 보수적인 성향.
　③ 항상성의 기능 : 미래에 대해 예측이 가능하도록 함으로써 체계 내의 구성원들에게 안정감과 평안함을 줄 수 있음 → 환경변화가 너무 커서 항상성 노력이 적절하지 않게 되면 스스로 변화를 향해서 노력하게 되는 '변형성'의 기능을 함.

**36** ㉠ 가족구조의 재구조화, ㉡ 역기능적 상호작용 패턴(역기능적 패턴, 역기능적 연쇄과정)

### 구조적 가족상담의 목표와 전략적 가족상담의 역설적 개입

(1) 구조적 가족상담 목표
　① 구조적 가족상담 목표 : 문제나 증상의 제거가 아닌 역기능적 가족구조의 재구조화.
　② 역기능적 경계선을 기능적 경계선 바꾸기 : 가족의 경계선을 바로잡는 일은 엄격한 또는 산만한 경계선을 분명한 경계선으로 바꿔야 함.
　③ 가족 내에서 구조적 위계질서를 바로 잡음 가족들 내부에 있는 하위체계들 간에 위계질서를 바로 잡아야 함.

(2) 역설적 개입
　① 순종 기반 개입 : 가족들의 역기능적 행동이나 상호작용 패턴을 더욱 격려하는 역설적 개입의 방법으로, 기존에 가족들이 행하던 역기능적 패턴을 계속 유지하도록 지시하고, 이를 격려해 줌 → 상담자의 역설적 개입을 가족이 잘 따르도록 하는 방법
　② 반항 기반 개입 : 가족들의 역기능적 행동이나 상호작용 패턴을 계속 격려함으로써 오히려 이에 대한 반항심이 생기도록 유도하는 것인데, 이는 역기능적 행동이나 상호작용을 제지하지 않고 오히려 계속하도록 격려함으로써 반항심을 가지고 반대로 행동하도록 만드는 역설적 개입의 방법 → 상담자의 지시와 반대 되는 행동을 하도록 처방하는 것
　③ 노출 기반 개입 : 역기능적 행동이나 상호작용 패턴을 지속적으로 하도록 함으로써 내담자가 자신의 고정된 행동유형을 보고 이를 변경하고 싶은 욕구를 유발하는 역설적 개입의 방법 → 증상행동을 가족 모두에게 충분히 노출하여 가족이 증상과 관련된 자신의 고정화된 행동 방식을 발견하고 변화하는 것

**37** 위장(가장)기법

### 전략적 가족상담 : 위장(가장)기법

① 내담자가 증상을 가진 '척하고' 부모는 도와주는 '척하는' 연극적인 기법으로, 마다네스가 고안한 이 기법은 환상과 유머, 놀이에 기초하여 치료에 대한 내담자의 저항 극복을 돕는 작업
② 비교적 부드럽고 덜 직면적인 방법으로 위계구조를 재구조화할 수 있음
③ 역설적 개입이 상담자의 지시를 거부하는 가족의 저항을 활용하는 접근이라면, 위장 기법은 놀이를 즐기는 기분으로 저항을 우회시킴 → 위장 기법을 이용해 가족이 통제할 수 없다고 믿는 증상에 대해 자발적으로 통제하는 상황을 연출해 볼 수 있음

## 38 불변의 처방

### 밀란모델 : 불변의 처방

① 역기능적 가족의 '게임'에 유사성이 있음을 발견하고, 가족으로 하여금 이에 대한 저항 방식을 형성하여 게임을 중단하도록 함 : 부모의 동맹을 강화하고 다른 가족연합을 해체함으로써 가족의 경직되고 파괴적인 상호작용에서 벗어나도록 유도하도록 하는데 초점을 둠
② 치료의 요점은 나머지 가족에게서 부모를 분리시키는 것이며, 기존의 가족의 상호작용 유형을 바꾸고 치료가 종결될 즈음에는 보다 안정된 동맹관계를 맺게 하여 가족을 재결합시키는 것
③ 부부의 비밀스러운 데이트가 포함 : 부부가 자신들이 비밀리에 데이트를 한다는 것을 다른 가족원에게 알리지 않고 데이트를 즐기는 과제를 부여받음 → 이 과정에서 가족들은 가까워진 부부의 관계를 보며 안심하게 되며, 상담자는 이전의 체계로 돌아가 자녀가 더러운 게임을 하는 것을 막기 위하여 부부가 계속 비밀을 유지하도록 함

## 39

㉠에 해당하는 기법은 '과제부여(과제설정)'로, 사용방법은 현서 어머니에게 어린시절 자신의 부모님을 보면서 집안일에 대해 배웠던 것 중에서 어머니가 할 수 있고 가족체계에 도움이 될 수 있는(혹은 잘 할 수 있는) 집안일을 직접 시도해 보도록 하는 것이다. ㉡의 효과는 가족원 서로의 동기를 긍정적으로 바라보게 되면서 상담자가 자신을 이해하고 있다고 느끼게 되고, 변화에 대한 저항도 줄어들게 된다. 혹은 가족게임에 대한 인식을 높이고 증상이 자발적인 것임을 알게 한다. ㉢의 언어적 표현은 현서가 집안일에 집착하는 것은 가족체계를 유지하고, 가족을 보호하는 기능을 가진다고 설명한다.

### 구조적 가족상담의 과제설정과 밀란모델의 긍정적 의미부여

(1) 과제설정
  ① 가족에게 어떤 특정 교류에 관여하는 과제를 내주는 것으로, 가족이 과제를 수행함으로써 상담자는 가족의 재구조화를 돕고 가족의 구조를 관찰할 기회를 가질 수 있음
  ② 과제를 제시할 때 언제, 어디서, 누구와, 어떻게 교류해야 하는지를 명확히 설명함
  ③ 실연화와의 차이점 : 과제 설정은 시간, 장소, 교류 유형이 명시된다는 점에서 다름
  ④ 과제는 주로 치료 회기 사이에 가족원들이 특정 하위 체계의 기능을 개선시키고, 위계구조를 변화시키는 기회를 가지게 하는 것
  ㉣ 과제는 가족의 재구조화에 가장 필요한 것이고, 그 파급효과가 가족 전체에 미칠 수 있는 것, 그리고 가족이 할 수 있는 것을 찾아 주도록 해야 함

(2) 긍정적 의미부여
  ① 가족 내 부적응적인 증상행동을 가족이 가진 긍정적 동기로 바꾸어 설명해주는 것
  ② 가족의 가족 게임에 대한 인식을 높이고, 증상이 자발적인 것임을 알게 함. 동시에 가족원 서로의 동기를 긍정적으로 바라보게 되면서 상담자가 자신들을 이해하고 있다고 느끼게 되고, 변화에 대한 저항도 줄게 됨

## 40

①

**41** ⑤

**42**
- 예외질문 : 친구들이 놀리고 괴롭혔을 때 당하지 않고 맞섰던 적이 있었니?
- 기적질문 : 친구들이 놀리고 괴롭히는 문제가 모두 해결되었다면, 무엇을 보고 그 변화를 알아차릴 수 있을까?

**43** 상담자 반응 : 그러나 잠자는 동안에 기적이 발생하였기 때문에 무슨 일이 생겼는지 아무도 모르지요. 아침에 가족들이 당신의 어떤 행동을 보면 지난밤에 기적이 일어나 문제가 해결된 것을 알 수 있을까요?

**44**
- 기법의 명칭 : 메시지 전달(치료적 피드백 메시지)
- ㉮ : 칭찬    • ㉯ : 과제

**45** 관계성 질문, 순환 질문

| 해결중심 상담의 관계성 질문과 밀란모델의 순환질문 |
|---|
| ① 관계성 질문 : 가족 구성원과 관련된 다른 중요한 사람들의 생각이나 행동에 대하여 묻는 질문 |
| ② 순환 질문 : 상담자가 각 가족 구성원에게 들어가면서 가족 상호작용이나 가족관계에 대해 자유롭게 이야기하는 대화의 한 기법. |

**46** ③

**47** ③

**48** ④

**49** ⑤

**50** ㉠에 해당하는 질문내용은 "그렇게 어려운 상황속에서 어떻게 지금까지 견딜 수 있었니(학교에 다닐 수 있었니)?"라고 하는 것이다. ㉡의 최교사 의견이 잘못된 부분은 첫째, '과거에 어떤 일이 있었는지 살펴봐야 할 것 같다'고 진술한 것이다. 해결중심상담에서는 현재에 초점을 맞추며 미래지향적이어야 한다. 둘째, '따돌림의 근본원인을 찾아야 한다'고 진술한 것이다. 해결중심상담에서는 원인을 아는 것보다 해결책이 더 중요하다고 보고 있다.

### 해결중심 가족상담 : 원리와 대처 질문

(1) **대처질문** : 극복 질문, 만성적인 어려움과 위기에 관련된 것

> ○ 그 어려운 상황 속에서 어떻게 견딜 수 있었나요?
> ○ 어떻게 해서 상황이 더 나빠지지 않을 수 있었나요?

① 자신과 미래를 매우 절망적으로 보고 아무 희망도 없다고 하는 내담자에게 사용함. 이러한 질문은 가족에게 새로운 힘을 갖게 하며 가족이 자신의 자원과 강점을 발견하도록 하는 데 도움이 됨
② 목적 : 내담자가 어려운 상황에서 견디어 내고 더 나빠지지 않은 것을 강조하고, 위기에서 살아남기 위해 대처해 온 방법을 발견하고, 자신의 자원과 강점을 발견하여 인식하도록 돕고, 인정하고 칭찬하는 것을 통하여 능력을 강화하고 확대함
③ 특징 : 내담자가 역경을 극복한 사실에 관하여 진술하는 것을 전적으로 수용하며, 역경을 통해 터득한 지식과 지혜를 포함한 강점을 인정하고 존중하는 것
④ 적합한 내담자 : 기적에 관한 질문에 대해 대답이 모호하거나 예외적인 상황을 발견하기 어려운 경우, 문제와 고통을 계속 호소하고 악화되거나 절망적인 경우

(2) **원리**

① 병리적인 것 대신 건강한 것에 초점을 둠 : 성공한 것과 성공하게 된 구체적인 방법을 발견하는 데 관심을 두어야 함
② 내담자의 강점과 자원뿐만 아니라 증상까지 발견하여 치료에 활용함
③ 탈이론적·탈규범적이며 내담자의 견해를 존중함 : 인간행동에 대한 이론적 틀에 맞추어 내담자를 진단하거나 사정하지 않아야 함.
④ 간단하고 단순한 방법을 일차적으로 사용해야 함
⑤ 변화는 불가피함 : 누구에게나 변화는 삶의 일부이기 때문에 변화를 막을 수 없음. 문제가 발생하지 않는 예외상황을 파악하고 예외를 증가시킴으로써 변화를 긍정적 방향으로 이끌어야 함
⑥ 현재에 초점을 맞추며 미래지향적임
⑦ 내담자와의 협력관계를 중요시함

(3) **중심철학과 문제에 대한 관점**

① 중심철학 : 내담자가 문제 삼지 않는 것은 건드리지 않음. 일단 무엇이 효과가 있다면 그것을 더 많이 하게 함. 그것이 효과가 없다면 다시는 그것을 하지 말고, 그것과는 다른 것을 하도록 함
② 문제에 대한 관점 : 저항에 대한 개념은 도움이 되지 않음. 문제란, 어려움을 해결하기 위해 시도한 것이 성공적이지 못한 것으로 보기 때문에 다른 해결 방안을 모색하여 실천에 옮기도록 함. 문제해결을 위해 문제를 많이 알아야 할 필요는 없음

**51** 기법의 명칭은 '기적질문'이다. 사용 목적은 첫째, 문제가 해결된 상태를 상상하게 한다. 상담교사는 초등학교 때부터 친구들과 친하게 지낸 적은 없었는지 묻고 있다. 둘째, 해결하기를 원하는 것들을 구체화하고 명료화한다. 상담교사는 친구들과 친해지기 위해서 그 동안 어떤 노력들을 해 봤는지 묻고 있다. 셋째, 상담목표를 현실적이고 구체적으로 설정하게 한다. 상담교사는 오늘 상담을 통해 네가 어떻게 달라졌으면 좋겠는지 묻고 있다.

### 해결중심 가족상담의 기적질문

- 밤에 잠자는 동안에 기적이 일어나 염려하였던 문제가 해결되었다고 합시다. 그러나 잠자는 동안에 기적이 발생하였기 때문에 무슨 일이 생겼는지 아무도 모르지요. 아침에 가족들이 당신의 어떤 행동을 보면 지난밤에 기적이 일어나 문제가 해결된 것을 알 수 있을까요?

① 기적질문은 문제가 해결된 상황을 상상해 봄으로써 자신들이 해결하기를 원하는 것들을 구체화하고 명료화하는 데 도움을 줌
② 상담자의 질문에 대답하는 동안 내담자는 기적 질문에 응답하는 과정에서 기적을 만드는 사람을 바로 자기 자신임을 알게 되고 작은 일부터 시작해야 한다는 점을 점차 인식하며, 변화된 상황을 구체적으로 상상함. 이 과정을 거치면서 가족은 그 과정 자체가 치료 목표임을 재인식할 수 있음
③ 목적 : 문제가 해결된 상태를 상상하고 해결되길 원하는 것을 구체화하고 명료화하며, 상담목표를 현실적이고 구체적으로 설정하도록 하는 데 도움이 됨
④ 기적 질문에 이어 관계성 질문을 함으로써 대인관계 속에서의 강점을 확인하고 강화하도록 돕고, 가족관계나 인간관계 속에서 문제 해결을 위한 현실적이고 구체적인 방안을 탐색하며 목표를 설정하게 함
⑤ 기적질문에 응답하는 과정에서 내담자는 문제와 분리되어 해결상황에 대한 구체적이고 상세한 묘사를 하게 됨 : 그 결과 성공적인 결과를 반복해서 언어로 표현하면 할수록 그것은 더욱 현실화될 수 있다고 믿는 자기언어화 효과를 갖게 되고, 상담이 성공적으로 종결될 수 있다는 꿈과 희망을 갖게 됨
⑥ 주의할 점
- 미래에 관한 질문일 것 : "어떻게 달라질까요?" "기적의 표시는 무엇일까요?"
- 당연히 일어날 상황인 것처럼 '일어날 때'라고 질문하며, '만약에 기적이 일어난다면' 식의 가정하는 자세로 질문하지 않도록 주의함

○ 내담자의 다양한 반응들과 대처 방법
- "잘 모르겠는데요" → "여기서 한 번 생각해 보세요" 하면서 조용히 기다린다.
- "기적은 없어요. 제 인생에서 너무 오랫동안 상황이 나빴기 때문에 기적이 일어나지 않는다는 것을 제가 알아요" → '그러면 기적이 일어났다고 생각해 보세요. 아주 작은 일이라도'
- 문제중심(문제가 얼마나 고통스럽고 어려운가를 이야기하려고 함) → 기적 대신에 문제가 해결되었거나, 덜 심각해질 경우 "생활이 어떻게 달라질까요?"라고 질문한다.

**52** 준호의 관계유형은 '방문형'이다. ㉠에 해당하는 질문기법은 '척도질문'이다. ㉡에 해당하는 명칭은 '악몽질문'으로 사용목적은 내담자에게 뭔가 더 나쁜 일이 일어나야만 현재와 다른 무엇을 하거나 문제에서 벗어날 수 있을 것이라고 생각될 때, 이 질문을 사용한다.

## 해결중심 가족상담 : 척도질문과 관계 유형

(1) 척도질문 : 수치로 정도 표현

○ 1부터10까지 있는 척도에서 10은 문제가 해결되었다고 확신하는 것을 말하고, 1은 문제가 가장 심각할 때를 말한다. 오늘은 몇 점에 해당하는가?

① 내담자가 상담자에게 정보를 제공하고, 상담자가 내담자의 변화 과정을 확인하고, 격려하며, 강화하기 위해 척도질문이 고안됨
② 수치를 사용한 질문은 변화 정도를 사실적으로 설명할 수 있으며 더 나아가 구체적인 목표를 세울 때 유용함 → 문제의 심각한 정도를 사정하고, 상담목표 성취 정도를 측정하고, 결과를 구체적으로 평가하는 데 있어 유용함
③ 목적 : 숫자를 사용하여 내담자가 현실적이며 구체적으로 생각을 정리하고, 점수의 근거를 구체적인 행동으로 제시하고, 자신의 구체적 기대와 목표, 성장과 변화의 상태를 확인할 수 있도록 돕는 것
④ 주의점
- '오늘' '지난주' '지난달'과 같이 시간을 제한해 주어야 하며 그렇게 하지 않으면 내담자가 혼돈하기 쉬움
- 현재와 미래에 초점을 두고, 과거에는 관심을 적게 두어야 함

(2) 관계유형

| 유형 | 내용 |
|---|---|
| 방문형 | • 다른 사람의 요청으로 상담을 시작하므로 비자발적이고, 저항을 심하게 하는 경우도 있음<br>• 자신의 문제에 대한 인식이 없으므로 변화하고자 하는 동기가 매우 약한 편임<br>• 문제에 대한 인식을 스스로 할 수 있도록 협조해 주는 태도가 중요함<br>• 과제가 없음<br>• 집에 온 손님을 대하듯 정중하게 대하고 참석한 것에 감사하며 다음에 다시 올 것을 제안함<br>• 강점과 성공 경험을 찾아주고 내담자가 편안하게 느끼도록 해야 함 |
| 불평형 | • 문제의 내용은 잘 알지만 문제가 자기 책임이 아니라 남의 책임으로 돌리는 유형으로, 문제 상황을 다른 관점에서 관찰하고 깊게 생각할 수 있게 해주는 것이 중요함<br>• 생각하고 관찰하는 과제를 줌<br>• 심리적 위로와 지지가 필요, 해결중심적 대화 필요, 예외 상황 발견하기, 관찰형, 심사숙고형 과제 부여하기 |
| 고객형 | • 문제를 분명히 인식하고 있고 변화를 위해 자발적인 동기와 적극성을 표현하며 치료자와 협력적인 치료관계로 쉽게 발전할 수 있기 때문에 치료자가 원하는 이상적인 내담자<br>• 행동 과제를 줌<br>• 상담과제는 내담자가 제일 먼저 행하고자 하는 적극적이며 행동적인 조치가 무엇인가를 밝히는 것 |

(3) 악몽질문

> ○ 오늘 밤 잠자리에 들었다고 가정해 봅시다. 한밤중에 악몽을 꾸었어요. 오늘 여기에 가져온 모든 문제가 갑자기 더 나빠진 거예요. 이것이 바로 악몽이겠죠. 그런데 이 악몽이 정말로 온 거예요. 내일 아침에 무엇을 보면 악몽 같은 인생을 살고 있다는 것을 알겠습니까?

① 기적 질문과 유사하지만, 유일하게 문제 중심적인 질문으로 목적 달성을 위한 상담 전 변화에 관한 질문, 예외 질문, 기적 질문 등이 효과가 없을 때 사용할 수 있음
② 목적 : 내담자에게 뭔가 더 나쁜 일이 일어나야만 현재와 다른 무엇을 하거나 문제에서 벗어날 수 있을 것이라고 생각될 때, 이 질문을 사용함

**53** (가족상담 문제만 풀이). 경수의 관계유형은 '불평형'이다. 그 근거는, 사례에서 경수는 자신이 생각해도 게임중독이 아닌가 걱정이 된다고 했는데, 이 이유를 부모의 이혼, 아버지의 술과 무관심, 선생님의 꾸중이라고 보는 등 문제를 자기 책임이 아닌 남의 책임으로 돌리고 있기 때문이다. 예외질문 과정은 먼저 예외적인 상황을 찾아내고, 내담자 가족이 가지고 있는 자원을 활용하여 자존감을 강화하려고 노력해야 한다.

> **해결중심 가족상담의 예외질문**
>
> • 문제가 발생하지 않는 때는 언제인가?
> • 문제가 해결된다면 그것을 어떻게 알 수 있겠습니까?
> • 문제가 일어나는 때와 그렇지 않은 때의 차이점은 무엇인가요?
> • 문제가 조금이라도 나아진 때에 대해 말씀해주세요.

① 예외 : 내담자가 문제로 생각하는 행동이 일어나지 않은 상황이나 행동.
② 기본전제 : 어떠한 문제에도 예외는 있음.
③ 예외발견 질문 : 일상생활에서 성공적으로 잘 하고 있으면서도 의식하지 못하는 것을 발견하고 성공했던 행동을 의도적으로 시행하도록 강화시키는 기법.
④ 상담자는 예외적인 상황을 찾아내고 가족이 가지고 있는 자원을 활용하여 가족의 자존감을 강화하려고 노력해야 함.
⑤ 목적 : 문제해결을 위해 우연히 성공적으로 실시한 방법을 탐색하여 의도적으로 실시하도록 돕는 것.

**54** ②

## 55. ㉠ 문제의 외재화, ㉡ 독특한 결과(성과) 찾아내기

**이야기 가족상담 : 문제의 외재화와 독특한 결과 찾아내기**

(1) 문제의 외재화

○ "남편의 거짓말이 당신을 괴롭히고 있군요." → "거짓말이 남편에게 두 사람 사이에 갈등을 일으키게 했군요"

① 사람보다는 문제를 객관화시키는 대화로 구성되며, 문제에 의해 지배되는 이야기로부터 벗어나기 위해 문제를 외부로 표출시키는 의인화 기법.
② 효과
- 내담자들은 문제가 자신들 밖의 것이라는 생각을 하게 됨.
- 내담자나 가족을 문제에서 분리한 건강한 개체로 볼 수 있게 함.
- 문제가 자신의 모두를 표현하고 있지 않다는 사실을 발견하게 되고, 그 문제를 해결할 수 있는 희망을 가지게 됨.
③ 외재화 대화 과정(White, 2010)
- 1단계 경험에 가깝게 문제 정의하기 : 상담자는 내담자가 문제에 대한 정의를 내릴 수 있게 도와줌. 이때 내담자는 자신이 경험하는 곤경이나 문제에 대해 풍부하게 기술함
- 2단계 문제의 결과 탐색하기 : 호소하는 문제가 내담자의 삶에 어떤 영향을 미치는지에 대해 질문함(가정, 학교, 가족관계, 친구관계, 정체성, 미래계획과 가능성 등)
- 3단계 문제의 영향력 평가하기 : 상담자는 호소문제의 활동 방식과 내용을 평가하고 호소문제가 내담자의 삶에 미치는 주요한 영향을 평가하도록 지원함
- 4단계 평가의 근거 제시하기 : 내담자의 평가에 대해 '왜'라는 질문을 던지는 것. 여기서 '왜'라는 질문은 도덕적 판단을 내포하지 않고, 삶에서 중요한 것이 무엇인지에 주목하게 하고 그것을 이해할 수 있게 하며 자신의 삶의 기술을 깨닫게 해줌. 또한 내담자가 값지게 얻은 것과 깨달은 것에 대해 자기 나름의 구체적인 목소리를 갖고 이를 개발할 수 있도록 함

(2) 독특한 결과 찾아내기

○ "분노가 당신을 점령하려 들 때 그것을 허용하지 않았던 때를 기억할 수 있습니까?"

① 독특한 결과 : 처음에는 예측하기 어려웠을 수 있으나 커다란 의미와 변화 잠재력의 원천이 될 수 있는 사건
② 독특한 결과는 문제의 영향력이 미치지 못하는 예외상황을 발견하는 것으로 내담자의 무의식 속에 있던 혹은 간과된 강점의 근본동기를 찾아내는 작업임

## 56.

㉠의 개념은 '문제의 외재화'이고, 의미는 문제에 의해 지배되는 이야기로부터 벗어나기 위해 문제를 외부로 표출시키는 의인화 기법이다. 혹은 문제행동과 내담자를 분리하기 위해서 문제에 이름을 붙이고 의인화 하는 것이다. ㉡의 근거는 사고와 감정을 분리하는데 어려움을 보이고 있는데, (가)에서 어머니와 민기는 둘 다 이성적 반응이 아닌 감정적으로 반응하고 있기 때문이다. ㉢의 사용방법은 상대의 행동을 비난하고 지적하기 보다는 자신의 감정에 초점을 맞추어 표현하도록 한다.

### 이야기 가족상담의 외재화 기법과 다세대 가족상담의 분화 및 나의 입장 기법

(1) **문제의 외재화** : 가족상담 55번 문제 해설 참조

(2) **분화**
 ① 개인내적 분화 : 지적 기능이 정서적 기능과 얼마나 분화되어 있는가로, 감정과 사고를 분리하는 능력을 말함
 ② 대인관계적 분화 : 자기와 타인사이의 분화를 의미함(개별성과 연합성)

(3) **나의 입장 기법**
 ① 상대방의 행동을 비난하거나 지적하기 보다는 자신의 감정에 초점을 맞추어 표현하도록 하는 기법
 ② 이 기법은 가족원 간 정서적 반사반응의 악순환에서 벗어날 수 있게 돕고 대응적 대화 고리를 끊는 데 효과적임

 **57** 정의예식

### 이야기 가족상담의 정의예식

○ **방법**
 ① 말하기 : 예식의 주인공이 자신의 삶과 관련하여 자신이 선호하는 이야기(정체성)를 외부증인에게 말한다. 그동안 외부증인은 청중의 입장이 되어 그의 이야기를 듣기만 한다.
 ② 다시말하기(1차 다시말하기) : 외부 증인은 내담자 이야기 가운데 자신에게 각별한 의미가 있었던 특정 부분에 초점을 두고 다음 순서에 따라 다시말하기 행위를 실시한다.
  • 특정부분 주목하기 : 예식 주인공의 이야기를 듣는 가운데 당신의 관심을 끌었던 표현은 어떤 것입니까?
  • 이미지 설명하기 : 주인공의 삶의 목적, 가치, 신념, 희망, 꿈, 헌신의 대상 등과 관련하여, 이 표현을 듣고 어떤 이미지를 떠올렸습니까?
  • 공명하기 : 당신의 삶이나 일과 관련하여, 그 표현이 왜 당신의 관심을 끌었는지 설명해 줄 수 있는 표현이 있습니까?
  • 지점이동을 인정하기 : 삶에 대한 그 같은 표현을 현장에서 목격하면서, 그 전과는 다른 지점에 와 있는데, 그 위치가 이전의 위치와 어떻게 다릅니까? 이 경험으로 인해 당신이 어디에 서게 되었습니까?
 ③ 다시말하기의 다시말하기(2차 다시말하기) : 예식의 주인공이 말하게 된다. 1차 말하기의 방법에 따라 실시한다.
 ④ 다시말하기의 다시말하기의 다시말하기(3차 다시말하기) : 외부증인이 말하게 된다. 1차 말하기 방법에 따라 실시한다.

① 정의예식 : 내담자의 정체성을 재정의하고, 이를 사회적으로 인정받는 예식
② 정체성이 사회적으로 정의된다는 입장을 가지고 있기 때문에 치료과정에 정의예식을 도입하여 내담자가 자신이 선호하는 삶의 이야기를 청중 앞에서 사회적으로 인정받는 경험을 갖도록 함
③ 구조 : 말하기, 다시 말하기를 청중이 교대로 실시 : 외부증인 집단은 치료자 집단(반영팀)이나 내담자의 인생클럽 회원들이 될 수도 있고, 경우에 따라서는 지역사회의 관련된 사람들을 청중으로 모집함
④ 외부증인 : 내담자의 이야기나 내담자에 대한 자신의 경험과 관련하여 다시 말하기를 하게 되는데, 여기서의 목적은 공명(resonance) 즉 내담자의 '말하기'에 나타난 대안적 이야기가 증인 자신의 삶에 어떠한 의미를 주었는가를 말해줌으로써, 내담자의 대안적 이야기를 인정해 주는 데 있음
⑤ 정의예식은 내담자와 외부증인을 포함하는 참여자 모두가 예식 이전과는 다른 지점으로 이동하는 지평 확장을 경험할 수 있도록 해 주는 치료적 대화

⑥ 인정을 위한 4단계 질문
- 표현질문 : 당신이 들은 이야기 중 가장 마음에 와닿는 것, 특별히 관심이 가거나 상상력을 유발하는 것을 이야기해 달라고 함
- 이미지 질문 : 이야기를 들으면서 어떤 이미지가 떠올랐는지 설명해 달라고 함
- 공명질문 : 당신이 왜 특정한 표현에 끌렸는지, 당신 삶의 어떠한 부분을 떠올리고 연관 짓게 되었는지에 대해 질문함
- 이동질문 : 삶에 대한 이야기가 당신을 어떻게 움직였는지에 대해 생각해 보라고 요청함

## 58 회원재구성

### 이야기 가족상담의 회원 재구성

① 인생을 회원으로 구성된 클럽으로 보고, 개인의 정체성은 타인과의 관계를 통해 형체를 갖추게 됨 : 인간의 정체성은 내면에 기초한 것이 아니라 대인관계에 기초하고 있음
② 회원 재구성 대화는 내담자 삶의 어느 시점에서 중요한 역할을 담당하거나 의미를 준 사람을 내담자의 기억에서 소환하여, 그 사람의 눈에 비친 내담자의 정체성을 탐색하고 탐색한 내용을 내담자의 대안적 이야기에 포함시키는 것
③ 회원 : 내담자의 과거나 현재나 미래의 삶에서 중요한 위치를 차지하면서 내담자의 정체성 구성에 영향을 행사할 수 있는 사람이나 존재
④ 특징 혹은 효과
- 인생클럽 회원과의 관계 속에서 생산된 다양한 삶의 정체성, 삶의 지식과 기술 가운데 내담자가 선호하는 버전을 풍부하게 기술할 수 있음
- 회원 재구성 대화는 수동적 회상이 아니라 내담자 인생에서 의미 있는 정체성이나 인물과 의도적 만남을 갖기 위한 것
- 회원 재구성 대화는 특정 회원을 우대하거나 자격을 해지하는 일, 등급을 올리거나 내리는 일, 특정 의견을 존중하거나 무시하는 일 등 인생클럽 회원을 정비할 수 있는 기회를 제공해 줌
⑤ 회원 재구성 대화를 통해 개인은 인생클럽에서 자신의 역할과 지위를 수정하므로써 정체성을 재구성할 수 있는 기회를 갖게 됨
⑥ 상담자의 역할 : 가족 구성원이 이제 막 쓰기 시작한, 자신들의 과거, 현재, 미래에 관한 좀 더 풍부한 이야기를 계속 써 나가고 확장해 나갈 수 있도록 그 과정을 촉진함
⑥ 질문예시

○ 두 개의 질의 과정
- 1단계 : 회원 → 내담자에게 기여한 점 말하기(의미 있는 대상의 기여 탐색하기) : 회원(의미 있는 대상)이 내담자 삶에 기여한 부분에 대해 설명한다. 내담자의 정체성 의식('나는 누구인가?', '나는 어떻게 살아야 하는가?')이 형성되는 데 이 관계가 어떠한 역할을 했는지에 관해 풍부하게 설명한다.
- 2단계 : 내담자 → 회원에게 기여한 점 말하기(내담자의 기여 탐색하기) : 내담자가 회원(의미 있는 대상)의 삶에 기여한 부분에 대해 설명한다. 내담자가 그 대상의 입장이 되어 의미 있는 대상의 정체성 의식('나는 누구인가', '인생은 무엇인가?')이 형성되는 데 이 관계가 어떠한 역할을 했는지에 관해 풍부하게 설명한다.

**59** ②

**60** ㉠에 해당하는 예외질문 내용은 "현수가 게임에 빠져있지 않았을 때는 언제니?"이다. ㉡에 해당하는 기법의 명칭은 '독특한 결과(성과) 찾아내기'다. 구조적 지도는 (지도생략) 이고, 상담목표는 현수와 엄마는 애매한 경계선, 현수와 학교는 경직된 경계선을 형성하고 있기 때문에 명확한 경계선을 형성하도록 한다.

**61** ①

**62** 잘못 표기된 기호는 ㉥으로 현재 어머니는 임신중인 상태이기 때문에 △로 표시해야 한다. 은서가 형성한 자기의 명칭은 '거짓자기(가짜자기)'로 특징은 첫째, 환경의 요구에 무조건적으로 순응하는 태도·방식으로 참자기의 발달을 막는다. 사례에서 은서는 부모님 말도 잘 듣고 있고, 엄마를 돕고 쌍둥이도 잘 돌보고 있다. 둘째, 다른 사람으로부터 인정받기 위한 진정한 욕구를 숨기거나 억압 또는 거부하면서 타인의 욕구를 자신의 것으로 받아들이는 모순을 경험한다. 사례에서 은서는 자신의 모습이 정말 제가 하고 싶어서 하는 건지 모르겠다고 보고하고 있다.

| 대상관계 가족상담 : 위니컷 | |
|---|---|
| 위니컷 (Winicott) | • 지탱하기(버텨주기, holding)<br>  – 유아와 엄마의 따뜻한 신체적 접촉과 심리적 접촉<br>  – 공감적인 행위 중 하나로, 유아는 엄마의 공감으로 인해 친밀감을 느끼고, 엄마와 결합하게 됨<br>• '이 정도면 충분한 어머니의 역할'<br>  – 지탱하기를 통해 가능해짐<br>  – 어머니가 자신의 필요에 따라 유아를 돌보는 것이 아닌 유아의 필요가 무엇인지에 대해 민감하게 반응하여 필요를 채워주는 것<br>• 거짓자기와 참자기<br>  – '이 정도면 충분한 어머니의 역할'이 부족하고 엄마의 방식에만 억지로 순응할 것을 요구하게 되면 강요된 유아의 순응적인 태도는 거짓자기(false self)가 되어감<br>  – 거짓자기는 환경의 요구에 무조건적으로 순응하는 태도·방식으로 참자기의 발달을 막음<br>  – 거짓자기를 많이 발달시킨 아이는 성장하면서 부모나 다른 사람과의 관계에서 진정한 자기를 숨기고 '~체' 하는 모습을 보이게 됨<br>  – 다른 사람으로부터 인정받기 위해 진정한 욕구를 숨기거나 억압 또는 거부하면서 타인의 욕구를 자신의 것으로 받아들이는 모순을 경험함<br>• 거짓자기의 정도 : 양극단이 있어, 한쪽 극단에서는 건강하게 순응적인 태도를 보여주면서 주변 환경에 잘 적응해가는가 하면, 다른 한쪽 극단에서는 아예 참자기가 분열되어 떨어져 나가고 순응적인 거짓자기만이 남아 그 사람을 지배함(거짓자기가 참자기를 다 대신함) |

**63** ㉠에 해당하는 용어는 '내적작동모델'이다. ㉡에 공통으로 해당하는 용어는 '가족도식'이다. ㉢에 나타난 구조적 특징은 학생의 친조부모님은 이혼하였다는 것이다. ㉣의 상호작용 패턴은 첫째, 학생과 아버지는 친밀-적대 관계이다. 둘째, 학생과 어머니는 융합(밀착된)관계이다.

### 내적작동모델과 가족도식

(1) 내적작동모델
  ① 아동이 양육자와 상호작용을 하면서 자기 자신과 타인에 대한 인지적 표상을 발달시키는 것 → 나, 타인, 관계에 대한 생각이나 개념
  ② 자신과 타인에 대한 내적작동모델
    • 타인에 대한 긍정적 작동 모델: 민감하고 반응적인 양육을 통해 형성되는데, 이 모델을 가진 영아는 타인을 신뢰할 수 있음
    • 타인에 대한 부정적 작동 모델: 둔감하거나 무관심한 양육을 통해 형성됨
    • 자신에 대한 긍정적 작동 모델: 영아의 필요를 빨리 알아차리고 민감하게 반응하는 양육자의 자녀가 자신을 신뢰하게 되면서 형성됨
    • 자신에 대한 부정적 작동 모델: 영아 자신의 요구가 양육자로부터 받아들여지지 않는다거나 민감하지 못한 양육자가 영아의 요구를 잘못 해석하는 경우에 형성됨

(2) 가족도식
  ① 각 개인이 자신의 원가족에서의 가족생활과 보편적 의미에서의 가족생활에 대해서 가지고 있는 모든 인지
  ② 구분: 원가족에 대한 신념, 일반적인 가족에 대한 신념

 ④

 ④

 ②

• **상호작용 특징**: 아버지와 어머니는 융합-적대 관계를 보이고 있다.
• **사람**: 광수
• **이유**: 어머니는 광수와의 융합된 관계를 통해 아버지와의 갈등을 해결하려고 하기 때문이다.

 ②

일치하지 않는 내용은 다음과 같다. 첫째, 찬우 어머니는 순종적이어서 부모로부터 많은 관심을 받고 자랐다는 것이다. 찬우 어머니는 조부모와 소원한 관계를 유지하였다. 둘째, 찬우 부모님은 각각의 원가족에서 삼각관계를 경험했기 때문에 현재 가정에서도 자녀와 삼각관계를 보인다는 것이다. 찬우 아버지는 삼각관계를 경험하였지만, 어머니는 삼각관계에 대한 증거가 없다. 셋째, KFD를 보면, 가족들이 함께 수영을 하고 있어서 찬우는 화목한 가정을 기대하는 것 같다는 것이다. KFD를 결과를 보면, 가족 간의 경쟁이 드러나는 것으로 보인다.

 충성심 갈등(충성심)

### 재혼가족의 특징

① 재혼하는 부부는 새롭게 시작하는 가정에 기대감을 갖는데, 아이들은 언젠가 계부모가 떠나고 그 자리에 이전 부모가 되돌아오기를 기대함. 이러한 서로 다른 기대를 가지고 출발하므로 재혼 초기에 많은 어려움에 부딪치는 것은 자연스러운 현상
② 전형적인 가족 생활주기에서 형성된 '공유된 가족역사'가 없기 때문에 긴장을 느낌
③ 부모는 결혼생활이 또 다시 실패할지 모른다는 두려움 때문에 가정생활에서 부정적인 감정을 드러내지 않음
④ 새롭게 형성된 부부관계보다 새로운 부모자녀의 유대를 우선으로 생각하여 종종 새로운 결혼에 긴장을 초래하기도 함
⑤ **충성심의 문제** : 원가족에 대한 충성심을 그대로 유지하고 있기 때문에 새로 맺어진 계부모와 관계를 만들 때, 자신들의 충성심에 상처를 준다고 생각하기 쉬움 → 새로운 부모와 잘 지내는 것이 친부모에 대한 배반이라고 생각하기 쉬움
⑥ 재혼가족의 궁극적인 목표는 통합이지만, 그 전에 가족 모두가 안정을 갖는 것이 무엇보다 중요함

 ④

**72** 어머니가 수행하지 못하고 있는 과제는 다음과 같다. 첫째, 재정적 수단을 재정립해야 하는데, 어머니는 안정된 직장도 없다 보니 생계가 어렵다고 보고하고 있다. 둘째, 사회적 관계망을 재정립해야 하는데, 어머니는 친구나 지인들과 연락하기 싫다고 보고하고 있다. ㉠, ㉡에서 사용한 기법의 명칭은 '고된체험 기법'으로 원리는 증상을 유지하는 것이 증상을 포기하는 것 보다 더 고통스럽다는 것을 알게 하여 증상을 포기하도록 하는 것이다. 사례에서도 정아에게 심한 말을 할 때마다 싫어하는 편지를 쓰게 함으로써 결국, 편지 쓰기 싫어서 험한 말을 포기하도록 만드는 것이다.

## 이혼가족의 발달과업과 전략적 가족상담의 고된체험 기법

(1) 카터(Carter)와 맥골드릭(McGoldrick)의 이혼전후 가족의 정서적 과정과 발달적 쟁점

| 단계 | | 전환의 정서적 과정 필수적 태도 | 발달적 쟁점 |
|---|---|---|---|
| 1단계 : 이혼의 결심 | | 결혼관계 유지를 위한 문제해결 능력이 없음을 인정 | 결혼 실패에 각자의 책임이 있음을 수용 |
| 2단계 : 체계붕괴 계획 | | 체계에 속한 모든 사람을 적절히 배려함 | • 공동양육, 방문, 재정지원 문제를 협동 작업함<br>• 확대가족과 이혼에 대해 다룸 |
| 3단계 : 별거 | | • 자녀에 대한 공동 부모역할과 재정 부담의 의사를 밝힘<br>• 배우자에 대한 애착을 떼는 작업을 함 | • 정상가족 상실에 대해 애도함<br>• 부부관계와 부모자녀 관계, 재정 문제를 재구조화하고 별거 생활에 적응함<br>• 확대가족과의 관계를 재정비하고, 배우자의 확대가족과 지속적 관계를 유지함 |
| 4단계 : 이혼 | | 정서적 이혼을 위해 더욱 열심히 작업하여 상처, 분노, 죄책감 등을 극복하도록 노력함 | • 정상가족 상실에 대한 애도 : 재결합에 대한 환상을 포기함<br>• 결혼에 대한 희망, 꿈, 기대를 되찾음<br>• 확대가족과 지속적 관계를 유지함 |
| 5단계 : 이혼 후 | 자녀양육 한부모 | • 재정적 책임을 지면서 전 배우자와 공동 양육관계를 유지함<br>• 전 배우자와 그 가족이 자녀와의 접촉을 유지할 수 있게 지지함 | • 전 배우자와 그의 가족이 방문할 수 있도록 방문시간을 융통성 있게 조절함<br>• 자신의 재정적 수단을 재정립함<br>• 자신의 사회적 관계망을 재정립함 |
| | 비보호자 한부모 | • 전 배우자와 부모관계를 위한 접촉을 유지함<br>• 그와 자녀의 관계를 지지함 | • 효율적인 부모관계를 지속하는 방법을 찾음<br>• 전 배우자와 자녀에 대한 재정적 책임을 유지함<br>• 자신의 사회적 관계망을 재정립함 |

(2) 고된체험기법
　① 증상을 나타낼 때마다 내담자가 괴로워하는 어떤 일을 하도록 지시하는 기법.
　② 원리 : 내담자가 증상을 나타낼 때마다 자신이 괴로워하는 일을 하게 됨으로써 자신이 증상을 유지하는 것이 증상을 포기하는 것보다 더 고통스럽다는 점을 알게 되어 결국 그 증상을 포기할 수밖에 없음.
　③ 이 기법은 내담자의 소망과 일치해야 하며, 불건전하거나 내담자에게 해를 입히는 일이어서는 안 됨.

73 가계도에서 잘못된 부분은 대호의 친아버지는 돌아가셨기 때문에 ×로 표시해야 한다. 대호 가족이 계획해야 할 과제는 자녀가 보호자의 친부모, 조부모 및 확대가족과 관계를 지속하도록 허용해야 한다. 그 근거로 대호는 힘든 일이 생기면 할아버지 댁에 가서 고모와 할머니께 위로를 받는데, 새아버지 때문에 눈치가 보인다고 보고하고 있기 때문이다.

### 재혼가족의 발달과업

| 단계 | 필수적 태도 | 발달적 쟁점 |
| --- | --- | --- |
| 1단계 : 새로운 관계의 형성 | 첫 결혼 상실로부터의 회복(적절한 정서적 이혼) | 복잡성과 모호성을 다룰 준비를 갖추고, 새로운 결혼과 가족 형성에 다시 헌신함 |
| 2단계 : 새로운 결혼과 가족에 대한 개념화와 계획 세우기 | • 재혼과 계가족 형성에 대해 자신과 새 배우자, 자녀가 갖는 두려움을 수용함<br>• 다음 사항에 내재된 복잡성과 모호성에 적응하기 위해 시간과 인내심이 요구됨을 인정함<br>  - 다양한 새로운 역할<br>  - 경계 : 공간, 시간 소속감, 권위<br>  - 정서적 문제 : 죄책감, 충성심, 갈등, 상호성에 대한 욕구, 해결되지 않은 과거의 상처 | • 거짓상호성을 피하기 위해 새로운 관계에서 개방성을 갖도록 작업함<br>• 전 배우자와 공동 재정, 공동 부모관계 유지를 위한 계획을 세움<br>• 자녀가 두 체계 안에서 겪는 두려움, 충성에 대한 갈등, 소속감을 다루도록 도움<br>• 배우자, 자녀의 포함을 위해 확대가족과의 관계를 재정비함<br>• 자녀가 전 배우자의 확대가족과 관계를 유지하도록 계획함 |
| 3단계 : 재혼 및 가족의 재구성 | • 전 배우자에 대한 애착 끊기와 이상적인 '정상가족'에 대한 집착에서 벗어남<br>• 투과성 있는 경계를 가진 새로운 가족 모델을 수용함 | • 새 배우자-계부모를 포함하도록 가족의 경계선을 재구조화함<br>• 자녀가 친부모, 조부모, 확대가족과 관계를 지속하도록 허용함<br>• 몇 개의 체계를 서로 혼합하고자 하위체계를 통한 관계와 재정적인 조정을 재편성함<br>• 계가족의 통합을 강화하는 추억과 역사를 공유함 |

74 ⑤

- 단계 : 부인
- 단계 : 적응

| 클라우스(Klous)와 켄넬(Kennel)의 장애아동 수용과정 ||
|---|---|
| 단계 | 내용 |
| 충격 | • 자녀에게 장애가 있다는 사실을 알게 된 시기<br>• 부모는 마치 세상이 무너지는 것 같은 극심한 충격과 혼란을 경험함 |
| 부인 | • 충격 완화를 위해 진단 결과를 부인하면서 재진단을 위해 의사쇼핑(doctor shopping)을 하거나 기적을 바라면서 민간요법에 의지함<br>• 때로는 전문가를 찾지 않으면서, '정상일 거야!'라는 생각으로, 적절한 치료나 교육시기를 놓치기도 함 |
| 슬픔과 분노 | • 주체하기 힘든 슬픔, 분노, 불안으로 우울을 겪게 됨 ➡ 분노는 대개 신, 친인척, 의료진을 향함<br>• 어떤 위로에도 기분이 나아지지 않고 자녀에 대해 거부감을 가졌다는 사실에 대해 죄책감과 절망감을 느끼면서, 자녀의 존재를 부담스러워 함<br>• 앞날을 비관한 나머지, 자녀와 함께 동반자살을 시도할 수 있음<br>• 죄책감으로 인해 자녀에 대한 과잉보호 또는 무관심한 태도를 보임 |
| 적응 | • 힘든 감정의 정점을 경험한 후, 감정이 정리되면서 점차 정상을 되찾게 됨<br>• 장애를 가진 자녀에 대해 피할 수 없는 사실을 체념하게 되면서 점차 이를 현실적으로 받아들이게 됨 |
| 재조직 | • 자녀를 가족원으로 끌어안으면서 부모로서의 책임을 다하기 시작함<br>• 1~4단계를 거치며 위기를 성공적으로 극복하면서, 위기대처능력도 갖추게 됨<br>• 자녀를 돌보는 과정에서 발생하는 부수적인 문제처리능력도 서서히 갖추게 됨 |

① 자녀에게 장애가 있다는 점을 직면한 대부분의 부모는 마음의 중심을 잃고 실망하거나 분노, 혼란, 죄책감 등의 심리적 과정을 경험하는데, 이는 본질적으로 대상 상실의 애도과정과 동일함.
② 부모가 장애를 현실적으로 수용하기 위해 대상 상실의 애도작업을 할 필요가 있음.
③ 대상 상실 애도작업 : 사랑하는 대상을 상실할 경우 생기는 고통과 그에 대한 방어, 고통 속에서의 현실 검증과 새로운 적응에 대한 시도, 상실의 대상을 단념함으로써 고통에서 해방되는 단계를 거치는 자아의 움직임.

 ②

 ②

 ②

# CHAPTER 06

## 집단상담 기출문제 정답 및 해설

**01** ②

**02** ①

**03** ⑤

**04** ④

**05** ①

**06** (1) **개방적 집단** : 집단상담이 진행되고 있더라도 새로운 집단원을 받아들이는 형태다.
(2) **폐쇄적 집단** : 집단이 시작된 후에 새로운 구성원이 참여할 수 없는 집단의 형태다.
(3) **개방적 집단의 장점** : ① 집단원들이 좀 더 다양한 사람들과 상호작용을 할 수 있는 기회가 늘어난다. ② 서로 다른 사람들이 관계 안에 들어오고 떠나는 일상생활을 좀 더 정확하게 반영한다.
(4) **폐쇄적 집단의 장점** : ① 집단 응집력이 높고, 집단의 역할과 규범이 안정적이다. ② 집단을 운영하기가 개방집단보다 수월할 수 있다.

**07** ㉮ 개방집단  ㉯ 동질집단  ㉰ 구조화집단

**08** (가) 비밀유지(비밀보장), (나) 집단압력

### 집단상담 단점

① **비밀보장의 한계** : 비밀유지 원칙의 파기 가능성이 집단원 전체에 확대되어 집단 밖에서 일어나는 일을 통제할 수 없다는 한계가 있음
② **집단상담자의 전문성 문제** : 학문적·전문적 배경이나 집단지도 경험이 부족한 지도자가 집단상담을 진행하는 경우, 집단원이 부정적이고 왜곡된 인식을 갖게 하거나 파괴적인 결과를 초래할 수 있음
③ **집단 압력의 가능성** : 집단상담은 구성원이 집단의 기대치에 부응해야 할 것 같은 미묘한 압박감을 느끼게 될 수 있음. 특히 다수의 집단원과 다른 이질적인 배경을 가진 집단원, 심리적 준비가 부족한 집단원, 신뢰관계가 구축되기 전의 집단원인 경우 더욱 그러함
④ **개인 초점에서의 제한성** : 한 개인의 문제나 역동을 충분히 다루어지기에 제한적임
⑤ **집단 장면 자체의 중독성** : 일부 사람은 집단상담 경험 자체에 중독되어 현실을 회피하려 할 수 있음
⑥ 집단이라는 환경에서 오는 두려움 또는 위협감을 느낄 수 있음

**09** ㉠의 집단형태는 '개방집단'이다. 장점은 집단원들이 다양한 사람들과 상호작용을 할 수 있는 기회가 늘어난다는 것이다. 혹은 일상생활을 좀 더 정확하게 반영한다. 단점은 집단구성원들의 빠른 변동으로 응집력이 낮아질 수 있다는 것이다. ㉡에 해당하는 명칭은 '집단규칙'이다.

### 개방 및 폐쇄집단, 집단규범(norm)과 집단규칙(rule)

(1) 개방집단과 폐쇄집단
　① **개방집단** : 집단상담이 진행되고 있더라도 집단의 허용범위 내에서 새로운 집단원을 받아들이는 형태.
　　• 장점 : (1) 집단원들이 다양한 사람과 상호작용 할 기회가 늘어남, (2) 타인이 관계 안에 들어오고 나가는 일상을 보다 정확하게 반영함, (3) 유치원생, 초등 저학년의 사회기술 훈련 등에 적합함.
　　• 단점 : 집단원의 변동으로 응집력이 낮아질 수 있음.
　② **폐쇄집단** : 특정한 구성원 수로 집단이 구성되어 일단 집단이 시작되면 결원이 생기더라도 새로운 구성원을 충원하지 않는 집단의 형태.
　　• 장점 : (1) 집단 응집력이 높고, 집단의 역할과 규범이 안정적, (2) 집단을 운영하기가 개방집단보다 수월할 수 있음.
　　• 단점 : (1) 구성원의 결석, 탈락이 생길 경우 의미 있는 상호작용이 줄어들거나 이루어지기 어려울 수 있음, (2) 새로운 사고와 가치의 유입이 어려우므로 집단 외부의 의견이나 소수의 의견을 무시하고, 집단적 사고에 빠질 위험이 있음, (3) 새로운 사고의 유입이 이루어지지 않아 효율성이 떨어지는 집단인 경우에도 집단원은 집단에 순응할 것을 요구받을 수 있음.

(2) 집단규칙과 집단규범
　① **집단규칙** : 충분한 이유 없이 깨져서는 안 되는 것으로, 집단상담자에 의해 명확히 정해져야 하며, '집단 동의서' 또는 '집단계약'의 형태로 문서화하는 것이 바람직함  비밀보장, 참석 및 시간 엄수, 술이나 약물 복용 금지, 신체적 폭력 금지 등의 내용이 포함됨

② 집단규범 : 해당 집단에서 바람직하다고 생각되는 역할행동이나 표준적이라고 생각되는 태도나 행동양식을 의미함
- 집단상담자가 집단원들과 논의를 거친 후에 명시화하는 것이 바람직함
- 집단의 목표 달성에 중요한 역할을 하는 것이므로, 명시화하여 집단 규범을 지킴으로써 집단원들이 좀 더 의미 있고 성장 지향적인 상호작용을 할 수 있도록 해야 함
- 일반적인 행동지침으로 구성되어 있으며, 집단상담자와 집단원 간의 상호 협력으로 형성되는 것

**10** ㉠에 해당하는 활동내용은 '비합리적 신념 논박하기'다. 이러한 활동을 하는 이유는 이러한 분노유발의 원인이 되는 비합리적인 신념을 찾아 논박을 통해 합리적 신념으로 바꾸어 주기 위해서다. 구조화 프로그램의 장점은 첫째, 합의된 공동목표를 달성하는 데 드는 시간과 경비를 절약할 수 있다. 둘째, 수줍음을 타거나 적극적이지 못해 의사소통을 하기 어려운 사람들은 성격변화의 기회를 얻기가 쉽다. 혹은 초보 집단상담자도 쉽게 집단상담을 진행할 수 있다. 동질집단의 장점은, 첫째, 집단응집력이 조기에 높아진다. 둘째, 집단 참석률이 높고, 갈등이 적다.

### 구조 – 비구조 집단 및 동질 – 이질 집단

(1) 구조화 정도 : 구조화 집단과 비구조화 집단
  ① 구조화 집단 : 집단상담자가 집단의 목표와 과정, 내용, 절차 등을 체계적으로 구성해 준 상태에서 집단을 이끌어가는 형태로, 구조화된 프로그램으로 집단을 진행함
    - 장점 : (1) 합의된 공동 목표를 달성하는 데 드는 시간과 경비를 절약할 수 있음, (2) 수줍음을 타거나 적극적이지 못해 의사소통을 하기 어려운 사람은 성격 변화의 기회를 얻기 쉬움, (3) 초보상담자도 쉽게 집단을 진행할 수 있음
    - 단점 : 비구조화된 집단에 비해 깊은 수준의 집단경험을 하기가 어려움
  ② 비구조화 집단 : 집단의 내용과 활동방법 등에 대해 순차적으로 구성하지 않은 상태에서, 집단의 과정 자체와 집단원들 간에 일어나는 지금·여기에서의 상호작용에 초점을 두는 집단의 형태
    - 장점 : 구조화 집단에 비해 폭넓고 깊은 자기 탐색이 이루어질 수 있음
    - 단점 : 집단상담자의 높은 자질 수준과 구성원들의 상호작용과 자기탐색을 원활하게 촉진시키는 능력이 요구됨
  ③ 반구조화 집단 : 비구조화 집단의 형태로 운영하지만 필요할 때는 구조화 집단의 활동을 활용하는 방법으로, 구조화 집단과 비구조화 집단을 혼합한 집단 형태

(2) 인구 통계학적 배경 : 동질집단과 이질집단
  ① 동질집단 : 인구통계학적 배경(성별, 연령, 민족, 종교 등)이 유사한 사람들로 구성된 집단
    - 장점 : 집단응집력이 조기에 높아지고, 참석률이 높고, 갈등이 적으며, 증상완화가 조기에 이루어짐
    - 단점 : 집단의 깊이가 피상적·표면적 수준에서 그치는 경향이 있어, 성격 재구성 등을 목표로 하는 치료집단에는 비효과적임
  ② 이질집단 : 인구통계학적 배경과 특성이 다른 집단원들로 구성된 집단
    - 장점 : (1) 갈등 유발 가능성이 높으나 갈등이 집단역동을 강하게 유발하여 역동적 상호작용을 촉진할 수 있음, (2) 집단 상황은 현실생활과 비슷하므로 현실검증을 할 기회가 되기 때문에 집단에서 얻은 학습의 전이가 쉬움
    - 단점 : 상호작용이 많아지므로 갈등이 심화될 수 있으며, 이때 집단상담자가 상호작용의 역동을 충분히 다룰 수 있어야 함

**11** ②

**12** ⑤

**13** ④

**14** 대인관계-입력, 실존적 요인

| 얄롬(Yalom)과 레스츠(Leszcz) : Q분류법에 의한 치료적 요인 |
|---|
| ① 이타주의, ② 집단 응집력, ③ 보편성, ④ 대인관계-입력, ⑤ 대인관계-출력, ⑥ 지도, ⑦ 정화, ⑧ 동일시, ⑨ 가족 재정립, ⑩ 자기이해, ⑪ 희망고취, ⑫ 실존적 요인 |

**15** ㉠ 모험시도, ㉡ 마법

| 코틀러(Kottler)의 치료적 요인 ||
|---|---|
| 구분 | 내용 |
| 지지 | 어려운 상황으로부터 회복을 도와줄 사람이 있다는 느낌 |
| 소속감 | 유대감과 신뢰감 창출을 통해 안전감을 제공함 |
| 정화 | 강렬한 정서 해소를 통해 긍정적 변화를 산출함 |
| 대리학습 | 관찰을 통한 학습이 발생함 |
| 각성(인식) | • 체험을 통한 자신의 행동을 인식함<br>• 자신의 행동이 타인에게 미치는 영향을 통찰함<br>• 성장과 학습동기를 증진함 |
| 가족 재연 | 가족을 연상시키는 대인간 맥락을 제공하여 부모 같은 인물이나 형제자매 경쟁, 힘과 통제를 위한 투쟁 등 현재나 과거의 가족과 관련된 문제에 대한 작업을 함 |
| 공적 서약 | 현실적이고 실현 가능한 목표와 실행 계획을 공언함 |
| 과업 촉진 | 문제에 관한 진술과 집단에서 배운 것을 실천하겠다고 다짐하면서 집단회기를 마치고, 실천 성과에 대한 보고로 집단회기를 시작함으로써 집단참여 목표 달성에 접근함 |
| 모험 시도 | 집단의 핵심으로 누구에게도 말해본 적이 없는 가장 깊고 어두운 비밀을 진정한·솔직한·진솔한 방식으로 소리내어 말하고 삶의 행동방식에 놀랄 만한 변화를 가져오게 되는 광경을 상상함 |
| 실연 | 실생활 실험실과 같은 안전한 환경에서 역할연습, 심리극 등의 전략을 통해 새로운 대안행동이나 다른 사람들과 관계 맺는 새로운 방식을 시도한 후 피드백을 기반으로 새로운 전략을 정교화함 |
| 직면과 피드백 | • 집단은 온전히 자기 자신이 될 수도 있고, 다른 사람이 자신에 대해 솔직하게 반응하는 것을 들을 수도 있는 공간임<br>• 다른 사람이 어떻게 반응할지 궁금해할 필요가 없고 다른 사람의 생각에 이차적인 추측을 할 필요도 없음<br>• 현재 진행되고 있는 것에 대한 생각, 감정, 반응을 망설일 필요가 없음 |
| 마법 | 말이 필요 없을 정도로 사람이 극적으로 변화함 |

**16** 공통으로 해당하는 들어갈 치료적 요인은 '실존적 요인'이다. ㉠에 해당하는 내용은 '경호가 집단에 참여하면서 변해가는 모습을 보며, 나도 어려움을 극복할 수 있을 것 같다고 생각했다'는 것이다.

| 코리(Corey)의 치료적 요인 | |
| --- | --- |
| (1) 희망고취 | (2) 보편성 |
| (3) 정보공유(정보전달) | (4) 이타주의 |
| (5) 일차 가족집단의 교정적 재연 | |
| (6) 사회화 기술의 개발 | (7) 모방행동(동일시) |
| (8) 대인관계 학습(대인학습) | (9) 집단 응집력 |
| (10) 카타르시스(정화) | (11) 실존적 요인 |

**17** 치료적 요인의 명칭은 ㉠은 '피드백'이고, ㉡은 자기개방(자기노출)'이다. ㉠의 '피드백'을 통해 A의 공개(개방된) 영역은 늘어가고 B의 맹인영역은 줄어들게 된다. ㉡의 '자기개방(자기노출)'을 통해 A의 공개(개방된) 영역은 늘어가고 C의 비밀영역은 줄어들게 된다.

| 조하리의 창<br>Johari's Window | 자신이 아는 부분<br>Know to Self | 자신이 모르는 부분<br>Unknown to Self |
| --- | --- | --- |
| 타인에게 알려진 부분<br>Known to Others | 공개영역<br>Open Area | 맹인영역<br>Blind Area |
| 타인에게 알려지지 않은 부분<br>Unknown to Others | 비밀영역<br>Hidden Area | 미지영역<br>Unknown Area |

(1) 4가지 영역
① 개방된 영역 : 자신도 알고 타인도 아는 나의 모습으로, 개방된 영역이 크면 자신이 타인과 가까운 인간관계를 맺고 있다고 볼 수 있음.
② 비밀영역 : 자신은 알고 있지만 타인에게 숨기고 싶은 나의 모습으로, 이 영역은 상대방에게 노출하기를 꺼리고 숨기는 정보를 의미하며, 관계가 친밀해질수록 이 영역은 줄어든다.
③ 맹인영역 : 타인은 잘 알고 있지만 자신은 잘 모르는 나의 모습으로, 자신에 대해 잘 안다고 생각하지만 실제로는 잘 모르는 모습이 있고, 자신의 장점과 단점을 잘 안다고 생각하지만 잘 모르는 부분이 있을 수 있음. 맹인 영역을 확장하기 위해서는 사람들의 피드백을 통해 자신의 모습을 발견해 나가야 함.
④ 미지영역 : 타인은 물론 자신도 잘 모르는 자신의 모습으로, 프로이트가 말한 무의식 세계에 해당됨.

(2) 공개 영역 넓히기
① 자신을 타인에게 공유함으로써 비밀 영역을 줄이고, 공개(열린) 영역을 넓힐 수 있음.
② 타인의 알고 있는 정보를 수용함으로써 맹인 영역을 줄이고, 공개(열린) 영역을 넓힐 수 있음.
③ 비밀 영역과 맹인 영역을 확장함으로써 미지 영역을 줄일 수 있음.
☞ 개방된 영역을 높이기 위한 방법 : 자기노출(자기정보에 대해 의사소통), 피드백(자신의 장단점에 대해 지적받기)

**18** 첫째, 자기개방으로, 이는 개인적인 관심사나 개인적인 경험 등을 말과 행동으로 표현하는 것이다. 사례에서는 2회기 때, 대인관계의 어려움을 이야기 하자, 집단원들도 점차 속마음을 드러내기 시작했다는 것이다. 둘째, 정화로, 이는 개인의 내면에 누적되어 있는 감정의 표출을 통해 그 감정을 해소하는 것이다. 사례에서는 4회기 때, 집단원들이 눈물을 흘리기도 하였고, 후련하다고 말하는 등의 변화를 보였다는 것이다. 셋째, 피드백으로, 이는 다른 사람과의 면대면 상황에서 상대방의 행동, 사고, 또는 감정에 대한 개인의 솔직한 생각이나 감정을 말과 행동으로 되돌려 주는 것이다. 사례에서는 혜진이가 자신의 소극적 행동에 대한 집단원들의 다양한 반응이 도움이 되어 자신감을 찾은 것 같다고 보고하고 있다. 넷째, 모험시도로, 이는 자신의 약점을 기꺼이 공개하고, 인정하며, 변화를 꾀하는 것으로, 집단원이 스스로 통제하고 되풀이해 온 방식을 포기하는 것을 의미한다. 사례에서 지민이는 수줍음의 문제가 완전히 해결되지 않았지만 친구들에게 먼저 말을 걸겠다는 다짐을 하는 등의 진전을 보였다.

### 집단의 치료적 요인(변화촉진 요인)

① 자기개방 : 개인적인 문제와 관심, 욕구와 목표, 기대와 두려움, 희망과 좌절, 즐거움과 고통, 개인적 경험 등을 말과 행동으로 표현하는 것
  - 상담자의 적절한 시범을 통해 촉진될 수 있음
  - 상담자의 시의적절한 자기개방은 집단원들이 그 동안 생각하지 못했던 관점들을 나누고 발견하는 법을 학습하도록 하는 효과가 있음
  - 집단원이 자기개방의 내용으로 인해 처벌받아선 안 됨
② 카타르시스(정화) : 개인의 내면에 누적된 감정의 표출을 통해 그 감정을 해소하는 것
  - 내재된 감정을 외부로 표출함으로써 위협적인 감정을 속박하던 힘과 굴레로부터 벗어날 수 있어, 치료적으로 의미가 있음
  - 정화는 사고의 명료화로 이어짐
  - 감정 표현은 대인관계 과정의 일부이며 감정을 강하게 표현하거나 정직하게 다루는 것은 집단원들 간에 긴밀한 상호 유대감을 형성하게 하는 효과가 있음
③ 피드백 : 다른 사람과의 면대면 상황에서 상대의 행동, 사고, 감정에 대한 자신의 솔직한 생각이나 감정을 말과 행동으로 되돌려주는 것
  - 솔직하고 구체적인 피드백 : 집단원의 행동이 다른 집단원에게 어떤 영향을 주었는지, 대인관계에서 어떤 변화가 필요한지를 깨닫게 함
  - 피드백은 집단원의 변화 동기 강화, 타인에게 영향을 주는 자신의 행동 통찰, 자발적인 위험 감수, 집단경험에 대한 긍정적 인식을 도울 수 있음
④ 모험 시도 : 자신의 약점을 기꺼이 공개하고 인정하며 변화를 꾀하는 것으로, 이는 집단원이 스스로 통제하고 되풀이해오던 방식을 포기하는 것을 의미함

(1) 민주형 리더쉽
(2) 방임형 리더쉽
(3) 독단형 리더쉽

 ①

보완해야 할 자질은 ⓒ으로 '유머감각'이다. 내담자로서의 경험은, 첫째, 개인상담을 통해 상담자가 되고자 하는 동기를 탐색할 수 있다는 것이다. 둘째, 내담자로서 상담의 필요성과 그 효과를 몸소 체험해 볼 수 있다는 것이다. 혹은 집단상담자로서의 역할과 기능에 걸림돌이 될 수 있는 개인적인 문제를 탐색·해소하고, 집단과정에서의 역전이 가능성을 낮춤으로써 중립적인 입장을 유지하고 집단작업의 효율성을 높일 수 있다. 상담자로서의 경험은, 첫째, 집단원들이 의사소통 기술을 연마할 수 있는 기회를 제공한다는 것이다. 둘째, 상담자와 내담자 사이의 역등성을 이해하는데 촉매역할을 한다는 것이다. 셋째, 도움이 필요한 낯선 사람과 치료적 대화를 나누는 일에 자신감이 생긴다는 것이다.

### 집단상담자의 자질과 개인상담 경험

(1) 유능한 집단상담자의 자질
  ① 자기수용 : 자신을 있는 그대로 받아들이고 인정하는 것
  ② 개방적 태도 : 새로운 경험이나 자신의 것과는 다른 유형의 삶과 가치를 기꺼이 수용하는 자세로, 필요한 경우 집단상담자는 자신의 경험을 드러내기도 함
  ③ 타인의 복지에 대한 관심 : 다른 사람의 복지에 깊은 관심이 있다는 것으로 이는 배려하는 마음을 보살피는 행동으로 나타내는 것
  ④ 유머감각 : 집단원들에게 치료적으로 의미있는 웃음을 안겨줄 수 있는 말 또는 행동을 할 수 있는 능력. 특히 유머는 큰 저항 없이 자기 통찰을 촉진하는 효과가 있으며 집단원의 문제를 새로운 각도에서 조망해 볼 수 있게 하는 효과가 있음
  ⑤ 자발적인 모범 : 집단원들의 행동 변화를 위해 바람직한 행동의 모델 역할을 하는 것
  ⑥ 공감적 이해 능력 : 공감은 감정의 공유로, 상대의 감정을 함께 경험하고 나누는 것을 의미하고, 공감적 이해는 집단원의 감정을 함께 느끼고, 이해한 것을 말과 행동으로 나타내는 것
  ⑦ 심리적 에너지 : 집단원을 이해하고 이들의 욕구를 충족시키기 위해 활용되는 역동적인 자원
  ⑧ 새로운 경험 추구 : 넓고 깊은 경험은 각기 다른 삶의 경험과 다양한 가치관을 가진 집단원을 이해하는 데 도움을 줌
  ⑨ 창의성 : 종래의 집단운영 방식을 답습하기보다 새로운 것을 창안하여 집단상담에 적용하는 능력

(2) 집단상담자의 전문성 : 개인상담 경험
  ① 내담자로서의 경험 : 개인상담을 통해 상담자가 되려는 동기를 탐색하고 내담자로서 상담의 필요성과 효과를 몸소 체험할 수 있음. 또한 집단상담자로서의 역할과 기능에 걸림돌이 될 수 있는 개인적인 문제를 탐색·해소하고, 집단과정에서의 역전이 가능성을 낮춤으로써 중립적인 입장을 유지하고 집단작업의 효율성을 높일 수 있음
  ② 상담자로서의 경험 : 도움이 필요한 낯선 사람과 치료적 대화를 나누는 일에 자신감이 생김. 집단원들이 의사소통 기술을 연마할 기회를 제공하고 상담자와 내담자 간의 역등성을 이해하는 데 촉매 역할을 함

 ⑤

**23** ㉠의 문제행동 유형은 '하위집단' 형성이고, ㉡의 문제행동 유형은 '의존적 행동'이다. ㉠에 해당하는 대처방법은 하위집단 형성에 따른 문제점을 직접적이고 개방적으로 다룸으로써 하위집단 형성이 비생산적이고 집단응집력에 더 저해가 된다는 사실을 인식하도록 한다. ☞ 아래 해설 중 하위집단 개입방법 내용 모두 가능함. ㉡에 해당하는 개입방법은 의존적 욕구를 계속 충족하여 강화하는 것을 거절하고, 동시에 이러한 행동이 자신의 의존성을 유지하는 수단이라는 사실을 지적한다. ☞ 아래 해설 중 의존적 행동 개입방법 내용 모두 가능함

### 집단원의 문제행동 : 하위집단 형성과 의존적 행동

(1) 하위집단 형성
　① 의미 : 비생산적인 사회화의 일종으로, 집단 내에 일종의 파벌을 형성하는 것 : 일부 집단원이 집단 내에 또 다른 집단을 만들어 세력을 형성하고, 다른 집단원이나 집단상담자에게 영향력을 행사하는 것
　② 특징 및 원인
　　• 일부 집단원이 집단 내에 또 다른 집단을 만들어 세력을 형성하고, 다른 집단원이나 집단상담자에게 영향력을 행사하는 것
　　• 하위 집단이 형성되는 이유 : 집단 내에서의 지위에 대해 집단원들이 갖는 관심으로 인해 발생함
　　• 만일 하위 집단의 목표가 집단목표와 일치한다면, 하위 집단 형성은 집단응집력을 강화하기도 함. 또한 집단 밖에서 일어난 일을 집단에 가져와서 충분한 작업이 이루어진다면 치료적 효과를 높이는 데 도움이 될 수 있음
　③ 문제점
　　• 첫째, 하위집단을 모임을 계속함으로써 다른 집단원들과 친밀감에서 차이가 나게 되고, 공유된 정보의 차이로 괴리감을 조장하여 결국 집단의 응집력을 해칠 수 있음
　　• 둘째, 하위집단 구성원이 자신이나 집단과 관련된 문제를 하위집단에서만 논의하고, 집단회기에서 모든 집단원과 공유하기는 꺼릴 수 있음
　　• 셋째, 집단과정에서 하위집단에 속한 집단원은 옹호하고 속하지 않은 집단원은 의도적으로 따돌리는 문제가 발생할 수 있음
　④ 개입방법
　　• 첫째, 집단 밖에서의 만남은 우연히 이루어진 경우라도 집단의 모든 사람에게 알리도록 함
　　• 둘째, 집단은 대인관계를 제공하는 곳이 아닌 대인관계를 형성·유지하는 기술을 가르쳐주는 실험실이며, 진정한 삶의 연습 무대라는 사실을 이해하도록 도와야 함
　　• 셋째, 집단 선발 시 이미 장기적으로 특별한 관계를 유지하고 있는 사람들(예 친구, 부부, 연인, 홈메이트, 선후배, 공동 투자자 등)은 한 집단에 편성하지 않아야 함
　　• 넷째, 하위집단 형성에 대한 문제점을 직접적이고 개방적으로 다룰 필요가 있음
　　• 다섯째, 하위집단과 관련된 개인면담에서 집단원의 비밀유지 요청에 대해 함부로 약속하지 않음

(2) 의존적 행동
　① 의미 : 집단상담자나 다른 집단원들이 자신을 보살펴주고 나아갈 방향을 알려주며, 자신의 사안을 대신 결정해줄 것을 기대하는 집단원의 행동
　② 특징
　　• 조언이나 충고를 유발하고 돌보고 싶은 마음을 이끌어 내며 공감을 유도하지만, 다른 집단원들이 주는 어떤 도움도 받아들이지 않고 조언은 직접 혹은 간접적으로 여러 가지 이유를 들어 거절하며 받아들이지 않을 뿐만 아니라 때로는 도움을 주려는 의도를 무시하고 평가절하함

- 숨은 의도는 진정으로 도움을 요청하는 것이 아니라 다른 집단원들의 관심을 끌고 자신이 통제력을 발휘하기 위한 시도인 경우가 많음
- 문화적 규범 때문에 의존적인 행동을 보이는 경우 : 집단원의 감정을 인정해 주고 집단원의 과거와 현재 경험을 언어적으로 표현하도록 도와야 함

③ 문제점
- 첫째, 집단원들 간의 상호작용에서 긍정적인 대답인 '네'를 탄복하는 경향이 있음
- 둘째, 다른 집단원의 피드백을 고려하지 않고 '네, 그렇지만…'이라는 식의 반응을 보이기도 함
  - 이 반응은 마치 게임하듯 교묘하게 집단원의 제안을 회피하거나 무시하는 반응으로 반복하여 나타남
  - 그 결과 의존적인 집단원을 도우려 애쓴 집단원이 허탈감을 경험하거나 죄의식을 가질 수 있음

④ 개입방법
- 첫째, 의존적 자세의 집단원이 보이는 도움을 요청하는 듯한 행동을 도움이 필요한 행동으로 혼동하지 않아야 함
- 둘째, 의존적 욕구를 계속 충족하여 강화하는 것을 거절하고, 동시에 이러한 행동이 자신의 의존성을 유지하는 수단이라는 사실을 지적함
- 셋째, 그 동안 타인에게 의존함으로써 얻을 수 있었던 욕구 충족의 고리를 끊게 함

**24** ⊙의 명칭은 '일시적 구원(상처 싸매기, 반창고 붙이기)'이다. ⓒ에 해당하는 문제점은 첫째, 고통스러운 경험과 그 때의 느낌을 탐색할 기회를 박탈한다. 둘째, 집단원에 대한 보호나 배려 또는 관심으로 보이지만 진정한 의미에서 도움을 주는 행동과 거리가 멀다. 혹은 심리적 고통을 겪는 사람들에게 관심을 기울이면서 고통을 토로하며 경험하도록 허용하는 것은 매우 중요한 인간적 성장의 촉진 요소인데, 일시적 구원은 C를 어렵게 한다. ⓒ의 대처방안은 다음과 같다. 첫째, 진정한 돌봄은 고통을 충분히 탐색하고 표현할 수 있도록 기회를 제공하는 것임을 경험할 수 있도록 한다. 둘째, 집단원이 고통스러운 경험을 노출할 때, 일시적 구원을 하는 집단원에게 그 행동의 의미와 자신의 느낌을 성찰할 수 있는 기회를 제공한다.

### 집단원의 문제행동 : 일시적 구원(상처 싸매기, 반창고 붙이기)

① 의미 : 타인의 고통을 지켜보는 것이 어렵기 때문에 나타나는 피상적인 지지 행위로, 다른 집단원의 감정 표현을 가로막는 것

② 특징
- 다른 집단원의 상처를 달래고 고통을 줄임으로써 자신도 마음의 안정을 취하려는 욕구의 표현으로 해석됨
- 다른 집단원에 대한 배려와 돌보는 행동으로 여겨질 수 있지만 실제로는 고통을 피하기 위한 방편의 하나이며 가식적인 도움

③ 문제점
- 첫째, 집단원에 대한 보호나 배려 또는 관심으로 보이지만 진정한 의미에서 도움을 주는 행동과 거리가 있음 : 심리적 고통을 겪는 사람들에게 관심을 기울이면서 고통을 토로하며 경험하도록 허용하는 것은 매우 중요한 인간적 성장의 촉진 요소인데, 일시적 구원은 이를 어렵게 함
- 둘째, 고통스러운 경험과 그때의 느낌을 탐색할 기회를 박탈함

④ 개입방법
- 첫째, 진정한 돌봄은 고통을 충분히 탐색하고 표현할 기회를 제공하는 것임을 경험하게 함 : 미결 감정을 회피 또는 억압해 왔던 집단원에게는 안전한 집단 분위기에서 교정적 정서 체험이 강력한 치료적 효과를 산출할 수 있음
- 둘째, 집단원이 고통스러운 경험을 노출할 때, 일시적 구원을 하는 집단원에게 그 행동의 의미와 자신의 느낌을 성찰할 수 있는 기회를 제공함

**25** ㉠ 주지화(지성화), ㉡ 통제

### 집단원의 문제행동 : 주지화, 독점자

(1) 지성화(주지화)
① 의미 : 개인의 불안이나 자아에 대한 위협, 불편한 감정과 충동을 억누르고자 이와 연관된 감정을 직접 경험하는 대신 궤변(head tripping), 분석적 사고 등의 인지과정으로써 해소하려 노력하는 적응기제로 '주지화'라고도 함
② 특징 및 원인
- 감정적으로 부담이 되는 내용을 다루게 될 경우 감정 노출을 최대한 꺼린 채 지적인 부분만을 언급하기도 함
- 감정을 잘 느끼지 못하고, 감정적 주제를 논리적이고 이성적으로 다루려고 노력하며, 이론적인 설명을 하려고 시도하는데, 이는 감정에 저항하는 일종의 자아방어의 형태로 볼 수도 있음
- 지성화 이유 : 불편한 감정의 충동과 직면하는 것을 피하기 위함
③ 문제점
- 첫째, 집단의 신뢰 분위기 형성을 저해하고 특히 집단원들의 감정 표출을 저해함
- 둘째, 다른 집단원에게 관찰, 감시당하고 있다는 인상을 주게 되어 집단의 분위기를 경직시킴
- 셋째, 집단원들의 자기개방을 가로막음
④ 개입방법
- 첫째, 자신이 말하는 내용과 관련된 감정을 인식하고, 직접 경험하고 정리하여 표현할 기회를 제공함
- 둘째, 심한 정신적 상처, 외상으로 감정을 표출할 수 없거나 고립된 상태에 놓여 있는 집단원 : 감정 표현을 독려하기보다 이 분야의 전문가에게 개인상담을 의뢰함

(2) 대화독점(독점자)
① 의미 : 집단원 개개인에게 할당되는 일정한 시간을 특정 집단원이 일방적으로 독차지하여 사용하는 행동
② 특징 및 원인
- 어떤 의미에서 독점 행동은 고도의 이기심 표출
- 다른 집단원과 동일시하는 경향이 있어서 다른 집단원과 관련된 상황을 연결하여 자신의 일상생활에 관한 이야기를 장황하게 늘어놓는다는 특징이 있음
- **독점행동 원인** : 불안감의 역기능적 표현, 적극적 집단 참여는 말을 많이 하는 것이라는 믿음, 집단원들이 자신에게 주목하고 좋아해 주기를 바라는 욕구의 표현, 다른 사람에게 무시당하면서 살아온 것에 대한 방어적 행동, 집단에 대한 통제 유지를 위한 시도, 다른 사람에게 주의를 집중하는 속성 표출
③ 문제점
- 첫째, 집단시간을 고르게 배분하기 어려워짐
- 둘째, 집단에서 말을 많이 하는 것이 바람직한 행동이라는 인식을 심어줄 수 있음
- 셋째, 대화 독점 집단원의 행동은 시간이 지나면서 다른 집단원의 심리적·신체적 에너지를 고갈시킴
④ 개입방법
- 첫째, 대화를 독점하는 집단원의 입을 다물게 해선 안 됨 : 대화 독점은 일종의 강박적인 불안감의 표현으로, 자신을 은폐하기 위한 시도로 볼 수 있음
- 둘째, 대화 독점을 해당 집단원만의 문제가 아니라 이를 방임·조장한 다른 집단원 모두의 책임으로 인식함
- 셋째, 대화 독점에 직접 개입하여 다른 집단원들도 집단 대화에 적극 참여하도록 격려함
- 넷째, 대화 독점 행동을 통해 얻고자 하는 점과 관련된 역동을 탐색하고 행동 결과를 깨닫도록 함
- **문장완성 기법 활용** : 이 방법을 통해 집단상담자는 대화를 독점하는 집단원이 자신의 문제 행동에 대한 통찰을 얻도록 도울 수 있음

**26** ②

**27** ①

**28** ③

**29**
- ① 지지와 격려
- ② 차단하기(가로막기, 제지하기)
- ③ 연결

**30** 연결(연결하기) ☞ 집단상담 33번 해설 참조

**31** 초점 맞추기 ☞ 집단상담 32번 해설 참조

**32** ㉠ 차단하기, ㉡ 초점 맞추기

### 집단상담 기법 : 차단하기, 초점 맞추기

(1) 차단하기(가로막기, 제지하기)
  ① 의미 : 집단과정에 부정적인 영향을 주거나 집단원의 성장을 저해하는 의사소통에 집단상담자가 개입하여 집단원의 말을 중지시키는 기법
  ② 차단이 필요한 시기 : 중언부언 할 때, 질문 공세를 퍼부을 때, 부정확한 사실을 말할 때, 상처 싸매기를 시도할 때 등
  ③ 차단방법
  - 첫 회기 또는 필요할 경우, 집단과정의 촉진을 위해 불가피하게 집단논의를 차단하는 경우가 있을 것이라는 점을 집단원에게 알림
  - 집단원의 행동이 집단에 부정적인 영향을 미칠 수 있다고 판단되는 시점에 즉각 개입함
  - 비언어 행동(얼굴표정, 시선, 목소리, 자세 등)을 활용하여 집단원의 불필요한 오해를 막아야 함
  ④ 차단을 위한 조력 방안
  - 연이어 질문하는 집단원 : 질문을 차단하고, '나'를 주어로 자신에 대해 진술할 기회를 줌
  - 다른 집단원 또는 집단 밖의 사람에 관해 말하는 집단원 : 당사자에게 직접 말해보도록 제안함
  - 남의 비밀을 누설하거나 사생활을 침해하는 행위를 하려는 집단원 : 단호하고 부드러운 어조로 상담자의 관심과 우려를 나타내면서 즉시 개입함

- 사실적 이야기를 장황하게 하는 집단원 : 이야기의 주제가 여기 지금의 사건이나 감정과 관련이 있는지 말해보게 함

(2) 초점 맞추기
① **초점** : 집단에서 논의되는 주제 또는 소주제
② **초점 맞추기** : 집단에서 논의되고 있는 주제나 소주제를 설정, 유지, 이동 또는 심화하는 것
   - 초점 맞추기는 크게는 주제나 활동, 사람(개인)에 초점을 두거나 작게는 집단원의 사고, 감정, 행동, 경험에 초점을 맞춰 이야기 나누는 것 → 주제, 활동, 개인
   - 일반원칙 : 외부에서 내면, 추상적인 것에서 구체적인 것, 일반적인 것에서 개인적인 것으로 옮겨가는 것
③ **초점설정** : 집단목적 달성에 필요한 논의 대상으로 사람, 주제, 활동 등을 정하는 것 → 집단리더에게 초점를 설정할 권한이 있지만, 집단원들에게 이를 위한 기회를 제공할 수 있음
④ **초점유지** : 집단의 목적에 부합된다고 판단되는 주제를 집단 내에서 지속적이고 의도적으로 다루는 것
   → 집단의 초점유지 혹은 초점이동 시 시간, 목적과의 관련성, 주제, 활동, 지속성 등을 고려해야 함
⑤ **초점이동** : 특정주제가 충분히 논의되었거나 다른 주제에 관한 논의가 필요한 경우, 그 주제로 옮겨가는 것으로, 초점이동에는 참여유도와 차단 등의 기술이 활용됨
   - 초점이동의 방향 : 주제 → 집단원, 집단원 → 주제, 주제 → 다른 주제, 집단원 → 활동, 주제 → 활동, 활동 → 주제, 집단원 → 다른 집단원, 활동 → 집단원 등
   - 활동에서 활동으로의 초점이동 : 이는 적절하지 않으며, 활동이 끝나면 활동에 참여한 소감 나누기를 하거나 주제, 사람으로 초점을 이동해야 함
⑥ **초점심화** : 집단논의를 더 깊은 수준으로 이끄는 것. 즉, 특정 주제의 작업 깊이를 더함으로써 집단원의 통찰을 유도하고 자기이해의 폭을 넓혀 건설적인 행동 변화를 도출하는 집단작업 → 시작이나 종결국면이 아니라 작업국면에서 초점을 심화시켜야 함
   - 보다 강렬한 방식으로 집단원들과 작업함
   - 생각을 떠 올리게 하거나 도전적인 질문을 던짐
   - 집단에 방해되는 역동에 대해 집단원에게 직면함
   - 강렬한 활동으로 집단원의 내적 세계와 접촉하도록 함
   - 개인적인 수준에서 내면의 감정과 생각을 표출하도록 함
⑦ **효과**
   - 집단상담에 대한 집단원의 관심과 주의집중을 높임
   - 회기별 목표 달성에 효과적
   - 집단상담의 분위기 형성, 유지에 도움이 됨
   - 집단원의 내면 탐색을 도울 수 있음

기법의 명칭은 (가)는 '연결'이고, (나)는 '자기개방'이다. (가)의 기대효과는 첫째, 집단원들의 상호작용을 촉진하고 집단의 응집력을 높인다. 둘째, 집단원들이 집단에서 자연스럽게 보편화를 체험할 수 있게 한다는 것이다. (나)의 기대효과는 첫째, 집단원들에게 모방학습, 즉 모델링의 기회가 될 수 있다. 둘째, 집단원들에게 집단상담자에 대한 자신의 감정을 현실검증해 볼 수 있는 계기가 된다.

### 집단상담 기법 : 연결과 자기개방

(1) 연결과 보편화
　① 연결 : 특정 집단원의 행동이나 말을 다른 집단원의 관심사와 이어주거나 한데 묶어 주는 기술
　② 연결의 효과 : 집단원들의 상호작용을 촉진하고, 집단의 응집력을 높이며, 집단원들이 자연스럽게 보편화를 체험할 수 있게 함. 혹은 상호작용과 응집력을 높임. 자연스럽게 보편화를 경험하게 함, 집단원 서로가 공통적인 관심사가 있음을 인식함
　③ 보편화 : 집단원이 다른 집단원들과 상호작용하게 되면서 그들도 자신과 유사한 감정과 관심을 가지고 있다는 사실을 깨닫도록 돕는 위한 기술
　④ 보편화를 통해 해당 집단원의 생각과 감정이 그 집단원만의 것이 아니라는 점을 알 수 있게 됨

(2) 자기개방
　① 의미 : 집단상담자가 자기 자신에 대한 정보를 드러내는 것
　② 자기개방의 효과
　　• 집단원들에게 모방학습, 즉 모델링의 기회가 될 수 있음
　　• 일부 집단원들에게 집단상담자에 대한 그들의 감정을 현실검증해 볼 수 있는 계기가 될 수 있음
　③ 집단상담자는 자기개방을 통하여 집단원에게 유사성과 친근감을 전달할 수 있고, 집단상담자와 집단원간에 보다 깊은 이해를 발달시킬 수 있음
　④ 집단상담자에 대한 부정적 피드백에 대한 대처
　　• 부정적 피드백을 받게 될 경우 수용적으로 경청해야 함 : 특히 경청을 통해 집단원들이 전달하려는 핵심내용을 깊이 성찰하여 적절히 반응함
　　• 합의적 타당화 혹은 검증과정을 거침 : 합의적 타당화란, 특정 사안에 대해 다른 집단원들도 유사한 느낌 혹은 경험을 하고 있는지의 여부를 말함
　　• 자신의 내적 경험을 확인해 봄 : 자신이 어떤 경험을 하고 있고, 어떤 반응을 보이고 있는지 면밀히 확인해 봄
　⑤ 자기개방의 범위 : 집단원들의 목표성취 혹은 집단의 치료적 효과를 극대화하기 위한 분명한 의도를 가지고 자기개방을 해야 함

 기법의 명칭은 '연결'로, 기대효과는 집단원들의 상호작용을 촉진하고 집단의 응집력을 높인다. 둘째, 집단원들이 집단에서 자연스럽게 보편화를 체험할 수 있게 한다는 것이다. 셋째, 집단원 서로가 공통적인 관심사가 있음을 인식하게 한다. ☞ 집단상담 33번 해설 참조

**35** 편향에 해당하는 말은 첫째, '그런 생각을 해봐야 되나요?'이고, 둘째, '(재미없는데) 이제 제 얘기는 그만하면 안 될까요?' 이다. 지금-여기에 초점을 둔 상담교사의 개입 내용은 첫째, '혹시 우리 집단 안에서도 그런 염려가 되나요?'이다. 둘째, '옆에 있는 미영이를 동생이라고 생각하고 그때 하고 싶었던 말을 한번 해 볼래요?'이다.

### 게슈탈트 상담의 편향과 집단상담의 지금-여기 상호작용 촉진

(1) 편향
  ① 의미 : 감당하기 힘든 내적 갈등이나 외부 환경적 자극에 노출될 때 이러한 위험으로부터 자신을 보호하기 위해 자신이나 타인에 대한 직접적인 접촉을 피하는 것.
  ② 행동 및 태도 특징 : 말을 장황하게 하거나 초점을 흐리거나, 말하면서 상대방을 쳐다보지 않고 웃어 버림, 구체적으로 말하지 않고 추상적 차원에서 맴돌며 자신의 감각을 차단시킴.
  ③ 병리적 문제 : 권태와 무력감, 공허함과 우울감.
  ④ 상담 : 직면, 내담자의 방어를 지적하는 것, '당신은'이라는 말로 시작하는 문장으로 대화하는 것, 내담자와 눈을 접촉하는 것 등이 필요함.

(2) 지금-여기 상호작용 촉진
  ① 의미 : 거기-그때 일어난 사건보다 현재 집단원이 위치한 공간에서의 경험을 의식하도록 돕는 기술
  ② 지금 여기 상호작용한다는 것은 집단원들의 과거사나 부적응 행동의 원인규명보다는 단순히 지금의 경험에 집중하는 것을 의미함
  ③ 지금 여기의 상호작용을 촉진하는 이유
    • 집단원의 집단 참여 목적을 달성하도록 돕기 위함
    • 집단원들 간의 명쾌한 의사소통을 통해, 본질적으로 집단의 방향에 대한 책임감을 일깨울 수 있음
  ④ 효과 : 집단원이 과거와 현재의 경험을 연결하여 탐색하고, 자신의 감정을 이해하며 자신의 문제를 탐색할 수 있음

**36**
  • ① : 집단응집력
  • ② : 과도기

## 37 종결단계

| 코리(Corey) : 집단 발달단계 특징 ||
|---|---|
| 단계 | 특징 |
| 초기 단계 | • 높은 불안감 : 집단원들의 불안 수준이 높은 편임<br>• 자신에의 초점 회피 : 집단과정에서 자신에 대한 초점을 피함<br>• 그때 거기에 초점 : 과거의 사건에 초점을 맞추어 이야기하는 경향이 있음<br>• 막연한 기대와 모호한 목표 : 집단의 방향, 목표, 내용, 규범 등이 명확해지기 전까지 집단원은 혼란감을 가짐<br>• 낮은 신뢰감과 두려움 : 내면은 거부감, 수치감, 소외감, 배척감에 대한 두려움 때문에 내면의 갈등을 겪음 |
| 과도기 단계 | • 집단원들의 불안감이 더욱 고조됨     • 집단원들 사이에서 저항이 표출됨<br>• 방어적 태도에 따른 갈등이 야기됨     • 집단상담자에 대한 도전이 나타남 |
| 작업 단계 | • 집단의 응집력이 강함<br>• 집단원들 사이에서 피드백 교환이 활성화됨<br>• 집단규범을 적극적으로 실천함<br>• 집단의 목적을 달성하기 위해 책임을 공유하고, 집단에 적극적으로 참여함(높은 생산성) |
| 종결 단계 | • 집단원들이 복합적인 감정을 갖게 됨<br>• 집단원들이 집단참여에 소극적으로 임함 |

## 38 ⑤

## 39 ⑤

**40** 하위집단이 집단상담에 미치는 부정적인 영향은 첫째, 다른 집단원들과 친밀감에서 차이가 나게 되고, 공유된 정보의 차이로 괴리감을 조장하여 결국 집단의 응집력을 해칠 수 있다. 둘째, 하위집단 구성원이 자신이나 집단과 관련된 문제를 하위집단에서만 논의하고, 집단회기에서 모든 집단원과 공유하기는 꺼릴 수 있다. 셋째, 집단과정에서 하위집단에 속하는 집단원들은 옹호하는 반면, 속하지 않은 집단원들은 의도적으로 따돌리는 문제가 발생할 수 있다. 작업단계의 특징은 첫째, (높은 신뢰감과 응집력을 바탕으로) 솔직한 자기개방이 이루어진다. 둘째, 피드백 교환이 활성화 된다는 것이다.

### 하위집단의 문제점과 집단의 작업단계 특징

(1) 하위집단의 문제점
① 첫째, 하위집단을 모임을 계속함으로써 다른 집단원들과 친밀감에서 차이가 나게 되고, 공유된 정보의 차이로 괴리감을 조장하여 결국 집단의 응집력을 해칠 수 있음
② 둘째, 하위집단 구성원이 자신이나 집단과 관련된 문제를 하위집단에서만 논의하고, 집단회기에서 모든 집단원과 공유하기는 꺼릴 수 있음
③ 셋째, 집단과정에서 하위집단에 속한 집단원은 옹호하고 속하지 않은 집단원은 의도적으로 따돌리는 문제가 발생할 수 있음

(2) 작업단계 특징
① 깊은 신뢰관계 형성 : 집단원 사이에 깊은 신뢰관계가 형성됨
② 강한 집단 응집력 조성 : 집단의 응집력이 강해짐
③ 높은 생산성 : 집단목적을 달성하고자 책임을 공유하고, 집단에 활발히 참여하며 집단규범도 적극 실천함
④ 피드백 교환 활성화 : 집단원들 사이에 피드백 교환이 활성화됨
⑤ 개인차 존중 : 집단원의 개인적 차이와 문화적 차이가 존중되고 다양성이 권장됨
⑥ 집단규범의 적극적 실천 : 집단원들이 집단목표를 성취하기 위해 집단규범을 적극적으로 실천함
⑦ 갈등의 불가피성 인정과 적극적 해결 : 집단원 간 갈등이 오히려 집단의 논의 소재가 되고 갈등을 통해 서로에 대한 이해의 폭과 깊어짐
⑧ 적극적 집단참여 : 집단원 모두가 집단목적 달성을 위해 책임을 공유하고, 집단에 적극적으로 임함
⑨ 회기 간의 지속성 : 집단원이 집단 회기와 회기 사이에도 변화와 성장을 위해 적극적으로 노력함
⑩ 실천 가능한 과제 부여 : 집단원들에게 실천할 수 있는 과제를 부여하고, 과제의 실행 결과와 변화 내용에 대해 구체적으로 논의함

집단상담 발달의 단계는 '과도기 단계'이고, A에 나타난 특징은 집단원들 사이에서 저항이 표출된다는 것이다. 혹은 자신을 방어하거나 예상되는 상처로부터 회피하기 위해 저항을 표출한다. 상담교사의 반응으로 적절하지 않은 것은 첫째, ㉠이다. 그 이유는 집단 특성상 집단 내에서 비밀유지가 완벽하게 보장될 수 없기 때문이다. 둘째, ㉣이다. 그 이유는 비자발적인 집단원의 경우에도 집단원이 원치 않는 활동에 참여할 것을 강요해서는 안 되기 때문이다. 혹은 집단에 참여하기 싫은 마음에 대해 살펴보고, 개방적으로 논의하며 그 마음에 공감해주는 시간이 먼저 확보되어야 한다.

## 집단의 과도기 단계와 집단상담 윤리

(1) 과도기 단계 특징
  ① 불안 고조 : 집단원의 자기개방 수준이 높아짐에 따라 다른 집단원들 의식하는 정도 또한 높아지면서 불안감이 더욱 높아짐
  ② 저항 표출 : 자신을 방어하거나 예상되는 상처로부터 회피하기 위해 저항을 표출함
  ③ 갈등 야기 : 부정적인 감정을 표출하고, 경쟁적인 갈등 모습을 보이는 등 갈등이 표출됨
  ④ 상담자에 대한 도전 : 집단상담자에게 실망감을 표현하고 공격하며 집단의 목적과 효과에 의문을 제기하는 등 집단상담자에게 도전함

(2) 비밀 유지에 관한 윤리
  ① 집단상담자는 사전면접과 오리엔테이션에서 집단원의 비밀 누설 위험성에 대해 충분히 논의하고 비밀 유지의 중요성을 사전동의 시 알려주며, 집단상담 진행 중에도 수시로 비밀 유지의 중요성을 강조할 책임이 있음
  ② 집단상담에서의 비밀 보장이 절대적인 것이 아님을 집단상담 초기에 집단원들에게 알릴 필요가 있음
  ③ 한국집단상담학회 : 집단상담자는 집단의 특성상 집단 내에서 비밀 유지가 완벽하게 보장될 수 없다는 사실을 집단 구성원에게 분명히 알리고 조절해야 함

(3) 집단 참여에 관한 윤리
  ① 집단원은 집단 참여가 자신의 권리일 뿐 아니라 책임도 따른다는 사실을 알아야 하고, 집단상담에 자발적으로 참여해야 하며, 집단 참여에 거부할 권리도 있음
  ② **집단참여의 기본원칙은 자발적 참여** : 자발적 집단이든 비자발적 집단이든 간에 집단작업 또는 활동에 참여/불참하는 것은 집단원의 권리이므로 집단리더는 집단원이 원치 않는 활동에 참여할 것을 강요해서는 안 됨
  ③ 비자발적으로 참여한 경우, 집단상담에 대한 설명을 통해 자발적으로 참석하도록 도와야 함
   • 자발적 참여 집단과 마찬가지로 사전면접 시 집단의 성격과 목적, 집단원의 책임과 의무, 비밀 유지의 한계, 집단 참여 또는 미참여가 가져올 영향을 충분히 설명하고 집단에 대한 이해와 참여 동기를 높이도록 돕는다.
   • 비자발적인 집단원의 협력과 참여를 유도하기 위해 지속적으로 격려한다.
   • 비자발적인 집단원도 집단을 자유롭게 떠날 권리가 있으나 집단 미참여로 인해 발생할 문제(예 퇴학, 소년원 수감, 벌금형, 징역형)와 결과를 공지하고 스스로 감당하도록 준비하게 한다.
   • 비자발적인 경우도 집단상담자는 집단원의 솔직한 생각과 감정을 조절한 방식으로 표현할 기회를 제공한다.

③

**43**
- 초기단계
- ㉮ : 상담 목표설정　㉯ : 집단 규범 설정

**44** ②

**45** ⑤

**46** (가)의 발달과업은 첫째, 단원들의 집단참여 목적을 구체화하도록 돕는다. 둘째, 집단 구조화를 실시한다. ㉠의 부정적 영향은 다른 집단원들에게 불필요하게 의구심을 자아내어 다른 집단원들이 자기개방을 꺼리게 한다는 것이다. ☞ 아래 해설 중 소극적 집단원의 문제점 내용 모두 가능함. ㉡에 해당하는 개입 시 주의점은 침묵의 의미나 원인을 먼저 파악한 후에 개입을 해야 한다는 것이다.

### 집단발달 단계(초기단계)와 소극적(침묵하는) 집단원

(1) 집단 초기단계 : 발달과제
① 집단상담 구조화 : 집단의 구조화를 실시하고, 모델링으로 집단원에게 집단에서 기대되는 행동을 가르침
  - 구조화가 지나치게 적은 경우 : 집단원들이 지나치게 불안해 할 수 있으며 자발성을 억제함
  - 구조화가 지나치게 많은 경우 : 의존적인 태도나 행동을 조장할 수 있음
② 집단참여 목적 명료화 : 집단원의 집단참여 목적(l집단에서 얻길 원하는 것)을 명료하게 설정할 수 있도록 도와야 함
③ 신뢰 분위기 조성 : 집단상담자가 각 집단원에게 적극적으로 수용적·공감적 반응을 보이면 점차 신뢰 분위기가 조성될 수 있음
④ 집단 응집력 형성 : 초기단계의 응집력은 저절로 형성되는 것이 아니라 자발적 참여, 시간엄수, 상호 신뢰나 보살핌을 위한 노력 등을 통해 차츰 형성됨
⑤ 집단의 상호작용 촉진 : 집단원들의 상호작용을 지금-여기 경험에 초점을 맞추고, 내용 중심의 이야기보다는 과정 중심의 솔직한 느낌을 현재형으로 표현하도록 도와야 함

(2) 집단원의 소극적 참여(얄롬 : 침묵하는 집단원)
① 의미 : 침묵으로 일관하거나 철수 행동을 보이는 등 집단 활동에 미온적인 태도를 보이는 것
② 특징 및 원인
  - 침묵으로 일관하거나 집단에서 약간 빠져 있는 행동을 보이며, 리더가 요청하기 전까지는 말을 하지 않거나, 자신은 내성적이어서 말을 못한다고 하거나, 집단에 참여해서 잘 듣고 있다고 주장함
  - 이유 : 내향적이고 부끄러움이 많은 경우, 자존감이 낮아서 자신은 말할 가치가 있는 것이 별로 없다고 생각하는 경우, 두려움, 동기 저하, 자기표현에 대한 경험 부족 등
  - 침묵의 의미는 반드시 탐색될 필요가 있음
③ 문제점
  - 첫째, 다른 집단원들에게 불필요하게 의구심을 자아내어 자기개방을 꺼리게 함
  - 둘째, 심한 경우 불필요한 죄책감을 갖는 집단원이 생길 수 있음

- 셋째, 다른 집단원들은 소극적으로 참여하는 집단원에 대해 아는 바가 별로 없다고 느낌
- 넷째, 다른 집단원들은 일방적으로 관찰당하는 느낌을 갖게 되어 불안과 분노를 유발할 수 있음
- 다섯째, 소극적 집단원을 의식하게 되어 전반적으로 다른 집단원들의 집단 참여가 둔화됨
- 여섯째, 집단의 신뢰 분위기를 저해하고, 집단의 응집력을 떨어뜨림

④ 개입방법 : 행동(침묵)의 의미를 파악한 다음 개입방법을 선택해야 함
- 첫째, 집단원의 행동에 대해 공개적 또는 사적 면담을 통해 소극적인 집단참여의 이유를 탐색함
- 둘째, 적극적인 집단참여의 기회를 제공함 : 이때 다른 집단원이 소극적인 집단원에 대해 비난하거나 공격적인 태도를 취하지 않도록 개입해야 함
- 셋째, 소극적으로 참여하는 집단원의 비언어적 행동을 관찰하여 다룸 : 집단상담자는 자신의 관찰내용을 해당 집단원에게 언급함으로써 집단참여를 격려할 수 있음
- 넷째, 매 회기 마무리 과정에서 집단경험에 대한 소감을 말할 기회를 제공함
- 다섯째, 소극적인 집단원이 말하지 않으면 다른 집단원들은 그 원인을 자신에게 돌리는 경향이 있음을 알려줌
- 기타 : 집단의 사전준비단계에서 집단원들에게 매 회기마다 자신의 반응을 공유하겠다는 서약서를 작성하게 함

☞ 생산적 침묵(집단에서 일어난 일들을 통합하거나 숙고하느라 말이 없는 경우) : 상담자는 2~3분 정도 말없이 기다려주면서 집단원이 생각과 감정을 정리하여 말하도록 여유를 줌

☞ 비생산적인 침묵(두려움, 분노, 지루함 같은 감정 상태에 놓이거나 어떻게 행동해야 할지 몰라 입열기를 주저하는 것) : 소극적 집단원의 태도에 대한 의미를 먼저 탐색함

---

**47** 집단의 발달단계는 '집단구성' 단계다. ⊙의 목적은 첫째, 집단원들과의 작업동맹을 형성하기 위함이다. 둘째, 집단원들을 준비시키기 위함이다. ⓒ에 해당하는 개념은 '하위집단'이다.

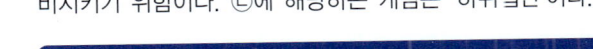

(1) 사전계획의 절차와 내용
① 집단 상담자는 집단상담의 배경 및 필요성과 같은 내용을 충분히 숙지해야 함
② 상담이론 결정 : 이론에 대한 강점과 제한점 등에 대한 충분한 지식을 갖추고 있어야 함
③ 사전계획 시 고려사항 : 집단회기, 진행시간, 모임장소, 집단 구성에 필요한 인원, 집단원 선발방법 등
④ 홍보
⑤ 집단원 선발 : 집단목표에 적합한 사람을 선발해야 하며, 집단 시작 전에 사전 오리엔테이션을 실시하여 예비 집단원들의 동기 유발을 촉진할 필요가 있음
⑥ 사전 오리엔테이션
- 집단원들이 서로를 알게 되는 기회인 동시에 집단상담에 대한 기본적인 이해를 도우므로, 집단원으로서 안정감과 신뢰감을 가지게 함
- 집단원들이 집단상담에 참여했을 때 자신이 기대하는 바를 이룰 수 있을지, 적극적으로 참여할 수 있을지에 대해 탐색하는 데 도움을 줌
- 집단 상담자는 집단원의 기대를 탐색하고 집단의 목적과 목표를 명확히 하며, 집단과정에 관한 정보를 제공하고, 집단상담 중에 지켜야 할 기본 규칙을 수립하며, 집단 진행과 관련된 궁금증을 풀어주는 등 집단의 지각과 기대 및 관심사를 다루는 시간으로 활용될 수 있다.

(2) 개별면담
① 반드시 면대면으로 개별면담 절차를 거치도록 해야 함
② 목적
- 집단원들과의 작업동맹 형성하기 위함 : 작업동맹은 집단성과를 높일 뿐만 아니라 집단원의 중도포기율을 감소시킴
- 집단원들을 준비시키기 위함 : 집단과정이 조기에 촉진될 수 있음

**48**
① 동질집단
② 집단의 필요성과 목적, 집단구성, 기대효과 및 평가 등

**49** ⑤

**50** 집단규범 설명(안내)하기 혹은 집단규칙 설명(안내)하기

| 집단 첫 회기 과업 : 집단구조화 구성내용 ||
|---|---|
| 구분 | 내용 |
| 집단목적 확인 | • 집단의 기본 목적은 집단원이 변화·성장하여 행복하고 만족스러운 삶을 영위하도록 돕는 것<br>• 목적을 달성하고자 회기별 세부목표를 설정함 |
| 집단상담자 역할 소개 | • 촉진자, 교육자, 상담자로서의 역할을 간단명료하게 설명함<br>• 이 과정을 통해 집단원은 상담자에게 기대하는 것이 무엇인지 이해함 |
| 집단규칙 설명 | • 집단참여에 필요한 지침을 소개하고 집단규칙을 설명함<br>• 집단규범 : 집단원에게 실천을 요구하는 행동기준이며, 권장사항으로 기능함<br>• 집단규칙 : 법률, 학칙처럼 구체적으로 명시되며 위반 시의 벌, 제재방침이 설정된 행동기준<br>• 집단규범은 집단 내 모든 구성원 간의 생산적인 상호작용을 하게 하여 강력한 치료적 힘인 집단역동을 발생시키므로 반드시 필요함 |
| 집단 운영방법 소개 | • 집단이 어떤 계획하에 어떤 방식으로 운영되는지를 소개함<br>• 첫 회기에 집단운영 방법을 소개하는 이유<br>  - 논의 방식, 활동 등을 설명하면서 집단원의 긴장감과 불안감을 해소하고 집단에의 적응과 집단원의 역할수행을 용이하게 함<br>  - 설명을 듣고 집단참여를 포기하는 집단원이 생길 수 있기 때문임<br>• 중도에 집단을 떠나려는 집단원이 생기는 경우<br>  - 개인면담으로 이유를 들어봄<br>  - 사유의 타당성에 따라 설득 여부를 결정함<br>  - 집단참여 목적과 집단유형이 부합되지 않는다는 이유라면 집단에 계속 남을 것을 종용해선 안 됨<br>  - 막연한 불안감 때문이라면 집단에 남도록 적극 권유함 |

**51** ③

**52** (1) 의존적 행동, (2) 저항, (3) 갈등

**53** ④

**54** 개입방법은 다음과 같다. 첫째, 민수와 개인면담을 통해 집단상담에 참여했던 경험이 또 다른 실패경험이 되지 않도록 한다. 이를 위해 집단과정에서 해당 집단원에 대한 관찰내용을 상세하게 다루어 준다. 둘째, 집단원이 아직 집단 참여에 대한 준비가 되지 않았다고 판단이 드는 경우, 개인상담을 먼저 받고 난 다음 집단에 참여하는 대안이 있음을 알려준다. 셋째, 필요할 경우 다른 집단에 참여해 보는 것도 하나의 대안임을 말해 준다.

---

**중도포기 집단원**

① 개인면담을 통해 집단상담에 참여한 경험이 또 다른 실패 경험이 되지 않도록 함. 이를 위해 집단과정에서 해당 집단원을 관찰한 내용을 상세하게 다루어주어야 함.
② 이후에 집단원이 아직 집단 참여에 대한 준비가 되지 않았다고 판단이 드는 경우, 개인상담을 먼저 받고 난 다음 집단에 참여하는 대안이 있음을 알림.
③ 필요할 경우 다른 집단에 참여하는 것도 하나의 대안임을 알려줌.

---

**55** ③

**56** ㉠을 대처할 수 있는 방법은 집단원들의 동의를 얻은 다음 회기에 미해결 과제를 다루도록 한다. ㉡의 윤리적 원칙은 '비밀보장(유지)의 원칙'으로 이 원칙을 따를 수 없는 예외적 사항은 집단원의 생명이나 사회의 안전을 위협하는 경우 등이다. ㉢의 치료적 요인은 '보편성'이다.

---

**집단종결 과제와 비밀보장 및 보편성**

(1) 미결사안 다루기
 ① 미처 해결되지 않은 사안을 집단원들과 함께 점검함
 ② 미결사안 : 집단회기에 해결되지 않은 상태로 남아 있는 문제 또는 표현되지 않은 감정이나 생각
 ③ 집단 회기를 마치기 전에 다소 미흡하게 다룬 문제가 있거나 감정 또는 생각의 표현이 불충분했다고 판단되는 집단원이 있다면 이를 좀 더 표현할 수 있는 기회를 제공함
 ④ 미해결 과제를 다룰 시간이 충분치 않으면 집단원의 동의를 얻어 다음 회기까지 유보함
 ⑤ 사안이 급박하거나 심리적 불편함이 심각한 정도여서 다음 회기까지 기다릴 수 없는 상황 : 모든 집단원에게 회기의 종결시간을 다소 늦추는 것에 동의를 구한 다음 미해결 과제를 다룸. 집단원의 동의가 이루어지지 않을 경우 집단상담자의 개별면담을 통해 집단원의 미해결 과제를 다룸

(2) 집단회기 종결기술
① 목적의 명료화 : 집단원들이 집단회기 종결이 임박해서 새로운 문제를 끄집어내는 경우, 집단상담자는 집단원이 제기한 새로운 주제에 대해 논의를 시작하는 실수를 범하지 않아야 함 → 새로운 관심사를 꺼내는 집단원이 있다면 집단 회기를 종결하는 시간을 의도적으로 갖는 목적을 설명하고, 그 관심사는 다음 회기를 시작할 때 다시 논의할 것을 제안함
② 차단 : 정해진 시간에 알맞게 집단 회기를 마치기 위해서는 차단기법을 시의적절하게 활용함

(3) 집단상담 진행 시 비밀유지 예외 상황
① 집단원의 생명이나 사회의 안전을 위협하는 경우
② 집단원이 감염성이 있는 치명적인 질병이 있다는 확실한 정보를 가졌을 경우
③ 집단원이 심각한 학대를 당하고 있을 경우
④ 집단원에 대한 법적인 정보의 공개가 요구되는 경우

(4) 치료적 요인 : 보편성
① 자신의 문제가 혼자만이 겪는 고통이나 어려움이 아니며 다른 사람도 비슷한 환경이나 문제를 가지고 있음을 깨닫는 것
② 자기에 대한 불필요한 방어를 해제하게 하고 수치심과 무가치한 느낌을 줄여줌. 또한 자존심을 증가시키고 자신 스스로를 받아들이도록 도와줌

 ④

 ③

 ②

 ⑤

**61** ㉠의 명칭은 '자기개발'이고, ㉡의 명칭은 '직업윤리'다. ㉢에 해당하는 선정기준은 '접근성'이다. ㉣의 의미는 목표집단이 의해 그 프로그램 혹은 프로그램의 활동요소가 참신하고, 재미있고, 유용하며, 효과가 있다고 표적집단이 느끼는지 여부다.

### NCS(국가직무능력표준)와 프로그램 활동요소 선정기준

(1) NCS 직업기초 능력

| 프로그램명 | 정의 | 하위능력 |
|---|---|---|
| 의사소통 능력 | 글과 말을 읽고 들음으로써 다른 사람이 뜻한 바를 파악하고, 자기가 뜻한 바를 글과 말을 통해 정확하게 쓰거나 말하는 능력 | 의사소통능력, 문서이해능력, 문서작성 능력, 경청능력, 의사표현능력 |
| 수리 능력 | 사칙연산, 통계, 확률의 의미를 정확하게 이해하고 이를 업무에 적용하는 능력 | 기초연산능력, 기초통계능력, 도표분석 능력, 도표작성능력 |
| 문제해결 능력 | 문제상황이 발생하였을 경우, 창조적이고 논리적인 사고를 통하여 이를 올바르게 인식하고 적절히 해결하는 능력 | 문제해결능력, 사고력, 문제처리능력 |
| 자기개발 능력 | 업무를 추진하는 데 스스로를 관리하고 개발하는 능력 | 자기개발능력, 자아인식능력, 자기관리능력, 경력개발능력 |
| 자원관리 능력 | 업무를 수행하는 데 시간, 자본, 재료 및 시설, 인적자원 등의 자원 가운데 무엇이 얼마나 필요한지를 확인하고, 이용 가능한 자원을 최대한 수집하여 실제 업무에 어떻게 활용할 것인지를 계획하고, 계획대로 업무 수행에 이를 할당하는 능력 | 자원관리능력, 시간관리능력, 물적자원관리능력, 예산관리능력, 인적자원관리능력 |
| 대인관계 능력 | 업무를 수행함에 있어 접촉하게 되는 사람들과 문제를 일으키지 않고 원만하게 지내는 능력 | 대인관계능력, 팀워크능력, 리더쉽능력, 갈등관리능력, 협상능력, 고객서비스능력 |
| 정보 능력 | 업무와 관련된 정보를 수집하고, 이를 분석하여 의미있는 정보를 찾아내며, 의미있는 정보를 업무수행에 적절하도록 조직하고, 조직된 정보를 관리하며, 업무수행에 이러한 정보를 활용하고, 이러한 제 과정에 컴퓨터를 사용하는 능력 | 정보능력, 컴퓨터활용능력, 인터넷활용능력, 정보처리능력향상 |
| 기술 능력 | 업무를 수행함에 있어 도구, 장치 등을 포함하여 필요한 기술에는 어떠한 것들이 있는지 이해하고, 실제로 업무를 수행함에 있어 적절한 기술을 선택하여 적용하는 능력 | 기술능력, 기술이해능력, 기술선택능력, 기술적용능력, 미래사회에서의 기술능력 |
| 조직이해 능력 | 업무를 원활하게 수행하기 위해 국제적인 추세를 포함하여 조직의 체제와 경영에 대해 이해하는 능력 | 조직이해능력, 경영이해능력, 체제이해능력, 업무이해능력, 국제감각능력 |
| 직업윤리 | 업무를 수행함에 있어 원만한 직업생활을 위해 필요한 태도, 매너, 올바른 직업관 | 직업윤리의 의미와 행동, 근로윤리, 공동체윤리 |

(2) 프로그램 활동요소 선정 기준(Sussman)
  ① 수용성(acceptability) : 활동요소가 참신하고 재미있고 유용하며 효과가 있다고 표적집단이 느끼는지 여부.
  ② 접근성(accessibility) : 표적집단이 활동요소를 잘 이해하고 참여할 수 있는 정도.
  ③ 목표달성에 도움이 되는 정도 : 활동요소가 프로그램의 목표와 관련성이 높고 구체적이고 즉각적인 효과를 나타낼 수 있는 정도.
  ④ 목표집단에 미치는 영향력 : 프로그램 대상자들에게 의도했던 효과가 나타날 수 있는지 여부.

**62** ④

**63** ③

**64** ㉠ 보조자아, ㉡ 연출자

| 심리극의 구성요소 |
|---|
| ① 주인공 : 자신이 느끼는 문제를 드러내는 가장 중심적 인물
② 연출자 : 주인공이 자신의 문제를 탐구하기 위해 심리극을 할 수 있도록 심리극 전반을 진행하는 사람
③ 보조자아 : 극 중에서 주인공의 상대역으로 주인공이 극을 진행하는 데 촉진자 역할을 함
④ 관객 : 집단 모임에 참석하여 심리극을 보는 사람 → 마무리 단계에서 관객의 반응은 그날의 극을 정리하고 주인공이 심리극에서 탐색한 것들을 정리하는 데 필요함
⑤ 무대 : 역할극을 행하는 모든 장소이자 그 자체를 의미함 |

**65** 거울기법

| 심리극의 거울 기법 |
|---|
| ① 다른 참여자가 거울처럼 주인공의 언어, 몸짓, 자세 등을 그대로 따라하는 기법.
② 보조자아가 주인공과 똑같은 행동이나 말을 하는 것을 통해 주인공 자신의 모습을 객관적으로 평가할 수 있으며 그 표현방법을 변화시키려는 동기를 만드는 기법
③ 효과 : 주인공이 자신의 모습을 제3자의 행동으로 보고 정확하고 객관적인 자기평가를 할 수 있음
④ 목적 : 사회적으로 다른 사람의 눈에 자신이 어떻게 보이는지 직면하고 그에 따라 반응하게 함 |

**66**
- 비밀보장
- **예외적 상황** : 집단원의 생명이나 사회의 안전을 위협하는 경우, 집단원이 감염성이 있는 치명적인 질병이 있다는 확실한 정보를 가졌을 경우, 집단원이 심각한 학대를 당하고 있을 경우, 집단원에 대한 법적인 정보의 공개가 요구되는 경우다.

**67** 다중관계

**68** ⑤

69  비윤리적인 행동은 첫째 (나)다. 집단상담자는 집단참여의 자발성 여부와 상관없이 동의서를 받아야 한다. 혹은 비자발적으로 집단에 참가한 경우라도 자발적 집단원과 동일하게 사전동의 절차를 거쳐야 한다. 둘째 (라)다. 중도탈퇴 과정에 대해 사전에 집단원들에게 설명되어야 하며, 비록 사전에 안내를 하지 않았다 할지라도 다른 집단원에게 집단을 떠나게 된 이유 등에 대해 설명하도록 해야 한다.

### 집단상담 윤리

(1) 사전 동의(비자발의 경우)
① 집단참여의 자발성과 상관없이, 집단상담자는 사전동의 절차를 밟아야 함.
② 비자발적 집단원의 경우라도 집단상담자는 집단원의 협조를 구하는 한편, 자발적으로 참여가 이루어지도록 최선의 노력을 기울여야 함.

(2) 집단을 떠날 권리
- 집단원은 집단의 목적이 사전 공지된 사실과 같지 않거나 기타 개인적인 사유로 집단을 떠날 자유가 있음.
- 사전에 중도탈퇴의 과정에 대해 논의(초기에 집단원들에게 설명)되어야 하고, 중도 탈퇴하는 집단원은 논의된 방법에 따라 다른 집단원과 상담자에게 해명(이유를 설명)할 의무가 있음.
- 논의의 결과, 집단원이 떠나는 것을 선택했을 경우 집단상담자와 집단원은 이를 충분히 이해하고 지지해야 함.
- 절차 : 집단원이 집단을 떠나기로 결정하기에 앞서, 집단상담자는 이러한 사실을 자기 자신과 다른 집단원들에게 반드시 알려 줄 것을 강조함. 만일 중도탈퇴를 원할 경우 중도탈퇴에 따른 부작용 가능성에 대해 설명해 주어야 함. 그리고 다른 집단원들에게 집단을 떠나게 된 이유에 대해 밝히도록 격려해야 함.

# CHAPTER 07 특수아 상담 및 이상심리 기출문제
# 정답 및 해설

**01** ①

**02** ⑤

**03** ④

**04** 분류체계의 명칭은 ㉠은 '범주적' 분류, ㉡은 '차원적' 분류다. ㉠의 장점은 치료자 사이에 의사소통이 쉽고 의견의 일치를 끌어내기도 쉽다는 것이다. 혹은 전문가들 간에 의사소통을 원활하게 할 수 있다. ㉠의 단점은 증상의 특징, 심각도 등의 개인차 정보를 파악하는 데 한계가 있다는 것이다. 혹은 개인의 독특한 정보가 무시되는 경향이 있다.

### 이상행동 분류 : 범주적 분류와 차원적 분류

(1) 범주적 분류
  ① 가정 : 이상과 정상은 질적으로 구분되며, 흔히 독특한 원인에 의한 것이기 때문에 정상행동과 명료한 차이점을 지님 → 흑백논리적인 분류의 특성
  ② 장점 : 환자에 대한 이해를 빠르게 할 수 있음, 치료자 사이의 의사소통이 쉬움, 치료자 사이의 의견 일치를 끌어내기 쉬움
  ③ 단점 : 임의적인 판단이 되기 쉬움, 증상의 특징, 심각성 등의 개인차 정보를 파악하는 데 한계가 있음

(2) 차원적 분류
  ① 가정 : 이상과 정상의 구분은 부적응성의 정도 문제일 뿐, 질적인 차이는 없음 → 부적응을 평가하는 몇 가지 차원상에 위치시킴
  ② 장점 : 환자를 다차원적으로 평가하게 되므로 장애 정도나 과정, 결과 등을 더욱 다각적으로 평가할 수 있음
  ③ 단점 : 평가자 간에 진단이 일치하기 어려움, 진단을 단순화하기 어려움

**05** ⑤

**06**
(1) 유의미하게 평균수준 이하의 지적기능과 현재의 적응기능 결함이 존재해야 한다.
(2) 증상의 발병이 18세 이전이어야 한다.
☞ DSM-Ⅳ 기준임

**07** 괄호 안에 들어갈 장애의 명칭은 '지적장애(지적발달장애)'이다. 3가지 적응영역은 첫째, 개념적 영역으로 민지는 읽기와 쓰기, 수학을 공부하는 데 어려움이 있다는 것이다. 둘째, 사회적 영역으로 민지는 또래에 비해 사회적 상호작용이 미숙하여 친구들과 의사소통이 안될 때가 많다는 것이다. 셋째, 실행적 영역으로 복잡한 일상생활을 할 때 도움이 필요하다는 것이다.

| 지적장애 : 적응기능 영역 |
|---|
| ① **개념적 영역** : 언어, 읽기, 쓰기, 산수, 추론, 지식, 기억에 있어 문제해결에 사용되는 기술들이 포함됨
② **사회적 영역** : 타인의 경험 인식, 공감, 개인 간 의사소통, 교우관계 능력, 사회적 판단, 자기조절이 포함됨
③ **실행적 영역** : 개인관리, 직무에 대한 책임, 금전 관리, 여가 활용, 행동 관리, 학교·직무조직 등 다양한 생활장면에서의 자기관리가 포함됨 |

**08** 자폐스펙트럼장애

**09** 추가해야 할 진단기준은 제한적이고 반복적인 행동, 흥미 또는 활동이다. 이 기준에 해당하는 행동증상은 첫째, 상동증적이거나 반복적인 운동성 동작, 물건 사용 또는 말하기이다. 둘째, 동일한 것에 대한 고집, 일상적인 것에 대한 융통성 없는 집착, 또는 의례적인 언어나 비언어적 행동양상이다. 셋째, 강도나 초점에 있어서 비정상적으로 극도로 제한되고 고정된 흥미다. 넷째, 감각자극에 대한 과잉 또는 과소 반응, 또는 환경의 감각 영역에 대한 특이한 관심이다.

| 자폐 스펙트럼 장애 : 진단기준 |
|---|
| A. 다양한 분야에 걸쳐 나타나는 사회적 의사소통 및 상호작용의 지속적인 결함으로 현재 또는 과거력상 다음과 같은 특징으로 나타난다(예시들은 실례이며 증상을 총망라한 것이 아님).
  1. 사회적-감정적 상호성의 결함(예 비정상적인 사회적 접근과 정상적인 대화의 실패, 흥미나 감정 동유의 감소, 사회적 상호작용의 시작 및 반응의 실패).
  2. 사회적 상호작용을 위한 비언어적인 의사소통 행동의 결함(예 언어적·비언어적 의사소통의 불완전한 통합, 비정상적인 눈 맞춤과 몸짓 언어, 몸짓의 이해와 사용의 결함, 얼굴표정과 비언어적 의사소통의 전반적 결핍).
  3. 관계 발전, 유지 및 관계에 대한 이해의 결함(예 다양한 사회적 상황에 적합한 적응적 행동의 어려움, 상상 놀이를 공유하거나 친구 사귀기가 어려움, 동료에 대한 관심 결여).
    ※ 현재의 심각도를 명시할 것 : 심각도는 사회적 의사소통 손상과 제한적이고 반복적인 행동양상에 기초하여 평가한다.(표 참조)
B. 제한적이고 반복적인 행동이나 흥미, 활동이 현재 또는 과거력상 다음 항목들 가운데 적어도 2가지 이상 나타난다(예시들은 실례이며 증상을 총망라한 것이 아님).
  1. 상동증적이거나 반복적인 운동성 동작, 물건 사용 또는 말하기(예 단순 운동 상동증, 장난감 정렬하기, 또는 물체 튕기기, 반향어, 특이한 문구 사용) |

2. 동일한 것에 대한 고집, 일상적인 것에 대한 융통성 없는 집착, 또는 의례적인 언어나 비언어적 행동 양상 (예 작은 변화에 대한 극심한 고통, 변화의 어려움, 완고한 사고방식, 의례적인 인사, 같은 길로만 다니기, 매일 같은 음식 먹기).
3. 강도나 초점에 있어서 비정상적으로 극도로 제한되고 고정된 흥미(예 특이한 물체에 대한 강한 애착 또는 집착, 과도하게 국한되거나 고집스러운 흥미).
4. 감각정보에 대한 과잉 또는 과소 반응, 또는 환경의 감각 영역에 대한 특이한 관심(예 통증/온도에 대한 명백한 무관심, 특정 소리나 감촉에 대한 부정적 반응, 과도한 냄새 맡기 또는 물체 만지기, 빛이나 움직임에 대한 시각적 매료).
   ※ 현재의 심각도를 명시할 것 : 심각도는 사회적 의사소통 손상과 제한적이고 반복적인 행동양상에 기초하여 평가한다.(표 참조)

C. 증상은 초기 발달 시기부터 나타나야 한다(그러나 사회적 요구가 개인의 제한된 능력을 넘어서기 전까지는 증상이 완전히 나타나지 않을 수 있고, 나중에는 학습된 전략에 의해 증상이 감춰질 수 있다).

D. 이러한 증상은 사회적, 직업적 또는 다른 중요한 현재의 기능 영역에서 임상적으로 뚜렷한 손상을 초래한다.

E. 이러한 장해는 지적장애(지적 발달장애) 또는 전반적 발달지연으로 더 잘 설명되지 않는다. 지적장애와 자폐 스펙트럼 장애는 자주 동반된다. 자폐스펙트럼 장애와 지적장애를 함께 진단하기 위해서는 사회적 의사소통이 전반적인 발달수준에 기대되는 것보다 저하되어야 한다.

## 10 ④

## 11

의 내용은 '사회적 의사소통'이고, ⓒ의 내용은 '상호작용'이다. ⓒ의 예는 '의자에 앉아서 몸을 계속 앞뒤로 흔든다'는 것이다. ⓔ의 예는 '자리배치를 바꾸면 소리를 지른다'는 것이다.

| 자폐 스펙트럼 장애 : 제한적이고 반복적인 행동이나 흥미, 활동 ||
|---|---|
| 특징 | 내용 |
| 상동증적·반복적인 운동성 동작, 물건 사용 또는 말하기 | • 하나의 동작을 계속해서 반복함<br>예 손을 비틀거나 목을 돌리는 행동을 계속해서 반복함<br>• 특이한 반향어를 사용하거나 특정 문구를 계속적으로 반복해서 말함<br>• 기타 : 흥분했을 때 양 손을 펴서 흔듦, 손가락을 눈앞에 대고 흔들거나 꿈틀거림, 장시간 빙빙 돌거나 몸을 앞뒤로 흔듦, 발뒤꿈치를 들고 걷거나 뜀 |
| 동일성에 대한 고집, 일상적인 것에 대한 융통성 없는 집착, 또는 의례적인 언어나 비언어적 행동양상 | • 작은 변화에도 극도로 저항하거나 원래 상태로 되돌려 놓으려는 행동을 보임<br>• 정확한 순서에 따라 특정 활동을 수행하기를 원함<br>예 자동차에서 내려 문을 닫을 때 정해진 순서에 따라서 행동함<br>• 일과의 사소한 변경에 대해 쉽게 흥분함<br>예 학교에서 돌아오는 길을 다른 길로 변경할 때<br>• 기타 : 의례적인 인사, 매일 같은 길로만 다니기, 매일 같은 음식 먹기 |

| 강도나 초점에 있어 비정상적으로 극도로 제한되고 고정된 흥미 | • 특정 주제에만 지나친 관심을 보이고 다른 주제에는 전혀 관심을 보이지 않음<br>• 특정 주제나 활동을 종료하는 데 어려움을 보임<br>• 다른 활동에 방해가 됨<br>　예 활동에 집착하느라 식사나 화장실 가는 일을 지체함<br>• 독특한 주제에 관심을 보임<br>　예 물뿌리개, 영화 등급, 우주 물리학, 영화 관련 동영상<br>• 특정 관심 영역에 대한 비상한 암기력 |
|---|---|
| 감각정보에 대한 과잉·과소반응 또는 환경의 감각영역에 대한 특이한 관심 | • 자극에 대한 고잉반응 : 고통 역치나 촉각에 대해 과도한 민감성을 보임<br>　예 소리나 빛에 대해 지나치게 민감한 반응을 보이거나 특정 소리를 참지 못하며, 타인이 몸을 대는 것이나 어떤 옷감에 대한 감촉을 싫어할 수 있으며, 특정 냄새나 맛이 나는 음식물을 거부할 수 있음<br>• 자극에 대한 과소반응 : 대부분의 사람들이 반응하는 감각자극에 둔감함<br>　예 고통에 대해 무감각한 반응을 보이거나 온종일 빙글빙글 돌아도 어지러움을 느끼지 않고, 자기자극을 줄이기 위하여 자기 피부에 단단한 물체로 문지르거나 밀어 넣는 행동을 함<br>• 감각경험에 대한 비정상적 반응 : 대부분의 사람들이 반응하는 감각자극에 대해 둔하거나 기계음, 세탁기 소리, 비행기 소리, 천둥 소리 등 특정한 일상적 소리를 견디지 못하여 귀를 막거나 빛, 소리, 회전물체, 촉감에 사로잡혀 있기도 함 |

 ④

 ④

- 특정 학습장애
- 2표준편차 이상 차이가 나야 한다.

**15** 접근방법은 '능력성취 불일치' 접근법이다. 대화에 나타난 절차는 첫째, 지능검사 결과와 교육청 성취검사 결과를 요구하는 것으로 보아 지능검사와 성취도 검사 결과 비교를 통해 불일치 수준을 산출하고 있다. 둘째, 다문화 학생 유무와 정신건강검사 결과를 확인하고 있는 것으로 보아, 배제요인을 확인하고 있다.

### 능력 성취 불일치 기법을 이용한 학습장애 선별 및 판별 절차

| 단계 | 주요 검사도구나 관련 자료 | 고려할 사항 |
|---|---|---|
| ① 지적능력 산출을 위한 지능검사 실시 | • K-WISC-Ⅳ<br>• K-ABC<br>• 고대-비네 지능검사 | 두 가지 이상의 표준화된 지능검사 사용 |
| ② 학업성취 수준 산출 | • 국어와 수학 영역에서의 기초학습검사, 기초학력검사, 표준화된 학업성취검사, 국가수준 학업성취도 검사 | 지역 교육청 내 또래 기준 |
| ③ 불일치 수준 산출 | • 지적 잠재 능력에 해당하는 또래들의 평균 학업성취수준과 학생의 학업 성취 수준의 차이 산출<br>• 저학년의 경우 1.5학년 혹은 평균에서 -1.5표준편차 이상, 고학년의 경우 2.0학년 혹은 평균에서 -2.0표준편차 이상 차이 기준 | 학년별로 다른 기준 적용 |
| ④ 배제요인 확인 | • 낮은 지능 (75이하), 감각적 결손 (즉, 보이지 않거나 들리지 않음), 정서적 문제 (학습동기 등), 사회·문화적 결손, 수업의 질 등 | 뇌 신경계통상의 결함이나 문제가 직접적인 원인일 것 |
| ⑤ 잠정적 판별 후 정밀 진단 및 최종 판결을 위한 추가 검사 | • 지각 관련 검사(시지각 발달검사, 지각운동 발달검사, 시각운동 통합발달검사), 기억력 검사, 학습준비도 검사<br>• 오류 유형 파악 (학업성취도 검사나 교사제작 검사에 서의 오류유형 파악)<br>• 교과활동의 체계적 관찰과 면담 | 다양한 자료를 다수의 전문가가 여러 번에 걸쳐 검토 후 결정 |

**16**
- **진단명** : 주의력결핍과잉행동장애(ADHD)
- **증상** : ㉮ 부주의, ㉯ 과잉행동, ㉰ 충동성

**17** ADHD(주의력결핍과잉행동장애)

**18** 부모의 오해를 수정하기 위해 제공해야 하는 정보는 경수의 행동은 반항하는 것이 아니라 '부주의' 증상 때문이라는 것이다. ⓒ의 약물치료 한계는 문제행동(증상)의 경감효과는 있지만 바람직한 행동(적응행동)을 학습하게 하는 기능은 없다는 것이다. ⓒ은 '표적행동(목표행동)'이고, ⓔ은 '기초선'이다.

### ADHD 약물치료와 행동수정

(1) ADHD : 약물치료
 ① 자극제(흥분제)가 주요 사용 : 중추신경계를 자극하여 교감신경계를 흥분시키는 정신흥분제
 ② 이 약물은 활동성 억제를 통해 ADHD 아동의 학업·행동·사회적 기능 향상에 효과가 있음
 ③ 한계 : ADHD 아동의 문제행동 경감 효과가 있지만, 바람직한 행동을 학습하게 하는 기능은 없다는 한계가 있음
 ④ 약물치료와 심리치료, 심리교육을 병행함으로써 적응행동의 학습을 촉진할 필요가 있음

(2) 행동주의 상담 상담과정
 ① 상담관계 형성
 ② 문제행동(표적행동) 규명 : 약화 또는 지겨해야할 행동을 선정해서 객관적 용어로 정의함
 ③ 행동분석 : 기초선 측정을 통해 행동의 빈도와 시간 등을 측정함
 ④ 상담목표와 방법 협의 : 내담자와 함께 협의를 통해 상담의 목표를 정함
 ⑤ 상담의 실행 : 행동수정의 강화기법들을 적용하여 행동을 수정함
 ⑥ 상담결과의 조정 및 평가 : 행동의 변화정도를 평가하여 행동변화가 확인되면 상담을 종결함
 ⑦ 상담효과의 유지, 일반화 및 종결 : 변화가 유지되거나 비슷한 다른 행동으로 일반화되도록 격려하고 프로그램을 지속하도록 안내함

※ **행동분석** : 내담자의 문제행동 발달과정과 그것이 유지되고 강화된 요인들, 문제행동을 촉발하는 선행사건, 문제행동 수준, 문제행동의 결과 등을 분석하는 것
※ **상담목표** : 상담의 방향을 제시하는 것으로, 명확하고 구체적이며 목표 달성 여부를 객관적으로 확인할 수 있는 측정가능한 형태로 설정해야 함

**19** 단비의 진단명은 'ADHD(주의력결핍과잉행동장애)'다. 교실 내 자리배치는 선생님과 가까운 앞자리에 앉도록 하거나, 창가나 문 옆 등 주의력이 분산될 수 있는 곳으로부터 멀리 앉히게 한다. 숙제부과의 경우, 단계별로 목록형태로 제시하거나 제출마감일을 명확하게 제시한다. 또한 숙제를 개념적으로 더 쉽게 다룰 수 있는 분량으로 나눌 수 있게 하고, 각 분량의 제출일을 정해 준다.

### ADHD 교육중재

(1) 효과적인 학급환경 조성
 ① 가능한 한 시각적인 자극을 줄인다.
 ② 도와줄 수 있는 짝을 정해준다.
 ③ 주변에 태도가 좋은 학생을 앉힌다.
 ④ 학생의 자리를 정할 때 ADHD임을 고려한다(앞자리 혹은 교사 가까이).
 ⑤ 변화를 줄인다(예 규칙을 수시로 바꾸는 경우).
 ⑥ 짧고 명확하게 지시한다(복합적 지시사항을 금물).
 ⑦ 지시사항을 얘기할 때 눈을 맞춘다.

⑧ 일을 시키기 전에 지시사항을 말해보게 한다.
⑨ 질문을 권장시키고 언제든지 도움을 청하게 한다.

(2) 학업발달 촉진
① **교실자리 배치** : 앞자리(교사와 가깝고 주의산만을 최소화할 수 있는 자리)에 앉힌다.
② **상호교수법 적용** : 학생이 수동적으로 참여해야 하는 전통적인 일제식 수업방식을 지양하고, 상호교수법을 통해 학생의 참여율을 높인다.
③ **노트필기 지원** : 자율적인 노트필기를 격려하지만, 이들은 수업내용을 받아적는 일이 쉽지 않다는 점에서 노트필기를 잘하는 학생의 노트 복사를 허용할 수 있다.
④ **시험보기 조정** : 학생의 시험답안지 제출시간을 연장해주거나, 다른 학생들로부터 조금 떨어진, 독립된 공간을 제공한다.
⑤ **환경과 일정의 안정성 유지** : 교실의 물리적 환경에 변화를 주지 않는 것이 도움이 된다. 또한 예측할 수 있는 학교일정과 수업시간표가 정해지면, 그대로 유지한다. 학교일정과 시간표가 ADHD 학생에게 강화되면, 이들은 자신이 무엇을 해야 할지 예측할 수 있게 되고, 자기 자신과 일정을 더 잘 조정할 수 있게 되기 때문이다.
⑥ **숙제와 공지사항**
- 교사가 수업시간에 숙제를 동일한 방식으로 공지하는 경우, 더 잘 알아듣고 이해함
- 숙제는 단계별로 목록 형태로 제시되어야 하고, 숙제의 단계와 제출 마감일을 포함하여 기대하는 바가 명확하게 진술될 수 있어야 함
- 학생들에게 지시사항과 기대하는 바를 1회 이상 전달할 뿐만 아니라, 모두가 이해했는지 확인함
- 지시사항에 대해 자유롭게 질문할 수 있는 분위기를 조성하고, ADHD 학생을 위해 따로 지시사항을 적어주는 방법도 유익함
⑦ **숙제 완수**
- ADHD 학생이 숙제를 완결짓기는 하지만 제시간에 마치는 데 지속적으로 문제가 있다면, 교사는 숙제의 분량을 조절해 주되, 학생이 이를 조절할 수 있는 수준까지 서서히 분량을 늘려감
- 학업 진척과 수행 정도를 정기적으로 모니터링하고, 학생의 조직화 기술을 도와야 함
- 학생이 숙제를 개념적으로 더 쉽게 다룰 수 있는 분량으로 나눌 수 있게 하고, 각 분량의 제출일을 정해주는 것이 좋음

**20** ②

㉠의 개념은 '지속주의(주의지속)'이다. ㉡에 해당하는 검사는 '연속수행검사(CPT)'다. ㉢에 해당하는 훈련방법은 '자기지시 훈련'으로, 상담효과는 '무엇을 생각하는지'가 아니라 '어떻게 생각하는지'의 사고과정에 따라서 행동할 수 있도록 하여 자신의 행동을 언어로 조절할 수 있는 능력을 기르게 한다.

### ADHD : 평가도구와 주의집중 및 인지행동 훈련

**(1) 연속수행검사(CPT)**
① 컴퓨터를 이용하여 연속적으로 제시되는 자극에 대한 수행능력을 평가하는 검사
② 측정 : 각성, 반응 억제, 신호 탐지 등의 신경심리학적 특성을 측정하며, 화면에 제시된 연속적인 자극에 대한 반응률과 반응시간을 주요 지표로 삼아 외부 자극에 대한 선택적 반응능력인 주의력을 측정함
③ 방법

| 구분 | 내용 |
| --- | --- |
| TOVA (Test Of Variables of Attention) | • 대표적인 CPT<br>• 매우 단순한 자극(예 세모, 네모, 원 등)에 대한 연속적인 반응을 통해 주의력을 평가함 |
| ADS (ADHD Diagnostic System : ADHD 진단체계) | • 국내에서 개발된 것<br>• 5~15세 아동 및 청소년을 대상으로 함<br>• 시각자극과 청각자극으로 구분하고, 단순자극에 대한 반응을 산출하여 주의력을 평가함 |
| CAT (Comprehensive Attention Test : 종합주의력검사) | • 국내에서 개발된 것<br>• 4~15세 아동을 대상으로 단순 선택 주의력(시각, 청각), 억제 지속 주의력, 간섭 선택 주의력, 분할 주의력, 작업 기억력 등을 측정함 |

**(2) 주의력의 종류**
① 선택적 주의집중 : 여러 자극 중에서 관련된 중요 자극에 초점을 맞추고, 대신 관련 없는 자극을 선별하는 것
② 지속적 주의력 : 과제를 완성하기 위해 주어진 시간 동안 주의집중을 계속 지속하는 것
③ 주의이동(주의력 변경) : 과제 수행 시 한 종류에서 다른 종류로 주의를 이동해야 하는 일로, 눈↔귀, 공간적 위치 이동(책상↔칠판), 여러 과제의 이동이 포함됨
④ 분할 주의력 : 주의력을 배분함으로써 동시에 둘 이상에 주의집중하는 것

**(3) 인지행동 훈련**
① 인지행동 수정방법은 학습을 위한 인지 전략 훈련에 중점을 두고, 아동의 문제에 대한 일상적인 반응 형태를 변화시키는 것을 시도하거나 상태를 통제하도록 훈련하여 학습 상태를 변화시키는 방법
② 인지행동 훈련 : 아동이 스스로 언어적 중재전략을 사용하여 좀 더 사려 깊은 문제해결 행동과 자기통제력을 증진하는 훈련이며, 이때 언어적 중재는 일종의 제3자의 시각에서 말하는 것
③ 인지행동 훈련에서는 공통적으로 자기 조절에 필요한 언어를 내재화하는 기술을 가르치고, 작업기억능력을 높여 자기통제능력의 향상을 꾀함
④ 인지행동 수정방법 : 문제해결 훈련으로서 ICPS(Interpersonal Cognitive Problem Solving) 프로그램의 10단계 문제해결기술 훈련과정과 마이켄바움의 언어적 자기지시 훈련이 효과적으로 사용됨
  • 이 기법들은 문제해결 과정에서 사용하는 생각과 행동에 대한 구체적인 언어로, 밖으로 표현하여 적절한 방법으로 문제를 해결하도록 하는 것
  • 무엇을 생각하는지가 아니라 어떻게 생각하는지의 사고과정에 따라 행동할 수 있도록 하여 자신의 행동을 언어로 조절하는 능력을 기르게 함

**22** ④

**23** 부합하지 않는 내용은 첫째, ㉠으로 만 18세의 경우 품행장애와 반사회성 성격장애를 중복진단 할 수 없다. 둘째, ㉣로 아동기 발병형은 15세가 아닌 10세 이전에 품행장애 증상을 보여야 한다. 셋째, ㉤으로 반사회성 성격장애의 진단은 만 16세가 아닌 만 18세 이상이어야 한다. 아동기 발병형 품행장애의 특징은 다음과 같다. 첫째, 청소년기 발병형보다 증상이 성인기까지 더 오래지속되는 경향이 있다. 많다. 둘째, 청소년기 발병형보다 공격행동이 더 빈번하다.

### 품행장애와 반사회성 성격장애 : 진단기준

(1) 품행장애 진단기준

① 타인의 기본적 권리를 침해하고 연령에 적절한 사회적 규범 또는 규칙을 위반하는 지속적이고 반복적인 행동양상으로, 지난 12개월 동안 다음의 15개 기준 중 적어도 3개 이상에 해당되고, 지난 6개월 동안 적어도 1개 이상 기준에 해당됨

| 사람과 동물에 대한 공격성 | 재산파괴 | 사기 또는 절도 | 심각한 규칙위반 |
|---|---|---|---|
| • 자주 다른 사람을 괴롭히거나, 위협하거나, 협박함<br>• 자주 신체적인 싸움을 시작함<br>• 다른 사람에게 심각한 신체손상을 줄 수 있는 무기를 사용함(예 방망이, 벽돌, 깨진 병, 칼, 총)<br>• 사람에게 신체적으로 잔인하게 대함<br>• 동물에게 신체적으로 잔인하게 대함<br>• 피해자가 보는 앞에서 도둑질을 함(예 노상강도, 소매치기, 강탈, 무장강도)<br>• 다른 사람에게 성적 활동을 강요함 | • 심각한 손상을 입히려는 의도로 고의적으로 불을 지름<br>• 다른 사람의 재산을 고의적으로 파괴함(방화로 인한 것은 제외) | • 다른 사람의 집, 건물 또는 자동차를 망가뜨림<br>• 어떤 물건을 얻거나 환심을 사기 위해 또는 의무를 피하기 위해 거짓말을 자주 함(즉, 다른 사람을 속임)<br>• 피해자와 대면하지 않은 상황에서 귀중품을 훔침(부수거나 침입하지 않고 상점에서 물건 훔치기, 문서 위조) | • 부모의 제지에도 불구하고 13세 이전부터 자주 밤늦게까지 집에 들어오지 않음<br>• 친부모와 살거나 부모를 대신한 가정에서 사는 동안 밤에 적어도 2회 이상 가출, 또는 장기간 귀가하지 않은 가출이 1회 있음<br>• 13세 이전에 무단결석을 자주 함 |

② 행동장해가 사회적, 학업적 또는 직업적 기능 영역에서 임상적으로 현저한 손상을 초래함
③ 18세 이상인 경우, 반사회성 성격장애의 진단기준에 부합되지 않음

(2) 품행장애 아형
① 아동기-발병형 : 10세 이전에 품행장애의 특징적인 증상 중 적어도 한 개 이상을 보이는 경우
② 청소년기-발병형 : 10세 이전에는 품행장애의 특징적인 증상을 전혀 충족하지 않는 경우
③ 명시되지 않는 발병 : 품행장애 진단기준을 충족하지만, 첫 증상을 10세 이전에 보였는지 또는 10세 이후에 보였는지에 대한 정보가 없어서 확실히 결정하기 어려운 경우

④ 특징

| 아동기 발병형 | 청소년기 발병형 |
|---|---|
| • 주로 남성에게 많고 타인에게 신체적 공격을 가하며, 친구관계에 문제가 있고 초기 아동기에 적대적 반항장애를 가지고 있는 경우가 많을 뿐 아니라 흔히 사춘기 이전에 품행장애의 진단기준과 일치하는 증상을 보임.<br>• 청소년기 발병형보다 더 오래 지속되고, 반사회적 성격장애로 발전될 가능성이 더 높음 | • 품행장애가 지속되는 경우가 적은 편이고 반사회적 성격장애로 발전되는 경우도 적음<br>• 아동기 발병형에 비해 공격행동이 적고 정상적인 친구관계를 맺는 경향이 있음(다른 관계에서는 흔히 품행문제를 보이기도 함) |

(3) 반사회성 성격장애 진단기준
  A. 다른 사람들의 권리를 무시하고 침해하는 만연된 패턴이 15세부터 시작되고, 다음 중 3가지(또는 그 이상)를 충족함
   1. 체포의 이유가 되는 행위를 반복하는 것과 같은 법적 행동에 관련된 사회적 규범을 준수하지 않음
   2. 반복적인 거짓말, 가명 사용, 자신의 이익이나 쾌락을 위해 다른 사람을 속이는 것으로 나타나는 사기성
   3. 충동적이거나 미리 계획을 세우지 못함
   4. 반복되는 몸싸움이나 폭력으로 나타나는 성마름과 공격성
   5. 자신이나 타인의 안전을 무시하는 무모성
   6. 반복적으로 일관된 업무 태도를 유지하지 못하고 재정적 의무를 준수하지 못하는 것으로 나타나는 지속되는 무책임성
   7. 다른 사람을 해하거나 학대하거나 다른 사람 것을 훔치는 것을 아무렇지도 않게 느끼거나 이를 합리화하는 등 양심의 가책이 결여됨
  B. 최소 18세 이상이어야 함
  C. 15세 이전에 품행장애가 시작된 증거가 있음
  D. 반사회적 행동은 조현병이나 양극성장애의 경과 중에만 발생되지는 않음

**24** 진단명은 '품행장애'다. 문제행동 3가지는 첫째, '심각한 규칙위반'으로 6개월 이내에 2회 이상 가출을 하였다. 둘째, '사람과 동물에 대한 공격성'으로 12개월 동안 한 달에 1번 정도 친구의 돈을 뺏거나 친구들을 괴롭혔다. 셋째, '재산파괴'로 지난 12개월 동안 자동차를 부수는 등 다른 사람의 재산을 고의적으로 파괴하였다. ☞ 특수아 상담 및 이상심리 23번 해설 참조

**25** ①

**26** ④

**27** ⑤

**28** ㉠의 개념은 '자신과 무관한 사건을 자신과 관련 있는 것으로 잘못 해석하는 오류'이다. ㉡에 해당하는 진단명은 '사회불안장애(사회공포증)'이다. ㉢에 공통으로 해당하는 진단명은 '범불안장애'이다. ㉣에 해당하는 내용은 '있었던 날이 없었던 날보다 더 많다.'는 것이다.

## 사회불안장애와 범불안장애

(1) 사회불안장애 진단
① 다른 사람들과 상호작용하는 사회적 상황을 두려워하여 회피하는 공포증의 한 유형
② 사회적 상황 : 다른 사람들이 지켜보고 또한 평가하는 가운데 어떤 일을 수행해야 한다는 것
③ 진단(DSM-5)
- 타인들에 의해 관찰되고 평가될 수 있는 사회적 상황(3가지 맥락 : 사회적 관계, 관찰되는 것, 다른 사람 앞에서 어떤 일을 수행하는 것)에 대한 공포와 불안이 있고
- 부정적 평가를 받을 수 있는 행동을 하거나 자신의 불안증상이 노출될까봐 두려워하고, 또 타인들로부터 모욕, 경멸, 거부를 당하거나 타인에게 피해를 주게 될지도 모른다는 두려움이 있고,
- 그러한 사회적 상황에 노출되었을 때 거의 예외없이 즉각적으로 불안과 공포반응이 유발되며,
- 이러한 증상이 6개월 이상 지속적으로 나타나고,
- 이로 인해 생활 전반에 걸쳐 심각한 고통을 겪거나 부적응적인 증상이 초래되는 경우

④ 수행형 단독(수행 시 한정) : 만약 공포가 대중 앞에서 말하거나 수행하는 것에 국한될 때
☞ 개인화의 오류 : 자신과 무관한 사건을 자신과 관련 있는 것으로 잘못 해석하는 오류

(2) 범불안장애 진단기준(DSM-5-TR)

> A. (업무나 학업 성과와 같은) 많은 사건이나 활동에 대해 최소 6개월 이상 지속되는 과도한 불안과 걱정(불안한 예견)
> B. 걱정을 통제하기 어렵다고 느낌
> C. 불안과 걱정은 다음 6가지 증상 중 최소 3가지(또는 그 이상)와 관련이 있음(지난 6개월 동안 최소한 몇 가지의 증상이 있었던 날이 없었던 날보다 많음)
>   1. 안절부절못하거나, 긴장하거나, 신경이 곤두선 느낌
>   2. 쉽게 피로해짐
>   3. 집중하기 어렵거나 머릿속이 하얗게 됨
>   4. 과민성
>   5. 근육 긴장
>   6. 수면 교란(예 잠들기 어려움 또는 수면 유지가 어렵거나, 제대로 쉬지 못하는 불만족스러운 수면)
>   ※ 주의점 : 아동의 경우 한 가지 증상만 있어도 해당됨
> D. 불안, 걱정 또는 신체 증상이 사회적, 직업적 또는 기타 중요한 기능 영역에서 임상적으로 현저한 고통이나 손상을 초래함
> E. 장해가 물질(예 남용약물, 치료약물)이나 다른 의학적 상태(예 갑상선기능항진증)의 생리적 효과에 의한 것이 아님
> F. 장해가 다른 정신질환으로 더 잘 설명되지 않음
> (예 공황장애에서 공황발작에 대한 불안이나 걱정, 사회불안장애에서 애착대상과의 분리, 외상 후 스트레스장애에서 외상사건을 상기시키는 것, 신경성 식욕부진증에서 체중 증가, 신체증상장애에서 신체적 불만, 신체이형장애에서 인식된 외모 결함, 질병불안장애에서 심각한 질병, 조현병이나 망상장애에서 망상적 믿음의 내용)

## 29  ⑤

## 30
우울증의 발생원인은 긍정적 강화의 결핍과 반복된 부정적 경험의 결과다. 원인에 해당하는 내용은 첫째, 친구들의 오해를 풀기 위해 해명도 하였지만 친구들이 믿어주지 않았다는 것이다. 둘째, 담임교사에게 사정을 이야기했지만 가해학생들은 심한 욕설을 퍼부었다는 것이다. 셋째, 엄마에게 도움을 요청했지만 알아서 해결하라고 하였다는 것이다.

### 학습된 무기력 : 우울증
① 학습된 무력감 : 상황을 통제하지 못할 것이라는 미래에 대한 부정적 기대 때문.
② 우울증에서 보이는 불행감이나 무력감, 무감각함은 긍정적인 강화의 결핍과 반복된 부정적인 경험의 결과로 볼 수 있음.

## 31  ㉠ 내부  ㉡ 안정

### 우울증의 귀인양식 : 우울 유발적 귀인
① 자존감 손상과 우울발생에 영향(내부-외부 귀인) : 실패경험에 내부적 귀인을 하게 되면 자존감의 손상을 입게 되어 우울증이 증진
② 우울증의 만성화(안정-불안정 귀인) : 실패경험을 능력부족이나 성격적 결함과 같은 안정적 요인에 귀인하면, 무기력과 우울이 장기화
③ 우울장애의 일반화 정도(전반적-특수적 귀인) : 실패경험을 전반적 요인(전반적 성격결함 등)에 귀인하게 되면, 우울증이 전반적으로 상황으로 일반화

## 32  비자살성 자해

### 자살관련 장애
① 자살행동장애 : 핵심기준은 '지난 2년 동안 자살을 시도해 왔는가?'의 문제로 자살시도(개인이 죽으려는 의도로 행하는 행동)가 핵심증상
② 비자살성 자해 : 자살의도가 없으면서 신체표면에 자해를 하는 경우(1년 동안 5일 이상)
  → 자살행동장애는 죽을 목적의 의도된 행동, 비자살성 자해는 안도감을 경험할 목적으로 행해짐

**33** 취소, 대치, 반동형성, 격리

### 강박장애 : 방어기제

① 격리(isolation) : 사고와 그에 수반되는 감정을 단절시키는 방어기제로 난폭한 강박사고를 지닌 사람은 이러한 생각에 집착함으로써 이에 수반되는 분노감정을 경험하지 않게 됨.
② 대치(displacement) : 본래의 욕구를 다른 것으로 대체하여 위장함으로써 불안을 감소시키는데, 자물쇠 잠그는 일에 집착함으로써 부부갈등이라는 위협을 간과할 수 있게 함.
③ 반동형성(reaction formation) : 자신의 실제 욕구와 반대되는 방식으로 행동하는 것으로서 난폭한 강박사고에서 상징적으로 나타나는 공격적 충동과 달리 평소에는 매우 친절한 행동으로 일관하는 것.
④ 취소(undoing) : 이미 벌어진 일을 어떤 행위로 무효화하려는 시도로 죄의식·불안을 감소시킬 수 있음.

**34** ㉠에 공통으로 들어갈 행동치료기법의 명칭은 '행동 활성화치료'이다. ㉡에 해당하는 것은 '상황형'이고, ㉢을 작성하는 과정은 '자신이 두려워하고 있는 상황을 낮은 불안 수준에서부터 높은 불안 수준까지 위계적으로 작성한다'는 것이다. ㉣의 적용 과정은 강박사고를 유발하는 자극이나 사고에 노출시키되, 강박행동을 하지 못하게 하는 것이다.

### 행동활성화 치료와 특정공포증 및 노출 및 반응방지법

(1) 행동 활성화(BA; Behavior Activation) 치료
  ① 우울증상을 보이는 사람들의 사회적 위축과 반추 등의 회피적 대처 전략을 차단시키기 위해 개발됨
  ② 초반 : 행동 활성화를 통해 증상이 좋아질 수 있다는 희망을 고취시킴
  ③ 활성화시킬 행동목록을 정하기 위해 삶의 가치를 찾게 하고, 우울한 기분을 유발하는 맥락을 파악하고 일상 활동 중에서 행동 수행 가능성을 높일 수 있는 전략을 수립함
  ④ 중반 이후 : 활동 위계를 정해서 본격적으로 행동을 활성화하고 기분 수준에 어떤 영향을 미치는지 반복적인 모니터링을 함

(2) 특정공포증 하위 유형
  ① 동물형(예 거미, 곤충, 개)
  ② 자연환경형(예 높은 곳, 폭풍, 물)
  ③ 혈액-주사-부상(손상)형(예 바늘, 침투적인 의학적 시술)
  ④ 상황형(예 비행기, 엘리베이터, 밀폐된 장소)
  ⑤ 기타형(예 질식이나 구토가 유발될 수 있는 상황, 아동의 경우 큰 소리나 분장한 인물)

(3) 체계적 둔감법 절차
  ① 근육이완 : 내담자에게 불안을 대치할 이완반응을 가르침
  ② 불안 위계설정 : 불안을 일으키는 사건들을 평가하고 불안의 정도에 따라서 위계를 정함 → 불안을 가장 적게 야기하는 사건에서 가장 심하게 일으키는 사건 순으로 '주관적 불편단위척도'를 작성하는데, 완전한 이완상태인 0점에서 극도로 불안한 상태인 100점까지 점수를 할당함
  ③ 둔감화 : 이완상태에서 낮은 수준의 불안유발 자극에 노출시키는 것. 이 때 이완반응을 불안유발 자극과 짝지음으로써 자극에 대한 둔감화가 점진적으로 일어남

(4) 노출 및 반응방지법(ERP)
① 학습이론에 근거한 행동치료적 기법으로, 강박장애 환자를 그가 두려워하는 자극(더러운 물질)이나 사고(손에 병균이 묻었다는 생각)에 노출시키되, 강박행동(손 씻는 행동)은 하지 못하게 하는 방법
② 이러한 시행을 통해 두려워하는 자극과 사고를 강박행동 없이 견뎌내는 둔감화 효과가 나타날 뿐만 아니라 강박행동을 안 해도 그들이 두려워하는 결과(병에 전염)가 일어나지 않는다는 사실을 학습함
③ 노출 : 약한 불안을 느끼는 자극부터 점차 강한 불안을 느끼는 자극으로 진행되는데, 실제적 노출과 심상적 노출이 있음

 이인증

## 이인성/비현실감 장애

(1) 증상
① 이인증 : 자신의 생각, 감정, 감각, 신체 또는 행위에 관해서 생생한 현실로 느끼지 못하고 그것과 분리되거나 외부 관찰자가 된 경험. 예 지각경험의 변화, 시간감각의 이상, 자신의 낯설거나 없어진 느낌 등
② 비현실감 : 주변 환경이 비현실적인 것으로 느껴지거나 주변 환경과 분리된 듯한 느낌을 갖게 되는 경험이다. 예 사람이나 물체가 현실이 아닌 것처럼, 꿈이나 안개 속에 있는 것처럼 느껴지거나, 생명이 없거나 왜곡된 모습으로 보이는 경험

(2) 진단기준
A. 이인증, 비현실감 또는 2가지 모두에 대한 지속적이고 반복적인 경험이 존재함
  1. 이인증 : 비현실감, 분리감 또는 자신의 사고, 느낌, 감각, 신체나 행동에 관하여 외부의 관찰자가 되는 경험
    예 인지적 변화, 왜곡된 시간감각, 비현실적이거나 결핍된 자기, 감정적 또는 신체적 마비
  2. 비현실감 : 비현실적이거나 자신의 주변 환경과 분리된 것 같은 경험
    예 개인 또는 사물이 비현실적이거나, 꿈속에 있는 것 같거나, 안개가 낀 것 같거나, 죽을 것 같거나 시각적으로 왜곡된 것 같은 경험을 함
B. 이인증이나 비현실감을 경험하는 중에 현실검증력은 본래대로 유지됨
C. 증상은 사회적, 직업적 또는 다른 중요한 기능 영역에서 임상적으로 현저한 고통이나 손상을 초래함
D. 장해는 물질(예 남용약물, 치료약물)의 생리적 효과나 다른 의학적 상태(예 발작)로 인한 것이 아님
E. 장해는 조현병, 공황장애, 주요우울장애, 급성 스트레스장애, 외상 후 스트레스장애 또는 다른 해리장애와 같은 다른 정신질환으로 더 잘 설명되지 않음

**36** ㉠의 명칭은 '비현실감'이고, ㉡의 명칭은 '통합'다. ㉢의 원인은 국소적 기억상실로, 이는 특정한 기간 동안에 일어난 사건을 기억하지 못하는 경우를 의미한다. 혹은 상태의존 기억으로, 이는 특정한 정서 혹은 신체적 상태에서 학습된 정보는 동일한 상태를 재경험할 때 더 잘 회상된다는 것이다. 이로 인해 채원이가 경험한 부정행위는 일상적인 상태가 아닌 충격적인 상태이기 때문에 그 날 일을 기억하지 못하는 것이다.

### 해리장애와 해리성 기억상실

**(1) 해리장애 개관**
① 해리 : 자기 자신, 시간, 주위환경에 대한 연속적인 의식이 단절되는 현상.
② 해리장애 : 의식, 기억, 행동, 자기정체감의 통합적 기능에 갑작스러운 이상을 나타내는 장애.
③ 하위유형

| 하위 유형 | 주요 진단 특징 |
|---|---|
| 해리성 정체감장애 | 한 사람의 내면에 2개 이상의 각기 다른 정체감을 가진 성격이 존재하는 경우 |
| 해리성 기억상실 | • 자신의 과거(전부 또는 특정 기간의 기억)를 기억하지 못하는 경우<br>• 해리성 둔주 : 해리 상태에서 기억상실과 함께 집을 떠나 다른 곳을 방황하거나 새로운 사람으로 행세하는 것 |
| 이인성 또는 비현실감장애 | 일시적인 자아감각의 변화로 현실감각이 장애를 받아 평소와 달리 자신과 주변 환경에 낯선 느낌이 드는 경우<br>(1) 이인증 : 자신의 생각, 감정, 감각, 신체 또는 행위에 관해서 생생한 현실로 느끼지 못하고 그것과 분리되거나 외부 관찰자가 된 경험(예 지각경험의 변화, 시간감각의 이상, 자신의 낯설거나 없어진 느낌 등)<br>(2) 비현실감 : 주변 환경이 비현실적인 것으로 느껴지거나 주변 환경과 분리된 듯한 느낌을 갖게 되는 경험(예 사람이나 물체가 현실이 아닌 것처럼, 꿈이나 안개 속에 있는 것처럼 느껴지거나, 생명이 없거나 왜곡된 모습으로 보이는 경험) |

**(2) 기억장애 유형**
① 국소적 기억상실증(localization amnesia) : 특정 기간 동안에 일어난 사건을 기억하지 못하는 경우
② 선택적 기억상실증(selective amnesia) : 특정 기간 동안에 일어난 사건에 대하여 어떤 것은 기억하고, 어떤 것은 전혀 기억을 못하는 경우를 말함. 즉, 특정 기간 동안 일어났던 사건들 가운데 전체가 아닌, 선택적으로 부분적인 것만 회상이 가능한 경우
③ 일반화된(전반적) 기억상실증(generalized amnesia) : 평생 동안 기억력이 손상받은 경우
④ 지속적 기억상실증(continuous amnesia) : 특정 시간부터 현재를 포함하여 지금까지 나타난 사건들을 전혀 기억하지 못하는 경우
⑤ 체계적 기억상실증(systematized amnesia) : 어떤 특정한 범주(예 특정한 사람, 특정한 상황)의 정보에 대해 기억을 하지 못하는 경우

**(3) 상태의존적 학습이론**
① 상태의존적 학습 : 특정한 정서적 또는 신체적 상태에서 학습·경험된 정보는 동일한 상태를 재경험할 때 더 잘 회상된다는 것
② 고통스러운 사건 당시의 감정 상태는 너무나 예상 밖이라 그러한 상태에서 학습되었던 정보들을 기억하기가 어렵다. 즉, 해리성 기억상실 환자는 고통스럽고 상처받은 사건의 기억을 회상하지 못하게 되는 것
③ 망각된 기억은 일상적인 상태에서는 기억나지 않지만, 충격적인 사건 당시와 유사한 각성이나 정서상태에서는 부분적인 기억이 의식에 침투되어 회상될 수도 있음

㉠은 '신체감각에 대한 파국적 오해석'으로 재서의 반응은 '이러다 숨이 막혀서 죽겠구나'라는 생각이 들었다는 것이다. 추가할 수 있는 질문은 첫째, 추가적인 공황발작이나 그 결과에 대한 지속적인 걱정이다. 둘째, 공황발작과 관련하여 심각한 부적응적인 행동의 변화다.

## 공황장애

(1) 진단기준
① 갑자기 엄습하는 강렬한 불안인 공황발작을 반복적으로 경험하는 장애
② DSM-5 진단
- 공황발작 : 예상하지 못한 상황에서 갑자기 밀려드는 극심한 공포로, '곧 죽지 않을까' 하는 강렬한 불안
- 공황발작 진단 : 극심한 공포와 고통이 갑작스럽게 발생하여 수분 이내에 최고조에 이르러야 하며, 4가지 이상의 증상이 나타남(증상 : 심계항진, 발한, 질식할 것 같은 느낌, 숨이 가쁘거나 답답한 느낌, 흉통 또는 가슴 불편감 등)
- 공황발작을 경험한 이후 다음 2개 증 1개 이상의 증상이 1개월 이상 지속 : (1) 추가적인 공황발작이나 그에 대한 결과(예 통제를 잃음, 심장발작을 일으킴, 미치는 것)에 대한 지속적인 걱정, (2) 공황발작과 관련하여 심각한 부적응적인 행동의 변화(예 운동을 하거나 낯선 사람을 피하는 행동)
③ 예기불안 : 공황발작이 다시 일어나는 것에 대한 걱정과 더불어 공황발작의 결과에 대한 근심(예 심장마비가 오지 않을까, 미치지 않을까 걱정)을 나타내며 부적응적인 행동변화를 수반하게 됨

(2) 인지적 입장 : 클락(Clark, 1986)의 인지적 모델

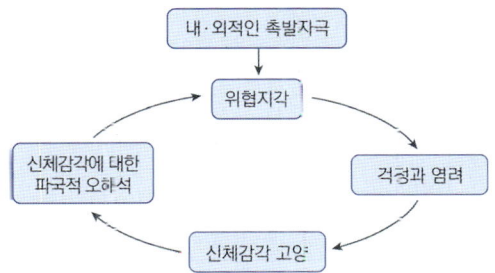

- 공황발작이 신체감각을 위험한 것으로 잘못 해석하는 파국적 오해석(catastrophic misinterpretation)에 의해 유발.
- 내외적 자극들이 위협적인 것으로 지각되면 경미한 걱정과 염려를 하게 되고 이러한 상태는 다양한 신체감각을 유발함. 이 때 공황장애 환자는 이러한 신체감각을 파국적으로 해석하고 이러한 해석으로 인해 염려와 불안이 강화되어 신체감각이 더욱 증폭되며, 이에 대해서 더 파국적인 해석을 하게 하는 악순환으로 치달아 결국에는 극심한 공황발작에 이르게 됨.

**38** ㉠의 진단명은 '폭식장애'다. ㉡의 분류범주는 '급식 및 섭식장애'다. ㉠의 진단적 특징은 첫째, 신경성 폭식증과 마찬가지로 폭식행동을 나타내지만 부적절한 보상행동(배출행동)은 나타나지 않아야 한다. 둘째, 신경성 폭식증과는 달리 몸매를 과도하게 걱정하지 않기 때문에 과체중이나 비만문제를 지니고 있는 경우가 많다.

### 급식 및 섭식장애

(1) 하위유형

| 하위장애 | 핵심증상 |
| --- | --- |
| 신경성 식욕부진증 | 체중 증가와 비만에 대한 극심한 두려움, 음식섭취의 현저한 감소나 거부, 체중의 비정상적 저하 |
| 신경성 폭식증 | 짧은 시간 내에 많은 양을 먹는 폭식행동, 체중 증가를 막기 위한 구토 등의 반복적인 배출행동 |
| 폭식장애 | 신경성 폭식증과 마찬가지로 폭식행동을 나타내지만 배출행동을 하지 않음. 과체중이나 비만의 문제를 지님. |
| 이식증 | 먹으면 안 되는 것(종이, 머리카락, 흙)을 습관적으로 먹는 행동 |
| 반추장애 | 음식물을 반복적으로 되씹거나 토해내는 행동 |
| 회피적/제한적 음식섭취 장애 | 심각한 체중 저하가 나타나도록 지속적으로 음식을 먹지 않는 행동 |

(2) 폭식장애
① 신경성 폭식증과 마찬가지로 폭식행동을 보이지만 보상행동은 하지 않는 경우
② 핵심 증상 : 폭식행동을 하지만 보상행동은 하지 않는 경우로, 폭식행동은 신경성 폭식증에서 나타나는 폭식행동과 동일하나 신경성 폭식증과는 달리 자신의 몸매를 과도하게 걱정하지 않기 때문에 과체중이나 비만인 경우가 많음
③ 진단 : 반복적인 폭식행동이 나타나고, 폭식행동에 현저한 고통을 느끼며, 폭식이 최소 3개월 동안 일주일에 1회 이상 발생하지만, 부적절한 보상행동이 함께 나타나지 않아야 함

 ㉠ 폭식장애, ㉡ 신경성 폭식증

### 신경성 폭식증과 폭식장애

(1) 신경성 폭식증(bulumia nervosa)
① 짧은 시간에 많은 양을 먹는 폭식행동과 이로 인한 체중증가를 막기 위한 구토 등의 보상행동이 반복되는 경우
② 보통 사람보다 훨씬 많은 양의 음식을 단기간(예 2시간 이내)에 먹어 치우는 폭식행동을 보이며 이 때는 음식섭취를 스스로 조절할 수 없음. 폭식 후에는 체중증가에 대한 두려움으로 심한 자책을 하고 구토를 하거나 이뇨제, 설사제, 관장약을 사용하는 등의 부적절한 보상행동을 하게 됨
③ 3가지 중요 특징 : 폭식 삽화의 반복, 체중 증가를 막기 위한 부적절한 보상행동, 자기평가가 체형과 체중에 과도하게 영향받는 것
④ 폭식 삽화 : 특정 시간( 2시간 이내) 동안 대부분의 사람이 유사한 시간과 환경에서 먹는 양보다 더 많은 음식을 먹는 것

⑤ 신경성 폭식증과 신경성 식욕부진증
- 신경성 폭식증은 환자가 정상체중을 유지한다는 점에서 신경성 식욕부진증과 차이 : 폭식증은 식욕부진증보다 훨씬 더 흔하며 영양실조가 나타나지 않음
- 일반적으로 신경성 식욕부진증 환자들은 자아 강도가 강하고 초자아의 통제력도 강한 데 비해, 폭식증 환자는 자아 강도가 약하고 초자아가 느슨하여 충동조절에 어려움을 나타내며 자기파괴적 성관계나 약물남용을 보이는 경우가 많음

⑥ 홈그랜(Holmgren et al) : 체중 증가에 대한 두려움이 음식에 대한 접근-회피 갈등을 유발함
→ 신경성 식욕부진증은 음식 회피행동이 압도적으로 우세하게 나타나는 상태인 반면, 폭식증은 음식에 대한 접근행동과 회피행동이 반복되는 상태

(2) 폭식장애(binge eating)
① 신경성 폭식증과 마찬가지로 폭식행동을 보이지만 보상행동은 하지 않는 경우
② 핵심 증상 : 폭식행동을 하지만 보상행동은 하지 않는 경우로, 폭식행동은 신경성 폭식증에서 나타나는 폭식행동과 동일하나 신경성 폭식증과는 달리 자신의 몸매를 과도하게 걱정하지 않기 때문에 과체중이나 비만인 경우가 많음
③ 진단 : 반복적인 폭식행동이 나타나고, 폭식행동에 현저한 고통을 느끼며, 폭식이 최소 3개월 동안 일주일에 1회 이상 발생하지만, 부적절한 보상행동이 함께 나타나지 않아야 함

## 40

㉠에 들어갈 지시문은 "당신을 포함해서 가족 모두가 무엇을 하고 있는 그림을 그려 보세요"다. ㉡의 치료기법은 '노출 및 반응방지법'이다. 치료원리는 현서에게 끔찍하고 잔인한 생각인 강박사고는 하도록 허용하지만, 머리를 좌우로 흔드는 강박행동은 하지 못하도록 하는 것이다.

### KFD와 노출 및 반응방지법

(1) KFD 실시
① 준비물 : A4정도 크기의 백지 한 장과 2B 또는 HB연필, 지우개가 필요함.
② 시간제한은 없지만 검사자는 초시계를 가지고 시간을 기록해야 함.
③ 지시문 : 가로로 종이를 제시 한 후 한 장의 종이에 "당신을 포함해서 가족 모두가 무엇을 하고 있는 그림을 그려 보세요. 만화나 막대기 모양 사람이 아니고 온전한 사람을 그려 주세요."라고 지시함.
④ 주의 : 검사시행 과정에서 검사자는 내담자에게 자신이 그리고 싶은 대로 자유롭게 그리도록 해야 하며, 그림의 모양이나 크기, 위치, 방법 등에 대해 어떠한 단서도 제공하지 않도록 주의해야 함.

(2) 노출 및 반응방지법(ERP)
① 학습이론에 근거한 행동치료적 기법으로, 강박장애 환자를 그가 두려워하는 자극(더러운 물질)이나 사고(손에 병균이 묻었다는 생각)에 노출시키되, 강박행동(손 씻는 행동)은 하지 못하게 하는 방법
② 이러한 시행을 통해 두려워하는 자극과 사고를 강박행동 없이 견뎌내는 둔감화 효과가 나타날 뿐만 아니라 강박행동을 안 해도 그들이 두려워하는 결과(병에 전염)가 일어나지 않는다는 사실을 학습함
③ 노출 : 약한 불안을 느끼는 자극부터 점차 강한 불안을 느끼는 자극으로 진행되는데, 실제적 노출과 심상적 노출이 있음

**41** ㉠ 사고 억제의 역설적 효과, ㉡ 사고중지

### 강박장애 : 사고억제의 역설효과와 인지행동 치료

(1) 사고억제의 역설적 효과(ironic effect of thought suppression)
  ① 강박장애를 지닌 사람들은 우연히 떠오른 불쾌한 침투적 사고에 대해서 과도한 책임감을 느끼고 이러한 사고를 억제하려고 노력하지만, 사고억제의 역설적 효과에 의해서 오히려 침투적 사고가 더 빈번하게 떠오르게 되는 현상
  ② 따라서 보다 강하게 사고 억제를 시도하고, 그 결과 더 자주 침투적 사고가 의식에 떠오르는 악순환이 반복되면서 병적인 강박사고로 발전함.

(2) 인지행동치료
  ① **사고중지법** : 강박사고가 떠오를 때마다 환자가 스스로 '그만(stop)'이라고 소리침으로써 강박사고에 집착하는 것을 완화하는 방법
  ② **반응예방법** : 어떤 행동을 하고 싶은 충동이 발생했을 때 그것을 곧바로 행동에 옮기지 못하게 하는 방법으로, 반응예방법의 한 예가 노출 및 반응방지법
  ③ **노출치료** : 환자를 불안에 노출시키고, 강박행동을 하지 않았을 때의 결과를 알아보게 하는 방법

**42** 현아의 증상은 다음과 같다. 첫째, (외상사건과 관련된) 침투증상으로, 사고 이후 자동차를 보거나 자동차 소리를 듣기만 해도 당시의 사고장면이 떠올라 괴롭다고 보고하고 있다. 또한 교통사고를 당하는 끔찍한 꿈을 반복적으로 꾼다는 것이다. 둘째, (외상사건과 관련된 자극) 회피증상으로, 등교시키려고 해도 차타기를 거부한다는 것이다. 셋째, (외상 사건에 대한) 인지와 감정의 부정적 변화로, 이러다가 대학도 못가고 자신의 인생이 엉망이 될 것 같다는 것이다. 넷째, (외상사건과 관련된) 각성과 반응성의 현저한 변화로, 조그만한 소리에도 소스라치게 놀라는 반응을 보인다는 것과 가슴이 두근거려서 밤에도 잠을 자기 어렵다는 것이다.

### PTSD의 4가지 심리적 증상

| 증상 | 내용 |
| --- | --- |
| 침투 증상 | • 외상사건과 관련된 기억, 감정이 자꾸 의식에 침투하여 재경험됨. 과거가 현재에 끊임없이 침습함<br>• 외상사건의 고통스러운 기억이 자꾸 떠오르거나 꿈에 나타나기도 함<br>• 외상사건과 관련된 자극을 접하면 그 사건이 실제로 발생하고 있는 것 같은 재현경험을 하거나 강한 심리적 고통, 과도한 생리적 반응을 나타냄 |
| 외상사건과 관련된 자극 회피 | • 외상사건의 경험이 매우 고통스러워 그와 관련된 기억, 생각, 감정을 떠올리지 않으려고 함<br>• 외상사건과 관련된 생각, 대화뿐만 아니라 그와 관련된 사람이나 장소도 회피함. 고통스러운 외상경험을 떠올릴 수 있는 모든 자극과 단서(사람, 장소, 대화, 활동, 대상, 상황)를 피하려고 노력함 |

| 외상사건과 관련된 인지와 감정의 부정적 변화 | • 외상사건의 중요한 일부를 기억하지 못하거나 외상사건의 원인 또는 결과를 왜곡하여 받아들임으로써 자신이나 타인을 책망함<br>• 부정적 신념 : 자신, 타인, 세상에 대한 과도하게 부정적인 신념<br>예 "나는 나쁜 놈이야.", "아무도 믿을 수 없어.", "세상은 완전히 위험 천지야."<br>• 부정 정서 : 공포, 분노, 죄책감, 수치심 등을 느끼거나 다른 사람에게 거리감, 소외감을 느끼기도 함 |
|---|---|
| 각성과 반응성의 현저한 변화 | • 평소에도 늘 과민하여 주의집중을 잘 못 하고 사소한 자극에도 크게 놀라는 반응을 보임<br>• 사소한 일에 크게 짜증을 내거나 분노를 폭발하기도 함<br>• 잠을 잘 이루지 못하거나 쉽게 잘 깨는 등 수면 곤란을 겪음 |

**43** ㉠의 상위기준은 (외상사건과 관련된) 인지와 감정의 부정적 변화가 2가지 이상 나타난다는 것이다. ㉡의 상위기준은 (외상사건과 관련된) 각성과 반응성의 뚜렷한 변화가 2가지 이상 나타난다는 것이다. ㉢의 상위기준은 (외상사건과 관련된)침습(침투)증상이 1가지 이상 나타난다는 것이다. 추가적으로 해야하는 질문은 '증상이 1개월 이상 지속되었습니까?'이다.

### PTSD 진단기준

① 충격적인 외상사건을 경험하고 난 후에 다양한 심리증상을 나타는 경우
② 진단(DSM-5)
- 실제적인 것이든 위협을 당한 것이든 죽음, 심각한 손상, 또는 성적인 폭력 등 외상사건을 경험하고(A의 4가지 중 1개 이상)
- 외상사건과 관련된 침습(침투) 증상이 나타나고(B의 5가지 중 1개 이상)
- 외상사건과 관련된 자극을 회피하며(C의 2가지 중 1개 이상)
- 외상사건에 대한 인지 및 감정의 부정적 변화가 초래되며(D의 7가지 중 2개 이상)
- 외상사건과 관련된 각성과 반응성의 변화가 나타나고(E의 6가지 중 2개 이상)
- 이러한 장애가 1개월 이상 지속되며
- 이로 인해 생활 전반에 걸쳐 심각한 고통을 겪거나 부적응적 증상들이 초래되는 경우
③ 지연성(늦은 발병) PTSD : 외상사건 이후 6개월 이상이 지나고 PTSD 진단을 받은 경우(6개월이 넘어서 진단이 시작된 경우).
④ 해리 증상 동반 PTSD : PTSD 진단기준을 충족하고, 자신의 신체로부터 분리되는 듯한 이인감(이인증)이나 자신의 현실세계로부터 분리된 듯한 비현실감을 경험하는 경우에 진단

**44** ④

**45** 첫째, 진호를 어떻게 키워야 할지 모르겠다고 하는 것으로 보아, 부모에게 영재관련 정보를 제공한다. 둘째, 부모자격이 없는 것은 아닐까 걱정이 된다고 하는 것으로 보아, 부모가 경험하고 있는 부적절한 감정을 수용하고 공감해 준다. 셋째, 주변 사람에게 말하기 힘들어서 혼자 삭힐 때가 많다고 한 것으로 보아, 다른 영재 부모와 대화하게 하거나 영재 부모들과 동질집단을 형성하여 집단상담을 실시한다.

**46** 잘못된 진술은 첫째, 렌줄리는 IQ 145가 아니라 평균이상의 지적 능력을 영재로 보았다. 둘째, 월반이나 조기졸업은 심화학습이 아니라 속진학습이다.

## 영재아의 정의와 교육

(1) 렌쥴리(Renzulli)의 정의
① 영재는 평균 이상의 지능, 창의성, 과제집착력의 3요인을 가지고 있어야 함
② 3가지 요소가 모두 상위 15% 이내에 들고, 그중 1가지 요소가 상위 2% 안에 들면 영재라고 볼 수 있으며, 3가지 요소 간의 공통부분이 클수록 영재성도 커짐.
③ 지적능력이 매우 뛰어날 필요는 없으며, 지적능력이나 창의성뿐만 아니라 과제집착력과 같은 성격적 요인이 영재의 성취에 매우 중요하다는 점을 강조함

(2) 속진교육과 심화교육
① 학습 속진 프로그램: 영재 아동이 대체로 학습 속도가 빠르고 조숙한 특징이 있으므로 이들을 대상으로 월반 및 조기입학 혹은 조기졸업을 통해 교육과정을 압축하는 것
② 심화학습 프로그램: 영재 아동을 위해 다양한 교육과정을 마련하여 광범위하고 깊이 있는 학습이 이루어지도록 도움을 제공하는 프로그램
③ 장단점

| 구분 | 장점 | 단점 |
| --- | --- | --- |
| 속진교육 | • 월반(grade-skip)<br>• 경제적인 면에서 효과적임<br>• 영재에게 지적인 호기심을 제공할 수 있음 | • 중요한 기술을 놓칠 수 있음<br>• 교육과정의 수직적 운영으로 인해 폭넓은 학습경험을 제공하지 못함<br>• 과정은 무시하고 내용지식 경험에 치중 |
| 심화교육 | • 학습자의 관심과 흥미에 따라 연구과제를 설정하고, 생활 속의 문제를 중심으로 해결해 나가기 때문에 학습자의 동기를 유발시켜 자발적인 학습과 창의적인 결과물을 내도록 할 수 있음<br>• 고차원적인 사고기술을 개발할 수 있음 | • 정규 교육과정과의 연속성이 결여될 수 있음<br>• 심화과정을 잘 가르칠 수 있는 전문교사의 부족<br>• 재정적인 부담이 큼<br>• 프로그램의 개발이 쉽지 않음 |

㉠의 요인은 (평균 이상의) '지적능력'으로, 내용은 '가르쳐주지 않았는데도 또래보다 한글도 일찍 터득했다'는 것이다. ㉡의 특성이 드러난 내용은 '글을 읽는 것은 빨리 터득했지만 글자를 쓰기가 어려웠다'는 것이다. ㉢의 특성이 드러난 내용은 '두꺼운 책들을 잔뜩 쌓아 놓고 아침이 밝은지도 모른채 밤새 읽고 있었다'는 것이다.

## 영재아 상담

(1) 렌줄리(Renzulli)
　☞ 46번 문제 해설 참조

(2) 비동시성
　① 영재의 발달 특성 중 하나는 신체, 인지, 정서, 사회적 성장이 동시에 이루어지지 않고 서로 다른 속도로 발달하여 한 개인 안에서 내적 불일치를 일으키는 것.
　② 종류
　　• 지적-정신운동성 불일치 : 지적능력 발달에 비해 소근육 발달이 지연되는 것으로, 대표적인 현상이 영재의 읽기와 쓰기에서의 차이.
　　• 지적-정서발달 불일치 : 영재의 정서적 성숙도가 지적능력에 비해 떨어지는 것으로, 두려움이나 불안과 같은 정서적 미숙함을 감추기 위해 풍부한 지식을 이용한 승화, 주지화 등의 방어기제를 사용함.
　　• 또래와의 사회적 발달 불일치 : 영재 아동의 정신발달 속도가 비교 집단인 또래와 다름으로 인해 생기는 사회적 불일치는 영재의 사회적 적응능력이 저하되게 만듦.

(3) 과흥분성
　① 과흥분성 : 강한 집중력이나 힘 또는 에너지를 재능 및 각자의 정신운동성, 감각, 지적, 상상, 정서영역에서 또래보다 훨씬 더 높은 수준의 더 강하고 강렬한 정신활동을 경험함.
　② 과흥분성 에너지는 정신운동성, 감각, 지적, 상상, 정서 영역에서 표현되어 나타남.
　　• 정신운동성 과흥분성 : 잉여 에너지와 빠르거나 높은 활동 수준이 특징. 이런 특성은 ADHD로 오해할 수 있음.
　　• 감각적 과흥분성 : 시각, 청각, 촉각 등 자극에 지나치게 예민하여 과민한 반응을 보이고 불편감을 느낄 수 있는 것이 특징.
　　• 지적 과흥분성 : 호기심과 집중력, 광범위한 독서, 탐구와 질문, 사고가 특징으로 지적 영재성과 관련이 높음.
　　• 상상적 과흥분성 : 꿈과 발명, 적극적인 공상활동 등 창의성과 밀접하게 관련되어 있음.
　　• 정서적 과흥분성 : 깊은 정서적 능력, 강렬함과 민감성, 두려움과 걱정, 친밀감 등이 그 특징임.

 ⑤

 ①

**50** ㉠ 스트레스, ㉡ 대처자원(대처능력)

### 빗속의 사람 그림검사

① 인물화에 비가 오는 장면을 첨가한 것
② 내담자가 현재 겪고 있는 스트레스 정도와 대처능력을 파악할 수 있음
- 스트레스 영역 : 비의 양, 비의 모양, 바람의 세기 등
- 대처자원 영역 : 직접 보호물의 수, 간접 보호물의 수, 직접 및 간접 보호물의 적절성, 얼굴표정 등

**51** ㉠ 전환교육, ㉡ 취업

### 전환교육과 Halpern(할펀) 모델

(1) 전환교육
① 전환교육 : 학교교육을 마치고 사회에서 잘 적응하도록 하기 위하여 직업교육, 성인 서비스, 주거생활 훈련, 지역사회 훈련 등의 여러 필요한 활동을 적절히 조화하여 제공하는 것
② IDEA(미국장애인교육법)의 전환교육 : "학교로부터 대학교육, 직업교육, 지원고용을 포함한 통합된 고용, 평생교육, 성인을 위한 서비스, 독립생활 혹은 지역사회에의 참여를 포함하는 학교 졸업 후 활동으로의 이동을 촉진하는 결과 중심 과정으로 고안된 일련의 조정된 학생을 위한 활동이다. 일련의 조정된 활동은 반드시 학생 개인의 욕구를 바탕으로 하여 학생의 취미와 흥미를 고려해야 하며, 수업, 지역사회의 경험, 고용 및 고교 졸업 후의 성인생활에 관한 목표, 필요하다면 일상생활 기술의 습득과 기능의 평가를 포함해야 한다."

(2) 할펀(Halpern) 모형
① 윌(Will)이 고용에만 중점을 두었다면, 핼펀(Halpern)의 모형은 진로교육 접근에 좀 더 비중을 두었음.
② 영역
- 취업 영역 : 직업훈련 프로그램, 직업조사기술, 최저임금수준 고려
- 주거환경 : 주거지역에서 접근할 수 있는 거리 내에 지역사회 서비스와 레크리에이션 활용 가능 여부, 이웃과의 관계와 안전
- 사회, 대인관계 기술 : 일상적인 의사소통 기술, 자아존중, 가족지원, 정서적 성숙, 우정, 친밀한 관계

# CHAPTER 08 심리학 개론 및 교육심리 기출문제
## 정답 및 해설

 내적작동 모델

**볼비(Bowlby)의 내적작동 모델**

① 아동이 양육자와 상호작용을 하면서 자기 자신과 타인에 대한 인지적 표상을 발달시키는 것 → 나, 타인, 관계에 대한 생각이나 개념
② 자신과 타인에 대한 내적작동모델
- 타인에 대한 긍정적 작동 모델 : 민감하고 반응적인 양육을 통해 형성되는데, 이 모델을 가진 영아는 타인을 신뢰할 수 있음
- 타인에 대한 부정적 작동 모델 : 둔감하거나 무관심한 양육을 통해 형성됨
- 자신에 대한 긍정적 작동 모델 : 영아의 필요를 빨리 알아차리고 민감하게 반응하는 양육자의 자녀가 자신을 신뢰하게 되면서 형성됨
- 자신에 대한 부정적 작동 모델 : 영아 자신의 요구가 양육자로부터 받아들여지지 않는다거나 민감하지 못한 양육자가 영아의 요구를 잘못 해석하는 경우에 형성됨

 ㉠ 시냅스 상실, ㉡ 가소성

**시냅스 생성과 가소성**

(1) 시냅스 생성과 상실
① 시냅스 생성(synaptogenesis) : 신경세포 간의 시냅스 연결이 형성되는 것
② 시냅스 상실(synaptic pruning) : 나이가 들면서 자주 사용하는 시냅스는 강화되고 사용하지 않는 시냅스는 다른 경로로 대체되거나 소멸되는 것
③ 시냅스 생성과 소멸과정 : 이미 사용된 시냅스는 강화되지만, 사용하지 않은 시냅스는 소멸됨
④ 시냅스 가지치기(synaptic pruning) : 자주 사용하지 않아서 시냅스가 사라지는 현상

(2) 가소성
① 가소성(plasticity) : 인간의 뇌가 환경에 의해 변할 수 있는 유연성
② 종류
- 회복 가소성 : 뇌손상 후 뇌가 자체적인 변화와 적응의 과정을 통해 스스로 잃어버린 기능을 회복하거나, 손상되지 않은 뇌의 다른 부위에서 그 기능을 회복해 나가는 것
- 적응 가소성 : 새로운 경험과 환경을 통해 뉴런의 시냅스가 강화되거나 약화되어 기능과 구조의 변화가 이루어지는 것

**03** ㉠ 도식, ㉡ 조절

| 피아제(Piaget) 인지발달 이론 : 주요개념 ||
|---|---|
| 구분 | 내용 |
| 도식<br>(schema) | • 외부의 정보를 통합하고 조직화하는 인지적 틀 혹은 구조<br>• 인간이 환경에 대해 경험하고 이해한 것이 조직되어 두뇌에 저장된 '세상에 대한 내적표상'<br>예 잡기 도식 : 물건을 잡는 일반적 능력, 모든 잡기 행위를 가능하게 하는 인지적 구조 |
| 조직화<br>(organization) | 지식을 일관성 있게 체계화하거나 범주를 만드는 경향성 |
| 동화<br>(assimilation) | 새로운 정보를 기존의 도식으로 이해하는 과정 |
| 조절<br>(accommodation) | 새로운 정보를 수용하기 위해 기존의 도식을 수정하는 과정 |
| 적응<br>(adaptation) | • 환경과의 직접적인 상호작용을 통해 도식이 변화하는 과정<br>• 동화와 조절의 두 가지 상호보완적 과정을 통해 이루어짐 |
| 불평형<br>(disequilibrium) | 사람의 사고과정과 환경사건 사이의 불균형 또는 모순 |
| 평형화<br>(equilibrium) | 동화와 조절의 과정을 거쳐 불평형한 상태를 벗어나고 인지적 균형상태를 이루는 것 |

**04** ㉠에 공통으로 해당하는 개념은 '전조작기'이다. ㉡에 해당하는 개념은 '자기중심적 사고(자기중심성)'이다. ㉢의 정의는 사물의 외양이 변해도 그것의 길이, 양, 무게, 면적, 부피 등은 변화하지 않는다는 사실을 이해하는 것이다. 청소년 인지특징에 대해 잘못된 설명은 ㉥으로 현실에서 그렇게 되어야 한다고 생각하는 것은 상징적 사고가 아닌 '이상적 사고'이다.

| 피아제(Piaget) 인지발달 이론과 청소년기 인지특성 |
|---|

(1) 전조작기 : 전개념적 사고기(2~4세)
　① 표상적(상징적) 사고 : 어떤 대상이나 현상을 무언가로 표상하는 표상적 사고를 말함
　　• 상징사용 : 문제해결의 속도를 증가시키고, 시행착오를 감소시킴. 또한 '지금-여기'의 한계에서 벗어나 정신적으로 과거나 미래를 넘나들게 해 줌
　　• 가상놀이 : 가상적인 사물 또는 상황을 실제 사물이나 상황으로 상징화하는 놀이
　② 자기중심적 사고 : 자신의 입장 외에 다른 사람의 관점과 역할을 고려하지 못하는 것
　　• 세상을 자신의 관점에서만 지각하여, 다른 사람의 생각이나 감정, 믿음이 자신의 것과 동일하다고 여기는 것
　　• 세 산 모양 실험 : 전조작기 아동들은 인형의 관점에서 보이는 세 산의 모습을 고르지 못하고, 자신의 눈 앞에 있는 세 산 모양의 사진을 고름
　　• 집단적 독백(collective monologue) : 의미 전달은 안되면서 자기 중심적으로 이야기 하는 것. 즉, 의사소통이 이루어지지 않고 마치 독백처럼 자기 말만 하는 현상
　③ 물활론적 사고 : 생명이 없는 대상에 생명과 감정을 부여하는 사고

④ 인공론적 사고 : 세상의 모든 사물이나 자연현상이 사람의 필요에 의해서 만들어진 것이라고 믿는 사고
⑤ 전인과적 추론(전인과성 사고) : 논리적으로 원인과 결과를 연결 짓지 못하는 사고
  - 목적론적 사고 : 목적이 없는 사건에도 대단한 목적이 있는 것처럼 생각하는 것
  - 인공론적 사고 : ④내용과 동일
  - 전환적 추론 : 관계가 없는 두 사건을 원인과 결과의 관계로 연결시키는 것

(2) 전조작기 : 직관적 사고기(4~7세)
  ① 직관적 사고 : 대상의 지각적인 특징으로 그 대상의 특성을 파악하는 사고
    - 중심화 : 사물의 한 가지 차원에만 초점을 두고 다른 중요한 특성들은 인식하지 못하는 경향성으로, 직관적 사고에 의존함
  ② 보존개념 : 사물의 외양이 변해도 그것의 길이, 양, 무게, 면적, 부피 등은 변화하지 않는다는 사실을 이해하는 것
    - 가역성(reversibility) : 머릿속에서 처음의 상태로 돌아가도록 거꾸로 생각할 수 있어서 결국 양의 변화가 없다는 사실을 알게 되는 것
    - 동일성(identity) : 어떤 물체의 모양이 변해도 그 물체는 모양이 변하기 이전과 같은 대상이기 때문에 결국 질량의 변화는 없다는 개념
    - 상보성(compensation) : 한 가지 차원에서 잃어버린 것은 다른 차원에 의해 보상될 수 있다는 개념
  ③ 유목포함(분류) : 상위유목과 하위유목 간의 관계, 즉 전체와 부분의 관계를 이해하는 능력
  ④ 서열화 : 길이나 부피 등 양적 특성을 고려하여 순서를 나열하는 것

(3) 청소년기 인지발달 특성
  ① 추상적 사고 : 눈에 보이지 않는 가상적인 상황이나 추상적 사건(예 민주주의, 종교, 사랑, 예술작품의 상징성 등)을 생각하고 이해하고 논리적인 추론을 할 수 있는 능력
  ② 가설·연역적 사고 : 일어날 수 있는 모든 조건 간의 가설을 설정하고, 가설의 검증을 통해 연역적으로 문제를 풀어나가는 능력
  ③ 체계적·조합적 사고 : 문제해결을 위해 사전에 계획을 세우고, 모든 가능한 사실의 조합을 체계적으로 고려하여 해결책을 시험하는 능력
  ④ 이상주의적 사고 : 자신과 다른 사람들 또는 사회에 대해 이상적이었으면 하고 바라는 특성들에 대해 사고하는 것
    ☞ 이상적인 부모상에 대해 생각하고, 이 이상적 기준과 자신의 부모를 비교함. 또한 자신이 생각하는 이상적인 기준에 맞추어 자신과 다른 사람을 비교하기도 함

**05** 잘못된 부분은 첫째, ㉠으로 학습이 발달에 선행한다. 혹은 학습이 발달을 주도한다. 둘째, ㉣로 어려운 문제를 해결할 때는 혼잣말의 사용 빈도가 증가한다. 두 학생의 향상 정도가 다른 이유는 교사의 발판이 제공되었을 때 현수는 2개, 재호는 5개로, 재호의 근접발달영역이 더 넓기 때문이다.

## 비고츠키(Vygotsky) : 발달 개념

(1) 근접발달 영역
  ① 근접발달영역 : 실제적 발달 수준과 잠재적 발달 수준의 차이로, 혼자서는 문제를 해결할 수 없지만 성인이나 친구의 도움을 받아 문제를 해결할 수 있는 영역
    • 실제적 발달수준 : 아동이 누군가의 도움 없이 스스로 기술을 터득하거나 학습할 수 있는 능력정도
    • 잠재적 발달수준 : 타인의 도움을 받았을 때 아동이 배울 수 있는 능력정도
  ② 발판화 : 아동 스스로 문제를 해결하는 수준에 도달하도록 제공되는 친구나 부모, 교사의 도움. 즉 개인의 잠재적 발달수준에 제공되는 지원체계

(2) 언어발달
  ① 학습자로 하여금 다른 사람이 이미 가지고 있는 지식에 접근하도록 함 → 언어는 스스로 문제를 해결할 수 있도록 돕는데, 아동은 목표를 달성하기 위해 언어를 사용함
  ② 사적언어(private speech) : 혼잣말 형태로 나타나는 언어로, 이는 외부의 사회적 지식을 내부의 개인적 지식으로 바꾸어주는 기제이며, 자신의 생각을 조절하고 반영하는 수단이 됨
  ③ 언어발달 : 사회적 언어(타인행동 통제, 생각 및 감정 전달), 자기 중심적 언어(혼잣말, 행동조절 및 문제해결)
  ④ 피아제 : 자기중심적 언어는 타인의 관점을 이해하지 못하는 전조작기 아동의 특성을 반영함
  ⑤ 비고츠키 : 자기중심적 언어를 개인적 발화(private speech; 사적언어)로 보았는데, 이는 자신의 사고과정과 행동을 조절하는 역할, 즉 자신과의 의사소통을 위한 것 → 혼잣말은 6~7세경이 되면 내면화되어 내적 언어, 즉 사고활동으로 전환됨으로써 아동의 사고나 인지발달에 중요한 역할을 함

(3) 피아제와 비고츠키의 공통점과 차이점

| 구분 | 피아제 | 비고츠키 |
| --- | --- | --- |
| 아동관 | 꼬마 과학자 | 사회적 존재 |
| 지식 형성과정 | 개인의 내적 지식이 사회적 지식으로 확대 또는 외면화됨 | 사회적 지식이 개인의 내적 지식으로 내면화됨 |
| 환경 | 물리적 환경 중시 | 사회·문화와 역사적 환경 중시 |
| 학습과 발달의 관계 | 발달에 기초하여 학습이 이루어짐 | 학습은 발달을 주도함 |
| 인지 발달과 언어 | 언어는 인지 발달의 부산물이며, 인지 발달 이후에 언어 발달이 이루어짐 | 인지 발달과 언어 발달은 상호 독립적이며, 언어는 학습과 발달을 매개하는 역할을 함 |
| 혼잣말 | 미성숙하고 자기중심적인 성향을 대변하는 표상 | 자신의 사고와 행동을 지도하기 위한 수단이면서 문제해결을 위한 사고의 도구 |

㉠에 해당하는 도덕성 발달단계는 '대인관계 조화(착한 소년·소녀 지향)'로 특징은 옳은 행동은 다른 사람에게 인정을 받는 것이다. 혹은 비난을 받지 않을 행동이라는 것이다. 혹은 타인과 좋은 관계를 맺는 것이다. ㉡에 해당하는 도덕성 수준은 '인습수준'으로, 특징은 사회적 규칙이나 규범을 준수하는 것이다. 이 이론의 한계점은 도덕적 판단과 도덕적 행동이 일치하지 않는다는 것이다. 민수는 학교폭력을 신고해야 한다고 말한 것으로 보아 도덕적 규범에 대한 이해를 했지만 두려워서 신고를 하지 못했기 때문에 실제 도덕적 행동으로 이어지지 못했다.

## 콜버그(Kohlberg) : 도덕성 발달단계

(1) 단계

| 구분 | 단계 | 내용 |
| --- | --- | --- |
| 인습 이전 수준 | 1단계 : 벌과 복종에 의한 도덕성(복종과 처벌 지향) | • 처벌을 피할 수 있거나 있는 권위(힘 있는 사람)에 복종하고 따르는 것이 도덕적 가치를 지님<br>• 행위의 물리적 결과에 따라 옳고 그름을 판단하며, 들키지 않거나 처벌받지 않으면 나쁜 행동이라고 생각하지 않음 |
| | 2단계 : 욕구 충족 수단으로서의 도덕성(개인적 쾌락주의 지향) | • 자신이나 타인의 욕구를 충족시키는 행위가 도덕적이라고 판단함<br>• 상대주의적 관점에서 옳고 그름을 판단함 |
| 인습 수준 | 3단계 : 대인관계 조화를 위한 도덕성(착한 소년/소녀 지향) | • 사회적 관습에 의해 도덕성을 판단함<br>• 다른 사람을 기쁘게 하거나 도와주며, 인정받는 것이 도덕적이라고 생각함 |
| | 4단계 : 법과 사회질서 준수로서의 도덕성(사회질서와 권위지향) | 법이나 질서를 준수하며, 사회 속에서 개인의 의무를 다하는 것을 기준으로 도덕성을 판단함 |
| 후인습 수준 | 5단계 : 사회계약으로서의 도덕성(사회계약 지향) | 법은 사회적 합의에 의한 것이며, 개인의 권리와 공익의 원칙에 맞지 않을 경우 고칠 수 있다는 법의 가변성을 인지함 |
| | 6단계 : 보편적 원리로서의 도덕성(보편적 윤리원리 지향) | 보편적 원리(인간 존엄성, 평등, 정의, 공정성)에 의해 도덕성을 판단함<br>내적 양심 및 윤리적 원리에 맞지 않으면 법에 불복종함 |

① 전인습적(pre-conventional) 도덕성 : 특징은 자기 중심적 윤리로서, 권위적 인물의 규칙을 그대로 수용하여 자신의 행동을 판단함. 따라서 권위적 인물에게 처벌받는 행동은 나쁘고 보상을 받는 행동은 좋은 것으로 도덕적 추론을 함
② 인습적(conventional) 도덕성 : 특징은 타인에 의한 윤리로서 규칙을 지키는 것은 타인의 인정을 얻기 위함이거나 사회질서를 유지하기 위한 것임
③ 후인습적(postconventional) 도덕성 : 특징은 원리에 의한 윤리로서 사회적 법과 규칙을 절대적으로 지지하지 않음. 그 법과 규칙보다는 모든 상황과 사회에 적용되는 추상적 원리와 가치를 도덕성으로 정의함. 즉, 도덕적으로 옳은 행위와 법적으로 적합한 행위가 항상 똑같은 것은 아니라는 입장을 가짐

(2) 한계점
① 후인습적 수준의 도덕성이 이상적인 도덕 발달의 가치를 보여 주기는 하지만 현실에서의 도덕성 발달을 반영하는지는 불분명함
② 도덕적 판단과 도덕적 행동의 불일치 : 도덕적 규범에 대한 이해가 항상 도덕적 행동으로 이어지는 건 아니며 일상의 도덕적 갈등상황은 강한 정서반응을 불러일으키므로 도덕적 정서나 동기를 간과함

③ 도덕성 발달이론은 문화적 편견을 보이기 때문에, 모든 문화권에서 나타나는 보편적인 현상이 아님. 특히 후인습적 사고는 서구 사회의 이상인 정의를 반영하기 때문에 비서구 사회에 사는 사람과 사회규범에 도전할 정도로 개인의 권리를 높이 평가하지 않는 사람들에게는 불리함
④ 남성을 대상으로 한 인터뷰 자료에 근거하여 만들어졌기 때문에 배려와 돌봄을 중요시하는 여성의 도덕성을 평가하는 데 적합하지 않음
⑤ 비현실적 상황에 대한 딜레마를 사용했기 때문에 현실에서 발생한 도덕적 갈등에 대해 실제로 개인이 어떻게 판단하는지 불분명한 정보를 제공함

㉠은 '까다로운 기질'이다. ㉡에 해당하는 용어는 '자기조절(규제)'이고 특징은 특정 자극에 의해 일어난 반응을 얼마나 잘 조절하는지를 말하며 집중, 접근, 회피, 억제로 나타난다는 것이다. ㉢과 같이 말한 이유는 남성은 추상적 판단에 기초한 정의 관점에서 도덕적 판단을 했기 때문이다. ㉣의 용어는 배려(보살핌, 돌봄)이고, ㉤의 용어는 정의(원칙)이다.

### 기질유형과 길리건(Gilligan)의 도덕성

(1) 기질
① 토마스와 체스의 기질유형

| | |
|---|---|
| 순한 기질<br>(easy child) | • 수면, 식사, 배변습관 등의 생리적 리듬이 규칙적임<br>• 차분하고 거의 대부분 긍정적 기분<br>• 새로운 경험에 개방적·적응적<br>• 규칙적이며 예측 가능한 습관 |
| 까다로운 기질<br>(difficult child) | • 식사, 수면, 배변습관 등의 생리적 리듬이 불규칙함<br>• 민감하고 불규칙적<br>• 변화에 강하게 반응<br>• 새로운 사람이나 상황에서 적응하기 어려움 |
| 반응이 느린 기질<br>(slow to warm up child) | • 새로운 사람이나 상황에서 움츠러드는 경향(새로운 상황을 접할 때 불안해하며 위축됨)<br>• 활발하지 못하고 수동적<br>• 변화에 적응하는 데 오랜 시간이 걸림. 그러나 다시 기회가 주어지면 적응하는 모습을 보임 |

② 로스바르트(Rothbart) 모형 : 반응성과 자기조절에서 나타나는 개인차로 정의함
 • 반응성(reactivity) : 특정한 자극에 대해 행동적·정서적·신체적으로 얼마나 빠르고 강하게 반응하는지를 의미한다. 이때 반응은 긍정적 또는 부정적으로 표현될 수 있다.
 • 자기조절(self-regulation) : 특정 자극에 의해 일어난 반응을 얼마나 잘 조절하는지를 말하며, 집중, 접근, 회피, 억제로 나타난다.

(2) 길리건의 남성과 여성의 도덕적 판단
① 남성 - 정의 관점(justice perspective) : 소년은 독립적이고 추상적인 사고를 할 수 있도록 교육 받았기 때문에 추상적 판단에 기초한 정의 관점에서 도덕적 판단을 함
② 여성 - 배려 관점(care perspective) : 소녀는 양육적이고 돌보기를 중요시하도록 교육받았기 때문에 인간관계와 타인을 돌보는 것을 기초로 하는 배려와 책임감을 중심으로 도덕적 판단을 함

**08** 애착유형은 ㉠은 '(불안정) 회피애착'이고, ㉡은 '(불안정) 저항애착'이다. 차이점은 ㉠은 분리되었을 때는 큰 반응을 보이지 않고, 재결합 상황에서도 양육자와의 상호작용을 피하고 긍정적인 반응도 보이지 않는다. ㉡은 분리되었을 때는 극심한 스트레스를 받고, 재결합 상황에서는 양육자에게 매달리기도 하지만 분노행동을 보이는 등 양가적인 반응을 보인다. ㉢에 해당하는 기질의 유형은 '반응이 느린 기질'로 특징은 새로운 상황이나 변화에 적응하는데 오랜 시간이 걸린다.

## 기질과 애착 유형

(1) 기질
① 의미 : 타고난 것으로, 정서행동 양식에 지속적으로 나타나는 개인차.
② 토마스와 체스의 기질유형

| 구분 | 특성 |
|---|---|
| 순한 기질<br>(easy child) | • 수면, 식사, 배변습관 등의 생리적 리듬이 규칙적임<br>• 차분하고 거의 대부분 긍정적 기분<br>• 새로운 경험에 개방적·적응적<br>• 규칙적이며 예측 가능한 습관 |
| 까다로운 기질<br>(difficult child) | • 식사, 수면, 배변습관 등의 생리적 리듬이 불규칙함<br>• 민감하고 불규칙적<br>• 변화에 강하게 반응<br>• 새로운 사람이나 상황에서 적응하기 어려움 |
| 반응이 느린 기질<br>(slow to warm up child) | • 새로운 사람이나 상황에서 움츠러드는 경향(새로운 상황을 접할 때 불안해하며 위축됨)<br>• 활발하지 못하고 수동적<br>• 변화에 적응하는 데 오랜 시간이 걸림. 그러나 다시 기회가 주어지면 적응하는 모습을 보임 |

(2) 에인스워스의 낯선 상황 실험에 따른 애착유형

| 구분 | 특성 |
|---|---|
| 안정애착<br>(secure attachment) | • 영아는 양육자와 함께 있을 때 평안함과 안정감을 느끼기 때문에 양육자를 안전기지로 삼아 주변에 있는 장난감을 자유롭게 탐색함<br>• 재결합했을 때에는 양육자에게 금방 긍정적인 반응을 보임. 이러한 반응을 보일 수 있는 것은 평소 양육자가 영아의 필요에 민감하고 효과적인 방법으로 반응을 했기 때문<br>• 이 유형의 어머니 : 아기의 요구에 즉각적으로 반응해 주고 안정적으로 상호작용을 해 줌 |
| 불안정 회피애착<br>(insecure-avoidant attachment) | • 영아는 양육자와 같이 있을 때에도 분리되었을 때에도 별다른 반응을 보이지 않음<br>• 재결합 시, 양육자와의 상호작용을 회피하고 애정과 분노도 표현하지 않아 양육자와의 분리 상황에서 스트레스는 받지만 상대적으로 적게 받음<br>• 이 유형의 어머니 : 무감각하고 신체 접촉이 거의 없으며 화가 나 있거나 초조해하며 거부하듯이 영아를 다루는 경향이 있음 |
| 불안정 저항애착<br>(insecure-resistant attachment) | • 영아는 양육자와 분리될 때 극심한 스트레스를 경험함<br>• 재결합 상황에서 먼저 달려가 매달리기도 하지만, 자신을 두고 간 양육자를 원망하듯 장난감을 던지고 밀쳐내며 칭얼대는 등 다양한 분노행동을 보이고 양가적인 태도를 보임<br>• 이 유형의 어머니 : 아기의 요구에 무감각하고, 아기를 다루는 방식이 어색하지만, 화를 내는 느낌은 아님. 그러나 기준 없이 부모의 기분에 따라 반응하는 일관성 없는 양육태도가 영아를 불안하게 만듦 |

| | |
|---|---|
| 혼란애착<br>(disorganized attachment) | • 회피애착과 저항애착이 결합된 형태로 주로 학대를 받거나 무시당하는 등 극단적으로 부적절하게 양육된 영아에게 나타남<br>• 영아는 극단적인 혼돈상태로 양육자에게 접근해야 할지 회피해야 할지 갈피를 잡지 못하는 것처럼 보임<br>• 재결합 상황에서 양육자에게 다가가고 싶어 하면서 동시에 무서운 존재로 생각하기 때문에 양육자를 피하고 싶은 감정을 가지고 혼란스러워하는 모습을 보임 |

| 구분 | 분리되었을 때의 특징 | 재결합했을 때의 특징 |
|---|---|---|
| 안정애착 | 스트레스를 받지만 곧 안정을 찾음 | 웃거나 반기는 등 긍정적인 반응을 보임 |
| 불안정 회피애착 | 큰 반응이 없음 | 긍정적인 반응을 보이지 않음<br>예 엄마가 안으려고 할 때 피하거나 시선을 회피함 |
| 불안정 저항애착 | 스트레스를 많이 받음 | 양가적인 반응을 보임<br>예 엄마에게 매달리다가도 원망하듯이 밀쳐냄 |
| 혼란애착 | 가장 많은 스트레스를 받음 | 엄마에게 안기거나 다가가고 싶지만 두려워서 다가가지 않음 |

 ㉠ 검사의 영역은 '신체적인 통증이나 공포'다. ㉡에 해당하는 기간은 '6개월'이다. 환경체계는 첫째, '외체계'로 아버지 회사가 문을 닫았다는 것이다. 둘째, '미시체계'로 부모님과 친구 때문에 늘 초조하고 걱정한다는 것이다.

### 생태체계 이론, 정서행동장애 선별검사, 범불안장애

(1) 브론펜브레너(Bronfenbrenner)의 생태학적 이론
  ① 미시체계(microsystem) : 인간이 매일 직접적으로 상호작용하거나 활동하는 가장 근접적인 맥락으로 가족, 또래, 이웃 등 청소년이 속해 있고 매일 직접 만나는 맥락적 환경 → 양방향적 교류를 통해 발달
  ② 중간체계(mesosystem) : 미시체계들 간의 상호관계를 말하는 것으로 미시체계에 해당하는 가족 구성원, 또래, 교사, 이웃사람들과의 직접적이고 양방향적인 상호교류를 통해서 개인의 신체, 인지, 성격, 사회성 등이 발달함
  ③ 외체계(exosystem) : 개인이 직접 참여하거나 소속되어 적극적으로 활동하는 맥락은 아니지만 개인의 발달에 영향을 미치는 맥락 예 부모의 직장, 정부 조직, 매스미디어, 교통 시설, 복지 서비스, 부모의 사회적 연결망 등
  ④ 거시체계(macrosystem) : 개인이 속한 문화를 의미하며, 문화에 따른 신념이나 행동 규범 등은 인간 개인의 발달에 영향을 줄 수 있음
    • 미시체계나 중간체계 : 그 체계 안에서 살고 있는 사람의 삶에 직접 영향을 주는 맥락
    • 외체계 : 간접적으로 영향을 주는 맥락
    • 거시체계 : 이러한 맥락의 구조적인 특성과 사람들의 활동 유형을 규정하는 보다 넓은 의미의 생태학적 체계
  ⑤ 시간체계(chrono system) : 시간이 지남에 따라 변화하는 환경적 요인을 고려하여, 인간 발달을 설명함

(2) 정서행동장애 선별검사(국립특수교육원)
  ① 대인관계 형성
  ② 부적절한 행동이나 감정
  ③ 불행감이나 우울감
  ④ 신체적인 통증이나 공포
    ☞ 진단검사 필요아동 : ①~④의 각 영역 중 하나에서 4점 이상인 아동 반드시 각 영역별로 4점 이상을 받은 아동이라야 진단검사 필요 아동이며 ①~④영역의 합이 4점인 경우는 해당되지 않음

(3) 범불안장애
  ① 생활전반에 걸쳐 만성적인 불안과 과도한 걱정이 나타나는 장애
  ② 부동불안(free-floating anxiety) : 불안이 생활 전반에 관한 다양한 주제로 이리저리 옮겨다닌다는 점 때문에 '부동불안'이라고도 함.
  ③ DSM-5
    • 일상생활의 다양한 사건이나 활동에 과도한 불안과 근심이 6개월 이상 거의 매일 나타나고,
    • 걱정을 통제하기 어렵다고 느끼며,
    • 6가지 중 3가지 이상의 증상이 나타나고(아동 : 1개)
    • 이로 인해, 생활 전반에 걸쳐 부적응 증상이 초래되는 경우

## 10  ㉠ 자기(자아) 중심성(자기중심적 사고), ㉡ 자기개념

### 청소년기 자기(자아) 중심성과 자기개념

(1) 자기(자아)중심성(adolescent egocentrism)
  ① 자기 중심성 : 청소년기의 향상된 지적능력이 균형을 잃고 지나치게 자의식적인 감정에 빠져 있는 독특한 사고착각을 말함. 또한 자신의 역할은 물론 타인의 생각, 감정, 의도 등을 관찰하고 추론 및 조망하는 사회인지능력의 부족에서 비롯됨
  ② 상상적 관중(imaginary audience) : 자신이 마치 '무대 위의 주인공'처럼 다른 사람들로부터 주의와 관심의 대상이 되고 있다고 믿는 것 → 극복 : 사회적 상호작용을 통해 상상적 청중이 아닌 실제 청중의 반응 쪽으로 사고의 방향을 수정하면서 점차 자신의 관심사와 다른 사람의 관심사가 다르다는 것을 인식함
  ③ 개인적 우화(personal fable) : 자신의 감정과 사고는 너무나 독특한 것이어서 남들이 이해할 수 없을 것이라고 생각하는 것. 즉, 자신의 감정과 사고는 너무 독특하여 남들이 이해할 수 없을 것이라고 생각하는 것 → 극복 : 상호 신뢰관계를 경험하면서 자신의 감정과 사고가 그렇게 특별한 것이 아니라는 것을 알게 됨, 이와 같이 자신에 대한 비합리적 신념이 현실적으로 바뀌게 되면서 개인적 우화가 사라짐

(2) 자기개념(self-concept)
  ① 자기인식 : '내가 다른 사람들과 구분되는 독립된 실체구나'를 인식하는 것으로, 자신의 다양한 측면, 즉 성격적 요인, 가치관, 신념, 흥미, 적성, 사회적 지위 등 '자기를 알아채는 능력'으로 구성됨
  ② 자기개념 : 자기 자신의 다양한 영역들에 대한 인지적인 자기평가를 의미함
  ③ 스트랭(Strang)의 분류 : 전체적 자기개념(자신의 능력, 신분, 역할 등에 대한 전반적인 인식), 일시적 자기개념(순간적인 기분에 의해 영향을 받는 인식), 사회적 자기개념(다른 사람이 자신을 어떻게 보느냐에 따라 자신을 평가하는 인식), 이상적 자기개념(자신이 그렇게 되었으면 하고 바라는 이상적인 자기인식)
  ④ 제임스(James) : 물질적 자기, 정신적 자기, 사회적 자기

**11** (가)의 개념은 '인지 부조화'다. (나)의 심리적 상태는 첫째, '상상적 청중'이다. 영수는 담배를 피우고 있으면 사람들이 영화 속 주인공처럼 부러워하면서 쳐다본다고 보고하고 있는데, 이는 자신의 자의식을 지나치게 과장한 나머지 자신의 행동이 모든 사람의 관심의 대상이라고 생각하는 현상이다. 둘째, '개인적 우화'다. 영수는 담배를 많이 피워도 자신은 폐암에 걸리지 않는다고 보고하고 있는데, 이는 자신이 독특하기 때문에 남들이 겪는 위험이 자신에게는 일어나지 않을 것이라는 믿음 때문이다.

### 페스팅거(Festinger)의 인지부조화와 엘킨드(Elkind)의 자기(자아)중심성

(1) 인지부조화
① 사람은 자신의 태도와 일치하지 않은 행동을 할 때 인지적 불편함을 경험하며, 이를 감소하는 방법은 태도를 행동에 맞게 변화시키는 것.
② 페스팅거 : 태도와 행동이 불일치하는 인지부조화 상태가 되면 불편감이 생겨 심리적 일관성을 회복하려는 동기가 유발됨. 그런데 행동은 대개 취소하거나 변경할 수 없으므로, 사람들은 주로 행동과 일관되도록 태도를 변화시킴으로써 인지부조화를 감소시키고 심리적 평정을 회복함.
③ 충족조건
 • 행동을 취소할 수 없어야 함
 • 행동이 자발적으로 이루어져야 함
 • 행동의 결과에 대해 예측 가능해야 함

(2) 엘킨드의 자기(자아)중심성
 ☞ 개론 및 교육심리 10번 문제 해설 참조

**12** 지수의 조망수용 단계는 '상호적 조망수용 단계'이고, 소희의 조망수준 단계는 '사회적 조망수용 단계'이다. 지수의 특징은 특징은 (상호작용 속에서 발생하는 문제에 대해) 제 3자의 입장에서 객관적으로 생각한다는 것이다. 혹은 동시상호적으로 자신의 타인의 조망을 각각 이해할 수 있다는 것이다. 사례에서 지수는 자신이 지각하면 안된다는 것을 알고 있다는 철수의 입장과 선생님도 철수를 이해하지만 철수만 편애할 수 없다는 선생님의 입장과 철수만 편애한다는 다른 학생들 입장까지 이해하고 있다. 소희의 특징은 사회구성원이 갖는 일반화된 관점에서 이해한다는 것이다. 사례에서 소희는 우리 사회가 장애인을 존중, 배려하는 인식이 확산되었으면 좋겠다고 이야기 하고 있다.

### 사회적 조망수용 이론

(1) 사회적 조망 수용(social perspective taking)
① 타인의 조망 또는 관점에서 사물이나 사건을 이해하는 능력
② 3단계인 초기 청소년기에 타인의 입장뿐만 아니라 제3자의 입장에서도 대인관계를 고려할 수 있는 수준으로 발달함
③ 4단계는 대인관계를 이해하는 수준이 자신, 상대방, 제3자의 입장을 복합적으로 고려할 뿐 아니라 각각 개인이 통제할 수 없는 사회 및 조직의 힘과 무의식적인 힘의 영향을 받음을 인식하는 성숙한 수준으로 발달함
④ 사회적 조망수용 능력은 고정불변의 것이 아니라 격려와 지도에 의해 변화 가능함 : 학생에게 타인의 입장에서 그 사람의 처지나 어려움을 생각해 보게 하거나 문제상황을 바라보는 연습을 하도록 함

(2) 발달단계

| 단계 | 연령 | 특징 |
|---|---|---|
| 0단계 : 자기중심적 미분화 단계 | 3~6세 | • 타인을 자기중심적으로 보기 때문에 타인이 자신과 다른 관점(생각, 느낌)을 가진다는 것을 전혀 이해하지 못함<br>• 다른 사람도 자신의 견해와 동일한 견해를 갖는다고 지각함 |
| 1단계 : 주관적 조망 수용 단계 | 5~9세 | • 동일한 상황에 대한 타인의 조망이 자신의 조망과 다를 수 있다는 것까지는 이해하나 아직도 자기의 입장에서 이해하려고 함<br>• 자신의 행동을 다른 사람의 조망을 통해 평가하기 어려움 |
| 2단계 : 자기반성적 조망 수용 단계 | 7~12세 | • 타인의 조망을 고려할 수도 있고, 타인도 자신의 조망을 고려할 수 있음을 인식함<br>• 다른 사람이 자신의 행동에 대해 어떻게 생각하는지 알 수 있으며, 다른 사람이 서로 다르게 생각하고 느낀다는 것을 앎<br>• 다른 사람 입장이 되어 그 사람의 의도와 목적, 행동을 이해할 수 있지만 이러한 과정을 동시 상호적으로 하지는 못함 |
| 3단계 : 상호적 조망 수용 단계 | 10~15세 | • 동시 상호적으로 자신과 타인의 조망을 각각 이해할 수 있음<br>• 다른 사람과의 관계, 상호작용 속에서 발생하는 문제를 제3자의 입장에서 객관적으로 생각하게 됨 |
| 4단계 : 사회적 조망 수용 단계 | 12세~성인 | • 동일한 상황에 대해 다른 생각을 한다고 해서 그 조망이 틀렸다고 인식하지 않으며, 자신이 다른 사람의 조망을 완전하게 이해하지 못한다는 점을 인식함<br>• 제3자의 입장을 확장하여 사회 구성원이 갖는 일반화된 관점에서 이해함 |

**13** ㉠ 단짝친구, ㉡ 성(성적)

### 설리번(Sullivan)의 성격발달 단계

| 단계 | 대략적 연령 | 유의미한 타인 | 특징적인 욕구 |
|---|---|---|---|
| 유아기 | 출생~2세 | 어머니 역할을 하는 사람 | 안정감의 욕구 |
| 아동기 | 2~6세 | 부모를 포함하는 가족 | 성인의 관심을 얻으려는(인정) 욕구와 경험의 욕구 |
| 소년기 | 6~10세 | 학교와 동년배 집단 | 또래 관계를 형성하려는 욕구 |
| 청소년 초기 | 10~12세 | 단짝친구 | 단짝관계로서 표현되는 친밀감의 욕구 |
| 청소년 중기 | 12~16세 | 친구들, 이성교제 시작 | 대인간의 친밀감을 유지하려는 욕구,<br>성적 만족을 추구하려는 욕구,<br>이성관계를 형성하려는 욕구 |
| 청소년 후기 | 16~20대 초반 | 연인 | 두 사람만의 특별한 이성관계를 추구하려는 욕구 및 사회 내에서 개인적 위치를 확립하려는 욕구 |

① 1단계 유아기(infancy; 0~2세) : 타인과의 접촉이나 부드러운 것과의 접촉욕구를 느끼는데 주로 어머니에 의해 이러한 욕구가 충족됨
② 2단계 아동기(childhood; 2~6세)
  • 어른(특히, 부모)에게 인정받고 싶은 욕구를 나타냄. 특히 자신들의 놀이에 성인들이 참여하기를 바라며, 성인이 인정하는 것과 인정하지 않는 것을 이해함
  • 대인관계(특히, 놀이친구나 동갑내기의 상호작용)에서 협동을 배우고 지시를 수행하며 사회적 기술을 숙달함
③ 3단계 소년기(juvenile; 6~10세) : 동년배 관계를 형성하려는 욕구를 나타내며, 다른 사람들과의 협동심과 경쟁심을 배움. 동시에 친구들로부터 배척의 위협과 따돌림, 놀림에 대한 두려움과 불안이 생기고, 이는 이후의 대인관계에 영향을 미침
  • 감독형태의 학습 : 아동이 상상적인 인물을 마음속에 간직하고 그 상상적 인물이 항상 자신을 감독한다고 느끼는 것. 아동은 다른 사람이 보이지 않아도 이 상상인물의 존재 때문에 자기 행동을 통제함
④ 4단계 청소년 초기(preadolescence; 10~12세)
  • 친밀한 동성친구(특히, 단짝)를 두고 싶은 욕구가 나타남
  • 소년기가 타인과의 관계 폭이 넓어지는 시기라면, 전청소년는 관계가 깊어지는 시기
  • 모든 것을 터놓고 이야기할 수 있는 단짝이 필요한 시기로, 단짝관계가 형성되는 것과 더불어 관심이 변화되는 것이 특징임
  • 친근한 단짝과 사적이고 은밀한 정보를 주고받으며 친밀감, 정직함, 충성심, 신의에 기반을 둔 상호적인 우정을 형성함
⑤ 5단계 청소년 중기(early adolescence; 12~16세)
  • 성적 욕망과 이성친구와의 애정적 관계를 형성하려는 욕구가 나타남. 아울러 동성과 친밀감을 나누려 하는 욕구도 있음
  • 이와 동시에 성적인 접촉욕구와 이러한 욕구의 충족이 현실적으로 불가능함을 깨닫게 됨
  • 청소년은 다양한 욕구를 통합해야 하는 어려움에 직면하게 되어 불안과 갈등, 위기감이 발생함
⑥ 6단계 청소년 후기(late adolescence; 17~20대 초반) : 청소년 초기의 혼란이나 스트레스가 어느 정도 안정을 찾게 되면서 다양하고 광범위한 분야에 대해 관심이 확장되고 각 욕구 간의 평형이 이루어지는 시기

 ㉠ 자아, ㉡ 위기

### 에릭슨(Erikson)의 심리사회적 발달이론

(1) 특징
  ① 심리성적 측면보다 심리사회적 측면을 강조함.
  ② 인간의 전 생애를 통한 발달 변화를 강조함.
  ③ 병적인 것이 아닌 '정상', '건강한 것'에 초점을 두고 있음.
  ④ 정체감 확립의 중요성을 강조함.
  ⑤ 성격구조를 설명함에 있어 임상적 통찰력을 문화적·역사적 요인과 결부하였음.

(2) 프로이트와의 비교
  ① 성격발달의 본능적 측면뿐만 아니라 심리사회적 측면을 강조 : 프로이트는 성격이 생애 초기에 형성된다는 점을 바탕으로 심리성적 단계이론을 강조한 반면, 에릭슨은 성격이 평생에 걸쳐 8단계를 통해 계속 발달한다고 믿었음.

② 원초아보다 자아를 더 강조 : 자아는 원초아에 종속되거나 보조적인 것이 아니라 성격의 독립적인 부분으로, 부모의 사회적 및 역사적 환경의 영향을 받으며 평생을 통해 성장하고 발달한다고 보았음. 또한 무의식의 내면적 성격구조도 중요하지만 그것이 의식세계를 전적으로 지배하지 않으며, 개인의 행동에는 자아의 힘이 깔려 있다고 믿었음 ☞ 자아심리학
③ 프로이트가 본능을 강조한 반면 에릭슨은 전체 성격의 형성에 문화, 사회, 역사의 영향을 인식하였음.
④ 성격형성에 과거뿐만 아니라 미래도 중요하다고 보았음 : 에릭슨은 사람들이 자신의 과거를 어떻게 해석하는가와 더불어 미래에 대한 해석도 성격형성에 의미가 있다고 인식하였음.

(3) 성격발달의 특성과 원리
① 성숙은 점성적 원리(epigenetic principle)에 따라 일어남.
- 점성원리 : 발달이 유전적 요인에 의존한 일련의 단계에 의하여 지배된다는 원리로, 어떤 발달이 정해진 시기에 이루어지지 못하면 결함으로 남을 수 있음
② 심리사회적 각 단계에는 위기가 있으며, 각 단계별 위기를 성공적으로 해결했을 때 성격발달이 정상적으로 이루어짐.
③ 자아는 적절하거나 부적절한 적응 방식을 통합해야 함.
④ 심리사회적 발달의 각 단계는 개인에게 기본적 강점 혹은 덕목을 발달할 기회를 제공함.

(4) 위기
① 심리사회적 단계에는 위기가 발생하는데, 위기란 해당 단계의 개인에게 부과된 생리적 성숙과 사회적 요구로부터 발생된 인생의 전환점.
② 각 단계마다 적응적 방식의 대처와 부적응적 대처방식이 있는데, 이 두 방식 모두 자아 정체감에 흡수되어야 함.
③ 인생주기의 단계마다 사회적 발달과정에서 다루어져야 하지만 반드시 그 단계에서 해결되어야 하는 것은 아닌 '각 단계에 특유한' 발달과제를 가지고 있음.

---

④

영호의 정체성 상태는 '정체감 유실(상실)'(이)고 민수의 정체성 상태는 '정체감 혼미'다. 영호는 진로에 대한 고민없이 부모님의 권유에 의해 의대에 진학하기로 결정한 것으로 보아 '위기'가 없고, 의사가 되기 위해 열심히 공부하고 있는 것으로 보아 '전념'만 하고 있는 상태다. 민수는 무엇을 하고 싶다는 생각을 해 본 적도 없는 것으로 보아 '위기'가 없고, 지금처럼 친구들과 노는 것이 좋다고 말한 것으로 보아 '전념'도 없는 상황이다.

### 마르샤(Marcia)의 정체감 유형

(1) 정체성 지위(identity status)
① 의미 : 개인의 정체감 형성과정과 정체감 형성수준의 개인차를 함께 진단하고자 하는 개념
② 두 가지 수준
- 정체성 위기 경험 여부 : 정체감을 갖기 위해 노력하는가? → 자신의 존재와 역할에 의문을 제기하고 여러 가지 대안적 가능성을 탐색하는 과정을 뜻함
- 과업에 대한 전념 : 무엇인가에 전념하고 있는가? → 자신이 선택한 정체감과 관련된 역할과 과업을 위해 얼마나 열심히 노력하고 있는가를 뜻함

(2) 정체성 상태

| 정체성 지위 | 위기 | 전념 |
| --- | --- | --- |
| 정체감 혼미 | × | × |
| 정체감 상실 | × | ○ |
| 정체감 유예 | ○ | × |
| 정체감 성취 | ○ | ○ |

① 정체감 혼미 : 방향성이 결여된 상태로서, 다른 사람이 어떤 일을 하는지나 내가 이 일을 왜 하는지에 대해 관심이 없음
② 정체감 상실(유실) : 스스로 심각하게 생각하거나 의문을 갖지 않고 타인의 가치를 받아들이는 상태
③ 정체감 유예 : 현재 정체감 위기나 변화를 경험하는 상태로, 정체감 확립을 위해 노력하고 있음
④ 정체감 성취 : 삶의 목표, 가치, 직업, 인간관계 등에서 위기를 경험하고 대안을 탐색하면서 확실하고 변함 없는 자아정체감을 확립한 상태

※ MAMA 사이클(Moratorium-Achievement) : 일생동안 정체감 유예와 정체감 성취를 반복하는 현상. 즉 정체감 성취에 도달한 사람이라도 삶의 과정 속에 여러 사건들을 경험하면서 정체감 위기를 다시 겪는 것

**17** ㉠ 전념, ㉡ 정체감 혼미

**18** (1) 정체감 유예 (2) 정체감 유실

**19** 소연이의 또래집단 인기유형은 '혼합형'이고, 현민이의 또래집단 인기유형은 '고립형'이다. 소연이의 유형은 공격적이지만 자기주장이 강하고 지도력이 있다는 특징이 있는데, 사례에서도 밝고 외향적이며 리더쉽도 있지만, 자기주장이 강하다고 보고하고 있다. 현민이의 유형은 수줍음을 잘 타고 위축된 성격으로 인해 낮은 자아존중감, 불안, 우울증 등 내적인 문제를 가진 경우가 많다는 특징이 있는데, 사례에서도 차분하지만 수줍음을 잘 타며 위축되어 있다고 보고하고 있다. ㉠의 요인은 '유창성'이다.

### 길포드(Guilford)의 확산적 사고와 이스트(East)의 또래집단 인기도

(1) 길포드의 창의적 사고
① 확산적 사고(divergent thinking) : 문제를 해결하기 위해 다양한 해결책이나 답을 모색하는 사고 즉, 하나의 문제에 대해 여러 가지 다른 해답을 할 수 있는 사고.
  • 유창성 : 주어진 문제에 대해 가능한 한 많은 아이디어를 만들어내는 능력
  • 융통성 : 다양한 방식으로 사고를 변화시켜 아이디어나 해결책을 만들어내는 능력
  • 독창성 : 기존의 것과는 다른 참신하고 독특한 아이디어를 산출하는 능력
  • 정교성 : 처음 제안한 아이디어를 가다듬고 더 정교하게 표현하여, 보다 유용하고 가치롭게 발전시키는 능력
② 수렴적 사고(convergent thinking) : 여러 가지 가능한 해결책이나 답들 가운데서 가장 적합한 해결책이나 답을 모색하는 사고. 즉, 하나의 문제에 하나의 정답을 유도하는 사고.

(2) 이스트의 또래집단 인기도 : 소시오그램

| 구분 | 내용 |
|---|---|
| 인기형<br>(popular) | • 신체적인 매력이 있고, 머리가 좋으며, 사교적이고, 행동적이며, 지도력이 있음<br>• 자아존중감이 높고 여러 부류의 다양한 친구들과 어울림 |
| 보통형<br>(acceptable) | • 아동의 절반 정도가 이 유형에 속함<br>• 친구들이 특별히 좋아하지도 않고 특별히 인기가 있는 것도 아니지만 친구들이 싫어하는 유형도 아님<br>• 이들은 집단에 무난히 어울리는 보통 아동임 |
| 고립형<br>(isolated or neglected) | • 고립되거나 무시당하는 아동은 친구들의 관심 밖에 있어, 친한 친구로 지명되지 않고 싫어하는 친구로도 지명되지도 않음<br>• 이들은 수줍음을 잘 타고 위축된 성격으로 말미암아 낮은 자아존중감, 불안, 우울증 등 내적인 문제를 가진 경우가 많음 |
| 거부형<br>(rejected) | • 친구들이 가장 싫어하는 유형<br>• 거부 아동은 신체적·언어적 공격을 많이 하고 교실의 수업 분위기를 망치며 학업성적도 좋지 못함<br>• 역시 인기가 없는 아동들과 친구가 되며, 자기보다 어린 아이들과 어울림<br>• 이들 중에는 약물남용, 청소년 비행과 같은 외적인 문제가 있는 경우가 많음 |
| 혼합형<br>(controversial) | • 친한 친구로 꼽히기도 하고 싫은 친구로 꼽히기도 함<br>• 혼합형 아동은 공격적이고 파괴적인 면이 있는가 하면, 자기주장이 강하고 지도력이 있음<br>• 또래집단에서 눈에 띄긴 하지만 이들을 좋아하는 사람도 많고 싫어하는 사람도 많아 친구들로부터 복합적인 반응을 유발함 |

③

㉠을 설명하는 개념의 명칭은 '자극 일반화'로, 자동차, 기차, 자전거는 원래의 조건자극인 버스와 유사하기 때문에 조건반응을 유발한 것이다. ㉡의 형성과정은 먼저 버스나 차에 대한 공포는 고전적 조건형성에 의해 형성된다는 것이다. 이렇게 형성된 공포는 조작적 조건형성 원리에 의해 유지되고 강화는데, 버스나 차를 타지 않는 회피행동은 부적강화 효과를 지니기 때문에 증상이 지속된다.

### 고전적 조건화와 2요인 가설

(1) 고전적 조건화의 주요개념
 ① 습득 : 새로운 조건반응이 형성 또는 확립되는 과정
 ② 소거 : 무조건 자극 없이 조건 자극만 계속적으로 제시할 때 이미 습득하였던 조건반응의 강도가 약화되고 사라지게 되는 현상
  → 소거와 망각 : 소거의 원인은 조건 자극에 뒤이어 무조건 자극이 지시되지 않는 새로운 경험을 하는 것이지만, 망각의 원인은 단지 오랫동안 반응을 수행할 기회를 갖지 못하는 것
 ③ 자발적 회복 : 소거 이후에 무조건 자극과 연합하지 않은 채 다시 조건화된 자극을 제시했을 경우 재훈련을 하지 않아도 조건화된 반응이 다시 나타나는 것

④ **자극 일반화** : 본래의 조건자극과 유사한 다른 조건자극에서도 조건반응을 유발하는 현상
⑤ **자극 변별** : 본래의 조건자극과 다른 조건자극에 대해서는 조건반응을 유발하지 않는 현상
⑥ **고차 조건화** : 반복적으로 새로운 조건자극을 제시하여 새로운 조건화를 반복해 나가는 과정
⑦ **강화** : 무조건자극과 조건자극의 반복적인 연합. 무조건자극은 조건반응을 강화하는 강화물이 됨

(2) 모우러(Mower, 1950)의 2요인 가설
① 공포증이 형성되는 과정에는 고전적 조건형성의 학습원리가 관여하는 반면, 일단 형성된 공포증은 조작적 조건형성의 원리에 의해 유지되고 강화됨.
② 공포증을 형성하게 되면 공포자극을 회피하게 되는데, 회피행동은 두려움을 피하게 하는 부적강화 효과를 지니기 때문에 증상이 지속됨. 또한 이러한 회피행동으로 인하여 공포자극이 유쾌하지 않다는 것을 학습할 기회를 얻지 못하므로 공포반응은 소거되지 않은 채 지속됨

**22** ㉠의 절차는 기초선 자료를 수집하여 문제의 심각성 정도를 평가한다는 것이고, ㉡ 기법은 '행동계약'이다. ㉠의 요소는 문제행동의 빈도, 시간, 지속기간 등을 측정하는 것이고, ㉡의 요소는 표적행동, 표적행동 측정방법, 행동이 수행되어야 할 시기, 강화와 벌 유관, 유관을 이행할 사람 등이다. 혹은 표적행동, 표적행동의 조건과 기준, 강화 내용과 방법, 계약기간, 계약자/피계약자 서명란 등이다.

### 행동수정 절차와 행동계약

(1) 행동수정 절차 1
① 관찰 가능한 행동을 기록할 수 있는 방법을 통해서 문제행동을 정의함
② 기초선 자료를 수집함으로써 문제의 심각성 정도를 평가함
③ 측정 가능한 상담목표를 설정함
④ 한 번에 한 가지 목표를 설정하여 점진적으로 접근해 나감
⑤ 변화 정도를 측정하여 기초선과 비교 평가하고, 목표달성이 이루어질 때까지 여러 가지 방법을 적용함

(2) 행동수정 절차 2
① 상담관계 형성
② **문제행동 규명** : 약화 또는 제거해야할 행동을 선정해서 객관적 용어로 정의함
③ **행동분석** : 기초선 측정을 통해 행동의 빈도와 시간 등을 측정함
④ **상담목표와 방법 협의** : 내담자와 함께 협의를 통해 상담의 목표를 정함
⑤ **상담의 실행** : 행동수정의 강화기법들을 적용하여 행동을 수정함
⑥ **상담결과의 조정 및 평가** : 행동의 변화정도를 평가하여 행동변화가 확인되면 상담을 종결함
⑦ **상담효과의 유지, 일반화 및 종결** : 변화가 유지되거나 비슷한 다른 행동으로 일반화되도록 격려하고 프로그램을 지속하도록 안내함

※ **행동분석** : 내담자의 문제행동 발달과정과 그것이 유지되고 강화된 요인들, 문제행동을 촉발하는 선행사건, 문제행동 수준, 문제행동의 결과 등을 분석하는 것
※ **상담목표** : 상담의 방향을 제시하는 것으로, 명확하고 구체적이며 목표 달성 여부를 객관적으로 확인할 수 있는 측정가능한 형태로 설정해야 함

(3) 행동계약 구성요소
① 표적행동 확인하기 : 표적행동을 명확하게 정의.
② 표적행동을 어떻게 측정할지 진술하기(표적행동 측정방법 제시).
③ 행동이 수행되어야 할 시기 진술하기.
④ 강화나 벌유관 확인하기.
⑤ 유관을 이행할 사람 확인하기(계약을 이행할 사람 정하기).

〈혹은〉
① 학생의 표적행동.
② 표적행동의 조건과 기준.
③ 강화 내용과 방법.
④ 계약기간.
⑤ 계약자/피계약자 서명란.

## 23  ②

## 24
A : 짝의 학용품을 허락 없이 가져감
B : 짝을 놀리고 밀치고 때림
C : 선생님께 꾸중을 들음

## 25 차별강화

| 차별강화 종류 | 강화 받는 행동 | 목적 |
|---|---|---|
| 저비율 차별강화 | 정해진 기준치 이하의 표적행동 | 표적행동 발생빈도의 감소 |
| 다른 행동 차별강화 | 표적행동 외의 모든 행동 | 표적행동이 발생하지 않는 시간의 증가 |
| 대체행동 차별강화 | 표적행동과 동일한 기능의 대체행동 | 대체행동의 강화를 통한 표적행동의 제거 |
| 상반행동 차별강화 | 표적행동의 상반행동 | 상반행동을 통한 표적행동의 제거 |

① 의미 : 바람직한 행동에 대해 강화를 제공하고 바람직하지 않은 표적행동에 대해 강화를 제공하지 않음으로써 바람직하지 않은 행동을 감소시키는 것
② 종류
- DRO(다른 행동 차별강화) : 일정 시간 동안 바람직하지 못한 행동이 발생하지 않으면 그 기간 끝에 강화를 제공하는 것
- DRA(대체행동 차별강화) : 부적절한 행동을 감소시키기 위해 그에 대한 대안적인 행동에 강화를 주는 것
- DRI(상반행동 차별강화) : 어떤 행동과 동시에 발생할 수 없는 행동으로 문제행동의 상반행동에 대해 강화하는 것
- DRL(낮은 행동 차별 강화) : 행동이 정해진 시간 동안 정해진 기준만큼 또는 기준보다 적게 발생했을 때 강화하는 것

**26** ㉠의 혐오조건화는 특정 반응 뒤에 전기쇼크와 같은 혐오적 사건이 수반되면 특정 반응을 감소시키는 것을 말하는 것으로, 사례에서 게임을 하면 엄마의 잔소리가 혐오적 자극이 되어 게임을 중지하는 반응이 감소한 것이다. ㉡의 용어는 '도피'이고, ㉢의 용어는 '회피'이다. ㉣은 '차별강화'로, A에서는 책상에 앉아서 숙제를 하나 끝내면 게임하는 시간을 30분 늘려주고, 책상에 앉아서 다른 행동을 하고 있으면 게임하는 시간을 늘려주지 않는 것이다.

### 혐오 조건화와 행동형성(조형법)

(1) 혐오 조건화
  ① 의미 : 조작적 조건화에서 특정 반응 뒤에 전기쇼크와 같은 혐오적 사건이 수반되면 특정 반응을 감소시키는 것
  ② 혐오적 사건은 반응 경향성을 약화시킬 수 있으나 반대로 반응 경향성을 증가시킬 수도 있는데, 이것은 도피학습이나 회피학습에서 나타남
    • 도피학습 : 유기체가 현재 진행 중인 혐오적 사건을 종료시키는 반응을 학습하는 것(이미 시작된 혐오적 사건을 반응이 중지시킴)
    • 회피학습 : 유기체가 혐오적 사건이 시작되는 것 자체를 차단하는 반응을 학습하는 것(혐오적 사건을 예방함) → 회피학습이 되기 위해서는 도피학습이 먼저 선행되어야 함

(2) 행동형성(조형법)
  ① 연속적 접근법(계기적 근사법, successive approximation)을 사용함으로써 연구자가 원하는 새로운 반응을 이끌어 내는 것
  ② 조형은 학습할 최종의 목표행동을 작은 단위의 하위행동으로 나누어 단계적으로 강화함으로써 결국 최종 목표행동을 강화하는 방법
  ③ 요소
    • 차별적 강화 : 강화해야 할 행동과 강화하지 않을 행동을 정확하게 구분하여 강화하는 것
    • 연속적 접근 : 목표행동에 근접한 행동을 점진적으로 강화하는 것

**27**

**28** ㉠ 선택적 주의, ㉡ 선택적 부주의

### 선택적 주의와 부주의

① 병렬처리 : 문제의 여러 측면들을 동시에 처리하는 것 → 두뇌가 정보를 처리하는 방식
② 선택주의 : 칵테일파티 효과에서처럼 특정 자극에 의식적 자각의 초점을 맞추는 것
③ 선택적 부주의 : 의식적 자각 수준에서 시각자극의 아주 조그만 부분을 제외하고는 거의 모든 것을 보지 못하는 경향이 있음
  • 부(무)주의 맹 : 주의 초점에 있지 않은 물체들을 지각하지 못하는 것 → 보이지 않는 고릴라 실험
  • 변화맹 : 사람들이 장면의 시각적 세부에서 변화를 탐지하지 못하는 것
  • 변화맹과 부(무)주의맹 현상 : 우리가 환경에서 가시적이고 현저한 특징들을 알아차리지 못할 때 일어나며, 우리의 의식적 시각 경험은 주의에 달려 있다는 점을 강조함

④ 지각적 착각(착시현상) : 물리적 자극을 왜곡하여 지각하는 것
- 시각체계가 자극 전체의 물리적 속성뿐만 아니라 그 자극에 인접한 주변 자극의 물리적 맥락 또한 상대적으로 고려하고 있기 때문
- 다른 감각의 착각보다 시각적 착각을 중시하는 이유 : 시각의 우세성, 즉 다른 감각과 시각의 정보가 서로 상충되면 보통은 시각정보가 더 우세하기 때문

㉠의 특징은 저장용량이 5~9개 단위로 제한적이고, 정보의 지속시간은 약 20~30초 동안 일시적으로 유지할 수 있다는 것이다(지속시간이 짧다). ㉡에 공통으로 해당하는 용어는 '시연'이다. ㉢에 해당하는 용어는 '음운(조음)루프'이고, 기능은 언어적 이해와 청각적 암송을 담당한다는 것이다. 혹은 말과 소리에 기초한 정보를 짧은 시간 동안 저장하는 공간이다.

## 단기(작업)기억

(1) 단기(작업)기억
① 단기기억의 정보
- 감각자극 중 주의를 기울인 정보. 즉 감각저장고에 있는 정보 중 주의를 기울인 정보
- 장기기억에 있는 정보 중에서 단기기억으로 인출된 정보
② 단기기억의 특징 : 정보 유지시간(지속시간)이 20~30초로 짧고(제한되고), 정보 처리용량도 5~9개 단위로 제한됨
③ 짧은 지속시간 : 단기기억에 들어온 정보는 시연하지 않으면 시간이 지남에 따라 재빨리 소멸됨
- 시연(rehearsal) : 단기기억의 정보도 시연을 하면 그 이상을 유지할 수 있으며, 단기기억의 정보를 재순환시키는 역할을 함
- 기계적/유지형 시연(maintenance rehearsal) : 감각등록기로부터 들어온 여러 정보들을 마음 속으로 반복해 보는 것. → 장기기억으로의 전이 가능성 낮음
- 정교형 시연(elaborative rehearsal) : 성공적으로 정보의 전이를 이루게 됨. 이 시연에서는 정보가 체계화되고, 이전의 정보와 논리적 연결관계를 형성하거나, 심적 이미지를 구성하는 등의 매우 풍부한 정보 간 연결고리를 만들게 됨
④ 저장용량의 제한 : 밀러(Miller)는 사람이 평균 7개의 수, 문자, 단어를 기억할 수 있다고 보았음 → '신비의 수, 7±2'
- 단기기억고가 꽉 찬 상태에서 새로운 정보가 들어오면 단기기억에서 처리 중인 정보가 새 정보로 치환됨
- 군집화(chunking, 청킹) : 친숙한 자극을 하나의 단위로 묶는 것으로, 이 군집화를 통해 많은 정보를 기억하고 단기기억의 용량을 증가시킬 수 있음
⑤ 배들리의 작업기억 모형
- 음운루프(phonological loop) : 언어이해와 청각적 암송을 담당함
- 시공간 잡기장(visuospatial sketchpad) : 시각적 심상과 공간 정보를 유지하고 조종함
- 중앙 집행기(central executive) : 정보를 한꺼번에 처리할 수 있도록 정보량을 제한하고, 추리와 의사결정에 관여하며, 하위영역에 명령을 내리고 통제하는 역할을 함

(2) 정보처리 이론 : 작업기억
① 새로운 정보를 조작하여 저장하거나 행동적인 반응을 하는 공간으로, 지금 이 순간에 의식적으로 활성화되는 기억저장고

② 초기에는 작업기억을 '단기기억'이라고 불렀지만, 단순히 단기적으로 정보를 유지하는 기억기능을 넘어서 의미분석과 구성이라는 적극적 사고활동이 진행된다는 점에서 최근에는 '작업기억'이라고 부름
③ 정보 : 감각기억에서 넘어온 새로운 자극과 장기기억에서 인출한 지식이 있음
④ 특징 : 정보 유지시간이 20~30초로 제한되고, 정보처리 용량이 5~9개 단위로 제한됨
⑤ 배들리(Baddeley)의 구성요소

| 요소 | 내용 |
| --- | --- |
| 중앙 집행부 | • 작업기억 내의 작동을 통제하는 역할을 맡음<br>• 정보의 흐름을 통제하고, 여러 전략 중 정보처리에 적절한 전략을 선택하고, 정보를 장기기억으로 전이함 |
| 조음 루프 | • 말과 소리에 기초한 정보를 짧은 시간 동안 저장하는 공간<br>• 유지시연(maintenance rehearsal)을 통해 정보를 파지함 |
| 시공간 잡기장 | 시각적·공간적 정보를 단기적으로 저장하는 공간 |

⑥ 작업기억의 용량과 정보 유지의 한계 때문에, 반복적으로 암송하는 시연, 청킹과 같은 전략들을 통해 보관된 정보를 계속 유지할 수 있음
  • 시연(rehearsal) : 입력한 정보를 반복하여 생각하거나 말로 되뇌는 것
  • 청킹(chunking) : 해당 내용을 좀 더 크고 고차원적인 단위로 조합하는 것
  • 자동화(automatization) : 기억해야 하는 내용이나 기능을 여러 번씩 반복함으로써 처리해야 할 일을 의식적인 노력 없이 처리하는 것
⑦ 망각
  • 대치(displacement) : 의식 수준에 있는 정보가 다른 정보로 바뀌는 것이다. 이는 사용하고 있는 정보가 필요하지 않을 때 더 이상 주의가 주어지지 않음으로써 의식의 대상에서 탈락되고 현 시점에 필요한 정보로 교체되는 것
  • 쇠퇴(소멸, decay) : 시간이 경과함에 따라 기억 흔적이 약해지는 것

**30** ㉠의 명칭은 '교감 신경계', ㉡의 명칭은 '부교감 신경계'다. ㉠의 기능과 관련 있는 반응은 '지수는 어떻게든 버스 밖으로 나가려고 안간힘을 썼고, 버스 문을 열수 없자 비상 망치로 창문을 깨뜨리려고 시도하였다'는 것이다. ㉢이 도움이 되는 이유는 교감 신경을 억제하고 근육긴장을 완화하여 부교감 신경을 활성화하기 때문이다.

### 신경계와 이완훈련

(1) 신경계 구성

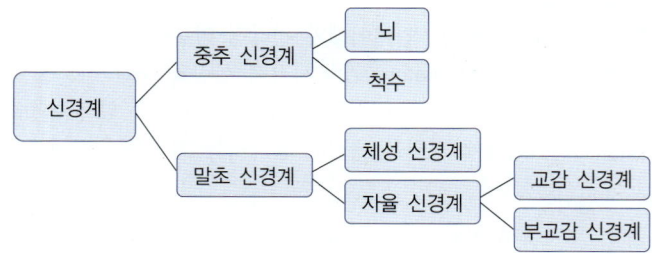

(2) 말초 신경계
  ① 체성 신경계 : 감각기관에서 정보를 받아들이는 감각신경과 골격근의 운동을 통제하는 운동신경으로 구성되며 수의근에 신호를 보내는 데 필요한 시스템
    • 척수신경 : 척수와 각 신체 부분을 연결(31쌍)
    • 뇌신경 : 주로 머리 부분이나 내장기관을 직접 뇌로 연결(12쌍)
  ② 자율신경계 : 호르몬, 체액을 분비하는 분비샘과 더불어 의식적으로 통제가 불가능한 근육인 불수의근에 신호를 보냄
    • 교감신경 : 스트레스 상황에서 신체를 활성화하고 에너지를 동원하는 자율신경계의 부분
    • 부교감신경 : 신체를 안정시키고 에너지를 보존하는 자율신경계의 부분
      → 교감신경계와 부교감신경계는 항상성이라고 부르는 안정된 내적 상태를 유지시키도록 함께 작용함

(3) 이완 훈련
  ① 이완훈련 : 이완훈련을 통해 자율신경계와 중추신경계 자극이 감소되고, 부교감신경의 반응이 증가됨
  ② 목적 : 스트레스에 의한 부정적 신체증상을 줄이거나 불안을 낮추기 위해 적용함
  ③ 점진적 근육이완법 : 제이콥슨(Jacobson)이 창시한 것으로, 특정 근육과 근육군이 긴장 또는 이완된 것을 확인해주고, 나아가 긴장과 이완의 감각 차이를 구분할 수 있게 해줌. 또한 근육을 충분히 이완하게 되면 신체적 이완감뿐만 아니라 심리적 이완감도 경험할 수 있음

## 31 ㉠ 순행간섭, ㉡ 역행간섭

### 기억의 간섭

① 간섭이론(interference theory) : 정보가 서로 경합을 벌이기 때문에 망각이 일어남.
② 간섭효과 연구 : 검사자극과 간섭자극이 유사할수록 간섭이 더 많이 일어나겠지만, 유사성을 감소시키면 간섭도 감소함.
③ 간섭의 종류
  • 역행간섭(retroactive interference) : 새로운 정보가 이전에 학습한 정보의 파지를 방해하는 것.
  • 순행간섭(proactive interference) : 이전에 학습한 정보가 새로운 정보의 파지를 방해하는 것.

## 32 ㉠ 정서중심 대처, ㉡ 문제중심 대처

### 스트레스 대처방식(Lazarus와 Folkman)

① 문제중심 대처 : 스트레스를 유발한 문제를 해결하기 위해 직접적으로 노력하는 것을 의미하며, 자신의 대처자원이나 기술을 믿고 문제해결에 대한 노력을 지속하는 것 → 문제해결을 위한 계획 고안, 정보수집을 위한 사회적 지지 추구, 공격적 행위 등
② 정서중심 대처 : 문제 자체가 아니라 문제상황에 발생하는 부정적인 정서상태를 완화하고자 노력하는 것 → 재감정(새로운 정보 또는 추가적인 생각에 비추어 상황을 재평가함), 거리두기(정서적 경험으로부터 스스로를 분리시킴), 도피 - 회피(상황에 신경쓰지 않기 위해 다른 생각 또는 행위를 함), 사회적 지지추구(정서적 지지를 목적으로 친구와 대화를 나눔), 자기통제(문제에 대한 감정 또는 행위조절을 시도함), 책임수용(스트레스 유발 상황에서 자신의 역할을 인정함)

**33** ㉠ 변별, ㉡ 동조

### 조건화와 동조

(1) 고전적 조건형성과 조작적 조건형성 비교

| 구분 | 고전적 조건화 | 조작적 조건화 |
| --- | --- | --- |
| 용어 | CS, US, CR, UR | 반응, 강화 |
| 행동의 효과 | US를 통제하지 못함 | 강화를 통제함 |
| 습득 절차 | CS – US | 특정 자극하에서 반응과 결과를 짝지음 |
| 학습되는 반응 | 장기반응 | 골격근반응 |
| 소거 | US 없이 CS만 제시함 | 반응 후 강화를 생략함 |
| 일반화 | CS와 유사한 자극이 CR과 유사한 반응을 유발함 | 강화를 받았을 때와 유사한 자극이 제시되면 유사한 반응이 나타남 |
| 변별 | 한 자극에는 US가 뒤따르고, 유사한 자극에는 US가 뒤따르지 않음 | 한 자극이 있을 때 수행한 반응은 강화되고 다른 자극이 있을 때 수행한 반응은 강화되지 않음 |

(2) 동조
  ① 동조: 자신의 행동이나 사고를 집단의 기준과 일치하도록 조정하는 것.
  ② 이유
   • 정보적 영향: 다른 사람의 행동이 그 상황에서 적합한 행동이 무엇인가에 대한 정보를 제공함.
   • 규범적 영향: 무리 속에서 일탈자가 되는 것이 두려워서 남들을 따라하는 것 → 다른 사람들이 자신을 인정하고 수용하기를 바라는 마음에서 그들의 기대에 따르도록 하는 힘 때문.

 **34** 내사된 조절동기에 해당하는 학생은 '건호'다. 내사된 조절동기는 의무감이나 자존심을 지켜야 한다는 내적압력이 동기에 영향을 미치는 것인데, 사례에서는 부모님이 공부하라고 하시고, 친구들도 하니까 저도 하기는 한다는 것이다. 확인된 조절동기에 해당하는 학생은 '지연'이다. 확인된 조절동기는 과제의 가치나 중요성을 인정하고 수용한 상태를 말하는데, 사례에서도 미래를 위해서 공부하는 건 꼭 필요하다고 생각한다는 것이다. 과정당화 이론은 외적보상이 내재적 동기를 감소시키는 것으로, 선우는 외적 보상인 용돈을 받기 위해 공부를 하기 때문에, 공부하는 즐거움인 내재적 동기가 감소하고 있다.

### 자기결정성 이론과 과정당화 이론

(1) 유기체 통합이론
  ① 무동기: 자기결정성이 전혀 없는 것으로 행동하려는 의지가 결핍된 상태
  ② 외적 조절동기: 외적 보상이나 제약이 개인의 행동을 조절함
  ③ 내사된 조절동기: 개인의 행동에 내적 압력이 영향을 미치는 상태. 내적압력은 어떤 행동을 해야만 한다고 생각하는 의무감이나 과제에 성공해서 자존심을 지켜야 한다는 압박감을 의미함 → 의무감, 죄책감
  ④ 확인된(동일시된) 조절동기: 개인이 학습의 가치를 확인하고 인정하여 수용한 상태 → 스스로 그 행동이 가치 있다고 판단하여 행동을 하지만 그것 자체에 대한 기쁨이나 자기만족보다는 어떤 목표를 달성하기 위해 행동하기 때문에 완전히 내면화된 것은 아님 → 과제의 가치, 중요성

⑤ 통합된 조절동기 : 해당 과제의 중요성을 넘어 개인의 가치체계나 자기도식, 정체성과 부합되는 상태
⑥ 내재동기 : 행위를 하는 그 자체가 만족스럽기 때문에 하는 경우

(2) 과정당화 이론
① 내재동기를 느끼는 활동에 보상을 주는 경우 내재동기가 감소됨
② 이유 : 자신이 좋아서 한 행동이 다른 목적을 달성하기 위한 수단임을 인식하면서 활동에 대한 흥미가 떨어지기 때문
③ 보상이 내재동기를 감소시킨 절감 현상 : 내재동기가 있는 상태에서 보상이 소개되면 행위자는 행동의 원인을 내부요인에서부터 보다 현저하게 외부요인으로 전환하여 귀인함

---

**35** 틀효과의 명칭은 '매몰비용의 오류'로, 의미는 사람들이 이미 투자한 비용을 고려해서 현재 상황에 대한 결정을 내리는 것이다. 사례에서 어머니는 첼로에 들어간 시간과 비용 때문에 민수가 첼로에 적성에 맞지 않음에도 불구하고 진로변경을 하지 못하고 있다. 해석 중 잘못된 부분은 첫째, ㉠으로 계측성이 아니라 변별성(변별도)이 높은 편이어서 흥미 성향을 잘 파악할 수 있다. 둘째, ㉣로 성격유형은 SC, 환경유형은 A로 일치성이 낮기 때문에, 학교생활에 어려움이 있을 수 있다.

### 틀(프레이밍) 효과

① 의미 : 한 문제가 어떤 식으로 표현되는지(틀 속에 들어가는지)에 따라 동일한 문제에 서로 다른 대답들이 나타나는 것.
② 틀 효과는 문제를 제시하는 방식에 따라 결정과 판단에 영향을 주는 것으로 어떤 문제, 질문 혹은 사건을 둘러싸고 있는 맥락을 어떻게 정의하느냐에 따라 그 맥락에 대한 지각이나 평가가 달라짐.
③ 매몰비용의 오류(suck-cost fallacy) : 사람들이 이미 투자한 비용을 고려해서 현재 상황에 대한 결정을 내리는 것.
  • 매몰비용 : 경제적 관점으로 이미 발생하여 회수할 수 없는 비용.
  • 매몰비용의 오류 : 매몰비용 때문에 이미 실패한 또는 실패할 것으로 예상되는 일에 시간, 노력, 돈을 투자하는 것.
④ 전망이론(prospect theory, Tversky & Kaneman) : 위험, 불확실성, 손실 및 이득에 대한 사람들의 태도가 그들의 의사결정에 미치는 영향을 설명함. → 사람들은 확률을 정확하게 계산할 수 있는 능력이 없고 대부분의 경우에는 앞으로 얻을 수 있는 이득보다는 손실에 대한 두려움이 사람들의 의사결정에 더 큰 영향을 미침

---

**36** ㉠에 해당하는 지능은 '대인관계(대인간, 개인간) 지능'이다. ㉡에 해당하는 지능은 '실제적(실용적) 지능'이다. ㉢의 진술 중 잘못된 부분은 첫째, 신기성은 익숙한 상황이 아닌 새로운 상황을 효과적으로 다루는 능력이다. 둘째, 새로운 해결책을 신속하게 일상적인 것으로 바꾸어 적용할 수 있는 것은 유연성이 아니라 자동화 능력이다.

## 가드너(Gardner)와 스턴버그(Sternberg)의 지능이론

(1) 가드너 다중지능 영역
① 언어지능 : 말하기와 읽기, 작문, 듣기 영역에 대한 민감성, 언어 학습능력, 특정 목표를 달성하기 위한 언어 활용능력 등을 포함함.
② 논리-수학 지능 : 어떠한 문제를 논리적으로 분석하고, 수학적 조작을 수행하고, 과학적인 방법을 사용하여 문제를 해결하는 능력.
③ 공간지능 : 시각적 세계를 잘 지각할 수 있고 지각한 것을 변형할 수 있으며, 균형과 구성에 대한 민감성, 유사한 양식을 감지하는 능력 등이 포함됨.
④ 신체운동 지능 : 문제를 해결하거나 사물을 아름답게 꾸미기 위해 몸 전체나 손, 얼굴표정 등의 신체 일부분을 활용할 수 있는 능력.
⑤ 음악지능 : 연주하거나 노래하기, 음악적 양식을 이해하거나 작곡 혹은 지휘와 관련된 능력이다. 음정과 리듬에 대한 민감성, 음악의 정서적인 측면에 대한 이해 등이 포함됨.
⑥ 대인관계 지능 : 타인의 욕구와 동기, 의도를 이해하고 다른 사람과 효과적으로 일할 수 있는 능력.
⑦ 개인내적 지능 : 대인관계 지능과 함께 인성지능(personality intelligence)에 속하는 지능이다. '자성지능'이라고도 불리며, 자신을 이해하고 자신의 욕구, 불안, 두려움 등을 잘 통제하여 효율적인 삶을 살아나갈 수 있는 잠재력을 의미함.
⑧ 자연지능 : 자연에 존재하는 여러 종(species)을 잘 구분하고, 각각의 종 사이의 관계를 인식하고 규정하며, 자연과의 교감을 능숙하게 할 수 있는 능력.
⑨ 실존지능 : 존재와 삶의 의미에 대해 깊이 있게 생각하는 능력으로, 삶의 의미뿐만 아니라 영성, 희노애락, 인간의 본성, 삶과 죽음과 같은 실존적 문제들에 대해 고민하고 사고하는 것과 관련된 지능.
⑩ 도덕지능 : 도덕적이고 윤리적인 틀 안에서 문제를 해결할 수 있는 능력으로, 도덕적, 윤리적인 것과 관련된 지능.

(2) 스턴버그의 지능 삼원론

| 구분 | 내용 |
| --- | --- |
| 분석적 지능 | • 인간의 정신과정과 관련된 것으로, 흔히 학문적 영역의 지능을 의미함<br>• 특정 정보나 문제를 분석하고 대조하며 평가하는 일련의 정신작용<br>• 구성 요소<br>  - 메타 요소 : 어떠한 일을 사전에 계획하거나 일이 진행되는 동안 점검하는 것, 일을 통제하기 위해 평가하는 것과 같은 정신과정<br>  - 수행 요소 : 메타 요소인 고등 정신과정을 이행하기 위한 하위 수준의 과정<br>  - 지식 습득 요소 : 메타와 수행 요소가 하는 것을 실제로 어떻게 해야 하는지에 대한 학습 |
| 창조적<br>(경험적)<br>지능 | • 인간의 경험과 연관된 것으로, 상상력, 발명, 종합적 능력을 포괄하는 창의적인 능력을 의미함<br>• 구성요소<br>  - 신기성(novelty)을 다루는 능력 : 통찰력 혹은 새로운 상황을 효과적으로 다루는 창조적 능력<br>  - 자동화 능력 : 새로운 해결책을 신속하게 일상적인 과정으로 바꾸어 많은 인지적 노력 없이도 적용할 수 있는 능력 |
| 실제적<br>(실용적)<br>지능 | • 전통적인 지능검사 점수나 학업성취도와는 무관한 지능으로 적응, 선택, 조정의 세 부분으로 구성됨<br>• 실제 적응력, 사회적 유능성 등의 능력을 의미하며 일상 속에서 개인의 경험을 통해 향상됨 |

→ 성공지능 : 분석적 지능, 창조적 지능, 실제적 지능을 특정한 목적과 목표의 실현을 위해 집결하고 통합할 수 있는 일련의 능력. 즉, 3가지 지능과 그에 해당하는 특별한 능력들 간의 균형이 유지될 때 인간은 자신의 목표를 성취하고 그에 따른 성공적인 경험을 할 수 있음

**37** 성취목표 지향성 유형은 지수는 '숙달접근 목표'에 해당되고, 주호는 '수행회피 목표'에 해당된다. 지수는 평소에도 하고 싶은 것이 있으면 적극적으로 자료를 찾고, 과제를 재미있어 하며, 무언가를 배우는 것에 흥미를 보이는데, 이는 높은 학습참여도와 학습에 대한 강한 내재적 흥미를 보이는 특성 때문이다. 혹은 자신의 능력이나 관련 기술을 개발하고 향상시키는 것이 목표가 되기 때문이다. 주호는 다른 친구들은 잘하는 것 같은데 자기 혼자 못하는 것이 자존심이 상한다고 보고하고 있고, 아버지를 실망시켜 드릴까봐 걱정하고 있다고 하고 있는데, 이는 무능한 사람으로 평가받는 것을 피하려는 특성 때문이다.

## 성취목표 이론

(1) 성취목표
 ① 의미 : 성취상황에서 학생들이 지닌 목표와 동기를 연결시켜 설명하는 이론.
 ② 목표
  • 숙달목표(mastery goal) : 학습에 대한 이해를 도모하고 자신의 능력이나 관련 기술을 개발하고 향상시키는 것
  • 수행목표(performance goal) : 다른 사람과의 경쟁을 통해 자신의 능력이 우월하다는 것을 드러내는 것
 ③ 목표 지향성

| 구분 | 목표지향성의 구분 | |
|---|---|---|
| 니콜스<br>(Nicholls, 1984) | 과제개입형 목표 | 자아개입형 목표 |
| 드웩<br>(Dweck, 1986) | 학습목표 지향성 | 수행목표 지향성 |
| 에이미즈(Ames)와<br>아처(Acher, 1988) | 숙달목표 지향성 | 수행목표 지향성 |
| 특징 | 과제 자체에 가치를 두고 이를 목표로 삼음 | 능력에 대한 타인의 인정과 같은 과제 외적인 것에 가치를 둠 |
| | 과제를 수행하는 목표가 과제에 대한 이해와 습득, 숙달로 자신의 능력 향상에 관심을 두는 경향 | 남보다 우수하고 경쟁에서 이기고 최고가 되는 것을 목적으로 삼는 경우 |

 • 과제 개입형, 학습목표 지향, 숙달목표 지향 : 주어진 학습상황에서 새로운 것을 배우거나 숙달하는 데 초점을 두며, 문제 해결과 관련지어 정보를 처리하고, 실수나 오류를 자신들의 전략을 조절하는 데 필요한 지표로 받아들임
  − 증진이론을 믿기 때문에, 새로운 학습을 통해 자신들의 능력을 향상시키는 것을 목표로 삼아 노력을 투자하며 실패를 불가피한 학습과정의 일부로 봄
  − 학습 참여도가 높고, 정보의 심층처리와 관련된 학습처리를 사용하는 경향을 보이며, 타인과의 비교에 좌지우지되기보다는 자기 참조적 기준에 기초한 과제 숙달에 도달하고자 함
 • 자아 개입형, 수행목표 지향 : 암묵적 이론 중 실체이론을 믿기 때문에, 과제를 수행할 때 타인으로부터 자신의 능력에 대해 호의적인 평가를 받는데 초점을 둠
  − 능력과 노력이 서로 반비례한다고 믿으므로 능력이 뛰어나다면 그렇지 않은 사람들에 비해 노력을 적게 하고도 같은 수준의 성취를 올릴 수 있어야 한다고 생각함
  − 다른 사람과 비교해서 상대적으로 유능하게 보이기를 원하고, 무능한 사람으로 보이는 것을 기피하며, 자기가치감을 높이는 방향으로 학업에 임함

(2) 삼원목표 구조 : 수행목표의 세분화(Elliot, Harackiewicz)
  ① 숙달목표 : 학습에 대한 이해를 도모하고 자신의 능력이나 관련 기술을 개발하고 향상시키는 것
  ② 수행접근목표 : 다른 사람보다 더 나은 성과를 거두고자 하는 욕구를 이유로 과제에 접근하는 것, 다른 사람과의 경쟁에서 이기고, 유능성을 보여주기 위한 것
  ③ 수행회피목표 : 잠재적인 실패를 피하려는 욕구로 과제를 회피하는 것, 자신의 무능함을 남들에게 드러내지 않게 하고, 자기 가치감을 보호하기 위해 평가상황을 회피하는 것

(3) 2×2 목표구조 : 숙달과 수행목표 모두의 세분화(Elliot, McGregor)

| 이원구조 | 삼원구조 | 2X2 구조 | 특징 | 문항 예 |
| --- | --- | --- | --- | --- |
| 숙달 | 숙달 | 숙달접근 | 과제숙달에 초점, 학습에 대한 내재적 흥미와 긍정적 태도, 높은 학습참여도, 학습의 내재적 가치 존중, 자기 조절과 정보의 심층처리와 관련된 학습전략 사용, 자기참조적 기준 도입, 도전적 과제 선호, 실패는 노력 부족으로 귀인 | "나는 수업에서 가능한 한 많은 것을 배우고 싶다." |
| | | 숙달회피 | 과제숙달의 실패나 학습부진을 기피, 오류를 범하는 것을 기피, 학습전략의 퇴보를 기피 | "나의 좋은 공부습관을 잃지 않는 것이 나에게는 중요하다." |
| 수행 | 수행접근 | 수행접근 | 유능하게 평가받는 것에 초점, 능력에 대한 호의적 평가 기대, 자기가치감을 높이는 방향으로 학업에 임함, 학습은 목표달성을 위한 수단, 피상적이고 단기적인 학습전략을 선호, 규준적으로 정의된 성공을 지향, 도전적 과제 기피, 실패는 능력부족으로 귀인 | "나의 목표는 다른 학생보다 좋은 성적을 받는 것이다." |
| | 수행회피 | 수행회피 | 다른 학생보다 무능한 사람으로 평가되는 것을 기피, 꼴찌가 되지 않는 것, 낙제점수를 받지 않는 것 | "나의 목표는 다른 학생들과 비교하여 나쁜 성적을 받지 않는 것이다." |

**38** ㉠의 형성원리는 (자신의 반응이 미래에 일어날 결과를 통제하지 못할 것이라는 예측), 즉 반응과 결과가 무관할 것이라는 기대로 형성된다. ㉡에 해당하는 개념은 '(학업적) 자기불구화(자기장애) 전략'이다. 목표지향성 유형은 ㉢이 학습목표, ㉣은 수행 목표다. ㉢ 학생들은 과제에 실패했을 때 일시적인 차질이며 숙달할 수 있는 도전이라고 생각하는 등 실패를 노력부족으로 귀인하기 때문에 학습된 무기력으로 진행되지 않는다.

### 학습된 무기력과 자기 불구화 전략

(1) 학습된 무기력(학습심리)
  ① 의미 : 삶을 전혀 통제할 수 없고, 무엇을 하더라도 실패를 피할 수 없다는 신념으로, 이는 아무리 노력해도 반드시 실패할 것이라는 확고한 기대로 나타남
  ② 무력감이 발생하는 가장 중요한 요인 : 자신의 반응이 미래에 일어날 결과를 통제하지 못할 것이라는 예측, 즉 반응과 결과가 무관할 것이라는 기대이며, 이는 통제되지 않았던 경험의 반복으로 형성됨
  ③ 과정
    • 실패인정 : 자신이 실패했음을 스스로 인정함
    • 능력귀인 : 자신의 노력은 아무 소용없기 때문에 능력이 없다고 귀인함
    • 시도포기 : 새로운 시도는 실패만 낳기 때문에 더 이상 시도하지 않으려고 함

- 해결포기 : 새로운 해결방법을 찾으려 하지 않고 문제해결을 포기함
- 상황인식불능 : 이제 상황이 바뀌어서 조금만 노력하여도 성공할 수 있음에도 불구하고, 상황이 바뀐 것을 눈치 채지 못하고 시도하지 않음

(2) 학업적 자기손상화(자기불구화, 자기장애) 전략
① 자신의 능력을 평가받는 상황에서 미리 실패를 예상하여 실패의 원인으로 돌릴 수 있는 변명거리를 만들어서 자신을 보호하는 전략
② 구분
- 행동적(획득된) 자기손상 : 실제 수행에 방해가 될 부적응적인 행동(지연행동, 성취 불가능한 목표 설정)을 하여 저조한 수행 결과를 방해행등으로 귀인하는 것
- 주장적(자기보고적) 자기손상 : 실제 수행에 영향을 미치는 부적응적인 행동을 하지 않으나, 수행의 결과가 저조할 때 변명거리를 찾는 전략
③ 학업적 자기손상화(academic self-handicapping) : 학업 상황에서 나타나는 자기손상화로, 학습 수행의 결과가 부정적일 것이라고 예상되는 상황에서 낮은 수행에 대한 변명거리를 만들어 줌. 또한 타인에게 무능력함을 들키기 보다는 실패에 대한 근거를 외적인 원인으로 돌림으로써 자신의 가치를 보호하는 작용을 함

㉠에 나타난 목표 유형은 '숙달접근목표'다. 이러한 목표를 가진 학생은 자신의 능력이나 기술을 개발하고 향상시키려는 특징을 보이는데, 재호가 시간이 있었다면 열심히 공부하여 평균 10점은 더 올릴 수 있었다고 보고한 것은 학업성취에 대한 향상의지(숙달의지)를 보여주는 것이기 때문이다. ㉡에 해당하는 강화계획 '고정비율강화'이고, ㉢에 해당하는 학습전략 방법은 '조직화'다.

### 강화계획과 학습전략

(1) 스키너의 강화계획
① 연속적 강화계획(continuous reinforcement schedule) : 모든 반응이 강화되는 것으로 사람이 행동을 배우거나 처음 그 행동을 해 볼 때, 즉 습득 단계에서 주로 적용함
② 간헐적 강화계획(intermittent reinforcement schedule) : 모든 반응이 강화되지 않고 가끔 또는 간헐적으로 강화되는데, 행동을 습득하거나 학습하면 간헐적 강화계획을 통해 행동을 유지하는 것이 효과적
③ 간헐적 강화 - 강화계획 비교

| 강화계획 | | 강화시기 | 장점 | 단점 |
|---|---|---|---|---|
| 연속 | | 표적행동 발생할 때마다 | 새로운 행동 습득에 유용함 | 포만(포화) 문제가 생길 수 있음 |
| 비율 | 고정 비율 | 표적행동이 정해진 수만큼 발생할 때 | 표적행동 비율을 높일 수 있음 | 강화 후 휴지기간 현상이 나타남 |
| | 변동 비율 | 표적행동이 정해진 평균 수만큼 발생할 때 | 부정확한 반응이나 강화 후 휴지 기간을 방지할 수 있음 | 많은 아동에게 동시에 사용하기 어려움 |
| 간격 | 고정 간격 | 표적행동이 정해진 시간 간격이 경과한 후 처음 표적행동이 발생할 때 | 1명의 교사가 여러 아동에게 실행 가능함 | • 표적행동 발생비율을 낮추게 됨<br>• 고정 간격 스캘럽 현상이 나타남 |
| | 변동 간격 | 표적행동이 정해진 평균 시간 간격이 경과한 후 처음 표적행동이 발생할 때 | 낮아지는 행동 발생률이나 고정 간격 스캘럽 문제를 방지할 수 있음 | 간격의 길이가 다양하도록 관리하는 어려움이 있음 |

- **고정비율계획**(fixed-ratio schedule; FR) : 정해진 반응횟수에 따라 강화물이 제시되는 것
- **고정간격계획**(fixed-interval schedule; FI) : 일정한 시간간격을 기준으로 강화제가 제시되는 것
- **변동간격계획**(variable-interval schedule; VI) : 강화가 제시되는 시기를 예측할 수 없도록 설정하여 행동의 빈도를 증가시키고 유지시키는 것
- **변동비율계획**(variable-ratio schedule; VR) : 강화물을 얻기 위해서 수행해야 하는 수행횟수를 전혀 예측하지 못하도록 강화물을 제시하는 것

(2) 학습전략(맥키지 등)
① 인지전략 : 정보를 이해하고 부호화하여 장기기억에 저장하고 인출하는 데 사용되는 전략
- **시연 전략** : 학습과정에서 학생이 정보를 습득하고 기억하는데 도움을 주는 것 → 암송하기, 중요한 부분에 밑줄을 그어 강조하거나 노트정리 등
- **정교화 전략** : 새롭게 유입되는 정보를 이전 지식과 관련을 맺도록 하여 장기기억 속에 저장하는 것 → 다른 말로 바꾸어 자신의 것으로 만들어 보기, 요약하기, 질문하기, 심상법, 유추하기, 사례제공 등
- **조직화 전략** : 학습내용 요소들 간의 내적 연결 구조를 만들어 논리적으로 구성·위계화시키는 것 → 주제나 아이디어의 개요 작성하기, 도식화(지도, 개념지도, 흐름도 등) 등

② 상위(초)인지 전략 : 자신의 학습과정을 계획하고 모니터링(점검)하며 조절하는 과정으로 자신의 전반적인 인지과정을 인식하고 통제할 수 있는 능력
- **계획 전략** : 효율적인 학습을 위해 필요한 전략을 계획하고 구성하는 것 → 학습자의 목표를 설정하는 활동, 학습 시작 전에 목차와 대강의 내용을 훑어보는 활동, 문제를 풀기 전에 출제자의 의도를 추측하는 활동, 질문을 만들어 보는 활동 등
- **점검(모니터링) 전략** : 과제를 수행하는 동안 자신의 주의집중과 이해정도를 지속적으로 확인하는 과정 → 주의집중을 확인하는 활동, 자신의 이해 정도를 수시로 평가하는 활동, 시험 상황에서 문제를 푸는 속도와 자신의 생각이 어디에 있는지 점검하는 활동 등
- **조정(조절) 전략** : 앞의 점검활동을 거쳐 현재 자신이 사용하고 있는 전략의 적절성을 검토한 후 자기의 전략을 수정하고 조정하는 전략 → 이해되지 않고 넘어간 부분에 대해서 다시 읽는 활동, 어려운 부분에 대해 독서속도를 줄이는 활동 등

③ 자원관리 전략 : 학습수행을 지속하도록 하는 자원을 통제하는 전략
- **시간관리** : 시간표 작성, 목표 설정 등
- **공부환경관리** : 장소 정리, 조용한 장소, 조직적인 장소 등
- **노력관리** : 노력에 대한 귀인, 기분, 스스로에게 이야기하기, 끈기 가지기, 자기강화 등
- **타인의 조력 추구** : 교사로부터 조력 추구, 동료로부터 조력 추구, 동료 및 집단 학습, 개인지도 등

⊙의 개념은 '자성예언(자기충족적 예언)'이고, ⓒ의 개념은 '낙인(낙인이론)'이다. ⓒ의 개념은 '기대유지(지속)효과'로, 의미는 학생의 향상을 인정하지 않고 항상 그 수준일 것이라는 교사의 생각이 실제로 학생의 수행을 그 수준에 머물게 하는 것이다.

### 교사의 기대효과와 낙인이론

(1) 자기충족적 예언(Rosenthal과 Jacobson)
   ① 자기충족적 예언(self-fulfilling prophecy) : 사실은 아니지만 기대가 실현될 것이라는 믿음을 가지고 노력한다면 결국 원래의 기대가 실현될 수 있다는 것.
   ② 연구 : 교사가 특정 학생에 대해 더 큰 발전이 있을 것이라고 기대하면 그들을 자극하고 격려하는 방법으로 다루게 되어 실제로 교사의 기대가 실현된다는 결과를 보여 줌.

(2) 기대유지효과
   ① 기대유지 효과(sustaining expectation effect) : 학생의 향상을 인정하지 않고 항상 그 수준일것이라는 교사의 생각이 실제로 학생의 수행을 그 수준에 머물게 하는 것.
   ② 교사의 바뀌지 않는 기대가 학생의 성취를 교사의 기대 수준에 계속 머물게 하므로 이를 기대유지 효과라고 부름.

(3) 낙인이론
   ① 어떤 비행행위가 어떤 과정을 통해 낙인이 찍히게 되고, 그것이 개인에게 주는 효과를 분석하는 것.
   ② 낙인이론가들은 비행의 원인이 사법기관의 낙인, 즉 가만히 두면 아무 심각한 일도 없었을 것을 낙인을 찍음으로 인해 심각한 비행자가 될 수 있다는 점을 강조함.
   ③ 일탈자로 찍힌 낙인이 자기충족적 예언을 낳음 : 어떤 학생이 비행청소년으로 낙인이 찍히게 되면 계속되는 주위의 기대대로 비행을 저지르게 된다는 것이다. 즉, 좋지 못한 쪽으로 낙인이 찍히게 되면 부정적인 자아가 형성되어 계속해서 이 부정적인 자아가 행하는대로 비행을 함.

 ⊙에 해당하는 요소는 '성공에 대한 기대'로, ⓒ는 과제의 성공적인 수행을 위해서 필요한 자신의 능력에 대한 신념이나 판단이다. 사례에서 진희는 초등학교 때부터 수학부진아였다고 말한 것으로 보아 능력에 대한 기대가 낮다. ⓒ에 해당하는 요소는 '효용가치'로, 이는 해당과제가 얼마나 쓸모가 있는지를 나타내는 것이다. 사례에서 찬수는 과학은 졸업하면 쓸모가 없다고 말하고 있는 것으로 보아, 과학과목에 대한 효용가치가 낮다.

### 에클스(Eccles)와 위그필드(Wigfield)의 기대가치 이론

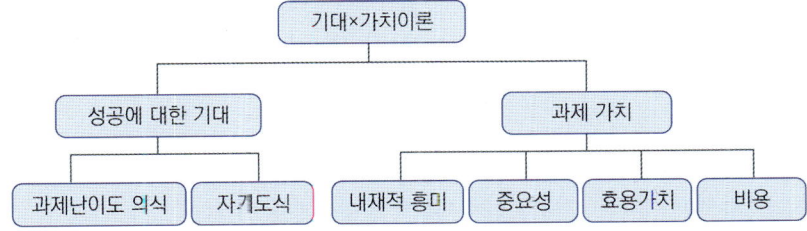

① 기대가치이론
   • 학습과 관련된 상황에서 학생들이 과제를 선택하거나 해당 과제에 시간이나 노력을 투자할 때 : 학생은 그 수업에서 자신이 얼마나 잘할 수 있는지, 그 수업이 어떤 가치를 가지는지를 살펴봄
   • 동기 : 자신의 능력에 대한 기대와 과제의 가치가 동기를 형성하는 요인

② 구성요소

| 구분 | 내용 |
|---|---|
| 기대 | • 과제의 성공적인 수행을 위해 필요한 자신의 능력에 대한 신념이나 판단<br>  − 과제 난이도 : 과제가 어려운가? 쉬운가?<br>  − 자기도식 : 해당 과제를 수행할 수 있는 능력을 가지고 있는가? |
| 가치 | • "내가 과제를 왜 수행하는가?"에 대한 답으로, 과제를 수행하는 이유에 해당함<br>  − 내재적 흥미 : 과제에 대한 흥미가 있는가?<br>  − 중요성 : 과제를 수행하는 것이 얼마나 중요한가?<br>  − 효용가치 : 해당 과제가 얼마나 쓸모가 있는가?<br>  − 비용 : 해당 과제를 잘하기 위해 필요한 시간, 경비 등은 얼마인가? |

㉠의 용어는 '부호화'이고, ㉡의 용어는 '인출'이다. 초인지의 의미는 사고과정에 대한 지식으로, 내가 무엇을 알고 무엇을 모르는지에 대한 지식이다. 혹은 자기자신의 인지과정 전체를 자각하고 통제하는 정신활동이다. ㉢에 해당하는 초인지 전략의 구성요소는 '조정(조절)'이다.

## 정보처리 이론

(1) 정보처리 모형

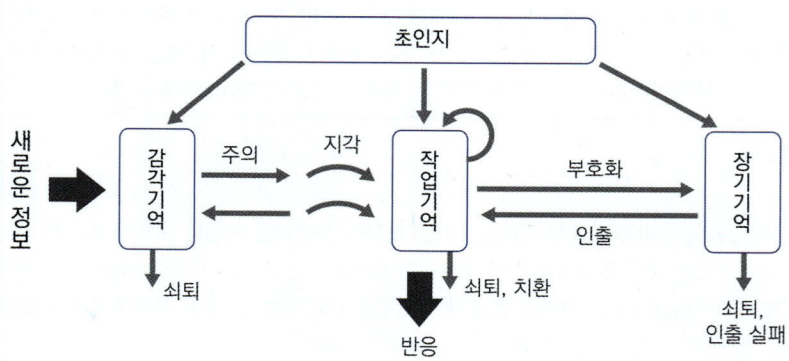

(2) 메타인지(초인지 : meta cognition)
  ① 메타인지 : 사고과정에 대한 지식으로, 내가 무엇을 알고 무엇을 모르는지에 대한 지식.
  ② 자신의 인지과정을 스스로 자각하고 통제하는 과정
    예 어떤 정보에 주의를 기울여야 하는지, 시연을 사용할 것인지 혹은 부호화 전략을 사용할 것인지, 나는 어떤 부호화 전략을 사용할 것인지, 학습하는 데 얼마나 시간이 필요한지 등

(3) 메타인지의 활동
  ① 계획 : 계획활동의 전반적인 순서를 결정하고 적절한 인지전략이나 활동방법을 선택함
  ② 점검 : 자신의 인지적 상태와 인지전략의 진행상태를 점검함
  ③ 조절(조정) : 부적절한 인지전략과 부적절한 학습방법을 수정함
  ④ 평가 : 자신의 인지상태의 변화 정도와 인지상태의 목표 도달 정도, 사용한 인지전략의 유용성을 평가

## 김진구

⟨현⟩
- 지스쿨 임용 전문상담 전임교수
- 마인드 21 진로학습 연구소 대표

⟨전⟩
- 해커스 임용, 박문각 임용고시학원 전문상담 전임교수
- 성균관대학교 교육학과 박사과정(석사 : 임상심리 전공)
- 가톨릭대학병원 소아정신과 임상심리사
- 마인드 에듀 심리학습 연구소 소장
- 퓨처플랜 진로학습 연구소 소장
- EBS 교육방송 생방송 60분 부모 : 심리학습 클리닉
- EBS 다큐 청소년 성장보고서 자문
- 서울시 교육청 학습컨설팅 과정 자문위원
- U-Wing 자기주도학습 검사 등 다수검사 제작

⟨저서⟩
- 해커스임용 김진구 전문상담 기본개념 1, 2, 3
- 김진구 전문상담 과목별 암기박스 1, 2, 계획된 우연
- 김진구 전문상담 과목별 문제풀이집 1, 2, 계획된 우연
- 교원임용시험 전문상담교사 기출문제집, 계획된 우연
- 김진구 전문상담교사 U-Wing 기본개념 1, 2, 3, 지북스
- 김진구 전문상담교사 U-Wing 노트, 박문각
- 1등 공부법(부모가 꼭 알아야 할 학습클리닉 프로젝트), 경향미디어
- 논문 : 학습클리닉에 의뢰된 아동들의 인지기능 특성 등
- 프로젝트 : 학습습관 진단 콘텐츠 개발, 한국교육학술정보원 등

---

## 김진구 전문상담교사 기출문제집 06~25

| | |
|---|---|
| 1판 1쇄 발행 | 2025년 4월 30일 |
| 지은이 | 김진구 |
| 펴낸곳 | 도서출판 **계획된우연** |
| 펴낸이 | 허은혜 |
| 주소 | 경기도 파주시 책향기숲길 134, 25호 |
| 대표전화 | 050-6898-9346 |
| 전자우편 | planned.hs@gmail.com |
| 출판등록 | 제 406-251002020000009 호 |
| ISBN | 979-11-94798-01-9 |
| 가격 | 42,000원 |

저작권자 ⓒ 2025, 김진구

이 책의 모든 내용, 이미지, 디자인, 편집 형태는 저작권법에 의해 보호받고 있습니다.
서면에 의한 저자와 출판사의 허락 없이 내용의 일부 혹은 전부를 인용, 발췌하거나 복제, 배포할 수 없습니다.